U0679984

2007年上海市哲学社会科学规划重大项目（2007DTQ001）
上海重点学科建设项目（B406）

美国对华情报解密档案

（1948~1976）

主编：沈志华　杨奎松

第十四编　中国与南亚

主编：戴超武

第十五编　美国情报机构

主编：梁　志

中国出版集团 东方出版中心

第十四编　中国与南亚

目　　录

导　论

戴超武

情报形成的相关背景和档案文献的来源

在第二次世界大战结束后的一段时间内，美国对南亚地区实行所谓的“英联邦战略”，其政策内容主要体现在国家安全委员会(NSC)第48/1号和第48/2号文件，即依靠英国和英联邦国家承担南亚地区的安全义务，解决印巴争端，防止苏联干预，限制美国的卷入。因此在印巴分治后，美国希望印度和巴基斯坦加入西方阵营；但由于尼赫鲁的中立主义以及印巴在克什米尔问题上的利益冲突，美国对南亚地区的政策陷入僵局。中国革命的胜利以及朝鲜战争彻底改变了美国对南亚地区的政策，开始执行新的南亚政策，努力使印度和巴基斯坦与美国及其盟国合作共同反对共产主义。①国家安全委员会在1951年5月17日制定的题为《美国在亚洲的政策目标和行动方针》的第48/5号文件指出：“支持南亚和东南亚国家对其内部和外部的共产主义进行抵制的愿望，支持其发展抵抗共产主义的能力，以有利于加强自由世界的力量。”②

美国对南亚次大陆的政策，体现了美国同苏联和中国在广大的第三世界展开争夺的冷战战略，体现了南亚地区在美国战略中的重要地位。艾森豪威尔(Dwight Eisenhower)政府时期的国务卿杜勒斯(John Dulles)指出：“印度是全世界最大的自治国家。它同共产党中国约有2 000英里的共同疆界。现在这两国之间出现了这样一种竞争：是自由方法还是警察国家方法能实现更好的社会进步。这种竞争直接影响这两个国家的8亿人民，它的结果最后也会影响整个人类，包括我们自己在内。适当地继续给予印度某种技术援助和物资，使它能完成它的五年计划，是完全符合我们的利益的。”③肯尼迪(John F. Kennedy)更加重视发展同印度的关系。他在1958年发表文章指出：在所有的第三世界的国家中，印度已经成功选择了在民主制度下发展的道路，“如果印度崩溃了，整个亚洲都会失去”。肯尼迪还强调，假如印度内部发生分裂或与中国一起加入共产主义阵营，那么“自由世界将不再是自由世界了”。④肯尼迪政府对外经济援助的主要目的是为了制定在第三世界同苏联的经济攻势作斗争的长期规划。国会批准拨款41亿美元，其中将近一半是军援。肯尼迪在1963年进一步

① NSC 48/1, 22 January 1951, U. S. Department of State, *Foreign Relations of the United States*, 1951, vol. 6, Part 2. Washington, D. C.: Government Printing Office, 1977, pp. 1650 - 1652. Hereafter cited as *FRUS*.

② *FRUS*, 1951, vol. 6, pp. 34 - 38.

③ 杜勒斯的广播讲话，1953年6月1日，参见《杜勒斯言论选辑》，北京：世界知识出版社1959年版，第58页。

④ Robert McMahon, “Choosing Sides in South Asia”, in Thomas Paterson, ed., *Kennedy's Quest for Victory: American Foreign Policy, 1961 - 1963.* New York: Oxford University Press, 1989, p. 200.

强调说,“今天的斗争不在欧洲,而是在亚洲、拉丁美洲和非洲”。他还告诉国家安全委员会,“我们不能允许那些自称奉行中立主义的国家投入共产主义集团”。而在所有的中立国家中,“肯尼迪最感兴趣的就是印度,他认为印度是亚洲的关键地区”。①更为重要的是肯尼迪认为:“印度和中国的斗争,是两国在经济上和政治上为争夺东方的领导权、争取全亚洲的尊敬以及寻找机会证明谁的生活方式更美好而进行的斗争。这种斗争的结果将极大地影响整个亚洲的前途,影响共产党国家和自由国家之间的力量对比,而且必然影响我国的安全和地位。”肯尼迪强调:“我们希望印度在这场与共产党中国的竞赛中获胜,我们希望印度成为自由繁荣的亚洲的一个自由繁荣的领袖。”②在1962年中印边界冲突中,美国采取了在政治上、军事上和经济上公开大力支持印度的政策,美印关系在肯尼迪时期得以较快地发展。约翰逊(Lyndon Johnson)担任总统时,南亚地区的国际关系由于1962年的中印边界战争而发生了较为明显的变化。美国在处理同印度和巴基斯坦关系的基本考虑中,中国因素占据着重要的地位。在约翰逊看来,美国“同印度建立新的关系,就是使之工业和军事潜力得以发展以对付中国共产党人”。③美国对巴基斯坦的政策目的同样抱着上述希望。因此,在南亚地区建立“亚洲反对共产主义扩张的堡垒”实际上成为冷战扩展到南亚次大陆后美国政策的最为重要的战略。

但南亚次大陆存在着特殊的地缘政治环境,为美国决策者带来程度不同的决策问题,这些问题有些是印巴两国长期所存在的政治、宗教矛盾所引起,更为重要的是由于大国的冷战战略使得冷战向边缘地区扩展所导致的。这些问题包括:印度、巴基斯坦在冷战中的立场,特别是对尼赫鲁(Jawaharlal Nehru)的“不结盟政策”的认识和政策;克什米尔问题;中印关系的发展,其中特别涉及西藏问题、中印边界问题;印巴关系的发展,其中特别涉及克什米尔问题,由此爆发的1965年战争,巴基斯坦的民族问题而导致的1971年的印巴战争;巴基斯坦的分裂和孟加拉国的成立;大国特别是美国、苏联、中国对印巴的政策;印巴的长期发展;美国经济援助在其南亚战略中的地位和作用等等。为了确定和顺利实现美国在南亚地区的战略目标,美国情报部门,特别是国务院的情报分析研究部门和中央情报局为上述面临的问题提供应对的政策,进行了大量相关的分析和研究,为美国南亚政策的决策提供了重要的决策分析。

本编收录了有关冷战时期美国情报机构对中国与南亚地区关系的相关文献62份,其中来自国务院的文献资料16篇,来自中央情报局的45篇,来源不详的1篇。国务院的情报主要由“情报和研究署”(Bureau of Intelligence and Research)下属的“情报研究所”(Office of Intelligence Research)完成的,其中以“情报报告”系列(Intelligence Report,文件编号为IR)

---

① Dennis Merrill, *Bread and the Ballot: The United States and India's Economic Development, 1947 - 1963.* Chapel Hill: The University of North Carolina Press, 1990, pp. 169 - 170.

② John F. Kennedy, *The Strategy of Peace*. New York: Harper Collins, 1960, pp. 141 - 143.

③ Letter from President Johnson to the Ambassador to India(Bowles), January 21, 1964, U.S. Department of State, *Foreign Relations of the United States*, 1964 - 1968, vol. XXV: *South Asia*. Washington, D.C.: Government Printing Office, 2000, pp. 13 - 14. Hereafter cited as *FRUS*.

为主。《战略情报局暨国务院情报研究报告》被称为是当时"美国国内战略研究领域内的顶尖学者所做的秘密研究"(once-secret studies from the nation's top scholars in strategic fields)。本编收录的有关国务院的情报文献，主要来源于美国大学出版公司发行的微缩胶片《战略情报局暨国务院情报研究报告》的第九部分《1950～1961 年的中国和印度补编》,①部分来自《解密文献参考系统》(*DDRS*, *Declassified Documents Reference System*)。②中央情报局的文献基本上来自 DDRS,还有小部分来自美国国务院编辑出版的纸版的《美国对外关系文件》以及中央情报局的网站。中央情报局的文献主要包括情报评估、报告、信函以及备忘录等等,其中以国家情报评估(NIE, National Intelligence Estimate)和特别国家情报评估(SNIE, Special National Intelligence Estimate) 最能体现分析和研究实力,对决策者来说最具决策参考价值;因为国家情报评估是"对处于国外环境中的一种局势的全面评估,这种国外环境同外交、经济以及国家安全政策形成关联,反映了未来可能的行动方针与发展趋向"。③国家情报评估通常按照国家情报委员会(National Intelligence Authority)和决策机构的代表制定的计划提出,而特别情报评估不是按通常的预定时间表提交;它常常是为了应对决策者应对某种危机时的紧急要求而撰写的,有权提出这种要求的是白宫、国务院、国防部、参谋长联席会议等决策部门。国家情报评估尽管由中央情报局局长提交,但由于报告是各个相关情报部门通力合作的结果,所以一般而言,评估报告的封面都要注明参加撰写的单位。④ 本编收录的评估报告的参与撰写的单位通常是中央情报局、国务院、陆海空三军情报机构、参谋长联席会议、原子能委员会的情报机构等。所以这些评估报告要得到上述机构情报部门的主管的批准,报告的分发同样也要得到他们的同意。因此,这些评估报告代表的不仅仅是中央情报局的分析和判断了。另外,国家情报评估的重要性在不同的总统任期内有很大的不同,在杜鲁门(Harry S Truman)和艾森豪威尔任内,中情局大致都要为国家安全委员会(NSC)的每一份政策文件准备相应的国家情报评估作为其情报支持。从肯尼迪到尼克松(Richard Nixon)的总统任内,由于决策体制的变化,国家安全委员会所要求的情报评估报告的年度数量有较大的下降;到里根(Ronald Reagan)任内,又有较大的上升。⑤

本编收录了国务院的"情报报告"7 份,其他 9 份,中情局的"国家情报评估"7 份,"特别国家情报评估"4 份,文件编号为 SC 的"特别报告"(Special Report)以及"情报备忘录"(Intelligence Memorandum)11 份,"情报信息电文"(Intelligence Information Cable, 文件编号为 TDCS 系列)10 份,"时事情报科"(Office of Current Information,文件编号为 OCI 系列)文件 5 份,其他 10 份。这些情报研究和分析报告不仅是冷战时期美国外交决策的依据,

---

① O. S. S. /*State Department Intelligence and Research Reports*, *Part IX*, *China and India*: *1950 - 1961 Supplement*. A Microfilm Project of University Publications of America, Inc.

② *Declassified Documents Reference System*. Farmington Hills, Mich. : Gale Group. Hereinafter referred to as *DDRS*, with appropriate document numbers.

③ Jeffrey Richelson, *The U. S. Intelligence Community*. Westview Press, 1995, p. 301.

④ 有关国家情报评估和特别国家情报评估的论述和研究,参见张民军:《透过"竹幕"看中国: 中情局对中国内政的情报评估(1950～1965 年)》,博士后出站报告,华东师范大学历史系,2007 年 12 月,第 15～17 页。

⑤ Richelson, The U. S. Intelligence Community, p. 303.

毫无疑问也是当代研究美国外交政策和国家安全战略的至关重要的文献资料。同时，这批文献资料的另外一个最大的特点在于，它所披露的许多档案文献，未被收录在如《美国对外关系文件》等已经解密的纸版出版物之中，从而使得研究者可以透过这些资料，更为清晰地了解和认识美国有关政策的决策过程以及其中所体现的战略考虑。

情报分析和评估的主要内容

本编所收录的情报分析和情报评估涉及的内容较为广泛，基本上包括了冷战时期美国对南亚地区政策的主要内容。因此本编的文献包括了以下主要内容：尼赫鲁的中立主义政策与印度独立初期的外交政策；中巴关系的发展与南亚地区的大国关系；印巴两国的经济发展问题；克什米尔问题、印巴矛盾与 1965 年印巴战争；中印关系中的西藏问题和中印边界冲突；印度发展核武器的计划及其影响；1971 年印巴战争、孟加拉国的成立与南亚地区的国际关系，等等。

一、尼赫鲁的中立主义政策与印度独立初期的外交政策

美国决策者首先关注的是共产主义，特别是苏联和中国对独立以后的印度的影响，以及印度领导人对共产主义和共产党国家的态度，从而也在很大程度上体现了冷战背景下美国对第三世界的民族主义和中立主义的基本战略取向。中央情报局在 1951 年 9 月本编 14－2 文件中，对印度在冷战中的基本政策立场进行了详细的分析和评价。文件认为，印度领导人对新取得的独立非常警惕，因此反对任何可能会涉及外国干涉或外国势力卷入的安排。同时，印度领导人竭力提倡亚洲民族主义，而不愿与他们所认为的殖民主义捆绑在一起。他们认为西方国家醉心于在亚洲维持其势力，全然不顾亚洲人民的利益和愿望。这些猜疑因为印度希望自己在亚洲扮演领导者的角色以及对西方国家争取通过联合国来解决克什米尔冲突感到恼怒而得以进一步的加强。既然英国已承认印度的独立，所以印度许多原来对英国的敌意就转嫁到了美国的头上。对尼赫鲁的外交政策，文件指出：尼赫鲁特别认为，面对苏联的扩张，西方国家采取军事对抗既是危险的也是不道德的。他担心西方国家对苏联的遏制会将世界再次拖入世界大战，这将使印度难以获得其建设经济政治结构所迫切需要的和平和稳定的国际环境。他相信印度作为调停者可以最有效的维护和平。在实践上，印度不仅对在政治上脱离西方国家小心翼翼，而且还有强烈的姑息共产主义集团之嫌。对于亚洲其他国家而言，印度无论如何通常总是支持其亚洲伙伴而反对西方，并且极度蔑视那些接受西方领导的国家。负责制定和实施这些政策的尼赫鲁是一个信念坚定的人。但他的这些政策反映了印度普遍的反西方情绪。即便是国大党的右翼掌握了外交政策的主动权，他们也会发现很难抛弃已形成的中立主义。因此该文件的结论是，“没有理由期望印度会在短期内改变其中立政策”，同时，“苏联在欧洲或近东的进一步的好战行为”以及“共产主义推进到西藏和东南亚”，都“不可能使印度早日改变其中立主义的政策”。

特别值得提出的是1953年本编14-6文件。这份文件分析了尼赫鲁对共产主义的基本态度以及影响这种态度的诸多因素，强调了尼赫鲁对共产主义更加敌对和更具批判性的变化，为美国决策者认识尼赫鲁的外交政策提供了重要的背景资料。这份情报报告重点分析了尼赫鲁对待苏联和中国的政策，报告指出，尼赫鲁一直认为未来亚洲的安宁主要依赖于维护中印之间的友好关系和合作精神。与这种观点一致，尼赫鲁与中国国民政府的关系非常友好，并且自毛泽东掌权后，他就已经在寻求赢得新政权的信任。他强烈地感受到：西方对毛政权的敌视主要因为它目前与苏联的紧密关系；如果其他国家以友好和平等的精神与之相处，中国最终将脱离苏联的轨道。尼赫鲁不可能认识不到印度不能生存在一个敌对分裂的亚洲中，那个担心可能是促使它与中共保持合作和友谊的根本原因。同时，该文件更加注意到印度对华政策开始发生的变化，文件指出："尽管尼赫鲁不愿修改他的中国政策，然而有理由相信这位印度总理较早期的判断已经被极大地动摇了。尼赫鲁最近无论是私下或是公开的谈话中，都表明他对中国政府极权主义特征有了更现实的认识。"

实际上，美国情报机构对尼赫鲁外交政策特别是其中立主义政策的判断，同尼赫鲁本人的思想以及印度外交政策的现实，存在着较大的差距。中立主义或不结盟政策完全是服务于印度的大国地位和国家安全这两个战略目标，必要时，印度完全可以抛弃所谓的不结盟政策。尼赫鲁在1948年3月18日就印度外交政策发表的演说中强调：由于形势变化的不确定性，"到时候我们也许不得不有所选择，甚至选择同一个帝国主义国家结盟，对此我毫不讳言。只要这个帝国主义国家和另外一个相比不那么的罪恶昭彰"。在此之前，尼赫鲁指示外交部致函美国驻印度大使：一旦爆发世界大战，对印度而言，加入苏联一方是不可想象的。①印度还向美国表示："尼赫鲁和印度绝大多数领导人已决定和西方保持天然的联盟，只是受到诸多因素的限制，比如地理位置的限制和军事上的薄弱等等，因此尼赫鲁还不能公开谈论在军事上加入西方的问题。"②尽管如此，印度的外交政策在涉及重大国家利益的时候必定会有所选择，这一点已经为历史所证明。

二、中印关系、西藏问题和中印边界冲突

美国情报研究者还特别关注冷战时期印度和中国的关系，尤其是两国在西藏问题、边界问题上的矛盾和分歧及其可能产生的影响。中印关系经历了从密切到敌对的发展演变过程。这其中既有意识形态方面的分歧，更重要的是还有国家利益的冲突。由于中华人民共和国成立初期印度对华政策的主动性以及朝鲜战争结束后中国所采取的"和平共处"的外交政策，特别是这一时期毛泽东对"中间地带"的认识，中印关系开始进入所谓的"蜜月时期"。中情局在1951年3月本编14-1文件中也相信：促进中印关系的更加密切，这是符合印度目前对外政策主流的。导致中共中央领导人对印度外交和尼赫鲁的认识发生根本变化的是

---

① U. S. Department of State, *Foreign Relations of the United States*, 1948, vol. V: *The Near East and* Africa. Washington, D. C.: Government Printing Office, 1975, p. 498, Hereafter cited as *FRUS*.

② *FRUS*, 1948, vol. V, pp. 499-500.

1959年的西藏叛乱以及随之而来的中印边界冲突。1959年西藏叛乱导致中共中央领导人对印度外交政策和尼赫鲁的看法的根本转变。中共中央领导人认为,西藏问题本质上是在中国大陆上最后一场激烈而严重的阶级斗争,“印度也有错觉,以为我们害怕民族主义国家”。[①]毛泽东在平定西藏叛乱时曾说:现在是让印度当局多行不义,到一定时候我们再跟它算账。对于尼赫鲁,毛泽东明确表示:“要尖锐地批评他,不怕刺激他,不怕跟他闹翻,要斗争到底。”[②]毛泽东甚至指出,今天世界上鬼不少。西方世界有一大群鬼,就是帝国主义。在亚洲、非洲、拉丁美洲也有一大群鬼,就是帝国主义的走狗、反动派。毛泽东强调,“尼赫鲁是个什么呢?他是印度资产阶级的中间派,同右派有区别……西藏问题成为世界问题,这是很大的事情,要大闹一场,要闹久一些,闹半年也好,闹一年更好。可惜印度不敢干了……现在西藏问题闹出许多鬼来,这是好事,让鬼出来,我是十分欢迎的。”[③]在1959年西藏叛乱后,毛泽东明确指示:对“帝国主义、蒋匪帮及外国反动派策动西藏叛乱,干涉中国内政”,这个说法,讲了很久,全部失当,要立即收过来,改为“英国帝国主义分子与印度扩张主义分子,狼狈为奸,公开干涉中国内政,妄图把西藏拿了过去”。直指英印,不要躲闪。[④]因西藏问题而急剧恶化的中印关系,又随着1959年的中印边界冲突而达到了顶点。

1959年西藏发生叛乱后,美国情报机构密切关注其发展以及可能对中印关系的影响。美国情报机构认为,西藏反叛对于美国来说是一件好事,特别是它有利于加强亚洲中立主义者反对中共的情绪。因此,它在1959年3月本编14-10文件中强调:“抛开其他考虑,尽可能地延长叛乱的时间,并在所有公开的信息媒体上对此做最大限度的宣传,这些符合美国的利益。”在1959年4月本编14-11文件中,中情局还根据获取的情报,分析了达赖喇嘛同印度的关系;报告说,达赖喇嘛“希望印度政府不要按照1956年那样的自治方法来考虑问题,而是给他和他的人民积极的支持。达赖喇嘛觉得,他在自治问题上两次犯了错误,一次是1951年,另一次是1957年听信了尼赫鲁的建议,因此,他不愿意第三次背叛自己的人民”。

1959年中印边界冲突之后,美国国务院情报和研究署就在同年11月25日完成了本编14-12文件,对中印边界冲突对印度的外交政策特别是对印度不结盟政策的影响、中印关系、印巴关系,以及对印度国内政治的影响,特别是有关尼赫鲁的政治前途、右派力量的发展、军队的作用和印度共产党的地位等问题都做了深入的分析。认为中共对印度北部边界的军事压力正在使印度重新评估它的主要的对外和对内政策。除非中国发动大规模进攻或者莫斯科转变对新德里的友好政策,印度几乎肯定会继续在冷战中坚持不结盟的原则。但是,它对中国口头承诺的和平共处的充分信任已经被破坏了。在印度的防御计划中更加强

① 1959年5月12日周恩来在政协第三届全国委员会常委会第一次会议上的讲话,参见《周恩来军事活动纪事》编写组:《周恩来军事活动纪事》,下卷,北京:中央文献出版社2000年版,第497页。

② 1959年3月23日和4月25日毛泽东在中共中央政治局常委会上的讲话,参见吴冷西:《忆毛主席——我亲身经历的若干重大历史事件片断》,北京:新华出版社1995年版,第121～125页。

③ 1959年5月6日毛泽东在接见苏联等11国代表团和驻华使节时的谈话,参见中共中央文献研究室编:《建国以来毛泽东文稿》,第八册(1959年1～12月),北京:中央文献出版社1993年版,第247～248页。

④ 1959年4月25日毛泽东在《关于西藏叛乱事件的宣传报道问题的批语》,参见中共中央文献研究室编:《建国以来毛泽东文稿》,第八册(1959年1～12月),第6页。

调中国的威胁，已是印度和巴基斯坦之间关系走向缓和的一个重要因素。因此，文件指出，1959 年春天的西藏叛乱可能是印度和中共政权关系的转折点。

1959 年中印边界冲突之后，中印双方都在进行外交和军事上的部署，以便争取有利的战略态势。周恩来在结束 1960 年 4 月对印度的访问后，于 5 月 5 日在昆明致电中共中央并毛泽东：鉴于印军趁中印联合公报未提停止巡逻，已在西段开始蠢蠢欲动，为此周恩来建议，命令"西藏和南疆军区抓紧目前时机和气候条件，在我国边境线上比如在数公里以内控制有利地形，先机增设哨所，但在增设哨所以后，责成部队停止巡逻。如印军入侵，我当劝其撤走，避免武装冲突"。毛泽东回电表示同意这一建议。[①]印度决策层也于 1961 年 11 月最终形成了有关"前进政策"的指令。随后，印度加紧进行军事部署以实施这一政策。从 1959～1962 年，印度方面共在中印边界地区建立了 43 个哨所。

美国中央情报局和国务院非常关注 1959 年中印边界冲突后两国关系的发展。1960 年 5 月本编 14－13 文件认为："中印边界冲突损害了两国之间表面的热情友好。早先达成的有关边界争论的协议是靠不住的。即使边界问题解决了，两国的关系也不可能恢复到从前了。"对于边界冲突对中印关系和印度对外政策的影响，特别是印度进一步发展同美国、苏联的关系，文件也进行了具有预见性的分析。文件认为："共产党中国不断增长的实力以及它的侵略行为，使得亚洲领导人更为严峻地评估中共的动机。即使中印边界争端通过谈判得以解决，亚洲各国近期形成的对共产党中国的更为恐惧的看法也不会消失。不过，同印度的影响相比，共产党中国的实力、活力以及在亚洲追求政治霸权的野心则更为明显。"文件还强调指出："北平的行为激起了印度人对中国人强烈的敌意。虽然印度依然信奉不结盟原则，但他们可能会产生一种观点，即更为支持美国的政策，他们也受到继续获得苏联大量援助的利益的影响，并希望苏联对共产党中国能起到遏制作用。"对于 1959 年边界冲突对印度共产党的影响，文件认为："印度共产党的地位更加不稳定了，但并未遭到毁灭性的挫折。"

1961 年 3 月本编 14－14 文件在评估印度对华政策时认为，印度在 1962 年中印边界冲突之前，就已经在边界问题上采取了强硬的立场，加强边界防御并强调有必要迅速发展经济尤其是发展工业，以此作为它进行长期防御的关键；在这个过程中，它同美国进行联系，以求获得在今年开始的第三个五年计划所需的重要的外国援助。"然而，尽管印度对共产党中国十分敏感，但印度相对虚弱的军事实力是决定它的态度的一个重要因素，即使拒绝以北平目前的立场为基础进行谈判，但新德里还是继续敞开谈判的大门。当印度的对外局面越来越为同共产党中国的紧张关系所左右时，新德里已采取一些措施重新同巴基斯坦发展关系，而且它也已明显通过强调印苏亲密的友谊，来寻求增强自身对抗共产党中国的地位。尽管印度希望在对抗共产党中国时获得苏联的支持，这可能会导致印度更多地支持苏联的政策立场，但它所恪守的中立主义并未受到损害，它越来越倒向西方，以寻求对抗北平的道义支持

---

① 1960 年 5 月 5 日周恩来致中共中央和毛泽东的电报，参见中共中央文献研究室编：《周恩来年谱(1949～1976)》，中卷，第 315～316 页。

以及对其至关重要的经济发展的重要援助。”

而1962年中印边界冲突爆发之前，情报和研究署递交了本编14－14题为《印度对共产党中国的态度趋于强硬》的文件，文件突出强调：在同中国的关系中，“印度越来越把西方看作是一个反对中国的道义和物质支持的来源，而且它在重要的经济发展中继续首选向西方寻求援助”。因此在1962年中印边界冲突中，美国采取了在政治上、军事上和经济上支持印度的政策，美印关系在这一时期得到迅速的发展。中印边界冲突战争后，美国在处理同印度和巴基斯坦关系的基本考虑中，中国因素就占据着重要的地位；美国“同印度建立新的关系，就是使之工业和军事潜力得以发展以对付中国共产党人”。①

1962年中印边界冲突之后，美国情报机构对冲突的影响做了详细的分析。对于中印双方对边界线的主张，中情局在1962年12月本编14－19文件中指出：“印度本来拥有很好的依据，但它既没有对此进行有效的发挥，也没有对它的立场进行辩护；中国提出的依据的合法性值得怀疑，但它却巧妙地把自己的依据提高到了‘合理的’高度，并以展示实力坚持自己的要求。如果对争论的问题进行谈判，有关麦克马洪线的合法性问题，诸如地理因素的合法性，如分水岭、最高山脉、边界地区人民民族和文化的分布，以及不同的‘传统’的权利和习惯将再次成为主要考虑的因素。”对于战争的后果，1962年11月本编14－17文件不仅分析了战争对南亚地区国际关系格局的影响，并对影响未来双方军事行动的各种因素进行了分析，对未来冲突的前景进行了展望和评估。文件开宗明义指出：“目前的评估试图考查当前局势对印度、巴基斯坦、共产党中国和苏联的未来政策及西方的利益所产生的更为广泛的影响。”文件首先注意到战争对印度外交和国内政治的巨大影响，指出：“冲突引起了印度外交的变化，也使国内的态度向西方倾斜，苏联在印度的威望有所下降。然而印度不可能抛弃不结盟，而且在其庞大的经济发展中将继续寻求东西方的帮助。巴基斯坦把印度的军事力量视为对它的安全的威胁，强烈反对西方帮助印度使其实现现代化的计划和重新武装印度的军力。”

美国还关注1962年中印边界冲突对印度不结盟外交政策的影响。本编14－17文件认为：“在未来相当长的时间内，印度的国内外政策将被对其国家生存产生巨大威胁的共产党中国所主导。”在这种情形下，“事实上，在过去的几个月，印度各阶层的舆论都确信北平的敌意和背信弃义，认识到维护印度的自由应主要依靠西方。在目前这种环境下，至少在今后一两年内印度不可能与北平认真地举行谈判以解决问题。相反的是，目前的趋势是加强印度的军事建设，以及加强国家全面的实力地位。无论怎样，我们认为印度的观点已经发生了根本的改变。新德里对其传统的外交政策的结果不再抱有幻想，其证明就是它不再容忍中立主义阵营中的一些朋友的态度。印度在危急时刻向美国求助表明了它对美国的信赖，这也可能进一步表明印度将来会完全理解美国在世界其他地区对遏制共产党侵略所发挥的作用”。

---

① *FRUS*, 1964－1968, vol. XXV. Washington, D.C.: Government Printing Office, 2000, pp. 13－14.

这些情报评估还关注中印边界冲突之后印度国内政局的变化，特别是印度共产党在印度的影响程度的变化。1964 年 8 月本编 14－24 文件指出，尼赫鲁之所以容忍一个大规模的共产党的存在，是因为政府不仅把共产党作为平衡印度强大的保守派和极端反动分子的力量，而且还是向莫斯科做出的一种姿态。但是，中印边界冲突造成了印度共产党的分裂。文件强调指出："自从 1962 年中国入侵以来，印度共产主义运动逐渐分裂成两个相似且相互竞争的组织。"所谓"右翼"的法定领导人继续宣称代表印度共产党 16 万党员的大多数，仍坚持通过议会路线夺取权力的策略，在具体问题上同执政的国大党进行有选择的合作，听从苏联的指导。右翼领导人遭到了由强硬的中立派和左翼反对派所组成的松散团体的反对，这些左翼反对派赞成采用更为激进的方式反对国大党温和的社会主义，尽管他们自身依然在战术问题上存在分歧。虽然左翼反对派可能没有受到中国的控制，但他们中的人倾向于向北平寻求意识形态的指导和鼓励。印度共产党的分裂主要源于国内的争论，他们中的许多人都是建党的元老，他们在此之前都尊重党的团结的利益。来自外部的压力，如中国入侵印度以及国际共产主义运动的分裂，从根本上加深了印度共产党内部业已存在的分歧，破坏了强调团结的价值。

三、印巴两国的经济发展问题

作为实施南亚战略最为突出的手段之一，美国决策者尤其关注印度和巴基斯坦的经济发展问题，国务院和中央情报局在这方面做了大量的研究。本编收录了直接研究和分析印巴两国经济问题的相关文献有 10 篇，其涉及范围包括印巴同苏联集团和中国的经贸关系、苏联向印度援助印度钢铁厂、印度的五年计划、美国经济援助对美印及美巴关系的影响、中印边界冲突对印度经济发展的影响、印度的农业问题特别是"绿色革命"对印度农业发展的影响，等等。这突出体现了经济冷战在美国对南亚政策的重要影响和作用。

1952 年 7 月，美国国务院连续编辑了两份关于印度和巴基斯坦同苏联进行经贸往来的报告以及苏联和中国同印度发展经济、文化关系的报告，即本编 14－4、14－5 文件，特别分析了印度和巴基斯坦两国在朝鲜战争爆发后对美国为首的西方国家对中国实施贸易禁运政策的反应，同时还分析了印巴两国对待美国《巴特尔法》的态度。报告认为，美国任何试图公开迫使印度政府取消或缩减与苏联集团进行贸易的行为，将会产生非常不幸的政治和经济后果。对巴基斯坦而言，"对苏联集团的禁运会给棉农和整个国家的经济带来严重的问题"，但"由于巴基斯坦一贯采取倾向西方的态度，其政府一直愿意通过行政手段限制与苏联集团的贸易，前提是这种限制不会与政府认为的国家重大利益发生冲突"。为此，美国情报机构极为关注印度、巴基斯坦同苏联集团特别是同中国的经贸关系，在 1957 年 4 月和 5 月的情报报告，对中印、中巴的经贸关系进行了系统的研究，其中包括交易的主要商品、付款方式、协议期限以及进出口贸易额等，都有极为详细的统计数据。

美国在冷战时期把南亚地区特别是印度的经济问题提升到战略的高度加以对待。中情局在 1951 年 9 月本编 14－2 文件中就强调指出，经济上的恶化也可能会导致共产党控制印度，而“如果共产党控制了印度，其邻国就将会受到来自侧翼的威胁，共产党集团就会对欧洲和远东之间的往来和联系构成威胁，亚洲的舆论将相信共产主义代表着‘未来的潮流’。包括印度尼西亚在内的东南亚将沦为共产党的囊中之物。即便有西方强大的军事支持，基本上亲西方的巴基斯坦政府会发现他们反对苏联及其亚洲盟国将很难拥有立足之地。在伊拉克、阿拉伯地区的近东以及菲律宾，中立主义都将会很快蔓延”。另外，共产党控制印度会切断西方锰、云母、紫胶、汞和黄麻的一个重要供应来源。这种局面的另外一个重要后果就是，“如果苏联对印度的控制导致了东南亚国家倒向苏联集团，那么，经济后果将十分严重，因为钠、橡胶和石油的重要来源就会从西方手中落入苏联的手中”。中情局在这份文件中的结论是：外部的经济援助能制止和及时阻止印度经济的衰退。因为“印度经济的衰退将会给西方造成极大的困难，还可能会严重威胁到西方国家在亚洲的地位”。这显然引起了美国决策者的高度重视。国务院在 1957 年 7 月 12 日题为《印度经济问题》的情报报告中，明确提出了冷战时期指导美国对印度政策的一个最基本的战略思想，即“经济发展对印度有着重大意义，不仅关系未来国家合理民主的政府，而且关系到印度作为亚非地区发展中国家的重要代表与共产党中国争夺未来的政治主导权。如果印度不能保证足够快速的经济发展，这将会导致印度国内经济和政治的恶化，从而对自由亚洲产生负面影响”。到 20 世纪 60 年代后期，“继续向印度提供经济援助，防止印度走向共产主义”依然是美国对印度政策以及南亚地区的一个重要指针。①

四、克什米尔问题、印巴矛盾与 1965 年印巴战争

印巴分治后，克什米尔问题不仅是印巴两国关系中最为突出的问题，也是美国南亚政策中最难以处理的一个问题。克什米尔位于喜马拉雅山区，处在印度、巴基斯坦、阿富汗和中国之间，并隔着一条狭长的地带与苏联相望，战略地位相当重要。整个克什米尔地区的面积约 19 万平方公里，1947 年印巴分治时人口为 400 多万，其中 77%为穆斯林，印度教徒占 20%。1947 年 8 月的蒙巴顿方案规定克什米尔可以自由选择归并印度或巴基斯坦，或宣布独立。1947 年 10 月，克什米尔邦大君(Sardar-i-Riyasat)同印度签署了将克什米尔并入印度的协议；10 月 27 日印度宣布克什米尔加入印度，并派军队空降克什米尔首府斯利那加(Srinagar)，巴基斯坦也出兵斯利那加，第一次印巴战争爆发。在联合国的调停下，印巴两国在 1949 年 1 月 1 日宣布停火，7 月划定停火线，印度占领人口约四分之三、面积约三分之二的克什米尔地区，巴基斯坦占领人口约四分之一、面积约三分之一的克什米尔地区。从此，印巴两国为克什米尔地区的归属问题产生了尖锐的矛盾，形成了影响两国关系的克什米尔问题。

印巴在克什米尔问题上的矛盾与两国对这一地区重要性的认识紧密相连。克什米尔和

---

① Robert McMahon, “Toward Disillusionment and Disengagement in South Asia”, in Warren Cohen, Nancy Bernkopf Tucher, eds., *Lyndon Johnson Confronts the World: American Foreign Policy, 1963 - 1968*. Cambridge: Cambridge University Press, 1994, pp. 166 - 167.

查谟所具有的重要的战略意义在于，这一地区地处从西方和北方进攻南亚次大陆的传统入侵路线之上。对此印度总理尼赫鲁曾明确表示，克什米尔的北部边界同阿富汗、苏联和中国接壤，因此克什米尔的安全对印度而言是至关重要的。①对印度而言，对克什米尔地区的控制在政治上和心理上都是极其重要的，特别是在 1962 年中印边界冲突之后。印度之所以一直反对举行公民投票解决克什米尔问题，正如印度国防部长梅农(Krishna Menon) 1965 年所说，"克什米尔会投票加入巴基斯坦，我们将失去克什米尔"。②而巴基斯坦一直坚持，克什米尔问题的解决方案必须满足克什米尔人民的意愿，并以印巴两国的友谊为基础。巴基斯坦总统阿尤布·汗(Ayub Khan)强调，这样的解决方案不能造成任何一方被击败的感觉。巴基斯坦外交部长布托 (Zulfiquar Ali Bhutto) 甚至宣称，克什米尔之于巴基斯坦，同柏林之于西方是相同的；由于克什米尔冲突威胁到世界和平与安全，所以"它是一个严重依赖人类良心的问题"。③

美国对克什米尔问题关注的是美国战略利益的考虑。在 1951 年本编 14 - 3 文件中，美国情报研究人员相信，由克什米尔问题而导致的印巴之间的战争，其最重要的后果是两国内部状况的恶化，这可能给共产党在部分地区或全印度夺取政权敞开了大门。此外，战争可能会给美国与印巴两国的关系带来恶劣的影响，可能会消除美国在巴基斯坦获得空军基地和从印度获得重要原材料的可能。该文件强调了战争对美国国家利益的影响：首先，战争将会加剧世界局势的紧张和不稳定。从外交上来说，直接的结果是美国要承担向双方都要提供援助的严重压力。不管美国是否在冲突的调解中发挥积极作用，美国的政策将有可能疏远一方或两方都疏远，并且将严重影响它们在东西方冲突中的立场。从军事上来说，战争会使原来希望巴基斯坦加入防御条约以在中东抵御共产主义进攻的希望化为泡影。美国的安全利益也会因为一个坚决的或中立的巴基斯坦拒绝提供对抗苏联的导弹攻击基地而受到影响。从经济上来说，如果战争扩大到孟加拉，从加尔各答进口的包括云母、矽铅铀矿和黄麻等原材料将会受到阻碍或拖延。印度的混乱局势还可能使锰的运输中断，这可能对美国的工业造成严重的影响。这种判断成为冷战时期指导美国对克什米尔政策的一个重要的依据。

美国对 1965 年印巴战争反应的迟钝，在很大程度上是由于情报判断的失误。美国情报机构过高估计了印度在尼赫鲁去世后对国内存在问题的关注。1964 年 12 月本编 14 - 29 文件认为，夏斯特里政府的对外政策会减少对各种各样的国际问题的关注，更专注于涉及印度自身利益的具体问题。印度将继续其不结盟政策，该政策近年来开始关注从苏联和美国获

① Robert G. Wirsing, *India, Pakistan, and the Kashmir Dispute: On Regional Conflict and Its Resolution.* New York: St. Martin's Press, 1994, pp. 85 - 86.

② Mushtaqur Rahman, *Divided Kashmir: Old Problems, New Opportunities for India, Pakistan, and the Kashmiri People.* Boulder, Colorado: Lynne Rienner Publishers, Inc., 1996, p. 103.

③ Morrice James, *Pakistan Chronicle.* New York: St. Martin's Press, 1993, p. 114; B. L. Kak, *The Fall of Gilgit: The Untold Story of Indo-Pak Affairs from Jinnah to Bhutto.* New Delhi: Light and Life Publishers, 1977, pp. 48 - 49; Stanley Wolpert, *Zulfi Bhutto of Pakistan: His Life and Times.* New York: Oxford University Press, 1993, p. 74.

得援助来对抗共产党中国。对于印巴关系,该文件相信,“从根本上消除印巴紧张关系的先决条件是解决克什米尔争端,这在近期则是毫无希望的。然而,两国间爆发大规模的敌对冲突是不可能的,一些具体的问题可能获得解决”。而印度将比过去更加关注其他邻国,目的是寻求减少共产党中国可能产生的影响。1965 年 3 月本编 14-30 文件虽然认为,印巴之间在诸如克什米尔、种族冲突以及难民等问题上的紧张关系将会加剧,但文件却强调指出:“我们认为两国的领导人能够阻止大规模的敌对冲突的爆发。”美国情报分析机构到 1965 年 8 月战争爆发之前依然相信,虽然印巴间的敌对可能会持续下去,虽然克什米尔争端将继续是棘手的,虽然两国爆发大规模战争的可能性比 1948 年以来的任何时候都要大,“但我们相信战争还是可以避免的。但是,两国的政策首先是由两国彼此间的恐惧和敌意所决定的,不是由冷战的问题所决定”。①

与此同时,美国对这一时期巴基斯坦发展同中国的关系极为不满。阿尤布·汗几乎看不到美国改变其对印度政策的可能,因此他不会愿意改变其对外政策的方向。尽管美国和巴基斯坦在亚洲政策上存在分歧,但阿尤布·汗会认为美国由于其在巴基斯坦的诸多利益,而继续在对巴进行军事和经济援助。美国如果以减少军事和经济援助来威胁巴基斯坦改变其对华政策,巴基斯坦的最初反应将是相应地威胁与美国的盟友关系以及美国在巴基斯坦的特殊设施。因此,如果阿尤布·汗认为美国真的要减少对巴的援助,他将弱化但不会放弃其对华政策,至少要保证除美国之外的其他援助来源。阿尤布·汗把同共产党中国的关系作为巴基斯坦对抗印度的关键的安全因素之一。阿尤布·汗将继续努力改善同亚非其他国家的关系,并在许多问题上与亚非国家的主流观点保持一致,这是一种对巴基斯坦有巨大政治吸引力的政策。它将寻求改善与苏联的关系作为其对外政策的辅助手段。②

对于中国如何应对 1965 年印巴战争,美国情报机构做了详细的分析。1965 年 9 月本编 14-33 文件认为,中国“极其谨慎地对待克什米尔局势,这似乎表明北平将寻求避免更深地卷入。没有迹象表明中国人正准备沿中印边境采取军事行动”。文件强调指出,当前卷入印巴之间的争斗不仅不符合中国根本的安全利益,而且“中国人在克什米尔危机中没有重要的意识形态方面的利害关系,冲突发生在两个非共产党国家中,这里既没有明显地牵涉中苏关系,也没有‘反帝国主义’的问题”。但保持中巴“友谊”现在是中国卷入克什米尔危机中最具体的利益所在。因此,“中国的行为表明,北平愿意与巴基斯坦保持紧密的关系,愿意为此付出一些代价,但要遵循最低风险的政策,这一政策与中国在中巴友谊中的实际利益之有限性相一致,也与中国在东南亚承担的更重要的义务相一致”。文件指出,限制中国卷入的原因主要是后勤方面的。后勤是限制中共在这一地区军事活动的最重要因素。

随着战局的发展,中国在 9 月向印度发出了最后通牒。本编 14-35 文件认为:“这个威胁看来是故意向印度施加它所能承受的最大的心理压力,其目标是转移在克什米尔前线的

① 见本编 14-37 文件。
② 见本编 14-30 文件。

注意力，从而缓解巴基斯坦的压力。”本编 14－37 文件继续坚持认为：“我们认为中国会避免直接地、大规模地军事干预印巴战争。但迫近的巴基斯坦的失败将有可能增大中国进行干预的压力。即使在这种情况下，我们仍然认为，由于中国将越南视为其首要利益所在，这将阻止中国对印度采取冒险的军事行动。除了宣传、政治支持和军事姿态外，中国将提供物质援助，但除了象征性的表示外，不会提供更多的援助。然而，这将威胁印度，并可能在印度边境采取小规模的军事试探，也有可能发动一场类似 1962 年甚至更小规模的有限进攻。在其他情况下，同采取军事行动的重要性相比，中国更期望产生更大的政治和心理上的影响。”这种判断对美国的政策和反应产生了重要的影响。

1965 年印巴战争的影响是巨大的。但作为 1965 年印巴战争的结果，苏联的政策显然是成功的，它虽然力图在印巴之间保持平衡，但更为大力地支持印度的政策倾向是明显的。同时，苏联在 1965 年印巴战争后利用巴基斯坦国内政治的变化，支持印度以武力肢解巴基斯坦，使得苏联在南亚地区的影响空前提升。由于美国对南亚地区政策的核心是遏制和防止中国的“威胁和扩张”，因此美国的政策存在着援助印度对抗中国与同时发展同巴基斯坦同盟关系之间不可调和的矛盾。美国和巴基斯坦在如何处理同中国关系的问题上以及对克什米尔重要性的认识上矛盾尖锐，美国判定巴基斯坦发展同中国的关系严重威胁到美国在南亚的安全利益。美国在战争中采取不介入的政策，虽然是对巴基斯坦的惩罚，但实际上也丧失了对印巴两国施加影响的渠道，这种趋向随着苏联在战后大力援助印度并发展同巴基斯坦的关系而更加明显。美国在南亚地区的影响开始迅速减弱。美国情报机构显然意识到了这种影响和变化。本编 14－45 文件认为，作为战争的结果，“印度会继续敌视中国，并在美苏间奉行不结盟政策。印度在美国的要求下已进行了许多的经济改革，以此换取美国恢复经济援助。令它担忧的是，苏联正逐渐转移对印度的不加辨别的援助。为了阻止这一转移，并继续从苏联获得经济和军援，新德里将不得不尽可能地努力避免惹恼苏联”。至于巴基斯坦，文件指出：“巴基斯坦将继续平衡与中国和美国的关系。它知道与中国关系太密切会威胁到与美国的关系。同时，它需要武器，而中国表现出愿意以明显的低价向巴基斯坦供应武器，其种类和数量将有助于巴基斯坦重建和改善其军事地位。”

五、印度发展核武器的计划及其影响

在美国情报机构看来，印度发展核武器的诱因在于 1962 年印度在中印边界冲突中的失败特别是中国拥有核武器。在中国成功试爆原子弹之后，美国情报机构予以高度关注，其中一个重要议题就是中国拥有原子弹对印度的影响。中情局在 1964 年 10～12 月的一系列电报中都认为，“中共核装置的爆炸迫使印度不得不采取行动做出反应，而不是在口头上的”。之所以印度没有开始原子弹的制造，“是因为印度政府相信中共至少在五年内不会拥有攻击性的核力量。与此同时，如果情况发生变化，印度可以依赖约翰逊总统所做出的一旦任何国家受到中国威胁时美国将予以援助的承诺”。但美国也承认，印度有能力发展核武器，政府受到国内要求发展核武器的巨大压力。因此无论如何，“印度将会继续发展其核能力，在做出此项决定后，他们就能开始一项武器项目。印度人是否会这样做，将取决于以下问题：即发展核武器项目的代价及其运载系统，还有中国核项目的进度和程度以及印度从美国和其他核国家得到的保证的重要性”。①

六、1971 年印巴战争、孟加拉国的成立与南亚地区的国际关系

1971 年印巴战争的爆发起因于印度干涉巴基斯坦内部的政治斗争，并利用巴基斯坦的内乱达到了肢解巴基斯坦的战略目标。1947 年，印度和巴基斯坦分治并独立，巴基斯坦被分为东西两部分，中间隔着印度，其中的原孟加拉邦，被分裂为东孟加拉和西孟加拉，东孟加拉归巴基斯坦，分治后被称为东巴基斯坦，西孟加拉则并入印度成为印度的西孟加拉邦。东西巴基斯坦两部分被印度隔开，以穆斯林为主体的西巴基斯坦在全国政治、经济和军事上处于支配地位，而以孟加拉人为主，但同时生活着大量印度教徒的东巴则处于从属地位，西巴经济相对发达，东巴极为贫穷，自独立起东西巴之间就存在着广泛的矛盾，经济、政治和宗教上的矛盾尤为突出。1966 年，在东巴以拉赫曼(Mujibur Rahman)为首的人民联盟(Amami League)要求东巴基斯坦全面自治。这样，巴基斯坦内部的分离主义运动发展到了一个新的阶段，不仅给巴基斯坦的政治稳定带来了前所未有的挑战，也给印巴关系的发展提供了新的变数。

美国情报机构密切关注南亚局势的发展和变化。1970 年 10 月本编 14－53 文件预见到了巴基斯坦可能出现的分裂。文件虽然认为，印度和巴基斯坦的对外关系的主要特点看来已确立下来了，不容易发生急剧的变化；但文件同时也指出，“两国都存在着相当大的变化的可能性”，这种变化首先体现在巴基斯坦可能的分裂，因为“一个独立的东孟加拉的出现，将改变整个地区的国际关系”。文件还认为，在印度发展同苏联关系的情况下，印巴两国特别是巴基斯坦同西方的政治和军事关系已开始疏远，不太可能恢复到 20 世纪 60 年代那样的水平。与此同时，发达国家不会像以前那样通过进行大规模经济援助的方式在印巴争夺政治利益。

1970 年 12 月巴基斯坦举行全国选举，人民联盟获国民大会 313 席中的 160 席，成为第一大党，穆吉布将成为巴基斯坦的新总理，所以更力求贯彻东巴自治的主张，并与政府进行了两个月的谈判，但是谈判没有达成任何协议。在此情况下，穆吉布宣布接管东巴基斯坦的行政权力，并于 1971 年 3 月 23 日升起孟加拉国旗，东巴事实上已经走向独立。巴基斯坦总统叶海亚・汗(Yahya Khan)逮捕穆吉布，取缔人民联盟，并在巴基斯坦实行军事管制，采取军事镇压行动，导致大量平民伤亡，印度教民众害怕穆斯林政权的报复，因而有数百万难民涌入印度。4 月 17 日，一部分跑到印度的人民联盟成员在西孟加拉邦的加尔各答宣布成立“孟加拉人民共和国临时政府”。

虽然东巴危机的出现对印度来说很突然，但巴基斯坦内部的分裂动乱还是被其宿敌所

---

① 见本编 14－25、14－26、14－29 文件。

利用，印度绝不会放过这样一个可以削弱甚至肢解宿敌巴基斯坦的机会。印度朝野各界包括许多民众特别是军方强烈要求立即采取"解放"东巴基斯坦的军事行动。当时印度英迪拉·甘地夫人(Indira Gandhi)政府，虽有打击巴基斯坦的意图，但认为时机不到，要创造条件。因此印度开始在外交、政治舆论、军事上进行准备行动，一方面支持东巴的分裂势力，任由"孟加拉政府"在印度活动，还由印度陆军接替边防军帮助孟加拉的分裂势力组建包括陆海空三个军种的武装部队，并提供武器装备和训练。另一方面利用难民问题制造舆论。在外交上，印度进一步加强与苏联的友好关系，寻求苏联的支持，推动正在进行的印苏友好合作条约的谈判，以应对美国或中国可能的干涉；8月9日，印度和苏联签署了为期20年的《印苏和平友好合作条约》。另外，印度加紧战备工作，储备物资，从各地抽调并组建对东巴作战的部队，并逐步向东部印巴边境集结，印度边防军还配合东巴游击队时常向东巴边境哨所发起侦察性的攻击。战争准备工作就绪后，印度在11月19日宣布，巴基斯坦正在策划先发制人的战争，轰炸印度在克什米尔的空军基地；11月22日，印度未经宣战向东巴发起全面进攻；12月3日，巴基斯坦向印度境内的军事目标发起空袭，战争全面爆发。

在当时中美逐步打开关系正常化大门的背景下，美国首先关心中国是否会大规模卷入这场战争。印巴发展前景，除分析可能出现的政治、经济等国内局势变化的趋势外，着重预测两国同外部世界的关系发展。1971年12月7日本编14－56文件认为："根据现有的一切可用的情报进行评估表明，中国没有做好深度干预印巴战争的军事准备。我们还没有了解中国沿喜马拉雅山做出的军事部署的细节，但很明显的是，中国现在不具备进行1962年入侵印度那样规模的干预的能力。中国确实保持进行小规模干涉的选择，从公开的军事调动和备战到侵略性的巡逻以及对印度边境哨所的骚扰，或者进行一次牵制性的有限进攻。但北平目前似乎表现得很冷静。"在分析了中国在边界部队以及后勤准备后，中情局相信："在当前军事力量的基础上，中国不会发动一场越过喜马拉雅山进入印度平原的大规模持久进攻行动。中国可能在最小的军事风险下，在高山地区发动一系列的骚扰性进攻，以便牵制相当数量的印度军队，如果北平有意这样做。"

对于战争可能导致的后果，美国情报机构也做了细致的分析。1971年12月9日本编14－57文件，就是这一预测的代表。这一题为《印度战胜巴基斯坦的意义》的文件，对战争对南亚次大陆国际关系的影响、对各主要相关国家外交政策的影响以及相关双边关系的影响等，都做了系统的分析。文件首先强调："印度政治、军事目标的成功实现，将极大地改变次大陆的大国关系。因为苏联会公开在外交、宣传和物质上支持印度，所以它会有助于实现这一变化，有关各方会留下这样一个印象，即苏联的实力和政策会有效地服务于其盟友。由于美国的政策会有急剧转变，美国的实力和影响会被拿来与苏联进行比较，所以其他国家会加进自己考虑来重新判断美苏的实力均衡。"对于苏联的政策和印苏关系发展的影响，文件分析道，莫斯科在一段时期内一直相信，与印度保持密切关系是维持其在南亚长远利益的关键。在战争之前，苏联一直在外交和物质上支持新德里对巴基斯坦的"压力政策"，并在联合国竭力支持印度。未来的印苏关系是否亲密(就印度一方来说)和具有依赖性，很大程度上是由中国和美国对新德里的态度所决定的。如果印美关系得不到修复,削减经济援助,印度会更加依赖苏联。如果中国继续与印度敌对,印度同样会继续依赖苏联。如果这样,莫斯科会更加倾向新德里,会做出重大让步,比如说提供海军装备。但如果中国最终接受南亚的现状,与新德里的关系正常化,后者是会欢迎这样一个摆脱对苏联依赖的机会的。因此,"从普遍意义上看,莫斯科会受到鼓舞地认为自己的实力和影响在增长,会接受在其他地区发挥更重要作用的观点。但苏联人不可能不对风险进行精打细算,他们通常会把这些风险置于特定的环境之中加以考虑。此外,他们不希望危及现在推行的以缓和与谈判为口号的对西方的政策"。

对战争对中国的南亚政策特别是中印关系的影响,做了相当深入的预测。文件指出,印度实现其目标,值得中国严重关注。"北平会害怕在国际上丢面子,因为它没有采取有效措施支持一个长期的朋友。在北平看来,更严重的是这一事态对它与苏联进行竞争的影响"。因为中国真正担忧的是"苏联可能加强在次大陆的地位和影响,包围中国,并为在将来进一步向印度洋和南亚扩张提供军事和政治基地"。在这种情况下,如果中国接受了印度的既成事实,它的担忧会持续下去,它不得不动用各种手段来限制或破坏苏印的合作。其基本选择是尽力逐渐增加西巴基斯坦的力量,通过颠覆或不时与苏联竞争在新德里的影响来削弱印度。虽然如此报告也认为:"中国人不会急于将其努力的重点转向次大陆。他们不希望表现为'全天候'朋友,他们会继续谴责印度,并且他们非常不喜欢印度。印度是潜在的大国竞争者,中国人非常疑虑的是,中印之间任何的接触只会帮助印度获得更多援助,加速印度经济和军事力量的增长。由于这些原因,我们认为中印关系在一段时期内会持续紧张。"

对于战争对区域国际关系的影响,文件更加关注伊朗。文件指出:"在地区大国中,伊朗比阿富汗更加深入地卷入了巴基斯坦与印度的斗争。"伊朗国王向战败的西巴基斯坦提供石油、资金以及一些军事装备。他甚至认为对巴基斯坦事务施加深刻影响有利于本国利益。"然而,一般来讲,巴基斯坦的失败和解体很明显会加强伊朗在波斯湾-印度洋地区的重要地位。因此,其他国家的政府会最终将伊朗视为世界主要的区域大国之一,这也是伊朗国王对自己国家的评价。巴基斯坦的失败会进一步使伊朗国王认为,他必须尽可能依靠自己的力量实现其对外政策目标。"

价值评估及其对美国南亚政策的意义

综观本编收录的有关美国对中国与南亚地区关系的文件,可以大致看出美国情报的评估以及对美国南亚政策的影响和意义,以下几个特点非常突出和明显:首先,这些情报报告的建议和结论,同冷战时期美国对南亚地区的政策基本吻合,许多政策建议已经成为美国政策的主要参考和决策依据,如利用印度的不结盟政策、依靠经济和军事援助把南亚地区纳入美国遏制战略的框架之中、试图在以巴之间保持平衡、利用中国和巴基斯坦在南亚地区对抗苏联和印度等等。这种现象在极大层面上反映了国务院和中央情报局在美国外交决策机制中的关键地位和作用。

其次，这些情报报告涉及问题广泛，情报来源丰富，实用性和针对性强，相关情报分析及研究人员素质高，在情报分析过程中注重相关数据的搜集和整理，如有关印度、巴基斯坦同苏联、中国以及其他社会主义国家之间的经贸联系，印度的五年计划，印度的粮食问题，印巴两国的军力发展等等，都涉及了大量的统计数据，美国情报人员为此进行了大量细致认真的工作，在此基础上提高情报研究的效率和水平，因此所完成的报告具有相当的学术水平和决策参考价值，从而体现了美国情报机构在政府决策中的重要影响。

最后值得提出的是，冷战时期美国情报机构有关中国与南亚地区的情报分析和评估同样存在着较大的偏差和失误，这特别典型地表现在美国情报机构对1965年印巴战争的爆发的预测。如本编收录的文件所显示的，在战争爆发之前，美国情报机构虽然意识到印巴关系的紧张，但却没有一份文件预测战争会爆发，从而在一定程度上造成了美国反应的迟缓和被动。这种情况也在很大程度上反映了冷战史的一个重要特征，那就是由于受民族、宗教等因素所左右的国家之间的矛盾、冲突乃至战争，往往超出大国的想象和预测。

14－1

中情局关于中印关系的情报文摘

（1951 年 3 月 30 日）

Daily Digest

绝　密

每日文摘

（1951 年 3 月 30 日）

提示：

1. 编制这份重要报告的摘要主要是供时事情报处在内部使用。它不代表包括中央情报局或时事情报处所有的时事报告。

2. 评论表达时事情报处的初步观点。

3. 旁注的字母的意义：

"甲"——表示苏联及共产党集团的意图或能力。

"乙"——重要的地区形势，不一定与苏联及共产党集团的意图或能力有联系。

"丙"——表明趋势和潜在形势变化的其他信息。

第一部分（苏联）

"乙"　东欧、保加利亚、保加利亚人逃往南斯拉夫。南斯拉夫新闻报道，25 名保加利亚人在 3 月 22～23 日夜晚逃出保加利亚，到达尼斯(Nis)难民收容中心。据报道，另外有 30 名保加利亚人分成两批在 3 月 26～27 日夜晚越过边界。在南斯拉夫政府安排的新闻采访中，难民们声称，保加利亚的状况令人无法容忍，农民们失去土地，普通民众的情绪低落。南斯拉夫的宣传机构也声称，由 1 000 名在 1944 年前在苏联生活了 10～15 年的保加利亚人组成的集团，现在正在取代国内的共产党领导人集团。（U 贝尔格莱德 1378，1951 年 3 月 28 日；S 贝尔格莱德 319，1951 年 3 月 23 日；《纽约时报》，1951 年 3 月 30 日）评论：由于强迫实行集体化和强制性的安全措施，致使越过南斯拉夫边界出逃的保加利亚人明显增多。自从 1949 年春季保加利亚本土派领导人科斯托夫①被剥夺权力以来，在内战期间转移到苏联的

① 科斯托夫（Traicho Dzhunev Kostov，1897～1949），保加利亚共产党创始人之一。1945～1948 年任保加利亚共产党总书记，1946～1949 年担任主管经济的副总理。1949 年 3 月被开除出党，6 月被捕，后被处死，1956 年平反。——编注

共产党人已经开始取代那些在战争期间留在保加利亚的共产党人。

"乙" 罗马尼亚。南斯拉夫的指责升级。南斯拉夫的报纸和广播最近多次发表谴责文章,如果可以确定的话,这表明罗马尼亚存在严重的经济动荡和政治冲突。南斯拉夫指责说,剥夺瓦西利基(Gheorghe Vasilichi)矿业和石油部长职务的目的,是为了在军事上控制罗马尼亚的石油工业扫平道路,严重的经济困难已经使建设部长博里勒(Petre Borila)、国家农业委员会副主席桑杜(Constantin Sandu)以及食品部副部长维内亚(Emanuil Vinea)被免职。南斯拉夫还证实,亲苏的党的领导人基希聂夫斯基(Chisinevschi)的所有追随者已经从政治生活中消失了,而副总理乔治乌-德治[①]的地位正在上升。南斯拉夫的宣传机构也暗示,罗马尼亚的报纸和广播淡化总理格罗查[②]的重要政治地位。(U《纽约时报》,1951年3月24、31日)评论:只有获得有关罗马尼亚内政更为翔实的情报,南斯拉夫的指责才能被视为是企图夸大和扭曲那些影响罗马尼亚政权的潜在困难。与一年前相比,罗马尼亚今天面临巨大的内部压力,它表现为官方不断地挑工业领导人和党的官员的毛病,因为他们没有利用劳动力建立一个有效的、运行顺畅的经济结构,而这种结构则热衷于完成苏联所安排的那些生产配额。人们接受瓦西利基成为石油生产不足的替罪羊,但没有明显的证据表明军方接替了已为苏联所管理的苏罗石油公司(Sovropetrol),从而控制了罗马尼亚的石油。据报道,解除鲍瑞拉的职务不一定由于他的过错,因为据布加勒斯特的美国使馆的情报,他已经被提拔为国家监督委员会的主席。当具有民族主义者色彩的乔治乌-德治发挥更多影响时,斯大林主义者基希聂夫斯基及其支持者就不可能遇到麻烦。最后,在报道中受到冷落的格罗查当前几乎没有任何意义,他不是共产党员,充其量只是一个名义上的领袖。

"乙" 南斯拉夫。南斯拉夫反对现在解除霍查[③]职务的任何企图。南斯拉夫议会对外关系委员会主席德吉杰尔[④]在3月29日《战斗报》(Borba)[⑤]的一篇文章中表示,他担心阿尔巴尼亚目前的内部斗争会给苏联武装干涉巴尔干地区提供借口。据德吉杰尔透露,在阿尔巴尼亚个别领导人被清洗之后,党组织内开展了集体清洗,导致了全国的恐怖气氛加剧。这种局面正被希腊的"某些组织"以及在意大利的阿尔巴尼亚人的流亡团体所利用,他们向阿尔巴尼亚境内空投武装人员,散发宣传传单。德吉杰尔指出,苏联的宣传机构一直指控南斯

① 乔治乌-德治(Gheorghe Gheorghiu-Dej, 1901～1965),罗马尼亚共产党领导人,1944～1965年担任罗马尼亚共产党总书记,1952～1955年担任总理。——编注

② 格罗查(Petru Groza, 1884～1958),罗马尼亚政治家,1945～1952年担任总理,1952～1958年担任国务委员会主席。——编注

③ 恩维尔·霍查(Enver Hoxha, 1908～1985),阿尔巴尼亚领导人,从第二次世界大战结束直到其逝世,一直担任阿尔巴尼亚劳动党第一书记;1944～1954年担任部长会议主席,1946～1953年担任外交部长。——编注

④ 弗拉迪米尔·德吉杰尔(Vladimir Dedijer,1914～1990),南斯拉夫政治家和历史学家。第二次世界大战期间担任南斯拉夫共产党机关报《战斗报》的编辑,1952年成为南共中央委员会委员,在吉拉斯(Milovan Dilas)倒台后被开除出中央委员会,随后在贝尔格莱德大学以及美国的大学从事历史教学和研究。主要著作有《南斯拉夫的奥斯威辛与罗马教廷:第二次世界大战期间克罗地亚人对塞尔维亚人的大屠杀》、《通向萨拉热窝的道路》以及《日记与铁托》等。——编注

⑤ 南斯拉夫共产党机关报。——编注

拉夫准备针对阿尔巴尼亚的侵略行动。他还补充说，流亡者的行动给苏联提供一个现成的借口去干预“社会主义小国的国防，”而且可能被作为向南斯拉夫发动进攻的借口。[U《纽约时报》(NYT)，1951 年 3 月 30 日]。评论：铁托[①]政府一贯反对任何外部势力干涉阿尔巴尼亚，他的根据是苏联可以利用这样的行动作为武装干涉南斯拉夫的借口。另外一个与南斯拉夫态度有关的因素是，南斯拉夫估计自己没有能力利用阿尔巴尼亚的动荡局势，在那里建立一个亲铁托政权。

第二部分(东方)

“乙”　伊拉克。伊拉克石油资源国有化的计划。根据开罗电台的报道，伊拉克议会将于本周就伊拉克石油资源国有化的计划进行辩论。[见时事情报处的《每日文摘》(OCI，Daily Digest)，1951 年 3 月 20、23 日]。议案由 18 名议员代表提出，他们称石油公司拒绝用金币支付开采权使用费，拒绝扩大石油产量，以及拒绝培训伊拉克人作为技术人员。石油国有化措施遭到总理赛义德[②]的反对，他表示，他的政府将集中所有力量来增加伊拉克石油的开采权使用费和石油产量。[R 国外广播新闻处(FBIS)，1951 年 3 月 29 日]。评论：石油国有化的建议不可能像伊朗那样在伊拉克议会获得通过。然而，伊拉克增加石油开采权使用费的要求可能会加强，直到主要的母公司伊拉克石油公司(IPC)做出明确的让步。尽管伊拉克石油公司表示愿意考虑新的资金安排，但是它不可能很快提出一份明确的报价，因为很难在公司几个主要股东之间达成一致。在可能出现的耽搁期内，伊拉克人会变得更加恼怒，以致公司不得不在今后做出更大的让步，那种让步比目前必须要做出的让步更大。有关伊拉克议会批准伊拉克石油资源国有化这一事态的发展，不仅对伊拉克而且对中东的其他国家，注定要产生长远的影响。

“乙”　印度。国大党第一次在地方选举中遭到重大挫折。3 月 28 日，加尔各答报纸报道了国大党在地方选举中遭到重大失败。地方政府的 30 个席位以前全部由国大党占有，这次只有 14 名国大党候选人当选，15 个席位被称为“联合进步集团”(United Progressive Bloc)的新左派联盟获得，这是一个由“共产主义革命党”、“社会革命党”、“进步联盟”和共产党组成的松散联合。这是包括共产党在内的左翼分子在西孟加拉第一次联合起来对付国大党，并有许多人通过符合宪法的手段进入地方政府。(U《纽约时报》，1951 年 3 月 29 日)。评论：尽管这些左翼分子在地方选举中成功地联合在一起，但没有迹象表明这种或者任何

---

① 铁托(Josip Broz Tito，1892～1980)，南斯拉夫政治家，南斯拉夫共产党领导人。1937～1952 年担任南共联盟总书记，1952～1980 年担任南共联盟中央委员会主席团主席，1945～1953 年担任联邦执行委员会主席，1971～1980 年担任联邦主席团主席。——编注

② 赛义德(Nuri as-Said，1888～1958)，英国殖民统治时期的伊拉克政治家，从 1930～1958 年之间，曾 14 次出任政府总理。——编注

其他的党派联合能够在一起和谐地工作，也不能表明他们会在全国范围内联合各派力量参加计划于明年秋季举行的全国大选。

尼赫鲁[①]对克什米尔的态度。尼赫鲁总理3月28日在议会发言以及此前不久在Agrs的讲话中表示，对于美英有关克什米尔问题的新提案，印度是不可接受的。尼赫鲁批评美国和英国的代表在安理会的发言，说它们“明显不利于印度的声誉，是对印度的侮辱”。他宣称，印度政府绝不可能同意让克什米尔处于没有保护或者无政府状态之中；克什米尔是印度不可分割的一部分，这一事实从未受到联合国克什米尔委员会或安理会的质疑。(U新德里2567，1951年3月26日；U Ticker，德里，1951年3月28日)。评论：尼赫鲁最近被报道的那些在克什米尔问题上极端、过分以及错误的言辞，以及联合国安理会在这个问题上采取的行动，同尼赫鲁在这个问题上的一贯立场是一致的。这次只是再次强调了尼赫鲁不想让具有爆炸性的、令人烦恼的克什米尔问题以他不能接受的条件加以解决，而他可以接受的条件就是克什米尔要并入印度。

“丙” 中印关系。北平3月28日的广播详细报道了对阿泰尔博士(Atal)的采访，他是印度参加在柏林召开的世界和平大会的代表团团长，他目前访问北平，可能作为尼赫鲁总理的特使(见时事情报处的《每日文摘》，1951年3月24日)。在谈到“美帝国主义正在策划第三次世界大战”时，阿泰尔说只要印度和中国人民“紧密地团结成一个有机的整体”维护世界和平与安全，“并显示出他们为和平而战的决心”，美国的企图将化为泡影。(国外广播新闻处，北平，1951年3月28日)。评论：阿泰尔显而易见的意图是促进中印关系的更加密切，这是符合印度目前对外政策的主流。应该注意的是，他的访谈拥护国际共产主义的路线，仿佛他的讲稿是由克里姆林宫撰写的。如果他果真是尼赫鲁的代言人，那么印度政府有关中印“友谊”的概念看起来就是印度屈从于北平。然而，没有明显的证据表明，阿泰尔真的就代表印度政府的立场。

澳大利亚。工党的竞选纲领。澳大利亚反对党工党为即将到来的大选而制定的纲领，于3月28日由党的领袖主席、前总理奇夫利[②]在悉尼进行了概述。奇夫利承诺，工党将稳定澳大利亚经济，抑制通货膨胀；力图消除煽动和颠覆活动以及破坏工业生产的行为；坚决反对日本的重新武装；在继续同美国紧密合作的同时，加强与英国和联合国的关系。(R国外广播新闻处，1951年3月29日)。评论：工党的竞选纲领没有出人意料的内容。最强硬的一点可能是攻击现政府未能控制不断恶化的通货膨胀。

“丙” 韩国。共产党宣传的最近趋势。从2月27日算起的一周里，北朝鲜的战俘说，他们的小组一直被告知，共产党中国的飞机轰炸了东京和纽约，“取得了辉煌战果”。他们还被告知，美国的原子弹是无用的哑弹，而苏联拥有一种秘密武器，只要按一按按钮，就能击落飞机。在过去的一周里，平壤电台两次报道了转自塔斯社和新华通讯社

---

① 尼赫鲁(Jawaharlal Nehru，1889～1964)，印度政治家，国大党领袖，印度独立运动的主要领导人，1947～1964年担任印度总理。——编注

② 奇夫利(Joseph Benedict Chifley，1885～1951)，1945～1949年担任澳大利亚总理。——编注

(NCNA)的新闻,内容是麦克阿瑟[①]准备在朝鲜进行细菌战。(R 国外广播新闻处,1951 年 3 月 29 日;S PS/W 周刊,1951 年 3 月 2 日)。评论:以前关于生物战(BW)的指控出现在 1951 年 1 月初的苏联的宣传中。宣传"信心"和宣传"恐怖"之间的对比,看来不会反映出朝鲜军事形势的变化。

"丙"　日本。民主党提出"自卫"计划。日本保守的反对党民主党的"外交特别委员会"在 3 月 28 日决定公布一项三点"自卫"计划,该计划包括建立一个 20 万人的军队,分别由现役警察部队组成;要求在签订和平条约 10 年之后收回冲绳;考虑将来对宪法的修改。(R 国外广播新闻处,1951 年 3 月 29 日)。评论:发表三点声明是民主党的保守计划的一个引人关注的方式。民主党前首相芦田均[②]几个月来一直支持建立 20 万人军队的计划,而该党以前主张要求把琉球群岛归还日本。民主党人士显然是第一个主张要修改宪法的重要政治团体,主要考虑要修改反战条款。

第三部分(西方)

"丙"　德国。奥托·施特拉塞尔[③]可能被允许返回德国。应加拿大政府的要求,国务院正在考虑把奥托·施特拉塞尔从联合旅行管理委员会(Combined Travel Board)禁止旅行人员名单中去除,奥托现居住在加拿大。禁止奥托·施特拉塞尔返回德国不利于占领军的最大利益。然而,近期的情报报告把德国的施特拉塞尔运动描述成"非常接近政治骗局的东西",并指出,如果施特拉塞尔返回德国,而且能对德国政治产生相当大的影响,那将是一个政治奇迹。(C 国务院致法兰克福电,A－3191,1951 年 3 月 27 日)。评论:奥托·施特拉塞尔是被希特勒取消的"黑色阵线"的前领导人,他被迫逃离德国,但一直坚持集权和反民主的思想。值得注意的是这个月在法兰克福召开的中立主义者大会,这是第一次尝试把中立主义者团体和民族主义者团体联合起来,其中包括施特拉塞尔的"复兴德国联盟"(League for German Revival)的代表,它们最近一直在努力复兴自己。因此,这可能是施特拉塞尔重返德国政坛的有利时机。

"乙"　萨尔-法国-德国。萨尔问题危及舒曼计划的批准。西德的社会民主党[④]领袖舒

---

① 麦克阿瑟(Douglas MacArthur, 1880～1964),美国五星上将,1950～1951 年任"联合国军"司令部总司令、盟国占领军司令部最高司令、美国远东司令部总司令兼美国远东陆军司令部司令。1951 年 4 月被杜鲁门总统解除一切职务。——编注

② 芦田均(Hitoshi Ashida, 1887～1959),日本政治家,1948 年 3 月到 10 月担任日本第 47 任首相。——编注

③ 奥托·施特拉塞尔(Otto Strasser, 1897～1974)是格利戈尔·施特拉塞尔(Gregor Strasser)的弟弟。施特拉塞尔兄弟在纳粹党的发展历史上地位不凡,格利戈尔在纳粹上台前,是党内的第二号人物,德国著名的演说家,正是他发现并提拔了戈培尔。而奥托一直追随他的哥哥从事早期的纳粹宣传工作,后来多次发动工人罢工,主张工业国有化,1930 年退出国社党,并组建了"黑色阵线"(Black Front)。希特勒执政后,"黑色阵线"转入地下活动,奥托流亡国外。——编注

④ 德国社会民主党(SPD, Social Democratic Party of Germany),成立于 1875 年,是德国历史最为悠久、成员最多的政党。第二次世界大战后德国社会民主党得以重建,声称代表工人阶级和工会组织的利益。——编注

曼海尔[①]告诉美国驻波恩的联络官员说,萨尔问题“变得越来越糟糕”,他计划在不久的将来把这个问题提交给联邦议院。法国驻波恩的官员担心,舒马赫的态度将危及联邦议院批准《舒曼计划》[②]。舒马赫在回答有关萨尔问题此时提得越少越好的这个建议时说,当提到萨尔时,“法国人的表现就像西部的俄罗斯人一样”。(C 波恩 668,1951 年 3 月 28 日)。评论:法国通常要做的事是把萨尔从德国完全分离出去,德国人对此竭力反对。因为德国社会民主党原则上反对舒曼计划,把萨尔问题纳入进来,将使社会民主党的立场获得广泛的支持。

“丙” 奥地利。解雇警察引起示威抗议。在前天夜里遭政府解雇的警察局里的共产党雇员举行静坐罢工之后,昨天有小股的共产党分子在维也纳警察总部前面举行示威。在最近一次维也纳警察工会官员选举中共产党获得大约 30%的选票,此后维也纳市政府立即解除了 267 名执法人员,更多的解雇计划在所有维也纳 4 个占领区内展开。据报道,苏联占领区通知警察总部,它将在本区内停止这种解雇。

……[③]

工会全国代表大会和劳动党全国代表大会。重要的是在这种情况下,工会对重新武装计划导致的政府经济政策表示担忧的同时,没有严厉指责对外交政策是造成这些经济政策的基本原因。

“乙” 英国。美国批评麦克阿瑟的声明安抚了公众舆论。美国驻伦敦大使馆报告,华盛顿官方对麦克阿瑟将军提出朝鲜停战协定的建议的强烈反应,增强了英国对美国政府在处理朝鲜战争中良好愿望的信心。(R 伦敦 5115,1951 年 3 月 29 日)。评论:对美国,尤其是麦克阿瑟将军声称的延长朝鲜战争倾向的敌视在过去非常尖锐。始于美国在联合国“侵略”决议上的让步,英国舆论对美国官方缓和的立场的信任在逐渐增强,不信任已经消除。麦克阿瑟将军的停战声明再次激发了普遍的对他的不信任感,他最近有关联合国的优柔寡断阻碍了他的行动的言论,足以证明他的强硬。

DDRS, CK 3100264607 - CK 3100264614

马晓云译,戴超武校

① 舒曼海尔(Kurt Schumacher, 1895～1952),1945～1952 年担任德国社会民主党主席。——编注

② 舒曼计划(Schuman Plan),1950 年 5 月 9 日由法国外交部长舒曼(Robert Schuman)提出。该计划建议成立一个超国家的机构,把法国和西德的煤钢生产置于这一机构的管理之下,同时这一机构向欧洲其他国家开放。根据这一倡议,1952 年法国、西德、意大利、比利时、荷兰、卢森堡成立了欧洲煤钢联营(European Coal and Steel Community),从而迈出了欧洲一体化的第一步。——编注

③ 原文此处缺失 1 页,以下为末页内容。——译注

14－2

中情局关于印度在东西方冲突中的立场的评估

(1951 年 9 月 4 日)

NIE 23

机　密

印度在东西方冲突中的立场

(1951 年 9 月 4 日)

国家机关各情报部门、陆军、海军、空军及参谋长联席会议共同参与编写了这份评估。情报咨询委员会的所有成员在 8 月 30 日同意了这一评估。

问　　题

在没有爆发世界大战的情况下,评估印度在现在和将来可能在东西方冲突中的立场 。

结　　论

1. 当前,印度决定在东西方冲突中不站在任何一边。这种决定倾向于对共产主义世界实行绥靖,并没有支持西方对抗共产主义世界的侵略。

2. 不管是苏联在欧洲或近东的进一步侵略还是其在东南亚推广共产党政权,印度都不可能在最近改变其政策。

3. 共产党侵略缅甸、印度边界甚至印度本身可能会导致印度政府寻求西方的军事援助。

4. 印度经济状况的持续恶化可能会使印度共产党很快就可以控制政府,尤其是在中共的支持下。

5. 共产主义在东南亚所取得的优势已给西方造成了严重的威胁。共产党对印度的控制几乎肯定会使共产党在这一地区(包括印度尼西亚)占据优势。在伊拉克、阿拉伯中东及菲律宾的中立主义情绪将大大地增长。

6. 印度不可能依靠自己的努力和财力去阻止经济衰退。长期的外部物质援助可能会制止印度经济的衰退。

讨　论

印度的外交政策

7. 虽然印度的经济和文化主要是与西方相联系，它在国内也反对共产主义，但当前的印度政府仍决定在东西方冲突中保持中立。之所以决定避免对西方国家承担义务，主要是基于以下的考虑：

(1) 印度领导人对新取得的独立非常警惕，因此反对任何可能会涉及外国干涉或外国势力卷入的安排。他们认为印度现在不可能成为苏联或中共的攻击目标，并且认为在军事上与西方国家结盟将使印度陷入对自己并没有直接利益的争吵之中。他们担心同西方结成军事同盟会在爆发大战时遭到苏联的进攻。

(2) 印度领导人竭力提倡亚洲民族主义，而不愿与他们所认为的殖民主义捆绑在一起。他们认为西方国家醉心于在亚洲维持其势力，全然不顾亚洲人民的利益和愿望。这些猜疑因为印度希望自己在亚洲扮演领导者的角色以及对西方国家争取通过联合国来解决克什米尔冲突感到恼怒而得以进一步的加强。既然英国已承认印度的独立，所以印度许多原来对英国的敌意就转嫁到了美国的头上。

(3) 尼赫鲁特别认为，面对苏联的扩张，西方国家采取军事对抗既是危险的也是不道德的。他担心西方国家对苏联的遏制会将世界再次拖入世界大战，这将使印度难以获得其建设经济政治结构所迫切需要的和平和稳定的国际环境。他相信印度作为调停者可以最有效地维护和平。

8. 在实践上，印度不仅对在政治上脱离西方国家小心翼翼，而且还有强烈地姑息共产主义集团之嫌。尼赫鲁承认，苏联是好战的、扩张的国家，但他认为主要应通过防止出现苏联干预革命的局面而不是用武力与苏联对抗。基于共产党中国取得了对美国支持下的国民党政权的胜利是亚洲的民族主义和民族自决的一个伟大的胜利，以及与共产党中国的战争会迫使中国更进一步与苏联靠近的设想，他同样也反对以武力同共产党中国对抗。尼赫鲁采取这一立场也可能是出于想与强大的邻国和平相处，特别是只要印度还在与巴基斯坦进行战争。对于亚洲其他国家而言，印度无论如何通常总是支持其亚洲伙伴而反对西方，并且极度蔑视那些接受西方领导的国家。

短期内政策变化的前景

9. 我们认为，我们没有理由期望印度会在短期内改变其中立政策。负责制定和实施这些政策的尼赫鲁是一个信念坚定的人。但他的这些政策反映了印度普遍的反西方情绪。即便是国大党的右翼掌握了外交政策的主动权，他们也会发现很难抛弃已形成的中立主义。但一个右翼的政府可能会更致力于获得美国的经济援助。所以，印度政府可能会对美国采取一种更广泛的合作态度，甚至包括各种未公之于众的与西方达成的谅解。

10. 我们认为苏联在欧洲或近东的进一步的好战行为，会加大爆发世界大战的危险，更将加强印度的中立主义而不是印度与西方更进一步的接近。

11. 我们更认为共产主义推进到西藏和东南亚，也不可能使印度早日改变其中立主义的政策，即使这些地方作为印度潜在的势力范围、军事缓冲区和印度每年的8万吨的粮食进口的来源地（就东南亚来说）是非常重要的。当前，印度政府正打算与西藏的地方自治势力脱离关系。根据北平方面的最近声明，印度政府是低估了西藏协议的战略重要性。虽然这样的协议将会使中国军队驻扎于印度北部边境沿线，将会迫使印度失去作为西藏利益的监护人的角色，以及可能会导致印度的商业和军事代表撤出西藏。共产党公然对印尼或是随后对泰国和马来亚的进攻，也不可能使印度在军事上和政治上采取有效的政策支持西方，虽然印度期望加强其自身的防御力量。

12. 中共对缅甸的严重威胁给印度发出了警报。如果北平控制缅甸的努力只是仅限于对当地势力的暗中增援和后勤上的支持，那么印度政府也不可能进行公开的干预。如果中共公然进攻缅甸，印度则可能会做出派遣部队去支援缅甸的决定，但鉴于它希望在克什米尔和巴基斯坦边界上保持军事上的优势（在那儿部署了其大部分的兵力），印度政府不大可能采取迅速而有效的行动。

13. 但是，如果共产党中国试图获得对尼泊尔、不丹、锡金或者印度阿萨姆邦部分地区的控制权（中国对以上所有领土在不同时期都提出过要求），印度肯定会加以抵制，并向联合国和西方寻求军事援助。印度也会抵制苏联或中国渗透或颠覆克什米尔的努力。

经济状况的恶化和印度的外交政策

14. 印度独立四年以来，扶持人口稠密且组织欠佳的落后地区的经济，这项主要任务已变得越来越急迫。虽然印度政府做出了努力，但经济的复兴和发展不仅完全不能满足每年新增500万人口的需求，而且也无法防止现有的生产设施的老化。生产效率实际上已经降低。除非大规模的经济发展计划能得到财力上的资助并能有效运行，否则将会导致印度生活水平的持续下降，农作物的周期性歉收更会加剧这一局势。

15. 印度经济困难的恶果正在导致大量的民众对现政府的不满，特别是那些对印度的独立能获得经济上的改善抱有过高希望的人而言更是如此。对印度人口增加所造成的动荡不安的局面和其外交政策抱任何幻想都是不现实的。由于印度进一步加强了对本已强化的国内安全的控制以及越来越独裁的特性，目前印度政府至少暂时会对武装反抗者采取高压政策。另一方面，激进的民族主义团体和非共产主义的左翼可能会成功地获得公众的支持。最终，印度将由于经济压力而陷入混乱，重新回到20世纪初的分裂之中。

16. 经济上的恶化也可能会导致共产党控制印度。印度共产党由于不成熟的暴力策略和当局积极有效的反对而受到削弱，现在只有5万人，对政府不构成直接的威胁。然而，共产主义对那些在政治上具有影响力的知识分子却有很大的吸引力，而且共产党人拥有充分发动群众不满的战斗力和组织手段。国大党的分裂给共产党提供了利用人民战线的策略、在印度重建势力的机会，并且共产党在印度已获得了各种受压迫团体的支持。共产党利用中共所使用的农村暴乱战略已取得了一定的胜利,特别是在海得拉巴(Hyderabad)和马德拉斯(Madras)的附近地区。

17. 如果共产党控制了印度,其邻国就将会受到来自侧翼的威胁,共产党集团就会对欧洲和远东之间的往来和联系构成威胁,亚洲的舆论将相信共产主义代表着“未来的潮流”。包括印度尼西亚在内的东南亚将沦为共产党的囊中之物。即便有西方强大的军事支持,基本上亲西方的巴基斯坦政府会发现他们反对苏联及其亚洲盟国将很难拥有立足之地。在伊拉克、阿拉伯地区的近东以及菲律宾,中立主义都将会很快蔓延。

18. 共产党控制印度会切断西方锰、云母、紫胶、汞和黄麻的一个重要供应来源。失去这样的供给在短期内会给西方在采购上造成严重的问题。但从长远来看,另辟途径或寻找替代物则是可行的。苏联集团对印度原料的需求明显比西方国家要小。如果苏联对印度的控制导致了东南亚国家倒向苏联集团,那么,经济后果将十分严重,因为钠、橡胶和石油的重要来源就会从西方手中落入苏联的手中。

19. 一个共产主义的印度在战略物质上对苏联的军事力量不会有太大的帮助。但印度可提供一支400万人的军队和大量的人力资源。估计印度拥有150万人的训练有素的预备役兵力,他们装备有苏联的武器。不久以后,印度就会拥有一支与共产党中国不相上下的军队。

20. 外部的经济援助能制止和及时阻止印度经济的衰退。为实现这一目标,经济援助将会是十分庞大,而且要持续不断地提供;即便得到这样的援助,印度政府也不可能建立全面的政治、社会和经济转变所需要的稳定的经济环境。然而,即便存在着明显的危险,外部的经济援助似乎是防止印度经济衰退的唯一的办法,否则印度经济的衰退将会给西方造成极大的困难,还可能会严重威胁到西方国家在亚洲的地位。

DDRS, CK 3100165584 - CK 3100165588

张霞译,戴超武校

14－3

中情局关于 1951 年底克什米尔问题发展前景的评估

（1951 年 9 月 14 日）

NIE 41

机　密

1951 年底克什米尔冲突的可能发展

（1951 年 9 月 14 日）

传 阅 说 明

1. 这份刊物是情报信息，封面上指定了职权范围内需要使用此刊物来执行公务的单位和个人。如果要再传播到需要此信息来执行公务的其他部门，要有以下人员的授权：

（1）美国国务院负责情报工作的助理国务卿

（2）陆军部副参谋长

（3）海军部情报主管

（4）空军部情报主管

（5）原子能委员会情报主管

（6）参谋长联席会议情报副主管

（7）中央情报局、其他部门或机构的信息收集和宣传副主管

2. 根据相应的安全规定，这份刊物可以被保存也可以被销毁，或者根据中央情报局收集和传播办公室的安排归还给中央情报局。

国家机关各情报部门、陆军、海军、空军及参谋长联席会议共同参与编写了这份评估。9 月 10 日，情报咨询委员会的所有成员同意了这一评估。

主　　题

为了估计 1951 年间克什米尔冲突的可能发展，特别需要提到的是，克什米尔冲突有使用武力的可能，以及要指出如果印度和巴基斯坦之间发生战争会对美国的国家安全利益所

造成的影响。

结　论

1. 在克什米尔问题上,印度和巴基斯坦再次达到了高度紧张的态势。两国军队对峙于边境地区,战争有一触即发之势。

2. 印度政府不可能会蓄意发动战争,但印度在备战,印度也不可能采取降低紧张局势的行动。

3. 只要联合国对巴基斯坦领导人采取了积极有效的行动,巴基斯坦政府也不会蓄意发动战争。但是,巴基斯坦政府有可能会在克什米尔地区蓄意发动局部战争,特别是9月15日到11月1日之间。

4. 克什米尔问题在军事、政治和宗教上都造成了巨大的压力,他们中的一种或多种压力都很有可能导致战争的爆发。

5. 一旦爆发战争,不仅肯定会在克什米尔地区发生战争,而且在旁遮普和东巴基斯坦同样也会爆发战争。如果其中的任何一方在战争中获得了决定性的优势,那么联合国在停火问题上就不可能起作用了。

6. 在任何扩大性的战争中,印度都有可能取得胜利,但胜利并不是轻而易举就能获得的。

7. 战争最重要的后果是两国内部状况的恶化,这可能给共产党在部分地区或全印度夺取政权敞开了大门。此外,战争可能会给美国与印巴两国的关系带来恶劣的影响,可能会消除美国在巴基斯坦获得空军基地和从印度获得重要原材料的可能。

讨　论

当前的形势

8. 5月份以来印度和巴基斯坦之间的军事行动极大加剧两国间的紧张关系以及爆发大战的可能性。在克什米尔、旁遮普和东巴基斯坦的边界上,部署了印度将近90%和巴基斯坦将近70%的地面作战部队。

9. 根据安理会1951年5月30日的决议,格拉汉姆博士(Dr. Frank Gramham)正在印度次大陆为达成克什米尔地区非军事化的协议而努力,以阻止不公平的公民投票来决定克什米尔的永久依附地位。格拉汉姆将在9月29日向安理会做报告,不过可能会延迟。

10. 冲突当前集中在印度军队控制下的停火线附近地区。在大约占了三分之二人口的克什米尔地区的制宪会议的选举也是矛盾冲突的焦点之一。选举准备在 9 月 10～30 日举行，在亲印的克什米尔政府的控制下，在谢赫①的领导下，公然要建立一个全克什米尔人的制宪会议政府。

11. 制宪会议的选举遭到了巴基斯坦的坚决反对，阿里汗②威胁要用战争来阻止选举。虽然联合国已致函印度政府，申明选举与 5 月 30 日的决议精神是相抵触的，但谢赫和印度政府多次申明他们将按他们的计划进行。

双方在克什米尔问题上的主要目标

12. 双方在克什米尔问题上的主要矛盾动因是宗教和民族问题的混杂。问题的关键是两国都处在群情激愤之中，自 1947 年以来，特别是在巴基斯坦，公众舆论将这种激愤上升到国家威望的地位。就巴基斯坦而言，根据穆斯林的建国原则，将南亚次大陆上穆斯林人口占大多数（约占 78%）的神圣领土交给印度是不能容忍的。就印度来说，它已经采取了有效的行动占领了分治时尚未确定归属的富庶地区，看来要想印度放弃那些在 1947 年时统治者同意正式加入印度联邦的州是不可能的。尼赫鲁对克什米尔的感情因为他与谢赫的长期交往，以及他自己是克什米尔的后裔和他的一个世俗化国家应包含穆斯林和印度教徒的坚定信念而得到了进一步的加强。

13. 从战略上来说，巴基斯坦认为克什米尔是一个重要的军事通道，它能使印度对巴基斯坦位于拉瓦尔品第的重要军事基地以及重要农业地区构成威胁。印度在克什米尔没有明显的战略利益。巴基斯坦占有的克什米尔地区能袭击东旁遮普的大部分地区，但对边境地区则较为困难。

14. 从经济上来说，克什米尔主要是与巴基斯坦而不是印度进行贸易往来。虽然在河流进入巴基斯坦之前并不能阻止印度对流经印度的其中两条河流进行破坏性的威胁，但占有克什米尔使巴基斯坦能加强对印度河的四大支流的重要水源的控制。

15. 最后，印度和巴基斯坦都不要求占有整个克什米尔。但是，两国都坚决要控制谷地，这是克什米尔的心脏地带，这里穆斯林占多数，但却位于停火线的印度一侧。

没有爆发战争的政治前景

16. 印度手中的王牌是它现在控制了谷地。但不久以后，公正的公民投票可能产生的结果是谷地的大部分人会选择加入巴基斯坦。但是，由于必然的恐吓和取缔亲巴基斯坦的宗教运动，在印度的控制下进行的任何制宪会议的选举，都会导致有利于印度的结果。

---

① 谢赫·阿布杜拉（Sheikh Mohammed Abdullah，1905～1982），查谟和克什米尔地区现代史上最具重要性的政治人物，号称“克什米尔雄狮”。在 1947 年克什米尔宣布并入印度之后，谢赫担任克什米尔总理。1953 年，谢赫要求印度政府给予克什米尔地区自治，被印度政府以腐败和分裂的罪名剥夺克什米尔总理职位，关入监狱长达七年之久。谢赫在 1965～1968 年和 1971 年还遭到印度政府的监禁。1974 年谢赫同印度总理英迪拉·甘地达成协议，放弃在克什米尔举行公民投票的要求，随后出任查谟和克什米尔的首席部长（Chief Minister），直到去世。——编注

② 阿里汗（Liaquat Ali Khan，1896～1951），巴基斯坦政治家。1936～1947 年担任“穆斯林联盟”（Muslim League）的荣誉书记，1947 年巴基斯坦独立后任首任总理，1951 年遇刺身亡。——编注

17. 因此,印度完全不可能会推迟或取消选举。没有迹象表明联合国要采取进一步的措施来阻止选举,如果印度要这样做,它是完全不会在意联合国的。

18. 如果选举得以进行,制宪会议毫无疑问会通过某种形式的最终依附于印度的决议。虽然印度政府发言人声称这样的决议不会受到联合国的束缚,但印度肯定会最大限度地利用宣传攻势,以便以后能扭转其处境。而且,建立一个宪政的"独立"政府可能会不断地获得克什米尔人的忠诚和支持(相对于巴基斯坦占领下的傀儡政府)。毫无疑问,印度希望通过这种方式在国际上造成一种既成事实,至少在印度目前控制下的地区是如此。

19. 面对这种事态的结果,巴基斯坦如果不诉诸战争的话,就肯定会要求联合国采取进一步的行动。因为巴基斯坦愿意接受公正的公民投票,巴基斯坦毫无疑问会相信在这一冲突中它占据着道德上的优势,联合国采取进一步的行动也将对它有利。至少它能依靠阿拉伯和穆斯林国家坚定的政治支持,从更广的范围来说,它能够得到英国的支持。当前的报告表明,格雷汉姆博士基本上还没有找到一个解决的方案;他可能会提议任命一个仲裁者(已被印度拒绝)或是阐述他的非军事化计划,这些建议将提交安理会。同时,巴基斯坦极有可能会提出一个新的方案,特别是谴责和拒绝承认制宪会议的选举。还可能会提到11月份召开的大会(并不意味着是要撤回安理会的裁决),巴基斯坦可能很欢迎运用国际舆论这一更为有效的方法向印度施加压力。

印度和巴基斯坦的军事实力①

20. 当前印度的军事行动强化了其在克什米尔地区的力量,估计印度在克什米尔的军队人数为6.8万人。在东旁遮普,印度有7.5万人的强大军队,包括一个装甲师和一个独立的装甲旅。靠近东旁遮普边界的孟加拉,印度有2.5万～2.8万人的军队。

21. 在克什米尔,巴基斯坦和克什米尔的部队大约有1.8万人。在旁遮普的拉合尔地区,巴基斯坦有5.7万人,在白沙瓦地区,另有1.5万人的备用部队,他们能快速向任何一个前线调动。在西巴基斯坦的其他地区,大约有2万人用于维护国内安全。在东巴基斯坦,巴基斯坦的总兵力大约在1万人左右。

22. 印度的空军和海军,虽然很弱,但却比巴基斯坦要强,印度与巴基斯坦相比,有更多受过训练的预备役和大量的人力资源。而且,印度有一定的军工生产能力,而巴基斯坦基本上没有,而是严重地依靠外部的供给。巴基斯坦的另一大弱点是它在西巴基斯坦和在印度边境的交通和通讯网络都是平行的,这很容易遭到攻击。

23. 如果巴基斯坦不能获得外部的物资援助,那么印度可能会在与巴基斯坦的全面战争中获胜。开始可能两国都不能取得决定性的胜利,巴基斯坦在第一阶段可能会赢得一些战役。但是印度凭借整体优势,胜利的天平很快就会向印度方面倾斜。印度海军能封锁卡拉奇,这是西巴基斯坦唯一的重要港口,虽然印度空军的攻击力很差,但能与巴基斯坦的空

① 原注:这一估计附了详细的印度和巴基斯坦军队实力的比较见附录。

军打个平手。

24. 任何一国试图单方面地在克什米尔发动全面的或局部的战争，印度都可能会获胜，但胜利并非可以轻而易举地获得。当前印度在这一地区的军事优势会因为地处山地、补给困难以及印度和克什米尔间的唯一通道被加强了限制而被部分地削弱。另一方面，巴基斯坦在这一地区的交通相对较好。这一地区有良好的公路，容易通行且坡度较小。

25. 两国之间发生的任何冲突中一个重要的因素是阿富汗人和印度西北边境地区的帕坦人①的态度。就完全被印度所引诱的阿富汗而言，可能会入侵巴基斯坦的边界，过去阿富汗对巴基斯坦入侵导致了巴基斯坦在接近阿富汗边界的地区部署了两个师的兵力。另一方面，虽然阿富汗不断展开宣传攻势，一些帕坦人仍然可能继续像 1947 年一样站在巴基斯坦的一边进行战斗，如果这样，帕坦人的好战性格将极大地加强巴基斯坦原来在克什米尔地区的力量。

26. 天气状况严重阻碍了克什米尔地区的军事行动，旁遮普西南地区的雨季一直要到 9 月中旬才会结束。这种情况持续一段时间后，旁遮普地区主要河流的河水又会深得可怕，并且据报道，拉合尔地区现在已处于洪水包围之中，至少在 10 月之前都会妨碍军事行动。此后直到 11 月底，是克什米尔地区进行战争的最佳时期，在旁遮普会持续到来年的 4 月。但冬天的天气条件并不能阻止克什米尔地区的军事行动。在孟加拉，雨季会晚一点结束，最佳战争时期是 10 月到 1 月期间。

1951 年底发生战争的可能性

印度发动战争

27. 总的来说，印度现正在部署兵力，以便在旁遮普地区以及针对东巴基斯坦的大多数重要的中心地区既能采取防御也能发动强劲的进攻。对印度来说，在所有战线上，印度都没有发动军事行动的必要，据说印度至少有发动一场主动攻势的足够给养。

28. 尽管其部署了部队，我们估计印度政府在这期间不大可能会蓄意挑起战争。因为现在存在着很多反对战争的强有力的理由：(1) 印度已经控制了有争议的地区；(2) 战争会打断制宪会议的选举及其后来的计划；(3) 时间取决于印度一方，如果选举推迟，最有争议的地区的所有权仍会保留在强势的一方，并逐步占有克什米尔地区；(4) 任何扩大战争的行动都会对印度的经济政治稳定造成严重的威胁，并完全有可能在印度教徒和穆斯林间引起广泛的社会骚乱。相对而言，支持战争的理由是：(1) 在旁遮普和东巴基斯坦战争的速胜有助于提高政府的声望；(2) 包括尼赫鲁在内的大多数印度人都反对分治，希望能有机会重新

① 帕坦族，也叫普什图族，是巴基斯坦和阿富汗境内的一个部族。——编注

兼并巴基斯坦。但尼赫鲁完全能意识到这些最初的考虑所引起的危险，反分裂情绪并没有导致全面的战争。

29. 印度的行动与它的意图是一致的，印度可能在巴基斯坦干预制宪会议之前采取军事行动，通过对旁遮普的威胁进一步限制巴基斯坦的反攻。

30. 然而，印度明显愿意接受战争，并且在这种情况下它完全不可能主动撤退军队来缓解紧张局势。一旦战争爆发，印度不可能把军事行动仅局限于克什米尔地区，而是可能在旁遮普和孟加拉的前线利用自己的优势。

巴基斯坦首先发动战争

31. 巴基斯坦部署的部队是防御性的，但部署在拉合尔和沃兹拉巴德[①]地区的军队既能对印控克什米尔城市查谟发动进攻，也能向东旁遮普发动进攻。但就后一种情况而言，除非从沃兹拉巴德地区发动先发制人的军事行动，否则它是不可能向多个师的军队发动进攻的。如果没有其他地区大规模的军事支援，巴基斯坦在这期间在克什米尔的部队本身并不能发动无限制的进攻。

32. 巴基斯坦政府似乎也不可能蓄意发动战争。但巴基斯坦政府极有可能像 1947 年那样在克什米尔地区故意地挑起地区性的战争。在制宪会议选举期间及其后，大约在 9 月 15 日至 11 月 1 日期间，这种情况发生的可能性极大。

33. 有强有力的理由阻止巴基斯坦诉诸战争。在长期的战争中，巴基斯坦几乎肯定会失去东巴基斯坦和旁遮普的大部分地区，并且巴基斯坦的政治经济稳定(即便现在已存在)将会受到威胁。但是，激进的新闻发言人及巴基斯坦的其他领导人都声明，他们可能会处于一种危险的沮丧情绪之中，这种情绪下的一些考虑会因反对制宪会议的选举而尤其突出。而且，巴基斯坦的一些领导人倾向于蔑视印度的战斗力，可能认为他们的军队能在克什米尔快速取胜(即便是占领了斯利那加)，也能在旁遮普进行一场能掌握战争主动权的战争(可能是在所报道的洪水的帮助下)，在此之后，巴基斯坦可能会呼吁联合国新的停火调停。巴基斯坦的新闻发言人竭力运用每一个可能使印度处于不利地位的理由，并且在联合国激励人们支持巴基斯坦在克什米尔的军事行动是合法的观点，原因是印度是顽固的，制宪会议的选举也是不合法的。巴基斯坦可能支持了部落民和巴控克什米尔的军队在克什米尔地区的袭击，但巴基斯坦却否认与其有牵连。巴基斯坦的政府领导人至少可能认为，克什米尔地区的战争会使联合国立即采取有利于巴基斯坦的措施。

34. 如果制宪会议的选举得以进行并召开制宪会议的话，巴基斯坦政府的动向取决于联合国是否能提供切实可行的解决方案，以消除选举的结果并许诺进行公正的公民投票。除了印度感到高兴外，制宪会议的行为毫无疑问地将会增加军队和群众要求诉诸战争的压力，如果安理会在谴责和制裁阶段失败的话，那么巴基斯坦政府就会向压力低头而主动发动

---

① 沃兹拉巴德(Wazirabad)，巴基斯坦旁遮普省的一座工业城市，位于杰纳布河(Chenab River)河畔，距拉合尔 100 公里。——编注

战争。不过，只要联合国向巴基斯坦政府提供了任何有希望的有效举措，那么巴基斯坦政府都不可能首先挑起战争。

爆发战争的偶然性

35. 除了有爆发蓄意战争的可能性之外，我们估计，在这段时间内可能存在由于对突发性因素的一系列反应而引发战争的可能性，这包括以下因素：

(1) 巴基斯坦军队的擅自行动。一段时间以来，巴基斯坦军队中的小部分人煽动采取进攻性的行动。因为这一原因而产生的反政府阴谋已于1951年春季被巴基斯坦政府扼杀于摇篮中。虽然当前似乎不可能再次发生叛乱，但这一组织的成员继续将边境事件演变为大规模冲突的可能性，在任何时候都是存在的。

(2) 巴基斯坦的人心向背。巴基斯坦政府对新闻和电台都进行了有效的控制，美国驻巴基斯坦大使认为，如果巴基斯坦政府认为这样做是必要的，那么它将对煽动性的言论继续采取压制的政策。然而，危险的骚乱情绪仍可能存在。

(3) 1951年春季在孟加拉再次爆发了大范围的社会骚乱。这将在两国引起更进一步的激愤。

(4) 印度的国内政局。印度民众的情绪激愤，但比巴基斯坦要平静些，尼赫鲁在克什米尔问题上得到了全民的支持。但国大党的一些右翼支持强烈的反穆斯林和反巴基斯坦的印度教徒，有可能利用煽动性的言论获取政治利益。

36. 只有紧张局势能得到实质性的缓解，由以上因素所引发的突发性的战争才有可能消失。任何一方都不可能撤退军队来缓解紧张局势，而且尼赫鲁也不可能通过调解或是他同利雅卡特会晤来解决一些次要的问题，如水资源的争议。只要印度继续执行制宪会议的计划，唯一可以真正缓和局势的机会在于联合国能采取巴基斯坦所希望的措施，不仅是给巴基斯坦的政府领导人而且也要给巴基斯坦的军队和民众提供希望，并消除制宪会议的计划所产生的影响。

战争对美国安全利益的影响

37. 印度和巴基斯坦的战争只局限于克什米尔地区是不可能的。在战争的开始阶段，联合国可能使双方达成停火协议，即便印度不可能接受让巴基斯坦的部队控制谷地。一旦战争全面爆发，只要任何一方希望获得巨大的眼前利益，那么都不可能达成停火协议。大规模的战争将对美国的国家安全利益造成严重的影响。

38. 首先，战争将会加剧世界局势的紧张和不稳定。从外交上来说，直接的结果是美国要承担向双方都要提供援助的严重压力。不管美国是否在冲突的调解中发挥积极作用，美国的政策将有可能疏远一方或两方都疏远，并且将严重影响他们在东西方冲突中的立场。

39. 从军事上来说，战争会使原来希望巴基斯坦加入防御条约以在中东抵御共产主义进攻的希望化为泡影。美国的安全利益也会因为一个坚决的或中立的巴基斯坦拒绝提供对抗苏联的导弹攻击基地而受到影响。

40. 从经济上来说，如果战争扩大到孟加拉，从加尔各答进口的包括云母、矽铅铀矿和黄麻等原材料将会受到阻碍或拖延。印度的混乱局势还可能使锰的运输中断，这可能对美国的工业造成严重的影响，因为当前美国30%的锰是从印度进口的。而要寻找这些原料新的来源需要较长的时间，这可能会出现短期的采购危机。

41. 然而，从长远来看最重要的可能发展，是印度和巴基斯坦两国国内形势的恶化。虽然战争的停止最初可能会加强两国政府的控制，战争的任何扩大都能削弱两国政府，以至于维持一个有序的政府都成问题。几乎肯定会造成大范围的社会骚乱和使难民问题更趋严重。这种情况可能使印度共产党在各地接管政权也可能在中国的帮助下掌握控制政府的权力。①共产主义不大可能全面控制巴基斯坦，但巴基斯坦很可能会发生内部骚乱和停滞。

附录

印度和巴基斯坦军队实力的比较

	印　度	巴基斯坦
1 陆军		
现役兵力	400 000	198 000
国民警卫队	②	③
主要作战部队：		
	6个步兵师	
作战师④	1个装甲师 1 LofC	1个步兵师
独立旅	13	1
独立步兵团	45	
克什米尔兵团⑤	10	20

① 原注：NIE 23《印度在东西方冲突中的立场》中所认为的共产党控制印度对美国和苏联的安全利益的影响，特别是在东南亚和近东地区。

② 原注：印度已经在组建地方自卫军了，最初的计划是13万人，但到目前为止，印度在招募这支军队上只取得了有限的成功，地方自卫军的任务是服务性的，不是作战军队，但战时作为国内的警察力量使用。

③ 原注：巴基斯坦有一支临时的、非武装的国民警卫队，有4.7万人，目前有7个营，总兵力为6 700，正在服役。

④ 原注：根据他们各自的建制统计，印度的每个师有2.15万人，巴基斯坦有1.8万人，两个国家每个旅有3 000人，但印度军队的编制具有弹性，人数通常会大大增加。

⑤ 原注：克什米尔军团被认为在印度军队中是满员的，每个营1 000人，但他们的装备可能不如印度的正规军，虽然巴基斯坦的克什米尔军团每个营只有650人，但他们的装备几乎与正规军是一样的。

续　表

	印　　度	巴基斯坦
现役的国民警卫队营	……	7
2　海军		
轻型巡洋舰	1	
驱逐舰	3	3
护卫舰	6	4
大型扫雷舰	6(3艘未服役)	4(3艘未服役)
其他较小种类和辅助舰船	18	8
3　空军		
喷气式战斗机	42架“吸血鬼”式①	4架 Vickers Attachers
常规战斗机	91架“暴风”式②	68架“霍克狂怒”式③
	76架“喷火”式④	26架“暴风”式
轻型轰炸机	27架 B-24型	6架“哈利法克斯”式⑤
双引擎运输机	68架 C-47型	36架 C-47型
	6架“鸽”式	

DDRS, CK 3100205114 - CK 3100205124

张霞译，戴超武校

① “吸血鬼”战斗机(Vampire)，是英国在战后生产的第一种喷气式战斗机，1945年3月27日首次试飞，1946年交付部队使用。——编注

② “暴风”战斗机(Tempest)，英国生产的战斗机。第二次世界大战后，“暴风”作为英国空军最先进的活塞式战斗机配属英国海外部队。1947年印巴分治时，驻印度的“暴风”中队由印巴分配，所以印度和巴基斯坦空军也曾经装备“暴风”。——编注

③ “霍克狂怒”战斗机(Hawker Furies)，英国霍克公司在第二次世界大战时设计的一种战斗机，1944年试飞。——编注

④ “喷火”战斗机(Spitfire)，英国生产的战斗机。该机是公认的欧洲最优秀的活塞式战斗机。——编注

⑤ “哈利法克斯”重型轰炸机(Halifax)，英国生产的战略轰炸的主力机种。1943年7月试飞，共生产6 176架。在战争中一共执行过75 532次战斗任务，也用来牵引滑翔机和运输伞兵。——编注

14－4

国务院情报研究所关于印度和巴基斯坦同苏联集团进行经贸往来的报告

（1952年7月1日）

IR 5935.4

机 密

某些国家对经济战措施的立场：印度和巴基斯坦对同苏联集团贸易的态度与政策

（1952年7月1日）

印 度

与苏联集团国家的贸易量一直很小，在1950年4月到1951年6月期间，仅为印度总贸易量的百分之一。据报道，莫斯科经济会议没有带来任何增加与苏联集团贸易的前景。

印度在联合国对中国实行军事禁运问题的议案上投了弃权票。但它通知联合国大会：禁运决议实际上不适用于印度，因为在印度与中国的贸易中一般不包括联合国禁运清单中所列商品。禁运清单中大多数商品在印度也供给不足，而且要从国外进口，受到严格控制。此类进口商品严禁转口。印度有些国产产品没有受到管制，如机器和厂房，但这类产品没有向中国出口过，中国对此类商品也没有进口需求。印度自身对此类产品的需求和保存供给的需要，排除了向中国和其他国家出口的可能。

尽管印度政府的主管官员正式通知美国官员：印度政府因为政治原因不能正式保证采取措施防止战略物资向苏联集团国家出口，但印度已采取一系列步骤控制此类物资向那些国家出口。例如，尽管从美国剩余库存中存留的50万加仑水污染润滑油在1952年1月14日获得向澳门的出口许可证，但未能装运，因为印度政府应美国非正式请求设置的行政管理措施。印度政府有时还会拖延批准出口的时间。

这是一份情报报告而非部门政策陈述。本报告中材料的最终分析于1952年6月30日得出结论。

摄影经纬仪器的出口许可要等到美国决定这些产品已经没有军事价值，因而不会遭到美国的反对。另外，国务院一位高级官员指出印度政府在不久前通过行政手段阻止卡车、汽车配件和轮胎流向共产党中国。印度政府的这类行动表明它倾向于以非正式但很有效的方式与美国合作。

作为进一步合作的迹象，印度政府根据《巴特尔法案》[①]的定义，最近向鲍尔斯大使(Bowles)提交了一份全面地向苏联集团国家出口战略物资的报告。另外，印度政府最近还做了秘密的口头保证，不向苏联集团国家出口IA类物资，还将把IB类物资置于出口许可管制之下，并通过行政手段留意不把这些物资出口到苏联集团国家。出于政治原因，印度官员强调需要防止这种惯例被外界知晓。印度的外汇管制和短缺物资控制排除了战略物资的再出口。在与苏联集团贸易问题上，印度政府不愿意正式采取战略管制计划，源于它在东西方冲突中所采取的不结盟的基本政策，如采取管制计划显然违背了它的原则。不结盟政策不仅赢得了印度主要政党国大党的支持，而且赢得了绝大多数具有政治意识的印度民众的支持。因此，在印度没有一个重要的团体赞成采取一种歧视苏联的战略贸易管制计划。

印度的不结盟政策起源于它不希望被卷入那种印度所认为的美苏争夺世界霸权的斗争，并相信保持与双方的友好关系最符合印度的国家利益。然而，当可以在不引起注意而且没有正式违反不结盟政策的情况下，它还是愿意支持西方对抗苏联集团。这种意愿最近还有所加强，主要是由于担心共产主义不断增长的对印度国家安全的威胁，以及增强了的赢取美国的友谊和经济援助的期望。印度政府也严格区分苏联和共产党中国，密切关注目前苏中紧密关系的发展态势。

1951年印度从苏联集团进口的商品主要是粮食。该国粮食通常不足。而且由于1950年的自然灾害造成严重的国内粮食减产，1951年印度政府不得不进口480万吨粮食，其中近50万吨或11%来自苏联集团。1952年印度已经同意从中国购进10万吨大米。1951年出口到苏联集团的产品主要是黄麻制品、胡椒粉和虫漆，这些产品大概可以没有太大麻烦地出售给其他国家。然而，如果停止与苏联集团的贸易，印度不得不增加从美国的粮食进口，进而加剧了本已相当严重的美元外汇不足。

除了从苏联集团进口粮食的问题，由于战略贸易管制导致的进出口的减少，在产生严重的政治问题的同时不会给印度带来严重的经济问题。然而，美国任何试图公开迫使印度政府取消或缩减与苏联集团进行贸易的行为，将会产生非常不幸的政治和经济后果，在极端的情况下将导致上述合作即刻终止。

巴基斯坦

巴基斯坦是个农业国，主要的外汇收入来自棉花和黄麻的出口。80%多的出口都是这两种产品。对两种农产品的严重依赖使巴基斯坦感到他们必须接受任何可以发现的市场。

---

① 《巴特尔法案》(*The Battle Act*)，即《1951年共同防卫援助管制法》(*the Mutual Defense Assistance Control Act of 1951*)，由来自阿拉巴马州的民主党众议员巴特尔(Laurie C. Battle, 1912～2000)提出。该法案主要是对“威胁美国国家安全”的国家实施贸易管制。——编注

自1947年巴基斯坦独立建国以来，它就一直与苏联集团国家进行贸易。在1948～1949年间，巴基斯坦3 400万美元(约占13%)的出口流向这些国家；1949～1950年间为4 000万美元或16%；1950年4～12月的九个月里是3 700万美元(约占12%)，在1951年前六个月，巴基斯坦对苏联集团的出口额达到4 100万美元，占总出口额的11%。由于莫斯科经济会议，1952年4月9日巴基斯坦商业部长宣布巴基斯坦政府正在考虑恢复与苏联的贸易谈判，此举将产生增加与苏联集团贸易的效果。

这些年间，巴基斯坦贸易的相对重点在苏联集团内有所变化，以至于尽管苏联在前两年是巴基斯坦产品最大的购买国，但现在中国(包括可能通过香港获得的)已经成为巴基斯坦产品最大的共产党集团进口国。巴基斯坦向共产党中国出口的原棉超过其出口总额的90%。

一位巴基斯坦政府高级官员最近表示，相对于中国而言，政府更愿意把棉花卖给西方国家。但西方国家对棉花需求的不景气，加上世界市场上棉花价格的下跌，增强了巴基斯坦寻求出口市场的需要。

巴基斯坦不向苏联集团出口武器、弹药、战争装备或者原子能材料。尽管棉花和黄麻被国防部确认为属于《凯姆修正案》①的范围，但这些商品不包括在《巴特尔法案》的战略物资清单里。

自巴基斯坦作为独立国家开始进行贸易以来，每年的总进口额约3.35亿美元，其中7%～8%来自苏联集团。其主要部分一直是与中国的直接贸易，或是经香港的转口贸易。从苏联集团进口的最重要的单一商品是棉线和棉纱，超过从苏联集团进口总额的一半。

1951年5月18日联合国对共产党中国禁运战争物资、石油等的决议进行投票时，巴基斯坦投了弃权票。然而，1951年6月13日巴基斯坦政府向联合国递交了报告，说明它不向共产党中国出口也不向其转口联合国决议中提及的任何物资。

《凯姆修正案》通过后，巴基斯坦政府收到该法令条文的官方通知，棉花和黄麻包括在其商品清单范围内。尽管巴基斯坦倾向西方，但它继续向苏联集团出口这些商品。因为这种贸易对于巴基斯坦极为重要。巴基斯坦政府不能停止向共产党地区输出这些商品，除非有其他替代市场，而它不具备这样的条件。

1951年9月，波兰的"基林斯基号"(Kilinski)轮船在把3万包巴基斯坦棉花运往共产党中国的途中，货轮遭到当地的英国和美国石油公司拒绝后，巴基斯坦海军给该轮船提供燃油补给。巴基斯坦军队总司令和国防部长在此次事件后拜访了美国大使沃伦(Warren)，对此表示遗憾，两人都向大使保证，今后不会再发生类似事件。

1952年1月22日，巴基斯坦政府在给国务院援助备忘录的回复中正式向美国政府保证：目前没有任何向苏联集团出口的商品包含在《巴特尔法案》中。巴基斯坦政府因而声明

---

① 《凯姆修正案》(*Kem Amendment*)，是由来自密苏里州的共和党参议员凯姆(James P. Kem，1890～1965)在1947年国会辩论马歇尔计划时提出的，其要点是美国不向任何同苏联进行贸易的国家提供援助，但英国除外。——编注

不存在实行出口管制问题。

巴基斯坦对从硬通货地区进口货物的转口实行严格的控制。不允许它认为具有战略意义的物资出口，像铜、铅、磷、马口铁、钢等。从出口管制管理的角度来看，巴基斯坦可以毫无困难地对苏联集团国家实施禁运，可以通过拒绝签发对该目的地的出口许可证。尽管转运不被注意，但巴基斯坦港口很少被用作转运码头。

由于巴基斯坦一贯采取倾向西方的态度，其政府一直愿意通过行政手段限制与苏联集团的贸易，前提是这种限制不会与政府认为的国家重大利益发生冲突。通常，具有政治觉悟的巴基斯坦人对待与苏联集团的贸易与政府的态度基本相似。

由于当前国际形势的发展，巴基斯坦原棉和黄麻的价格最近大幅下跌。因此，政府已经对这些商品实行最低限价。此举已经对稳定价格产生了临时效果。但是，除了共产党中国购买一些棉花外，国外的需求一直不足。对苏联集团的禁运会给棉农和整个国家的经济带来严重的问题，农民收入降低，棉花出口的外汇收入减少。但是，减少从苏联集团的进口不会产生严重的经济问题，因为进口由一系列商品组成，能够随时从其他渠道获得。

OSS China and India Supplement, Reel-V-0029, pp. 1 – 5, National Archives, U. S. A.

马晓云译，戴超武校

14－5

国务院情报研究所关于苏联和中国同印度发展经济、文化关系的报告

1947 年 1 月～1952 年 7 月

（1952 年 7 月 22 日）

IR 5972

秘　密

苏联、中共对印度的经济及文化措施

（1952 年 7 月 22 日）

摘　要

自从印度在 1947 年获得独立以来，苏联一直致力于加强与印度的经济和文化联系。自 1949 年 12 月印度承认共产党中国以来，中共采取的类似办法也相应地有较大的增加。这些举动目的在于提高苏联、共产党中国和共产主义制度的声誉，支持印度的中立。反映了印度在共产党集团战略中的重要性。尤其从 1950 年起，苏联和中共的措施有较大加强，主要体现以下特点：交换代表、文学和影视作品出口、文化展览以及炫耀性的贸易建议。

有证据显示这个计划获得一定程度的成功。然而，印度人口中大多数的文盲是否受到较深影响值得怀疑。同样，中苏经济措施显然对印度贸易基本方针所产生的直接影响微乎其微。

苏联和中共对印度的经济文化措施

1947 年 1 月～1952 年 7 月

尤其自 1951 年以来，苏联和中共极大地向印度扩展它们的文化和经济影响。这些措施仅构成印度国内共产主义斗争的一小部分，印度共产党负责承担了主要任务。

这些努力反映了中共取得胜利后，共产主义影响在印度不断增强，列宁关于俄国、中国和印度三国革命的联盟标志着资本主义末日来临的格言也产生了新的推动力。这些建议明显地是为了提高苏联和共产党中国的声誉，在印度人中间建立一种信仰：只有共产主义才能真正地提高他们的生活水平，提供舆论宣传的材料，可能的话防止印度政府方面修改它的

中立主义的倾向。

从1947年8月印度现政府成立到1949年12月31日印度承认中共政权，苏联是在印度的主要的外来共产主义势力。在经济领域，苏联和印度在1948年和1949年签订贸易协定，主要内容是用苏联的小麦换取印度的茶叶和黄麻。在文化领域，苏联的一些代表团到印度旅游，有少量的印度代表团去苏联。苏联的电影和出版物也被输往印度。

苏印文化关系在1949年曾处于一个低谷，可能正好与印度政府加强反对印度共产党相对应。被印度方面拒绝发放签证的有：6月份的一个苏联作家代表团；9月份的一个青年代表团；11月份的另一个作家代表团。1949年7月，印度政府还禁止17部苏联电影入境。

然而，自1950年起甚至1951年更是如此，苏联在中共的帮助下成功地加强了在印度的文化活动。在这些文化活动中，在共产主义努力利用亚洲"兄弟"的情感和印度一直以来对中国文化的景仰，其中中共被赋予更为重要的角色。1951年苏联和中共的活动次数比1950年大为增加了，1952年前四个月的活动表明，这一年的活动又将有较大的增长。1951年两个苏联代表团访问印度，1952年就有四个大型代表团，包括影视、艺术、贸易和一般文化团体。1952年初，苏联向印度派出一个大型艺术品展览，参加印度文化大会并与北平一起在孟买和其他几个印度城市举办的国际电影节上频频亮相，表现不俗。参加孟买国际工业品博览会的苏联和中国的贸易代表团和展览品也有独特的"文化"意义。中印文化关系的特点在1951年秋季主要是大型文化代表团的交流，1952年4月一个由潘迪特夫人①率领的印度大型代表团访问北平，"五一"国际劳动节有几位工会领袖应邀访问北平。

自1951年起，苏联和共产党中国也开始不断依赖于对印度的炫耀性的经济姿态。1951年夏季和1952年间印度遭遇粮食大危机时，他们多次公开承诺提供大量谷物和大米，但仅兑现很少量的谷物。1951年10月联合国亚洲和远东经济委员会举办贸易促进会，大概那时开始，苏联已同其他亚洲国家一起提出多个建议，向印度提供工业和其他设备。1952年1月，苏联大使在孟买国际工业博览会上再次提到这一意图，苏联和中国是这次博览会的主角。苏联的经济战在1952年4月的莫斯科经济会议上达到顶峰，印度代表在会上扮演重要角色。

莫斯科的东欧卫星国(不属于本文要讨论的内容)，也明显地加强了他们在印度的经济和文化活动。捷克斯洛伐克和匈牙利派驻了小型的外交代表团。尽管这些卫星国的文化项目仍然不足为道，但是波兰、捷克斯洛伐克和匈牙利正在加紧开展贸易计划。

影响：有证据表明文化措施，尤其是北平采取的步骤，取得一定程度的成功。同时，尽管苏联和中共努力加强影响，但是能够影响到的人口比例仍然很小。占印度总人口83%的

① 潘迪特夫人(Madame Pandit)，即薇嘉娅·潘迪特(Vijaya Lakshmi Nehru Pandit，1900～1990)，印度外交家和政治家，尼赫鲁的妹妹。印度独立后，潘迪特夫人先后出任驻苏联大使(1947～1949)、驻美国和墨西哥大使(1949～1951)、驻爱尔兰大使(1955～1961)，1946～1968年担任印度驻联合国代表团团长，1979年担任联合国人权委员会的印度代表。潘迪特夫人还被选入人民院，在英迪拉·甘地执政后因同其政治分歧而退出印度政坛。——编注

农村人口几乎接触不到苏联和中共的电影、广播、出版物、展览或代表团。仅有约20%的印度人口有文化,大部分集中在城市地区。有关城镇听众反应的可靠信息十分缺乏。然而,可能苏联和中共的影响必须只针对城市,把一切可与农村和文盲进行接触的机会留给印度共产党。

印苏之间成功的经济交流最近似乎出现了问题。由于苏联和中共未能履行诺言,炫耀性的承诺提供谷物和大米的结果适得其反。如在1951年,中共承诺向印度提供100万吨的谷物,仅兑现了51.6万吨。有关供应工业设备的提议也成为印度方面不满的缘由。苏印间没有签订合同。尽管在莫斯科经济会议上印度商人主动与苏联集团达成一些交易,但是对相比于满足有依赖国家的需要,苏联更感兴趣的似乎是打破西方出口管制这一事实,印度代表团的一位主要官员在返回时表示了不满。

与此同时,1951年印度与苏联尤其是中共的贸易有较大增长如下表所示。[①]印度同北平的贸易平衡的急剧变化看来是由于印度方面的个人因素,而非印度政府的安排。最近的经济活动并没有对印度的贸易机构产生明显的影响。结论是:尽管苏联和共产党中国的经济及文化活动获得了有限的成功,但这些活动不出意料的话将继续保持现状,或可能有较大的发展。

印度同苏联和共产党中国的贸易[*]

(单位:1 000美元)

苏　联	进　口	出　口	进出口平衡	贸易总额
1948年	3 978	7 580	+3 602	11 558
1949年	3 216	7 620	+4 404	10 836
1950年	3 500	2 820	−580	6 320
1951年(1～11月)	1 000	12 000	+11 000	13 000
共产党中国				
1948年	3 393	13 380	+9 987	16 773
1949年	1 229	4 400	+3 171	5 629
1950年	987	5 100	+3 813	6 087
1951年(1～11月)	27 800	10 200	−17 600	38 000

* 根据《纽约时报》1952年1月3日的报道和联合国1951年11月1日出版的《世界贸易指南》(*Direction of World Trade*)编写。

① 原注:印度与北平的贸易逆差的急剧变化,似乎是个人所为而非印度方面的政府安排。最近的经济步骤还没有对印度的贸易模式产生明显的效果。总之,尽管苏联和中国的经济文化活动远没有取得成功,但这些活动一定会继续以相同或更大的规模进行下去。

苏联和中共在印度经济和文化活动年表

(1947年1月～1952年7月)*

经　　济	
1947年	
4月	苏联向孟买运送6 000吨硫酸铵。
10月9日	苏联政府向印度地方进口商提供新闻用纸和印刷纸张;保证不从印度获取卢比。
11月27日	印度政府宣布黄麻、黄麻制品和落花生油为向苏联出口的主要产品;从苏联的进口被忽略。
1948年	
1月初	苏联向印度政府提供400台拖拉机。
2月	苏联向加尔各答运送15 000吨硫酸铵。
7月12日	苏联和印度签订一份政府间贸易协定,用50 000吨苏联小麦换取印度5 000公吨上等茶叶。
10月5日	共产党报纸报道印度政府计划在德里和莫斯科之间建立空中直航。
1949年	
3月31日	苏联和印度签署一份新的贸易协定:苏联以20万吨小麦和2万吨玉米换取印度2万吨黄麻和7千吨茶叶。
1950年	
1月27日	苏联贸易代表与加尔各答云母制造商接洽讨论赊购聚光胶卷事宜。
6月26日	苏联货轮运送724吨新闻纸抵达马德拉斯港。
1951年	
3月19日	共产党中国以易货贸易方式提供20万吨大米和20万吨玉米。
4月20日	据莫斯科电台报道9 200吨大米从共产党中国运抵印度,累计达到22 300吨。
5月10日	一艘载有1 719吨新闻纸的苏联货轮抵达马德拉斯。
6月初	据莫斯科电台报道7艘载有粮食的苏联货轮抵达孟买。
6月22日	苏联和印度签订协议用10万吨小麦交换印度可“自由出口”的商品。
6月28日	勒蒙托夫(Lermontov)和维尔娜(Vilna)号苏联货轮给印度运来小麦,进步戏剧协会(the Association of Progressive Theatres)和学生们登船参观。
7月5日	3 800吨苏联新闻纸运抵马德拉斯。

续 表

经　　济	
1951 年	
8 月 2 日	《真理报》报道载有粮食的苏联米初林(Michurin)号货轮抵达加尔各答;加尔各答市举行招待会招待苏联水手。
11 月 12 日	苏联就续订小麦交易合同与印度政府接洽。
1952 年	
1 月	印度政府签发许可证从美国剩余库存中向共产党中国出口 39 万加仑的润滑油。
1 月 10 日	苏联商会主席内斯特罗夫(Nesterov)在一次新闻发布会上表示可以提供工业设备和消费品换取黄麻、烟草、虫漆、纺织品、干椰子肉和香料。他声称美国和英国不能供应这些商品是因为他们武装自己的动机,而苏联致力于建立与所有国家间紧密的贸易联系。
1 月 11 日～2 月 24 日	由苏联和中共主导的国际工业品博览会在孟买举行。
1 月 14 日	苏联大使在记者招待会上表示苏联将向印度提供各种工业设备并且接受卢比或者任何其他软通货的付款,并且也将从印度购买本国所需的商品。
1 月 18 日	莫斯科经济会议全印预备委员会接待了参加工业品博览会的苏联、捷克斯洛伐克、匈牙利和伊拉克代表团。
1 月 24～26 日	苏联向印度发行商销售几部电影,并为多部苏联影片安排用本土语言配音。
3 月初	苏联代表与印度公司签订独家经销苏制钻孔机协议。
3 月 31 日	由 24 人组成的印度代表团出发参加莫斯科经济会议。
4 月 7 日	苏联驻新德里大使馆否认 1951 年出口到印度的小麦要价是国际市场价格的两倍。
4 月 6 日	党报《自由》周刊(Swadhinata)公布说,苏联愿意以低价向印度报业供应新闻纸。
4 月 12 日	两位印度人当选为在莫斯科经济会议上成立的国际贸易持久援助发展委员会(the Permanent Committee to Aid Development of International Trade)成员。
5 月 8 日	参加莫斯科经济会议的印度代表拉里臣得·赫拉昌德(Lalechend Hirachand)表示他原以为会议将讨论经济问题,却更多地关注国际贸易管制问题。
6 月 22 日	一个苏联贸易代表团抵达新德里与印方磋商新的贸易协定取代 1951 年 10 月到期的协定。
6 月 30 日	据莫斯科经济会议代表赫拉昌德透露,苏联愿意以卢比代替英镑作为结算货币。

续　表

文　　化	
1947 年	
1月	沃尔金(Volgin)院士率领的苏联科学家代表团访问印度。首位苏联科学家参加印度科学大会,他们在德里和贝拿勒斯(印度东北部城市瓦腊纳西)发表演讲。
2月11日	苏联官方向在莫斯科的美国大使馆农业专员非正式建议向印度和中国派遣一个苏美联合农业考察团。
2月28日～3月1日	印度苏联友好协会举办全苏对外文化关系协会(VOKS)的"苏联教育和性格培养"图片展。
4月	苏联代表团到印度旅游,访问阿拉哈巴德(印度教圣地)、加尔各答、马德拉斯、海得拉巴(印度南部城市)、孟买和卡拉奇。
6月	苏联科学院举行印度研究专题会议。
6月30日	一家印度电影杂志报道苏联宣传影片可以自由输入印度,苏联发行公司最近要求印度制片人协会允许以各种印度语言给苏联电影配音并建议降低苏联电影的进口关税。
7月1日	新德里广播电台报道来自苏联全国图书馆的订阅费被用以支付设在班加罗尔的印度科学院的费用。
9月	印度工会官员访问莫斯科、马格尼托哥尔斯克(苏联乌拉尔河上游城市)、斯大林格勒和其他城镇。
9月初	由作家奥尔法·柴克特金娜(Olfa Chetchetkina)率领的苏联代表团访问德里、马德拉斯、阿萨姆邦省(印度东北部的邦)、贝拿勒斯(印度东北部城市瓦腊纳西)、加尔各答和马杜赖(印度南部城市,印度教圣地,有著名的马杜赖大庙)。
1948 年	
1月	《印苏季刊》(*Indo-Soviet Journal*)主编贾莫海卡尔(R. M. Jambhekar)夫妇在为期数月的苏联集团国家之旅中访问了莫斯科。
2月19～27日	苏联和中国各有一支青年代表团在加尔各答参加由世界民主青年联合会(World Federation of Democratic Youth)主办的东南亚青年大会。
3月	一个苏联妇女代表团参加东方妇女大会(Conference of Oriental Women)的筹备会。
3月	一个苏联青年代表团在孟买参加青年节。
3月13日	苏联大使诺维科夫(Novikov)在德里大学俄国人联合会成立大会上发言。
5月11日	尼赫鲁访问苏联大使馆并观看电影"石头花"(Stone Flower)。美国大使馆报道:苏联在过去的几年里对印度的兴趣加强——通过印度共产党采取大多数步骤。
7月8日	苏联主要领导人与印度大使馆官员在莫斯科参加由全苏对外文化关系协会(VOKS)组织的"印度艺术之夜"晚会。

续 表

文 化	
1948 年	
7 月 22 日	美国驻莫斯科大使馆报道印度人在莫斯科似乎是唯一能进行有限文化活动的外交团体。
8 月 15 日	斯大林向尼赫鲁发去贺电庆祝印度独立一周年。
8 月 20 日	苏联使馆文化参赞和一位一秘的夫人额尔金娜(Mme. Erskina)从全苏对外文化关系协会给印度苏联友好协会带来一个大型展览。
9 月 2 日	新德里广播电台报道：由苏联科学院主办的印度人民文化生活永久性展览在列宁格勒人种学博物馆开幕。
10 月 27 日	苏共第一书记参加阿拉哈巴德大学(印度北部城市、印度教圣地)“俄国人协会”的成立大会。“苏联人民”赠送了一幅斯大林的浅浮雕画像作为礼物。
10 月 16 日	额尔金娜夫人在德里东方学研究院发表讲话。
11 月 2 日	苏联友好协会在加尔各答举办“苏联农业成就展”。
11 月初	印度作家穆尔克·拉思德·阿曼德(Mulk Razd Amand)访问苏联。
1949 年	
1 月 19 日	额尔金娜夫人在一个系列文化节目上谈“今日莫斯科”。随后苏联电影《光荣属于莫斯科》(Glory to Moscow)上映。
1 月 26 日	苏联科学院东方学研究所在印度举行特别会议，宣布将翻译印度“最流行的现代文学作品”。
2 月 6 日	尼赫鲁和其他印度领导人在苏联大使馆观看苏联新电影《远方的新娘》(*Far is My Bride*)。
4 月 20 日	新德里大使馆报道：苏联塔斯社在印度出版了 5 000 本博卡尔(Bucar)的《美国外交官真相》一书。
6 月 14 日	《十字路口》(*Crossroads*)报道参加全印进步作家协会会议的苏联作家代表团被印度政府拒绝签证。
7 月 24 日	《十字路口》报道印度政府禁止苏联 17 部影片上映。
8 月 14 日	特鲁德(Trud)报道：苏联在德里举办的“印度和其他国家青年教育展”取得巨大成功；两部苏联影片上映。
9 月 9 日	《真理报》报道，印度政府拒绝给 5 月份应全苏对外文化关系协会邀请访问苏联的青年代表团签证。
10 月 29 日	苏联大使馆在德里瑞兹剧院(Ritz Theatre)举行电影《教师》的发行仪式；这是每年一次的活动。
11 月 6 日	苏联大使在纪念十月革命 30 周年活动中举行晚宴招待印度政府领导人。

续　表

文　　化	
1949 年	
11 月 21 日	塔斯社报道：印度政府拒绝给准备参加全印各派和平会议的苏联作家代表团签证。
11～12 月	两位印度代表参加在北平举办的世界工联大会(World Federation of Trade Unions Conference)。
12 月 4 日	参加在北平召开的亚洲妇女大会的印度代表通过北平广播电台发表讲话，攻击尼赫鲁政府。
1950 年	
1 月 8 日	莫斯科物理研究所主任和他的助手参加了印度科学大会年会。
1 月 28 日	维辛斯基、马立克和其他高级官员参加了印度驻莫斯科大使馆成立的庆祝活动。
1 月 28 日	毛泽东向新当选的印度共和国第一任总统拉金德拉·普拉沙德(Rajendra Prasad)发去贺电。
2 月	苏联科学院列宁格勒博物馆举办印度人民文化生活展。
4 月 1 日	苏联增加了 15 分钟的印度语广播节目，每周三次，代替 15 分钟对印度的英语广播。
5 月 13～21 日	全苏对外文化关系协会向拉什卡尔(Lashkar)** 派出一个高尔基展。
5 月 26 日	两位苏联工会领导人参加印度玻璃和陶瓷工人工会大会。
6 月 25 日	塔斯社在德里的报纸上以印度语和英语登载《苏联大地》(*Soviet Land*)的广告。
8 月	苏联开始用印度语、孟加拉语和泰卢固语出版刊物——《苏联大地》。
8 月 20 日	中共邀请尼赫鲁访问北京。
9～10 月	共产主义社会党领袖艾萨夫·阿里夫人(Asaf Ali)在全苏对外文化交流协会的安排下对苏联进行为期两个月的旅行。
9 月 24 日	新德里新闻报道：一卷甘地-托尔斯泰通信集在托尔斯泰的墓前展出，通信集被用甘地亲手织的黄麻制成的布裹着。
9 月 29 日	苏联电影节在孟买开幕。
11 月	苏联大使馆在德里举办题为“苏联人民的农业”展，同时也有电影放映。
11 月 7 日	中共在全印妇女大会暨儿童周展览上的展出被禁止，因为一些反美图片遭到反对。苏联也有展览活动。
12 月 16～21 日	苏联在加尔各答举办中国艺术节。

续 表

文　　化	
1950 年	
12 月 13～1 月 2 日	全苏对外文化关系协会在孟买劳德尔学院(Lodor College)举办"苏联和平建设"展。
12 月 28～1 月 31 日	来自苏联科学院的代表团访问印度,纪念印度地质部门成立 100 周年。他们到班加罗尔和马德拉斯省旅游。
1951 年	
1月	塔斯社加尔各答分社成立。
1 月 14 日	苏联赴印度电影代表团团长、最高苏维埃委员普多夫金(Pudovkin)呼吁印度和苏联之间扩大文化交流。
1 月 21 日	苏联在印度的电影发行商举行招待会欢迎苏联制片人普多夫金和演员车卡索夫(Cherkasov),尼赫鲁也出席了招待会。
1 月 26 日	毛泽东在北京接见印度大使发表讲话时赞扬印度。
1 月 26 日	维辛斯基(Vyshinsky)和左林(Zorin)率领印度外交部代表团在莫斯科参加印度国庆招待会。中共负责人和两名下属也出席了招待会。
1 月 31～2 月 2 日	普多夫金和车卡索夫访问马德拉斯。
2 月	苏联开始用乌尔都语发行周刊《苏联大地》。
2 月 12 日	中共大使热情款待尼赫鲁、内阁成员和印度荣誉市民,在私人影院放映纪录片《自由中国》。
3 月 21 日	中共驻印度大使在新德里接见亚洲运动员,尼赫鲁和苏联大使诺维科夫出席了招待会。
3 月 22 日	应尼赫鲁的邀请,中共友好代表团抵达印度。他们以观察员身份参加了亚洲运动会,3 月 25 日前往加尔各答。
4 月 8 日	苏联邀请 24 位印度名流对苏联的工业、医疗和教育设施进行为期五周的旅游考察,包括十位印度作家和印度首席原子专家,费用由苏方承担。
5 月 3 日	根据苏联新闻报道,应苏联和平委员会邀请访问苏联的印度和平大会预备委员会主席阿泰尔博士(Atal)结束访问后离开莫斯科,报道未提及他也曾访问北京事宜。
5 月 15 日	进一步加强中印关系的非官方协会在孟买成立。
5 月	苏联教育代表团访问印度。
6 月 19 日	全苏对外文化关系协会和苏联作家协会组织 13 名印度作家、记者、工程师和医生前往苏联进行为期七周的学习旅行。

续　表

文　　化	
1951 年	
6 月 20 日	一个印度文化代表团在前往苏联途中抵达阿富汗；6 月 22 日苏联驻阿大使及随从人员在喀布尔为代表团送行前往莫斯科。
6 月 21 日	莫斯科与新德里之间首次开通直接无线电报。
6 月 27 日	苏联作家协会接待到访的印度作家。
7 月 4 日	苏联作协为到访的印度文化代表团举行晚会(见本表 1951 年 6 月 19 日条目)。
7 月 27 日	苏联昆虫学家伊万诺夫(Ivanov)在印度宣布：如果印方提议，苏联愿意帮助印度消灭蝗虫。
9 月	《真理报》记者保尔森科(Borzenko)访问孟买和德里。
9 月 18 日	中共大使在新德里宣布，印度文化代表团应邀访问中国；代表团一行 15 人在 9 月的最后一周动身。
9 月 18 日	尼赫鲁在议会宣布中国“文化和友好”代表团将于 10 月到达印度。
10 月 4 日	美国驻马德拉斯领事注意到来自中共的印刷品数量不断增加。
10 月 26 日	苏联大使在新德里接待对苏联进行为期三周访问刚刚返回的印度电影代表团。
10 月 31 日	印度政府宣布毛泽东邀请尼赫鲁访问北平；尼赫鲁拒绝。
11 月 15 日	新德里大使馆报道，在过去的几个月里中共大使馆的宣传活动剧增。
11 月 30 日	中共文化艺术展在加尔各答开幕。
12 月 5 日	国际统计协会在新德里成立，美国、英国、中共和日本加入协会。苏联缺席。
1952 年	
1 月 24～2 月 28 日	印度、苏联、中共、捷克斯洛伐克、匈牙利、埃及、法国、意大利、巴基斯坦和美国参加在印度举行的国际电影节。
1 月 24 日	根据莫斯科电台报道：“孟买著名外科医生为将于今年在意大利召开的国际医疗和平会议组建一个预备委员会。”
1 月 24 日	毛泽东主席和周恩来总理在印度国庆节向普拉沙德总统和尼赫鲁总理发电问候。
1 月 26 日	中共总司令朱德对在北京负责印度国庆招待会的考尔(Kaul)对中共高度的赞扬反应冷淡。
1 月 27 日	全印和平委员会举行招待会欢迎来参加国际电影节的“多个国家”的电影工作者代表团。
2 月 4 日	孟买印中友好协会在招待会上欢迎中共电影工作者代表团。
2 月 5 日	普拉沙德总统宣布印度政府将向中共派出一个文化代表团以回应最近中共代表团对印度的“友好”访问。
2 月 16 日	据印度情报部门的消息，由 5 人组成的苏联“著名艺术家和艺术批评家”小组中的 4 人抵达印度，主要与将在印度 5 座城市举办的苏联艺术和工艺品展有关。

续 表

文 化	
1952 年	
2 月 17 日	一家北京的电台报道：中印友好协会第七分会最近在占西(Jhansi)成立，占西是北方邦(Uttar Pradesh)的重要铁路中心。
2 月 20 日	苏联电影代表团团长谢苗诺夫(Semenov)向印度政府提议成立联合电影制片厂，苏方出资 65%。印度政府 3 月 6 日拒绝了这一建议。
3 月 5 日	苏联在新德里举办价值几百万美元的艺术展览，展品中 80%是油画，20%是雕塑，另有 50 件其他物品。普拉沙德总统 3 月 17 日观看了展览。
3 月 7 日	一个由 8 人组成的全苏对外文化关系协会代表团在苏联诗人提克霍诺夫(Tikhonov)率领下抵达孟买参加在 3 月 12 日开幕的印苏文化节。
3 月 12 日	印苏文化会议决定解散苏联友好协会(FSU)建立的印苏文化协会。苏联友好协会的月刊《印苏季刊》停止刊行。
3 月 13 日	全苏对外文化关系协会向孟买大学捐赠 400 本书籍。
3 月 22 日	维辛斯基接见从印度返回莫斯科的拉德哈克瑞山(Radhakrishan)大使。
4 月 5 日	斯大林和维辛斯基在莫斯科接见即将离任的大使拉德哈克瑞山。他是自两年前上任以来受到斯大林接见的首位非共产党国家大使。
4 月 5 日	印度政府宣布，应中共政府的邀请，潘迪特夫人将于 4 月 27 日率领 14 人文化代表团对中国进行为期四周的访问。他们将在中国的几处地方举办印度艺术展览。
4 月 9 日	印度消息透露，苏联同意召回被指"歪曲"报道印度情况的塔斯社记者。
4 月 11 日	莫斯科广播电台对在莫斯科由《消息报》主办的印度大幅照片展进行报道。
5 月 1 日	一个大型印度工会代表团参加北京"五一"劳动节庆祝活动，两位从莫斯科经济会议返回的代表和上述文化代表团也参加了庆祝活动(见 4 月 5 日)。
5 月 1 日	印度报纸报道，苏联文化代表团团长同意全印美术协会提出的明年在苏联举办印度艺术展的建议。
5 月 4 日	印中友好协会加尔各答分会的新机构成立。
5 月 10 日	周恩来总理为北京印度艺术展开幕；其他中国政府领导人也出席了开幕式。

……①

* 这份统计是依据可资利用的信息，许多方面显然是不完整的。
** 瓜廖尔邦(Gwalior)。

OSS China and India Supplement, Reel-V-0029, pp. 1 – 5, National Archives, U. S. A.

马晓云译，戴超武校

① 原文此处第 18 页不能识别。——编注

14－6

国务院情报研究所关于尼赫鲁对共产主义、苏联和中国的态度的报告①

（1953 年 7 月 24 日）

IR 6269

机　密

尼赫鲁对共产主义、苏联和共产党中国的态度

（1953 年 7 月 24 日）

摘　要

贾瓦哈拉尔·尼赫鲁对待共产主义的态度是一个逐渐觉醒的过程，反映在他的作品、演讲和私人谈话中。他曾深受英国自由主义和甘地主义哲学的影响，不可能成为一位共产党人。然而，在印度争取独立的斗争中，他对西方殖民主义的强烈反感同时也促使他滋生了对共产主义的同情。他认为共产主义是民族奋斗的最高目标。马克思主义公开宣扬的社会平等和社会经济改良的思想在很大程度上与他本人的思想一致。1942 年印度共产党从印度民族独立运动中分离，尼赫鲁对共产主义的理性同情在该年开始消退，并随着他对自由印度政府责任的设想而几乎消失。尼赫鲁感到，印度共产党的暴力革命路线和对外忠诚已经使印度革命被延伸至国际共产主义领域。他现在清醒地认识到，国际共产主义的本质就是苏联帝国主义的工具。

尼赫鲁对苏联制度产生的激情源于他在 1927 年对苏联的短暂访问，在那期间他开始把苏俄当作一个亚洲的工场，在这里与印度情况相似的社会和经济问题正在被成功地解决。在过去的几十年里，尼赫鲁对苏联及其成就的崇拜已经大大地减弱了。尽管他因为不愿不必要地损害印度与这个政权的关系而避免公开批评苏联，却已经在私下表示他认识到苏联扩张主义的倾向和反对共产党对人类自由的压制。然而，他仍然试图为苏联的不妥协寻找理由并在国际事务中对苏联做出有利的判断。他坚信苏联外交政策中的独断专行——至少是部分地造成西方对早期苏联的冷淡态度的原因。

尼赫鲁一直认为未来亚洲的安宁主要依赖于维护亚洲最大的两个国家——中国和印度之间的友好关系和合作精神。与这种观点一致，尼赫鲁与中国国民政府的关系非常友好，并且自毛泽东掌权后，他就已经在寻求赢得新政权的信任。他强烈地感受到：西方对毛政权

① 原注：该报告由国务院情报研究署近东、南亚和非洲研究科于 1953 年 6 月 30 日根据可获得情报编制。

的敌视主要因为它目前与苏联的紧密关系;如果其他国家以友好和平等的精神与之相处,中国最终将脱离苏联的轨道。

……①

一、导　　论

历史以及个人的人格魅力赋予尼赫鲁在国际事务中扮演重要而且复杂的角色。作为这位印度总理众多个人行为和民族政策鲜明标记的独立精神,植根于基本的并常常相互冲突的影响堆积而成的内心矛盾。这些影响是:对印度的观念和价值的忠诚;对英格兰人道主义传统、历史和法律制度的根深蒂固的尊重;早期对马克思主义的兴趣,打动他的是马克思主义有效地应对了世界危机,20 世纪 30 年代的大萧条和对资本主义、帝国主义以及战争的深刻分析;在争取印度独立反对英国的长期艰苦的斗争中他与甘地②的紧密关系;在最近的几年里,加强对政府稳定的关注,反对印度共产党带来的潜在威胁。

下文不去试图综合这些影响研究尼赫鲁的性格特点,而主要是通过引用尼赫鲁的作品、演讲和谈话,仅限于探索这些因素在逐渐形成他对印度共产主义和两个主要共产党国家的思考和反应的互动。

1947 年印度独立大大恢复了他对英国的尊重,尼赫鲁与之有着强烈意识形态联系的英国工党政府实施了这一权力的平稳过渡。然而,他对一个突然出现的世界霸主美国的厌恶和不能消除的不信任依然没有改变。尽管他已经对自己过去曾经坦率地表示敬佩的两个国家苏联和中国逐渐醒悟,但他仍然认为苏联外交政策比较令人讨厌的方面是由西方国家在 20 世纪 20 年代残酷对待新生苏维埃政权造成的,他还认为如果西方不把毛及其追随者们强行逼到莫斯科的怀抱,中国将成为另一个南斯拉夫。尼赫鲁坚信自己正根据印度人民的意愿为国家谋取最大的利益。作为印度人民的精神领袖、印度政府的代言人和印度对外政策的总设计师,他决心坚定地维护印度在东西方冲突中的不结盟原则。

二、尼赫鲁时期对共产主义和苏联的同情 1907～1947 年

尼赫鲁在英格兰上大学时期(1907～1912)阅读了社会主义经典著作,以补充他在自然科学和法律方面所受的正规教育的不足。返回印度后不久,他加入印度争取自治运动,在随后的斗争中经历了许多磨难,包括被长期监禁。作为民族主义者的尼赫鲁不仅对西方帝国主义有着强烈的憎恶,而且他也发现自己对许多共产主义意识形态有着理性的同情。因此

① 原文此处第 3 页的最后部分不能识别。——编注

② 甘地(Mohandas Gandhi, 1869～1948),印度反对英国殖民统治的民族运动的领袖,被誉为印度之父,其“非暴力抵抗”的政治思想在印度产生了广泛的影响。——编注

在他一心致力于印度独立的斗争中，尼赫鲁也许特别易受马克思主义关于资本主义、帝国主义和战争的分析的影响。无论如何，马克思主义理论成为他的政治思想中不可分割、持续很久的一部分。对这一段时期，在他的自传里这样写道：

……马克思主义哲学和理论照亮了我头脑中许多黑暗的角落。历史对我来说开始有了一种新的意义……世界大危机和大萧条似乎证明了马克思主义者的分析。当其他所有的制度都在黑暗中摸索时，只有马克思主义对此进行了或多或少的满意的解释，并真正提出了一个解决方法。①

对于尼赫鲁来说，像许多其他亚洲人一样，资本主义变成了剥削、帝国主义和战争的同义词。他这样解释道：

……我越来越认识到我们所渴望拥有的社会和财富的最核心的根基是多么的暴力……资本主义秩序的暴力似乎与生俱来；而俄国的暴力，尽管很糟糕，目的却在于建立一个基于和平和合作以及为大众谋取真正自由的新秩序。②

他相信英国因"好战而声名狼藉"，但"每位学习近代历史的人都清楚俄国不愿意打仗"。③在 1936 年伦敦的一次会议上，尼赫鲁被问及如果苏联侵略，印度将如何应对时，他回答说："……在当今世界没有一个国家比苏联更热爱和平更不愿意去侵略。"④

1927 年尼赫鲁曾在苏联庆祝成立十周年纪念活动时对苏联进行短暂访问。回国后他在印度报纸上发表一系列关于这次行程的文章。这些文章后来被收编进一本名为《苏维埃俄国》的小书中，书的主题包括从列宁的生活到苏联监狱的条件等内容。

尼赫鲁在全书中对苏联的评论是充满敬佩和同情的。他被这块"发生了历史上最伟大实验"的土地深深地吸引了。尽管他试图保持客观，通过公开承认先前对苏联的无知，主张人的反应依赖于"观察者的视角和生活态度"，但尼赫鲁的视角很清楚：他被"这个奇怪的镰刀和锤子的欧亚国家"迷住了，"在这个国度里，工人和农民坐在君主的宝座上，并打乱了老鼠和人类设计的最好的计划"。⑤

尼赫鲁对莫斯科的第一反应是充满热情的。他注意到苏联的首都在许多方面和任何大都市一样，但是"在莫斯科，亚洲的信息充满每个角落……甚至我妻子和姐姐披的纱丽，尽管

① 原注：尼赫鲁：《通向自由》，纽约 1941 年版，第 230 页。《通向自由》是尼赫鲁自传的美国版本，其自传的大部分是他 1934 年 6 月至 1935 年 2 月在狱中所写。该书 1936 年在伦敦以《尼赫鲁自传》为书名首次出版。其中在 1940 年 8 月写的两章增加在美国的版本中。

② 原注：尼赫鲁：《通向自由》，第 229 页。

③ 原注：尼赫鲁：《苏维埃俄国》，孟买 1949 年版，第 128 页；该书初版于 1929 年。

④ 原注：J・S・布拉特编：《尼赫鲁重要演讲集》，拉合尔印度印刷公司，修订版，无出版年代，第 310 页。

⑤ 原注：《苏维埃俄国》，第 3 页。

她们在莫斯科是与众不同的,但也没有像在柏林和巴黎那样吸引人们更多的注意”。①

然而还远不止这些,深深吸引他的,不仅仅是莫斯科的“美丽”,还有那“无以计数的金色的圆屋顶、广阔的广场和宽阔的大街”。

极度奢侈和贫困之间的对比消失了,人们也看不到阶级或社会地位的等级……价值或地位的评判不再由财富或薪水的多少来决定。②

这些文章描述了布尔什维克面临的严重问题和外部世界的敌视,留给人的印象是考虑到这个政权所面临的问题和所取得的成就,它的恐怖暴行是不可避免的,甚至是可以原谅的。尼赫鲁继续写道:“许多敌人攻击她并试图绞死她,断绝她的粮食供应……在这段时期内,她……不得不与敌视她的欧洲大多数政府和超级资本主义美国作斗争。”他总结说,在面对这些困难的情况下她所取得的任何进步无论如何都是不寻常的,他还补充说:“所有称职的观察家们的证词是,她已经取得了进步。”他还提到了另外一点:“首先要敬佩这一群人,他们在面对巨大的阻碍时没有退缩。”

在他的自传中,尼赫鲁承认在苏联“官方的教条主义”和“迫害异端邪说”是“可叹的”,但他把这些问题描述成是可以理解的,“由于苏联在短期内所发生的巨大变化,此时进行反对,可能会导致灾难性的失败”。他提出了苏联是否发展太快了的疑问,建议“放慢发展步伐可以避免许多不幸”,他自己回答道,“但是问题则会随之出现,放慢发展速度是否能真的取得合理的成果?在必须改变根本结构的关键时刻……改良主义是不可能解决任何重大问题的”。③

“落后的中亚地区在苏联制度下取得的伟大成就的报道”给尼赫鲁的印象特别深刻。④他对苏联人在目标和经历上有认同感,而在西方人身上,他感觉不到。他在《苏维埃俄国》这本小册子中写道:

俄国使我们特别感兴趣,因为那里的情况一直与印度没有什么不同,甚至现在也是。两国都是大农业国,工业化刚刚起步,都得面临贫困和文盲。如果苏联给这些问题找到令人满意的解决办法,我们在印度的工作就比较容易了。⑤

毫无疑问,苏联的经验对尼赫鲁有着很大的吸引力。他在1929年的著作中承认对苏联的经验“充满着一种新的激动”,他经常用最高级来描写苏联。例如,他把十月革命描述成“自法国革命以来最伟大的革命”,列宁是“我们这个世纪最伟大的行动者”。他在评论约翰·里德⑥的著作《震撼世界的十天》时说:“当有人读……就会产生疑惑:像十月革命这样

---

① 原注:《苏维埃俄国》,第13页。
② 原注:在上述的引文中。
③ 原注:《通向自由》,第230页。
④ 原注:《通向自由》,第229页。
⑤ 原注:《苏维埃俄国》,第3页。
⑥ 约翰·里德(John Reed, 1887～1920),美国记者、诗人和共产主义活动分子。他最著名的著作是描写俄国十月革命的《震撼世界的十天》(*Ten Days That Shook the World*)。里德死后葬在莫斯科的克里姆林宫墙墓地。——编注

的奇迹是如何发生和成功的。"①

他提到"有许多人告诉我们俄国是一个政治动乱、不幸的国度,布尔什维克们是刺客和谋杀者",但是他说他根本没有看到这种情况,他的印象是正面的,他的作品已经"确定了这些印象"。②在他的关于苏联的全书中,他试图用相反的例子来反驳他引用的反苏宣传。尼赫鲁在唯一的访苏期间能发现如此之多的他感到与反苏宣传相矛盾的证据,这一事实可能在他的脑海中留下了长期对全部反苏文献的可信度的怀疑。

在这段时期,尼赫鲁对苏联不是完全没有批评的。在 1920～1942 年间他的大部分作品和讲话中,他承认对苏联的许多做法是不赞成的。他在自传中写道:"我不喜欢苏联的许多事情,诸如对反对意见的无情镇压,大规模的严格控制,执行各种政策中的不必要的暴力(我所认为的)。"然而,他补充道:"与她的所有错误一起,苏联已经成功克服了巨大的困难并阔步向前……"总而言之,比较他对苏联的批评和同情,他总结出自己是"完全支持俄国的,苏联的表现和榜样是一道在黑暗可怕的世界里的振奋人心的亮光"。③

三、尼赫鲁改变对共产主义态度的因素

(一) 尼赫鲁的英国教育背景的影响及联系

尼赫鲁多样性的个性之一是接受剑桥教育的人文主义者的特征,他曾经写道:"我已经变成了一个东西方结合的怪物,处处不合适,无处是目标。"④尼赫鲁的部分性格中深深地打上了英国文化的烙印,深受"英国的莎士比亚和米尔顿、英国的贵族式的讲演、写作和果敢的行事方式、英国的政治革命和为科学技术进步自由而斗争"的传统的影响。这就是尼赫鲁,他的"根仍然或许部分地在 19 世纪……受人文主义自由传统的影响太深以至于不能完全自拔"。⑤

大英帝国的教育对这位亚洲民族主义运动领袖的影响及联系,在他自己的话中得到最好的描述:

> 就个人而言,在我的思想形成中英国给予我的东西太多,曾经感觉与她是完全不同的。而做我要做的,我不能摆脱思维的习惯,摆脱评价别国的标准和方式像通常评价生命一样,这些是我在英国的学校和大学中获得的。我偏好英国和英国人民(除了政治),如果我在印度已经成为一个被称作大不列颠统治强硬的反对者,它是不包括这些方面的。⑥

① 原注:《苏维埃俄国》,第 37 页。
② 原注:《苏维埃俄国》,第 33～34 页。
③ 原注:《通向自由》,第 229 页。
④ 原注:《通向自由》,第 353 页。
⑤ 原注:《通向自由》,第 348 页。
⑥ 原注:《通向自由》,第 266 页。

从尼赫鲁所有的文章中可以看出 18 和 19 世纪的自由主义和理性主义对他的思想产生了重要影响。英国的理性主义以多种方式贯穿于他的文章中，正如他认为的：马克思主义的理论不是绝对真理，但是它却完全表现出了“对社会现象独到的深层次的洞察力”，毫无疑问忽视或低估了“某些随之而来的趋势，像革命的要素在中产阶级中的滋生”。[①]他的书一贯地反映出他主张处理问题时所具有的怀疑、非教条、寻找方法、反对暴力和冷酷无情的重要性。尼赫鲁受到伯特兰·罗素和萧伯纳的思想熏陶几乎和卡尔·马克思对他的影响一样。他在自己的自传中写道：“我的资产阶级背景伴随着我，很自然地会成为许多共产主义者迁怒于我的理由。”[②]

在后来的岁月里，尼赫鲁受到英国左翼领导人思想的影响。他是《新政治家和国家》(*New Statesman and Nation*)杂志的忠实读者，刊物中的社论对他有很大的帮助。这种帮助很可能已经打消了他对自己较保守的思想的疑虑。

尼赫鲁对英格兰和英国文化的“偏好”不总是像现在这样明显。尽管目前提倡英印友谊，但尼赫鲁在争取印度独立的斗争年代常常撰文辛辣地抨击大英帝国。1944 年他在狱中时写道：“我想尽可能地远离英格兰……”，访问那里的想法是“令他反感的”，他甚至“不愿意与英国人讨论印度的问题”。[③] 1940 年他还在狱中时写道：“合作的道路对于我们是不存在的；百年的敌对将继续下去并将在未来发展成冲突，而突破口当它来临时，它必然会来临，也将不会是友谊而是对抗。”[④]

然而即使尼赫鲁在狱中撰文辛辣地抨击英国时，他也承认：“……那里有我许多朋友，过去的记忆常常吸引我。”[⑤]在另外一段，他写道：“……我曾经深爱的是英格兰，我希望保持印度和英国之间丝一般柔顺的精神融合……我想要的当然是为了印度的利益的自由；但我也希望它能为英格兰的利益着想。”[⑥] 1949 年他在新德里国民大会召开前骄傲地宣布，印度已经取得了各方都与之亲善的独立。[⑦]

尼赫鲁对英国政策的严厉批评一直持续到第二次世界大战以后。恢复他对英国潜在的友好的行动是 1945 年上台的工党政府从印度撤退，他对工党政府充满同情。1950 年尼赫鲁接受《纽约先驱论坛报》记者斯蒂尔(A. T. Steele)采访时说：“英国离开印度的方式给人留下了美好的印象，总的来说，印度人是同情工党的经济政策的。”当时，英国已不再是一个“支配国家”或者是印度的一个威胁，尼赫鲁更加容易羡慕他所认为的英国的最杰出的东西，即理性、秩序、克制力和文化传统。

同样重要的是来到印度斩断帝国锁链的一男一女，非常适合这份差事。尼赫鲁很快就

---

① 原注：《通向自由》，第 349 页。
② 原注：《通向自由》，第 348 页。
③ 原注：尼赫鲁：《发现印度》，纽约 1946 年版，第 505 页。
④ 原注：《通向自由》，第 376 页。
⑤ 原注：《发现印度》，第 505 页。
⑥ 原注：《通向自由》，第 376 页。
⑦ 原注：尼赫鲁：《独立以及独立以后》，纽约 1950 年版，第 241 页。

与蒙巴顿勋爵[①]及其夫人成为朋友。蒙巴顿夫妇离开印度时，尼赫鲁称他们是“我们非常尊贵和亲密的朋友”。他温和地说：“联结我们和蒙巴顿之间的纽带牢不可破，我们希望能经常在不同地点会面……”[②]蒙巴顿夫人访问新德里期间他们又“经常”见面了；尼赫鲁访问时，他在蒙巴顿的寓所停留了约一天的时间。

1940 年(经常是在此前和此后)尼赫鲁曾经这样写道，英国的行动意味着“我们将会一起前进的所有希望的破灭”。[③] 1949 年春天，他因决定留在英联邦内而受到许多人的批评。但是尼赫鲁在制宪大会召开前坚定地支持国家与英联邦的一种“新型的联系”，这种关系将给印度带来重要的利益。[④]他指出，“这个国度与英国之间的各种接触已经开始”，许多大不列颠的制度已经成为印度人生活的部分或全部。他说，他就是“这些接触的典型的例证，在议会上院用英语发言”。[⑤]

尼赫鲁在印度独立后与英国的友好关系，他愿意留在英联邦内和他对蒙巴顿夫妇和英国上层社会的好感，都表明了他对英国的依恋程度。曾陪同他到马德拉斯旅行的一个朋友说：“尼赫鲁喜欢回忆他在英国的大学时光，他经常希望自己还能在那里。”尼赫鲁的一位印度助手曾经说：“尼赫鲁在任何地方都没有像在伦敦如同在家里一样，带着大不列颠的理性和贵族气息。在那里，他闪耀着他自己的光辉。”

尼赫鲁自己克什米尔婆罗门人的贵族血统可能与他钟情于大不列颠贵族有很大关系，相反，却缓和了对共产主义的兴趣。总之，他似乎已经采取了典型的不列颠上层社会对美国的态度，即他认为美国有些不成熟和粗俗。

(二) 尼赫鲁对美国的态度

另一个影响尼赫鲁对共产主义和苏联的态度的因素是他对美国的反感，这个态度在英国从印度撤出后已经变得更加明显。如上所述，尼赫鲁经常称美国人“不成熟”，经常抨击他所认为的他们的“庸俗文化。”在有意恭维美国的工业化时，1950 年尼赫鲁告诉一位印度听众：“美国人可能不是非常理想主义的，但是他们肯定知道如何去工作。”据报道，尼赫鲁在同一年不仅表达了他对世界许多地方“美国化”趋势的厌恶，而且还表示了他防止美国文化侵入印度的决心。

印度独立后，尼赫鲁把他先前对英国的不信任大多都转移给了美国。他对《纽约先驱论坛》记者斯蒂尔承认，相对于美国来说，印度人更为同情英国，在别的原因中有一条就是英国“已不再是一个超级霸主国家”。《纽约时报》1951 年 6 月 10 日的一篇文章指出：“无论是哪个大国，新的殖民管理也使人对他们极度反感。这对于美国特别不利，印度人视它为当今世

---

① 路易斯·蒙巴顿(Louis Mountbatten，1900～1979)，英国海军元帅。1947～1948 年出任印度总督，任内提出关于印度独立和印巴分治的“蒙巴顿方案”并于 1947 年 7 月获得英国议会批准。——编注

② 原注：《独立以及独立以后》，第 371 页。

③ 原注：《通向自由》，第 376 页。

④ 原注：《独立以及独立以后》，第 268 页。

⑤ 原注：《独立以及独立以后》，第 276 页。

界上的'优胜者'。"

早在1944年,尼赫鲁就质疑美国是不是会发展成为一种新型的帝国主义国家:"不管未来如何,很明显美国经济在战后将强烈扩张,结果几乎要爆炸。这将导致新型的帝国主义吗?"①尼赫鲁对外政策的主要特点之一就是他的反殖民主义,他有时表现出对西方帝国主义的担心,如果这种担心不是更强烈的话,至少和对苏联的担心一样。罗伯特·特鲁布尔(Robert Trumbull)在1951年6月《纽约时报》的一篇文章中的解释如下,他说:"尼赫鲁和其他人对'西方帝国主义'的排斥要甚于共产主义,因为他对殖民统治还有切肤之痛。"②

直到现在,尼赫鲁不愿接受美国的援助反映了他对美国的霸权和影响的担心。他相信美国正在寻求对亚洲事务施加过多的影响,并怀疑美国的动机不纯。他提出疑问:我们所宣称的建设亚洲民主的兴趣是否仅仅是我们反对苏联的一个方面。对美国动机的怀疑和对美国文化的讨厌,不但增强了尼赫鲁对外执行不结盟政策的决心,而且也使他倾向于给予苏联以基于他的疑虑的益处。

然而,大约在已经过去的这一年中,尼赫鲁对美国的态度已经显得友好得多了。他不仅表示出对美国对外援助计划的热情,③而且他似乎也更好地理解了美国在世界事务中的立场。尼赫鲁对美国动机的怀疑已经减轻了不少,这一态度的转变可以从以下他最近在海德拉巴一次讲话中反映出来:有人说没有国家像印度一样依赖外国的援助,一般而言,这种说法可能是正确的。然而美国给予我们的援助是出于最由衷的目的,没有任何的欺骗。为此,我们欢迎这样的援助。④

(三)尼赫鲁对甘地的敬佩

在印度推翻英国殖民统治的斗争期间,尼赫鲁与甘地关系紧密,被公认为是后者的主要信徒和确定的继承人。尽管尼赫鲁从未完全接受甘地的非暴力革命思想,但没有其他任何人对尼赫鲁的思想有着如此深刻的影响。其主要原因在于,他坚持甘地的观点使得尼赫鲁遭受了多年的牢狱之灾。这样,连同他对共产主义意识形态的同情和对英国传统的尊重加在一起,深植在尼赫鲁脑海中的是甘地主义的"诚实的手段"和"以非暴力抵抗邪恶"。

尼赫鲁是这样描写甘地的:"他一步一步地使我们相信他的做法是正确的,尽管我们不接受他的哲学,但我们和他一起前进。"⑤尽管甘地不赞同尼赫鲁对马克思主义的倾向,但是尼赫鲁一直承认甘地"比我们对印度的了解深刻得多"。⑥当甘地和尼赫鲁出现分歧时,尼赫鲁常常尊重甘地的意见。

甘地去世时,尼赫鲁说:"……例如我们,我们在这些年间已经被他深刻地影响了;从那

① 原注:《发现印度》,第558页。
② 原注:《纽约时报》,1951年6月10日。
③ 原注:电报第3128号,新德里,1952年2月29日,秘密。印美援助协定1954年1月签订。
④ 原注:电报第1401号,新德里,1952年10月,机密。
⑤ 原注:《通向自由》,第191页。
⑥ 原注:在上述引文中。

圣火中我们许多人也获得一点火花，某种程度上推动我们在他所制定的路线上的工作。"①后来，他在新德里的一次广播讲话中说："……我们不给他立什么纪念碑会更好，因为最好的纪念，就是虔诚地沿着他向我们展示的道路履行我们活着和死去时的职责。"②

（四）共产党策略的影响

印度共产党残酷的斗争方法使尼赫鲁感到厌恶，这无疑减弱了他对共产主义意识形态的同情。尼赫鲁在 1949 年的一次记者招待会上谈到，印度共产党"已经比其他任何共产主义的反对者都更多地破坏了共产主义的理想，因为它自身已经开始同印度人民天然的民族主义要求相背离"。③

甚至在他最痴迷于共产主义的时期，尼赫鲁也曾写过："……但是共产主义者经常用他们独裁的方法、富有攻击性和相当卑鄙的手段公然指责所有不同意他们观点的人的习惯，使我感到愤怒。"

尽管尼赫鲁早期崇拜苏联，同情共产主义意识形态，但是他受英国自由主义和甘地的理想主义影响太深，以及后来对印度共产党人策略的不满，都使他不可能成为一名共产主义者。

四、对共产主义的态度变得更加敌对 1942～1952 年

在第二次世界大战爆发前的十年里，尼赫鲁对共产主义的同情达到了顶峰。那个时期他对共产主义的代表性观点可从他 1936 年在国民大会上的讲话中反映出来：

> 如果未来充满希望，那主要因为有苏联俄国和它所做的一切，我相信如果不发生世界性的大灾难，这种新文明将传播到其他土地上，结束资本主义制度带来的战争和冲突。④

尼赫鲁对共产主义态度的重大转变开始于 1942 年，可察觉出他对共产主义思想和苏联的同情减弱了，他甚至开始谈论防止共产主义的传播。

促使尼赫鲁思想转变的因素有很多，其中一个或者说较重要的因素是德国在 1941 年进攻苏联几个月后，印度共产党同印度民族运动发生了分裂。⑤尼赫鲁在 1945 年告诉美国驻孟买的副领事，在一个关键时期(1942)共产党与英国合作，这样做使印度共产主义者和民族主义者之间产生了巨大的思想隔阂。

---

① 原注：《独立以及独立以后》，第 21 页。
② 原注：《独立以及独立以后》，第 29 页。
③ 原注：《印度新闻公报》，1949 年 11 月 19 日。
④ 原注：《通向自由》，第 398 页。
⑤ 原注：印度国大党虽然在第二次世界大战中反对德国和日本，但拒绝接受英国要求其对日宣战。国大党领袖坚持，只有符合印度人民利益的时候，独立的印度政府才能宣战。

尼赫鲁近些年公开谴责印度共产党的手段和它对外国势力的臣服。尽管以前他不是不经常批评共产主义者,暗示"保持对许多共产主义者的耐心是困难的",但他会调和自己的批评,他说:"但他们是非常努力的人,除了苏联之外,他们不得不面对巨大的困难。"①然而到1948年,他不再关注他们的困难,因为作为自由印度的总理,他主要关注的是维护新国家的法律和秩序。

1948年7月,尼赫鲁在马德拉斯对一群工人发表讲话,他强烈攻击印度共产党。他说:

我不接受也不会接受那些自称为共产主义者们的行为和手段,因为我发现,他们在目前正以经济主义的名义,正企图在各邦实施压制性的措施,并不时犯下暴行……没有哪个真正的国家或政府能容忍这个。如果有任何一群人要宣布发动反对国家的战争,那么国家就与他们战争。②

自从成为总理以来,尼赫鲁常常警告共产主义分子,只要他的政府掌权,就"不允许印度变成一块充满混乱和无序的土地"。他已经说过,共产主义分子已经通过他们的行动表明,他们将四处传播其意识形态,因此,"我们别无选择,只能拼命反对这种情况"。

尼赫鲁近些年里不仅公开谴责印度的共产党的活动,而且他的政府还采取措施积极反对印度共产党的活动。在共产党活动最频繁的海德拉巴,一个军管政府在1948年下半年成立用以对付共产党组织。在海德拉巴和印度其他地区,许多共产党人未经审判就被关进监狱,最长的达六个月之久。

1949年12月,尼赫鲁在记者招待会上做了被认为是他对共产主义的态度发生变化的阐述:

也许你们可以在理论上得出结论,认为某种适当的社会结构将产生良好的结果,但你不仅要考虑一国的生产工具、技术水平等,还要考虑是否在努力构建那种社会时你不可以长期因为冲突和其他原因而停止一切生产。或许你的理想是相当美好的,但在实现它的过程中,若要完全实现,将有一代或两代人可能得在经济极度萧条、产品匮乏和贫穷中度过。难道你们将以那些人受严重饥荒为代价来为人民谋福利吗?你们不得不考虑一下那些人以及其他的因素。③

1949年,他对一位国际新闻社(INS)的记者说:"……显然,我们不想印度有共产主义……亚洲正在发生的事件是在填补真空……我们正通过努力,不允许印度有这样的真空存在来应对这样的困难。"④

---

① 原注:《通向自由》,第350页。
② 原注:D-855,新德里,1948年7月27日,限制级文件。
③ 原注:D-1120,新德里,1949年12月12日,限制级文件。
④ 原注:D-773,新德里,1949年9月6日,秘密。

尼赫鲁有时把斯大林主义的共产主义政策和方法与马克思主义的理论区别开来。1951年3月，他和《纽约时报》的记者特鲁布尔在谈到马克思主义者的理论时说："如果它能与试图统治世界的共产主义运动分离，它将能适应特定国家的经济和社会需求。"在讨论共产主义的两个方面即社会主义的经济理论和共产党的策略时，尼赫鲁说：

第一个方面是非常理想主义的，可以被看作是一个要实现的远期目标……但共产党的策略却是清楚的和与众不同的，是与扩张主义相当紧密地结合的。我反对那个策略，我个人的反应是，共产党是完全不道德的。①

1951年3月，在与另一位美国人卡辛斯(Norman Cousins)的谈话记录里，尼赫鲁说，共产主义侵蚀的威胁不可避免地会遭到广泛的反对："毫无疑问，如近期经常发生的那样，共产主义不仅作为一种经济思想出现，而且更是帝国主义的延伸……"它必定会遇到抵制，这种抵制将不断增强。②

特鲁布尔的另一次访谈，发表在1951年4月12日的《纽约时报》上，根据报道：尼赫鲁解释说，他厌恶共产主义者的扩张主义和许多国家共产党政府对人类自由的压制。他的印度不仅什么共产主义都不要，而且在其他地方他也不赞成要，他说这个原则是他的先辈甘地的教诲。

现在尼赫鲁明显地相信，提高经济状况是防止共产主义的最好途径，尽管他先前相信共产主义是带来经济条件提高的最有效的手段。在1951年9月接受《纽约先驱论坛》记者玛格丽特·希金斯(Margueraite Higgins)采访时，这位总理断言：

一个在经济上健全的印度，是对共产主义在远东扩张的最有力的遏制。如果我们在远东把民主方法与提高人民生活水平的任务结合起来，并能实验成功，我们将表明自由世界的道路要优于共产主义的道路。这样，我们将抛弃共产主义的思想。

1951年9月，尼赫鲁和他的内政部长拉贾格帕拉恰里(C. R. Rajagopalachari)拒绝接见印度共产党代表团，除非该党明确声明放弃暴力和蓄意破坏并要用实际行动加以证明。拉贾格帕拉恰里说：没有这种保证的迹象，相反暴力犯罪却在继续。

1951年10月18日，尼赫鲁在国大党年会的开幕会议上说，共产主义"把憎恨作为学说加以传播，其政治学说和经济学说已发展成为一种宗教教义的形式。它包含了清除异端与迫害异己的狂热"。③

尽管尼赫鲁谴责共产党人的手段，但他赞赏他们自我牺牲的精神和勇气。1951年，他

① 原注：《纽约时报》，1951年4月1日。
② 原注：诺曼·卡辛斯：《同尼赫鲁的谈话》，纽约1951年版，第41页。
③ 原注：《纽约时报》，1951年10月19日。

对国会议员们说:“我除了不认同共产党人的政策之外,他们在群众中工作方法和勇于牺牲的精神还是值得效仿的。”①他继续要求议员们学习共产党人在组织工作中的“全身心投入的热情”。尼赫鲁对这些品格的欣赏持续多年。他在自传中写道:“我一直敬佩他们的勇气和牺牲的精神……他们作为个人承受着这些,这种承受表现了带有悲剧色彩的高尚品格。”②尼赫鲁不仅越来越不喜欢共产国际,而且在某种程度上已经修正了对马克思主义理论的理解。在1952年2月的一次记者招待会上,他认为“马克思过时了”。他继续说:“在今天讨论马克思主义,如果说要盲目尊重,那异于反动。我个人认为,共产党挑起的战火和动乱,从某种意义上说完全是反动的。”③他后来某天在马德拉斯对国会议员们讲话时详细阐述了这一观点,他暗示世界共产主义“已使思想产生一定的僵化,自身已经不能适应形势的变化了”。④

在上述记者招待会期间,尼赫鲁批评了马克思主义,他也提到了印度共产党与外国的联系,很可能指的是苏联,他说:“我愿意同任何发生在印度的背离现实的暴乱趋势、或被享有治外法权代理人所控制的共产党人的一贯政策作斗争。”⑤在1952年5月22日的一次议会讲话中,他不但把印度共产党人称作“反革命分子”和“宗教顽固分子”,并毫不掩饰地挖苦说:“钦佩另一个国家并向它学习是一回事;把那个国家看作比自己的国家还要重要,那则是完全不同的另一回事。”⑥几个月后,3 000名示威者聚众闹事,试图破坏乌贾因(Ujjain)地区的一次公共会议,尼赫鲁非常恼怒。他警告示威者,不与政府合作共渡国家难关的人,在印度是没有立足之地的。尼赫鲁补充说道:“如果共产党人认为他们能够通过示威游行与破坏和平达到他们的目的,我要告诉他们的是,他们必须带着自己的红旗和告示回到共产主义的老家去……”⑦

印度一位国会议员在1952年12月18日提到斯大林在一次讲话中鼓动要把共产党的活动延伸到苏联以外的国家去,他向尼赫鲁提出下面的问题:“这个讲话难道不表明印度共产党对治外法权情有独钟吗?不表明俄国将指望他们的支持吗?”据报道尼赫鲁反驳道:“我没有必要为此去读斯大林元帅的演讲。”⑧

据说,1952年尼赫鲁对一位欧洲要人说:“印度知识分子对共产主义的倾向,主要是表示对亚洲人民反抗西方帝国主义残余势力的同情。对共产主义的同情不意味着每个人是共产党潜在的新成员。”⑨根据鲍尔斯大使透露,尼赫鲁在一次私人谈话中说共产主义理论与

① 原注:《纽约时报》,1951年9月10日。
② 原注:《通向自由》,第350页。
③ 原注:D-2088,新德里,1952年3月3日,限制级文件,第16页。
④ 原注:《印度人报》(马德拉斯),1952年10月11日。尼赫鲁在1953年2月1日强调了以下观点,即全世界的共产主义运动已经变成了“反动的运动”,因为它的追随者机械地信奉“过时和废弃的理论”。《纽约时报》,1953年2月2日。
⑤ 原注:D-2088,新德里,1952年3月3日,限制级文件,第17页。
⑥ 原注:《德里国务活动家报》,1952年5月23日。
⑦ 原注:T-1168,新德里,1952年9月17日,不保密文件;《印度人报》,1952年9月17日。
⑧ 原注:《印度人报》,1952年12月19日。
⑨ 原注:C-95075,1952年9月8日,机密。

他自己的哲学信仰和印度人民的信仰是对立的。他说，只要共产主义试图破坏国家的稳定，他就将在印度反对它。这位总理也表达了这样的观点：当共产主义目前不再是印度严重的问题时，必须视之为潜在的威胁，特别是如果印度的经济发展滞后的话。

五、对苏联的态度变得更具批判性 1942～1952年

尼赫鲁对苏联态度的变化在第二次世界大战期间初现端倪。尼赫鲁在1944年创作的《发现印度》一书中首次提到了苏联扩张主义倾向，并概括地显示出对苏联的一种更加批判的态度。1947年8月印度获得独立，尼赫鲁对苏联的官方态度是友好的，但是他也开始发现苏联政策中某些令人忧虑的方面。到1949年，他对苏联的态度略微有些冷淡，至少部分原因是由于因为他的妹妹潘迪特夫人担任驻莫斯科大使期间所遇到的问题。

1949年3月17日，潘迪特夫人说，她的政府"对什么是共产主义的威胁一直反应迟缓，但现在完全明白了"。她指出，印度人认识到苏联在远东的威胁。同月，亨得森(Henderson)大使报告说吉尔加·巴杰帕依[①]先生曾向他复述了和总理的一次谈话，谈话表明尼赫鲁对印度加强与苏联的关系的能力正在失去信心。据巴杰帕依透露，尼赫鲁曾经说，"尽管他和印度政府其他官员努力维持苏联和印度之间的友好关系，但苏联的政策最终将使苏印之间产生一条较深的鸿沟，印度最终将把自己完全与那些正在联合反对苏联侵略的国家联系在一起。"但巴杰帕依继续说道：

> 然而就苏联而言，总理感到他应该继续保持耐心，应该用以下方式来处理，即任何最终导致苏联和印度关系破裂的深刻分歧将明显地是由苏联而不是印度一手造成的。[②]

其他表明尼赫鲁对苏联的认识逐渐清醒的事件有他对捷克斯洛伐克共产党政变的关注和报道，他对苏南关系破裂后对南斯拉夫的同情。1948年3月，尼赫鲁在国民代表大会上讲话评论让·马萨里克之死时说："这件事本身不仅是一个极大的悲剧，而且它发生的环境也是一个悲剧，它会产生极其严重的后果。"[③]根据报道，尼赫鲁后来评论说，捷克斯洛伐克的共产党政变将遭到反对，因为它不符合甘地的评价标准，即"只有通过好的方法才有好的结果"。1949年，外交部长贾(C. S. Jha)，引用尼赫鲁同情南斯拉夫反对苏联这样的事实作为证据证明总理反对苏联在东欧的扩张。

尽管尼赫鲁对苏联的不满情绪不断加深，但他倾向于为苏联的行为和政策寻找借口，即

---

① 吉尔加·巴杰帕依(Sir Girja Shankar Bajpai, 1891～1954)，印度政治家、外交家，1947～1952年担任印度外交部首任外交秘书。——编注

② 原注：D-240，新德里，1949年3月18日，机密。

③ 原注：D-279，新德里，1948年3月30日，限制级文件。参阅《独立以及独立以后》，第223页。

使他发现这些行为和政策应该受到指责，让西方国家至少部分地对苏联外交政策的负面影响负责。在1951年3月与助理国务卿乔治·麦吉(George McGhee)的一次谈话中，尼赫鲁说苏联之所以成为今天这个样子，主要源于它成立之初世界上许多国家对它的孤立。

这次会谈期间，尼赫鲁同意助理国务卿的看法：苏联有侵略和扩张的计划，但是拒绝评论必须采取集体行动与侵略力量作斗争的建议。①然而，在1951年11月与鲍尔斯大使的秘密会谈中，他重申苏联现在是一个侵略者的观点，提出苏联已经成为一个和沙皇政权同样模式的帝国主义国家，他甚至说，他完全理解美国在欧洲遏制苏联的立场。②

据鲍尔斯大使透露，尼赫鲁1952年10月1日私下表示，苏联可能不愿此刻在朝鲜停战，因为继续交战能使他们拖住联合国军队，而自己毫发无损，可以试验新式军事武器，并使中共继续依赖他们的军事供应。③

与他私下里表达的不断加深的批评态度相反的是，他在公开场合对苏联扩张主义的言辞保持谨慎和克制。尽管总理已公开谴责在印度和其他地区的共产党的活动，并无疑认识到前殖民地掀起的由苏联指使的共产主义运动的威胁，但他从未公开指责苏联的帝国主义行为。

然而，他却较少地抑制自己对苏联制度其他方面的公开批评。尽管尼赫鲁过去经常谈论苏联在教育和经济发展方面的"奇迹"，但最近他却在几个场合公开贬损苏联与独立后的印度相比在教育和技术方面发展的速度。④

尼赫鲁对苏联拒绝印度1952年11月向联合国提交的解决朝鲜停战谈判僵局的计划深感痛心。尼赫鲁总理在孟买的一次万人集会的公开讲话中，不仅对苏联代表在联合国"粗暴地拒绝"印度提案的事实表示谴责，他还悲伤地评论说："俄国的攻击是对我们的某种不友好……我非常遗憾地听到俄国和中国归咎于我们的动机，并怀疑我们在朝鲜问题上的良好初衷。"⑤

六、尼赫鲁与中国的关系

(一) 对待中国国民党的态度

尽管尼赫鲁1939年的中国之行只持续了不到两星期，但却使他相信印度和中国应该共同创造亚洲的未来。他这样写道，他发现中国"不仅博大精深，有着伟大而深奥的历史积淀，而且有着生机勃勃的人民，充满活力，正在把自己融入现代社会。甚至连街上行人的脸上也透露出中国文化留下的烙印"。除此之外，他更强调：

我有幸在几个场合遇见了中国的最高领导人，蒋介石委员长，他自身体现了中国的统一

① 原注：T-2156，新德里，1951年3月14日，机密。
② 原注：T-1661，新德里，1951年11月7日。
③ 原注：T-1409，新德里，1952年10月2日，机密。
④ 原注：《印度时报》，新德里，1952年5月23日；T-2899，新德里，1953年1月20日，不保密。
⑤ 原注：《印度时报》，1952年12月7日。

和中国走向自由的决心。我也有幸遇到了那个国度的第一夫人蒋夫人，她一直是那个国家灵感的源泉。

尼赫鲁发现（“令我感到高兴”），他希望拉近两国关系的愿望竟得到“中国领导人非常积极的回应”。尼赫鲁说道：“我们经常一起坐在防空洞里，敌人的飞机在轰炸我们的城市，我们讨论我们两国的过去和未来，真诚地共同展望未来充满光明的合作。”

1942 年蒋介石访问印度，关于这次访问，尼赫鲁在美国杂志上撰文：

蒋介石委员长和夫人最近对印度的访问不仅具有重要的历史意义，而且让我们看到了印度和中国为了他们各自的和世界的福祉将紧密合作的未来。①

官方的限制阻碍了蒋介石与印度人民更多的接触，但委员长访问期间仍成功地与尼赫鲁和甘地会见了几个小时。很显然，他们的谈话没有任何记录。尼赫鲁对此仅叙述如下：

他们在那个重要时刻来到印度本身以及他们表现出的对印度的自由的同情，帮助印度从她的民族躯壳中走出来，增强印度对利益攸关的重大国际问题的认识。联结印度和中国的纽带变得更加牢固了。②

1946 年，尼赫鲁收到了来自蒋夫人的电报。得到他受伤和遭拘留的消息后，蒋夫人表达了对他健康和安全状况的关心。尼赫鲁回电说：“非常感谢委员长和您的关心，我非常好……我们时常想起你们，向你们表达我们的问候和美好祝愿。”

在印度独立前的全部几年里，中国国民党支持印度的自由运动。1947 年，中国媒体把即将到来的印度宣布独立称之为一件“对亚洲的未来具有重大意义”的事件。甘地的去世，据南京美国大使馆报道，在中国引起“极大的震动”。“刺杀新闻成为所有报纸的头条。蒋介石总统和夫人向印度人民传达的慰问唁文被安排在特别显著的位置。”

当中国首位驻印大使在 1947 年 3 月递交国书时，他提及蒋介石当年对印度的访问，并说“随后在促进中印合作方面又出现了许多新努力”。印度驻中国大使在一个月后也向中国呈交国书，并说“将始终把发展与她伟大的邻邦中国的最友好的关系，作为印度政府外交政策的最重要目标之一”。

鉴于尼赫鲁和蒋介石之间的友谊和国民党经常表示的对印度独立的支持，可以预料，如果不是担忧的话，尼赫鲁对中共的胜利将感到遗憾。然而，到 1947 年时尼赫鲁已开始把“他的老朋友蒋介石”的政府称为“极其腐败和反动的”。③随后他对国民党的评论是贬抑性的。

---

① 原注：尼赫鲁：《印度进行清算的日子》，《财富》，1942 年 4 月号，第 678 页。
② 原注：《发现印度》，第 457 页。
③ 原注：D-66，新德里，1947 年 7 月 22 日，机密。

1949 年美国驻新德里大使馆报告,印度政府似乎不太担心共产党在中国取得胜利,并且印度可能是第一个而且是最愿意与毛统治的中国新政府建立关系的国家。情况表明,印度政府不希望将来因为与它与被认为是倒台的国民党政府有关系而陷入尴尬的境地。①

(二) 对共产党中国的态度

尼赫鲁非常希望中印关系不会因共产党的胜利而遭到损害。如果有什么不同的话,那就是他显然认为中国不想如同苏联那样被外部世界孤立的话,印度的友谊比任何时候都重要。他盼望的是,中国不要成为“只是苏联的玩偶”。根据大使馆公文,尼赫鲁说他感觉“中国文化是如此富有个性,与其他国家的差异非常大,尤其是苏联这样的国家,以至于中共政府将不会‘仅仅是俄国势力的延伸’”。②

尼赫鲁进一步暗示,他相信共产党在中国的胜利表达了民众拥护共产党的土地改革以及反对国民党政权的“腐败”和“反动”。在 1949 年 12 月世界和平主义者大会上,尼赫鲁说,印度政府官员对共产党政权在得到广泛承认前赢得中国人民的支持和为人民的“利益”而工作感到满意。③他首先把中国描绘成印度的一个邻居,其次是“一个担负伟大历史使命的伟大的国家”。④

尼赫鲁对未来亚洲的希望寄托在印度和中国之间合作的紧密程度上。1949 年 4 月尼赫鲁在新德里举行的“美国外交会议”上发表讲话指出,未来印度和中国将同它们在过去一样,在亚洲事务中享有主导权。他对亚洲比较小的国家的意见没有表现出特别的兴趣,因为那些小国的地位低,除了依附于中印两个大国之外别无选择。⑤

尼赫鲁在 1944 年写道:“……小的民族国家的命运已经注定。也许它们会作为一个文化自治地区而幸存,但他们绝不会成为真正意义上的独立的政治实体。”他重申,相对于地区统一,他更偏向于世界统一,世界的统一优越于地区的统一,除非“人们傻到了不想要世界统一的地步”。中印应该组成东部统一的基础,⑥他在几年前就建议,建立一个由中印主导的“东部联邦”。⑦

这位印度总理一直只愿意把中国描述成一个爱好和平的国家,他经常提醒人们注意这样一个“瞩目的事实”:中国和印度共有 2 000 英里长的边境线,一千年来从未有一个国家是个侵略者。他表达过这样的观点,即农村中的动荡和贫困要比共产主义的煽动对战后中国的动乱状况负更多的责任,他坚持认为,战后整个亚洲的政治动乱可以归结为是东方人民把自己从“西方帝国主义的奴役”下解放出来的强烈愿望。⑧

---

① 原注:D-292,新德里,1949 年 3 月 28 日,机密。
② 原注:D-324,新德里,1947 年 4 月 21 日,机密。
③ 原注:D-27,新德里,1950 年 1 月 6 日,机密。
④ 原注:D-1821,新德里,1951 年 1 月 25 日,不保密。
⑤ 原注:D-324,新德里,1949 年 4 月 21 日,秘密。
⑥ 原注:《发现印度》,第 547～548 页。
⑦ 原注:《通向自由》,第 367 页。参照尼赫鲁:《印度的团结》,伦敦 1941 年版,第 327 页。
⑧ 原注:D-324,新德里,1949 年 4 月 21 日,机密。

尽管有迹象表明尼赫鲁获悉中共正侵略西藏非常震惊，他至少公开地坚持这个信条，即目前中国在亚洲不是一个尚武侵略的国家。1951 年 3 月在与美国助理国务卿麦吉的谈话中，尼赫鲁同意苏联有侵略和扩张计划，但他否认共产党中国正显示出相同的倾向。当被问到他与中共谈判的方法是否有结果时，他回答有。他说，它已经阻止他们完全占领西藏，并产生了一个近乎满意的对停火建议的回复。①

尽管尼赫鲁不断声称中国目前不是亚洲的一个侵略力量，但据透露，不断出现的有关共产党的情报和军事活动以及沿喜马拉雅边境地区的渗透的报告，也严重地困扰着他。1950 年 9 月，尼赫鲁在讨论共产党在亚洲侵略的可能性时说："我们非常清楚，如果发生侵略的话，它将来自东方而不是西方。"②两个月后，在提到麦克马洪线（主要是界定印度东北的边界）时，尼赫鲁在印度议会宣布："我们不允许任何人越过那个边界。"③

印度政府在西藏被入侵后任命了一个军事委员会，研究印度东部和北部的防御问题，根据这个委员会的建议，印度沿力量薄弱的边境地区增加设立了几个检查站。政府也对印度东北进行秘密考察，控制共产党军队能够进入印度的可能路线。1952 年初，印度军队派遣许多优秀军官到阿萨姆邦（Assam），目的是加强阿萨姆的步兵团，并制订沿印度东北部边境全线的比较严密的安全措施。几乎在同时，尽管尼赫鲁的官方立场是不干涉别国内政，但他还是向尼泊尔派出一个印度军事代表团，重新评估这个位于印度和西藏之间的高山王国的军事力量。另外，印度同意为尼泊尔的 1 万人军队提供轻武器、自动武器和服装，帮助它们修建军用道路和机场。1952 年下半年，尼赫鲁访问印度的保护国锡金，并视察了沿印藏边境其他可能易受攻击的地区。④

在噶伦堡 (Kalimpong) 一次多种族集会上，他发表讲话说："印度所有的大门对我们的朋友都是敞开的，但对我们的敌人，每一扇门都是关闭的。"⑤在大吉岭（Darjeeling），尼赫鲁说，他认为没有国家有针对印度的侵略计划，但他感到，生活在边境地区的人民应该对国家的防御和安全时刻保持着警惕。⑥

尼赫鲁的中国政策最初似乎建立在这样的假设基础之上，即一旦中共确定不再有外来进攻威胁，他们将集中精力于国内问题。因此，他反对联合国在朝鲜 38 度线上的行动，对联合国把中国称为侵略者感到不满，坚持把台湾（Formosa）交给中国，敦促美国军队从日本撤回。因为他满怀希望印度的友谊能把中国从苏联轨道上拉拢过来，因此尼赫鲁愿意给中国在国际争端中以不确定的好处，并在努力实现初步合作上进行耐心的工作。然而，几乎没有证据表明共产党中国对印度的和解姿态采取积极的反应。他对中共对他的友好政策的无动于衷感到失望后，据报道在 1951 年秋天，他做出了如下评论："我担心我们对中国的希望过

---

① 原注：D-2156，新德里，1951 年 3 月 14 日，机密。
② 原注：引自《每周情报报告》，1952 年 2 月 1 日。
③ 原注：T-277，新德里，1950 年 11 月 21 日，机密。
④ 原注：印度同不丹和锡金签订有条约，允许印度在有外来进攻时保卫这些地区。
⑤ 原注：《德里政治家报》，1952 年 4 月 30 日（印度报业托拉斯）。
⑥ 原注：《加尔各答政治家报》，1952 年 4 月 18 日（印度报业托拉斯）。

于乐观。现在对我来说，它短期内不会脱离苏联的影响而独立自主。”①

几乎没有证据表明，共产党中国对印度立即承认新政府以及尼赫鲁支持中国加入联合国所做的努力心存感激。尽管印度驻华大使潘尼迦②在 1948 年 4 月到 1952 年 6 月期间经常表达对中共政权取得的成就的赞赏，但总理在同鲍尔斯大使秘密会谈时表示，他不赞成潘尼迦对中国的高调态度，并说潘尼迦把形势理想化了。尼赫鲁补充说，中国的残酷，特别对生命的漠视使他和许多印度人感到震惊。他同意中国是一个潜在的侵略和扩张的国家说法，但他表示，它目前还远没有能力推行这样的政策。他重申，希望其对华友好合作政策能减少中国对苏联的依赖。然而，总理明确表示，他对中国的政策没有多少幻想：他支持对华的友好政策，他告诉鲍尔斯大使，因为他相信这一政策为最终出现一个独立和平的中国提供了希望。③尼赫鲁不可能认识不到印度不能生存在一个敌对分裂的亚洲中，那个担心可能是促使它与中共保持合作和友谊的根本原因。

尽管尼赫鲁不愿修改他的中国政策，然而有理由相信这位印度总理较早期的判断已经被极大地动摇了。1952 年 11 月，当印度在联合国提出议案以打破朝鲜战争僵局、实现停火的提案时，他很难了解中国在朝鲜战俘问题上的立场，他发现同共产党中国越来越难打交道。④尼赫鲁对共产党中国屈从苏联而拒绝印度的停火建议而感到非常失望。

尼赫鲁最近无论是私下或是公开的谈话中，都表明他对中国政府极权主义特征有了更现实的认识。尼赫鲁 1953 年 1 月在海德拉巴的一次公开讲话中，承认中共在经济计划方面取得的进步，但他又提醒听众注意“印度取得了比中国更大的成就”和“在中国没人敢批评政府”这些事实。⑤

OSS China and India Supplement, Reel-V-0141, pp. 1 - 27, National Archives, U. S. A.

马晓云译，戴超武校

---

① 原注：《纽约先驱论坛报》，1951 年 9 月 25 日。

② 潘尼迦(Kovalam Madhava Panikkar, 1895～1963)，印度外交家，曾任印度首任驻华大使。——编注

③ 原注：T－1661，新德里，1951 年 11 月 7 日。

④ 原注：T－2118，新德里，1952 年 11 月 20 日，机密。

⑤ 原注：T－2889，新德里，1953 年 1 月 20 日，不保密。

14 - 7

中情局关于中国提供给印度5万吨钢材的信函

（1956年3月9日）

亲爱的库伦上校(Colonel Paul H. Cullen)：

你在3月9日口头问到关于共产党中国计划向印度提供5万吨钢材的事宜，随函的附件进一步提供关于此事的背景信息，此事最初由1956年3月5日的EIC双周刊关于中苏集团在欠发达地区经济活动的报告报道。

希望这个信息对回答古德帕斯特上校①提出的问题能有所帮助。

真诚的朋友②

DDRS，CK 3100165501

马晓云译，戴超武校

---

① 安德鲁·古德帕斯特(Andrew Jackson Goodpaster，1915～2005)，美国著名将军，1954～1961年担任艾森豪威尔总统的"总统助理"和"国防部与白宫的联络长官"，1961年和1984年获得"总统自由勋章"。——编注

② 原文此处人名未解密。——译注

14－8

国务院情报研究所关于苏联集团与印度开展经贸活动的报告

（1957 年 4 月 29 日）

IR 7232. 3 R

秘　密

苏联集团与南亚、远东的自由世界国家贸易协定和其他贸易协议的概述

（1957 年 4 月 29 日）

三、印　　度

苏联集团与南亚、远东的自由世界国家贸易协定和其他贸易协议①

印度-保加利亚

I. 贸易-支付协定	**（A. 1953 年 6 月的协定）**
协定期限	1953 年 6 月 1 日～1954 年 12 月 31 日 （1953 年 7 月 17 日签订）
描述	战后第一个贸易协定；所列商品没有配额。
主　要　商　品	
保加利亚出口	食品、机械（包括打谷机、混凝土搅拌机、车床）、水果、电动机。
印度出口	茶叶、香料、羊毛、棉花、皮革、橡胶、轻型电子产品。
估价	没有限额。
付款安排	不能获得。

① 原注：IR 7232. 3R 取代了 EDAC D－108 中所汇报的有关印度的数据。

续　表

续订条款	不可获得。
来源	1953年文本：D-637附件，新德里，1953年10月7日，不保密。
续订	1955年1月1日～1955年12月31日 （1955年2月9日延长）
描述	续订未改变1953年6月17日的原协定。
来源	国外广播新闻处(FBIS)，索非亚，1955年2月10日，不保密。 国外广播新闻处，新德里，1955年2月16日，不保密。

印度-保加利亚

I. 贸易-支付协定	**（B. 1956年的协定）**
协定期限	1956年4月18日～1959年12月31日 （1956年4月18日签订）
描述	1953年6月17日贸易协定的议定书。
主　要　商　品	
保加利亚出口	机械、化工产品、药材、药物、电子工具。*
印度出口	矿石、棉花、黄麻、茶叶、咖啡、香料。*
估价	没有规定限额。
付款安排	*
续订条款	不可获得。
来源	1953年文本：D-637附件，新德里，1953年10月7日，不保密。 1956年文本：不可获取。 国外广播新闻处，索非亚，1956年4月20日，不保密。

*　附加信息参见保密的附件(下页)。

印度-保加利亚

I. 贸易-支付协定	**（B. 1956年的协定）**
（保密的附件）	
主　要　商　品	
保加利亚出口	木材加工机械、金属加工机械、铸造机械、制版机械、农业机械、装备机械、印刷机械和柴油发动机。
印度出口	锰矿石和铁矿石、棉花和黄麻制品、虫漆、烟草、皮革、兽皮、油菜籽、羊毛和棉花废品。
付款安排	差额用卢布结算。
来源	国外广播新闻处，孟买，1956年4月19日，仅限官方使用。

印度-共产党中国

……①

不保密(第5页)②

印度-共产党中国

I. 贸易-支付协定	**(A. 1954年10月的协定)**
协定期限	1954年10月14日～1956年10月13日 (1954年10月14日签订)
描述	战后第一个有支付安排的贸易协定;所列商品没有配额。
主　要　商　品	
共产党中国出口	谷类食品、丝绸纺织品、羊毛、纸张、化学品、桐油。
印度出口	食品、烟草、铬和锰、植物油、化学品、机械、橡胶。
估价	没有规定限额。
付款安排	在印度商业银行设立账户。以印度卢比或者英镑结算。根据要求卢比余额可以兑换成英镑。
续订条款	在协定到期日前三个月经协商可以续订。
来源	1954年文本:国外广播新闻处,1954年10月15日,北京,不保密。 D-457,新德里,1954年10月19日,不保密。

印度-共产党中国

I. 其他贸易协议	**(B. 1956年8月的协定)**
协定期限	(1956年8月18日签订)
描述	合同
主　要　商　品	
中国出口	6万吨大米。
付款安排	以卢比支付用于中国购买印度商品。
特别条款	交货期在1956年11月底之前。
来源	国外广播新闻处,北平,1956年8月31日,不保密。 每日经济摘要,1956年9月10日,不保密。

① 原文此处不能识别。——编注

② 标注的页码,均为原文页码。——编注

印度-捷克斯洛伐克

I. 贸易支付协定	**(A. 1953 年 11 月的协定)**
协定期限	1953 年 11 月 17 日～1954 年 12 月 31 日 (1953 年 11 月 17 日签订)
描述	贸易协定;代替 1951 年 3 月的协定。所列商品没有配额。
主　要　商　品	
捷克斯洛伐克出口	制鞋机器、橡胶、木材;运输设备、柴油船舶、拖拉机、汽车、摩托车;化工产品、纺织机械、纺织品、瓶装啤酒、纸张、染料、农用工具、液压机。
印度出口	铁矿石、亚麻油、茶叶、烟草、罐装水果、羊毛、云母、皮革、兽皮。
估价	没有规定限额。
付款安排	以印度卢比支付或者经印度银行账户。卢比余额可以根据要求兑换成英镑。
续订条款	双方达成协议。
特别条款	印度“允许”尽可能多运商品。
来源	1953 年文本: D－1004 不保密附件,新德里, 1953 年 12 月 22 日,机密。
延期	1955 年 1 月 1 日～1955 年 3 月 31 日
来源	D－1377,新德里,1955 年 6 月 9 日,不保密。
延期	1955 年 4 月 1 日～1955 年 12 月 31 日
来源	国外广播新闻处,1955 年 6 月 8 日,印度,不保密。 不保密部分 D－469,布拉格,1955 年 6 月 9 日,机密。

印度-捷克斯洛伐克

I. 贸易支付协定	**(B. 1956 年 1 月的协定)**
协定期限	1956 年 1 月 1 日～1956 年 12 月 31 日 (1956 年 1 月 20 日签订)
描述	1953 年 11 月贸易协定议定书。
主　要　商　品	
印度出口	铁矿石、云母、皮革、虫漆、茶叶和其他商品(见第 7 页)。

续 表

捷克斯洛伐克出口	消费品、火车头、铁路车厢、固定资产投资设备(见第7页)。
估价	不可获得。
付款安排	与1953年11月的协定相同。
续订条款	经双方同意每年续订一次。
来源	1953年文本：D-1004不保密附件，新德里，1953年12月22日，机密。 D-261，布拉格，1956年1月26日，不保密部分。
延期	1957年1月25日～1957年3月31日
来源	D-997，新德里，1957年2月11日，不保密。

印度-匈牙利

I. 贸易支付协定	**(A. 1954年6月的协定)**
协定期限	1954年6月17日～1955年12月31日 (1954年6月17日签订)
描述	贸易协定；代替1952年11月22日的协定。所列商品没有配额。
主　要　商　品	
匈牙利出口	电影放映机、匈牙利电影、电器产品、农机具、机械、化工产品。
印度出口	茶叶、烟草、含油种子、黄麻、纺织品、铁矿石和锰矿石、甘油、兽皮、运动商品。
估价	没有规定限额。
付款安排	用印度卢比或者英镑支付。
续订条款	默认续订两年，除非在协定到期日前三个月宣告终止。
特别条款	部分商品由印度负责运输。
来源	1954年文本：D-100，新德里，1954年7月29日，不保密。 《对外商务周刊》，1954年7月19日，不保密。
修订	1955年3月10日～1955年3月31日(1955年3月10日签订) 交换信函修订1954年6月的协定。
描述	补充商品清单，把花生油增加到印度出口清单中去。
来源	国外广播新闻处，新德里，1955年3月11日，不保密。

印度-匈牙利

I. 贸易支付协定	(B. 1956 年 1 月的协定)
协定期限	1956 年 1 月 1 日～1957 年 12 月 31 日 (1956 年 1 月 6 日签订)
描述	1954 年 6 月贸易协定的议定书。
主　要　商　品	
印度出口	茶叶、烟草、虫漆、羊毛、皮革、兽皮、蔬菜、香精油。
匈牙利出口	染料、电器设备、纺织机械、拖拉机、农业机械、实验室设备。
估价	没有规定限额。
付款安排	与 1954 年 6 月的协定相同。
续订条款	默认可续订两年,除非在协定到期日前三个月宣告终止。
来源	1954 年文本：D－100,新德里,1954 年 7 月 29 日,不保密。 国外广播新闻处,新德里,1956 年 1 月 6 日,不保密。

印度-波兰

I. 贸易支付协定	(A. 1953 年 6 月的协定)
协定期限	1953 年 1 月 1 日～1954 年 12 月 31 日 (1953 年 6 月 1 日交换信件)
描述	1951 年 1 月 6 日贸易协定。
主　要　商　品	
波兰出口	纺织机械、光学仪器、办公机械、羊毛制品、全部车辆、机械加工设备、化工产品、染料。
印度出口	鞣剂、植物油、皮革、羊毛、茶叶、咖啡、烟草、铁矿石、锰矿石。
估价	没有规定限额。
付款安排	用英镑支付。
来源	1951 年文本：《印度贸易季刊》,1951 年 2 月 1 日,不保密。 1953 年文本：D－637 不保密的附件,新德里,1953 年 10 月 7 日。
补充	1954 年 1 月 1 日～1955 年 3 月 31 日(1954 年 3 月 30 日)
描述	1951 年 1 月 6 日贸易协定的补充议定书,增加 1954 年交换的商品。

续 表

波兰出口	食糖和水泥厂;铁路设备、金属加工设备、纺织品、纸张、采矿设备、锻造设备、农业设备;拖拉机、汽车、化工产品、机床、渔具、猪肉、运货车厢、仪器、纸张。
印度出口	铁矿石、锰矿石、云母、虫漆、茶叶、原棉、(玻璃)原棉和废料、化工产品、丝绸、药品、毛皮。
来源	1954 年文本: D-1556,新德里,1954 年 4 月 6 日,不保密。

印度-波兰

I. 贸易支付协定	**(B. 1955 年 3 月的协定)**
协定期限	1955 年 1 月 1 日～1955 年 12 月 31 日 (1955 年 3 月 3 日签订)
描述	1951 年 1 月 6 日贸易协定的议定书。
主要商品	与前面的议定书没有变化。
来源	国外广播新闻处,德里,1955 年 3 月 4 日,不保密。
延期	1956 年 1 月 1 日～1956 年 3 月 31 日
描述	1949 年 7 月贸易协定 1955 年议定书的延期。
来源	ONI-232-U,1956 年 3 月 5 日,不保密。

印度-波兰

I. 贸易支付协定	**(C. 1956 年 4 月的协定)**
协定期限	1956 年 4 月 1 日～1959 年 12 月 31 日 (1956 年 4 月 3 日交换信件)
描述	长期贸易支付协定。取代 1951 年 1 月 6 日的贸易协定。
主　要　商　品	
波兰出口	建筑和筑路机械;纺织机械、全套工业设备、食糖提炼设备、“电子技术厂”设备、酿酒设备、车床厂设备、铁路“全部车辆”、钢铁、农业用具、建筑构架、柴油机和电动汽车、拖拉机、农业工具、工业化学品、水泥、锌产品、光学和医疗器械。
印度出口	咖啡、铁和锰、云母、虫漆、皮革提取物、烟草、香料、毛皮、原棉和棉花制品、(玻璃)原棉和碎羊毛、黄麻制品。
付款安排	用卢比支付。
续订条款	不可获得。

续 表

特别条款	两国工业领域之间的科技合作的条款;包括技术小组和专家的交流和机械操作人员的培训。
来源	1956年文本:不可获得。 T-711,华沙,1956年4月6日,不保密部分,机密。 国外广播新闻处,1956年4月5日,华沙1956年4月4日,不保密。 D-1067,新德里,1956年4月4日,不保密。

印度-波兰

I. 贸易支付协定	**(D. 1956年4月的协定)**
协定期限	1956年4月1日～1958年12月31日 (1956年4月11日签订)
描述	1956年4月3日贸易协定的议定书。
主　要　商　品	
波兰出口	水泥:10万吨(1956年8月～1957年3月) 钢铁产品: 5万吨——1956年(4～12月)* 10万吨——1957年 10万吨——1958年
印度出口	铁矿石:1956年——10万吨(1956年9月～1957年3月) 1957年——10万吨 1958年——10万吨
支付安排	用卢比结算。
续订条款	不可获得。
特别条款	努力在1956年底之前另外增加发送5万吨钢铁产品。
来源	国外广播新闻处,新德里,1956年4月12日,不保密。 T-788不保密部分,华沙,1956年5月4日。

印度-波兰

I. 贸易支付协定	**(E. 1957年3月的协定)**
协定期限	1957年1月1日～1957年12月31日 (1956年4月11日签订)
描述	1956年4月3日贸易协定的议定书,修订商品清单。
主　要　商　品	
波兰出口	从1956年清单中删去的商品:电风扇、缝纫机、人造纤维、家具。

续 表

印度出口	增加到1956年清单的产品：亚麻产品、涂料、漆、猪鬃、塑料、鞋类、电器配件、水果、果酱、肥皂、腰果壳油。
支付安排	用卢比结算。
续订条款	不可获得。
来源	1956年文本：不可获取。 1957年文本：不可获取。 摘要：D-1113，新德里，1957年3月12日，不保密。 T-1208，不保密部分，华沙，1957年3月6日，机密。

印度-罗马尼亚

I. 贸易支付协定	**(A. 1954年3月的协定)**
协定期限	1954年3月23日～1954年12月31日 (1954年3月23日签订)
描述	战后第一个贸易协定，有支付协议。
主　要　商　品	
罗马尼亚出口	机械(纺织品、工业、拖拉机)、铁路设备、油产品、木材制品、纸张、化工产品、电影、黑麦。
印度出口	茶叶、咖啡、香料、香精油、羊毛、棉花、纺织品、铁矿石、电影、虫漆。
估价	没有规定限额。
付款安排	用印度卢比或英镑支付。印度银行账户。卢比余额可根据要求兑换成英镑。
续订条款	如果不在协定终止日前三个月提出相反表示默认为续订一年。
特别条款	支付协定包含技术援助。
来源	1954年文本：D-1528不保密附件，新德里，1954年3月31日，仅供官方使用。 国外广播新闻处，布加勒斯特，1954年3月26日，不保密。
续订	1955年1月1日～1955年12月31日
描述	1954年3月贸易协定默认的每年续订一次。
续订	1956年1月1日～1956年12月31日

续　表

描述	1954年3月贸易协定默认的每年续订一次。
续订	1957年1月1日～1957年12月31日
描述	1954年3月贸易协定默认的每年续订一次。

印度-苏联占领的德国

I. 其他贸易协议	**(A. 1954年10月的协定)**
协定期限	1954年10月16日～1955年10月15日 (1954年10月16日签订)
描述	由于没有外交承认所以不是正式的贸易协定。基于印度商业和工业部与苏控德国政府间函电往来之上的政府贸易安排。
主　要　商　品	
德国出口	纺织机械、筑路和运输机械、仪器仪表、机床、车辆、化工产品。
印度出口	铁矿石、锰矿石、铬、兽皮、羊毛、香料、茶叶、咖啡、棉花、烟草、云母、石棉。
估价	没有规定限额。
付款安排	用印度卢比或英镑支付。印度银行账户。卢比余额可根据要求兑换成英镑。
续订条款	如果不在协定终止日前3个月提出相反表示默认为续订一年。
特别条款	印度不藉此承认东德。东德可以在孟买和加尔各答派驻贸易代表。印度允许德国提供技术援助。
来源	1954年文本：D-481，新德里，1954年10月25日，不保密。 《对外商业周刊》，1954年11月29日，不保密。
续订	1955年10月16日～1956年10月15日
描述	1954年10月贸易协定默认的每年续订一次。
续订	1957年1月1日～1957年12月31日
描述	1954年3月贸易协定默认的每年续订一次。

印度-苏联占领的德国

I. 其他贸易协议	**(B. 1956年10月的协定)**
协议期限	1957年1月1日～1959年12月31日 (1956年10月6日签订)

续 表

描述	政府贸易安排,代替1954年10月的协议。
主　　要　　商　　品	
德国出口	机械、火车头、水泥生产设备、食糖、光学仪器、通讯设备、新闻纸、电影。
印度出口	烟草、云母、铬矿石、钛铁矿、铁矿石、锰矿石、虫漆、植物油、坚果、纺织品、手工艺品、化学和工程技术产品。
估价	没有规定限额。
付款安排	用卢比支付。
续订条款	见第17页。
来源	1956年文本:不可获得。 T-488,新德里,1956年10月16日,不保密。

印度-苏联

I. 贸易支付协定	**(A. 1953年12月的协定)**
协定期限	1953年12月2日～1958年12月31日 (1953年12月2日签订)
描述	第一个贸易支付协定。
主要商品	(第一年)
苏联出口	小麦、大麦、石油及石油制品、钢铁制品、拖拉机;采矿机械、制鞋、食品加工和农业机械;轴承、车床。
印度出口	黄麻制品、茶叶、咖啡、香料、烟草、皮革、兽皮、羊毛、植物油、云母。
估价	没有规定限额。
付款安排	通过双方银行账户用印度卢比支付。印度银行账户。卢比余额可根据要求兑换成英镑。
续订条款	在协定终止前三个月磋商续订事宜。
特别条款	苏联给予印度技术援助;苏联在印度设立常驻贸易代表机构。
来源	1953年文本:D-928不保密附件,新德里,1953年12月23日,机密。 纽约《时代杂志》,1954年1月5日,不保密。 《国外贸易周刊》,1953年12月21日,不保密。

印度-苏联

I. 贸易支付协定	(B. 1954年12月的协定)
协议期限	1955年1月1日～1955年12月31日 (1954年12月23日——交换文件)
描述	1953年12月2日贸易协定议定书。
主要商品	与1953年12月协定相同。
估价	没有确定数量限制。
付款安排	与1953年12月协定相同(见第19页)。
续订条款	每年可在协定终止前三个月磋商续订事宜。
来源	D-681,新德里,1954年12月28日,不保密。 《国外贸易周刊》,1954年1月1日。

印度-苏联

I. 其他贸易协议	(A. 1955年12月的协定)
协议期限	1956年1月1日～1958年12月31日 (1955年12月13日宣布)
描述	1953年12月贸易协定每年议定书外的特别协定。
主　要　商　品	
印度出口	“苏联准备增加购买……原材料和制成品……总价值达到苏联出口黑色金属的金额。”
苏联出口	1956年——30万吨轧制黑金属 1957年——35万吨轧制黑金属 1958年——35万吨轧制黑金属 和炼油、采矿及其他商定的设备。
估价	未获得。
付款安排	苏联从印度进口原料和制成品抵消对印度的出口。
来源	国外广播新闻处,莫斯科,1955年12月13日,不保密。

印度-苏联

I. 贸易支付协定	(C. 1954年12月的协定)
协议期限	1956年1月1日～1956年12月31日 (1955年12月16日签订)
描述	1953年12月2日贸易协定议定书。

续 表

主要商品	见第 19 页。
付款安排	见第 19 页。
估价	没有规定数量限制。
续订条款	每年可在协定终止前三个月磋商续订事宜。
来源	国外广播新闻处,新德里,1955 年 12 月 9 日,不保密。

印度-苏联

I. 其他贸易协议	**(B. 1956 年 1 月的协定)**
协议期限	(报道为 1956 年 1 月)
描述	易货贸易*
	主　要　商　品
苏联出口	2 万吨小麦(2 月下旬运抵印度)。
印度出口	黄麻口袋和布、植物油、含油种子。
估价	价格未规定。
来源	T-1561,新德里,1956 年 1 月 28 日,机密。

* 尚不清楚这是否在目前的贸易协定之范围内。

印度-苏联

I. 其他贸易协议	**(C. 1956 年 3 月的协定)**
协议期限	1956 年 3 月签订的合同。 (1955 年 2 月 2 日签订总协定。1956 年 4 月 2 日签订执行合同。)
描述	苏联在比莱(Bilai)①地区建造 130 万吨钢铁厂合同;可能增加到 150 万吨。
估价	苏联出资总造价 11 亿元卢比的一半:1.15 亿元苏联份额。
支付安排	提供贷款后开始 12 次分期偿还;12 年、年利息 2.5%;用印度卢比兑换成英镑支付。
来源	国外广播新闻处,1956 年 4 月 3 日,新德里,不保密。 D-984,新德里,1956 年 3 月 12 日,不保密。

① 原文此处不能识别。——编注

印度-苏联

I. 其他贸易协议	**(D. 1956 年 11 月的协定)**
协议期限	(报道为 1956 年 11 月 15 日)*
描述	苏联长期贷款展期。
贷款额	1.26 亿元。
主要商品	*
支付安排	*
来源	国外广播新闻处,孟买,1956 年 11 月 15 日,不保密。 T-1138,新德里,1957 年 3 月 14 日,不保密。

* 更多信息见保密附件(下页)。

……①

印度-苏联

I. 贸易支付协定	**(D. 1957 年 1 月的协定)**
协议期限	1957 年 1 月 1 日～1957 年 12 月 31 日 (1957 年 1 月 20 日签订)
描述	1953 年 12 月 2 日贸易协定议定书。
主　要　商　品	
苏联出口	在 1953 年 12 月协定的清单中增加铝和粗翡翠(见第 19 页)。
印度出口	1953 年 12 月协定的清单中增加植物油、鞋类、毛纺织品、云母、坚果。
估价	没有规定数量限制。
付款安排	见第 19 页。
续订条款	每年可在协定终止前三个月磋商续订事宜。
来源	国外广播新闻处,新德里,1957 年 2 月 7 日,不保密。

印度-越南

I. 其他贸易协议	**(A. 1956 年 9 月的协定)**
协定期限	三年 (1956 年 9 月 22 日签订)
描述	第一个政府贸易安排。

① 原文此处第 26 页不能识别。——编注

续 表

主 要 商 品	
越南出口	家禽、木材、水果、水泥、石灰石、瓷土。
印度出口	机械、农业用具、电器、黄麻;棉花、羊毛和丝绸纺织品;茶叶、咖啡、鱼、烟草、橡胶。
付款安排	用卢比或者英镑支付。
续订条款	不可利用。
来源	1956 年文本:不可利用。 摘要:国外广播新闻处,河内,1956 年 9 月 25 日,不保密。

印度-捷克斯洛伐克

I. 贸易支付协定	**(B. 1956 年 1 月的协定)延长**
延长	1957 年 4 月 1 日～1957 年 9 月 30 日 (1957 年 6 月 3 日签订)
描述	1956 年 1 月贸易协定延长。
来源	国外广播新闻处,布拉格,1957 年 6 月 4 日,仅供官方使用。

印度-捷克斯洛伐克

实际贸易额

(单位:千美元)

年 份	印度从捷克进口总额	印 度 总进口额	印度对捷克的出口额	印 度 总出口额
1947 *	3 906**	1 159 006	7 871**	1 172 384
1948 *	4 956	1 474 553	8 858	1 310 355
1949 *	9 082	2 011 395	4 736	1 290 187
1950 *	5 065	1 173 706	1 812	1 178 102
1951 *	6 102	1 770 312	3 166	1 646 145
1952 *	3 386	1 687 979	1 696	1 303 295***

续　表

年　　份	印度从捷克进口总额	印　度总进口额	印度对捷克的出口额	印　度总出口额
1953 *	2 704	1 185 971	5 735	1 114 297***
1954 ****	2 789	1 231 271	4 235	1 179 907
1955 **** *****	4 241	1 353 185	2 360	1 260 446
1956 **** ******	11 274	1 551 236	5 651	1 135 096

*　不包括 1950 年 4 月前的陆上贸易；不包括 1948 年前政府军需品。
**　只包括 4～12 月。
***　不包括 1952～1953 年对西藏的部分不完全的出口，金额分别为 4 800 180 和 37 094 美元。
****　一般进口和转口。包括除与尼泊尔、锡金和不丹的陆上贸易。包括与西藏的不完全的进出口额。
*****　包括从西藏的进出口，仅为 1～9 月。
******　1956 年 1～11 月。

印度-匈牙利

I. 贸易支付协定	**(B. 1954 年 6 月的协定)**
协定期限	—1957 年 12 月 31 日 (交换信件—1957 年 4 月 11 日)
描述	确定 1956 年 1 月 6 日有效期为两年的议定书 1957 年商品清单。
主　要　商　品	
匈牙利出口	电子和机械配件、农业机械、铝和橡胶制品、铁路客车、火车头、铁、钢、摩托车。 去除：浴缸、罐装西红柿。
印度出口	茶叶、烟草、香料、虫漆、铁、锰矿石、云母、香精油、黄麻制品、原棉。 增加：咖啡、果酱、坚果、绳子、涂料、猪肉、丝绸和人造丝织物、水果、轻型工程用品、棉籽油、辣椒。
估价	没有规定限额。
付款安排	见第 9 页。
续订条款	见第 9 页。
来源	1956 年文本：不能利用。 1957 年文本：不能利用。 信息：国外广播新闻处，电传，孟买，1956 年 4 月 11 日。仅供官方使用。

印度-匈牙利

实际贸易额

(单位：千美元)

年　　份	印度从匈牙利进口额	印　度总进口额	印度对匈牙利出口额	印　度总出口额
1947*	38 **	1 159 006	771 **	1 172 384
1948*	463	1 474 553	811	1 310 355
1949*	218	2 011 395	746	1 290 187
1950*	116	1 173 706	71	1 178 102
1951*	465	1 770 312	8	1 646 145
1952*	589	1 687 979	64	1 303 295 ***
1953*	199	1 185 971	61	1 114 297 ***
1954 ****	188	1 231 271	414	1 179 907
1955 **** *****	559	1 353 185	125	1 260 446
1956，1～11 月	1 376 ******	1 151 236 ******	1 070 ******* ********	1 135 096 ******* ********

*　不包括 1950 年 4 月前的陆上贸易；不包括 1948 年 4 月前的政府军需品。

**　仅包括 4～12 月。

***　包括 1952 年对西藏的部分不完全出口，价值 4 800 180 美元。

****　一般进口和转口。包括陆上贸易，除尼泊尔、锡金和不丹。包括与西藏的不完全进出口额。

*****　包括从西藏的进口和出口，仅为 1～9 月。

******　包括除了与尼泊尔、锡金、不丹和 10～11 月份西藏的陆上贸易。

*******　包括转口。

********　包括除了与尼泊尔、锡金、不丹和西藏的陆上贸易。

印度-保加利亚

I. 贸易支付协定	(B. 1956 年 4 月的协定)
协定期限	1956 年 4 月 18 日～1959 年 12 月 31 日 (1956 年 4 月 18 日签订)
描述	1953 年 6 月 17 日贸易协定的议定书。
主　要　商　品	
保加利亚出口	机械、化工、药材、电子仪器。
印度出口	矿石、烟草、黄麻、茶叶、咖啡、香料。*
估价	没有规定限额。

续 表

付款安排	所有款项用卢比支付。
续订条款	无。
来源	1953 年文本：D-637,新德里,1953 年 10 月 7 日,不保密。 1956 年文本：不能利用。 D-587,新德里,1956 年 11 月 13 日,不保密。
交流信件	(1957 年 6 月 20 日)
描述	确定 1957 年商品清单。
主 要 商 品	
保加利亚出口	机械、设备、电子材料、化工产品、金属及制品、水泥、眼镜。
印度出口	茶叶、咖啡、提炼物、虫漆、毛皮、植物油、羊毛、棉花。
来源	文本：不可利用。 国外广播新闻处,索非亚,1957 年 6 月 24 日,不保密。

* 更多信息见保密附件(下页)。

印度-保加利亚

实际贸易额

(单位：千美元)

年 份	印度从保加利亚进口额	印 度 总进口额	印度对保加利亚出口额	印 度 总出口额
1947 *	— **	1 159 006	— **	1 172 384
1948 *	—	1 474 553	26	1 310 355
1949 *	—	2 011 395	13	1 290 187
1950 *	—	1 173 706	—	1 178 102
1951 *	—	1 770 312	—	1 646 145
1952 *	6	1 687 979	8	1 303 295 ***
1953 *	—	1 185 971	—	1 114 297 ***
1954 *	10	1 231 271	19	1 179 907
1955 **** *****	76	1 353 185	36	1 260 446
1956 **** *******	89	770 300	115 ****** *******	1 135 096 ****** *******

* 不包括 1950 年 4 月前的陆上贸易;不包括 1948 年 4 月前的政府军需品。

** 仅包括 4～12 月。

*** 包括 1952～1953 年对西藏的部分不完全出口,价值分别为 4 800 180 和 3 709 440 美元。

**** 一般进口和转口。包括陆上贸易,除尼泊尔、锡金和不丹。包括与西藏的不完全的进出口额。

***** 包括与西藏的进口和出口,仅为 1～9 月。

****** 仅为 1956 年 1～11 月。

******* 包括除了与尼泊尔、锡金、不丹和西藏的陆上贸易。

印度-共产党中国

I. 贸易支付协定 (保密附件)	(B. 1957 年 5 月的协定)
协定期限	1957 年 7 月 1 日～1958 年 12 月 31 日 (1956 年 4 月 18 日签订)
来源	国外广播新闻处,北京,1957 年 5 月 17 日,仅为官方使用。

印度-共产党中国

I. 贸易支付协定	(B. 1957 年 5 月的协定)
协定期限	* — 1958 年 12 月 31 日 (1957 年 5 月 25 日签订)
描述	续订 1954 年 10 月 14 日贸易协定,修改支付安排。
主要商品	见第 5 页。
估价	没有规定限额。
付款安排	修改卢比兑换英镑的支付程序和支付安排。见第 5 页。
续订条款	见第 5 页。
来源	1957 年文本:不可利用。 国外广播新闻处,新德里,1957 年 5 月 27 日,不保密。

* 更多信息见保密附件(下页)。

印度-共产党中国

实际贸易额

(单位:千美元)

年　　份	印度从保加利亚进口额	印　度总进口额	印度对保加利亚出口额	印　度总出口额
1947 *	9 077	1 159 006	33 923 **	1 172 384
1948 *	5 146	1 474 553	21 926	1 310 355
1949 *	1 907	2 011 395	5 992	1 290 187
1950 *	1 047	1 173 706	5 185	1 178 102
1951 *	28 673	1 770 312	13 233	1 646 145
1952 *	33 980	1 687 979	10 206 ***	1 303 295 ***
1953 *	3 499	1 185 971	7 340 ***	1 114 297 ***

续　表

年　　份	印度从保加利亚进口额	印　度总进口额	印度对保加利亚出口额	印　度总出口额
1954 ****	4 829	1 231 271	8 647	1 179 907
1955 *** *****	7 256	1 353 185	18 019	1 260 446
1956 *****	19 478 ****	1 551 236 ****	12 726 *****	1 135 096 *****

*　不包括 1950 年 4 月前的陆上贸易；不包括 1948 年 4 月前的政府军需品。

**　仅包括 4～12 月。

***　包括 1952～1953 年对西藏的部分不完全出口，价值分别为 4 800 180 和 3 709 440 美元。

****　一般进口和转口。包括陆上贸易，除尼泊尔、锡金和不丹。包括与西藏的不完全的进出口额。

*****　包括与西藏的进口和出口，仅为 1～9 月。

印度-北朝鲜

II. 其他贸易协议	**(A. 1957 年 8 月的协定)**
协定期限	不可获取 (1957 年 8 月 19 日签订)
描述	印度国营贸易公司与北朝鲜国营贸易机构间的第一个非政府贸易协定。
主　要　商　品	
北朝鲜出口	水泥、锌、玻璃、硫酸铵、化工产品。
印度出口	棉花、棉布、纺织品、机器、植物油、盐。*
估价	没有规定限额。
付款安排	由访问的金融代表团安排。*
来源	文本：不可利用。 国外广播新闻处，平壤，1957 年 8 月 26 日，不保密。

*　更多信息见保密附件(下页)。

印度-北朝鲜

II. 其他贸易协议 (保密附件)	**(A. 1956 年 8 月的协定)延长**
来源	T－487，新德里，1957 年 8 月 23 日，机密。

印度-苏联

I. 贸易支付协定	**(E. 1958 年 1 月的协定)**
协定期限	1958 年 1 月 1 日～1958 年 12 月 31 日 (1956 年 1 月 3 日交换信件)

续 表

描述	1953 年 12 月 2 日贸易协定议定书。
主　要　商　品	
苏联出口	增加锌和硫酸铵到原 1953 年 12 月协定的清单中(见第 19 页)。
印度出口	增加下列商品到原 1953 年 12 月协定的清单中：椰子壳的纤维制品、染料和制革材料、毛纺针织品(见第 19 页)。
估价	没有规定限额。
付款安排	见第 19 页。
续订条款	见第 19 页。
来源	1953 年文本：D-928 不保密附件，新德里，1953 年 12 月 3 日，机密。 1958 年文本：不可利用。 D-766，新德里，1958 年 1 月 10 日，不保密。

印度-苏联

实际贸易额

(单位：千美元)

年　份	印度从苏联的进口额*	印　度总进口额*	印度对苏联的出口额**	印　度总出口额**
1947 ***	389 ****	1 159 006	9 334	1 172 384
1948 ***	11 145	1 474 553	11 457	1 310 355
1949 ***	35 554	2 011 395	12 691	1 290 187
1950 ***	3 570	1 173 706	2 952	1 178 102
1951 ***	1 609	1 770 312	13 618	1 646 145
1952 ***	1 768	1 687 979	4 221	1 303 295 *****
1953 ***	931	1 185 971	752	1 114 297 *****
1954 ******	2 367	1 231 271	5 284	1 179 907
1955 ******	5 980	1 353 185	5 192	1 260 446
1956 *******	31 292	1 714 122	26 244	1 253 241

* 以到岸价(c. i. f.)计算的一般进口额数据。

** 以离岸价(f. o. b.)计算的包括转口的一般贸易。

*** 不包括 1950 年 4 月以前的陆上贸易；不包括 1948 年 4 月前的政府军需品。

**** 仅为 4～12 月。

***** 包括 1952～1953 年对西藏的部分不完全的出口，价值分别为 4 800 180 和 3 709 440 美元。

****** 包括除与尼泊尔、锡金和不丹以外的陆上贸易。包括与西藏的不完全的进出口额。

******* 不包括与尼泊尔、锡金、不丹的陆上进出口贸易。

来源：美国商务部/对外贸易局(BFC)，基于印度的官方统计数据。

印度-罗马尼亚

II. 贸易支付协定	(A. 1954年3月的协定)
延长	1958年1月1日～1958年6月30日 (经过1958年1月交换信件)
描述	1954年3月贸易协定中商品清单有效期延长6个月。
来源	D-802不保密部分,新德里,1958年1月23日,仅供官方使用。 英国广播公司(BBC),1958年1月30日,不保密。

印度-罗马尼亚

实际贸易额

(单位：千美元)

年　份	印度从罗马尼亚进口额*	印　度总进口额*	印度对罗马尼亚的出口额**	印　度总出口额**
1947 ***	— ****	1 159 006	— ****	1 172 384
1948 ***	185	1 474 553	183	1 310 355
1949 ***	— *****	2 011 395	303	1 290 187
1950 ***	1	1 173 706	30	1 178 102
1951 ***	—*****	1 770 312	4	1 646 145
1952 ***	—	1 687 979	13	1 303 295 ******
1953 ***	1	1 185 971	54	1 114 297 ******
1954 *******	419	1 231 271	65	1 179 907
1955 *******	737	1 353 185	49	1 260 446
1956 ********	508	1 714 122	178	1 253 241

* 以到岸价(c. i. f.)计算的一般进口额数据。

** 以离岸价(f. o. b.)计算的包括转口的一般贸易。

*** 不包括1950年4月以前的陆上贸易;不包括1948年4月前的政府军需品。

**** 仅为4～12月。

***** 少于500美元。

****** 包括1952～1953年对西藏的部分不完全出口,价值分别为4 800 180美元和3 709 440美元。

******* 包括除与尼泊尔、锡金和不丹以外的陆上贸易。包括与西藏的不完全的进出口额。

******** 不包括与尼泊尔、锡金、不丹的陆上进出口贸易。

来源:美国商务部和对外贸易局基于印度官方的统计数据。

印度-捷克斯洛伐克

I. 贸易支付协定	**(C. 1957年9月的协定)**
协定期限	1957年10月1日～1960年12月31日 (1957年9月30日签订)
描述	新贸易协定代替1953年11月17日的贸易协定。
主　　要　　商　　品	
捷克出口	机床、柴油发电机设备、船舶发动机、农业拖拉机、纺织机械、纸张、新闻纸、染料、医疗器械、五金工具、火车头、电影。
印度出口	雪茄、手纺织品、椰子壳的纤维产品、矿石、香料、毛皮、植物油、坚果、茶叶、咖啡;棉花、羊毛、人造纤维纺织品;塑料制品、运动产品、黄麻制品、油布、皮革制品、电影。
估价	没有确定限额。
付款安排	通过捷克斯洛伐克国营银行和印度经营外汇业务的各家银行支付。捷克斯洛伐克持有的货币可以根据要求兑换成英镑。
续订条款	必要时可以续订。
特别条款	有些对印度贸易顺差的国家,像埃及和印度尼西亚,可以在印度购买商品并用多持有的卢比支付。 采取合理措施以便印度的船舶尽可能多运输交易的货物。
来源	文本:不可利用。 布拉格广播电台,1957年9月30日,不保密。 D-153,不保密的部分,布拉格,1957年10月2日,仅为官方使用。 D-382,新德里,1957年10月7日,不保密。

印度-捷克斯洛伐克

实际贸易额

(单位:千美元)

年　份	印度从捷克斯洛伐克进口额*	印　度总进口额*	印度对捷克斯洛伐克出口额**	印　度总出口额**
1947 ***	3 906 ****	1 159 006	7 871 ****	1 172 384
1948 ***	4 956	1 474 553	8 858	1 310 355
1949 ***	9 082	2 011 395	4 736	1 290 187
1950	5 065	1 173 706	1 812	1 178 102
1951	6 102	1 770 312	3 166	1 646 145
1952	3 386	1 687 979	1 696	1 303 295 *****

续　表

年　　份	印度从捷克斯洛伐克进口额*	印　度 总进口额*	印度对捷克斯洛伐克出口额**	印　度 总出口额**
1953	2 704	1 185 971	5 735	1 114 297 *****
1954 ******	2 789	1 231 271	4 235	1 179 907
1955 ******	4 241	1 353 185	2 360	1 260 446
1956 *******	13 175	1 714 122	6 160	1 253 241

*　以到岸价(c. i. f.)计算的一般进口额数据。
**　以离岸价(f. o. b.)计算的包括转口的一般贸易。
***　不包括 1950 年 4 月以前的陆上贸易；不包括 1948 年 4 月前的政府军需品。
****　仅为 4～12 月。
*****　包括 1952～1953 年对西藏的部分不完全出口，价值分别为 4 800 180 和 3 709 440 美元。
******　包括除与尼泊尔、锡金和不丹以外的陆上贸易。包括与西藏的不完全的进出口额。
*******　不包括与尼泊尔、锡金、不丹的陆上进出口贸易。
来源：美国商务部和对外贸易局基于印度官方的统计数据。

印度-匈牙利

I. 贸易支付协定	**(C. 1958 年 1 月的协定)**
协定期限	1958 年 1 月 1 日～1959 年 12 月 31 日 (1958 年 1 月 15 日签订)
描述	1954 年 6 月 17 日贸易协定的议定书。
主　要　商　品	
印度出口	棉花、羊毛和丝绸、鞋类、奶油饼干、茶叶、咖啡、植物油、原皮、虫漆、烟草、黄麻制品、铁矿石、化工原料。
匈牙利出口	机床、厂房装置、火车头、起重机、电动机、医疗设备、电子仪表、实验器材、电缆、农业用具。
估价	没有确定限额。
付款安排	用卢比支付。
续订条款	见第 9 页。
特别条款	有些对印度有贸易顺差的国家，像埃及和印度尼西亚，可以在印度购买商品并用多持有的卢比支付。 采取合理措施以便印度的船舶尽可能多运输交易的货物。
来源	1954 年文本：D-100，新德里，1954 年 7 月 20 日，不保密。 1958 年文本：不能利用。 D-789 不保密部分，新德里，1958 年 1 月 17 日，仅供官方使用。 D-394 不保密部分，布达佩斯，1958 年 1 月 24 日，仅供官方使用。

印度-波兰

实际贸易额

(单位：千美元)

年　份	印度从波兰的进口额*	印　度总进口额*	印度对波兰的出口额**	印　度总出口额**
1947 ***	7 ****	1 159 006	2 088 ****	1 172 384
1948 ***	157	1 474 553	1 542	1 310 355
1949 ***	599	2 011 395	2 120	1 290 187
1950 ***	555	1 173 706	459	1 178 102
1951 ***	795	1 770 312	869	1 646 145
1952 ***	539	1 687 979	115	1 303 295 *****
1953 ***	345	1 185 971	197	1 114 297 *****
1954 ******	236	1 231 271	559	1 179 907
1955 ******	2 787	1 353 185	763	1 260 446
1956 *******	4 563	1 714 122	2 167	1 253 241

*　以到岸价(c. i. f.)计算的一般进口额数据。

**　以离岸价(f. o. b.)计算的包括转口的一般贸易。

***　不包括1950年4月以前的陆上贸易;不包括1948年4月前的政府军需品。

****　仅为4～12月。

*****　包括1952～1953年对西藏的部分不完全出口,价值分别为4 800 180和3 709 440美元。

******　包括除与尼泊尔、锡金和不丹以外的陆上贸易。包括与西藏的不完全的进出口额。

*******　不包括与尼泊尔、锡金、不丹的陆上进出口贸易。

来源:美国商务部和对外贸易局基于印度官方的统计数据。

OSS China and India Supplement, Reel-V-0263, pp. 1－49, National Archives, U. S. A.

马晓云译，戴超武校

14－9

国务院情报研究所关于苏联集团与巴基斯坦开展经贸活动的报告

（1957年5月3日）

IR 7232．6R

无密级

苏联集团与南亚、远东的自由世界国家贸易协定和其他贸易协议的概括

（1957年5月3日）

六、巴 基 斯 坦

苏联集团与南亚、远东的自由世界国家贸易协定和其他贸易协议的概括*

巴基斯坦－共产党中国

II. 其他贸易协议	**（A. 1953年3月的协定）**
协定期限	不可获得。 （1953年3月14日签订）
描述	合同协议。
	主　　要　　商　　品
中国出口	煤炭（20万吨）。
巴基斯坦出口	棉花（1万吨）。
估价	不可获得。
支付协定	易货贸易。

* 巴基斯坦与苏联集团贸易协定的数据更新见REC D－108/a的报告。

续 表

续订条款	不可获得。
来源	国外广播新闻处,北平,1953年3月,不保密。 《基督教科学箴言报》,1953年3月18日,不保密。

巴基斯坦-共产党中国

II. 其他贸易协议	**(B. 1955年3月的协定)**
协定期限	不可获得。 (1955年3月签订)
描述	合同。
主　　要　　商　　品	
中国出口	煤炭(12.5万吨)。
支付协定	不可获得。
续订条款	不可获得。
来源	国外广播新闻处,卡拉奇,1956年3月11日,仅供官方使用。

巴基斯坦-共产党中国

II. 其他贸易协议	**(C. 1956年5月的协定)**
协定期限	—1957年6月30日 (1953年3月14日签订)
描述	合同协议。
主　　要　　商　　品	
中国出口	煤炭(30万吨)。
估价	640万。
支付协定	不可获得。
续订条款	不可获得。
来源	国外广播新闻处,卡拉奇,1956年3月11日,仅供官方使用。 国外广播新闻处,卡拉奇,1956年3月16日,仅供官方使用。

巴基斯坦-共产党中国

II. 其他贸易协议	**(D. 1956年7月的协定)**
协定期限	不可获得。 (1956年7月13日签订)
描述	合同协议。
主　要　商　品	
中国出口	大米(6万吨)。
估价	*
支付协定	用巴基斯坦卢比支付。
续订条款	不可获得。
来源	国外广播新闻处,电传,卡拉奇,1956年7月13日,不保密。

* 更多信息见保密附件(下页)。

巴基斯坦-共产党中国

II. 其他贸易协议 (保密附件)	**(D. 1956年7月的协定)延长**
估价	530万。
来源	T119,卡拉奇,1956年7月14日,秘密。

巴基斯坦-捷克斯洛伐克

I. 贸易支付协定	**(1956年8月的协定)**
协定期限	1956年8月15日～1957年8月14日 (1956年8月15日签订)
描述	贸易协定,取代1952年6月28日的协定。
主　要　商　品	
捷克斯洛伐克出口	柴油发电机;机械、工厂设备、制糖、水泥、陶瓷、冰冻食品、夹板、烟草以及自行车制造厂的零配件;面粉和纺织厂以及制革厂设备;机器、柴油发动机、车辆、电子设备和仪器、铁、钢、纸、发电厂、轴承、水泥、拖拉机。
巴基斯坦出口	黄麻、黄麻制品、棉花、羊毛、茶叶、皮毛、消费品。
估价	没有规定数量限制。
付款安排	用英镑支付。

续 表

续订条款	如不在协定终止前3个月通知对方默认为每年续订一次。
来源	1956年文本：AGR－6，卡拉奇，1956年8月20日，不保密；D－111，卡拉奇，1956年8月23日，不保密。

巴基斯坦-匈牙利

I. 贸易支付协定	**(1956年7月的协定)**
协定期限	1956年7月30日～1957年7月29日 (1956年7月30日签订)
描述	贸易协定，取代1950年10月9日的协定。
主　要　商　品	
匈牙利出口	机器、电器设备、摩托艇、水力发电和火力发电厂设备、柴油机、发电机、实验室设备；铝厂设备；植物油、罐装水果、制砖、甜菜糖厂设备。
巴基斯坦出口	黄麻、黄麻制品、棉花、羊毛、茶叶、中药、烟草、皮毛、革、兽皮。
估价	没有规定数量限制。
付款安排	用英镑支付。
续订条款	如不在协定终止前三个月通知对方默认为每年续订一次。
特别条款	规定最惠国待遇。
来源	1956年文本：AGR－8，卡拉奇，1956年8月21日，不保密；D－122，卡拉奇，1956年8月23日，不保密。

巴基斯坦-波兰

I. 贸易支付协定	**(1956年2月4日的协定)**
协定期限	1956年2月4日～1957年2月3日 (1956年2月4日签订)
描述	贸易协定，取代1952年6月27日的尚未被批准的协定。
主　要　商　品	
波兰出口	机器、电器设备、化工产品、煤焦油、染料、相纸、X光扫描胶片、玻璃器皿、食糖厂设备、冰箱制造设备、铁道生产设备、水泥和混凝土制造设备、货运车辆。
巴基斯坦出口	黄麻、麻袋、粗麻布、棉花、羊毛、茶叶、运动用品、中药、草药、外科手术和兽医用工具、皮毛、人造革制品、软毛、菱镁矿。

续　表

估价	没有规定数量限制。
付款安排	用英镑支付除非另有约定。
续订条款	如不在协定终止前三个月通知对方，默认为每年续订一次。
特别条款	允许转口。
来源	1956年文本：D-598，卡拉奇，1956年2月17日，不保密。AGR-44，卡拉奇，1956年2月7日，不保密。 REC-4698，1956年2月9日，不保密。

巴基斯坦-苏联

I. 贸易支付协定	**（A. 1956年6月的协定）**
协定期限	1956年9月3日～1957年9月2日 （1956年6月27日签订）
描述	第一份贸易协定。
主　要　商　品	
苏联出口	工业设备、拖拉机、煤、石油；农产品、轧棉、印刷品、筑路机械；水泥、棉线、新闻纸、橡胶产品、木材、轴承。
巴基斯坦出口	黄麻、黄麻制品、羊毛、皮毛、兽皮、头发、茶叶、棉花、奶油蛋糕、草药、纽扣、书籍、棕革、木丝棉。
估价	没有规定数量限制。
付款安排	苏联将在巴基斯坦商业银行和国有银行设立卢比账户。余额可在任何时候兑换成英镑。
续订条款	如在协定终止前三个月没有反对意见，则协定在“下一个期间”继续有效，直至提前三个月通知终止协定。
特别条款	规定最惠国待遇条款；苏联在卡拉奇设立常驻贸易代表机构。
来源	1956年文本：D-136附件，卡拉奇，1956年8月31日，机密。 D-153解密附件，卡拉奇，1956年9月7日，不保密。 AGR-11，1956年9月5日，卡拉奇，不保密。

OSS China and India Supplement, Reel-V-0831, pp. 1 - 9, National Archives, U. S. A.

马晓云译，戴超武校

14－10

行动协调委员会关于西藏反叛的备忘录

（1959 年 3 月 31 日）

绝　密

对西藏反叛的利用

（1959 年 3 月 31 日）

西藏反叛对于美国来说是一件好事，特别是它有利于加强亚洲中立主义者反对中共的情绪。因此，抛开其他考虑，尽可能地延长叛乱的时间，并在所有公开的信息媒体上对此做最大限度的宣传，这些符合美国的利益。

无论从后勤还是在政治上，实质性的支持反叛都非常困难。……①

……②

应该充分利用公共舆论倾向。较现实的估计表明，中共能在不太长的时间之后在名义上恢复对西藏的控制。这样，帮助建立西藏流亡政府符合美国的利益，具体行动是尽我们一切所能帮助达赖喇嘛(Dalai Lama)流亡。鉴于尼赫鲁对共产党中国犹豫不决的态度，似乎有必要讨论这个流亡政府应该设在哪里，才能作为自由世界的政治资本最好地加以利用。尼赫鲁可能希望整个事件尽快解决，而这会有悖于美国的利益。因此除印度之外，其他一些国家可能是比较好的选择，例如锡兰、缅甸和尼泊尔。

在早些时候，我已对美国新闻署的美国之音节目指出了一些政策限制。委员会希望放宽这些限制，允许更大程度地利用这次反叛。应该研究把这个问题直接或者间接提交给联合国的可能性，以此作为在世界舆论面前声援这次反叛的一个手段。

即将召开的(4 月 8 日)东南亚条约组织国家会议将要在其公报中提到西藏的形势。

国务院将指示整个远东地区的大使敦促他们所在国的政府留意，发布公开声明谴责中共公然军事占领西藏。

总统将在周六的葛底斯堡的演讲中适当提到有关西藏反叛的一些问题。

要考虑成立一个由国务院、国防部、中情局和美新署组成的联合工作组，深入调查两个问题：保持反叛的存在以及让它的公众注意这一问题，要考虑在 4 月底之前向委员会提出建议。

DDRS，CK 3100092798－CK 3100092799

马晓云译，戴超武校

① 原文此处一段未解密。——译注
② 原文此处一段未解密。——译注

14－11

中情局关于达赖喇嘛的报告

（1959 年 4 月 23 日）

TDCS 3/396,258

机　密

达赖喇嘛希望继续为西藏的自由和独立而斗争

（1959 年 4 月 23 日）

1. 达赖喇嘛与印度政府官员在达旺（Towang，北纬 27 度 35 分，东经 91 度 52 分）的初次会面中要求发电报给尼赫鲁，感谢他提供庇护，并要求允许嘉乐顿珠[①]立即与他见面讨论政治问题。达赖喇嘛认为自己现在同嘉乐顿珠一样处于难民地位，因此不需要像他在 1956 年访问印度时那样限制他们的会见。直到外交部代表梅农（P. M. Menon）在邦迪拉（Bomdila，北纬 27 度 18 分，东经 92 度 22 分）会见达赖喇嘛时，外交部才予以答复。

2. 梅农告诉达赖喇嘛，尼赫鲁将安排嘉乐顿珠与他在邦迪拉和提斯浦尔（Tezpur）之间的凯隆（Khelong）会见。梅农表示，尼赫鲁对西藏形势的发展感到非常遗憾，特别同情达赖喇嘛的出走和西藏人的境况，并希望在帕里尔（Parior）会见达赖喇嘛。梅农转达了尼赫鲁的态度，西藏的目标应该是内部自治，而不是独立。梅农建议，达赖喇嘛仅在媒体上作一个简单的声明，表示感谢印度提供庇护。

3. 最后一点使得达赖喇嘛表示说，他根据尼赫鲁的建议，在 1957 年返回西藏，为了西藏获得更加广泛的自治而进行和平努力。中共无视他的这个策略，继续对他施加压力要他放弃抵抗运动并投靠北平，最终威胁他的生命迫使他流亡印度。现在他和所有的西藏人相信，试图获得自治毫无意义，西藏人正在誓死为完全的自由和独立而斗争，他决定为了这个目标而斗争，不管要多久，不管印度政府的态度如何。达赖喇嘛说，他的新闻声明在他进入印度前已经拟好初稿，并指出其中的内容是，要说明拉萨起义的自发性、放弃西藏十七点协议、西藏人在过去用和平手段和中共斗争的事实、他从拉萨逃亡的经过、在隆次宗（Lhuntse Dzong，北纬 28 度 26 分，东经 92 度 27 分）建立自由西藏政府、他目前在印度与中共进行斗争以及请求自由世界国家支持并承认自由西藏政府。

4. 梅农力劝达赖喇嘛不要做出这样的声明。

5. 达赖喇嘛随即表示，他希望印度政府不要按照同 1956 年那样的自治方法来考虑问题，而是给他和他的人民积极的支持。然而，如果他在印度停留给印度政府带来了不便，如

---

① 嘉乐顿珠（Gyalo Thondup），达赖喇嘛的二哥。——编注

果印度政府不愿意重新考虑它的唯一的自治政策,那么他和他的内阁感到他们不应该接受印度的庇护,而应坚持完全独立的目标,并到别处寻找庇护。

6. 梅农把上述信息用电报传给外交部。外交部建议梅农仅在简短的新闻声明问题上松动立场,但在第一份声明中不要提及建立自由西藏政府事宜、达赖喇嘛和中共之间交换信件或者西藏终止十七点协议的问题。外交部用电报告知了一份以第三人称起草的实际的新闻声明,以求达到委婉的效果。

7. 西藏内阁成员要求声明用第一人称,但是梅农倾向于外交部的草稿,并解释说它仅仅是一个初步的声明,以后可以再澄清。因此,达赖喇嘛计划在他与中共交换信件、自由西藏政府以及实现独立的目标等问题上,作一个详细说明。……①

8. 达赖喇嘛感到,在 4 月 24 日与尼赫鲁的私人会见中,他(达赖喇嘛)应该坚持自己在邦迪拉同梅农会谈时在争取独立和承认自由西藏政府问题上所采取的立场。达赖喇嘛觉得,他在自治问题上两次犯了错误,一次是 1951 年,另一次是 1957 年听信了尼赫鲁的建议,因此,他不愿意第三次背叛自己的人民。达赖喇嘛也计划请求尼赫鲁对提供庇护的难民在数量上不做限制。

分发部门：太平洋部队总司令、太平洋舰队司令、太平洋部队陆军、太平洋部队空军。

DDRS, CK 3100063380 - CK 3100063383

马晓云译,戴超武校

---

① 原文此处未解密。——译注

14－12

国务院情报和研究署关于印度对华政策以及印度内政外交的报告

（1959 年 11 月 25 日）

IR 8163

秘　密

印度对中共在边界施加压力的反应

（1959 年 11 月 25 日）

中共对印度北部边界的军事压力正在使印度重新评估它的主要的对外和对内政策。除非北平发动大规模进攻或者莫斯科转变对新德里的友好政策，印度几乎肯定会继续在冷战中坚持不结盟的原则。但是，它对北平口头承诺的和平共处的充分信任已经被破坏了。在印度的防御计划中更加强调共产党中国的威胁，已是印度和巴基斯坦之间关系走向缓和的一个重要因素。在印度国内，尼赫鲁的地位仍然很稳固。但是他早期在与北平的争论中的软弱使他面临报纸、议会甚至国大党内部前所未有的批评，他不再被认为是印度对外政策唯一的不可动摇的设计者。国大党内部的极右翼分子增强自己的势力，他们倾向于像对待国外的共产党一样对待国内共产党，并实行较强硬的路线。在西藏和 1959 年 7 月喀拉拉邦(Kerala)共产党政权被驱逐之后，印度共产党已经处于守势，边界纠纷使它受到了进一步的挫折，加剧了党内的派系分裂，并进一步暴露了其爱国及拥护宪法的华而不实的一面。

印度对华政策的失败

中共镇压西藏起义和随后入侵被印度视为本国领土的地区，使印度对北平政府幻想的逐步破灭达到了顶点。

印度是第二个承认中共政权的非共产党国家。甚至在共产党中国 1950 年“解放”西藏并粗暴拒绝印度的外交质询时，印度也由于认识到自己的军力衰弱没有能力影响西藏事件，进而增强了尼赫鲁保持与北平的友好关系的决心。尼赫鲁的政策也是源于他希望共产主义的中国变种是“与其他的不同的”，他也相信对中共保持克制对他们最为有利。1954 年中印关于西藏的条约第一次阐明了和平共处五项原则，确定了新德里的友好政策。尼赫鲁也寻求让共产党中国受到外部的可能起到缓和力量的影响，如在万隆以及推动北平恢复在联合国的席位。

共产党中国在1958年谩骂和攻击铁托和南斯拉夫的"修正主义"、支持处死纳吉(Imre Nagy)、自由主义的"百花齐放"实验的失败、在台湾海峡的好斗以及人民公社的开始,这些都使尼赫鲁大失所望;尼赫鲁曾公开批评人民公社为"军队集中营",因为在公社里一切生活都受到统一管制。1958年秋,北平撤回邀请尼赫鲁访问西藏首府拉萨的邀请,当尼赫鲁和他的随从人员在前往不丹的途中短暂穿过西藏地区时,中共边境官员傲慢地对待他们。

边界问题并不是新出现的问题。尽管印度从1954年起开始抗议,但是北平继续发行显示印度一直声称拥有主权的大片地区属于共产党中国的地图。1954年中共军队第一次占领印度声称拥有主权的巴拉好提地区(Bara Hoti),而且在1959年8月冲突之前有几次零星的边界事件。然而,印度公众对此却几乎完全不知,尽管印度政府自1954年7月以来已经就边界主权和边界事件至少给共产党中国发出了24份官方信件。

1959年春天的西藏起义可能是印度和中共政权关系的转折点。印度公众对中共残酷镇压起义、不顾它承诺的西藏"自治"和北平声称印度与起义者串通并帮助达赖喇嘛逃跑等消息感到震惊。(新德里确实鼓励过各种非官方的对西藏人表示的同情,印度收留了12 000多名西藏难民。)西藏起义把中共军队带到印度北部边界,使得尼赫鲁赶紧在边界增加一些新的哨所,这样就为以后的中共和印度军队的冲突创造了条件。

民族团结加强

自1954年公众反对美国-巴基斯坦军事援助协定以来,边界冲突在最大限度上团结了印度人。除印度共产党之外,其他所有的政治力量都谴责北平,并要求印度抵抗中共的威胁。地区的、语言的和个人的恩怨至少都暂时消失在民族团结的浪潮之中。

对北平的新姿态

尼赫鲁在最近边界冲突的初期的克制,显然是基于他对印度军事力量虚弱的估计、他发展民族经济的愿望以及他对北平缓和态度的持续希望。他最终受到印度所有非共产党团体的严厉批评。尼赫鲁被指责为对共产党中国怀有"意识形态的幻想"和对印度公众"隐瞒真相"。甚至连通常同情他的报纸都指责他"夸夸其谈、态度坚决但行动明显不足,""糟糕透顶"的防御措施以及"悲哀地低估了汉人(中国人)和共产帝国主义的真正威胁"。一些报纸呼吁断绝与北平的外交关系,加强与西方的更紧密联系,并采取军事行动把中共从印度声称拥有主权的地区赶走。

尽管印度公众的压力促使尼赫鲁的政策趋向强硬,但他自己无疑关注同北平的关系,似乎已丢弃了某些幻想。据报道,尼赫鲁1959年10月下旬私下里说,中共的侵略是它对印度经过精心策划的长期战略的一部分，要求印度采取一个新的现实政策。他在 11 月公开声明，朗久（Longju）和拉达克（Ladakh）事件揭开了中印关系的“新篇章”，说“除了中国之外，全世界都在为和平而努力”。然而，尼赫鲁继续寻求一个进行边界争端谈判的基础，其条件是不能容忍共产党中国的军事行动以及坚持印度所主张的麦克马洪线[①]。在这些条件下，尼赫鲁可能准备放弃拉达克的部分地区，尽管这也许只能等到印度人民对这个问题的情绪从目前愤怒的极点消退之后。但无论如何，印度将继续怀疑中共的意图。

印度-巴基斯坦关系的改善

尼赫鲁与北平关系的恶化大大促进了印度民间和官方对改善与巴基斯坦关系的兴趣。尽管尼赫鲁最初非常不信任阿尤布·汗[②]政权，并一直怀疑巴基斯坦的诚意，但他还是“欢迎”阿尤布·汗所做出的“友好姿态”，以寻求解决两国之间的某些长期争端。1959 年 9 月尼赫鲁与阿尤布初次会见，两人一致认为需要缓和两国之间的紧张关系，并建议在一个“合理的”基础上规划它们的关系。尼赫鲁与阿尤布会谈的直接成果是 10 月的一次会议，双方同意适当调整印度和东巴基斯坦间的边界，建立“基本的规则”防止新的冲突。关于西部边界的会议计划于 1960 年初召开。同时被搁置下来的由“国际复兴和开发银行”赞助的印度河水资源划分问题的谈判取得巨大进展，这对于巴基斯坦西部和印度西北部的农业灌溉至关重要。期待中的关于印度河的协定将解决被认为是除了克什米尔以外印巴之间最重要的争议。

尼赫鲁对联合防御计划的建议反应冷淡，该建议是在 1959 年 4 月镇压西藏起义时首先由阿尤布总统提出的，随后在多个场合被重提。正式的联合防御计划似乎是没有可能的。但是，在两国关系改善了的氛围下随着他们对次大陆以外的压力的关注不断增长，可能会有一些实际的合作，使得印度以牺牲它的印度-巴基斯坦边界为代价加强它在共产党中国的边界的力量。[③]

尼赫鲁的地位

尽管对他有很多的批评，但尼赫鲁仍然在印度保持极高的威望。尽管他的影响可能有

① 麦克马洪线（McMahon Line），1914 年，英印政府外交大臣麦克马洪构想了一条印藏分界线，以喜马拉雅山脊分水岭的连接线作为界线。麦克马洪线从未经过中英双方实地勘测，也没有获得中国历届政府承认。——译注

② 阿尤布·汗（Muhammad Ayub Khan，1907～1974），巴基斯坦政治家，1958～1969 年任巴基斯坦总统，此前为陆军总司令兼国防部长，1958 年通过政变上台执政。——编注

③ 原注：有关印巴关系近期发展的更为充分的讨论，参见情报报告第 8162 号《印巴关系的改善》，1959 年 11 月 25 日，机密。

些削弱,但没有迹象表明其政治地位受到威胁。另一方面,公众对其政策的严密监督以及政治人士成功地调查中印边界事件的情况,这些都反映出印度媒体和议会的活力不断增强,代表了印度政治成熟的一个新阶段。这种进步可以使尼赫鲁在退出政坛后的政权过渡非常平稳。

“右翼势力”的加强

国大党的一些“右翼分子”[最著名的是财政部长莫拉吉・德赛[①],常被提到可能是尼赫鲁的继任者]支持尼赫鲁在边界问题上的温和立场,认为印度在经济发展计划得到进一步推进之前,应该避免与外部发生过多的纠纷。然而,其他曾经尖锐批评尼赫鲁的温和态度的一些人则表现得与印度民众普遍的观点更为一致。最突出的两个“右翼分子”是印度总统普拉沙德和副总统拉迪克里斯南(Radhhakrishnan)他们正式的职责大部分是形式上的,但他们在党内享有很高的威望和影响,两人都主张对中共的侵略采取更加强硬的措施。内政部长潘特(Pant)是仅次于尼赫鲁的最强硬内阁成员,他最近公开宣布“共产党中国使我们睁开了眼睛,我们甚至要准备战争”。这个集团的势力在1959年7月31日在印度喀拉拉邦成功迫使共产党政府解散时已经得到加强,未来会对总理不断施加压力。

由于军方部分将领不满意印度北部的防御,并在备战问题上同富有争议的国防部长梅农[②]存在分歧,因此梅农的地位已被削弱了,印度人常认为他是共产党中国的一个辩护士。民间和官方都强烈要求撤掉他的国防部长职位。梅农虽然深得尼赫鲁的信任,但在印度统治上层中得不到认可,他很可能成为中印争端的政治牺牲品。

军方的态度

印度军队在边界事件中赢得了威望,他们实力薄弱一般归咎于梅农的短见。军队总参谋长蒂迈雅将军[③]对政府在边界事件上的政策制定起到越来越重要的作用。1959年9月蒂迈雅在新德里和北平之间关系特别紧张之时递交了辞呈,试图迫使梅农辞去国防部长一职。尽管这个计划由于尼赫鲁的反对失败了,但这一事件表明,至少印度一些军方将领准备在一定的条件下向政府施加压力。

---

① 莫拉吉・德赛(Morarji Ranchhodji Desai, 1896～1995),印度政治家。印度独立后先后担任孟买邦的首席部长、内政部长、财政部长、副总理等,1969年国大党分裂后,德赛加入人民党,1975年被捕入狱,1977年担任印度总理。——编注

② V・K・梅农(Vengalil Krishnan Krishna Menon, 1897～1974),印度民族主义者和政治家。1947～1952年任印度驻英国高级专员,1952～1962年任印度驻联合国代表团团长,1957～1962年担任国防部长。——编注

③ K・S・蒂迈雅(Kodendera Subayya Thimayya, 1906～1965),1957年起任印军总参谋长,1961年退出现役。——编注

印度共产党的境遇

在印度民族主义和共产党的"无产阶级国际主义"基本观念这两个相互冲突的拉力的夹击之下,印度共产党(CPI, Communist Party of India)起初在边界争端中持中立立场以保全自己。这一立场被尼赫鲁和其他非共产党组织称为"反国家的",而印共早先因为支持北平镇压西藏起义和喀拉拉邦共产党政权的失败所削弱的声望,这次又遭到进一步的损害。印度共产党在北平侵略行动问题上的两难境地,由于党内"民族主义者"和"国际主义者"之间的争论而更为突出,这也使得目前的党派之争恶化,因为一派主张继续依赖议会道路,而另一派则赞成采取更为激进的策略。1959年9月中旬,印度共产党在日益增加的公众压力下,最终选择了支持印度所主张的麦克马洪线,尽管它没能明确声援印度官方在拉达克问题上的立场或谴责北平在边界上的行动。

共产党有可能在下一次印度全国大选(计划在1962年)之前重新获得其大部分的声望,特别是依靠它可以利用的国内所存在的各种问题。但党派之争的激化几乎注定要妨碍党的内部团结和效力,而这个党本来就在意识形态和斗争策略上发生了分裂。①

OSS China and India Supplement, Reel-V-0413, pp. 1－6, National Archives, U. S. A.

马晓云译,戴超武校

① 原注:有关这一问题更为广泛的论述,参见IR 8164"印度共产党遭受严重的挫折",机密。

14-13

中情局关于中印关系的评估

（1960 年 5 月 17 日）

NIE 100-2-60

机　密

中 印 关 系

（1960 年 5 月 17 日）

问　　题

评估中印关系及其所产生的国际影响。

结　　论

1. 中印边界冲突损害了两国之间表面的热情友好。早先达成的有关边界争论的协议是靠不住的。虽然可能会发生进一步的边界冲突，但双方在相当长的时间内可能都无意打破目前的僵局。一旦边界争端长期拖而未决，国内的政治气候就会发生巨大的变化，特别是在问题得以解决之前尼赫鲁退出了政坛。不过，我们倾向于认为，争端的最终解决可能以印度在拉达克地区的妥协换取中国人承认印度对东北边境局（NEFA, North East Frontier Agency）所管辖的领土主权而告终。然而，即使边界问题解决了，两国的关系也不可能恢复到从前了。

2. 北平的行为激起了印度人对中国人强烈的敌意。虽然印度依然信奉不结盟原则，但他们可能会产生一种观点，即更为支持美国的政策，他们也受到继续获得苏联大量援助的利益的影响，并希望苏联对共产党中国能起到遏制作用。印度共产党的地位更加不稳定了，但并未遭到毁灭性的挫折。

3. 迄今为止，共产党中国的经济增长超过了印度。目前在增长率方面有望缩小差距，但经济的绝对差异会越来越大。其结果是，中国将有能力保持对印度的军事优势，而且这种优势将可能会不断增长。然而，只要印度在经济上取得巨大的进展，亚洲许多国家仍将从印度的榜样中获取鼓舞。

4. 共产党中国不断增长的实力以及它的侵略行为，使得亚洲领导人更为严峻地评估中共的动机。即使中印边界争端通过谈判得以解决，亚洲各国近期形成的对共产党中国的更为恐惧的看法也不会消失。不过，同印度的影响相比，共产党中国的实力、活力以及在亚洲追求政治霸权的野心则更为明显。

讨　论

一、中印关系的发展

5. 1959 年发生的西藏反叛和边界冲突加速了中印关系危机，迫使两国重新检验各自对对方的政策。

6. 共产党中国的领导人一直认为，他们同作为资本主义政权的印度政府不可能进行长期的合作，但他们考虑到印度进行共产主义革命的条件还不成熟，因此就力图利用印度的不结盟政策，并利用印度支持共产党中国在世界事务中发挥重大的作用。北平认为这一政策是有利的，因为除了嘴上空喊和平、中印友好以及亚洲团结之外，共产党中国几乎什么都不用付出。

7. 印度对待共产党中国的态度反映了印度的信念，即两国的友好关系是亚洲和平的关键。印度大多数领导人首先在观念上把中国共产党人看作是亚洲人，其次才是共产党人，欢迎他们的革命，视之为在亚洲复兴中迈出了一大步。尼赫鲁希望通过同中国建立友好的关系、支持中国加入联合国以及将北平的和平意愿公之于众[即“潘查希拉”(Panch Shila)，意即和平共处五项原则]的做法，可以使中国的扩张主义有所收敛，并减少与莫斯科的联系。印度也放弃了它从英属印度那里继承下来的对西藏的特权，承认西藏是中国的一部分。

8. 特别在 1950～1951 年中国占领西藏后，印度对中国的意图有些担忧了。印度承认它的军事力量不如共产党中国，印度通过获得对西藏自治地位的保证、通过与尼泊尔、不丹、锡金谈判订立新的条约确保印度在这些地区的优先权来寻求自我保护。1956 年以后，北平的政策变得冷酷无情，正如它所做的那样，支持苏联对匈牙利革命的镇压和对纳吉的处决、攻击南斯拉夫、突然终止短暂的自由主义的“百花齐放”、强制公社化，这一切都日益增加了印度的担忧。中国不断把印度声称拥有主权的大片地区作为中国的一部分，绘成地图出版发行，印度领导人为此深感不安。

边界冲突

9. 在没有相互承认的边界线的情况下，边界争端是不可避免的，双方都无法对各自提出的边界要求拿出明确的事实根据。然而，直到 1959 年共产党中国将中国的要求首先正式地明确告诉印度之前，边界问题大多处于相安无事的状态，两国都试图避免公开就此发表观点。[①]

---

① 原文此处的注释论及中国西藏同锡金的边界以及中印边界，文较长，省略。——译注

印度和共产党中国都没有解决这个问题的紧迫感,因为这些地区人烟稀少,难以进入,只有部分地区处于管理之下。共产党中国在1950～1951年占领了新疆和西藏,不久在边境附近驻军。为了改善那里的状况还修建了公路。印度方面的反应是,设立了一些新的边境哨所,修建了几条进入边境地区的公路,但这对加强边界地区的军事力量来说是微乎其微的。1954年印度政府成立了东北边境局,置于中央政府的直接管理之下,其部分原因是在于防御。1955～1957年中国人新建了一条公路,穿过了东北部的拉达克。这些行动把两国的官员和军队带进了彼此都声称拥有主权的这些地区,从而使得公开的争论几乎是不可避免的。

10. 1959年初,西藏发生暴乱,中国采取迅速彻底的行动把暴乱镇压下去。北平认为西藏是中国内部问题,怀疑印度支持反叛,因而不考虑印度人的感情。特别是印度同意达赖喇嘛在印度避难之后,中国越来越严厉地谴责印度在西藏问题上的帝国主义图谋。共产党中国增加了在边境地区的军队,在喜马拉雅山山口阻止难民外逃,同时禁止任何武装的反叛分子进入。印度被中国不断增加边境部队所震惊,在那些可能与中国巡逻队相遇的边境地区加强军事部署。在北平首次正式提出领土要求后,边界冲突随之而来,双方互相进行公开的谴责。

二、边界争端对印度的影响

11. 北平的行动导致印度反对中国的情绪急剧上升。受过教育的大多数印度人突然醒悟了,国会和新闻界强烈地要求印度立场坚定。尼赫鲁对共产党中国友好的政策的失败使其威信急剧下降,公众的压力促使他对中国人采取强硬的立场。尼赫鲁在保持其巨大威望的同时,在指导印度外交政策上,他实际上不可能再拥有没有争议的权力了。

12. 中国的威胁提高了印度军队的地位。整个中印边境的全线都已经置于军队的控制之下,已退休的参谋长被重新任命为阿萨姆邦的邦长。军事领导人已经得到保证,将提供财力加强边防。尽管提升了军队的权力,但政府清楚地表明,不会取消文官控制。虽然说,只要克里希纳·梅农仍担任国防部长,军队与政府之间就可能存在摩擦,但军队领导人基本上尊重文官管制,不可能向它发起严重的挑战。

13. 中印关系的恶化将影响印度经济成就的目标,可能还会影响到其经济发展。印度领导人认为,要成功地对付中国的长期威胁,就要在印度发展计划中强调工业化,特别是重工业和国防生产。对印度军事力量的扩展、印度军队的现代化以及边疆地区的发展,都必须加大投入。当然,这些增加的费用可能在印度全部的支出中占有较小的比例,但却给印度的经济带来额外的负担。

14. 由于印度共产党一开始没有在边界争端中采取支持印度政府的立场,这不仅引起了非共产党人对印度共产党的敌视,而且还在印共内部造成尖锐的争论。最终,印共中温和的一派推动通过一项“爱国”的决议案而达成妥协,但是分裂主义将继续削弱印度共产党。此外,印度政府虽然不可能宣布印共为非法,但必将其置于更为严密的监视之下。

15. 不过，印度的共产主义不可能遭受毁灭性的挫折。苏联由于在边界争端中保持中立，它在印度享有相当高的威望，所以印共不可能被取消。它一直是最有组织领导能力的、最强的反对派团体。最近的地方选举表明，它的群众基础并未受到严重损害。最后，印度尚未解决的社会和经济问题，将继续为印共提供大量潜在的支持。

三、中印关系的未来

16. 虽然新德里被共产党中国的好战程度所震惊，但似乎依然坚信与北平保持的关系是可取的。尼赫鲁强调，印度要依靠外交手段来解决边界争端。虽然中国进一步的入侵都将可能遇到顽强的抵制，但对于极端分子提出的使用武力把中国人从印度声称拥有主权的领土上赶出去的要求，尼赫鲁几乎肯定还会继续加以拒绝。

17. 中国共产主义具有强烈的民族主义，这个政权不会为了与印度改善关系而牺牲他们的重要利益。不过北平可能相信，继续对印度执行军事政策可能会迫使印度发展同西方国家更为密切的关系，这将进一步损害共产党中国在亚洲的威望。另外，中国可能希望印度继续劝说国际社会的主要成员承认共产党中国。这样中国会继续寻求谈判解决边界争端，从而从根本上改善中印关系。

（一）边界谈判

18. 1960 年 4 月周恩来和尼赫鲁举行的会谈显然没有取得任何实质性的进展，虽然低级别的会谈还将继续进行。两国对国家威信的考虑限制了双方的讨价还价。另外，印度强烈的公众感情反对做出任何领土让步。印度最高法院最近通过一项决议，即在没有修改宪法的情况下，新德里无权把土地转让给别国，这一决议使尼赫鲁的处境更加复杂了。因此我们认为问题不会很快得以解决。

19. 尽管最近的谈判失败了，但我们认为双方希望冷静下来。因此我们认为在相当长的时间内，双方将愿意容忍目前不明确的僵持局势。

20. 万一争端被拖延未及时得到解决，政治气候就发生很大的变化。一旦再次爆发边界冲突，那么新德里立场的坚定就会成为 1962 年的大选中的一个问题。如果在争端解决之前尼赫鲁就离开政治舞台，那么印度政府的继任者有可能采取更加强硬的路线。没有人会认为，在印度对其要求一直采取强硬立场的情况下，北平还会一如既往地采取和解的姿态。

21. 然而，两国都有理由强烈要求解决问题，我们倾向于认为问题最终会得以解决。可以预测的协议的要点是，共产党中国绝对不会让出对它来说具有重要战略意义的贯穿拉达克的公路，它是由新疆到西藏西部的唯一的一条通路。印度军事领导人承认，东北部的拉达克超越了印度自然防御范围。因此印度可能最终愿意承认中国对这个地区的控制。

22. 作为回报，印度将坚持要求中国放弃对东北边境局的领土要求，印度认为这一地区对其防御至关重要。中国人已经暗示，作为承认其对拉达克的领土要求的总的解决方案的一部分,他们就准备接受麦克马洪线作为边界。一旦就有关拉达克和东北边境局问题达成协议,那么一些尚有争议的小块领土将很快得以解决。

23. 边界协议不能解决印度的边境问题。实际的划界需要用很多年的时间对相关的崎岖复杂的地势进行勘测,期间还会产生许多细节上的争论。由于边界的大部分居民无论从文化上还是在种族上与西藏的关系比与印度的关系更为紧密,所以中国可能试图去离间那些边民。然而,印度可能有能力限制中国的颠覆,并坚持控制它的边界地区。

(二) 尼泊尔、不丹和锡金

24. 中国在锡金和不丹的利益并不大,北平可能会避免直接挑战印度在那里的主导地位。另一方面,中国人可能继续积极地与印度竞争对尼泊尔的影响,而尼泊尔倾向于试图使一方同另一方相互制约,这可能继续引起中印关系的问题。

(三) 更为广泛的问题

25. 即使协议达成,中印友好关系也不可能完全恢复到从前。北平毫无疑问地认为要尽可能少地利用与印度的关系来获得自身的利益。印度更加明白地承认两国存在着利益分歧,但可能继续在各种问题上支持北平,例如联合国席位。但两国都不会忘记西藏问题和边界争端。并且随着时间的推移,面对共产党中国经济和军事力量的不断壮大及其政治野心,印度将越来越意识到这个长期存在的问题。

26. 迄今为止,共产党中国的经济增长已经超过了印度,中国的国民生产总值的增长速度是印度第一个五年计划时期的两倍,在过去的几年内增长率的差异甚至更大。共产党中国可能无法保持最近几年的高增长率,但印度的增长率可能会稍有增长,因此有望缩短中印之间增长率的差距。然而两种经济情况的绝对差异可能会继续扩大,在工业生产和经济的自给自足方面共产党中国将使印度更加相形见绌。结果,中国将可能保持对印度的军事优势,还可能会增加这种优势,在亚洲其他国家的经济生活中,中国也将起着更具影响力的作用。

四、对其他地区产生的影响

(一) 印度与西方和苏联的关系

27. 中国的侵略使印度领导人更加倾向于赞同美国反对共产党中国的观点。对西方特别是美国在亚洲采取强硬立场抗衡中国的重要性,可能还存在着更深的认同。印度也强烈认识到对西方经济援助的需要。但是尼赫鲁仍不打算改变印度不结盟的基本政策,而且印度舆论的主流显然依旧支持这一政策。

28. 印度发展同西方更为密切的合作关系的意愿同样为下述期盼所制约：即苏联将会约束共产党中国,尽管印度领导人也意识到有许多因素限制苏联影响北平的能力和意愿。

苏联在边界争端中所采取的中立态度表明，如果不是为中国行动的本质所烦恼的话，那么苏联担心的则是这种赤裸裸的行动本身。苏联可能继续敦促两国寻求通过谈判解决问题。另外，不愿冒失去苏联持续的经济援助的风险也限制了印度希望同西方合作的程度。

（二）印度与巴基斯坦的关系

29. 中印关系的恶化，增加了印度改善与巴基斯坦关系的兴趣。阿尤布·汗总统担忧苏联在阿富汗增加的影响，将会在巴基斯坦起到同样的作用。最近几个月印巴之间大部分的边界争端已得以解决，并已着手解决长期存在的金融问题的争端。另外，印度河的划分问题也将解决。另一方面，重要的克什米尔问题的解决在短时期是不可能的。这一争端的持续，加上继续坚持不结盟的政策，都使得尼赫鲁可能继续拒绝阿尤布·汗提出的联合防御协议。然而，印度已把一个师从印巴边界调往同共产党中国接壤的边界地区；如果次大陆外部的压力增大，那么印度有可能继续从印巴边界调遣出更多的部队。

（三）对亚洲其他国家的影响

30. 亚洲的这两个大国关系的发展，必然要影响到它们的邻国，特别是东南亚国家，历史上这些国家一直受到中国和印度的影响。

31. 由于印度在联合国的显著作用、强烈的反帝国主义和殖民主义、努力促进世界和平和尼赫鲁的国际地位，印度在那些没有加入任何集团的亚洲国家中的威望很高。然而那些与西方结盟的亚洲国家已认识到印度外交政策的致命弱点。

32. 亲西方的国家看到共产党中国逐渐强大都深感不安。另一方面，那些没有加入任何集团的国家又为中国的发展作为体现亚洲在国际事务中的重要性的标志而感到自豪。它们对中国共产主义革命、对中国快速增长的经济和军事力量喜忧参半。它们效仿印度，在中国所做出的声明中寻求慰藉，因为这些声明表明了其和平的意愿以及对邻国独立的尊重，如同在和平共处五项基本原则和万隆原则中确立下来的那样。

33. 共产党中国粗暴地镇压西藏的反叛以及在印度边界的侵略行为，导致了对中国之根本动机的更为黯淡的评估。虽然对当前的威胁存在着各种看法，但亚洲所有的国家都意识到中国潜在的破坏性，对中国不断增长的力量及其好战极其敏感。对北平的恐惧已经导致一些中立的国家调整其政策，以避免激怒北平。然而这种趋势并未发展到足以让这些国家在它们认为是至关重要的问题上做出。（作为最近的一个例子，尽管北平提出抗议，但印度尼西亚还是坚决限制了华侨商人的活动。）即使中印边界争端通过谈判解决了，但在过去的两年里亚洲人所形成的对共产党中国的更多的担忧则不会消失。

34. 只要印度经济有显著的发展，亚洲许多国家可能从印度在没有牺牲传统的价值观的基础上保持经济增长能力中受到鼓舞。然而许多年轻的亚洲人急欲使国家快速发展，因而寻找经济万灵药。如果国内经济增长滞后，但同时中国却在快速发展，那么这可能将极大地有助于共产党的颠覆活动。但是，这些亚洲国家更多的是受到自身形成的经济结构向前发展的能力的影响，而不是受共产党中国同印度相比取得的相对进步的那些印象的影响。

35. 除了中印关系和两国相对的实力，还有许多因素影响了亚洲未来的趋势。但是，共产党中国的实力、活力及其政治霸权的野心，可能比印度在亚洲的影响更为显著。

中印边界地图①

http：//www.foia.cia.gov/nic_china_collection.asp

李春玲译，戴超武校

① 地图略去。——编注

14－14

国务院情报和研究署关于印度对华政策的报告

（1961 年 3 月 7 日）

IR 8413

机　密

印度对共产党中国的态度趋于强硬

（1961 年 3 月 7 日）

摘　要

1961 年 2 月 14 日中印边界争议事实调查委员会发表的报告，强调了自 1959 年秋季共产党中国入侵印度领土被公布以来两国之间的僵局以及新德里对北平的强硬态度。随着中印紧张关系的持续发展，印度已经采取措施，削弱北平在印度的宣传和颠覆的潜力，与此同时还煞费苦心地不断公开表明对北平的指责。更为重要的是，为了应对北平的好战和在边界争端上孤立印度的企图，新德里已开始越来越关注它所面临的长期问题：共产党中国不断增强的经济和军事实力以及它在亚洲的政治野心。

印度已经在边界问题上采取了强硬的立场，加强边界防御并强调有必要迅速发展经济尤其是发展工业，以此作为它进行长期防御的关键；在这个过程中，它同美国进行联系，以求获得在今年开始的第三个五年计划所需的重要的外国援助。然而，尽管印度对共产党中国十分敏感，但印度相对虚弱的军事实力是决定它的态度的一个重要因素，即使拒绝以北平目前的立场为基础进行谈判，但新德里还是继续敞开谈判的大门。当印度的对外局面越来越为同共产党中国的紧张关系所左右时，新德里已采取一些措施重新同巴基斯坦发展关系，而且它也已明显通过强调印苏亲密的友谊，来寻求增强自身对抗共产党中国的地位。尽管印度希望在对抗共产党中国时获得苏联的支持，这可能会导致印度更多地支持苏联的政策立场，但它所恪守的中立主义并未受到损害，它越来越倒向西方，以寻求对抗北平的道义支持以及对其至关重要的经济发展的重要援助。

自从 1959 年秋季北平声称对印度宣称拥有主权的拉达克地区和东北边境局拥有主权并侵入该地区的事件公开以来，印度与共产党中国的关系已紧张到非常严重的地步。在边界争端问题的解决没有取得任何进展的情况下，印度则越来越担心自身面临的长期问题：共产党中国不断增强的经济和军事实力以及它在亚洲的政治野心。公众对北平的行动起初所迸发出的愤怒已沉寂下去了，但印度政府在边界问题上已经适应了采取不公开的强硬立场,并集中精力迅速发展工业、加强边界的防御。

中印边界僵局

1961年2月14日印度政府向议会公布的长篇报告证实,印度和中共官员之间六个月的会谈失败了,强调中印边界争端陷入僵局,反映了新德里和北平之间的关系正逐步变得僵硬。根据尼赫鲁-周恩来1960年4月的会谈而设立的事实调查联合委员会未能达成任何协议,事实上双方都各自准备了一份内容迥异的报告。另外,会谈产生了两个新的问题,进一步扩大了新德里和北平之间的分歧,因而加剧了现有的紧张关系。北平拒绝接受印度与邻国锡金和不丹的特殊条约关系,拒绝与印度讨论它与这两个国家的边界问题。另外,北平显然拒绝接受印度声称的对克什米尔拥有的全部主权,愿意承认印度在克什米尔拉达克地区的利益,但仅以印度在该地区实际占领的部分为基础。

印度在研究了中共方面的证据后,显然认为它的主张比以前更加强硬;2月15日,外交部的一份声明声称,会谈"毫无疑问"确定了在印度地图上所示的传统边界线。事实调查联合委员会的印方报告把中共方面的证据称作是"不充分的、不准确的、不连贯的、与事实和逻辑相矛盾的、不相关的、模糊的和不合逻辑的"。尽管存在着上述措辞的限制因素,据报道,中方在会谈之初曾提出一个可能的妥协办法,共产党中国放弃对东北边境局的领土主张,作为回报,印度接受北平对拉达克地区的大部分主张。印度拒绝考虑这个建议,因此,中方随后在所有问题上明显采取了更加强硬的立场。

正如尼赫鲁在2月20日向议会讲话所声称的那样,如果中国不撤出占领的印度领土,印度就会一直拒绝考虑进行谈判。面对此种情况,有关边界争议的僵局可能会持续一段时间,至少要等到1962年印度大选之后。然而,即使边界问题解决了,印度会继续严重关切共产党中国的长期目标。随着中印关系的持续紧张,印度也开始十分清醒它所面临的来自共产党中国的长期挑战。尼赫鲁总理多次强调中国对印度以及对亚洲和平的威胁,而去年他还经常给人一种印象,那就是他被中国所吸引,几乎达到了着迷的地步。北平不断的好战姿态显然使尼赫鲁相信,中国是有意保持紧张关系的,因此尼赫鲁1960年12月21日在议会说,印度"要起来应对国家可能面临的最大的问题。"尼赫鲁一直特别关注中国不断增强的经济和军事实力,而印度长期以来在裁军问题上积极的兴趣也被激发起来了,这大概是出于害怕共产党中国很快会拥有核武器的原因。

在过去的一年里,新德里开始相信,北平通过在其处理与印度邻国的关系中所表现出的通情达理,试图通过制造印度在边界争议问题上的固执的印象,达到孤立印度的目的。周恩来在去年访问尼泊尔和缅甸期间,表现出友好的姿态和通情达理,而且北平在与两国谈判边界问题时采取了灵活的立场,在1960年下半年签订了正式的中缅边界协定。共产党中国在与巴基斯坦讨论边界划分问题上表现出的兴趣,作为可能会进一步孤立印度的举动也引起印度的不安。另外,最近有关北平建议就不丹最遥远的喜马拉雅省边界进行单独会谈的报道,引起新德里的特别关注,因为它认为不丹是印度北部边界防御中最薄弱的环节。北平非正式地向不丹建议提供"无条件援助",以及中共官员在西藏公开声称北平计划将锡金和不丹并入中华人民共和国，由此看来，这个举动增强了印度对北平图谋破坏印度北部边界地区的担心。尼赫鲁最近透露，在事实调查会谈期间，共产党中国拒绝公开承认印度有权处理不丹的对外关系，尽管印度多次向北京重申它与不丹的特殊条约关系，以及事实调查联合委员会的印方人员获得不丹正式授权讨论它与共产党中国的边界问题这一事实。2月15日尼赫鲁再次向印度议会重申印度保卫不丹的承诺。

印度的强硬政策

面对这种局面，尼赫鲁采取措施，削弱北平在印度的宣传和颠覆的潜力。在过去的一年里，印度驱逐了几位从事出版、教育和金融的非官方的中共人士，关闭了“新华社”驻新德里的办事处。自从发生边界冲突以及加大力度采取登记并监视在印度的中国居住者的措施实施以来，印度方面显然完全中止了同共产党中国的学生交流、记者交流和所有的代表团交流。

印度也尽量公开声明所有可能的对北平的指控。1961年1月新德里向仰光和北平提出抗议，中缅边界协定侵犯了印度麦克马洪线最东段末端印方的领土主权。据报道，印度也试图与巴基斯坦澄清关于中巴边界谈判的可能性会直接影响印度与共产党中国的边界争端。另外，新德里定期发表与北平往来通信的白皮书，其中公布了印度抗议的记录，以起到重新唤醒印度公众和媒体的作用。1960年11月最新的第四本白皮书送交到议会。除了其他事情之外，白皮书还包括印度领空受到101次的入侵以及对中共所宣称的北平试图要把锡金和不丹像拉达克一样并入共产党中国的声明提出抗议。第四本白皮书中包含的照会在某种程度上表明了两国关系已经恶化。显而易见的是，这些文件语气明显带有辛辣的味道，彼此指责不说真话，在印度的照会中丝毫没有提到和平共处的字样。

印度对共产党中国的强硬路线也明显地反映在执政的国大党1961年1月召开的最近一次年会中有关中国的措辞严厉的决议中。据报道，这个决议由国防部长梅农起草，他迄今为止尚未明显地强烈抨击北平；这个决议同基本的外交问题的决议案分开，以突出其影响。这个决议重申了政府和人民“维护印度领土的完整……抵抗来自任何角落的侵略以及赶出侵略者”的决心，这是迄今为止国大党对于共产党中国的最强硬的声明。这份决议突出“中国的侵略和占领的印度领土违背了和平共处的原则”，声明中国的行动“不利于世界和平、合作、稳定和亚洲力量的进步”。对这份中国决议的辩论是同基本的外交问题的辩论放在一起的，但发言者一般都把重点放在中国问题上。大多数发言者问道，这份中国决议是否增强了政府的决心，使之“采取适当措施使中国放弃侵略”，或给赶走中国人确定一个时间表，必要时不惜动用武力。尼赫鲁拒绝了所有提议的修正案，他说，中印争议是一个“非常、非常棘手的问题……是今天、明天或者十年以后摆在印度面前最棘手的问题”，因此那些仓促的和考虑不周的建议既不现实又危险。在国大党最高执行机构常务委员会的选举中，一位相对不引人注意的议员辛格（Ram Subhag Singh）允诺说，将更坚定地推动党的领导层在这个问题上的主导权，他曾最直言不讳地支持对北平采取更加强硬和更主动的立场。另外，国大党关于1962年大选的宣言的决议详细地述及了中共的侵略。

虽然印度方面的情绪非常强烈，但印度相对衰弱的军事力量仍将成为决定它对待共产党中国的态度的重要因素。尼赫鲁誓言印度将坚决地抵抗进一步的入侵，而且印度正加强其边界防御。但一个“速成”的军事计划是不可能的。相反，尼赫鲁强调印度防务的长期问题取决于印度的工业实力，印度领导人几乎肯定会把维持与共产党中国的和平关系作为赢取时间的策略，以便将来有条件发展自己的工业。因而，尼赫鲁尽管非常警惕共产党中国长期的威胁，在边界问题上也拒绝做出任何让步，但他显然一直相信需要与北平维持最起码“正确”的关系。他一直敞开通过外交谈判解决边界争端的大门，尽管他继续保持这个态度，但在中共目前的立场的基础上，谈判是不可能的。在事实调查会谈失败以后，尼赫鲁说，他不知道下一步该做什么，但符合双方的利益是，不要过于激怒对方或卷入冲突。他也排除了在“可以预见的未来”与周恩来会晤的可能。印度最近的声明建议把恢复边界谈判的主动权留给共产党中国。

印苏关系

现在，印度认识到自己的外交努力对北平的立场不可能产生多大的缓和作用。莫斯科在边界争端问题上没有支持北平；在共产党集团和非共产党集团国家发生的争端中这是一个前所未有的变化，这显然促使尼赫鲁相信，印度在某种程度上可以利用中苏分歧使自己在与北平的争端中处于有利地位。他推断，莫斯科会继续非常需要印度的友谊，莫斯科希望维持在集团内的支配地位，同新德里希望制衡北平之间存在着共同的利益。尽管尼赫鲁可能认为苏联不可能在边界问题上对共产党中国的立场施加任何决定性的影响，但他显然认为印度可以通过广泛支持苏联的立场，以有助于削弱北平更加强硬的意识形态路线的压力，由此向北平证明莫斯科的“缓和”的国际政策深受中立主义者的欢迎和支持。在利用苏联来加强与北平对抗的策略中，尼赫鲁小心翼翼地避免把边界问题与国际共产主义运动联系起来，并公开表示他欣赏莫斯科在这个问题上公开的中立。他也不断地拿北平的侵略行为与莫斯科的和平共处路线以及印苏间的友好关系作对比。据报道，印度寻求苏联在边界问题上进一步的保证，并决定购买苏联的运输机(也可能是直升机)，用于加强北部边界，这样做的动机至少是可能要给北平留下印苏关系紧密的印象。1960 年 11 月印度向苏联订购安-12 重型运输机(最频繁报道的飞机数量是 8 架)，计划于今年春天交货。据报道，印度计划购买的 18～24 架苏制依柳-14 运输机，也将于今年春天交付。

与巴基斯坦的关系

印度对于维持与苏联的良好关系的兴趣最近可能因巴基斯坦与北平和莫斯科联系更紧密的动向而得到加强。印巴关系在过去的一年半里得到明显的改善，这主要是对次大陆外部压力的一种反应，即中共对印度的压力以及苏联通过阿富汗对巴基斯坦的压力。尼赫鲁虽然拒绝了阿尤布・汗总统所建议的联合防御安排，但几个长期争议的问题已得以解决，最明显的是印度河水系的分配和利用，其他几个重要问题的解决也取得了进展。然而，克什米尔这一主要的棘手问题仍然没有得到解决。阿尤布・汗和尼赫鲁在 1960 年 9 月会见期间达成了共识，他们认为克什米尔争端是一个“难题”，他们将进一步“寻求解决的办法。”在克什米尔问题上尽早通过协议与巴基斯坦达成全面的和解以便集中印度的资源对付共产党中国，在这个问题上还存在着压力，特别是来自印度军方领导人的阻力。但尼赫鲁显然仍相信逐步解决两国之间其他的争议，是解决克什米尔问题的前提。印度消息灵通人士中间看来出现了如下更加广泛的认识，即阿尤布·汗政权在解决克什米尔问题的进展上面临国内的一些压力，以及包括阿尤布·汗在内的巴基斯坦官员对印度偶尔的批评，这并没有在印度引起过多的骚动。根据1958年尼赫鲁-努恩①协定，计划把印度东部贝鲁巴里(Berubari)的一小块地区移交给巴基斯坦，这在1960年下半年在西孟加拉引发一场动乱，尼赫鲁对此置之不理；11月，议会对印度河协定的讨论中出现了一些抱怨，那就是尽管印度为了达成协定作出了财政和水资源上的牺牲，但巴基斯坦在改善关系方面却没有更多的作为。但尼赫鲁保持了克制，而且公众对巴基斯坦的情绪基本上被中国问题所掩盖。今年1月初国大党的年度决议没有提到巴基斯坦，代表们在发言中实际上也没有提到巴基斯坦。

然而，巴基斯坦外交部长1月下旬发表声明说，巴基斯坦和共产党中国原则上同意划分他们在克什米尔的共同的边界线，这引起新德里的不安；印度报纸把这个举动解释为威胁印度在克什米尔地区主权(印度声称对克什米尔拥有全部主权)以及北平私下承认巴基斯坦声称的对克什米尔的主权。与此同时，巴基斯坦表现出愿意发展同苏联更为紧密的关系，它最近同苏联达成协议，让苏联在巴基斯坦进行石油勘探，这也引起一些关注，印度担心巴基斯坦试图通过在克什米尔问题上使苏联中立增加对印度的压力。1955年12月，苏联部长会议主席赫鲁晓夫发表声明说，克什米尔问题“已作为印度的一个邦由克什米尔人民自己解决了”，印度把这个声明理解为苏联支持印度在克什米尔问题上的立场。另一方面，共产党中国与苏联不同，它谨慎地避免在这个问题上偏袒某一方，并遵循很一致的政策，与巴基斯坦交朋友，尽管后者是中央条约组织(CENTO)和东南亚条约组织(SEATO)的成员。北平愿意与巴基斯坦进行边界谈判，加之共产党中国在事实调查会谈期间在克什米尔问题上采取的立场，导致印度外交部在2月14日宣布共产党中国“现在对克什米尔问题的立场已经众所周知，它拒绝承认克什米尔属于印度”。

据报道，尼赫鲁在1961年1月中旬指示印度驻莫斯科大使非正式地询问苏联，是否准备继续支持印度在克什米尔问题上的政策。据称，尼赫鲁的担忧也导致他在1月下旬向巴基斯坦提出试探性的建议，在目前停火线的基础上做一些小幅的调整来解决克什米尔问题。另据报道，尼赫鲁在9月份与阿尤布·汗的会谈中提出这样一个解决的基础，但是阿尤布·汗对此不认同。然而，苏联和共产党中国极有可能较深地卷入克什米尔争端，将会有助于恢复最近几个月似乎有些松懈的印巴接近的势头。

中立主义没有改变

由于印度越来越注重国内的发展问题，而且其对外部世界的看法越来越为同共产党中

① 费鲁兹·努恩(Malik Sir Feroz Khan Noon，1893～1970)，巴基斯坦政治家，1953～1956年任旁遮普省首席部长，1956～1957年任外交部长，1957年12月任巴基斯坦总理，1958年由于巴基斯坦实施《军管法》而下台。——编注

国的紧张关系所左右，因此新德里扩大自己对亚非地区的影响的努力看来已经减弱了。比如，它相当少地同新独立的非洲国家领导人进行接触，尽管它代表联合国参与刚果问题的解决。它与亚非其他领导人也有些步调不一致，缺乏举办像第二个万隆会议那样的热情，在诸如阿尔及利亚的“殖民地”问题上以及继续维持在刚果驻军等问题上，其表现相当的克制。在周边地区，印度的影响也有些衰落，最明显的是尼泊尔；尼泊尔谨慎地使自己远离新德里与北平的争吵，避免危害到自己与共产党中国的边界谈判。尽管印度对马亨德拉国王[①]在1960年12月解散议会政府表示不满，以及新德里有意看到主要是亲印度的尼泊尔国大党恢复执政，但印度可能极尽小心，以免印度公然的行动导致同共产党中国的对抗。

尽管印度长期保持与苏联的良好关系的兴趣增强了，并希望在对付共产党中国上得到苏联的支持，但是印度遵循的基本的中立主义立场没有改变。新德里甚至比过去更加不愿采取可能会使苏联反感的政策，例如，尼赫鲁拒绝公开苏联使馆人员卷入最近的新德里间谍案。然而，如果在支持苏联立场问题上走得太远，尼赫鲁毫无疑问会很警惕过于支持苏联可能会惹恼西方。尽管新德里有兴趣在某些方面迎合苏联的政策，但是最近印度反对苏方一些重要的立场；重要的例子是刚果问题和联合国秘书长办公室的重组问题；在1960年10月的联合国大会上，尼赫鲁在个人发言中反对后面的议题。据报道，印度一些官员认为，莫斯科的兴趣在于获得印度支持它的政策，给新德里提供了比以前更好的机会影响苏联的政策。但作为平衡力量，印度越来越把西方看作是一个反对中国的道义和物质支持的来源，而且它在重要的经济发展中继续首选向西方寻求援助。另外，印度在国际问题上很少坦率直言的倾向通常有利于西方国家。[②]

OSS China and India Supplement, Reel-V-0516, pp. 1 - 9, National Archives, U. S. A.

马晓云译，戴超武校

① 马亨德拉国王(King Mahendra Bir Bikram Shah Dev, 1920～1977)，尼泊尔国王，1955～1977年在位；马亨德拉在位期间对尼泊尔进行了各方面的改革，外交上奉行不结盟政策，1955年8月同中华人民共和国建交。——编注

② 原文此处第9页不能识别。——译注

14－15

中情局关于印度处理果阿事件及其影响的电报[①]

（1961 年 12 月 27 日）

TDCS 3/497，202

尼赫鲁对果阿事件的后果的反应及果阿事件对印度外交政策其他方面的影响

（1961 年 12 月 27 日）

印度总理对果阿事件后果的反应，以及该事件对印度对外政策的影响。虽然尼赫鲁知道美国会对果阿事件表示遗憾，但他没有想到美国会有现在的作为。实际上，他甚至有点希望美国会在安理会决议中弃权。在印度人看来，史蒂文森[②]演讲的主要内容不像情况允许的那样平衡：它对葡萄牙不愿意就这个问题进行谈判的评论可能过于广泛，美国对它的朋友印度这样一个和平与非暴力的典范国家被迫采取这样的步骤表示非常遗憾，然后再对这种本已经预料到的使用武力的行为坦率地进行批评。

印度最关心的是美国不要继续像现在一样严重地看待对果阿的行动。印度并不担忧英国的反应。经过认真分析议会的发言，很明显，上院的批评更加严厉些[提到克什米尔和那加斯（Nagas）使尼赫鲁非常恼火]，但是在下院，英联邦大臣桑迪斯（Sandys）竭力施加影响缓和气氛。英国人是现实主义者而且他们自己也采取过许多同样的行动，因此很快就调整了情绪。但是在美国，公众的情绪更加自发而且容易受简单判断的影响，给政府施加了非常大的压力，其反应将持续更久一点。

更为现实的担忧是印度在亚非国家中的处境，他们以前常谴责印度在清除殖民主义遗毒方面既缓慢又阻碍的态度：

（1）关于西伊里安岛（Irian），如果苏加诺[③]决定与荷兰摊牌，印度政府不能再反对他使用武力。

（2）在科威特，可以对卡西姆（Qasim）做出明确的区分：科威特是一个自治国家，不再属于英国的直接控制。印度反对伊拉克在科威特使用武力的立场更加容易，因为阿盟也持同样的立场。

---

① 该份电报是未经评估的情报，内容的评估也是尝试性的。电报的来源是一位与尼赫鲁总理的对外政策助手密切接触的印度人，因此情报来源等级属权威。电报的优先级别为常规。——编注

② 艾德莱·史蒂文森（Adlai Ewing Stevenson II，1900～1965），美国政治家，1948 年当选为伊利诺伊州州长，1952 年和 1956 年代表民主党两次竞选总统，1960～1965 年任美国驻联合国代表团团长。——编注

③ 苏加诺（Sukarno，1901～1970），首任印度尼西亚总统，1945～1967 年担任总统。——编注

(3) 关于澳门,印度政府处在一个实际的困境中,因为它的地位与果阿相同,而且尽管印度与中共关系恶化,但是中国确实诚心支持果阿。但是,他们的祝贺会对边界争端发生重要的影响,因为中共现在能宣称他们占领他们认为属于自己的地区可以用与果阿的类似问题来解释。北京的下一个照会恰好提醒印度在葡萄牙不愿谈判果阿问题的背景下,它也不愿意谈判边界问题。

(4) 关于克什米尔,它现在感到巴基斯坦几乎可以肯定要在联合国提出这个问题,以便利用当前对此问题的观点的大环境。

发送部门:国务院。

DDRS, CK 3100393262 - CK 3100393264

马晓云译,戴超武校

14－16

中情局关于中印冲突近期展望及其影响的评估

（1962 年 11 月 9 日）

SNIE 13/31－62

机　密

中印冲突近期展望及其影响

（1962 年 11 月 9 日）

提 要 和 结 论

随着中国最近对印度北部边界的进攻，中印之间的争吵已经变成严重的军事对抗。尽管战争可能会继续，我们相信至少在最近一段时间冲突会限制在有争议的边界地区。冲突引起了印度外交的变化，也使国内的态度向西方倾斜，苏联在印度的威望有所下降。然而印度不可能抛弃不结盟，而且在其庞大的经济发展中将继续寻求东西方的帮助。巴基斯坦把印度的军事力量视为对它的安全的威胁，强烈反对西方帮助印度使其实现现代化的计划和重新武装印度的军力。

评　　估

（一）危机的发展

1. 从 1958 年中印军队之间发生第一次冲突以来，印度大大加强了整个边界哨所的实力，改善和扩大了喜玛拉雅山上的公路和小道、提高了空运能力、在边界的许多重要地区驻扎军队，有能力应对 1962 年春季那种局势的信心不断增强，印度在中国哨卡后方的拉达克设立了新的前方哨所，这是在印度领土之内。尽管这导致中国的强烈抗议，但北平在这一地区的行动受到制约。印度领导人到了盛夏变得极度担忧了，由于他们的战线拉得过长，尼赫鲁公开提出与中国人重新讨论边界争端问题。但印度反对这种做法的呼声太高，以至于实际上迫使他在谈判中没有采取任何实际的措施。

2. 尽管印度领导人担心可能在拉达克发生冲突，他们感觉到印度在东北边境局的地位还是相当安全的。在 1960 年印度与共产党中国之间就边界争端举行的讨论中，北平虽然不承认麦克马洪线,但也相当明确地表示准备尊重该线。[①]中国甚至表示,如果新德里放弃对拉达克的要求,那么它愿意放弃对东北边境局的要求。为了巩固在东北边境局的地位,印度把军队派往麦克马洪线稍北的位置,即印度最新地图所显示的位置。印度声称麦克马洪线的实际位置是沿着喜马拉雅山分水岭的走向,实际上在早先地图的位置以北。他们声称,坚决要把中国人从印度的领土上驱逐出去。

3. 北平抵制印度的这些军事部署,并出现了严重的冲突。10 月 20 日开始,中国人对印度在东北边界局的军事阵地发起了大规模的攻击,并占领了大面积的土地。另外,印度在克什米尔拉达克地区的几乎所有的前哨基地都被清除。激烈的战斗导致印度伤亡大约 5 000 人,其中的一半属于死亡和失踪。中国的宣传使用了惯用的用来攻击美国和国民党领导人那样的言辞,对尼赫鲁和克里希纳·梅农进行猛烈抨击。新德里尽管遭到了军事挫折,但它还是拒绝了中国提出的停火建议,要求中国军队必须在会谈前撤回到中国军队在 9 月份时所在的位置,否则不考虑进行会谈的建议。中国方面拒绝任何要求他们从所占领的拉达克地区的前哨撤出的停火协议。

(二) 冲突的特点

4. 在最近的边界地区的争端中,共产党中国在军事上占有明显的优势。中国部队掌握了主动权,训练有素,而且装备的武器更加适宜。在东北边境局和拉达克地区,中国部队部署在西藏和新疆高原的基地,从这里只需要极短的山路就可以渗透到印度据点的外围,由于中国在西藏的公路离他们首次发起攻击的地点只有几英里。相反地,印度原有的通往边界的道路地势险峻,依靠没有整修的公路和小道。特别是在东北边境局地区,给大部分印度军队的补给受到空投的限制,脚力搬运也要好几天。但当中国向前推进而印度后退时,北平的优势就减少了。印度已经退到可以通过吉普车运输小道和公路提供补给的位置,中国则要穿过崎岖的地势并依赖羊肠小道提供补给。

5. 当北平宣布中国军队不再遵守"非法的麦克马洪线"的时候,共产党中国在冲突中的最终意图并不明确。中国在拉达克的首要目的,是保护建立在穿过有争议的领土上的非常重要的西藏-新疆公路。中国的前进逼迫印度离开几乎是中国提出的领土要求的全部地区,一直到喀拉昆仑山主山脉的天然界线。进一步的深入将在供应和地势上使中国人陷入与印度人所面临的几乎是相同的困境。在东北边境局作战的部队大大多于拉达克地区。中国人已取得了达旺(Towang)附近的重要地区,并向瓦弄(Walong)地区推进,这些地区都处在通往阿萨姆平原的两条关键的道路上。中国人进一步占领东北边境局更多土地的目的,可能是以此作为将来在谈判中可以加以使用的讨价还价的筹码。

6. 印度一方面希望限制冲突,另一方面又强烈地希望能逆转战斗的形势,最终把中国人赶出印度所宣称主权的领土。目前印度的战略是利用冬季阻止中国的推进,并准备在春

---

① 原注:麦克马洪线是 1914 年英国、西藏和中国三方会议的结果,英国和西藏批准了,但中国没有批准。

季发起反攻。为此印度正在沿边界线部署兵力。但这使印度东北部运输系统的负担明显过重，供应问题一直存在。如果中国继续推进，印度文官领导人可能认为不得不彻底改变他们的决定，即从空中袭击中国阵地和供应线。无论如何，由于战争升级的危险和担心中国人会采取轰炸印度城市的报复行动，新德里将不愿采取这样的行动。

（三）展望

7. 中国人为了表现出“通情达理”的态度，要求停止目前的冲突，并提议双方都从控制线后退 20 公里，回到 1959 年 11 月 7 日的位置。由于这意味着印度要对中国对拉达克地区提出的领土要求做出重大让步，因此，双方不可能在近期达成协议。战斗将继续在拉达克和东北边境局进行，除非达成政治解决方案。印度有可能收复一部分失地，但面对在人力和位置上占优势的中国人，印度不可能取得大的进展。特别是鉴于达旺在政治和战略上的重要性，中国人毫无疑问决心要占据这一地区。如果中国人在冬季或冬季来临之前继续进攻，那么他们将会取得一些进展，但我们相信冲突将保持在目前战斗的地区范围内。

8. 明年春天将可能有更多的部队卷入冲突。印度可能不会提出超出它们的领土要求以外的要求。然而，一旦印度坚决努力要收复其失地的话，中国可能会发起强大的攻势，战斗可能扩大并深入到东北边境局内部地区以及拉达克的其他地区。冲突的扩大可能会涉及不丹甚至锡金的领土。

9. 后勤是主要的限制因素。特别是如果中国试图越过他们目前在东北边境局所提出要求的领土，看来他们的运输系统似乎不可能支撑一支部队，使之有能力反击印度可能发起的反攻。这需要大量而且长期的准备，包括在西藏和东北边境局修建公路的重大工程以及贮备物资等。因此，不论中国长期以来渴望控制印度的目的是什么，我们相信，北平也不可能把目前的冲突扩大到东北边境局以外，或试图在拉达克地区做进一步的扩张。

（四）印度的地位

10. 中印冲突使印度的态度发生了戏剧化的变化。从北平那里遭受了失败，再加上莫斯科的态度，这些都迫使印度总理尼赫鲁公开承认印度“生活在自己制造的虚假的氛围内”……，而且也“脱离了现实”。印度政府做出了请求西方的军事援助的决定，这就是放弃了一项原则，这个原则则是长期执行的不结盟政策的基石。但这并不意味着抛弃了不结盟运动，只是明显变得偏向西方。特别是它加强了印度人的意识，即美国在亚洲强大的地位起到了遏制共产党中国的作用。

11. 在印度，国大党的亲西方力量加强了，对印度政治家而言，温和的亲西方主义者可能至少在相当长的时间里成为一种财富。印度军方普遍亲西方的政策影响可能加强。克里希纳・梅农可能会继续对尼赫鲁产生一些影响，但他作为一位在印度事务中的重要的政治力量可能即将结束。印度共产党中大多数温和的民族主义者在冲突中采取了苏联的立场而非北平的立场。由于大多数党员支持尼赫鲁政府的立场,激怒了党内的极端主义分子,最终可能导致党的正式分裂。

12. 印度准备为驱逐中国人而付出高昂代价的努力,可能有损印度经济发展的努力的成果。尽管尼赫鲁夸下了印度要实现雄心勃勃的第三个五年计划的海口,但支持进行战争努力的需要将会迫使一些紧缩。如果印度继续强调其长期的投资计划,整个经济有可能衰退。给予原料和备用零件进口优先权以便利用当前过剩的工业能力,这可能会限制对经济不利的后果。印度军队从55万人扩大到80万人,需要大量的外部的军事援助。另外,这也严重阻碍了发展经济的努力,即便是假定在当前规划的水平下可以同时获得来自苏联集团和西方集团的经济援助。

(五) 巴基斯坦的反应

13. 巴基斯坦对西方支持印度的反应一直是极为不满的。巴基斯坦认为西方自愿(在他们眼里是渴望)向印度提供军事装备严重地损害了巴基斯坦的利益。他们认为美国对印度军事援助抵消了他们与美国订立盟约的优势。他们坚信印度不会在正常的条件下就克什米尔进行"现实的"谈判。他们相信印度目前的困境为妥当地接受解决方案提供了唯一一次真正的希望。另外,巴基斯坦把印度军事力量的加强视为对它的安全的威胁。在过去的一年间或者特别是自果阿事件以来,巴基斯坦越来越担心印度对其邻国的不妥协的态度。在这种情况下,巴基斯坦一直以来不愿意给予印度任何公开的保证。尽管受到中国的威胁,印度却没有把它相当大的兵力从巴基斯坦边境调走。

14. 巴基斯坦最终的反应要视西方对印度援助的多少和类型而定。例如,适度的步兵武器和运输机可能只会使他们发发牢骚,另一方面,除非西方对印度与对巴基斯坦的援助保持平衡,并且西方迫使印度达成克什米尔协议。否则,大规模地使用现代武器重新装备印度军队的计划将严重地加剧美巴的紧张关系。例如,阿尤布·汗将不会同意美国的特殊设施在巴基斯坦的展期,并可能要求拆除某些设施。

(六) 苏联问题

15. 中印冲突的扩大给苏联提出了一个棘手的选择。后斯大林时期的对外政策的基本原则之一就是与中立国家发展友好关系,印度在这个政策中起到了关键的作用,其证明就是莫斯科早先愿意在中印争端中公开宣布中立,甚至提供用于对付中国的军事运输机而招致中国的谴责。不论是不是事先设计好的,北平扩大战争,特别是在美国在古巴的对抗到来之际,这将迫使莫斯科至少是暂时支持"兄弟的中国",而不是"友好的印度"。苏联当前的目标可能是尽早地解决冲突。

16. 苏联的态度使印度,特别是那些亲苏分子幡然醒悟。因此,苏联在印度的影响急剧下降,如果未来苏联想重新确立它的地位,印度人将牢记在自己急需帮助之时苏联却转而支持中国。无论如何,印度领导人将继续坚守他们的不结盟运动立场。他们将急需希望获得苏联集团的经济援助，并希望在诸如克什米尔问题上得到苏联的支持。

附录

军　　事

目前的军事形势

1. 中国西藏军区在印度的北部边界部署部队10.3万人，分别组成3个步兵师、9个独立步兵团、1个炮兵团、1个装甲兵团和5个边防团。

拉达克

2. 通过部署一个步兵团、一个装甲兵团和边防部队来对付印度的一个旅，中国人成功地攻陷了印度的前哨基地，并对他们所声称的拉达克地区的领土取得了无可争辩的控制权。印度已从其他前哨基地撤出，战斗继续在曲水(Chushul)地区进行，但中国的军队一般保持在他们提出要求的领土范围内。大致的估计是，最初7 000名中国士兵对抗同样数量的印度士兵，现在双方都增援了大约一万人。

锡金与不丹地区

3. 报告称中国正在锡金与不丹之间的春丕山谷①进行有效的军事集结，印度在锡金与印度的接壤地区部署了2个步兵师。中国可能至少向驻扎在西藏中部以南的日喀则(Shigatse)的步兵师增援一个团的兵力。

东北边境局

4. 中国在东北边境局分别发起了三次攻击，使用了大约6个步兵团。在达旺地区3个步兵团在炮火的支持下向由一个步兵旅把守的印度防御工事发动了进攻。这次进攻向边界内推进了大约11英里，离冬旺的东部只有五英里。目前印度的一个步兵师被部署在塞拉(Se La)山口地区的防御位置。

5. 在朗久-阿萨费拉(Asafila)地区，一个团占领了印度一个排级规模的边界哨所。这次在东北边境局内的进攻只向前推进了一小段距离，就被一个印度旅顶住了。

6. 在东北边境局的最东部的日马②地区，中国2个步兵团越过边界，向前推进15

① 春丕山谷(Chumbi Valley)，是喜马拉雅山地区连接锡金、不丹和西藏的交接点，这里有两个连接中国和印度的主要通道，即乃堆拉山口(Nathula Pass)和吉列普拉山口(Jelepla Pass)。——编注

② 日马，英文Rima的音译，指老察隅，现为察隅县的下察隅镇，位于麦克马洪线以北中国控制区。——编注

英里，威胁瓦弄。中共的这次进攻已在瓦弄镇郊区被印度的 1 个步兵旅所阻挡。在东北边境局，印度军队 3.5 万人加上部署在前沿地区的 1.5 万人，抵御 2 万多人的中国部队。

增援能力

7. 除了驻扎在中国-尼泊尔-印度一线边界上的几个团以及被指定主要任务是担任步兵预备队外，中国在西藏中西部地区的机动部队，可以立即投入战斗的有 2 个步兵师、3 个步兵团和 1 个炮兵团。

8. 印度旅师级的增援部队已经开进拉达克、北方邦北部和东北边境局，其他部队也处于战备待命状态。印度没有削弱面向巴基斯坦边界地区的军事力量。

9. 据估计，印度可能会为在拉达克地区的唯一的一个步兵师增加另外 2 个步兵师。可能会派另外 3 个步兵师去增援在东北边境局防御的 2 个步兵师。这些增援部队可能使目前沿着印巴边界驻扎的部队重新部署，并且实际上耗尽了印度的战略后备队。

10. 与此同时，驻扎在新疆、兰州、成都和昆明军区的共 10 个步兵师和 2 个炮兵师随时都可以进入西藏。虽然拉达克北部地区的增援部队要么由穿过新疆的西部铁路线进入，要么经拉萨穿过西藏的公路进入，但一般认为，从后勤方面考虑会拼命利用新疆这条线路。从中国西北部兰州进入西藏后需要使用卡车进入拉萨，然后再从西部的四川省的雅安(Yaan)沿着东西向的公路行驶。据估计，从中国西北部调动 2～4 个步兵师或者从中国的西南部调动 2 个师进入拉萨附近地区需要大约 24～30 天的时间；从拉萨到达旺地区或者从西藏东部的成都到察隅地区调动一个步兵师需要 5 天时间；从拉萨西部调动一个师到达拉达克需要大约 17 天。

11. 假如货物要求优先占用民用运输机，军用运输机的最大行程能提供大约 2 000 兵力的最初运输能力。如果民用航空被征用，那么运输能力可能增加到 3 000 人。值得注意的是当运输机占用了中国西部的机场时，它们早先的使用将相应地减少供战斗机使用的空军基地的设施。

12. 来自中国的 3 个空降部队的伞兵在营级规模中被用于桥梁、机场或具有重要的地理位置的军事行动中，但只能在较低的海拔高度行动。

13. 据信，海拔高度制约了空降兵运输机向位于成都和昆明空军基地西侧的南部航线飞行，以进入东北边境局，或从新疆南部进入拉达克地区。

空军作战行动

14. 中共不可能采用空中作战行动来支持当前的地面行动，除非印度军队得到西方大量的军事援助，对中共的境况构成了重大的威胁。即使采用空中军事行动，中国人也将主要使用战术空军并限制在印度的拉达克、东北边境局和上雅鲁藏布江河谷等地区内。

15. 中国这些拥有6 000多英尺长跑道的机场属于两个空军大队，其航程可以覆盖那些有争议的地区。第一个空军中队有3个飞机场，位于尼泊尔、不丹和东北边境局的北部地区。三个机场分别是海拔在1.5万英尺高、拥有1.2万英尺长的临时跑道的定日宗(Tingri Dzong)机场；海拔在1.4万英尺高、拥有1.3万英尺长的永久跑道的拉萨机场和海拔在1.5万英尺高、跑道长1.2万英尺的那曲(Nagchhu Dzong)机场。另一个空军大队在查谟和克什米尔北部地区，拥有两个飞机场，分别在海拔1万英尺高、1万英尺长的天然地面跑道的普里(Puli)机场；海拔4 400英尺高、8 000英尺长的天然地面跑道的苏扯(Soche)机场。每个机场基本上平均每天有45架喷气式战斗机，共可容纳225架飞机。

16. 400架截击机加上米格-15和米格-17喷气式昼间战斗机(jet day fighter)，部署在靠近印度受到威胁地区的中国空军基地上，它们为战术进攻和空中防御提供空中掩护。大约100架伊尔-28型喷气式轻型轰炸机和图-2型活塞歼击轰炸机可能也被部署在邻近的空军基地以密切支持作战任务。

17. 作为战术攻击，图-2是最可依靠的飞机，它可以携带装载330磅炸药的标准炸弹。这些飞机甚至可以从海拔高达1.5万英尺的空军基地起飞执行任务，图-2的作战半径约400海里。这种飞机包括它起飞速度在内的这种较慢的速度提高了它在高原上作业的可行性。首先，最大限度地降低了由于印度北面的中国机场跑道的地面质量较差而引起的灰尘、震动和其他小石子的危险；其次，由于是在海拔1万～1.5万英尺的高度，与喷气式飞机的高速相比，减少了轮胎爆裂的危险；第三，增加了在山顶间飞行的机动能力。

18. 然而在这种行动中最重要的限制因素是后勤和油料，可用油料储备不超过10天限制了作战行动，考虑到处在偏远和缺乏运输工具的地区，物资供应非常困难。因此，维持空中军事行动以支持中共在印度边界地区的地面军事行动的关键是后勤供应特别是油料的供应程度。

19. 印度空军大概只有中共空军的四分之一。但印度的这种作战优势部分地抵消了兵力的劣势。由于有充足的飞机场可以利用，印度的后勤和作战条件比前面提到的孤立的、海拔极高且在数量上相对劣势的中国的飞机场更有利。只有红色中国在未来进一步地向前推进时，印度才会向中国人发动空袭。在这种情况下，印度的攻击可能仅限于中国的阵地以及在印度提出要求的领土上的供应线，希望能够遏制住中国的报复行为。如果中国人能够解决自己极其困难的后勤问题，才能在需要动用两个空军基地的大部分飞机的情况下，在一场持续的战斗中击败印度人。但预计此种军事行动不可能发生。在规定的期间内它们几乎不会使用飞机，特别是如果印度获得大量的外国援助，那么印度坚守的时间，可能要比必须动用全部兵力坚守的时间还要长。

战术空军的战斗序列(按照挑选的种类)

	印　度	共产党中国①
战斗机(喷气式)	315	2 000
攻击轰炸机/战斗轰炸机	260(喷气式)	120(活塞式)
轻型轰炸机(喷气式)	60②	330
中型轰炸机(活塞式)	10	

后勤

20. 位于兰州和成都的供应总库向新疆南部和西藏中部地区供应基地供应物资。小型的空中运输作为陆地运输的补充。主要由卡车经两条供应线向拉萨基地供应物资,可以满足驻扎在拉萨的共10个步兵师的战争需要。然而,从拉萨通往边境地区变化不定的公路运输能力,影响了向边境地区货物的运送。

21. 向驻扎在拉达克地区的中国战斗部队提供后勤支持的是位于新疆和拉萨的两个供应基地。这两条通向拉达克地区的供应线有能力应付4个半标准步兵师到6个半轻步兵师的战斗需求。如果是激战,那么只能满足一个半到2个师的供应需求。如果从拉萨到拉达克的供应线改道进入春丕山谷,那么只能供应一个步兵师的需求。

22. 各类必需品都可以用卡车运送到沿东北边境局北部边界的巴姆拉(Bum La)和朗久地区。在这里中国可以供应2个标准步兵师或3个轻步兵师的战斗需求。从南部边界进入达旺地区,公路要延伸铺设到没有适当的公路系统的崎岖多山的地势的对面,中国的后勤能力大大下降了,据估计,他们在那个地区的军队只能得到最低的供应需求。通过把现有的崎岖小道扩展成吉普车道,进而改造成可跑3吨卡车的公路,这就相应增强了这个地区的后勤能力。

23. 在东北边境局的日马地区,目前的公路运输能力能够满足一个标准步兵师或一个半配备轻型武器的步兵师(lightly-equipped infantry division)的供应需求。然而如果再往边界前推进20英里,公路的运输能力就减少到只能供应一个步兵团的供应需求了。

24. 显然,中国目前在东北边境局地区发动进攻估计会受到后勤支持的限制。深入渗透、激烈的战斗或调入大量的地面部队,不仅要求中国开始扩大公路建设计划以增加运输能力,而且迫使他们求助于空中再供应行动以补充他们陆地上的行动。

25. 印度进入冲突地区也要穿过一条公路及一条山道,尽管印度最近改造了这条山路,但仍不完善,其地势特别险峻。许多印度军队,特别是驻扎在东北边境局的军队的供应只能靠搬运或空投。另外,印度的供应线比中国的供应线要遭受更多的雨雪的恶劣天气。然而,

① 原注:包括海军飞机。
② 原注:加上20架活塞式。

由于印度的撤退缩短了供应线，后勤的不利得到了稍许缓解。印度空运能力的改善已经获得绝对的优先权。

军事展望

26. 印度目前将继续进行在拉达克和东北边境局地区的军队集结，但如果对中国阵地发动总攻就要集结大量的装备更加现代的重型武器的部队。如果目前面对巴基斯坦边界地区的具有威胁性的军事行动有所缓解，那么印度可以集结足够的兵力向前推进，有可能迫使中国人后退。这种军事集结需要几个月才能完成，可能在下个有利于军事行动时间到来时，即在春天变暖(3 月份)之后雨季(7 月份)来临之前，军事集结将达到顶点。但此时，中国也将继续改善他们的军事态势，筑路和补给供应点，加强防御阵地。在不加重后勤支撑负担的情况下，中共军队增援部队可能向西藏军区调入 4 个配有大炮和坦克的步兵师。为了能够迅速地向边境地区调动，增援部队可能驻守在中间集结地区，这将保持军队的机动性，避免了供应线的过度紧张。

27. 当印度军队在来年初夏准备好向中国发动进攻时，中共已部署了足够的军队以抵制印军的进攻，甚至可随意地进行反攻。如果中国人决定依然进行防御，那么边界争论可能发展成长期的僵持，双方将在人力和军备物资上消耗巨大。如果中国人选择反攻，相信他们能渗入到拉达克或东北边境局的深处，但中国人需要在发起一系列的入侵活动前做大量长期的准备工作，这些准备工作包括在西藏和东北边境局筑路、储备物资等。

http://www.foia.cia.gov/nic_china_collection.asp

李春玲译，戴超武校

14－17

中情局关于中印冲突的前景和影响的评估

（1962年12月14日）

SNIE 13/31－2－62

机　密

中印冲突：前景和影响

（1962年12月14日）

评估内容说明

印度和中国在边界地区的军事能力以及其他相关的背景情况已经在1962年11月9日的国家情报特别评估第13/31－62号《中印冲突近期展望及其影响》中加以说明。目前的评估试图考查当前局势对印度、巴基斯坦、共产党中国和苏联的未来政策及西方的利益所产生的更为广泛的影响。

评　估

一、印　度

1. 在未来相当长的时间内，印度的国内外政策将被对其国家生存产生巨大威胁的共产党中国所主导。事实上，在过去的几个月，印度各阶层的舆论都确信北平的敌意和背信弃义。担心新中国的攻击，惧怕争执将扩散到边境以外的地区。同时对来自美国和英联邦的同情和支持基本上满意，因此认识到维护印度的自由应主要依靠西方。

2. 梅农被免职后，印度政府内部出现了新的更为务实和亲西方的意见，尼赫鲁被迫与那些更具活力的年轻人分享权力，这些人从未认可他的意识形态偏好。总的说来，从国内军事的代价、与美国合作甚至与巴基斯坦妥协等方面来看，这些人可能准备为国家安全付出比尼赫鲁更高的代价。他们也不太容许共产党在印度国内的活动。最后，从较为长远的时间来看，他们在当前危机的高潮之际崭露头角，对弥补被认为可能是因为尼赫鲁离开政治舞台而产生的分歧是极其有用的。

3. 当前，印度民族主义热情高涨，全国同心协力向中国人报羞辱之仇。在目前这种环境下，至少在今后一两年内印度不可能与北平认真地举行谈判以解决问题。相反的是，目前的趋势是加强印度的军事建设，以及加强国家全面的实力地位。与此同时至少要暂时避免发生新的冲突，以免可能进一步损害国家的军事态势。印度人可能要经过较长的一段时间，才能认识到要实现全部领土要求的困难，到那时则可能愿意坐下来谈判。

4. 对要求整个国家为一场长期的斗争做好准备而付出牺牲的不满，对为了取得这场斗争的决定性胜利所存在的困难而遭遇的挫折，对西方支援的速度和范围的不满，印度毫无疑问地都要经历这些不满和挫折。印度还普遍存在对中立主义时期宁静的生活的怀念之情。继续希望苏联能对中国人起到约束的作用，而且非常不情愿面对同巴基斯坦改善关系所要付出的代价。特别是尼赫鲁很可能是个优柔寡断、有时还相当固执的人。

5. 无论怎样，我们认为印度的观点已经发生了根本的改变。新德里对其传统的外交政策的结果不再抱有幻想，其证明就是它不再容忍中立主义阵营中的一些朋友的态度。虽然印度对"回归到英帝国主义"的担心不会一夜间消失，但作为联邦成员的实际好处已变得很明显，而且毫无疑问实际上进一步加强了与联合王国的联系。印度在危急时刻向美国求助表明了它对美国的信赖，这也可能进一步表明印度将来会完全理解美国在世界其他地区对遏制共产党侵略所发挥的作用。

二、共产党中国

6. 北平将继续留在它所占领的某些战略要地，首先是拉达克的阿克赛钦(Aksal Chin)高原，而且还要显示自己不会为印度这个弱邻所欺侮。与此同时，它在国内已经避免了出现要求对印度开战的公众压力，同时也可能希望避免迫使印度完全倒向西方。北平现在可能希望展示自己的实力并非意味着对亚非世界有侵略意图。为了这个目的，它将继续强调从所占领的地区全部撤军的愿望，并宣传谈判的好处。

7. 虽然中共有能力在任何时候重新进攻拉达克和东北边境局地区，但我们相信他们无意继续大规模的军事行动。但毫无疑问的是，他们会对印度试图通过武力重建他们失去的阵地的行动给予猛烈的反击。高度的紧张状态将会持续一段时间，双方都会在边境地区加强军事力量。因此，甚至是一件小事都有可能迅速引发一场新的战争，其规模至少与今年10月和11月所发生的战争相当。

三、巴基斯坦

8. 巴基斯坦领导人担忧印度与西方之间新认同的共同利益将对其自身利益和安全构成危害。同时，他们相信，中国目前对印度的压力以及印度差不多完全依赖西方，这意味着为克什米尔问题的圆满解决提供了一个前所未有的机会。尽管印度同意就克什米尔地位进行谈判，但巴基斯坦领导人对印度的态度是否可能足以达成协议持强烈的怀疑。阿尤布·

汗总统认识到,任何解决方案都要求双方做出不受欢迎的政治上的让步,因此他似乎没有决定坚持巴基斯坦的全部要求。但巴基斯坦当前迸发出来强烈的反西方以及反印度的舆论,制约了阿尤布·汗行动的余地。

9. 印度的态度是否发生了足够的变化,从而使得克什米尔争端得以解决,这一直是不明确的。印度军队的大部分被部署在巴基斯坦边境地区,尼赫鲁许诺与阿尤布·汗总统讨论克什米尔问题表明,印度同以前相比更愿意在克什米尔问题上取得进展。不过,印度愿意做出任何重大让步将受到印度对中国强烈的恐惧以及美英为了就克什米尔进行认真的谈判向它施加压力的程度的重大影响。

10. 如果不能获得一个令人满意的克什米尔解决方案,那么巴基斯坦同印度的关系将变得比以往还要糟糕。在这种情况下,如果西方继续扩大对印度的军援,那么巴基斯坦将持更加反西方的立场。强大的压力促进了巴基斯坦与中共的和解,巴基斯坦与西方的联盟将处于危险境地。

四、中立主义阵营

11. 一般而言,曾经与印度同在"中立阵营"的亚洲和非洲国家显然没有团结起来给予印度以支持。这些国家首先希望的是阻止大规模战争的爆发,它们不得不帮助结束战争。尽管不结盟国家不断呼吁和平解决争端,但这不可能对印度和中国产生显著的影响。

12. 从较长远的时间来看,至少有一些中立主义国家会认识到:(1) 如果苏联不愿意或无力阻止中国对印度的攻击,那么中立主义国家是无法保护印度的;(2) 西方已经证明它们愿意帮助受围困的中立国家。虽然一些中立国家可能被劝说少批评美国,但除非它们突然受到来自共产党的直接威胁,否则它们几乎不会放弃它们的中立主义原则立场。

五、苏　　联

13. 中印冲突使苏联与印度的关系复杂化,并且恶化了它与中国的关系。在这种情况下,苏联首要目标是确保冲突的早日解决。然而除此之外,苏联将高度关注同印度继续发展密切的关系。尽管苏联在印度军方建立长期影响的机会实际上已经丧失了,但它可能会继续向印度提供一些军事设备,维持与印度的经济联系,支持印度的经济发展计划。

六、西　　方

14. 印度正在经历的变化无疑将给西方带来新的机会。至少在将来的一两年内,特别是在军事领域上,新德里比以往更易受到美英的影响。这些机会也会给他们带来新的问题。印度重新觉醒的民族主义热情和报仇的渴望可能促使它提出超出其军事能力的大规模的进攻计划。如果西方无意卷入其中支持这种长期的军事行动，那么其结果可能是印度与西方的关系渐行渐远了。更困难的问题在于印度试图低估新的军事负担对印度至关重要的经济发展计划所产生的必然的影响。

DDRS，CK 3100131295 - CK 3100131305

李春玲译，戴超武校

14 - 18

中情局关于印度经济与中印冲突的备忘录

（1962 年 12 月 14 日）

OCI 4061/62

机　密

印度经济与中印冲突

（1962 年 12 月 14 日）

1. 印度在紧急状态下的防卫努力将给在庞大的经济发展计划下已经衰退的经济造成更大的负担。十月边境危机爆发，至少会导致印度第三个五年计划（1961～1966）的经济增长的衰退。在第二个五年计划期间，生产的严重衰退和国内资源短缺的现象已经显现。印度长期外汇短缺，而且这种情况越来越糟。印度需要的外援估计在 230 亿美元之内，现筹集到大概在 50 亿～60 多亿美元之间。

2. 印度规划者目前必须在经济发展的成本上加上巨大的军队建设开支。由于印度领导人认为，根本发展的进展不仅是经济和政治本身所需要的，而且对坚固的国防也是必不可少的，正如兵力和枪炮对国防一样，所以两者的费用都不能减少。

3. 然而，关键的问题不在于可预见的国防开支的直接增加，即使这些开支到 1966 年很可能总数达到大约 10 亿美元，超出新德里在中国攻击前所计划的。从理论上说，这些巨大的额外的直接费用可能由国内财政支付，而且如果战时的爱国热情到现在依然保持的话，事实上，寻求这些资源的途径还是可行的。

4. 真正的问题是，印度的资源重新再分配，在包括政府计划的正常的经济活动中增加国防产品的生产，这些将间接和逐渐地对印度产生影响。从总体上看，印度的经济处于由不发达状态缓慢地向现代化工业发展的过渡状态。由于印度幅员辽阔、民族众多、文化及语言错综复杂，给成功的现政府规划的五年计划所必需的协调一致的活动带来了困难。对新的工厂的规划容易忽略向这些工厂提供原料以及运走生产好的物品。任何增加本来就未得到充分利用的工厂的生产能力的计划，都将使问题复杂化。当务之急是使现有军工厂的生产能力得以更有效地利用。然而，我们认为印度的计划制定者至少会遇到两方面的问题，即运输和工业力量，实际上在目前的运输和工业能力的条件下，印度的资源仍是不够的。

5. 印度依赖铁路运输来进行商品的运送，特别是作为运输工具，如果铁路系统不能迫使其他地方减少大量的货物运输，那么就永远不能在铁路线上的一个地方满足超负荷运载的需要。在今后几年，印度依然没有能力生产机车和运输工具；而这些机车和运输工具对减轻运送系统受和平时期使用铁路模式的长期改变的影响则是必不可少的。由于公路系统同样无法满足必要规模的载货汽车的通行,所以无法用汽车运输替代铁路运输。甚至目前的紧张状况,是由于在连接阿萨姆邦和作战前线的单车道上的不正常运输而导致的,这不久将在公路系统的其他地方产生严重的混乱。这种混乱将给印度一个或更多的粮食匮乏的地区带来麻烦。

6. 就工业能力来说,铁路运输又成为一个主要因素,这涉及煤的问题。电力供应也不足,扩大一周的工作时间以充分利用现有的国防生产能力就要求额外的电力配给,因此这给其他的工业生产造成混乱。

7. 印度政府官员宣布,政府准备缩减公共卫生、教育、福利和不重要货物等领域的生产,重点放在重工业、运输、军事的生产。国大党的执行委员会可能担心这种紧缩的计划所产生的影响,最近发表了一个声明;声明强调"人民"在使整个经济适应于新的紧急状态中所起到的作用。声明还强调必须把在农村地区加强建设小型灌溉工程,改善水的供应和道路修缮,以此作为"战时努力"的一部分。

8. 目前爱国热情高涨的情况下,印度的农民可能响应这些号召,满怀热情地投入乡村发展计划。他也许为了获得一份工作和一日两餐而自愿参加各种各样的活动。在某种程度上,就已经加大资助力度却仍未充分就业的手摇纺织织布工而言,应该向他们提供能够增加产量的工具。但重要的是,3 亿多农民明年将发现,没有水泥修建他们盼望已久的灌溉工程,由于缺乏药品和医务人员他们急需的乡村卫生不能实现,学校没有分配来新老师,由于化肥厂转向生产战争物资他们无法拿到他们订购的化肥和生产工具,而且农村已不再有用铁和钢制造的工具使用了。

9. 这一切不一定导致印度生活水平的下降,发展将继续下去,但不能像印度的选民,特别是觉醒的农民所希望的那样快地实现。特别是如果在边境地区没有爆发新的战争,那么最终可能是士气的下降,这种危险将导致农产品产量减少。缺乏认真思考引起了印度的这种复杂的局面。

10. 前景并不乐观。是否实际情况变得与可能的情况一样糟糕,印度政府主要依靠大量的外汇购买外国的货物以弥补再分配和由混乱状态引起的国家经济结构的不完善。这一地区的前景是不容乐观的。

11. 印度的外汇储备自 1947 年以来持续下降,到 1962 年 10 月只有 1.95 亿,去年就下降了 1 亿美元。战争直接影响了茶叶的收入,国防计划可能减少棉纺织品和麻的出口,这两种主要创汇产品只能通过增加国内消费来处理掉。就茶而言,由于管理人员都离开了印度东北部的农场,无法对茶树进行护理,所以损失将持续几年。与此同时,由于加工的问题以及运输不足,价值 5 900 万美元的茶叶在等待装运的过程中逐渐腐烂。

12. 印度获取外援的大量增加的机会是不确定的,这些外援超出了拖延滞后的第三个五年计划所设想的需求。美国和援助印度的其他国家已为第三个五年计划的头两年承担了

25 亿美元,但这一时期早先使用的外汇量依然比上述数额多出了 3 亿美元。

表①

DDRS, CK 3100484106 - CK 3100484114

李春玲译,戴超武校

① 原文附有 5 张表,反映印度近期的经济发展以及军费开支,此处略去。——编注

14－19

中情局关于中印争端概况的分析

（1962年12月18日）

OCI 4069/62

机　密

中印争端的概略

（1962年12月18日）

1. 中印边界争端比大多数的边界冲突更多地归因于它过去的历史。争端的关键因素可能要追溯到独立的印度与共产党中国之间12年多的分歧，追溯到近一百年来英帝国与中国之间利益的争夺，追溯到早在公元647年若干个世纪以来彼此穿越作为屏障的喜马拉雅山发动的军事侵袭。印度的专家们把它们在文化上拥有对喜马拉雅山脉的主权追溯到公元前1500年以前，他们认为喜马拉雅山是印度文明的发源地。中国人甚至可以使用证据，可以毫不费力地追溯到更远的年代。

2. 西藏在历史上是中印对抗的竞技场。当英国人在19世纪后期巩固了次大陆的控制权后，他们开始关注边境地区。为了防御来自清帝国和沙皇俄国的威胁，逐渐形成了把西藏和阿富汗作为缓冲地带的安全政策。

3. 中国统治者们在不同程度上总是声称对西藏拥有管辖权，但在古代形成的关系中，中国的力量时起时落。当清王朝在19世纪末开始走向衰亡时，中国在西藏的统治变得有名无实了。英国领导人看到了机会，积极推行“前进政策”，最终把印度的影响扩大到远至拉萨的地区。北平试图重新宣称对西藏的控制的最后的渴望，随着清政权的崩溃和1912年中华民国建立而破灭。

4. 在伦敦的倡议下在旁遮普的喜马拉雅山的名胜地西姆拉召开三方会议的第二年，英国为防御西藏边境地区做了最大的努力。来自英国、西藏和中国的全权代表开会，就西藏在同中国的关系以及在同印度的关系中的地位问题进行有关协议的谈判。伦敦希望达成一个协定，这个协定将成为它已同喜马拉雅山边界国家和西藏所达成的一系列协议的基石，并由此确立英国在这一地区的主导地位。

5. 人们至今没有忘却西姆拉会议①，是由于麦克马洪线的缘故；这条线是在会议上的地

---

① 西姆拉会议(Simla Conference)是1913年10月至1914年7月间，在印度北部城市西姆拉举行的由中国中央政府、英属印度和西藏地方政府三方参加的会议，会议上产生的一系列文件和协议，其中最著名的一项就是相关印藏边界划定的麦克马洪线。由于英方企图将西藏从中国领土中分裂出去，因此中国中央政府的与会代表拒绝在协议上签字，于是英方只能寄希望于借助西姆拉会议的成果扩大其在西藏的既得利益，并使之合法化。1914年3月，英方谈判代表、英属印度外交大臣亨利·麦克马洪在德里和西藏地方政府谈判代表秘密换文，以支持西藏独立等为条件诱使西藏方面接受了包括麦克马洪线在内的一系列协议。根据麦克马洪线，一直属于西藏的9万平方公里土地被划归英属印度，藏印的边界线被向北移动了将近100公里，严重损害了中国的利益。对包括麦克马洪线在内的西姆拉会议的协议，历届中国政府都不予以承认，而由于英方之前对西藏地方政府的各项承诺没有兑现，西藏方面也不承认该协议，因此西姆拉条约以及麦克马洪线合法性根本不具有。——编注

图上划定的,确定了从不丹东部到现在的缅甸之间的印度与西藏的边界。它以英国代表团团长亨利·麦克马洪爵士命名,麦克马洪线准备沿着喜马拉雅山山脉的山脊顶点作为印度与西藏的天然分界线。由于这条线东北部的山顶地区的许多地方被河谷以及山脉所隔断,而且大部分地区一直没有勘探过,所以这条画在简单的地图上的边界线仅仅是一条粗糙的界线。

6. 然而,西姆拉会议的谈判者们最关心的是提议把西藏分为两个地区,即众所周知的内藏与外藏。在这种方案下,中国的权力只限于同西藏接壤的西南边境省份的那部分地区,而包括拉萨和西藏西部地区在内的"外藏",则完全给予自治。

7. 虽然中国代表在西姆拉草签了协议,但中国政府却拒绝批准和签订条约。中国只是反对把西藏分为内藏和外藏,并没有就印度与西藏分界的麦克马洪线提出异议。1914 年 7 月只有英国和西藏代表在西姆拉条约上签了字,他们之前已于 3 月在德里签署一份照会和一份对麦克马洪线进行详细划界的地图。

8. 几个星期后,第一次世界大战的爆发大大降低了对西藏的问题兴趣。尽管中国没有在最后协议上签字,伦敦还是正式声明协议是参加西姆拉会议的各政府必须要遵守的。在两次世界大战期间西藏问题一直处于休眠状态。从 1912～1950 年,拉萨事实上是处于独立的状态,新德里没有为边境安全而担忧。日本的入侵促使国民政府试图于 1933 年和 1938 年再次对西藏施加影响,但这些努力都遭到了西藏当局的抵制。

9. 当中国人民解放军在 1950 年底入侵西藏时,新独立的印度在中共当政第一个年头内对中共的友好感情受到了剧烈的震惊。喜马拉雅边境地区在一夜之间就再一次成为印度的主要问题。尼赫鲁认为中国于 1950～1951 年占领西藏是他目前与北平争执的开端。作为对受到惊吓的国会的反应,尼赫鲁首次援引麦克马洪线和喜马拉雅山脉地区是"印度的宏伟边境",是中印之间明确的边界线。

10. 尽管政府开始在边境地区采取有限的措施来加强防御,新德里的精力还是集中在外交领域。在 1950～1951 年间获得了北平尊重西藏自治的承诺,1952 年印度与不丹、锡金和尼泊尔签订了新的条约,其目的是确保印度在那里战略地区的利益。尼赫鲁也迫切需要与北平达成协议,使印度与西藏的贸易和文化往来"正常化"。在 1954 年 4 月签订的条约中,其中包含了"和平共处五项原则"、印度承认中国对"中国西藏地区"的主权。

11. 中国在 1953 年开始实施被称之为"制图侵略"。新出版的中国地图一再把当时存在争议的边界领土作为中国领土的一部分标示出来。由于北平希望经过全面勘测并与它的邻国进行磋商后再做改变,所以对于印度方面的抗议,北平的解释是地图只是简单地复制了以前国民党地图所标示的边界。尽管印度官员们逐渐认识到一个重大的边界冲突正在形成中,但新德里仍试图尽量弱化这些争论的重要性。

12. 当 1957 年底印度政府得知中国已在穿过印度称为拉达克的阿克赛钦地区(这一地区是一片荒漠高原,印度从未在此设置行政机构)的东北角修建了一条公路时,这些深深的不安感加剧了。在1958年春的第一次重要的边界事件中，印度派出一个军事小队秘密进入这一地区进行勘察时被中国的巡逻队所俘虏。双方对整个事件保密了一年多，直到1959年秋在东北边境发生了武装冲突后才予以公开，拉达克的边界问题也公开了，随之两国的边界争端迅速公开化。

13. 1959年中印冲突是1959年春北平镇压西藏反叛的后果，这次冲突使两国间的敌对正式化和公开化。3月达赖喇嘛逃往印度政治避难后，中国人在西藏加强了军事力量，占领了喜马拉雅山山口，以阻止流亡者外逃以及防止武装抵抗分子进入。中国在边境地区加强兵力引起了新德里的恐慌，印度也在边界地区增加部队，双方的巡逻队在从各自已占领的但未划定的边界巡逻，他们之间时常发生一些小冲突。

14. 几个月后，局势缓和下来，1960年4月在尼赫鲁和周恩来之间安排了一次会晤，这次不友好的会晤只是证实了印度与中国之间的立场存在着巨大的分歧。然而双方同意举行一些低级别的讨论会，就各自提出的边界要求与史实进行对比。但讨论了六个多月仍没有结果。新德里继续要求在达成重要协议之前中国从印度提出要求的领土上撤走，北平一直拒绝接受。

15. 中国人在1959～1962年间逐渐扩大了其控制下的拉达克地区的领土范围，加大了对印度战略地位的威胁。1962年春，印度在拉达克采取了有限的军事行动，迫使中方人员离开他们的前线哨所，新一轮的争端开始了。印度显然希望能逼使中国退到1956年的界线，或至少阻止其进一步的向前推进。

16. 起因于这种前进政策的中印边界争端以及发生在东北边界地区的类似情况，突然使得今年秋天发生在喜马拉雅高地的一系列突发事件引起了世界瞩目。

17. 构成边界争端的要求和反要求同政治现实和心理上的状态从来都没有太多的联系，而新德里和北平都发现自己处于这种政治和心理的局势之中。现在突然牵涉这么多大量的新的问题，这些问题与现实的政治形势和心理因素的关联就更少了。印度主要以麦克马洪线作为东北地区的依据。拉达克的归属问题受到“历史惯例”的支持，可以追溯到1684年以来克什米尔与西藏当局签订过各种各样的协议。中国声称它们的边界是“传统的”，并坚持西藏从未独立过，西藏无权同外国签订协议，提出西姆拉会议以及其他条约都是“非法的”。

18. 概括地说，印度本来拥有很好的依据，但它既没有对此进行有效的发挥，也没有对它的立场进行辩护；中国提出的依据的合法性值得怀疑，但它却巧妙地把自己的依据提高到了“合理的”高度，并以展示实力坚持自己的要求。如果对争论的问题进行谈判，有关麦克马洪线的合法性问题，诸如地理因素的合法性，如分水岭、最高山脉、边界地区人民民族和文化的分布，以及不同的“传统”的权利和习惯将再次成为主要考虑的因素。

19. 尼赫鲁在去世前曾反复预言，中印争端将是一个长期而痛苦的事件，这是他第一次对中印关系做了准确的预测。不论大规模的军事行动是否继续，高度的紧张局势仍将持续一段时间。实际上,边界之争将可能像过去一样持续下去。

DDRS, CK 3100480956 - CK 3100480961

李春玲译,戴超武校

14 - 20

中情局关于国际形势的电报①

(1963 年 7 月 5 日)②

TDCS DB 3/655,407

机　密

中情局关于国际形势的电报

(1963 年 7 月 5 日)

……③

1. ……④

2. ……⑤各种国际事件……⑥包含下列主题：

3. 核禁试谈判：未能达成协议，美国人受到指责，他们已在讨论使用太空卫星作为核武器的运载工具。美国坚持检查制度被描述为是阻止达成协定的明显的借口，因为目前的设备不需要检查就足以检测到核爆炸。

4. 中国：中国对印度的战争被标以"毫无意义"，因为中国已撤走，而且战争严重削弱了印度共产党的力量。……⑦印度是唯一倾向苏联集团的中立国，这仅仅是因为尼赫鲁总理的缘故。如果尼赫鲁退出政坛，印度将投入资本主义国家的怀抱。

5. 奥地利：……⑧如果奥地利被欧洲经济共同体接纳为成员，将威胁到它的中立地位。

6. 塞浦路斯：美国被指控利用希腊和土耳其塞浦路斯人之间的分歧作为在岛上建立军事基地计划的一部分。美国人已在克里特岛上拥有原子基地。……⑨

7. 非洲会议：结果被描述为令人失望的。会议采纳了亲美专家制定的埃塞俄比亚妥协计划。然而，这次会议实际上是一个积极的努力，因为会议就基本原则取得了一致同意，即反殖民主义斗争，必须继续援助仍然在殖民主义控制下的国家，同"种族隔离"作斗争。

8. 雅加达会议：一系列的争论起因于苏联要求参加会议，其理由是亚洲几乎有一半属于苏联。仅有蒙古承认这个权利，中国当然带头反对。

---

① 原文主题未解密，此标题系编者所加。——编注
② 原文此处日期为电报分发日期。——编注
③ 原文此处有关电报的国家、主题、来源、日期均未解密。——编注
④ 原文此段未解密。——译注
⑤ 原文此段未解密。——译注
⑥ 原文此段未解密。——译注
⑦ 原文此段未解密。——译注
⑧ 原文此段未解密。——译注
⑨ 原文此段未解密。——译注

9. 贸易会议：……①目前，关税和贸易总协定(GATT)计划在下一次关税减让问题会议中把非成员国包括进来，而苏联则计划于1964年初召开"世界贸易会议"作为应对措施的一部分，会议旨在取消所有被邀请的与会国之间的关税壁垒。……②关税和贸易总协定间的分歧，作为一个只限少数国家的协会，"世界贸易会议"将包括所有国家……③

10. 北约：……④呼吁注意几个迹象，北约没有计划进行侵略战争，但是说西方正在煽动……⑤目的是刺激它的可赢利的军工业。……⑥多国核力量问题形成……⑦这种力量的形成对于西德具有危险的政治含义。

11. 梵蒂冈：据说，共产党认为保罗六世⑧的当选是合意的，因为他是教会中进步团体的领导人，而且明显地倾向于继续执行约翰教皇⑨的政策。

12. 分发部门：无。

DDRS, CK 3100197643 - CK 3100197646

马晓云译，戴超武校

① 原文此段未解密。——译注
② 原文此段未解密。——译注
③ 原文此段未解密。——译注
④ 原文此段未解密。——译注
⑤ 原文此段未解密。——译注
⑥ 原文此段未解密。——译注
⑦ 原文此段未解密。——译注
⑧ 教皇保罗六世(Pope Paul VI, 1897～1978)，原名乔瓦尼·巴蒂斯塔·蒙蒂尼(Giovanni Battista Enrico Antonio Maria Montini)，1963年6月30日加冕为罗马天主教教皇。——编注
⑨ 教皇约翰十三世(Pope John XXIII, 1881～1963)，原名安吉罗·朗卡里(Angelo Giuseppe Roncalli)，1958年加冕为罗马天主教教皇。——编注

14－21

中情局关于印度第三个五年计划的报告

（1963 年 8 月 16 日）

SC 00605/63A

秘　密

第三个五年计划中的印度经济的报告

（1963 年 8 月 16 日）

随着印度的第三个五年计划接近中期，越来越明显的是，其许多目标都没有达到。到目前为止，国防开支的增加并没有造成什么影响，但是农业的停滞不前和长期以来工业上的失误阻碍了印度经济的发展。虽然目前在一些重要的工业企业中取得了令人鼓舞的进步，但整体上印度经济的发展仍然是停滞的。与计划中的国民收入每年增长 5％～6％相比，实际上 1961～1962 年的增长率只有 2.1％，1962～1963 年有 2.7％。如果当前的情况持续的话，到 1964 年 4 月即第三个五年计划结束时，该计划的主体部分将远远落后于其原来所计划的。同时，据印度政府估计，现在印度人口的年增长率大约是 2.4％，而不是第三个五年计划中所预计的 2.2％，这将会抵消前两年所取得的进步。

第三个五年计划的目标

在草拟第三个五年计划时，政府故意把目标定得很高。伴随着每年 1 000 多万人口的增长，规划者意识到需要付出巨大的努力以实现国家自给自足的增长目标。因此，他们计划国民收入的年增长率为 25％～30％。农业产量增加 30％就能实现粮食上的自给自足，工业能力的增长将超过 50％。在电力和运输领域计划预计的增长率更高。

第三个五年计划一开始就遭遇了严重的困难，其中许多困难是上一个五年计划的失败而遗留下来的。直到第三个五年计划的第二年，许多项目还没达到第二个五年计划所计划的水平。这一复杂计划中的某些缺陷阻碍了几十个相关计划的发展，比如水泥的生产。

面对几乎确定无疑的不足，印度规划者将在 9 月开会以重新估评计划的进程，可能会建议将许多指标降低。

农业

没有能够提高粮食产量仍然是阻碍经济发展的一个主要因素。印度 80％的劳动力是从事农业生产，绝大多数是使用古老的、低效率的生产方式，这种生产方式每公顷生产的粮食在世界上是最低的。在大规模的农业发展计划中，许多邦和中央政府机构负有责任。行政管理混乱，多数项目远远落后于所计划的。

表①

粮食的收成特别让人失望。受1960～1961年生产力快速提高的鼓舞,印度规划者计划粮食的年产量年增加5%～6%,到1966年中期实现粮食自足。但实际上,在第三个五年计划的第一年产量就下降了,1964年中期的粮食产量可能不会比1961年的产量高多少。

在随后的第二年,占印度粮食总产量45%的大米的产量仍在下降,抵消了其他粮食的不太多的增长。大米的缺乏主要是由于两个最大的出产大米的邦的恶劣的气候条件造成的。

虽然在一些偏远地区粮食严重短缺,但负责农业的官员不认为会有粮食危机。进口粮食,主要是在《公法第480号》②的剩余粮食计划下从美国进口,预计能满足消费需求并提供足够的剩余来扩大政府的储备。去年的粮食价格提高了大约10%,引起了人们的密切关注。由于印度一个家庭的绝大部分开支是用于粮食的购买,粮食价格的大幅度上涨严重降低了印度人民的生活水平。

工业

印度工业的发展继续受到人们所熟知的问题的阻碍,即外汇、原材料和电力的短缺。然而,截止到1963年3月,工业生产的增长率预计约为9%,前一年的增长率是7%。但这一增长率远低于计划的12%的增长率。

去年在一些关键领域取得了一些重大的成就。生钢的生产在1963年初急剧增加,对产量的估计反映了工厂运转的高强度。所有重要的工厂都第一次运转良好。工业机械制造业的增长继续明显高于一般的工业指数,并尽力满足对机床增长的需求,从而避免了大量的进口。

表③

虽然取得了这些成就,但工业在第三个五年计划余下两年内的发展前景是不容乐观的。应尼赫鲁的要求,计划委员会在5月份编制的一份秘密备忘录,把尚未完成的大量的工业目标描绘成了一幅没有希望的图画。预计1966年的化肥产量将比原计划少40%,这使尼赫鲁特别苦恼,他命令其规划者要重新把重点放在这一至关重要的领域。

即便是那些相对取得了成就的行业,像钢铁和机床,仍然很难达到其预定的野心勃勃的目标。工业发展计划比预计的要落后很多,直到计划的末期也很少有项目能达到预定的目标。在等待新设备安装之际,某些工业部门生产的增长将保持平稳,因为产量已达到生产能

---

① 原文第1页后附有一张有关印度农业产量基本情况的表,此处略去。——编注

② 《公法第480号》(PL 480),是美国《农业贸易发展援助法》(*Agricultural Trade Development Assistance Act*)的简称,1954年7月10日由艾森豪威尔总统签署成为法律,该法的主要目的是将美国过剩的农产品用于海外援助。肯尼迪总统1961年将这一计划更名为“粮食用于和平”(Food for Peace)。——编注

③ 原文第2页后附有一张有关印度工业产量基本情况的表,此处略去。——编注

力的极限。

多年以来妨碍发展的所存在的障碍可能依然还是主要的问题。大规模的发展计划已超出了政府的管理能力，在计划的每个阶段几乎都会在程序上遇到冗长的拖延。中央政府在制订详尽的经济计划方面是高效的，但却把监督执行的权力交给了一群杂乱无章的邦机构和中央部门，它们没有明确的权限。由于邦政府负责的计划在执行上极其滞后，它们常常通过审慎地征收新税来弥补成本的增加。

长期的电力短缺继续导致工业能力不足。火力和水力发电量从 1951 年的 230 万千瓦上升到 1963 年的 690 万千瓦，但电力需求大大超过了供给。今年雨季的推迟使东部几个地区关闭了一部分水力发电站。电网上存在的缺陷阻止了将电能输入暂时紧缺电力的地区。

运输问题在去年有所缓和，这主要是由于国家铁路系统的运营效率提高了，完成了吨-英里量(ton-miles)的 80%。在 1962 年 10 月中国入侵期间以及整个冬天，铁路充分满足了运输需求。但未来的运输要求可能会再次超过现有的运载量，特别是工业的主要能源煤的运输量。1965～1966 年的运输需求是 3 050 万吨，但预计同期的运输能力只有 2 550 万吨。

表①

为计划筹措资金

原来估计新兴行业获得外汇不会有什么问题。在计划总额为 250 亿美元的第三个五年计划中，硬通货的需要量估计为 55 亿多美元。由于印度的外汇储备很少，第三个五年计划所需的外汇大部分必须通过政府间的借贷。

在第三个五年计划之前及其前两年间，西方国家财团向印度提供了 23.6 亿美元的援助，苏联集团同意提供大约 6 亿美元的援助。今年西方财团承诺的数目是 15.2 亿美元，要满足硬通货的总需求量还差 40 多亿。今年承诺的贷款额比 1963～1964 年印度人要求的少了 12.5 亿，但印度规划者似乎很满意，这一数目大体上满足了他们的需求。

但是，大部分援助承诺是与特殊项目捆绑在一起的，没有这种捆绑关系而提供的资金大大低于第三个五年计划所需的 55 亿。由于用来进口零部件的硬通货的奇缺，导致了基础设备的老化，并大大造成了工业企业不能充分利用其已经安装的能力。而且，外汇储备的压力限制了原材料的购买，因此也制约了潜在的生产能力。

印度人长期以来都认识到，增加出口对于满足外汇支出的重要性。然而，他们增加出口的努力收效甚微。国内对生产物品需求的不断增长使得销往国外的产品受到了限制，而国际市场对印度传统出口商品黄麻、茶叶和棉花的需求是相对缺乏弹性的。

防卫发展的影响

从去年 9 月份以来，印度的防务开支增加了两倍，目前达到了国内生产总值的 5%，但是

---

① 原文第 3 页后附有一张有关印度工业品短缺的基本情况的表，此处略去。——编注

防卫建设并没有对总体的发展造成直接的影响。为了推动重点项目的发展，政府减少了教育和福利方面的支出，减少了对消费行业的投资。最初增加的防卫开支的绝大部分都用在将部队扩大到25万人的开销之上了。由于存在着大量的失业人员，因此将人口中的这一部分人纳入军队基本上没有给经济造成什么影响。进口原材料基本上完全是通过外国的无偿援助或使用卢比购买，外汇紧缺的状况并没有恶化。

但从长远来看，过分强调防卫将不可避免地加重本已不堪重负的经济。由于国防生产设施在运转，加大了稀缺的原材料的需求量。交通方面预计会出现混乱，在某种程度上，电力也会出现混乱。

最近大量增加了税收，主要是针对公司的收入以及不必要的消费品的花销，这导致了卢比投资的大幅度下降。自中国入侵以来，新的物资储备降低了50%，许多援助物资完全是在费了很大的劲以后才得到的。由于资本市场可能会随着时间的推移而改善，政府财政政策的抑制作用将进一步降低私人投资的增长达到第三个五年计划所预想的水平的可能性，而私人投资则是第二个五年计划的主要亮点。

政治影响

同前几个五年计划时期相比，计划中存在的不足和在规划过程中的困难引发了更多的政治骚乱。前两个五年计划所取得的大体上得到认可的进步使反对派没有可攻击的政治目标，但现在右翼和左翼的反对派都在经济问题上大做文章。

在政府内部，由于使用手段争夺尼赫鲁继承权的斗争正变得越来越激烈，负责执行第三个五年计划不同时期的部长们对批评异常敏感；他们经常急欲把失败的责任归咎于其他部长，因此也证实了反对派有关责任过于分散的抨击。在国家层面上，尼赫鲁的国大党内部对中央政府严厉的“战时”措施以及这些措施对选民所产生的影响，也存在着日益增长的不满。

由于这些压力的不断加大以及公众对防务努力支持的减弱，经济上的不足将对尼赫鲁政府和国大党造成严重的影响，也将对印度的发展产生严重的影响。……①

DDRS，CK 3100488036 - CK 3100488045

张霞译，戴超武校

① 原文此处未解密。——编注

14－22

中情局关于苏联支持印度发展钢铁工业的报告

（1963 年 8 月 26 日）

CIA/RR CB 63－70

秘　密

苏联支持印度钢铁工业发展的能力

（1963 年 8 月 26 日）

假如美国拒绝支持印度发展波卡罗钢铁工厂（Bokaro），该工厂对印度经济的发展的重要性可能会迫使印度求助于苏联的援助。苏联出于国内经济和技术上的考虑以及国外大规模经济援助的有限成功，看来它是不会承担该项目的。但政治上的好处可能会压倒经济因素，使苏联同意建设波卡罗工厂，或是建议扩大比莱（Bhilai）工厂以提高现在的计划产量。即便苏联承担波卡罗项目，印度的钢铁工业的增长，到 1971 年半数以上也是源于非共产主义世界的。

1. *印度钢铁产量的发展和需求*

印度在第二次世界大战后不久获得了独立，它通过成功的五年计划取得了经济上的发展。在 1955～1961 年的最初的两个五年计划中，工业生产年增长 7％，但钢制品的消费需求每年却增加了 13％，换句话说，从 1952 年的 130 万吨增加到了 1961 年的 390 万吨。1955～1961 年期间的任何一年，国内的钢铁产量都未能满足消费需求。从 1957 年起，净进口量从 1952 年的 15.4 万吨增加到年进口量都超过了 100 万吨。

官方预计的工业增长表明，轧钢的消费到 1966 年将增加到 900 万吨，到 1971 年将达到 1 400 万吨。规划中的轧钢产量将不能满足预期的消费，这将导致这一时期每年都会出现巨大的缺口，预计轧钢的进口将从 1966 年的 130 万吨增加到 1971 年的 260 万吨。

印度计划在现在和以后的五年时期内（1962～1966 年和 1967～1971 年）使它的炼钢能力得到巨大发展（见表 1）。总共是 1 020 万吨生钢，计划 1966 年将在现有的基础上增加 400 万吨，尽管没有宣布细化的计划，但现在印度的规划者预计到 1971 年时生钢能达到 1 800 万吨。

1962～1966 年期间，印度的 3 大国营钢铁厂［苏联建造的比莱、西德建设的落克拉（Rourkela）和英国建设的杜尔加普尔（Durgapur）］的钢铁生产能力预计增长到 290 万吨：比莱预计从 100 万吨增加到 250 万吨，落克拉将从 100 万吨增加到 180 万吨，杜尔加普尔将从 100 万吨增加到 160 万吨。资金、技术援助以及这些企业的每一个设备都是由最初建立这些工厂的国家提供的。在 1962～1966 年期间，印度私营钢铁企业中没有制定发展的计划。结果是,尽管生钢的全部生产能力计划到1966年达到1 020万吨,但扩大了的计划与需求的目标之间还相差110万吨,而且没有可行的方法可以弥补这一缺口。

表1　印度:钢铁生产能力和产量
1962年的产量和1966年及1971年计划

(单位:百万吨)

	1962年 ①	1966年计划量	1971年计划量
生钢			
生产能力	6.2	10.2	18.0②
总产量	5.4		
轧钢			
产量	3.9	7.7	11.4
进口	0.9③	1.3	2.6
消费量	4.8	9.0	14.0

印度打算在1967～1971年期间进一步扩大其钢铁生产能力。私营钢铁厂预计将增加200万吨的生产能力,国企将增加570万吨的生产能力。印度规划者考虑的重点是要进一步发展现有的3个国有企业,除了建设波卡罗工厂的一期工程外(到1971年有140万吨的生产能力),还要建设一个或更多的总生产能力达到220万吨的其他国有企业。这个计划将使印度离1 800万吨的临时目标还差100多万吨,但是苏联宣称到1971年时,它可以轻易地将比莱的生产能力扩大到400万吨,而不是目前规划的300万吨。

为了按照其规划发展其直到1970年的钢铁工业,印度将需要大量的国外财政、技术援助以及设备。如果西德和英国到1966年不再按照承诺继续支持落克拉和杜尔加普尔钢铁厂的发展的话,那么印度必须寻求美国或苏联对波卡罗或其他企业发展的重大支持以实现其从现在开始到1971年的计划。如前所述,苏联已同意到1966年把比莱钢铁厂的产量增加到250万吨,并还表示愿意在1967～1971年期间进一步扩大该厂的产量。印度和苏联就苏联援助印度建设第5个国营钢铁厂开始了初步会谈。如果美国不援助的话,这种可能性就需要对苏联为波卡罗厂提供援助的能力进行评估。

2. 苏联的能力

(1) 设备和建设上的考虑

假如苏联要满足印度建设波卡罗厂的进度的话,基础设备的建设和安装就必须在1964

---

① 原注:数据来源于1963财政年度,该财政年度1963年3月结束。
② 原注:没有一个官方计划,但这一数据是印度规划者目前正在考虑的数字。
③ 原注:进口比1962财政年度减少了20万吨。

年或1965年初开始。这个日程表是基于这样的假设，即苏联将需要时间来生产、装备和安装设备，而这个时间应不少于 ① 对所推荐的工程的报告中所估计的时间。这个研究假设1963年中期是签订合同的日期，计划是在1968年1月开工，预计到1971年实现全额生产。

苏联计划者根据深入的重新论证，目前正在提交在1964～1965年期间进一步提高苏联钢铁生产能力的计划。到目前为止，没有明显的迹象显示这种评估对1964～1965年钢铁工业的发展产生了影响，而苏联在这个时期就得按美国钢铁公司的报告中所描述的日程那样，开始为波卡罗工厂生产某些设备。考虑到迄今为止在扩大生产能力方面所遇到的问题，以及考虑到尽管在新的设施安装方面存在着延误的问题，1959～1962年的产量还是大大超出了七年计划原来控制的产量这样的事实（如表2所示），苏联增加新的生产能力以达到最大限度的最初目标，可能已经被放弃了。报告显示，这四年共多生产了250万吨生铁，1 300万吨生钢和1 100万吨轧钢。

表2　苏联：钢铁冶炼工业的新能力*
1959～1965年计划量和1959～1962年完成量

（单位：百万吨）

生产能力的类型	1959～1965年计划量			
	七年计划的最初规划量			
	最小量	最大量	修改后的计划	1959～1962年完成量
铁矿石冶炼炉	24	30	30	12.7
钢的冶炼	28	36	36	16.3
轧钢厂	23	29	29	11.0

*　不包括扩大现存的生产设备所增加的生产能力和从现存的设备中通过技术和其他的途径增加的产量。

即使假定苏联钢铁生产能力的发展计划当前重心是完成七年计划最初制定的最低目标，那么要满足这些要求，再加上要给波卡罗提供设备，那将遇到很多困难。假如印度规划者需要苏联 ② 的设备，这些困难将会特别突出。这个报告里面包括了为该工厂的一期工程提供两个170吨的基本氧气转换炉。迄今为止苏联生产的此类最大的转换炉是100吨。尽管一个250吨的熔铁炉的设计已宣布完成，但还没有建造，现在证明直到1966年都没有这样的安排。而且苏联氧气转换炉项目在整个计划时期都是落后的，这不仅是由于熔炉设计和建造长时间地耽搁，而且还由于不能生产出必不可少的高能氧气发生器。已经安装了一个新的熔炉，到1963年底将有三个熔炉投入运行，另外的十个计划到1964年底前生产。假如这些计划能完成，根据1959～1965年的原定计划，1965年至少有两个也可能有五个熔炉

① 原文此处未解密。——编注
② 原文此处未解密。——编注

有待安装。

尽管苏联可能在波卡罗用平炉替换计划中的氧气转换炉,但是这样的替代在轧钢和精轧设备中是不可行的。苏联在精轧设备的生产和安装方面的效率最低,使苏联在目前的计划时期大大落后于原定的日程。向波卡罗提供轧钢和精轧设备不仅会进一步拖延苏联的项目,而且将进一步阻碍苏联钢铁消费行业所需产品的多样性和产品质量的提高。

苏联冶金设备企业在 1963～1965 年期间的额外需求,源自于苏联对其欧洲卫星国的出口承诺。总体来说,这些出口到卫星国的设备中的大部分计划于 1965 年底前完成装运,尽管实际的交货期可能会超过这个日期,因为在履行这些承诺的过程中已经有了延误。假如这样做是有利的话,为了把可用资源投向波卡罗项目,苏联可能会鼓励其卫星国向自由世界的供应商求助。

除了承诺为印度比莱厂的扩建和阿拉伯联合酋长国海尔文(Halwan)项目提供设备外,苏联在自由世界的冶金企业仅有相当少的项目。

(2) 资金上的考虑

有迹象表明中苏集团向不发达国家的经济援助的幅度正在减少,1963 年 1～6 月间只有 9 000 万美元。对已有援助结果的失望和国内经济的压力,也促使该集团重新评估它们的某些对外援助项目。苏联领导人已谈到了苏联对外援助的潜力有限,并建议不发达国家应更多地依赖它们自己的能力或者向西方和联合国寻求更多的援助。特别是在与印度会谈时,苏联试图把以后的援助同双边贸易更紧密地结合起来,同时还建议印度建立一些消费品生产工厂,用出口这些工厂生产的产品来进行偿付。但苏联领导人在最近几个星期里一直强烈重申了其在对外借款项目中的利益,这也是在一定程度上回应中国方面日益增多的批评。出于全盘的政策考虑,苏联会决定承担像波卡罗这样大的项目,而美国已公开放弃了。

另一方面,恰恰是波卡罗项目的规模让苏联犹豫不决。到 1971 年,该项目的外援份额将达到 8.92 亿美元,这包括了今后把该工厂扩大到 400 万吨生产能力所必需的所有辅助设施。从这一点上说,它使苏联迄今承担的所有对外援助项目都相形见绌。这个项目使苏联对印度的援助增加了两倍多,印度已是自由世界中接受苏联经济援助最多的国家(自 1955 年来扩大到了 8.111 亿美元)。

苏联已为比莱钢铁厂的建设提供了 2.492 亿美元的援助,这已成为一个令人瞩目的成功范例。在到 1963 年 3 月 31 日结束的财政年度中,比莱钢铁厂的生产能力已经超过了设计能力,而且可以把该厂的铸钢生产能力从 100 万吨增加到 250 万吨的扩建项目正在进行。因此可以说,苏联已从向印度提供钢铁厂的援助中获取了最大的利益。显然也存在某些风险,特别是如果苏联试图安装在美国钢铁公司的报告中设想的非常现代化的设备,波卡罗就不能取得像比莱那样的成功。美国钢铁公司的报告对于该厂的劳动力供应来源地和原料供应缺乏协调的计划等问题,都采取了保留态度。

苏联给印度的 8.111 亿美元的援助和贷款(仅 230 万美元是无偿援助的形式)全部是要偿还的,大约有 2.951 亿美元是在 1963 年 6 月 30 日到期。比莱钢铁厂已开始偿还,大宗贷款偿还的预定日期正在临近。尽管用卢比或通过印度出口的形式偿还，这不会直接占用印度较低的硬通货储备，但当印度也想扩大对硬通货地区的销售时，要完成对苏联的出口承诺将给它带来沉重的负担。

假如苏联像以比莱和其他的援助项目一样来建设波卡罗钢铁厂，从它完工时开始，以2.5％的利率开始偿还，这样的偿还时间可能会超过12年。波卡罗第一阶段的建设要到1971年才能完成，时间还很长，因此估计印度不会已开始担心偿还问题。在任何情形下，增加钢铁的生产能力都是印度经济计划的主要部分，而且为了使美国支持波卡罗项目，印度一直在尽力向美国施加压力。因此，假如美国拒绝支持该项目，印度不可能由于考虑偿还问题，而对请求苏联承担这个工程犹豫不决。特别是考虑到波卡罗厂生产的轧钢每年将节约大约2亿美元的外汇。

DDRS，CK 3100488125－CK 3100488134

张霞译，戴超武校

14 - 23

中情局关于印度共产党同印度劳工组织的关系的分析

（1964 年 4 月 17 日）

SC 00615/64A

机　密

共产党联盟从印度劳工运动中的获益

（1964 年 4 月 17 日）

据报道，共产党控制的印度第二大工会联盟“全印工会代表大会”①，放弃了在 1962 年末中共入侵印度领土后所采取的温和的态度。全印工会代表大会现在已公开对执政的国大党及与之有密切联系的劳工联盟发动了新一轮的攻势，特别是针对印度最大的工会联盟“印度全国工会大会”②。印度全国工会大会看来没办法有效地反击共产党的攻击。全印工会代表大会可能试图在新德里政府领导人准备控制这一问题之前，使印度全国工会大会的许多支持者脱离这个组织，以便在劳工领域获得诸多的利益。

劳工和“战争努力”

在 1962 年 10 月中国入侵事件后的六个月内，印度劳工组织默认了政府不要工人闹事的期望，并在防务上进行合作。但是到 1963 年年中，全国紧急事态的气氛已逐步减弱，劳工领袖们开始感到，资方在遵守劳资关系缓和协议方面远不如劳工阶级那么真诚。由几个规模较小的反对党的劳工派别在 1963 年下半年所发起的一系列示威和罢工表明，形势已经回到了“正常”状态。

劳工的动乱集中在高赋税和强制“储蓄”计划等问题，所谓强制“储蓄”计划，是指政府在紧急状态时制定的鼓励小额储蓄存款的计划。骚乱也是针对政府显然不能阻止消费品价格上涨的不满，尤其是食品价格。由于政府公布了过时和具有误导性的消费品价格指数，而许多的工资则是为这些指数所限定，这就导致了进一步的骚乱。

共产党控制的劳工组织在 1963 年秋的骚乱中显得有些滞后，但到了 1963 年末，全印工会代表大会下属的组织开始利用这种形势诋毁印度全国工会大会的领导人及其行动。共产党人要求给工人高额生活费用补贴和奖金，并建议对银行和其他机构实行国有化。

---

① 全印工会代表大会（AITUC, All Indian Trade Union Congress），成立于 1919 年，是印度成立时间最早以及最大的工会组织之一。1945 年以后隶属于印度共产党。——编注

② 印度全国工会大会（INTUC, Indian National Trade Union Congress），成立于 1947 年，是隶属于印度国大党的工会组织。——编注

共产党在劳工中的地位

全印工会代表大会是印度最早的劳工联盟。它声称有100万会员，尽管行政当局承认的得到证实的人数只是这个数字的一半。共产党虽然在中国入侵之后总体上失去了一些政治支持，并且党内亲苏和亲华两派在1964年4月9日已到了公开分裂的地步，但全印工会代表大会领导的观点显然是亲苏的，他们仍然有能力维持其追随者对他们的效忠，实际上也明显保持了组织的完整性。可能只有全印工会代表大会的加尔各答分会是个例外，共产党的分裂不可能削弱全印工会代表大会的领袖们有效地开展运动的能力。

他们成功的大部分原因在于他们的政策关注当地的地方劳工问题以及发展那些亲共产党的工会领导人，而这些领导人实际上都来自受雇于工厂的工人当中。相比之下，那些非共产党的工会领袖们常常是门外汉，也不是工厂中的雇佣工人，对工人的工作环境知之甚少，他们主要是想利用工人的支持来进一步实现其政治野心。

全印工会代表大会已经在诸如港口、铁路、邮政和电信、航空、国防生产、重工业和电子等具有战略意义的行业中确立了牢固的地位。目前，共产党对他们有力量扩大全印工会代表大会的影响力，显然充满了信心。

作为一场政治运动的序幕，共产党去年9月动员了来自印度各地的5万人举行群众游行，向国会递交了“大请愿”；据称有1 000多万人在上面签名，反对物价上涨、高税收和强制“储蓄”。对国大党目前领导层的软弱、巴基斯坦和共产党中国向新德里施加的压力以及印度第三个五年计划所存在的明显不足，共产党人有可能希望加以利用。

全印工会代表大会的运动

全印工会代表大会过去六个月的活动集中在扩大组织机构以及组织更大规模的骚乱，组织上的努力包括诸如在钢铁生产中心比莱所进行的宣传活动，以寻求承认共产党工会作为主要交涉代表。共产党工会还进入了一些地区，这些地区由于内部管理权争议的原因为“印度全国工会大会”所忽视。

全印工会代表大会在12月正组建一个新的工会，同古杰拉特纺织工人中的亲国大党的工会进行竞争，这里是国大党最早和最大的劳工根据地。共产党在古杰拉特首府艾哈迈达巴德举行的一次集会，参加的人数是与此同时举行的、由劳工部长古尔扎里拉尔·南达(Gulzarilal Nanda)发表讲话的那次集会的8倍。

在鼓动方面，全印工会代表大会在12月中旬组织了一次集会，提出了提高工资的新要求，适应不断上涨的生活费。在孟买，亲共的纺织工人工会于12月13日和14日组织了3万多人的罢工以抗议高物价和低工资。12月31日，他们又在孟买组织了1万人的声势浩大的游行来支持上述同样的要求。

3月30日，位于博帕尔(Bhopal)的国营“重型电气有限公司”(Heavy Electricals, Ltd.)中的共产党控制的工会，迫使工厂“无限期地”关闭。持续不断的骚乱起因于共产党工会要求承认他们代表了大多数工人的利益，工厂深受其害。骚乱包括无视劳动纪律、恐吓和怠工，以挑战政府颁布的在3个月内禁止骚乱的国防公告。上个月在加尔各答，全印工会代表大会还试图组织绝食活动。

全印工会代表大会的这些活动产生的一个结果是，导致了“般若社会党”①和“社会党”(Socialist Party)领导人试图在其所属的工会联盟中保持开展同样高水平的劳工运动。在其他方面，这些领导人正在讨论在这个春季发动一场全国范围的、历时一天的象征性罢工，以抗议物价上涨。共产党和非共产党联合采取的这些措施的最终结果，就是大大提高了最近几个月内全国范围内劳工运动的水平。

印度全国工会大会的麻烦

尽管印度全国工会大会是印度最大的劳工联盟组织，号称有150万拥护者以及大约100万获得政府认可的会员，但目前仍不能应对共产党的攻击。虽然印度全国工会大会形式上独立于国大党，但它是由国大党的劳工派建立起来的，并在很大程度上受新德里国大党政府的保护和资助。

然而，目前这种与国大党联系与其说是力量的来源，还不如说是其劣势所在。在入侵后的整个1963年，印度全国工会大会的领导人都与政府合作，保持劳资关系的和谐，并支持不得人心的新的税收计划。由于国家紧急状态在法律上依然有效，因而印度全国工会大会发现自己仍不能在三个主要问题上反对政府的政策，这三个使全国工人群情激奋的主要问题是上涨的物价、高税收和低工资。另外，它也不能从终止不得人心的强制性“储蓄”计划中获益。

进而言之，印度全国工会大会遭遇的问题很多：组织不力、缺少有吸引力的计划、没有良好的宣传机器，特别是其领导人之间激烈的党派之争，这种党派之争目前也是国大党的主要特征。印度全国工会大会从未培养出杰出的劳工组织者。其领导人很多是政客而非工人，他们也从未试图发展一个团结紧密的劳工组织。然而，仍然有很多独立的工会同情国大党，尽管他们与印度全国工会大会争夺工人的忠诚。

印度全国工会大会在每个邦的领导人几乎都陷入了心胸狭窄的争吵和个人恩怨之中。例如在中央邦(Madhya Pradesh)，曾经管理有序、组织有力的印多尔(Indore)面粉工人联合会，如今正因为工会主席和邦劳工部长之间的竞争而发生分裂，而两人曾在建立邦劳工组织的过程中密切合作。这两派之间不仅发生了大规模的暴力行为，而且劳工部长还赢得了主席夫人的芳心，这位夫人目前正和部长生活在一起呢。

在马德拉斯，印度全国工会大会的一位全国副主席正在从马德拉斯组织严密的工会中挖掘成员，有时这是在共产党的帮助下进行的。

在比哈尔邦，印度全国工会大会在詹谢普尔(Jamshedpur)的“塔塔钢铁公司”②中的组织，长期以来都是其领导之间派系斗争的牺牲品，现在正由邦议会首席部长操控，现在存在

---

① 般若社会党(Praja Socialist Party)，印度政党，1952年成立，1972年并入印度社会党。——编注

② 塔塔钢铁公司(Tata Iron and Steel Corporation)，世界上最早和最大的钢铁生产厂，由多拉博·塔塔(Sir Dorab Tata，1859～1933)在1907年创建，1912年正式投入生产。多拉博·塔塔是印度现代工业的先驱贾姆赛特吉·塔塔(Jamsetji Nusserwanji Tata，1839～1904)的长子。——编注

着这样一个严重的威胁，即这一组织以及由现任领导所控制的比哈尔邦的其他许多工会将有可能会被共产党所接管。

一般说来，印度全国工会大会的领导人对由于自己与国大党的关系而带来困难而感到痛苦，他们还怨恨的是，国大党迄今为止也没有向他们施以援手。

除了他们自己的不懈努力外，共产党人显然已从印度全国工会大会的混乱无序中获得不少的好处。比如在迈索尔邦，共产党打进了印度全国工会大会在金矿矿工和咖啡种植工人中的大本营；在孟买，与国大党结盟的小党迫切感到要组建新的纺织工人工会，因为印度全国工会大会组织在纺织业中的瓦解，给共产党人留下了活动空间。

除非印度全国工会大会具有政治头脑的领导层能够改正国大党的缺点，否则全印工会代表大会仍然将进一步获益。美国在新德里的劳工专员认为，全印工会代表大会有机会取得重大突破。假如果真如此，这将不仅对印度政府建立抵抗中共的军事力量的努力产生更为虚弱的影响，而且国大党在印度的领导地位将丧失民众支持的另一个来源。

DDRS，CK 3100352914 - CK 3100352918

张霞译，戴超武校

14－24

中情局关于印度共产党党派斗争的报告

（1964 年 8 月 21 日）

SC 00633/64A

机　密

印度共产党的党派之争

（1964 年 8 月 21 日）

自从 1962 年中国入侵以来，印度共产主义运动逐渐分裂成两个相似且相互竞争的组织。所谓“右翼”的法定领导人继续宣称代表印度共产党 16 万党员的大多数，仍坚持通过议会路线夺取权力的策略，在具体问题上同执政的国大党进行有选择的合作，听从苏联的指导。右翼领导人遭到了由强硬的中立派和左翼反对派所组成的松散团体的反对，这些左翼反对派赞成采用更为激进的方式反对国大党温和的社会主义，尽管他们自身依然在战术问题上存在分歧。虽然左翼反对派可能没有受到中国的控制，但他们中的人倾向于向北平寻求意识形态的指导和鼓励。印度共产党的分裂主要源于国内的争论，他们中的许多人都是建党的元老，他们在此之前都尊重党的团结的利益。来自外部的压力，如中国入侵印度以及国际共产主义运动的分裂，从根本上加深了印度共产党内部业已存在的分歧，破坏了强调团结的价值。

共产党的力量

虽然印度共产党已经分裂，但其党员仍具有献身精神，工作努力，而且基层组织的纪律严明，从品质上讲同印度其他政党别无二致。同印度其他政党一样，共产党的核心成员都是来自印度城市里中等及高等种姓的神职人员，以及农村中拥有土地的中等阶层；然而两派的普通成员却是由来自社会中下等的工人和农民组成。6 万名党的骨干成员特别是 2 000 名专职人员甚至在 1962 年中国入侵后政府镇压和公开谴责印度共产党的时候，他们仍支持自己的党。

共产党在 1957 年的全国选举获得 10％的选票，并且在印度南部人口稠密的喀拉拉邦执政，这一年共产党最为强大。他们在那里执政的两年是没有效果的，因为无力控制这一地区不断增长的骚乱，尼赫鲁解散了共产党政府。在中国入侵之前举行的 1962 年大选中，有 1 100 万人支持共产党的候选人，大约占选民的 10％。然而印度共产党在很多地区已经不景气了，20 世纪 50 年代中期的活力已不复存在。

图表[①]

---

① 原文此处第 2 页是印度共产党在 1962 年大选中获得选票的百分比的图表，此处省略。——编注

印度共产党由于不能直接影响国家政策，因此被迫依靠一些间接的压力，如劳工骚乱、消极抵抗运动、宣传示威、在较低程度内进行颠覆活动等，以此来阻碍政府的运作。强大的议会外的“反帝”活动毫无疑问地常常决定着政府的政策，而且也经常引起许多对西方怀有矛盾情绪的印度人的支持。

印度共产党建党初期分为两派：一派主张采取激进的以及或许是非法的政策，另一派则赞成对印度国大党采取更为温和甚至合作的措施。有时激进派占优势，有时温和派占优势；每派有时都会获得苏联的支持。然而，不论是激进派还是温和派都没有对国大党的统治地位构成威胁。共产党七年的停滞不前导致的失望和纪律涣散，北平成为正统马克思主义的一个中心，以及印度在受到侵略后对左翼的激进派的镇压，所有这些都把共产主义运动在组织上分裂为党内的掌权派和反对派。

党内的掌权派

由丹吉[①]领导的掌权派依然处于主导地位，它获得了全国公认的地位，而反对派则没有。然而，它的权威在共产党力量最为薄弱的地区最牢固。反对派在共产党长期活动的中心如喀拉拉邦(Kerala)、安得拉邦(Andhra)和西孟加拉邦(West Bengal)等地区挑战“掌权派”，这些邦的普通党员可能已经准备投入新的左翼党。但在印度共产党中，“掌权的”右翼处于合乎程序的支配地位，因此，它将继续占有那些共产党通过选举获得的邦议会的多数席位。

由于共产党的右翼分子采取有选择地支持国大党的政策，所以他们避免让党被视为非法，甚至设法获得一定程度的尊重。然而作为获得地位和保障的交换，同时他们却没有发挥作为社会和政治变革的强有力的拥护者的作用。在许多地区，共产党的掌权派在纲领或策略上同左翼的国会议员或温和左翼的国会议员几乎没有任何差别，特别是在大选期间。在斗争精神方面，印度共产党还不如由印度平民组成的“人民同盟”[②]。因此，印度共产党不被选民群众视为替代国大党的重要革命力量。右翼一些党都持这一立场，尼赫鲁甚至在1962年的选举中也默认了这一事实。

尽管印度共产党处在受人尊敬的光环中，但它本质上仍是一个阴谋组织，按照莫斯科确定的指导方针行事。这是利弊兼有。直接和间接的财政支持，以及莫斯科利用其经济、政治影响来缓和新德里在国内经常推行的严厉的反共政策，就是对印度共产党36年来忠于莫斯科的回报。

另一方面，这种忠诚有时会与印度强烈的民族感情相对立，为此印度共产党的影响和名誉受到严重的损害。当国大党领导人在狱中反对印度参加第二次世界大战时，印度共产党却接受苏联的指示，热心地支持英国的战争努力。战后，印度共产党听从苏联的指示，拥护成立巴基斯坦，而巴基斯坦后来成为印度的主要敌人。随后三年武装暴动的计划几乎摧毁

① 丹吉(S. A. Dange)，1962年起担任印度共产党主席，1964年印度共产党发生公开分裂时，以丹吉为首的一派继续沿用印度共产党的称号进行活动，1984年丹吉被印共中央委员会开除出党。——编注

② “全印人民同盟”(Jan Sangh)，是印度的民族主义政党之一。——编注

了这个党，只是当莫斯科在 1951 年最终认可采取议会道路时，暴动才得以结束。

对党的右翼来说，莫斯科的支持现在是最为重要的有利条件，这包括提供资金、给予来自政府的一些保护，而且由于苏联在某种程度上把自己同印度的经济发展和防御联系在一起，它将使印度共产党的右翼获得苏联已经在印度所享有的那种相当大的善意。

党内的反对派

反对派团体作为一个特殊的组织出现，是在 1962 年中国人侵印度后。左派起初不支持政府僵硬而好战的边界政策，从而招致政府的严厉镇压，迫使左派转入地下。他们认为，党的主席丹吉为了保护自己与政府做交易，致使 1 000 多名左派党员被监禁。这些左派同中间派党员一起，被迫成立了他们自己的秘密团体，与此同时，党的掌权派则大力支持政府，继续公开活动。党的掌权派毫无顾忌地谴责中共，以至于丹吉受到苏联领导人的批评。

党的左派在政府放松了镇压之后，仍然保持其秘密组织。此时左派开始建立同样公开的组织。

现在，左派党与掌权的右派组织是平等的，左派党成员几乎遍布印度最不重要的 16 个邦。虽然一些极端分子可能通过尼泊尔和锡兰接受中国的金钱，但没有证据表明他们受北平的控制。然而他们对中国共产党的种种好战行为抱有很大的同情，即使如此，反对派的领导人有时仍然从民族主义出发公开批评北平。

反对派计划在 10 月召开大会，正式组织一个分离出来的党，这比掌权的印度共产党大会要早一个月。他们将……①。而且，他们本身又分为两派，一派是积极的团体，他们由亲华的极端分子组成，另一派是独立的“中立派”团体，他们都是目前党内反对派运动的领导人。

党内反对派中的中立派领导人在控制亲华的极端分子方面遇到了不少问题，这些亲华的极端分子可能占其追随者的大多数。左翼的极端主义可能会疏远那些更为温和的反对派，并导致反对派组织的分裂。中立派的领导人暗示，尽管他们现在支持建立一个新的印度共产党，但他们并非一定要采取这样的政策。而且只有在最为强大的压力下，党内的反对派才会这么早地发生分裂。

因此，以喀拉拉邦的前任首席部长南布迪里巴德②和西孟加拉邦的巴苏③为代表的中立派领导人，可能在新党创建之始将处于领导地位。然而左派的主要人物如孙达拉雅(P. Sundarayya)和巴萨瓦庞尼亚④将继续发挥主要影响，特别是在他们家乡所在的邦。虽然反对派同掌权派相比更加倾向于隐蔽活动，但同掌权派一样，他们的精力主要致力于开展公开活动。

---

① 原文此处一段文字无法辨认。——编注

② 南布迪里巴德(Elamkulam Manakkal Sankaran Namboodiripad，1909～1998)，印度共产党领导人。1962 年中印边界冲突时支持中国的政策，1964 年印共公开分裂时组建“印度共产党(马克思主义)”，1977 年担任总书记。——编注

③ 巴苏(Jyoti Basu，1914～)印度西孟加拉邦的共产党领导人，“印度共产党(马克思主义)”政治局成员，1977～2000 年担任西孟加拉邦的首席部长。——编注

④ 巴萨瓦庞尼亚(Makineni Basavapunnaiah，1914～1992)，印度共产党领导人。1964 年印度共产党分裂后，担任“印度共产党(马克思主义)”政治局常委。——编注

……①

重要的是，反对派正在重申对由左派组成的极端抗议运动拥有领导权，这个任务实际上被党内的掌权派从20世纪50年代中期以来就抛弃了。因此，可以预料的是，同以往相比，他们将以更为频繁、更加猛烈以及更少考虑政治细节的方式攻击国大党。反对派领导人有可能试图通过利用任何机会组织示威，并在合适的地方采取暴力行动，来树立自己作为真正革命的共产党所具备的威望。同样可以预料的是，左派分子会与印度众多的“非进步”的社区和地方团体联合。这种联盟形式虽然混乱，但有着政治上的好处，而党内占主导地位的右翼领导人长期以来就强烈反对这种联盟。

左派分子的主要目标是控制印度的第二大劳工组织全印工会代表大会，它拥有50万会员，现由右翼共产党人所控制。通过利用冒险的罢工、渗透以及可能进行的破坏活动，反对派将试图证明，如同政治上更强的好战性一样，自己在劳工领域也是如此。另一个争夺的重要对象，是拥有25万成员的、具有左倾倾向的共产主义阵线农民组织。印度其他共产主义阵线大多数被右派分子所控制，他们的归属将通过激烈的斗争来决定。在与反对派的斗争中，这些共产主义阵线将能求助苏联的支持，并在较低程度上请求印度政府少量的援助。另一方面，这些阵线的力量中心在地理分布上同反对派的力量中心所处地区是一致的，而且这些阵线的影响在右翼的控制下已经衰落了，这些事实都再一次极大地帮助了反对派。如果现有的这些阵线组织不能被争取过来或者被分化，他们将面临同新成立的反对派进行竞争的局面。

对反对派而言，他们所面临的关键问题就是，大多数党员是否都极其不满丹吉的政策，而去选择好战的政策。丹吉20世纪20年代在狱中的信件内容被曝光，表明他曾经为英国情报部门效劳，他个人在很大程度上已经名声扫地。今年早些时候，围绕着党对此事的披露应做出何等适当反应的公开辩论，是印度共产党走向正式分裂的关键一步。

新德里的反应

对国内非法的共产党活动，印度政府的镇压总是迅速的：通过大规模地镇压反对党来对付更具好战性的左派分子的行动。或者更有可能的是，它会不断骚扰那些更为激进的左翼人士，并把他们监禁起来。尼赫鲁之所以容忍一个大规模的共产党的存在，是因为政府不仅把共产党作为平衡印度强大的保守派和极端反动分子的力量，而且还是向莫斯科做出的一种姿态。印度的新政府更加保守，面对来自中国的持续的威胁以及自身权力的不稳定，它将对那些具有亲华倾向的共产党人采取严厉的措施。印度的安全部门强烈反共，并已渗透到共产党的运动中。

如果反对派没有遭到镇压，他们将极有可能成为印度共产党运动的主导力量。分裂从一开始就对共产党产生消极的影响。但是，随着时间推移，一个更加生气勃勃、更具献身精神的新的共产党，如果不是坚定地效忠于俄国人或中国人，而是痴迷于毛的好战精神的变

① 原文此处小标题无法辨认。——编注

种,它可能会比过去的印度共产党对印度的稳定造成更大的威胁。但是,如果反对党被分裂的趋势所拖垮,而这种趋势似乎是印度政治运动固有的特性,那么共产党在印度的影响将遭到另外一次严重的挫败。

DDRS, CK 3100352939 - CK 3100352945

李春玲译,戴超武校

14 - 25

中情局关于印度对中国试爆原子弹的反应的电报[①]

（1964 年 10 月 18 日）

TDCS 314/04322 - 64

印度政府对中共核爆炸的反应

（1964 年 10 月 18 日）

1. 夏斯特里[②]总理在中共宣布核爆炸之后，立刻召集内阁主要成员进行磋商。与部长的意见一致，夏斯特里决定要求原子能委员会主席巴巴[③]博士提出引人注目的新办法，以展示印度在和平利用原子能领域内的能力。（评论：夏斯特里本人或参与讨论，其他人都不明白他们在讨论什么，但他们都意识到，中共核装置的爆炸迫使印度不得不采取行动做出反应，而不是在口头上的。…… [④] 说，他和沙斯特里都期望会出现许多公众的声明，要求印度着手进行核武器的计划，但他们认为这场运动不会造成严重的政治失衡，特别是因为议会将休会一段时间。）

2. 分发部门：国务院、陆军、海军、空军、美国驻印度军事供应团（USMSMI）、“中东、南亚暨撒哈拉以南非洲总司令”（CINCMEAFSA）、太平洋部队总司令（CINCPAC）、太平洋舰队（PACFLT）、太平洋部队陆军（ARPAC）、太平洋部队空军（PACAF）。

DDRS，CK 3100364742 - CK 3100364743

马晓云译，戴超武校

① 原文系中央情报局的情报情况电报，收到时间为 1964 年 10 月 17 日，电报级别为优先级。——编注

② 夏斯特里（Lal Bahadur Shasatri，1904～1966），国大党人，印度独立运动的杰出人士，1964 年 6 月 9 日至 1966 年 1 月 11 日担任印度总理。——编注

③ 巴巴（Homi Jehangir Bhabha，1909～1966），印度核物理学家，被称为“印度核科学之父”。他在 1948 年建立“印度原子能委员会”（Atomic Energy Commission of India），1955 年担任在日内瓦举行的联合国和平利用原子能会议的主席。在他的领导下，印度于 1963 年开始建设第一座核电站。1966 年，因印度航空公司的波音 707 客机失事而遇难；印度政府在他逝世后，为了纪念其对印度核科学的杰出贡献，将印度核研究机构命名为“巴巴原子研究中心”（Bhabha Atomic Research Centre）。——编注

④ 原文此处为空白。——编注

14 - 26

中情局关于印度发展核武器的电报[①]

（1964年10月22日）

TDCS 315/01148 - 64

印度政府关于发展核武器的政策

（1964年10月22日）

1. 印度政府拥有制造核武器所有必需的材料，并有能力很快生产出一颗原子弹。印度没有开始原子弹的制造，是因为印度政府相信中共至少在五年内不会拥有攻击性的核力量。与此同时，如果情况发生变化，印度可以依赖约翰逊总统所做出的一旦任何国家受到中国威胁时美国将予以援助的承诺。（评论：当议会在11月初复会时，印度政府估计会受到一些议员的压力要求制造一颗原子弹。然而印度政府计划抵制这些压力。）

2. 分发部门：国务院、陆军、海军、空军、美国驻印度军事供应团（USMSMI）、“中东、南亚暨撒哈拉以南非洲总司令”（CINCMEAFSA）、太平洋部队总司令（CINCPAC）、太平洋舰队（PACFLT）、太平洋部队陆军（ARPAC）、太平洋部队空军（PACAF）。

DDRS，CK 3100352950 - CK 3100352951

马晓云译，戴超武校

① 原文系中央情报局的情报信息电报，电报密级为优先级，分发时间为1964年10月24日。——编注

14－27

中情局关于印度核计划的分析[①]

（1964 年 11 月 6 日）

机　密

印度的核能计划

（1964 年 11 月 6 日）

摘 要 和 结 论

印度的原子能计划始于 1954 年，但一直是仅限于和平利用的目的。然而，印度现在有三个研究反应堆在运行，其中有个能生产出制造核武器的钚，而且没有遵守严格的核保障[②]。此外，印度还拥有充足的铀，可以给核反应堆提供燃料，并有一座钚分离工厂。目前，制造核武器所必需的金属钚的生产厂正在建设中，预计在 1966 年开始运行。如果印度决定要这样做，那么到 1965 年秋天就可以运行了。……[③]

在未来十年内，印度计划建成运行三座大约发电量为 830 百万瓦特的核电站。正在建设的一个核电站利用的是美国提供的两个反应堆。其中的两个核电站将遵守核保障。由于第三座可能是提供用于核武器的钚，因此尚不知晓其核保障的特点。

讨　　论

印度的原子能计划始于 1954 年，在特罗买[④]建立的“原子能研究中心”（Atomic Energy Establishment）是其主要的机构。特罗买原子能研究中心包括一个金属铀厂、燃料制造设备设施、三个研究反应堆、一个钚分离厂，其他还有常规研究、行政管理及保障设施。

这三个研究反应堆是：特朗欠池式（APSARA）反应堆，是游泳池式反应堆（swimming pool-style reactor），发电量 1 百万瓦特（MW），1956 年 8 月开始运行。加印反应堆（CIR），

① 原文系中央情报局科学情报处的报告，报告等级为机密，不对外发放。——编注
② 核保障（safeguards），国际原子能机构（IAEA）的专门术语。——编注
③ 原文此处未解密。——编注
④ 特罗买（Trombay）位于孟买东北部的郊区，是印度第一个核研究机构所在地，后来更名为“巴巴原子研究中心”。——编注

是一个重水天然铀反应堆,发电量为40百万瓦特,1960年7月开始运行。“新组件栅格研究零功率堆”(ZERLINA)是一个零功率临界装置,在1961年1月开始运行。特朗欠池式反应堆和新组件栅格研究零功率堆都有核保障。特朗欠池式反应堆使用的富集铀燃料(enriched uranium fuel)由英联邦提供,遵守核保障;新组件栅格研究零功率堆使用从美国租来的重水,同样置于核保障之下。加印反应堆是根据加印协定建造的,其中有一条规定是要保证反应堆及其产品只能用于和平目的。然而,运行报告和检查权仅限于对加拿大提供的燃料,也就是初始装料的一半。现在印度自己供应他们反应堆的燃料。从美国购买的用于慢化的重水没有核保障。

印度储存了足够多的铀,可以为反应堆提供燃料。印度多年来一直从国内储备的独居石矿石中提炼铀,并且在没有核保障的情况下从法国……①、比利时……②和西班牙……③进口浓缩铀。此外,国内的铀产量也一直在增加。比哈尔邦的贾杜瓜达(Jaduguda)附近已经开始采矿,那儿发现储藏有大量的铀矿石。一个铀浓缩厂预计在1965年开始运行,它能够每天处理1 000吨矿石,每天生产2～3吨铀。特罗买中心的金属铀工厂和燃料加工设备的能力将得以扩大,预计每年可生产约200吨的浓缩铀。

自1962年8月起,印度在纳格尔④的重水厂已开始运行,年产重水15吨左右。……⑤

加印反应堆是印度仅有的一座运行中的能生产钚的反应堆。它在1960年7月进入临界期,在克服了许多困难后于1963年10月开始全面运行。由于技术上的难题,加印反应堆的初始燃料装量(first fuel loading)在非常低的燃耗(burn-up)后被取出,随后,印度至少有4次取出了装料(fuel loading),因为这些燃料每天每吨只有500百万瓦特的燃耗。这大约是该反应堆所具有的设计燃耗深度(design burn-up level)的一半。

命名为凤凰计划的钚分离厂于1964年3月在特罗买中心开始试运行,它使用未辐照过铀(unirradiated uranium)来测试其设施。1964年日内瓦会议上的讨论表明,印度钚分离厂在1964年8月底已完成了对加印反应堆40吨铀的加工。这个未辐照过铀的数量不包括经过加拿大核保障的初始燃料装量的一半。如果真的进行加工的话,印度拥有的初始燃料装量的另一半可能还不能生产1公斤的钚。目前,印度拥有20千克的铀(以硝酸钚溶解的形式),它从辐照过的燃料(irradiated fuel)中分离出来。印度正在建造降低金属钚溶解度的工厂,但预计要到1966年年中才能投入运行。如果印度这样决定了,那么就会给予这座厂的建造以较高的优先权,使其在大约一年内运行。

最后一座反应堆的产出可能在1964年初就已经开始了,这可能包括已经处理完毕的40吨辐照过的燃料。这个时间是根据印度所公布的其燃料冷却所需六个月来推算的。……⑥

---

① 原文此处未解密。——编注
② 原文此处未解密。——编注
③ 原文此处未解密。——编注
④ 纳格尔(Nangal),印度西北部旁遮普邦的一个小镇,距离鲁普纳加尔市(Rupnagar)约60公里。——编注
⑤ 原文此处未解密。——编注
⑥ 原文此处未解密。——编注

印度目前计划在未来10年内建成并运行三座核电站。正在建造的第一座核电站位于孟买北部约60英里的塔拉普尔(Tarapur)附近,装机电力容量为380兆瓦(MWE),预计到1968年运行。塔拉普尔核电站由美国提供的两座沸水反应堆(boiling water reactor)组成,使用了美国提供的低富集铀(slighty enriched uranium)。

第二座核电站位于拉贾斯坦邦(Rajasthan)的拉纳普拉塔普萨迦尔(Rana Pratap Sagar),由加拿大援建。这座核电站将安装天然铀重水慢化反应堆,相当于发电量为200兆瓦的"加拿大氘铀核反应堆"(CANDU)①,预计在1969～1970年间投入运行。两座核电站都将置于核保障的控制之下,使之不得用于印度的核武器能力,除非它们违背协议。

第三座核电站计划建在马德拉斯邦的卡尔帕卡姆(Kalpakkam),预计大约在1972年开始运行。该核电站原本打算建成和拉贾斯坦核电站一样,并依靠本国的努力来建设。但是,印度请求瑞典援助,设计装机电力容量为200～300兆瓦的加压重水反应堆。瑞印联合小组正在进行可行性的研究,但可以预料,建造核电站的合同起码在一年内也不能达成。还不清楚这座将预期运行的反应堆是否会有核保障的安排,如果有的话,此反应堆将在核保障下运行。

DDRS, CK 3100336732 - CK 3100336741

张霞译,戴超武校

---

① CANDU,加拿大氘铀核反应堆(CANada Deuterium Uranium)的缩略词。CANDU系统设计独特,采用氘氧化物(即重水)作为慢化剂和冷却剂,天然铀作为燃料。——编注

14－28

中情局关于印度边界防御的分析

（1964 年 11 月 20 日）

SC 00646/64A

机　密

印度修改后的防卫态势

（1964 年 11 月 20 日）

自从印度军队 1962 年秋季在中共军队长达一个月的山区冲突中遭到耻辱性的战败后，印度领导人就已经转向热衷于建立一支武装力量，能够抵御并战胜中国新一轮进攻，可能的话甚至要收回丢掉的领土。印度对外政策的口号，例如拒绝接受外国军事援助，临时被全部或者部分地抛弃了，大量的新士兵应征入伍，更具威力武器投入使用。然而，引人注目的人员和物资的大量增加，可能会掩盖在战略思想、训练和指挥等方面的缺陷，而这些缺陷则可能会毁掉过去两年内所做的全部努力。当然，现在中国核装置的爆炸给印度人所注意的战略问题增加了新的不安定因素。

战 败 之 后

中印战斗在 1962 年 11 月 20 日以中国单方面停火和随后的撤军而告终，这迫使印度在基本政治-军事考虑方面做出重大转变。印度次大陆自从 1947 年独立和分治以来，印度政府和军方主要关注的是巴基斯坦和克什米尔争端问题。现在，突然出现了共产党中国这个新的、更为强大的挑战。正如新德里所认识的那样，除了准备对付可能出现的同中国和巴基斯坦进行两线作战之外别无选择。

这个经验迫使仍然沉醉于第二次世界大战的荣誉中的印度军方领导人承认，他们可以进行有效的作战部队，要比原来设想的差得多。

自从 1962 年秋季以来，印度一直就在试图改正在防卫体制方面的缺陷，主要通过扩充其军队（重点放在陆军上）以及通过向军队提供更加现代化和更为强大的装备。

扩 充 人 员

自 20 世纪 50 年代以来，印度就采取了有限的措施加强自己的军队，起初是作为美国对巴基斯坦军事援助计划的反应。在中国1959年镇压了西藏反叛并武力占领西藏之后，中印边界冲突事件大量增多了，印度加快了其军事扩充计划。军队人数已从1959年的大约40万人，上升到1962年下半年的55万人。

然而，这一步伐在中国进攻之后似乎显得太慢，因此，启动了一个招募和训练新的整编师的应急计划。在过去的两年里，有30多万名士兵应召入伍。印度军队正在用这些新的征召，加上原先不属于师级指挥的现有营，把军队数量从1962年的12个师增加到现在的16个师，并计划在1965年下半年达到20个师。为了给这些军队配备指挥人员，军方在过去的两年里晋升了1万名新的军官。

除了这个全面扩充计划之外，装备可能是最精良的第四师在中国军队猛烈攻击印度东北边界之前就土崩瓦解，必须要重新进行人员补充、重新配置机构、重新装备武器、并重新进行训练，实际上是从头开始。

装备问题

提供更好的装备也得到了重视。这方面的努力包括三个方面：获取外国军事援助、增加国内防卫装备的生产，改善数条通往几乎无法进入的沿喜马拉雅山边境的哨所的补给线。

这里要再一次进行基本的重新思考。在1962年之前，新德里认为接受外国的军事援助不符合印度不结盟的外交政策，而是把注意力放在建立本国的军火工业上。尼赫鲁政府格外自豪的是，通过直接的商业合同购买那些国内不能生产的军火，诸如现代化的飞机。而且，装备的需求主要是新德里依据对来自巴基斯坦的威胁所作的评估而决定的。

1959年以后，当沿着中印边界的巡逻冲突成为日益引起关注的事情的时候，新德里开始用卢布购买苏联的运输机和直升机提供给边境地区。但除了接受一些让利优惠的条件外，尼赫鲁仍然没有改变其长期以来所坚持的拒绝外国军事援助的政策。

然而在中国发动进攻之后，尼赫鲁政权立即至少是暂时放弃了在外交政策领域内许多神圣的原则。印度政府不仅对其坚定的对华友好政策的彻底失败而震惊不已，因为这一政策是在存在边界问题的情况下所推行的，而且还由于认为自己无力阻挡中国军队从山区进入印度东北部的平原地区而感到沮丧。官员们也问他们自己，如果中国轰炸新德里或者加尔各答，那么印度公众会做出怎样的反应？

由于印度方面确信中国军队很强大，因此他们乐意接受快速交付的美国和英国的装备。莫斯科方面相应地没有那么快的反应，赫鲁晓夫正忙于处理古巴导弹危机。然而到1963年初，苏联再次准备帮助印度对抗中国，而且尼赫鲁通过同时接受西方和苏联的援助，可以使军事援助和他的不结盟政策协调一致。

在1962年年底，仍然在战场上的作战部队最为急需的装备包括：保暖防水的衣服和护目镜、在结冰的天气里不会使武器卡住的润滑油、驻扎在世界最恶劣地区的与世隔绝的部队所需的无线电以及可发射重磅炮弹的轻型迫击炮这一类单调乏味的东西。这些装备由西方运送,但战争在这些装备的大部分被运到前线之前就已经结束了。

空中防御也是优先考虑的问题。在整个1962年的战斗中,新德里拒绝使用堪培拉喷气轰炸机(Canberra jet bomber)或喷气战斗轰炸机来阻止敌人前进或者进行地面支援,因为害怕战争升级,引起中国空军轰炸印度城市。其后,印度从西方获得高质量的预警和火力控制雷达。1963年,美国和英国喷气式拦截机得以在印度与印度空军进行演习。

然而,对尼赫鲁而言,同西方如此"结盟"的含义是难以忍受的,他很快向公众保证,印度要继续致力于在空中防御方面实现自给。同时,为了保持印度的不结盟的立场,新德里转而主要求助于莫斯科获取高性能的米格21喷气式战斗机和SA-2地对空导弹。预计在1965年下半年部署这些地对空导弹,以保卫加尔各答、新德里以及位于新德里北部昌迪加尔①重要的空运中心。

为了扩大自身的防御武器的生产,印度正在新建13座军工厂,使印度此类工厂的数量比两年前增长了一倍,可以制造从随身武器弹药到装甲车和重型榴弹炮在内的所有军火。迄今为止,美国军事援助最大的一个项目是一家完整的军械厂。在三座相隔较远的城市,正在建设的工厂到1969年年底可以用来组装大约90架米格-21战斗机(另外50架米格-21将从苏联获得)。然而,印度仍然不能生产米格飞机的许多配件;因此,这些苏联为帮助印度实现自给的军工厂只是口惠而实不至。

补 给 路 线

1959年,新德里开始在喜马拉雅山的南坡建造补给道路。当时,主要精力是改进一些具有战略意义的公路,使用的劳力大部分是西藏难民。

然而从1962年起,在修建新的山区公路并修缮旧路上做出了更为果断的措施。修缮从克什米尔到拉达克前线的公路正在有序地进行。然而,冬季对这一前线地区的供给仍然只依靠空运。其他公路正在从不同的地点推向新德里北部的喜马拉雅山脉、锡金、不丹和东北边境局(NEFA)。然而东北边境局的东端全年仍然主要依赖空中补给。

这些公路通往必须要控制住的战略要地,如一个相对而言可以守得住的山口或一个峡谷的狭窄入口。这些关键点距离中国边界的目前阵地很远,这些阵地需要中国人延伸其补给线,但深入的范围依然不能让中国人进入人口密集的平原地区。这标志着1962年印度战略的转变,试图要据守边界。

---

① 昌迪加尔(Chandigarh),印度北部城市,旁遮普邦和哈里亚纳邦(Haryana)的首府。——编注

经济上的困难

所有这些向防卫机构中强行扩充人员和装备的措施，自然需要大幅增加国防支出。在1962年中国进攻之前，印度拨款7.8亿美元或国家预算的15%用于防卫；而今天印度拨款18亿，或是国家预算的23%。紧随而来的经济上的不利状况进一步阻碍了五年发展计划，并导致生活成本的大幅度上升。

各个军种间的竞争必然造成国防支出的进一步扩大，这可能不是印度防卫的真正需求。由于陆军和空军都拥有新式装备，海军就感到自己被忽视了，尽管海军已经强大到足以压过巴基斯坦的海军，而且可能会在新一轮喜马拉雅战役中几乎无事可做。

未能解答的问题

在同中国军力进行比较方面，新德里至少在某种程度上是自欺欺人。尽管它已经进行和正在进行巨大的努力来扩充和重新装备自己的作战部队，但是一旦爆发新的进攻，再多的人员和再好的装备也不可能防止遭到来自中国的进一步的羞辱。因为感到自己的荣誉被玷污的印度军方领导人发现，同自己的指挥能力的不足或士气的低落相比，他们更容易抱怨装备上所存在的缺陷，其中一些问题在1962年暴露出来了，但没有受到应有的重视。这些不足看来主要体现在指挥部门以及印度军队目前的训练方式等方面。

对印度领导人而言，要他们细想其军官队伍中的大多数普遍存在这一些严重的缺陷，这是件困难的事情，但事实情况就是如此。

某些不胜任的将军，包括第四军团司令考尔[①]在内，由于在1962年战争中的表现极其不胜任迅速被清除出去。但其他许多不称职的将领可能仍然呆在指挥官的位置上，只不过同那些替罪羊相比，他们不是那么的明显罢了。

在过去的两年内，1万名新军官的晋升标准不得不被降低。由于需求量太大，许多本应被清除出去的人被授予军衔，其他许多人必须被迅速提拔到超出他们的能力的位置上去。

印度军事领导人的素质同他们为自己及其下属规定的训练质量和训练内容紧密相关。1962年，印度的将军们本来应该考虑部署师，但他们注重的是营。除了在纸上之外，他们从来没有指挥过师级规模的调动，这些调动花钱太多。他们经验的不足导致在遭到中国突然进攻后出现混乱。但是，大规模的调遣依然耗资甚巨，特别是当扩军和重新装备也需要花钱的时候；尽管新重组的第四师最近被部署到山区进行演练，并检验新的编制思想，但印度将军们也只能指挥旅规模以上的野战演习。

---

① 考尔(Brij Mahon Kaul)，1962年中印边界战争时担任印度第四军团司令。——编注

主力预备师正在远离喜马拉雅山高地的地方进行整编和训练,那里既没有雪,气候也没有那么恶劣。当这些师的人员轮换调防进入边界上2～3英里高的区域时,他们才会感到不适应。与此同时,驻扎在“世界屋脊”西藏高原上的中国预备部队甚至也在同样的海拔高度,他们在那里就可以作战。

尽管新德里乐于接受国外的装备,但除了使用进口装备的技术问题外,出于自尊心的考虑,它断然拒绝外国帮助训练印度军队。当派军官到国外参加专业培训时,它也拒绝接受在基本战术和参谋程序方面的培训,而印度军队在这方面是相对落后的。

在提高后勤保障能力方面,印度的注意力似乎太注重公路和空运能力的发展。几乎没有强调小型道路网的建设以及准备雇佣大量印度劳力或者农民,像中国那样在山区加入补给供应队伍。同中国人相比,印度军队在保证交通畅通方面,似乎仍然存在着一些危险。

当中国再一次克服地形上的困难,从某些意想不到的地方发动一场挫败对方士气的进攻时,这可能会导致1962年经历的重演,因为同印度守军起初可能想到的相比,他们可以更快地把更多的装备运到更远的地方。

最后,当印度有更多的、装备更好的军队用来防卫时,很难得出结论认为这些军队的素质就比1962年的时候要好。还有一些怀疑就是,印度士兵是否会像其中国对手一样全力以赴直到精疲力竭,然后还会更加顽强,特别是在中印边界上那些糟糕的地形条件下。

正如印度仅控制某些重要的战略要塞的新战略可能会失败一样,如果军队缺乏战斗力的话,那么由于中国最近进行了核试验,印度可能不得不改变使用空中火力进行地面支援和阻截的计划。这种情况给印度战略思想增添了一个新的不确定的因素,特别是在使用空中力量及其防空的有效性方面。

DDRS, CK 3100352950 - CK 3100352956

马晓云译,戴超武校

14 - 29

中情局关于印度发展前景的评估[①]

（1964 年 12 月 10 日）

NIE 31 - 64

秘　密

印度的发展前景

（1964 年 12 月 10 日）

主　　题

评估印度在未来三到四年内可能发生的情况。

结　　论

1. 为印度创造了成功开局的尼赫鲁去世后，印度将在没有尼赫鲁的情况下生存下来。我们还不能确定以夏斯特里总理为首的新领导层的能力。[②]显而易见的是，他缺少尼赫鲁那样的声望和权威，因此他最初将通过和解与协商一致的方式来领导政府。但是，他在过去的岗位上证明自己基本上是一个卓有成效的领导者，而且我们相信他将逐渐加强其控制力。在国内政策上，尽管他的社会主义在实践上将更加灵活和务实，但他不会从根本上背离尼赫鲁的路线。

2. 国大党会实行集体领导，在未来的几年内，将有可能给印度带来一个稳定有序的政府。但中央政府与各邦政府继续争夺权力以及中央政府内部的紧张关系，会在有些时候造成决策效率的低下。在不远的将来，夏斯特里将退出国大党的领导舞台，但国大党领导层将选出新的继任者。印度国内没有具有实力的全国性的反对党，在 1967 年的选举中，国大党将在中央和除一两个邦之外的各邦中继续占据主导地位。

3. 经济增长的步伐在过去三年内严重减缓。特别是农业没有任何增产，工业增长会稍许好些，在第三个五年计划（1961～1966）中，工业增长可能达到 40%～50%。在这五年内，

---

① 原注：国家情报机构的所有成员都参与了 12 月 10 日的评估，但由于该情报不属于其管辖范围，联邦调查局长助理没有参加。

② 拉尔·巴哈杜尔·夏斯特里在 1964～1966 年任印度总理。——编注

GNP没能按计划实现30%的增长率,可能不超过18%～20%,或许只能达到前两个五年计划中的增长率。计划中的第四个五年计划(1966～1971)确立了更为雄心勃勃的目标,包括大量增加对农业的投资。虽然印度粮食产量会在60年代末明显增加,但印度还是不能实现这些目标。无论如何,还需要更多的国际援助,因为进口需求和债务都比出口增加得多。

4. 夏斯特里政府的对外政策会减少对各种各样的国际问题的关注,而是更专注于涉及印度自身利益的具体问题。印度将继续其不结盟政策,该政策近年来开始关注从苏联和美国获得援助来对抗共产党中国。在印度和中国之间,我们看不到和解的迹象,也看不到会爆发大规模战争的可能。从根本上消除印巴紧张关系的先决条件是解决克什米尔争端,这在近期则是毫无希望的。然而,两国间爆发大规模的敌对冲突是不可能的,一些具体的问题可能获得解决。印度将比过去更加关注其他邻国,目的是寻求减少共产党中国可能产生的影响。在整个不结盟世界,印度将比以前发挥更温和但在总体上影响减弱的作用。

5. 印度领导人希望其武装部队能够具备同时遏制巴基斯坦和共产党中国的能力,为了实现这一目标,它必须在总额为100亿～200亿美元的五年防务计划(1964～1969)下大量增加国防开支。这一计划再加上来自美国、苏联和英国的军事援助,可以使印度进一步扩大其军队并使其现代化,但该计划需要很多年来完成。虽然军队仍然缺少有效的领导和训练,但其战斗效率有所增加,并可能压倒比它规模更小的巴基斯坦军队。但中国人将会在任何冲突中利用地形,印度军队将能够在中国军队到达印度平原之前阻挡住其侵略。

6. 印度有能力发展核武器,政府受到国内要求发展核武器的巨大压力。我们认为,印度将会继续发展其核能力,在做出此项决定后,他们就能开始一项武器项目。印度人是否会这样做,将取决于以下问题:即发展核武器项目的代价及其运载系统,还有中国核项目的进度和程度以及印度从美国和其他核国家得到的保证的重要性。

Foreign Relations of the United States, 1964 - 1968, vol. XXV: South Asia, pp. 167 - 169.

刘磊译,戴超武校

14－30

中情局关于巴基斯坦发展前景的评估[①]

（1965年3月24日）

NIE 32－65

秘　密

巴基斯坦的发展前景

（1965年3月24日）

主　　题

评估巴基斯坦的局势及其随后几年的发展趋势。

结　　论

1. 阿尤布·汗总统在可预见的将来肯定能保持其主导地位。如果在大规模的国际援助下，其经济会得到有效的管理和发展，在未来的两到三年内，巴基斯坦可能会保持其5%甚至更高的GNP年增长率。这会减少巴基斯坦的经济问题上的困扰。

2. 印巴之间在诸如克什米尔、种族冲突以及难民等问题上的紧张关系将会加剧。但是，我们认为两国的领导人能够阻止大规模的敌对冲突的爆发。

3. 阿尤布·汗几乎看不到美国改变其对印度政策的可能，因此他不会愿意改变其对外政策的方向。尽管美国和巴基斯坦在亚洲政策上存在分歧，但阿尤布·汗会认为美国由于其在巴基斯坦的诸多利益，而继续对巴进行军事和经济援助。美国如果以减少军事和经济援助来威胁巴基斯坦改变其对华政策，巴基斯坦的最初反应将是相应地威胁与美国的盟友关系以及美国在巴基斯坦的特殊设施。因此，如果阿尤布·汗认为美国真的要减少对巴的援助，他将弱化但不会放弃其对华政策，至少要保证除美国之外的其他援助来源。

4. 阿尤布·汗把同共产党中国的关系作为巴基斯坦对抗印度的关键的安全因素之一。阿尤布·汗将继续努力改善同亚非其他国家的关系，并在许多问题上与亚非国家的主流观

① 原注：该评估是由中央情报局和国务院、国防部以及国家安全委员会的情报组织准备的。除原子能委员会和联邦调查局的代表由于题目并非其职责范围而没有出席外，其他所有的美国情报机构人员都参与了此项评估。

点保持一致,这是一种对巴基斯坦有巨大政治吸引力的政策。它将寻求改善与苏联的关系作为其对外政策的辅助手段。

U. S. Department of State, *Foreign Relations of the United States*, 1964－1968, vol. XXV: *South Asia*, Washington, D. C.: Government Printing Office, 2000, pp. 201－202.

刘磊译,戴超武校

14－31

中情局关于中国在尼泊尔的影响的报告

（1965年5月7日）

SC ……①

机　密

中共在尼泊尔的影响

（1965年5月7日）

至少从1950年开始，共产党中国就一直致力于在尼泊尔建立势力范围。除了通过提供具有吸引力的资助款来培养尼泊尔的亲善外，中国人可能已经将其代理人渗透进了政府的关键位置。同时，他们还加大了对弱小的并且已经分裂的尼泊尔共产党的控制。这些谨慎和克制的努力，已经让中国人在王室内获得一定的影响，并为将来的颠覆活动奠定了基础，与此同时还在许多尼泊尔人心中留下了自己是热爱和平和善待人民这样的好名声。

印度的影响抗衡中国的影响

自从入侵与之接壤的西藏15年以来，中共就获得了这种形象，特别是在加德满都建立了大使馆这五年里。尼泊尔许多非共产党领导人欢迎中国的有限存在，因为他们关注的是限制印度的影响。

几个世纪以来，尼泊尔一直通过孤立自己来反击它所认为的印度对自身独立的威胁；而当中国人在西藏行使实权时，尼泊尔利用中国作为对抗印度的筹码。此外，尼泊尔希望与中国建立友好关系也是出于对中国的恐惧。1950年，中国重新确立了对西藏的强有力的统治，与此同时，尼泊尔再度走出了持续了一个多世纪的自我孤立状态。中国重新控制西藏、尼泊尔重新打开与外界联络的大门以及新德里不遗余力地干涉尼泊尔的内部事务，所有这些都为建立更为密切的中尼关系提供了契机。

在20世纪50年代早期，中国在尼泊尔几乎没有什么影响力。1952年，尼泊尔首相辛格②试图利用共产党的支持来控制政府，计划失败后他逃到西藏。但是，从1950～1955年尼泊尔政局的急剧动荡并不是共产党操纵的结果。

1955年2月，当时的王储马亨德拉国王通过新的内阁制度开始进行直接的统治。病重的国王特里布文③在3月去世，马亨德拉登基。新国王为了抵制印度的影响并加强自己的权力，他很快承认了北平，并与之建立了外交关系。经过五年多的持续动荡之后，马亨德拉在

① 原文编号无法辨认。——编注

② 辛格(Kunwar Indrajit Singh，1906～1982)，1957年7～11月担任尼泊尔首相。——编注

③ 特里布文国王(King Tribhuhvan Bir Bikram Shah Dev，1906～1955)，尼泊尔国王，1911～1955年在位。——编注

1960 年 10 月废除了宪法，取缔了所有的政党，开始完全依靠个人的统治。

印度总理尼赫鲁在 1961 年初开始支持流亡的尼泊尔反王室的反叛分子。这些反叛分子不断从印度境内对尼泊尔进行袭击，尼赫鲁一直到中国入侵之后出于改善同尼泊尔关系的考虑，才停止对反叛分子的支持和庇护。那些被称为"尼泊尔大会党"①的反叛势力从那时起不再是尼泊尔主要的安全问题了。

印度试图进一步改善与尼泊尔的关系，把尼泊尔视为一个完全独立的国家，而不是像过去那样视其为半保护国。印度还增加了对尼泊尔的经济和军事援助，同时重申其保护尼泊尔免遭任何侵略(即中国的侵略)的承诺。尽管如此，尼泊尔认为印度的援助太少，而且总是为了印度的利益，而不是为了尼泊尔的利益。他们也意识到，印度仍然没有把尼泊尔当作是一个完全拥有主权的国家。

在这样的背景之下，中国在 1960～1965 年这一时期仍然保持审慎的态度，并向尼泊尔提供了 3 000 万美元的无偿援助，可能还额外给予了包括国王本人在内的尼泊尔许多官员一定数量的秘密资金。在与敏感的尼泊尔人打交道时所表现出的克制和得体，可能已为中国赢得了朋友和一些代理人。中国的援助总额达到 4 340 万美元。

陈毅访问加德满都

在外交部长陈毅 3 月访问加德满都期间，中国的克制受到了严峻的考验，当时尼泊尔人违约，拒绝同北平签订一项重要的援助协议。大约一年前，尼泊尔人接受了中国的建议，修建一条沿尼印边界的长为 100 英里、造价为 2 000 万美元的一段公路以及其相关的灌溉工程。勘探工作已经开始，而且中国可能希望通过修建公路赢得尼泊尔人的好感，并有机会收集情报和进行颠覆活动。但是在新德里巨大的压力下，尼泊尔将这两项工程转给了将得到美国援助的印度政府。

陈毅在与尼泊尔领导人的会谈中没有怨言，对取消协议表示遗憾，愿意把中国在印度边境的援助项目撤走。为了花掉 3 400 万美元这笔尚未使用的拨款，陈毅建议用这笔款项在加德满都修建一条环城公路，一条 100 英里长的连接加德满都和喜马拉雅内陆其他地区的主干道以及一座水电站工程。

陈毅也可能承诺了向马亨德拉国王提供财政援助和"行政援助"，用于他雄心勃勃的土地改革和农村发展计划。如果按照当初建议的形式和方法来完成的话，马亨德拉的这个突如其来的计划可能会引起广泛的不满，这个最终将对中国有利的结果，中国方面可能已经考虑到了。如果做出这样的提议，尼泊尔人很可能会拒绝，至少暂时不会同意。这个计划似乎只能缓慢地推进。

在马亨德拉和陈毅的私人会谈中，某些可能涉及的敏感问题没有报道，如反华的西藏反叛分子使用尼泊尔领土问题、印度在尼泊尔和西藏边境检查站的人员问题、给尼泊尔政府的

① 尼泊尔大会党(Nepali Congress)，成立于 1947 年，1960 年尼泊尔宫廷政变后，尼泊尔大会党的主要领导人被捕入狱，许多成员逃亡印度。——编注

秘密现金资助问题以及尼泊尔和印度的关系。

目前中国的影响程度

中国控制了尼泊尔共产党的一派，支持他们反对国王的活动，可能是一个极其重要的因素，但在马亨德拉和陈毅的会谈中并未提及。尼泊尔共产党中亲北平派约有 250 名成员，有约 3 500 名同情者的支持(这大约同亲莫斯科派的人数一样)。虽然许多亲北平的共产党领导人流亡在印度，但他们的党派仍然在尼泊尔发挥着作用，目前他们正试图渗透进马亨德拉的土地改革和农村发展计划去。一位地方政府的部长据信是亲北平的共产党的代理人，他支持这个计划。

在加德满都以及在中国正在修建的从加德满都到西藏边境 65 英里长的公路沿线，中共一直不懈地培植尼泊尔各个阶层的势力。而且，边境地区的原住民容易受到中国宣传的蛊惑。

但是，中国的主要目标可能是马亨德拉本人，他的权威几乎不会受到挑战，其影响遍及所有重要的问题以及许多重要性不那么大的事情。马亨德拉完全是在尼泊尔成长起来的，他高深莫测，其政策的制订往往是心血来潮。但他是一个精明和诡计多端的政治家，对尼泊尔的政治和人情世故了如指掌。他几乎把每个人和团体都看作是对其王位的威胁，因此他不让任何人行使真正独立的权力。

马亨德拉害怕中国人，也可能意识到了他们所造成的危险。但是对共产党的那些破坏手段，他是不了解的。他的安全部队训练无方，组织混乱，装备极差。而且，像尼泊尔过去的领导人一样，国王可能认为，印度对其国家独立所构成的巨大危险，同中国的危险是一样大的。极少的例外是，中国的行为适度；相反，马亨德拉可能还念念不忘印度反尼泊尔王室的叛乱分子的支持。影响国王的另一个因素，可能是他相信中国在勤劳、智慧以及诚实方面都胜过印度。因此，他可能会继续利用中国的人员与资金，来平衡或许是消除印度在尼泊尔的影响。

国王尽管有自己的缺点，但他对中国的谨慎态度以及公众对他的崇拜，可能使中国近期对尼泊尔只会产生微不足道的影响。但是，如果他雄心勃勃的土地改革失败或者死亡或碌碌无为，那将会形成新的政治局面，而这种局面可能极易为中国所利用。

DDRS, CK 3100364373 - CK 3100364378

张霞译，戴超武校

14－32

中情局关于印巴问题的评估

（1965年8月18日）

机　密

印 巴 问 题

（1965年8月18日）

1．印巴敌对

印度教徒和穆斯林之间的对立可追溯到几个世纪以前；在1947年印巴分治后，这种对立情况严重地恶化。从那以后，巴基斯坦对外政策的最大动力就是安全渴望，以对付假想中的遭受印度控制的威胁。面积更大、国力更强的印度认为没有必要改善关系，而且也没有打算要那样做。巴基斯坦对其他国家的政策，基本上取决于能够以及将能做什么事情来帮助它对抗印度。印度对朋友的选择体现了它的如下判断，即：谁支持印度对付巴基斯坦，近来则更多出于谁能支持它对抗共产党中国。

2．虽然它们之间存在敌对，但印度和巴基斯坦能够（或是迫于事态的压力）解决双方的一些问题。它们可以自己分割前英属印度的财产以及行政和军事机构。经过一系列艰苦的长期谈判，它们在1960年对印度河流域水资源的分配达成了满意的协议。巨大收益的前景（将由几个西方大国建设的大坝、运河及其他工程项目）加上那些大国施加的强大压力，促成了协议的达成。

3．但是，克什米尔的分歧悬而未决，而且会有致命的危险。克什米尔主要是穆斯林，但其信奉印度教的统治者在独立时选择加入印度。卡拉奇宣称（可能是正确的），通过自由选举，克什米尔人会投票加入巴基斯坦。巴基斯坦最初想占领这一地区，但失败了。从1948年开始，它就在联合国和其他地方做了大量的外交努力来达到它所宣称的目的。美国、英国和其他国家进行了大量的努力，并对争论双方施加了很大的压力，一连串的努力都没有使它们达成协议。最近，在停火线附近发生了许多冲突，巴基斯坦还准备在那里开始新的游击暴动。

4．巴基斯坦寻求安全保障：(1) 中央条约组织和东南亚条约组织

出于对印度的担忧，巴基斯坦首先向西方国家寻求保护。美国为了执行其“遏制”政策，正围绕着苏联的边界组织一个同盟链。巴基斯坦抓住这个机会，作为获得安全保障的途径。巴基斯坦所接受的美国为了抵抗共产主义侵略而提供的军事援助，主要被作为威慑印度侵略图谋的一种手段。1953年，巴基斯坦与美国签订了一个军火协议，并于1954年加入东南亚条约组织，1955年加入了中央条约组织。从1954～1964年，它从美国获得了价值大约10

亿美元的军事援助。直到 1962 年，它基本上与西方保持了紧密的合作关系，而与共产党国家的关系则是敌对的。

5. 印度：1962 年以及寻求对中国的安全保障

印度尽管对巴基斯坦的西方盟国很恼火，但它起初并不认为自己会受到弱小邻居的威胁。但在 1962 年 10 月，中国军队使印度遭受了耻辱性的失败。此后，印度启动了一项重大的军事扩张计划，陆军从 55 万扩充到了 90 多万人。它还开始了一项计划，以便在大批量生产坦克、大炮、飞机等方面实现自给自足。美国和苏联都承诺向它提供大量军事援助。新德里把自己的努力描绘成只是为了防止共产党中国的侵略。但显而易见的是，它想把军队扩展到足以对抗巴基斯坦和中国。

6. 巴基斯坦寻求安全保障：(2) 中国

印度的军力这一发展使卡拉奇极为惊恐。它相信，得到加强的印度军队不仅是为了对抗中国，也是为了对抗巴基斯坦。事实上，印度大量的军队是部署在靠近巴基斯坦的边境上，而不是在靠近中国的边境。从 1962 年开始，阿尤布·汗总统就竭尽所能与中国建立良好的关系，以此作为抵抗日益增加的印度军力的一个筹码。与此同时，巴基斯坦与美国的关系业已恶化。但它同美国依然保持着形式上的同盟关系，允许在白沙瓦[①]的（USA－60）继续进行活动，并继续从美国获得大量的军事和经济援助。

7. 展望

印巴间的敌对可能会持续下去，几乎肯定的是，克什米尔争端将继续是棘手的。事实上，最近由于库奇兰恩[②]危机和克什米尔危机而恶化的紧张关系，极有可能在近期依旧保持高度的紧张。虽然两国爆发大规模战争的可能性比 1948 年以来的任何时候都要大，但我们相信战争还是可以避免的。但是，两国的政策首先是由两国彼此间的恐惧和敌意所决定的，不是由冷战的问题所决定。

8. 印度决心要获得自己认为需要的军事装备。1964 年，印度获得美国的承诺，在未来五年内每年向它提供价值 1 亿美元的援助，它不希望与美国发生任何不和而危及这个承诺。

印度对中国的敌意和担心也促使它渴望与美国保持友好关系。与此同时，印度也寻求同苏联保持友好的关系，苏联已经向印度提供了萨姆导弹、坦克及制造米格－21 飞机的设备，并且还准备向印度提供 4 艘潜艇。此外，印度还将苏联视为应对中国向印度边界施压的一个筹码。

9. 只要巴基斯坦继续认为不能指望美国的援助和压力来遏止印度对巴基斯坦的敌意，那么它就会继续同中国保持友好，把中国视为唯一可以向印度施加压力的有效力量。巴基斯坦几乎肯定地意识到，它绝没有从北平获得大量军事或经济援助的可能，从莫斯科获得援助的机会也不大。而且，阿尤布·汗并不愿与西方割断联系，尽管也许他的某些顾问并不这

---

① 白沙瓦（Peshawar），巴基斯坦西北边境省的首府，这里曾是美国在亚洲地区的主要情报监听基地。——编注

② 库奇兰恩（Rann of Kutch），是位于印度古吉拉特邦和巴基斯坦信德省的一片沼泽地。印度和巴基斯坦 1965 年在这里发生的冲突，导致了 1965 年印巴战争的爆发。——编注

么认为。但是,所有的巴基斯坦人都把印度问题看成是他们至关重要的问题。

10. 在这种情况下,美国的某些政策目标肯定是不能实现的。特别是在可预见的将来,绝没有任何机会使印度和巴基斯坦两国共同合作来对抗共产党集团。对美国来说,与这两个如此敌对的国家同时保持友好的关系,甚至都是件困难的事情。两个国家都可以放弃美国的援助,而在他们认为是生死攸关的国家利益问题上屈服于对它们施加的直接压力。然而,两国都很希望继续获得美国的经济和军事援助。继续表明提供援助,这极有可能使美国能够继续对两国的政策产生一些影响力。

DDRS, CK 3100185734 - CK 3100185739

张霞译,戴超武校

14－33

中情局关于中国对克什米尔危机的意图和能力的评估

（1965年9月7日）

SC 08114/65

绝　密

中共对克什米尔危机的意图和能力

（1965年9月7日）

1. 迄今为止，中共极其谨慎地对待克什米尔局势，这似乎表明北平将寻求避免更深地卷入。没有迹象表明中国人正准备沿中印边境采取军事行动。

2. 当前卷入印巴之间的争斗不符合中国根本的安全利益。1962年对印度的战争胜利让中国牢牢地控制住了北平明显认为具有重要性的边境地区。除了形势发展到可能会把大量敌对的外国军事力量带入这一地区外，北平不会有受到威胁感。

3. 中国人在克什米尔危机中没有重要的意识形态方面的利害关系，冲突发生在两个非共产党国家中，这里既没有明显地牵涉中苏关系，也没有"反帝国主义"的问题。

4. 保持中巴"友谊"现在是中国卷入克什米尔危机中最具体的利益所在。两国在过去几年内建立起来的关系对中国一直是有益的。这种关系有助于加剧新德里与拉瓦尔品第①之间的摩擦，并且给东南亚条约组织和中央条约组织联盟体系带来另外的压力。目前这种关系对北平处理亚非事务而言具有一定的价值，因为中国人发现，与巴基斯坦的合作尽管不是一个必不可少的工具，但是一个有用的思路。

5. 迄今为止，中国的行为表明，北平愿意与巴基斯坦保持紧密的关系，愿意为此付出一些代价，但要遵循最低风险的政策，这一政策与中国在中巴友谊中的实际利益之有限性相一致，也与中国在东南亚承担的更重要的义务相一致。

6. 到目前为止，中国对目前局势的反应类似于去年4月在库奇兰恩危机期间的反应。当时，中国对那次危机的报道似乎打算为巴基斯坦提供政治上的支持，而避免承诺给予任何军事支持。中国的宣传谴责印度，但并没有采取恐吓政策，也没有进行带有威胁性的军事调动。

7. 中国起初在对待当前克什米尔危机的宣传上，仅限于对冲突叙述性的报道，倾向于

---

① 拉瓦尔品第(Rawalpindi)，位于巴基斯坦首都伊斯兰堡附近，巴基斯坦国防部所在地；20世纪60年代在建设伊斯兰堡时，拉瓦尔品第曾作为首都，"伊斯兰堡国际机场"实际上就在拉瓦尔品第。——编注

报道印度的过错。中国外交部长陈毅在 9 月 4 日卡拉奇的记者招待会上,使用了有些更加严厉的措辞。他谴责印度挑起战争、破坏停火线、“使得冲突恶化”。但陈毅对支持巴基斯坦的承诺是谨慎的。他只是宣称中国“坚定地支持”巴基斯坦打击印度“武装挑衅”的努力。

8. 北平在 9 月 7 日发表了第一个有关克什米尔危机的正式声明,这个声明更具威胁性,它标志着中国可能开始采取行动,旨在恫吓印度撤退。声明谴责印度的侵略行为,把边界冲突扩大成为“全面的冲突”,给“亚洲这一地区”的和平造成严重的威胁。

9. 北平通过宣称印度在中印边境进行“入侵和挑衅”,增加了中国进行干涉的可能性。声明特别指出,印度一直对与锡金接壤的“中国领土进行侵犯”,并谴责他们鬼鬼祟祟地侦察和骚扰中印边境西段的中国领土。

10. 但是中国人一直避免采取具体的威胁行动,除了警告印度方面,北京“正密切关注”它所声称的印度侵略的动向,正在“加强防御、提高边界沿线的警备”之外,并没有进一步行动。声明声称,印度对它的任何一个邻国的入侵,都会影响到所有的邻国,并警告说,新德里必须对其行为负全部责任。不过声明最后表示,“在全世界和亚洲热爱和平的国家和人民的同情和支持下”,对巴基斯坦有能力保卫自己充满信心。

11. 预计中国的宣传声明可能会变得更加强硬以及更具威胁性,同时还可能通过私下的渠道发出警告和威胁。如果这些威慑性的政治手段未起作用,北平可能通过在中印边境附近进行明显的军力部署来支持这些政治手段,最有可能的地点是东北边境局的对面,中国军队 1962 年曾在那里击败印度军队。

12. 如果印度不顾一切地继续进行战争,猛烈地向巴基斯坦军队发起攻击,那么中国人可能将受到来自拉瓦尔品第的极其强大的压力,要求提供进一步的援助,或许是要求对印度采取直接的军事行动。如果东巴基斯坦的完整遭到威胁的话,这很可能成为事实。

13. 自 1964 年初以来收到的……①报告显示,中巴之间有可能达成了某种共同防御协议。看起来有可能是这样,即任何此类的谅解将是极为松散的,其安排将给中国人最大的自由,使之决定这一协议何时或者是否生效。

14. 一份报告暗示,中国援助巴基斯坦协议中的一个关键因素,就是美国介入支持印度进行一场重大的军事攻势。8 月底收到的情报显示,中国在任何协议里发出的另一个警告中将特别不考虑像克什米尔和库奇兰恩这样纷争不断的地区。

15. 中国人通过发动像 1962 年中印战争那样规模的边界冲突,可能会给印度带来心理上和军事上的巨大压力。然而,即便是中共采取了这样的行动,他们军事行动的规模完全不可能超出局部的边界作战,这主要是由于通往这些遥远地区的补给系统所存在的严重制约。

16. 中共在整个西藏军区驻扎了 6 万人的军队,与之相比,与越南相邻的两个军区驻有 46.6 万人的军队,与北朝鲜相邻的军区驻有 43.4 万人的军队。这 6 万人大部分集中在日喀则以东的地区,包括拉萨、江孜(Gyangtse)和成都。只有相对较少的兵力部署在克什米尔对

① 原文此处未解密。——编注

面地区，人数大约不超过 5 000～6 000 人。大约 1.7 万驻扎在新疆的西部，其中的一部分能被调入这个地区。

17. 中国人在整个西藏或在新疆西部都没有用于作战的空军力量。但是有几个飞机场可以使用。为了在克什米尔地区采取行动，新疆西部的和田（Hotien）机场毫无疑问将发挥重要作用，该机场最近刚进行了改造，能够起降共产党中国的任何型号的飞机。然而，军用油料和武器供应问题将限制部署在该地区的空军的有效性。

18. 后勤是限制中共在这一地区军事活动的最重要因素。没有铁路线通往这一地区，距离这一地区最近的铁路终端不论是到东北边境局还是到克什米尔-拉达克地区都有1 000英里，因此在这里开展军事活动需要三思。铁路站点有公路通向作战区域，但这些公路的路面未加修整，还要穿过崎岖的多山地带。这些道路很危险，需要用大量的货车来保持稳定的补给。

19. ……①

DDRS, CK 3100123824 - CK 3100123831

李春玲译，戴超武校

① 原文此段未解密。——编注

14－34

中情局关于中国向印度施加威慑力的分析

（1965 年 9 月 8 日）

SC 08115/65

不保密

中共对印度日益增长的威慑力

（1965 年 9 月 8 日）

1. 北平正在大力展开活动动摇印度的决心，加大威慑压力以防同巴基斯坦的战争进一步升级。在 9 月 7 日发布了带有威胁性的政府声明后，中国人 9 月 8 日发布了一份外交照会，以严厉和更加明确的措辞重申了北平以往声明过的要点，这些新的威胁暗示，在沿着中印边界开始挑衅性的巡逻活动之后，中国则有可能介入。这个纯粹的政治举措在新德里引起了恐慌，并且牵制大量的印度军队。

2. 照会抗议“印度军队连续不断地严重侵犯中国领土”，照会引证说，7 月份沿锡金边境有四次，以及 8 月份北平所声称的另外五次，发生在列城[①]东部贡嘎山口（Kongka Pass）的拉达克边境地区。这一地区在 1962 年中印边境战争之前以及战争期间，就是中国极度敏感的地区。

3. 北平谴责道，不能把印度的挑衅行为视为偶然的或孤立的事件，因为事件正好发生在印度政府“武装镇压”克什米尔人民以及“发动和扩大”对巴基斯坦武装侵略的时候。中国人要求印度拆除建立在锡金边境“之外或者之上”的军事设施、撤回武装部队、在中印边境的“中段、西段和东段”停止一切针对中国的侵略和挑衅行为。

4. 中国在照会中没有提到采取什么具体的威胁行动，只是警告印度必须对它的行为“承担一切后果”。但照会却不祥地声称，中国“不得不密切关注”印度“对其邻国的扩张行动”，中国正提高警戒，加强对边境地区的防御。

5. 为了证实印度在边界线一带对中国的侵略，北平可能正在为准备新的小规模的边境冲突寻找借口，正如 1962 年与印度爆发边界战争之前所做的那样。这将使中国通过牵制性的行动对巴基斯坦施以援手，同时也没有使北平正式卷入巴基斯坦与印度之间的战争。如果战争变得对巴基斯坦军队不利的话，中国人下一步就有可能采取这样的行动。

6. 中国在这一时期所进行的一系列具有刺激性的巡逻，将沉重打击印度的士气，很可能在新德里产生近乎恐慌的情绪，因为新德里几乎将中国的举动视为 1962 年侵入东北边境

---

① 列城（Leh），位于印度查谟和克什米尔邦，是拉达克地区的主要城市，拥有一个空军基地。——编注

局实施沉重打击的先兆。这将肯定牵制这一地区大量的印度军队，阻止印度对东巴基斯坦采取行动的计划，并通过对整个后勤系统施加进一步的压力，可能使印度在克什米尔前线面临的问题复杂化。

7. 目前尚无迹象表明中国准备发动如 1962 年那种规模的战役，那时大约有两个师的兵力投入到东北边境局，另有一小部分兵力投入到拉达克一线。现在，中国人在整个西藏军区约有 6 万人的部队，相比之下，在 1962 年战争之前以及战争期间则约有 10 万兵力。由于公共安全的需要，中国目前驻藏部队只有一部分可以用来对付印度。

8. 然而，即使是认识到这些事实，可能也不会减少印度的恐惧，特别是如果北平在边界上进行挑衅性的巡逻时，再在边境地区进行引人注目的军事调动，还在宣传上不断猛烈地抨击印度的"侵略行为"的话。

9. 同时，北平可能正准备向巴基斯坦提供军事装备，可能是某些类型的飞机，以此来明确证明中国已在其宣传声明所承诺的"同情和支持"。

图①

DDRS, CK 3100358960 - CK 3100358963

李春玲译，戴超武校

① 原文附有中印边界地形图，此处省略。——编注

14 - 35

中情局关于中国向印度发出最后通牒的分析

（1965 年 9 月 15 日）

SC 10509/65

不保密

共产党中国向印度发出新的威胁

（1965 年 9 月 15 日）

1. 中共发出一个更具威胁性的新照会，向新德里施加压力，照会重申了早先指责印度入侵靠近锡金边界的中国领土；照会实际上是以最后通牒的形式发出的。照会的日期是 9 月 16 日，在 9 月 17 日凌晨 1 点递交印度驻北平的临时代办；印度要在照会发出的三天之内按照要求拆除据称是在锡金边界中国一侧的“侵略的军事工事”，或者是在边界上的“侵略的军事工事”。中国人极有可能在确定一个最后限期后，正在计划贯彻执行某些军事行动。

2. 通过把注意力放到中印边界最敏感的地点锡金边界上，北平显然希望新德里高度关注中国的意图。这个照会强调了中国突进春丕山谷所产生的潜在威胁，如果获得成功，那将切断印度阿萨姆邦和东北边境局之间的主要交通线，由此可能使大量的印度军队（大约有 10 万人）陷入困境，包括新德里的一些最精锐的部队。

3. 这个威胁看来是故意向印度施加它所能承受的最大的心理压力，其目标是转移在克什米尔前线的注意力，从而缓解巴基斯坦的压力。

4. 锡金边界地区是中印边界线的一小段，在 1962 年底的战争中处于平静状态。这段边界的划界一直被认为是相对明确的，中印双方都默认此段边界已为 1890 年的英中协定①所确定。但是在过去两年中的许多场合，北京一直在谴责印度侵犯它的边界，特别是最近 9 月 8 日的一次。

5. 以前惯用的警告都是要求印度必须停止在这一地区的“侵略行为”，或者是承担一切后果，但都没有确定遵从的期限。在以前涉及中国类似主张的外交换文中，印度一直声称北平的指责是毫无根据的，断言中国举证的地点在任何地图上都找不到。因此难以看到新德里如何满足这个最新的要求。中国人由于确定了最后期限而降低了自己行动的自由度，因此它看来很可能正准备在发出最后通牒后采取某些军事行动，可能是沿着边界或者穿过边界进行挑衅性的巡逻试探。

---

① 1890 年的英中协定，指的是 1890 年 3 月 17 日清政府与英印政府在加尔各答正式签订的《中英会议藏印条约》。《中英会议藏印条约》共 8 款，主要内容包括：清政府承认哲孟雄（锡金）归英国保护；划定西藏地方与英属哲孟雄的边界；双方有关游牧、通商等事宜容后再议，等等。——编注

6. 这些巡逻行动以在春丕山谷对面的西藏地区大张旗鼓地部署部队表现出来，这些作为影响印度人的心理手段则会更为有效。这些行动可能会达到双重目的，既恫吓了新德里，同时为采取大规模的行动而部署部队，如果中国决定这样的行动是必需的。一旦中国军队向春丕山谷以南发动进攻，以切断铁路线和位于大吉岭(Darjeeling)东南约 50 英里的西里古里(Siliguri)以东的公路，这将面临来自印度的两个满员师的顽强抵抗；北平在发动这样的攻击之前，几乎肯定会扩充其部署在西藏边境上的部队。

7. 目前中国人有大约 5 500 名士兵部署在可能快速投入战斗的地点。拥有 2 000 名士兵的解放军第 4 边防团驻扎在廷格吉(Tingjih)地区。第 31 步兵团的 3 500 人驻守在江孜。另外，一个地区形式的军事部队日喀则第一警备营就驻扎在春丕山谷。

8. 有两条道路都可以从春丕山谷穿过锡金到达西里古里。一条是公路，穿过乃堆拉山口(Natu Pass，1.35 万英尺)，经过甘托克(Gangtok)到达；另一条是未经修缮的公路，穿过边境，经过吉列普拉山口(Jelep Pass，1.439 万英尺)在噶伦堡(Kalimpong)附近与第一条路会合。为了通过这些山口，中国可以维持两个轻步兵师或者相当于 2.3 万人的兵力穿过这些山口发起一场进攻。

9. 虽然有报告称中国人在 7 月中旬开始增加军事训练活动，但没有确凿的迹象表明他们增加了这一地区的兵力。

10. 尽管锡金边界受到了主要的关注，但对这一地区采取军事行动的可能性，北平最新的警告并没有加以限制。照会直截了当地提醒新德里注意中国的以下主张，即“非法的”麦克马洪线以南的 9 万平方公里的领土是北平的，它在东北边境局之内，被印度“占领”；照会还引证说，边界的中段和西段仍有北平所宣称的八个地区被非法占领。

地图：中印边界①

DDRS，CK 3100141324 - CK 3100141327

李春玲译，戴超武校

① 地图略去。——编注

14－36

中情局关于中国军队在中国-尼泊尔边界采取行动的报告①

（1965 年 9 月 15 日）

TDCS 314/12593－65

中国在尼泊尔-西藏边界的军事行动

（1965 年 9 月 15 日）

1. 1965 年 9 月 10 日，在北纬 28 度 37 分、东经 85 度 11 分和北纬 28 度 36 分、东经 84 度 56 分之间的尼泊尔-西藏边界上，发现“大批”中国的边防军和巡逻队。（评论：中国方面没有发现该地区的行动是不可能的。）在这一地区的道路、山口和山峰还发现了中国的检查站和巡逻兵。（评论：可以肯定这些安全部队的活动不论白天和黑夜都是活跃的。）

2. 1965 年 9 月 10 日，中国当局派出 100 匹牦牛驮着弹药箱，从北纬 28 度 44 分、东经 85 度 18 分的地点出发前往瑞帕(Ruipa)(北纬 28 度 45 分，东经 84 度 42 分)。

3. 分发单位：国务院、陆军、海军、空军、美国驻印度军事供应团(USMSMI)、太平洋总部司令（CINCPAC）、太平洋舰队（PACFLT）、太平洋陆军（ARPAC）、太平洋空军(PACAF)、中东非洲南亚总部司令(CINCMEAFSA)。

CIA Research Reports，Reel－II－0369，pp. 1－4，National Archives，U. S. A.

马晓云译，戴超武校

① 原文是中央情报局的电报，分发时间为 1965 年 9 月 16 日。——编注

14 - 37

中情局关于中国对印巴战争政策的评估

（1965 年 9 月 16 日）

SINE 13 - 10 - 65

共产党中国干预印巴战争的前景

（1965 年 9 月 16 日）

结　　论

我们认为中国会避免直接的、大规模的军事干预印巴战争。但迫近的巴基斯坦的失败将有可能增大中国进行干预的压力。即使在这种情况下，我们仍然认为，由于中国将越南视为其首要利益所在，这将阻止中国对印度采取冒险的军事行动。除了宣传、政治支持和军事姿态外，中国将提供物质援助，但除了象征性的表示外，不会提供更多的援助。然而，这将威胁印度，并可能在印度边境采取小规模的军事试探，也有可能发动一场类似 1962 年甚至更小规模的有限进攻。在其他情况下，同采取军事行动的重要性相比，中国更期望产生更大的政治和心理上的影响。

DDRS，CK 3100130731

刘磊译，戴超武校

14－38

中情局关于中国在拉达克地区的进攻对印巴冲突的影响的备忘录

（1965年9月17日）

SC 10515/65

不保密

中国在拉达克地区的进攻对印巴冲突的影响

（1965年9月17日）

1. 中国从9月6日到16日的照会和宣传中所表达的意图是，中共为了支持巴基斯坦而对印度发起的任何新的进攻，将会在东部展开，或是从春丕山谷攻入锡金，或是在东北边境局的边界上。

2. 然而，事实上许多迹象表明，中国看来是准备进攻拉达克。

3. 因此，中国的目标可能以军事调动和小规模地越过对面边境的锡金和东北边境局作掩护，从而把印度军队拖在印度的东部，然而却用重兵进攻拉达克，在这里，中国可以更为直接地帮助阿尤布·汗总统解除围困。

4. 这将给印度造成困难的局面，印度从克什米尔山谷向拉达克地区调兵增援，这将使几千名西巴基斯坦的武装部落民立即渗透到山谷地区，已经有人看到这些人在过去的一两周内正在向东部战线移动。任何对拉达克的进攻也将迫使印度要马上考虑从拉合尔前线抽调一些兵力到克什米尔的重要地点。这将极大地缓解巴基斯坦军队在旁遮普的巨大压力。它甚至可以充分缓解局势，使巴基斯坦能够再次推进到昌巴-阿克努尔（Chamb-Akhnur）前线，切断在靠近查谟的印度-克什米尔公路，由此防止印度最急需加强的在克什米尔的增援部队。

5. 因此，中国和巴基斯坦在拉达克和靠近查谟的双拳出击，不仅大大改变了主战场上的形势，而且可能导致印巴两国的外交和军事局面发生巨大的改变，这比中国进攻印度东部所产生的改变还要大，因为那时候进行反击的印度军队当时并没有用来对付巴基斯坦。

DDRS，CK 3100509169－CK 3100509171

李春玲译，戴超武校

14－39

中情局关于中国军队进入拉达克地区的电报

（1965 年 9 月 18 日）

中国军队进入印度拉达克地区

（1965 年 9 月 18 日）

……①

1. 当地时间 1965 年 9 月 18 日 9 时，中国军队 200 名士兵越过了拉达克的德目考克(Demckoc)地区的实际控制线，该地区位于北纬 32 度 38 分，东经 79 度 10 分。……②

2. ……③分发：国务院、陆军、海军、空军、美国驻印度军事供应团、中东非洲南亚总部司令、……④

DDRS，CK 3100007755

马晓云译，戴超武校

① 原文此处未解密。——编注
② 原文此处未解密。——编注
③ 原文此处未解密。——编注
④ 原文此处未解密。——编注

14－40

中情局关于印巴战争后果的备忘录

（1965 年 9 月 25 日）

OCI 2325/65

机　密

印巴战争的后果

（1965 年 9 月 25 日）

1. 9 月 22 日下午美国东部夏令时间 6 点，旁遮普的战争并非明确地停止了，遗留下来的悬而未决的混乱，可能需要几个月或许几年的时间来解决。双方勉强达成的停火，可能使印度和巴基斯坦免于陷入政治上和经济上的混乱，如果战争再持续三至六个月，这种混乱将使得两国困扰不已。但停火也遗留下了一些悬而未决的急迫的基本问题。南亚次大陆的长期稳定将有赖于未来几个月的外交和政治方面的运作。

主要的外交问题

2. 最紧迫的问题，是使敌对的部队脱离战斗开始生效。巴基斯坦并未完全接受联合国的停火建议，按照联合国的条款，巴基斯坦要撤退到 8 月 5 日之前所处的位置，但巴基斯坦仅仅是同意停止作战。阿尤布命令巴军原地驻留。联合国正在派遣由 100 人组成的观察组前往旁遮普地区，同时还考虑增加在克什米尔观察组的人数。不过，在库奇兰恩地区停火后，安排撤军的时间要花上两个月，而当前的局势可能会变得更为严峻。

3. 妨碍轻而易举可以实现的脱离战斗，这种战术考虑将导致同样的恶性循环；正是这种恶性循环曾使得危机迅速升级，把 8 月 5 日巴基斯坦所支持的游击队的渗透升级为 9 月 6 日在旁遮普地区爆发的大规模战争。因此，印度要在确定巴基斯坦从克什米尔的昌巴-阿克努尔防区撤出后，他们才会从拉合尔和锡亚尔科特[①]地区撤军。如果不能保证印度将后退到 1949 年的位于克什米尔地区乌里-普恩奇（Uri-Poonch）、蒂斯瓦尔（Tithwal）和卡尔吉尔（Kargil）一带的停火线，拉瓦尔品第是不会同意从昌巴地区撤退的。同样，只要依然存在着渗透者的问题，印度也不会同意撤军。最终，巴基斯坦可能感到不得不继续游击队的袭击，以便为克什米尔问题的解决施加压力，尽管它依然否认自己卷入其中。

4. 由于这些相互冲突的想法的作用，而且由于双方依然保持相当大的军事能力，所以最终的结果可能只是简单地扩大了以前不稳定的克什米尔停火协议的范围，但向南延伸到

---

① 锡亚尔科特（Sialkot），位于巴基斯坦旁遮普省东北部，距离拉合尔市 125 公里，距离查谟市仅有几公里。锡亚尔科特是巴基斯坦主要的工业中心，该市还有一处巴基斯坦军事基地。——编注

旁遮普地区菲罗兹布尔(Ferozepore)以远的地区。

5. 第二个重大的外交问题是由于克什米尔问题的重新出现而引起的。虽然巴基斯坦军队的人数占优,但它却没有赢得使印度屈服所必需的实质上的优势。冲突使巴基斯坦的军事装备损失惨重,但是如果这种损失能够使克什米尔问题取得一些进展,阿尤布·汗也会认为那是值得的。如果毫无进展,则会加剧拉瓦尔品第的挫折感,导致极端的非理智行动,并可能在国际舞台上采取反西方的举动。外交部长布托①在安理会暗示说,如果克什米尔问题不能得以解决,巴基斯坦将退出联合国,这反映了拉瓦尔品第的那种机不可失、时不再来勿失良机的心态。

6. 阿尤布·汗在克什米尔问题上努力的失败还会严重危及巴基斯坦的国内安全。战争使巴基斯坦民众群情激奋,据说在巴基斯坦高级军官中存在强烈的情绪,他们赞成继续战争,不顾代价,也不考虑缺少有利的前景。政府对战争的蛊惑性报道让民众明显感到巴基斯坦正在取胜,但对局势毫无助益。停火的结果可能会使阿尤布·汗损失一些声望,但他的地位现在并未受到威胁。不过,一旦清楚地显示他在克什米尔问题的努力彻底失败了,政变阴谋就有可能出现,而且他至少会感到自己将被迫采取非理性的行为。

7. 提出反对更换阿尤布·汗的理由,是因为他有无人可匹敌的能力,而且没有明确的人选取代他的领导。只有在极端情绪突然爆发的情况下才会导致对他的罢黜,而且在他之后也不可能建立稳定而有效的政权。在持续的政治混乱中,东巴可能会出现要求从西巴控制的联盟中脱离出来的压力,尽管这里也缺乏具有领导才能的人。

8. 另一方面,新德里对这场不宣而战的战争的结果感到非常满意,这将难以使其从拒绝认真谈论克什米尔问题的立场上做出让步。虽然印度在人员和武器装备上损失惨重,但印度却阻止了巴基斯坦获得重大的军事胜利。而且,相对其全部的军事实力而言,印度的损失可能远比巴基斯坦的损失要小。中国干涉的威胁并没有明显地使印度人不知所措,新德里可能认为1962年中国入侵以来给印度人造成的军事上无能的一些耻辱已经消除。

9. 夏斯特里政府已经渡过了危机,政府也得以巩固。对于内阁对冲突的处理,夏斯特里在国大党内外的反对派都找不到可以攻击的地方。在出现严重的经济混乱以及和没有出现明显的社会动乱之前结束敌对状态,这个事实对夏斯特里是有利的。但是,夏斯特里及其坚定的支持者是否会认为他们的地位是如此的牢固,以至于允许他们可以就克什米尔问题进行有意义的商讨,这是令人怀疑的,即便他们可能私下看到了这样做的重要性。

10. 各国在克什米尔问题上的立场没有实质性的改变。巴基斯坦坚持,解决方案要以克什米尔地区的穆斯林的意愿为基础。这一立场取决于以下的假设(或许是令人信服的假设),即如果克什米尔只限于在两个国家中选择加入一个,那么克什米尔人将会选择巴基斯坦。拉瓦尔品第对第三种选择即独立基本上没有热情,而独立看来是克什米尔民众的真实

① 布托(Zulfikar Ali Bhutto, 1928～1979),巴基斯坦政治家。1962～1967年任外交部长,1971～1973年任总统,1973～1977年任总理,巴基斯坦最大、最有影响的"巴基斯坦人民党"(1967年成立)的创始人。——编注

愿望。不过,巴基斯坦人可能会同意这一解决方案,作为使这一地区脱离印度控制的方法。

11. 印度人依然坚持其强硬立场,即克什米尔是印度联邦不可分割的一部分,不能用以讨价还价。新德里认为 1948 年的停火协议是无效的,因为压根就没有执行必要的撤军条款。印度人还争辩说,1949 年以来邦内举行三次"自由"选举已经排除了再进行公民投票的必要性。新德里目前打算考虑的唯一的解决方案,是沿着停火线永久地分割这一地区,可能的话对停火线进行微小的调整。

政治和经济上的考虑

12. 认真对待次大陆所面临大量问题的努力,都必须考虑到,即便是如此短暂的战争给两国的政治和经济形势所产生的影响。巴基斯坦和印度都在进行大规模的发展计划,就两国的每个发展计划而言,成功和失败也是一步之遥。事实上,印度不可能做到使生产力增长的速度高于它每年 2.5%的人口增长率。巴基斯坦做得要好一些,部分原因是其发展计划比印度更合乎实际。但主要还是由于巴基斯坦按人均获得的外援几乎是印度的两倍。

13. 巴基斯坦的军事机器在战争中遭到削弱。由于来自印度的威胁仍然存在,因此阿尤布·汗在重建军队的问题上将面临巨大的压力。巴基斯坦几乎肯定会寻找其他国家来替代美国的军事援助计划(MAP),现在巴基斯坦的陆军和空军几乎完全依赖这一计划。阿尤布·汗不可能从苏联集团获得军事援助,因为它们优先考虑的是印度。共产党中国提供的数量极少。在缺少西方援助的情况下,因此巴基斯坦将被迫在军事软弱和使用硬通货购买两者之间进行选择。使用外汇用来购买武器将减少经济发展的第三个五年计划所需的资金,还可能会遭到援助巴基斯坦的国家的反对。巴基斯坦任何严重的经济倒退都会加剧由于国内在克什米尔问题上的挫折而产生的动荡。这种影响在人口密集的东巴基斯坦可能会最为严重。

14. 印度同样也存在严重的经济问题,特别是在食品生产和销售的地区,这种生产和销售已经受到了目前这场战争的不利影响。每年只有 600 万～700 万吨的谷物进口,即每天只有一船货物,这就使印度一些地区免遭严重的饥荒。如果农业和肥料指标不能提前完成的话,这种状况可能会持续下去,而且还可能恶化。即便如此,结束对进口的依赖也将是十分遥远的事情。

15. 为了应对这个问题,可能不得不从其他计划中挪用资源,增长放慢的结果可能会导致政治上的不稳定。新德里在重建军力上不会遇到太大的问题,因为如果得不到西方的支持,它可以求助于苏联的帮助。不过,印度人可能会感到被迫将更多的资源投入到国防生产,也可能决定发展核武器计划。

国际上的考虑

16. 冲突改变了大国同次大陆关系的结构。就巴基斯坦而言,有两个方向的力量试图同时在拉着拉瓦尔品第,一股力量是拉向西方,另一股力量是拉向中立的东方,这两股力量都有增强。蔓延于巴基斯坦民众中的情绪是强烈反对停火,主要是因为如前所述,政府对战争的煽动性报道留下的深刻印象是巴基斯坦正在获胜。巴基斯坦人对美国中止军事援助计划极为愤怒，他们还很可能把其视为不合时宜的停火归咎于美国的压力。第二次推迟西方援助银行团保证会议可以说是一个大胆的权力游戏。甚至那些早就意识到巴基斯坦不可能取胜且被击败的危险与日俱增的政界精英们都坚信，巴基斯坦必须要获得更为广泛的国际援助。这将意味着巴基斯坦将继续同共产党中国和印度尼西亚发展密切关系；按照数量的标准，他们的援助可能不会很多，但可以使印度人烦恼不已，不得安宁。这也意味着巴基斯坦再度努力，试图建立其在亚非不结盟国家中的地位，希望取代印度的影响力。巴基斯坦认为这些国家中存在着强烈的反印情绪，印度越过国际边界线进攻拉合尔地区加强了巴基斯坦的地位。由于巴基斯坦努力加强同不结盟国家和共产党国家的关系，它与西方国家的结盟将会继续陷入困境；无论如何，脱离西方的趋势可能会继续下去。

17. 另一方面，巴基斯坦的经济和国防防务由于这场战争而变得更加尖锐，只有西方国家才能有效地使其摆脱困境。在军事援助方面尤其如此。阿尤布·汗可能也意识到，在克什米尔问题上能够向印度施加有效而实际压力的强国，也只有它的西方盟国了。因此，它将可能充分地修复与西方的关系，以确保获得适当程度的经济上和外交上的支持。

18. 在印度，这场短暂的战争的最终结果可能使印度与西方国家关系有一些恶化。如同在库奇兰恩危机那样，巴基斯坦使用美国军事援助计划提供的装备引发了对美国的批评。相反地，苏联的作用被认为是更为有利于印度的，尽管莫斯科结束战争的努力基本上是公平的。印度对战争结果的满意将会减轻新德里对西方在克什米尔问题上施加压力的敏感性，印度领导人可能认为，从苏联和西方在提供援助的竞争中获得好处，他们处在比以往更为有利的地位。

19. 印度要占有克什米尔的那种情绪冲动的决心可能已经由于公开的战争行动而得以强化；来自西方要求重新讨论克什米尔问题的压力，几乎肯定会遭到新德里的敌视。

20. 对使用经济和军事援助为手段来推动克什米尔问题解决的任何企图，新德里最初可能的反应是请求苏联增加援助，或是决心承受制裁，不做让步。印度人可能会把停止依据《公法第 480 号》的粮食进口看作是西方国家唯一可以施加的难以克服的惩罚；但是，是否会涉及这个带有人道主义色彩的需要审慎处理的计划，印度人对此表示怀疑。

21. 因此，施加足够严厉的经济制裁，从而使新德里在克什米尔问题上转变态度，这一举措在取得成效之前，就可能对印度经济造成无可挽回的损害，同时还遗留下长期的政治动乱以及对西方的反感。在这种情况下，苏联，主要是中国都会找到新的机会。

DDRS, CK 3100365221 - CK 3100365227

张霞译，戴超武校

14－41

中情局关于中巴在1965年印巴战争中进行合作的备忘录

（1965年10月14日）

SC 10519/65

绝　密

中巴在克什米尔战争中的合作

（1965年10月14日）

1. 中国通过宣传和外交上的支持，在最近的战争中公开支持巴基斯坦，并沿着印度北方边界采取牵制行动；这就由此产生了问题，即拉瓦尔品第和北平在危机之前以及危机期间进行协调与合作的程度。可资利用的有限证据有着各种各样的解释，目前做任何明确的结论都是困难的。不过，目前出现的情况显示，当事态进一步发展时，两国试图保持步调一致，但详细的联合计划的数量是有限的。

中巴关系的现状

2. 克什米尔目前的危机爆发之时，恰逢印度的两个主要敌人巴基斯坦和中国之间的关系变得相当密切的时候。北平两年来一直坚持不懈地争取巴基斯坦人，非常成功地利用了巴基斯坦对美国向印度提供军事援助计划的恐惧心理，这种援助计划始于1962年中印边境战争期间。巴基斯坦领导人从一开始就相信，美国给予新德里的任何东西最终都会被用来对付他们，所以他们接受了北平的示好。拉瓦尔品第相信，它可以利用中国的威胁来平衡印度的优势力量，而巴基斯坦在其他方面的立场也没有做出太大的让步。

3. 周恩来总理和陈毅外长在近年来多次往返非洲的途中经常在巴基斯坦停留，同巴基斯坦领导人举行会谈，阿尤布·汗总统去年3月访问北平，大量的体育、文化、科技、贸易和政府代表团互访。1963年8月巴基斯坦航空公司成为共产党集团以外首家允许开辟飞往广东和上海定期航班的公司。1964年10月中国给予巴基斯坦6 000万美元无息贷款；去年3月，陈毅在大肆宣传中签订了中巴共同边界的划界议定书。

4. 也有一系列报告显示，在1964年2月周访问卡拉奇期间，中巴达成了几项秘密的共同防御协定或谅解。尽管双方可能达成了某种非正式的谅解，但可能会在条款中给北平相当大的自由，使之决定何时及如何让协议生效。

5. 今年夏季当克什米尔危机开始白热化的时候，北平与拉瓦尔品第之间无疑进行了密切的磋商。但9月份的事态发展似乎既没有反映出长期的政策协调，也没有更多地体现危机爆发前的联合的战术规划。最近几周迅速而出乎意料的事态发展使中巴关系面临着考验，也暴露了中巴关系的本来面目，这种关系是自私的，而且从本质上讲是不稳定的关系。

早期的外交和宣传上的支持

6. 北平的反应一开始是低调的，但随着危机的升级反应渐渐加强。起初在宣传上给予巴基斯坦的支持似乎与巴基斯坦的目标是一致的，使全世界的注意力集中在尚未解决的克什米尔问题上，同时也避免产生可能使人联想到中巴合谋的那种炫耀。中国人尽管在克什米尔问题上没有重要的意识形态和政治利益，而且在其他地方还有着非常重要的承诺，但它在巴基斯坦面前没有表现出逃避这个问题的意图。另一方面，中国人似乎愿意提供一切风险较低的支持，以进一步加强它们同巴基斯坦的关系。

7. 尚不清楚中国和巴基斯坦在 9 月 1 日前进行磋商的程度，但北平可能至少大体上告之阿布尤·汗向印度克什米尔地区渗透的计划。……①

8. 有关克什米尔问题的磋商可能与据信存在于两国间的共同防御安排之秘密谅解相一致。……②

9. 中国宣传内容的要点起初对克什米尔冲突的报道记述，倾向于大肆宣扬印度的罪行，这一要点在中国外交部长陈毅 9 月 4 日前往马里(Mali)途中访问卡拉奇后发生了引人注目的变化。陈在与布托会谈后，公开谴责印度挑起战争、违反 1949 年划定的停火线、“使冲突恶化”。然而，他支持巴基斯坦的公开承诺是谨慎的，他仅仅说，中国“完全支持”巴基斯坦为反击印度的“武装挑衅”而做的努力。

10. 透露出来的有关布托与陈毅会谈的内容是不全的，也难以评价其真实性。巴基斯坦一位记者报道说，布托告诉他，陈曾提出军事援助，但布托的回答是还不需要这样的帮助。不过，布托可能希望他的讲话会被印度和西方注意到，这既可以恫吓新德里，又可以警告西方，如果巴基斯坦的西方盟国不能提供帮助的话，那么巴基斯坦将到别处去寻找。

11. ……③看来到 9 月 4 日为止，也就是印度进攻旁遮普的前两天，中国人只不过是保证一旦战争扩大时再进行进一步的磋商。

12. 在战争扩大到旁遮普之前，中国和巴基斯坦可能都希望使中国的作用有所限制。美国军事援助的投入当时还没有中止，它对维持巴基斯坦的军事机器是必不可少的，拉瓦尔品第肯定认识到，如果中国的作用太积极的话，那将会危及美国的后续援助。……④

13. 另一方面，印度开辟旁遮普战场带来了新的危险，即新德里将要从中部和东部防区调来兵力，以击败巴基斯坦守军。这种威胁肯定增加拉瓦尔品第对中国发起某些牵制行动的兴趣，因为这些行动能够牵制印度可能派出的增援部队。9 月 8 日美国停止对巴基斯坦的军事援助可能加深了巴基斯坦的不安，减少了它在寻求自己能够找到的帮助时的顾虑。

14. 中国对印度进攻的反应是，加大宣传战的力度，并暗示北平很可能更为直接地介

---

① 原文此处未解密。——编注
② 原文此处未解密。——编注
③ 原文此处未解密。——编注
④ 原文此处未解密。——编注

入。北平就9月7日危机发表第一份官方声明，紧接着在第二天又向印度人发出了照会。这些信息谴责印度侵略巴基斯坦，痛斥印度人把一个简单的边境摩擦扩大为一场"全面的冲突"，从而对"亚洲这一地区"的和平构成了严重的威胁。声明和照会反复抗议所谓的印度侵犯了与拉达克和锡金接壤的西藏边界，来配合上述那些指责。

15. 在印度袭击旁遮普后不久，巴基斯坦开始寻求武器和军火的其他来源，一旦西方和美国中断援助，还可以维持其战争努力。巴基斯坦的盟国只有伊朗和土耳其两个国家似乎仅能够提供一些象征性的支持，不久就清楚地表明，它们所能提供的数量远不足以满足巴基斯坦军队所需要的数量。

16. ……①

17. 阿斯加尔·汗②使团的具体结果尚不知晓，尽管有些消息来源暗示，同印度尼西亚在10日达成了一项秘密的武器协议。但是，现在看来在任何货物运到之前，旁遮普的战争就结束了。没有证据表明同中国人签订了同样的协议。实际上，有关中国向巴基斯坦提供军事物资的任何尝试都将存在着严重的障碍。除了难以克服的运输问题外，来自北平的供应的军事装备主要是苏式的，无法与由美国提供的拉瓦尔品第的现有装备相匹配，这将不适合巴基斯坦军队。

中国的最后通牒

18. 既然不愿意或者不能以军事装备的形式提供大量的援助，北平就寻求向新德里施加心理压力帮助巴基斯坦。在中国人发出强硬的政府声明和9月7～8日威胁性的外交照会后，周恩来9月9日又发出警告说，印度必须承担"由扩大侵略而造成的一切后果"的责任。与此同时，中国人正在通过至少其驻外使馆中的一个发出威胁声明。据报道，中国驻大马士革使馆的一秘曾在9月9日告诉叙利亚一家主要日报的主编说，假如需要以及当需要的时候，北平准备向巴基斯坦提供武器和部队。

19. 北平施加压力的活动在9月16日达到了高潮顶峰，在这一天北平向新德里发出一个事实上的最后通牒，要求印度人立即停止在边境上的"挑衅"行为，立即归还被所谓的印度军队掠夺的藏民和家畜，并且在三天内拆除建立在中锡金边境中国一侧的"军事侵略据点"，否则将面临"严重的后果"。

20. 中国在发表最后通牒之前和紧随其后的军事准备清楚地表明，北平对印度人的警告并非仅仅是心理战的恐吓。……③

21. ……④

22. 中国的行动模式……⑤强烈地暗示了，在最后通牒发出后，北平打算在9月19日最

① 原文此处未解密。——编注
② 阿斯加尔·汗(Asghar Khan，1921～)，巴基斯坦政治家，1957～1965年担任巴基斯坦空军司令，1965年印巴战争爆发前六个星期退休。——编注
③ 原文此处未解密。——编注
④ 原文此处未解密。——编注
⑤ 原文此处未解密。——编注

后期限到期时，沿着中印边境发动牵制性的试探，除非形势发生了有利于巴基斯坦的变化。用来发动目标有限的猛烈进攻的军队已经部署就绪，并在国防部的直接指挥下处于高度警戒状态。然而并没有迹象表明，中国人准备对印度发动一场全面进攻。

23. 我们没有确凿的证据表明，北平 9 月 16 日的最后通牒和同时进行的军事行动是对拉瓦尔品第要求的回应。但前一个星期的事态发展似乎表明，当印度军队重新获得战争的主动权时，巴基斯坦在 9 月 11 日后不久就要求更多的帮助。巴基斯坦在旁遮普的反击受挫，虽然到 9 月 13 日印度向拉合尔发动的新的大规模的强攻受阻，但印度对锡亚尔科特地区的压力正在加大。巴基斯坦遭受了惨重的损失也未能突破印度的防线。而且在 9 月 8 日，美国停止了一切军事援助，给遭受重压的巴基斯坦军队切断了补充零件和弹药的主要的(如果不是唯一的)来源。在这种情况下，阿尤布・汗在布托和政府中其他狂热分子的怂恿下，可能是在绝望中决定请求中国沿着中印边境进行佯攻，希望以此打破新德里明显要继续进行消耗战的决心。

24. 事实上，有证据表明在 9 月 13 日之前中国就将军队调入西藏为今后的行动做好了充分的准备，如果此时巴基斯坦要求给予明确的支持，北京却没有及时回应，那么巴基斯坦必将深感沮丧。很可能不仅中国，巴基斯坦也同样低估了新德里的决心和印度军队的能力，从而未能或不情愿及时做出反击。等到北京行动的时候，阿尤布・汗可能认识到他所期望的帮助不仅有限而且来得太迟了已经无法改变局势，所以他决定放弃这种必将阻止西方约束印度和提出“合理的”解决方案的援助。

25. 有许多迹象表明，中国向印度发出最后通牒后不久，阿尤布・汗正在考虑结束冲突的办法。……①

26. 这与我们曾做的分析一样，阿尤布・汗可能在 17 日给北平发去一份要求北平不要卷入的急电。……②这份电报可以说明北平突然做出的意想不到的决定，即外交部长陈毅在访问非洲后回国的途中，取消了原来去卡拉奇的计划，于 9 月 18 日在大马士革停顿 25 个小时后继续他的行程，并且绕过巴基斯坦经由阿富汗返回北平。

27. 陈毅行程计划的改变以及中途停靠叙利亚可能反映了北平的惊讶和困惑。让中国领导人放弃最后通牒的期望是令他们极度不快的，他们可能利用这个间隙力劝巴基斯坦把战争继续下去。如果这样，北平的主张是敌不过印度军队与来自西方的正在稳定增长的政治压力的联合力量的。

28. 9 月 19 日英国高级专员报告说，在与巴基斯坦总统举行的会议上，阿尤布显得“克制且担忧”，并一再表示了巴基斯坦停火的愿望，如果只有停火才能使重新讨论克什米尔问题“富有意义”。

29. 中国不可能给阿尤布施加巨大的压力力劝他坚持住。……北平可能决定通过尽可

① 原文此处未解密。——编注
② 原文此处未解密。——编注

能温和地对待阿尤布的决定来挽救未来的中巴关系。

30. 9月19日，中国开始了没有面子的从最后通牒到妥协的过程，向印度发出照会把最后通牒的最后期限延至9月22日零点。这封信的措辞强硬并带有威胁，但它给北平立场的转变提供了基础，北平不会对印度进行惩罚，因为新德里已经满足了中国的最根本的要求。在停火协议达成三天后，新华社播出了一篇《人民日报》的"观察员"文章，声称虽然事情"没有完全结束"，但印度遵守了最后通牒的最根本的要求。北平最后在9月24日通过电台播出了两份官方的外交照会，称入侵锡金地区的印度军队已经在"限定的期限内"撤退。

前景

31. 虽然表面上中巴关系在未来几个月会表现得同以往一样亲热，北平将寻求巩固和加强它与拉瓦尔品第的关系，但是最近的一些事情可能在双方之间产生了一些摩擦并引起严重的疑虑。中国一定会对巴基斯坦在最后时刻要求它不要介入而感到愤怒。北平认为巴基斯坦是在西方的压力下屈服的，在联合国支持下签订的拉瓦尔品第的停火协议毫无疑问是特别让人感到屈辱的。

32. 据报道，10月4日，在欢迎来访的巴基斯坦贸易部长的宴会上，薄一波副总理说中巴友谊"能够经受住任何考验"。在过去，中国使用这种表述表示双方之间存在着许多争议。然而，尽管存在着争议，但北平与拉瓦尔品第之间在外交政策的许多领域中的利益是相一致的，目前两国关系是不可能破裂的。

33. 确定这一关系未来走向的主要因素是这些共同利益被巴基斯坦在其他地方成功获得物质支援和外交支持补偿的程度。拉瓦尔品第最初还是遵守停火协议的，这表明虽然阿尤布几乎不相信巴基斯坦的利益现在能得到更好的维护，但他还是服从联合国最后的解决方案。它可能还会要求美国、英国或许甚至苏联向印度施加压力。只要有一线希望，这些外交努力将会成功，它在处理与中国的关系时才可能保持慎重。然而，如果明显地无法从西方获得更多的好处，一个深受挫折的巴基斯坦很可能会考虑倒向中国。(附录和地图)

附录

大　事　记

1965年2月11日	……①
1965年3月6～7日	阿尤布访问共产党中国，3月7日发表公告提到克什米尔争端问题并重申克什米尔问题的解决应与克什米尔人民的愿望相一致。

① 原文此处未解密。——编注

1965 年 3 月 25 日	外交部长陈毅抵达拉瓦尔品第进行为期 5 天的访问。
1965 年 5 月 2 日	……①
1965 年 5 月 25 日	巴基斯坦为在克什米尔地区进行破坏活动开始训练渗透者。
1965 年 6 月 2 日	周恩来在前往非洲的途中经过拉瓦尔品第与阿尤布·汗讨论了一天。
1965 年 7 月 1 日	库奇兰恩停火协议生效。如果会谈失败，协议规定召开两国部长会议，然后把争议提交仲裁。双方谨慎地从旁遮普的冲突中撤退。
1965 年 7 月 3 日	由于美国无力在那段时间作担保，所以巴基斯坦被告知美国打算建议世界银行联合放款团和抵押会议推迟到 7 月 27 日。
1965 年 8 月 5～8 日	巴基斯坦开始派出第一批共 1 500 名渗透者越过界线，印度的反应是正视这种渗透，请求联合国秘书长吴丹宣布反对巴基斯坦的这种行为。
1965 年 8 月 17 日	巴基斯坦新闻部长在被记者问及是否有北京方面新的支持保证时说，有一份生效已经很久的“谅解”，如果新德里的军队推进到“定居区”中国将进攻印度，这是毫无疑义的。
1965 年 8 月 17～24 日	由于没有联合国报告以及面对更进一步渗透，印度首先穿过在卡尔吉尔和蒂斯瓦尔的停火线，最终切断乌伊尔-普恩奇战线的突出阵地。
1965 年 9 月 1 日	巴基斯坦以进入查姆博(Chhamb)地区进行回击，目的是为了切断去普恩奇(Poonch)的道路。巴基斯坦也首次承认了作为对手的直接角色。印度的回应是利用空军掩护军队撤退。
1965 年 9 月 4 日	中国外交部长陈毅去非洲访问途径卡拉奇与布托进行了长时间的会谈。
1965 年 9 月 5 日	陈毅在启程前的记者招待会上说，北京“完全同情克什米尔人民的正义斗争”。
1965 年 9 月 6 日	印度发动进攻并向拉合尔和锡尔廓特推进五英里。联合国安理会召开会议敦促停火。记者招待会结束后，外交部长布托半夜私下对记者透露，在此次来访中陈毅提出军事援助，但巴基斯坦拒绝了，理由是巴基斯坦不需要这样的援助。
1965 年 9 月 7 日	中国政府严厉地斥责印度对巴基斯坦“赤裸裸的侵略”行为，并断言印度占领了中国在锡金边境地区的领土。

① 原文此处未解密。——编注

……①

1965年9月8日　印度通过进攻查谟北部的锡尔廓特和海得拉巴德南部的信德(Sind)开辟两条战线;联合国秘书长吴丹抵达卡拉奇进行他的寻求和平的使命。美国停止对印度和巴基斯坦的军事援助。伊朗总理前往土耳其探讨援助巴基斯坦问题。共产党中国再一次向新德里提出印度军队在锡金山口地区的部署问题,并对印度几次攻击巴基斯坦的行动做了比较,同时提出印度挑起中印边境的冲突。

……②

1965年9月9日　巴基斯坦在拉合尔地区进行反击,把印度军队击退到边界、巴军进入前线南部的印度领土。周恩来警告印度必须为"扩大侵略战争的全部后果"负责。联合国秘书长吴丹抵达巴基斯坦。刘少奇在北京会见巴基斯坦大使并回复了阿尤布的来信。据报道,共产党中国驻叙利亚大使馆一秘曾向著名的《大马士革日报》主编透露,一旦巴基斯坦需要,中国随时可以向其提供武器和军队。

……③

1965年9月11日　印度在拉合尔地区进行反击重返这一地区,虽然巴基斯坦军队继续占领印度部分领土,但印度又重新夺回了大部分失地。中国扩大与巴基斯坦现有的外交通讯机构。

1965年9月12日　吴丹离开巴基斯坦前往新德里。巴基斯坦坚持作为停火的首要条件是在克什米尔地区实行公民投票。印度军队向前推进到离锡亚尔科特两英里以内地区。印度拒绝接受中国对它侵犯锡金边境的斥责,提议准许"中立国观察员"进驻。

1965年9月13日　塔斯社呼吁和平,对中国"那些有助于激起冲突的煽动性声明"给予谴责。

……④

1965年9月14日　对吴丹提出9月14日晚生效的停火建议,双方都没有遵守。中共对印度未能返还1962年被印度关闭的中国银行分行的财产提出了克制的抗议。国务卿腊斯克公开警告中国"不要介入"印巴冲突。

① 原文此处未解密。——编注
② 原文此处未解密。——编注
③ 原文此处未解密。——编注
④ 原文此处未解密。——编注

1965年9月15日	……①阿尤布在记者招待会上请求约翰逊总统利用美国的影响终止冲突。 他表示3个月内举行公民投票的要求可以协商。吴丹再次要求终止敌对行动。如果巴基斯坦同意,新德里愿意停止战争。但是夏斯特里重申决心获得克什米尔,巴基斯坦拒绝这个建议。 ……②
1965年9月16日	中国最后通牒要求新德里在三天内拆除从锡金穿过西藏边界的所谓的印度邮局(哨所)。 ……③
1965年9月17日	……④ 印度答复中国最后通牒,同意沿锡金边境联合调查防御设施,但否认他们有侵犯边界的行为。在给印度和巴基斯坦的照会中,柯西金提供场所邀请夏斯特里和阿尤布到塔什干。
1965年9月18日	……⑤ 外交部长陈毅在从非洲返回的最后时刻改变了他的行程计划,9月18日经停叙利亚休息25个小时,19日经阿富汗回到北京。在原计划飞往卡拉奇的第11个小时后改变行程路线可能是应阿尤布的请求以避免被指控在克什米尔冲突中中巴相互勾结。
1965年9月19日	中国通知印度最后通牒的日期延至9月22日午夜。措辞强硬并具有威胁性,但重点是表明中国无意挑起战争。实际上这为中国改变立场打下基础。 ……⑥
1965年9月20日	联合国安理会通过一项决议要求在9月22日东部夏令时间上午3点实行停火。 在中国最近发表的一系列声明中的第三个声明的目的是继续对印度施加压力,声明严厉地抗议印度入侵拉达克,但令人注目的是没有提及印巴冲突和克什米尔危机,表明北京进一步远离这种政治局势。 北京《人民日报》严厉谴责了苏联对待印巴冲突的态度。指责“苏联领导人”与美国相勾结。

① 原文此处未解密。——编注
② 原文此处未解密。——编注
③ 原文此处未解密。——编注
④ 原文此处未解密。——编注
⑤ 原文此处未解密。——编注
⑥ 原文此处未解密。——编注

	……①
	……②
1965 年 9 月 21 日	……③
	中国的新闻广播说印度一直在秘密拆除沿锡金边境的军事设施试图掩盖“侵略”的证据。北京这样做至少是由于印度部分满足了中国的条件而且表明了一种态度由此可以在几乎不丢面子的情况下结束这一问题。
1965 年 9 月 22 日	北京官方“观察员”文章称印度已经遵守了中国提出的最后通牒的要求,但由于到目前为止,印度仍没有归还被掠夺的人员和家畜,所以“事情还远远没有结束”。印度和巴基斯坦两国同意 9 月 22 日东部夏令时间下午 6 点停火协议生效。
1965 年 9 月 24 日	北京广播电台播出了向新德里发出的两分外交照会声称印度必须“在限定的时间内”撤出正在侵入锡金地区的印度军队,中国重申如果印度停止入侵行动,那么新德里将负“一切后果”。

DDRS, CK 3100123832 - CK 3100123853

李春玲译,戴超武校

① 原文此处未解密。——编注
② 原文此处未解密。——编注
③ 原文此处未解密。——编注

14 - 42

中情局关于印度核武器能力的评估

（1965 年 10 月 18 日）

SC 11794/65

印度的核武器能力

（1965 年 10 月 18 日）

1. 本备忘录内容回答你口头询问的关于印度核能计划的现状。我要提醒你注意的是，正在准备的一份特别国家情报评估(SNIE 31.1)不久将公布。下面的内容概括了印度核能项目各个主要设施的现状。

是否要发展核武器的决定

2. 印度可能已经拥有了足够的钚来发展核装置。我们现在还没有印度的非核部分的技术情报,但显而易见的是,印度目前正努力加强其在武器研究和开发上的能力。我们没有确切的迹象说明印度政府已决定要发展核武器,但据估计,印度政府一旦做出发展核武器的决定,它在大约一年内就可能会实验其第一个核装置。第一次实验后约两年内,它们可能能够生产出可用堪培拉轻型轰炸机运载的核武器。如果早一点决定研发武器计划,到 1970 年印度可能研发出几十枚能量在 20 千吨 TNT 范围内的核武器。虽然印度签署了 1963 年的部分禁试条约,但地下核试验仍可进行。

加印研究型反应堆

3. 印度核能计划的重要设施在其原子能基地,位于孟买附近的特罗贝,那儿有三个研究反应堆,一个铀提炼厂、燃料生产设施、一个钚分离厂,和常规的研究、行政人员及其他的辅助设施。在这三个研究反映堆中,只有 40 兆瓦的加印反应堆能生产大量的钚,每年大约 12 千克。加拿大和印度之间的协议明确规定,建造加印反应堆只用于和平目的。但只有加拿大提供的第一次装载燃料的一半的铀是在严格防护之下用于和平目的的。早些时候,印度燃料就取代了加拿大的铀,现在这座反应堆所用的铀或重水都没有严格防护。

化学再处理厂

4. 位于特罗贝的钚分离厂于1964年3月初首次试验运行，到1964年10月，使用加印反应堆提供的放射性燃料进行的首次运行成功。印度声称，这座钚分离厂每年能处理30吨放射性燃料，但我们认为这个数目可能夸大了几倍。无论如何，这个能力大大高于处理加印反应堆燃料的需要。钚提炼厂计划于1966年建成；同时，这项任务可能已经通过实验设备完成了。

钚的研究

5. 虽然加印反应堆以有助于适合制造核武器的钚的方式在运转，但这种钚也有其他的用途。印度声称他们的整个核计划是直接用于和平利用的，钚将被用作反应堆燃料和快中子反应堆的研究。为支持这些用途，一个全面的钚化学和冶炼计划正在拟订之中。然而，这样的设施和运行方式可能使印度的核武器计划突飞猛进。

铀、钍和重水的生产

6. 印度有充足的燃料用于钚的生产。印度运用独居石矿来提炼铀和钍已经好几年了，并在没有严格防护的情况下，从一些国家购买浓缩铀。此外，印度国内的铀的产量也在增加。贝哈尔(Behar)已经开始采矿，一座每天加工1 000吨铁矿石、年产200～300吨铀的提炼厂预计在1966年能运转。印度在楠格尔已经有了一座年产量为15吨的重水加工厂，这座重水加工厂从1962年8月就已经开始运转了。印度正在考虑建立一座年产量为200吨的重水加工厂。但厂址还没有确定，且建这样的重水厂预计不会少于四至五年的时间。

核能发展

7. 目前，印度计划在十年内有三座核电站能运行。正在建造的第一座核电站位于孟买北部60公里的塔拉普尔，预计在1968年投入使用，其装机容量为380兆瓦。这座核电站将包含美国提供的两个沸水反应堆并使用美国提供的浓缩铀。位于拉贾斯坦的拉纳普拉塔普萨迦尔的第二座核电站，一期工程在加拿大的援助下正在建造。一期工程是200兆瓦的天然铀燃料、重水中和型反应堆，预计在1969～1970年间运行。塔拉普尔核电站和拉贾斯坦核电站的第一个反应堆都分别应美国和加拿大的要求处于严格的安全控制之下。

8. 最初，印度是打算在没有外国的帮助下在拉贾斯坦建造第二座 200 兆瓦反应堆，在马德拉斯的卡尔帕坎(Kalpakhan)建造第三座核电站。卡尔帕坎核电站和有两个反应堆的拉贾斯坦核电站是一样的，卡尔帕坎核电站预计大约在 1972 年开始运行。瑞典帮助印度就卡尔帕坎核电站的可行性进行了研究。但印度也正在与加拿大就加拿大帮助印度建立第二个拉贾斯坦反应堆和两座卡尔帕坎反应堆进行谈判。如果这些反应堆在加拿大的援助下建立，那么有望将其置于严格防护之下。如果没有外国的援助同时要求进行安全控制，建立这些反应堆大约要花四至五年的时间，因此，它们在 1970 年之前不可能为核计划生产出钚。

DDRS, CK 3100365192 - CK 3100365196

张霞译，戴超武校

14 - 43

中情局关于印巴对美国某些行动方针的反应的评估①

（1965 年 12 月 7 日）

SINE 31 - 32 - 65

秘　密

印巴对美国某些行动方针的反应

（1965 年 12 月 7 日）

主　　题

评估印度和巴基斯坦对美国某些行动方针的反应。

概　　述

南亚次大陆问题和美国在该地区的利益是复杂的而且是相互关联的。由于苏联、中国和其他大国的深度干预，使得这一关系更加复杂。因此，美国任何特别的行动都会由于总体的国际局势和其他与之相应的决策而造成不同的反应，也会为美国的政策提供基本的前提。为了使问题处于可控状态，在该评估报告中，我们讨论了国务院提出的五种基本的行动方针。需要指出的是，出现许多其他的综合决策和不同重点的情况都是可能的。

军事兼并②体现了我们对某些特殊问题的反应，这些问题涉及国防部呈送的有关美英实施武器禁运所产生的效力的具体问题。

情 况 预 测

1. 共产党中国会首要关注越南的战争，不会对印度发动一场大规模的军事进攻，但是

---

① 原注：来源：中央情报局，Job 79 - R01012A，0DDI 的 NIE 和 SNIE 登记档案。秘密级：被监控档案；传阅范围有限。根据首页的说明可见，该评估报告是由中情局和国务院、国防部、国安会以及原子能委员会的情报组织准备的。除了联邦调查局的代表因为该课题不在其职责范围之内没有参与外，美国其他所有情报机构的代表都参与了 12 月 7 日的评估。

② 原注：没有被打印出来。

我们也没有排除他们越过印度北部边境发动一次试探性的有限军事行动的可能。

2. 苏联虽然在寻求避免印巴之间爆发敌对冲突，但会继续其亲印的基本政策，包括对印度的经济和军事援助。

3. 达成一项正式的停火协定是可能的，但看不到达成政治解决办法的迹象，安理会依然会关注美国的行动。

讨 论

一、当前局势

1. 印巴关系。由于最近发生的战争，这两个国家之间出现了严重的相互猜疑和惧怕。巴基斯坦继续致力于谈判和改变克什米尔现状等等，一个希望是印度至少要放弃它所控的查谟地区和克什米尔地区的一部分。印度将依然强硬地拒绝这样做。经历过最近的战争之后，印度意识到自己的军事力量具有压倒巴基斯坦的优势，因此它的决心会进一步加强。停火依然是不稳定的，违反停火的现象也经常发生。重新爆发大规模的敌对冲突现在看来是不大可能的，在以后的几个月中，联合国将敦促部分的撤军。但在这段时期内，达成政治解决的可能性很小。

2. 印度。最近的战争使得印度恢复了自信和荣誉，加强了它占据克什米尔的决心。尽管印度军队的许多声明都被夸大了，但是其出色表现足以消除其先前屈辱的回忆。战争的结果极大地加强了夏斯特里总理和国大党的地位。但是几年来其增长率仅为3%～5%，而不是计划中的7%～8%，冲突造成的混乱可能会进一步降低其增长率。尽管有大量的粮食进口，但依然存在严重的粮食短缺。今年粮食收成的减少形成了威胁印度的粮食危机。印度的外汇储备已达到了最低水平，同时，其外债也接近每年5亿美元。

3. 巴基斯坦。战争同样给巴基斯坦带来了强烈的爱国狂热，大部分巴基斯坦人都相信他们的政府所宣称的“胜利”。巴基斯坦公众舆论更加坚定地要在克什米尔问题上取得进展。但军方和政府领导人都明白，印度在战争中占了上风，他们也承认印度是更为强大的大国。克什米尔仍然控制在印度手中的事实也是明显的。虽然阿尤布·汗的地位和统治没有受到威胁，但越来越多的巴基斯坦人开始指责他，显而易见的是，他最近的政策没有削弱印度对克什米尔的控制。战争动摇了商业信心，导致私人投资的大量减少，另外一个事实就是，经济增长率的大幅下降。然而其迫切的经济问题，特别是某些地区的粮食短缺，也没有印度那么严重。

4. 美国对次大陆的援助。美国对印巴都进行了经济和军事援助。①在过去15年里，美

① 原注：美国的经济援助(《公法第480号》除外)是与其他西方大国的援助合在一起的。过去几年两国从美国和其他自由世界国家以及苏联集团获得的经济援助总额在附件二里。军事援助总额在附件三里。

国向印度提供了30亿美元的经济援助,给了巴基斯坦21亿美元。在同一时期根据《公法480号》规定的粮食援助是:印度30亿美元,巴基斯坦11亿美元。(自1963年开始)给予印度的军事援助是9 200万美元,给予巴基斯坦的军事援助(自1954年开始)是6.767亿美元。1965年9月战争爆发后,所有的美国军事援助都停止了。也没有进行新的经济援助,但是正在执行中的援助项目仍在继续。根据《公法第480号》的粮食援助项目仍在继续,但期限缩短了。①

5. 出于不同的原因,两国都极为担心美国将来的援助政策。战争之后,巴基斯坦的军事力量与印度相比变得更为弱小,希望恢复美国的军事援助和贸易。它的军队几乎完全依靠美国武器和零部件的供应,美国援助停止后,巴军受到严重削弱。印度领导人首要关心的是重新获得美国的经济援助。特别是他们需要非项目性援助提供大量化肥和其他原料来增加农业产量。巴基斯坦需要美国利用其援助的影响来迫使印度达成克什米尔的解决办法。印度在任何情况下都不希望美国在军事上援助巴基斯坦。

6.《公法第480号》。美国对南亚次大陆援助的一个重要方面是根据《公法第480号》的粮食援助项目,为这两个国家分别提供了各自需要粮食的8%。失去这一援助两国都会受害,但巴基斯坦的损失比印度小一些。巴基斯坦政府建立了相对大的粮食储备,其国内的粮食产量比印度要高。虽然缺少外汇,但它为1.12亿人口筹集粮食要比印度为4.84亿人筹集粮食简单一些。此外,巴基斯坦在国内粮食分配上也比印度要容易得多。

7. 印度领导人非常担心《公法第480号》项目的终止。如果该项目终止,印度将面临严重的饥荒。印度不能生产足够的粮食自给,最近的一次饥荒非常严重,在保证均衡的粮食分配方面,印度遭受了严重而长期的困难。这些困难已导致最近价格的急剧上涨,黑市泛滥,尽管有大量的依据《公法第480号》的援助,但在一些粮食短缺的地方依然供应不足。虽然印度只有很少的外汇储备,但它可以利用其硬通货(每年大约12亿美元,大部分来自原料出口)在国际市场上购买粮食。但是,值得怀疑的是,在这种应急性的情况下,印度政府能否实现这一交换,并顺利地实现粮食的输送。即使能够实现,花费数十亿美元的出口收入购买粮食会对印度的发展规划和经济造成严重的负面影响。

8. 次大陆和共产党中国。1962年中印边境冲突和美国开始军事援助印度之后,巴基斯坦已与北平建立并发展了更为亲密的关系。在最近的冲突中,中巴关系更为密切。巴基斯

---

① 原注:国务院情报与研究部门的主管托马斯·黑斯(Thomas L. Hughes)认为印巴对美国的援助政策更现实和实用的认识是这样的:次大陆对美国援助的认识。美国对印巴的经济和军事援助(包括《公法第480号》)总额有100亿美元。由于两国持续的敌对,每一方都认为美国会正常地考虑其对一国的援助项目与另一国的关系。印度明白尽管自己有相对更大的国土,国际影响力,经济实力,发展潜力和不断升温的与共产党中国的对抗,但平均算来,它只能获得美国对巴基斯坦援助的三分之一的分量。(印度能获得60亿美元的援助,包括一小部分军事援助,巴基斯坦能获得40亿美元,其中六分之一是军事援助。)巴基斯坦无疑认为它过去获得的有利的倾斜其原因在于它的盟友身份,相对成功的经济项目,为美国提供有用的设施,印度的不结盟政策及其与苏联的调情。一般来讲,每一方都认为美国过去对自己的援助更大些,可预见美国的政策与另一国有着很大的复杂性。印度人会认为从1962年中印冲突之后美国对自己的军事援助有所限制来看,这样认为是对的。印巴两国都肯定地意识到随着中美在亚洲敌对的加剧,印度与中国敌对的加深,相比之下巴基斯坦与中国联系加大,当前局势正在引入新的大国因素。

坦虽然认识到中国不能为自己提供有效的经济援助甚至足够的军事援助，但它依然将中国视为在与印度的对抗中对自己极有价值的军事强国。它看到印度很担心中国的军事，印度从而增加了中印边境的军事部署，而不是印巴边境。此外，一旦印巴敌对再次爆发，巴基斯坦希望可以获得中国进行积极的干预。

9. 苏联的作用。苏联近年来采取了对巴基斯坦相对敌对的态度，在克什米尔问题上一直支持印度。莫斯科对印度承诺了 10 多亿美元的经济援助，在未来的几年内，印度将会从苏联集团每年获得 2.5 亿～3 亿美元的援助。1962 年以来，苏联成为印度主要的军事供应国。苏联几乎确定继续将印度视为其在次大陆的首要利益，继续提供大量经济援助，向其出售更多的军事装备。但莫斯科最近明显决定在协调印度立场的基础上，改善与巴基斯坦的关系。美巴关系的恶化、中苏分裂的加剧、中国对印度的威胁以及中国在拉瓦尔品第的影响等一系列的事态发展表明，这一举动不仅是可能的，也是必要的。通过改善其与巴基斯坦的关系，莫斯科看到了一个打击中国人和美国的机会。

二、行动方针

10. 总体而言，美国可能采取的下述行动方针，表示通过使用军事和经济援助等各种方法，以便影响印巴两国的政策。两国都急切寻求这样的援助，虽然程度不同。两国都不能以其他来源来取代美国以前援助的种类和数量。因此，两国在这方面都受到美国政策的巨大影响。

11. 然而，美国利用其援助政策对两国政府的影响是有限的。我们相信，任何外部力量都不可能极大地消除两国间所存在的根本敌意。印度继续保持对共产党中国的敌意，但将会竭力维持与美苏两国的关系。印度不太可能优先发展核武器。巴基斯坦将肯定保持与北平的关系，以此作为同印度抗衡的保障，而不管同美国的关系对自己是多么的有利。巴基斯坦坚信必须保持军力，来保护自己免受印度的侵略，因此它会竭尽全力寻求武器装备。

12. 在以下的行动方针中，除了第三种外，与美国在过去采取的方针都有大的区别。假如美国长期以来持续执行其中的一种方针的话，那么整个局势都会有所变化。对次大陆产生影响的各种力量的平衡将不同于目前的情况，而且苏联、共产党中国以及或许还包括其他大国的影响将是不可预测的。该项评估目的不是试图追溯当前发展状态的多种可能趋势，也不是要评估对美国利益的多种意义。以下几段提出了我们对将来几个月或一年内的预测可能要发生的事态的反应而做出的判断，对更大范围和更长期内的反应的建议则很少。

13. 方针甲、乙和丙都假设美国按 1963～1964 年度实行的最高水平，继续对两国进行经济援助。在方针甲和乙中，按照 1963～1964 年度的水平对一国进行军事援助，对另一国则给予“一些军事援助”；在方针丙中，对按照 1963～1964 年度的水平对两国进行同样的军事援助。这三种方针不仅在军事援助的数量上有所不同，而且在两国的补偿物，以及美国与两国的政策和渴望相联系的密切程度上都有所不同。在所有的五项方针中，做出的反应在很大程度上取决于两国对美国动机和长期目标的不同解释。

方针甲：美国认识到一个稳定的、有影响的、经济上自立的印度是在亚洲制衡中国的最为有效的力量，巴基斯坦可以在能够接受的范围内发展与中国的关系，在此前提下，美国要明确地倾向印度。美国通过多种方式寻找与印度更密切的共同点，恢复大规模的经济和军事援助，避免迫使印度在克什米尔问题上让步。作为新关系的一部分，美国期望印度进行新的农业和经济改革，在对付中国的安全问题上进行更密切的合作，放弃独立的核能力。美国对印度的经济援助要恢复到 1963～1964 年的最高水平，并恢复对巴基斯坦的一些军事援助，以此来支持美国对印度的新政策。

14. 印度。如果美国要做出支持印度的选择，特别是如果美国在印度饥荒的困难时期增加粮食供给的话，印度对美国的友善会增加。但是，这一积极的反应，要受到恢复对巴基斯坦哪怕是有限的军事援助的影响。美国能够从根本上改善与印度政府的关系。夏斯特里总理和国大党在整个印度的威望和地位将得到强有力的加强，从而有利于印度的稳定。印度在对付中国的安全领域同美国进行的合作将会继续并可能增强。印度领导人在该领域以及经济改革和改善粮食配给方面会更加接受美国的建议。他们进行改革的能力依然是有限的，但其经济发展水平将有可能提升。虽然印度领导人不会正式表示会永久的放弃核能力，但他们会做出在短期内不去发展核设施的保证。

15. 但与此同时，印度会坚持在美苏之间的不结盟政策。苏联人可能会向印度提供可观的经济和军事援助，印苏会继续保持密切关系。印度在对外政策各领域依然会在许多时候保持与美国的差异。

16. 巴基斯坦。我们不认为能够有信心准确地评估巴基斯坦的反应。不同的重要人物会做出不同的反应，会产生相互矛盾的情绪。巴基斯坦的行为将部分取决于美国所采取的行动，取决于包括印度在内的其他国家行为和承诺，并取决于不可预测的各种因素。许多巴基斯坦人，可能也包括阿尤布本人，倾向保持同西方的密切关系，担心与共产党中国的关系过于密切。他们意识到恢复美国经济援助的好处。他们也知道自己急需获得美国哪怕是有限的军事援助，特别是最精锐的巴基斯坦空军部队的需求最为紧迫。[①]因此，巴基斯坦政府出于更为需要美国援助的原因，会放弃对美国政策的埋怨和不满。

17. 在这种情况下，巴基斯坦与美国的关系将保持正常。它将继续作为在中央条约组织和东南亚条约组织中的盟友；尽管会出现一些偶发的不快，美国在巴基斯坦的特殊设施也不会被关闭。同时，巴基斯坦领导人将会尽一切努力扩大新的军事装备和硬件。由于其经济的发展以及美国及其盟友经济援助的恢复，他们将获得大量的军事装备和硬件，虽然他们的需求要比从该渠道所能得到供应要大。他们与中国的关系同 1965 年 8 月之前的状态相比不会有所改变，虽然公众舆论对北平的支持会减少一些。巴基斯坦将会尽力改善与苏联

① 原注：见附录一，分析了巴基斯坦的军事需求。

的关系。

18. 但是，巴基斯坦也可能会做出激进好战的反应。他们很快会意识到美国已改变了以前的政策，选择印度而不是巴基斯坦作为其在南亚的首要伙伴。这会造成严重的震荡，在巴基斯坦看来，它会失去希望，不再享有对付印度的安全地位，也不可能在克什米尔问题上获得有利的解决结果。巴国的公众舆论已经对美国在此次印巴战争中的作用表示不满，这种情绪还会加强。虽然巴基斯坦急需恢复美国的军事援助并密切同西方的关系，但是拉瓦尔品第政府很难无视或顶住以上的压力。大部分的高层领导人自己都抱有这种情绪。在这种情况下，巴基斯坦政府会对美国采取极端的敌对态度。

19. 如果发生此种情况，巴基斯坦虽不会断绝与美国的关系，但它会使得两国不能保持正常的关系。它可能会关闭美国在巴基斯坦的特殊设施，甚至冒失去美国军事和经济援助的风险，退出中央条约组织和东南亚条约组织。如果阿尤布总统坚持巴基斯坦以前的亲美政策，即使他作为领导人推行新的政策，去谴责美国、接近其他大国特别是与印度敌对的中国，那么他依然会使自己遭受政治攻击。无论阿尤布执政与否，巴基斯坦的政策都会向更激进的方向转变。巴基斯坦会在中国和激进的亚非国家之间玩擦边球，甚至可能退出联合国，就像印度尼西亚在过去几年所作的那样。①

方针乙：如果美国认为巴基斯坦能够接受美印关系的现状，再次成为美国坚定的盟友，那么美国就要支持巴基斯坦。假如拉瓦尔品第能约束同中国的关系，美国就恢复军事和经济援助，帮助巴基斯坦满意地解决克什米尔问题。如果美国要推行这项政策的话，就要把对印度的经济援助恢复到1963～1964年度最高的水平，并提供一些军事援助。

20. 印度。印度对美国倾向巴基斯坦的政策的反应会是明显的，并会对美国进行口诛笔伐，特别是在美国对被印度视为侵略者的国家恢复军援之时。新德里会继续把苏联视为最有潜力的高科技武器的来源，并会搞好与莫斯科的关系。这样的政策不会对印度的核武器政策造成太大的影响。在对付中国的安全领域的合作，至少在目前会受到负面的影响。但印度领导人希望依靠美国来对付共产党中国，特别是在遭受中国军事进攻的时候。

21. 此外，恢复大规模的经济援助会取悦印度，因为同军援相比，印度更需要经济援助。特别是在遭受严重饥荒的时候，印度会很欢迎美国保证继续执行《公法第480号》援助以及恢复有助于增加粮食产量的援助项目。印度的政治体制不会受到影响，其经济会继续保持稳健平缓的增长。然而，印度会反对甚至激烈抵制美国在克什米尔问题上对自己施加压力。

22. 巴基斯坦。巴基斯坦会对美国恢复对印度哪怕是有限的军事援助表示不满。拉瓦

---

① 原注：国务院情报与研究部门的主管托马斯·黑斯承认16～19段提出的巴基斯坦的政策选择是可能的，但是他认为一个平衡的巴基斯坦将会以第16～17段提出的更为理性的方式做出反应，而不是18～19段提出的敌对的方式。即使它采取一些诸如退出东南亚条约组织等带有敌意的姿态，他还是不认为随后就要关闭美国的特别设施。他的理由如下：(1) 巴基斯坦对美国援助的依赖很强，并且缺少满意的替代来源；(2) 巴基斯坦可能会认为美国的设施曾经并将继续作为换取美国高额援助的杠杆，并试图用它来影响美国的对印政策；(3) 这些设施还有巨大的实际作用，可以帮助巴基斯坦自己训练人员，即使美巴关系恶化，出于自己的目的，该设施还会继续运作。他进一步指出不同于中央条约组织和东南亚条约组织，该设施的存在在巴国内没有成为焦点。他认为鉴于这些考虑，评估报告的19、23、25、29段所提出的美国援助水平和设施延续的关系是认为主观的认识，是误导的。

尔品第会要求美国正式保证抵抗印度的进攻,并会对美国任何的消极回应表示怨恨。此外,如果美国没能成功地迫使印度达成一项克什米尔的解决办法(肯定会这样),那么巴基斯坦就会增加对美国的批评。巴基斯坦虽然不会终止前几年同中国所形成的关系,但会有所限制。

23. 但是,尽管存在这些消极的因素,美巴关系将会从总体上得到改善,特别是美国清楚表明自己确实支持巴基斯坦而不是印度。美国在巴基斯坦的特殊设施将不会受到影响,那些现在被关闭的设施肯定将重新开放。美国的军援恢复后,巴基斯坦相对于印度的安全感会得到加强。但巴基斯坦最近寻求解决克什米尔问题的努力和美国在最近的战争中所宣称的不支持政策所遗留的麻烦而导致的美巴紧张关系,将会使巴基斯坦很难恢复像20世纪50年代中期那样对美国的信心和依赖的程度。

方针丙:美国如果认为此前的对次大陆的“平衡”政策依然最能保障自己的利益,那就同时根据1963～1964年度的水平,恢复对两国的经济和军事援助,其条件要与战争之前相同。与此同时,美国不要在与克什米尔有关的问题上采取主动,而是要鼓励在联合国和其他机构进行谈判加以政治解决的方式。在不以援助作为制裁的情况下,美国要迫使巴基斯坦限制同共产党中国的关系,迫使印度推进其农业计划。

24. 印度。恢复对巴基斯坦的军事援助最初会引起印度激烈而愤怒的反应。但这种反应至少在官方范围内会温和一些,因为印度既需要美国的经济援助,又需要在和共产党中国对抗时的支持。美国要求其改善经济状况特别是在农业方面的压力,只能得到有限的成就。对付共产党中国的各项合作都会继续下去。然而印度会担忧美国对巴基斯坦的经济援助,并会寻求从苏联获得持续不断的层次更高的军备援助。而莫斯科肯定会提供的。继续执掌印度政局的夏斯特里政府不会放弃印度的不结盟政策。我们认为此项方针不会对印度的核政策造成影响。

25. 巴基斯坦。美巴关系将可能转变成类似一年前的状态。但是,战争的经历及其后果会造成不小的影响。巴基斯坦比以前更加认识到它必须长期依靠美国来维持其有效的军事力量。这会使它不能无必要地粗暴地反对美国,美国的特殊设施将不会受到干扰。即使如此,巴基斯坦仍可能会抱怨美国没有尽力迫使印度进行谈判或做出让步。它还会批评美国继续向印度提供军援。这些刺激加上巴基斯坦领导人相信,他们不能指望美国来抵挡印度的进一步侵略,这会使他们减少对美国的依赖。因此他们将继续维持与中国人的良好关系,尽管可能是更为隐蔽的关系。他们也会尽量寻求扩大自己的武器来源。

方针丁:如果认为印巴之间能达成一项长期的解决办法,而美国参与其中的谈判进程会不利的话,那么美国应该执行一种观望等待的政策。短期内要恢复有限的经济援助,如果实现以下条件就进行较长时期的援助,所需条件是,印巴间的紧张关系处于可控状态,巴基斯坦限制自己与共产党中国的关系,以及印度的经济状况。依据印巴限制两国间紧张关系的程度,美国可以有选择地对两国进行军援,但要避免进行长期的军援计划的谈判。

26. 即使不考虑美国的援助政策,两国领导人都会考虑减少两国再次发生冲突的机会。

美国恢复有限援助的前景对他们也有吸引力。我们认为两国政府在未来几年都能够缓解次大陆的紧张状态。他们会维持停火，部分地撤军。在解决一些长期的分歧方面会取得有限的进展，如孟加拉边境被包围的领土问题，以及印度声称其东部地区的一些穆斯林是巴基斯坦公民而大量驱逐他们等问题。在这种情形下，两国都会宣称自己达到了恢复援助所必需的条件。

27. 但是，在解决两国间分歧的道路上还有来自他们自身的顽固的障碍，这使得要实现次大陆问题的长期的政治解决甚至是建立能控制印巴紧张关系的任何有效机制都存在很大的困难。巴基斯坦会发现，阻止坚持通过谈判来解决克什米尔问题几乎是不可能的，这明显会引起印度公众舆论的激愤。巴基斯坦由于担心印度的军事力量，会与中国保持某种关系来对付印度。印度由于在军事上更为强大，并满足于对克什米尔的实际控制，所以它会愿意对停火线作出微小的调整，但不会在克什米尔做出大的让步。

28. 在几个月内，美国和印巴两国的关系会保持 1965 年 9 月停火以来的状态。这种关系不会有很大的改善前景，因为在印巴两国看来，美国明显会通过谴责两国而不是限制经济援助的手段，迫使两国改变各自的基本政策。虽然能够保证政治稳定，但两国会继续承受相对不令人满意的经济状况的困扰。他们与其他大国的关系将不会改变。虽然巴基斯坦不会进一步接近共产党中国，但它也不会放弃现有的关系，并将继续发展与苏联的关系。它也不会关闭美国的特殊设施，但会通过各种方式来限制其使用。印度将继续保持与苏联的良好关系。同时，印美在诸多领域的合作还会继续。该项行动方针不会对印度发展核武器的决定造成较大的影响。

方针戊：如果美国认为印巴的敌对是如此之深以至于在可预见的将来没有解决的希望，那么恢复以前的援助水平与美国在次大陆的利益是不成比例的。我们大胆假设印巴将加大对共产党集团或其他国家援助的依赖，美国就要坚持低水平的有限的《公法第 480 号》援助和减少援助项目的数量，不再提供新的援助项目，也不要提供军援。

29. 各方起初都会认为美国的此项决策类似于行动方针丁，目的在于向双方施加压力促使它们相互妥协。印度的反应不会有太大的变化，而巴基斯坦的反应将是激烈的，因为它急需美国的军事援助，针对美国特别设施会施加一些压力。随着时间的推移，美国的行动会被广泛理解，巴基斯坦会更加认识到自己的弱势地位。几乎可以确定的是，它会更加接近共产党中国。

30. 此项方针对印度的打击是极其严重的。它对其安全的担忧会急剧增加。它会将苏联看作自己最可依赖的朋友，并会转向苏联寻求新的大量的军事和经济援助，而且成功的机会很大。在不远的将来，他们还会比现在更急迫地开发核武器项目。但是，印度领导人也会避免与美国关系的公开破裂，特别是他们迫切需要《公法第 480 号》所提供的援助。

31. 即使苏联和自由世界的一些国家继续提供经济援助，美国援助计划的事实上的终止将会使印度的经济增长率跌到近年来的历史最低点之下。印度几乎肯定会难以履行偿还某些外债的义务。夏斯特里总理和他的政府可能通过对巴基斯坦采取更加严厉的方针和谴责美国的政策来恢复公众的信心。他们的地位在短期内不会受到威胁,因为印度公众不会把所宣称的美国采取敌视印度的政策的责任归咎于他们。极其严重的经济灾难是可以避免的(如果恢复《公法第 480 号》援助的话),但随着经济发展很快走向停滞,国大党的地位会受到削弱,并威胁到国内的稳定。

附录一

《对印巴军事能力的评估》[①]

附录二

《对印巴承诺的经济援助》

附录三

《美国军事援助的价值》

DDRS, CK 3100123832

刘磊译,戴超武校

① 此及以下附录略去未译。

14－44

中情局关于英迪拉·甘地出任印度新总理的分析

（1966 年 1 月 20 日）

OCI 0767/66

秘　密

印度新总理

（1966 年 1 月 20 日）

1. 新上任的印度总理英迪拉·甘地夫人[①]近期不会对政策做重大的改变。虽然印度正陷于复杂的内政与外交困境之中，但考虑到即将来临的 1967 年的大选，国大党领导人现在重点强调保持持续的平静与和谐。尽管教条主义者甘地夫人取代了实用主义者夏斯特里，但注重实际而非意识形态方面的信仰的考虑，必将主宰事态的发展。

甘地夫人的当选

2. 英迪拉·甘地的当选本身是出自政治权宜的考虑。当促使夏斯特里继任尼赫鲁职位的领导层"联合组织"（syndicate）面临他们主要的政治对手、右翼分子德赛（M. Desai）的公开挑战时，英迪拉·甘地以领先的身份出现了。"联合组织"未能很快地同意一个可接受的政治选择。受到很多人拥护的国防部长查万（Chavan）显然遭到铁道部长、孟买的大老板及"联合组织"的主要成员帕蒂尔（S. K. Patil）的反对。临时总理南达（Nanda）不受党的领导人器重，在与德赛的公开竞争中很可能居于第二。显然，按照党的主席卡马拉杰（Kamaraj）的指示，领导层最后支持甘地夫人作为候选人，这起码可能分散反对德赛的票数。作为尼赫鲁的女儿，她拥有额外的优势，她带着显著的尼赫鲁的形象参加竞选。

甘地夫人和新政府

3. 现任总理职位的甘地夫人已拥有多年的实际的政治经验，这种经验是她作为她已故的父亲的亲密知己而获得的。在 20 世纪 50 年代末，她作为国大党主席主要是充当她父亲的代理人；自 1963 年起，担任信息和广播事务部长。她吸收了潘迪特·尼赫鲁（Pandit Nehru）的社会主义伦敦学派（London School Socialism）的观点，这种意识形态的偏爱使她们两人站在了国大党左派的大多数一边，但她不能被列为左派极端分子克里希纳·梅农一边。尽管她像许多极左人士一样赞同社会主义的许多原则，但她与他们之间的关系经常类

---

① 英迪拉·甘地（Gandhi Indira Nehru，1917～1984），印度政治领导人，1966～1977 年和 1980～1984 年担任总理，被锡卡极端分子暗杀。——编注

似一条单行道,克里希纳·梅农和其他人通过暗示与她比实际更亲密的关系,寻求利用她的民族主义形象。她聪明,受到良好的教育,并且游历世界。她对他父亲的地位和福利事业敏感的、极度袒护的态度惹恼了一些追随者,尤其在她父亲的晚年。她缺乏强烈的个人野心,这使得对她的敌意并没有得到进一步的发展。她经常代表他父亲在印度各地视察,使之成为继她父亲之后全国最知名的人物。

4. 随着本月底甘地夫人的正式上任,内阁可能有一些变化,但大多数在职人员可能将继续留任。存在着巨大的压力让称职的农业部长苏博拉马尼阿姆(Subramaniam)留任。在大饥荒正在快速临近之际,他广泛参与了印度与美国及其他粮食捐赠国的谈判,似乎使他成为内阁中不可或缺的一员。虽然受选民欢迎的国防部长查万在内阁大改组中可能会谋求在政治上实用的内政部长之职,但他也可能会继续留任。新任命的财政部长乔杜里(Chandhury)是一位有着广泛商业背景的公司律师,甘地夫人是否保留他的职位仍将拭目以待。甘地夫人本人倾向于用社会主义的方法解决印度的经济问题,这与乔杜里的观点不同。

新政府面临的问题

5. 在新内阁的议事日程中首要的问题是正在扩大的粮食危机。由于 20 世纪最严重的旱灾导致 6 月底粮食生产全面减产 1 000 万～1 200 万吨。如果明年春季依然歉收的话,那么情况就更加严重了。为了避免饥荒的蔓延,与去年进口 750 万吨相比,今年至少需要进口 1 100 万吨粮食。提高港口吞吐能力的努力使大量的进口成为可能,但港口交通瓶颈的危险仍然是主要的挑战。

6. 高效的粮食分配要求新德里进行明确和有效的管理。邦与邦之间的问题已出现。喀拉拉邦已无法保证及时得到来自马德拉斯和安得拉所许诺分发的食物,并在 2 月份少量的收成进入市场之前将面临食物短缺的危险。在其他地方,为大城市计划的定量配给方案正由于管理不善以及粮食种植者和分配者抵制而中断。

7. 还有其他严重的经济问题。由于粮食危机使大多数问题越来越严重,外汇储备紧缺,因此进口限制在许多地区束缚了工业生产。一些已经开工不足的企业将进一步缩减生产、解雇工人,从而引起劳工骚乱。

8. 食物短缺加上最近与巴基斯坦的战争对经济的影响,迫使印度在去年 4 月就应该开始的第四个五年计划暂时搁置起来了,取而代之的是把精力集中在应急的一年发展方案上。在 1966～1967 年计划中预算费用大大削减,主要强调农业和国防。何时恢复长期计划将由计划委员会主席甘地夫人和委员会的副主席、社会主义者梅赫塔(Asoka Mehta)做出决定。印度在匮乏的发展资源上强调发展农业和国防,这可能对新的五年计划的性质产生巨大的影响。

对外政策

9. 经济问题也影响着新政府外交政策的目标。由于印度强烈意识到需要依靠外援帮助度过一年的经济混乱时期,因此它不可能鼓励采取外交上的冒险政策,以免可能会惹恼西方资本。同时印度将继续寻求莫斯科的帮助。结果可能继续夏斯特里的道路,避免卷入东西方之间的重大问题。

10. 甘地夫人是印度外交政策的主要制定者，在主要的政治人物中她是最见多识广的。在外交政策中，除了国防和农业事务外，主要国际事务都由她来掌控。她可能对美国同苏联一样友好，她赞赏苏联在社会主义制度下取得的进步，但相对于苏联的集权控制，她还是认为西方的民主制度更可取。虽然像她的父亲一样偶尔会感情冲动地对西方提出批评，她还是希望坚持印度不结盟的传统。

11. 共产党中国依然是造成印度人长期不安的根源。经过去年印中沿西藏边界发生的一系列巡逻队之间的冲突后，印度人更加担忧了。印度人认为与美国和苏联发展关系能对中国的扩张起到最好的威慑作用。虽然美国目前停止了对印度的军援，但苏联的军事装备不断地流入印度，印度人相信如果与中国发生重大战事，印度仍可以指望美国的援助。

12. 随着夏斯特里的去世，作为普遍接受的塔什干声明的结果，印巴关系似乎有了一些改善。下个月巴基斯坦将执行塔什干协议，把军队撤回到渗透之前的地点。虽然怀疑巴基斯坦正计划随时重新渗透会引起印度谈判者的警戒，但这种努力仍会促使协议的其他条款得以执行。在克什米尔问题上，印度依然不愿意考虑对巴基斯坦做出重大的领土妥协。印度正全神贯注于国内的问题，在印巴问题上不希望有新的行动。印度可能会保持克制，谨慎地观察拉瓦尔品第下一步的行动。

DDRS，CK 3100375139 - CK 3100375144

李春玲译，戴超武校

14 - 45

中情局关于印度和巴基斯坦对外政策的评估①

（1966 年 7 月 7 日）

NIE 31/32 - 66

秘　密

印度和巴基斯坦的对外政策

（1966 年 7 月 7 日）

问　　题

评估未来一两年内印巴关系以及它们同主要大国关系可能的发展状况。

结　　论

1. 鉴于两国间相互猜疑和憎恶，在可预见的将来不存在印巴关系得到根本改善的前景。印度依然不会放弃克什米尔，而巴基斯坦会继续朝着解决这一问题的方向努力。巴基斯坦在该问题上的压力可能会包括向克什米尔渗透，但是，巴基斯坦承认印度在军事上的优势，将会很小心地避免采取会导致大规模战争的行动。

2. 巴基斯坦认为自己必须发展军事力量，至少能在将来的冲突中保卫西巴。印度决心保证自己能够同时对付巴基斯坦和中国。最近几年，两国的防务支出都很庞大（巴基斯坦花费 5.69 亿美元，约占 GNP 的 5.5%，印度花费 21 亿美元，约占 4%），而且都会将防务放在优先考虑的地位。

3. 印度会继续敌视中国，并在美苏间奉行不结盟政策。印度在美国的要求下已进行了许多的经济改革，以此换取美国恢复经济援助。令它担忧的是，苏联正逐渐转移对印度的不加辨别的援助。为了阻止这一转移，并继续从苏联获得经济和军援，新德里将不得不尽可能地努力避免惹恼苏联。

4. 巴基斯坦将继续平衡与中国和美国的关系。它知道与中国关系太密切会威胁到与

---

① 原注：该评估是由中央情报局和国务院、国防部、国安会以及原子能委员会的情报组织准备的。由于此评估不属于联邦调查局的职责范围，其代表没有参加，其他所有美国情报机构成员都参加了 7 月 7 日的评估。

美国的关系。同时，它需要武器，而中国表现出愿意以明显的低价向巴基斯坦供应武器，其种类和数量将有助于巴基斯坦重建和改善其军事地位。

5. 印度和巴基斯坦都认识到美国的经济援助都要与一些对美国并不重要的表现挂钩，如限制军事开支，优先发展经济等。大体来讲，我们认为印度会比巴基斯坦更好地达到美国的要求。

U. S. Department of State, *Foreign Relations of the United States*, 1964－1968, vol. XXV: *South Asia*. Washington, D. C.: Government Printing Office, 2000. pp. 689－690.

刘磊译，戴超武校

14－46

中情局关于印度军方对发展原子能看法的电报

（1966年8月2日）

TDCS 314/09664－66

原文件无密级

印度军方对发展原子能的看法

（1966年8月2日）

1. 印度国防部……①完成了一个临时报告，这一报告代表了印度军方的观点。这一情报属印度政府的高层机密类别。

2. 报告的要点如下：

（1）从最初的研究来看，如果印度生产出一枚原子弹，它几乎不可能在不远的将来生产或是购买到最新的运载系统。最多，印度只能寄希望于购买射程极其有限的过时的轰炸机。

（2）战术性核设施对印度的防务至关重要。但制造像压缩型核弹头这样的装备超出了当前印度的技术能力范围。

（3）科技界指出只要从国外买一个爆破方案，核装置就能在12～15个月内爆炸。

3. ……②

4. 分发部门：国务院、陆军、海军、空军、美国驻印度军事供应代表团（USMSMI）、中东非洲南亚总部司令。

DDRS，CK 3100145154－CK 3100145155

张霞译，戴超武校

---

① 原文此段未解密。——编注

② 原文此段未解密。——编注

14 - 47

中情局关于印巴军备竞赛及其对经济影响的评估[①]

（1967 年 8 月 3 日）

SNIE 31/32 - 67

秘　密

印巴军备竞赛及其对经济的影响

（1967 年 8 月 3 日）

主题是评估未来几年内在(1) 印度针对巴基斯坦,(2) 印度针对中国,(3) 印度针对巴基斯坦和中国的冲突中,印巴两国的军事实力,同时评估印巴目前和将来的军事水平对其经济的影响。[②]

概　　述

该报告只是评估印度、巴基斯坦和中国在一场常规战争中的各自的军事实力。该报告没有讨论可能影响此种战争的国内和国际因素。

结　　论

1. 印度军备建设开始于 1962 年中印战争之后,其首要目标是改善其对付中国的军事能力,特别是山地战和空中防御。1965 年印巴战争之后,印度进一步扩张了其军事力量,而且加强了其部署在巴基斯坦对面的部队。目前,印度正对其装甲部队和空军进行现代化建设,显然,在未来几年内能够稳定地保证现代化军事装备供应的,主要是来自苏联。

2. 巴基斯坦在美国的大力援助下,从 20 世纪 50 年代中期开始对军队进行现代化建设。在 1965 年战争开始之初,巴基斯坦的地面部队是印度的四分之一。巴基斯坦寻求将他们扩展到印度的三分之一,这方面已经取得了进展。但是这一目标的实现将会大大地推迟。

---

① 原注:该评估报告由中情局副局长鲁弗斯·泰勒(Rufus Taylor)提交,美国情报小组 8 月 3 日批准。
② 原注:在附件中我们根据国防部的概述考察了印巴具体裁军对其经济的影响。

1965年以来,中国成为巴基斯坦的首要供应国,虽然还有相当一部分装备来自法国或西欧其他国家。在接下来的几年内,与印度相比,巴基斯坦所能获得的现代化武器要少得多,在这方面要落后于印度。

3. 我们认为,印度将会赢得任何一场与巴基斯坦单独进行的战争。印度也可能在中国人抵达印度平原之前将它们抵挡回去。我们认为印度的武装部队能够阻止住一次中巴联合的常规武器的突破,当然他们要付出放弃拉达克地区以及印度北部一些领土。

4. 军备竞赛加剧了印巴的经济困难。根据真实的数据,印度的国防开支比1961年增加了100%,巴基斯坦增加了70%。但是这两个国家的最沉重负担是已经耗尽了外汇储备。这包括用硬通货购买军事装备,就印度来说,它用出口到苏联的商品来换取硬通货。两国在这方面的费用达到了1961年的3倍。这种情况导致发展项目的停滞和民用产品进口的减少。

U. S. Department of State, *Foreign Relations of the United States*, 1964－1968, vol. XXV: *South Asia*. Washington, D. C.: Government Printing Office, 2000, pp. 872－873.

刘磊译,戴超武校

14-48

中情局关于中印发生边界冲突的电报

（1967年9月13日）

……①

……②

中共和印度在锡金-西藏边境冲突的发展

（1967年9月13日）

……③

1. 1967年，根据印度政府情报机构新德里总部的消息，9月13日白天在纳图拉(Nathu La)的炮击交火仍在继续。交火不是很激烈，没有达到中共在9月11日向克什米尔发射了大约1 000发炮弹、印度向西藏还击了大约700发炮弹的那样的程度。9月13日，中共使用了122毫米的炮弹。

2. 通过比较战场指挥官的估计与航空侦察的结果(该侦察是在锡金边界一侧进行的)，印度军队总指挥部估计，9月11～12日中共军队的伤亡数字在150～200名之间。他们估计中共在9月10日派遣大约260人进攻乃堆拉(Nathu La)，130人进攻雀儿山(Cho La)，130人进攻吉里普拉(Jelep La)。9月12日，大约100名援兵进入了乃堆拉地区。

3. 情报局认为在春丕峡谷有三个中共的整编团。

4. 分发部门：国务院、陆军、海军、空军、中东非洲南亚总部司令、……④

DDRS，CK 3100494456-CK 3100494457

刘磊译，戴超武校

① 原文编号未解密。——编注
② 原文密级未解密。——编注
③ 原文此段未解密。——编注
④ 原文此处未解密。——编注

14－49

中情局关于柯西金访问印度期间印苏官员会谈的电报

（1968年2月2日）

……[①]

秘　密

柯西金访问印度期间印苏官员的会谈

（1968年2月2日）

1. ……[②]

2. 1968年1月25～31日，柯西金[③]一行对印度进行了访问。苏联代表团与印度高级官员举行了两次正式会谈，甘地总理与柯西金进行了三次私人会谈。苏联代表团和印度官员之间还进行了一系列范围广泛的个人会晤。下面是他们所讨论的一些问题：

3. 中国。在两国的正式会谈中，对中国进行了内容广泛的讨论。柯西金最积极地谈起了中国，这种主动远远超过了以前与苏联高级官员的任何一次会谈。柯西金认为中国内部的发展状况使其受到严重削弱，印度完全没必要担心中国此时会对印度发动全面进攻。他详细地谈论了中国的发展，指出毛泽东正处于孤立的状态，并说要预测中国的行动路线是有困难的。柯西金还特别指出，即便遭到中国进攻，印度也没必要感到担心，因为世界上没有一个国家会帮助中国进行防御，但却有很多国家会支持印度。……[④]评论：柯西金的意思是说，如果印度遭到中国的进攻，印度将会获得苏联的全力支持。他没有说出援助什么。印度官员很关心柯西金所暗示的苏联方面将不再履行中苏互助防御条约。

4. 核不扩散问题。在双方一般性的会谈中，既没有专门讨论核不扩散条约，也没有就其一般性的问题展开讨论。然而，在苏联原先提议的联合公报草案中却特别提到了核不扩散条约，这个草案1月27日下午交到了印度官员手中。苏联提出的联合公报包含了“两国都欢迎在日内瓦会议上所提出的核不扩散条约”的声明，并都认为这个条约向履行日内瓦会议所期望的早日达成核不扩散条约迈出了正确的一步。1月27日下午，双方在苏联提交草案之后决定，今后核不扩散问题既不在官方会谈讨论，也不在低一级的官员中进行讨论。但印度方面同意讨论把不扩散声明包括进最后共同声明中。这些讨论主要在外务部和苏联官

---

① 原文编号未解密。——编注

② 原文此段未解密。——译注

③ 柯西金(Kosygin Aleksei Nikolayevich ,1904～1980)，1964～1980年出任苏联总理。

④ 原文此处未解密。——编注

员之间进行的。印度拒绝了苏联原来提出的声明，苏联副外长费柳宾(N. P. Firyubin)曾拜访印度外交部长拉杰什瓦尔·达亚尔(Rajeshwar Dayal)，讨论这一问题。在费卢宾拜访过达亚尔之后，苏联同意提交第二份声明。这个声明也被达亚尔拒绝了，但甘地总理最终同意了一个约束力更小的声明。……①评论：很可能在柯西金和甘地夫人的私人会谈中讨论了这一问题。

5. 经济问题是讨论的关键议题，也是正式会谈中讨论的最为广泛的问题。柯西金显示出对印度经济状况独特的了解，特别是苏联援印工业所遇到的困难。印方辩解说，最主要的问题是印度缺少训练有素的管理人才，苏联的答复是，苏联任何时候都准备优先为印度培训相关的人员。柯西金说，印度工业部门的关键是要达到全面开工，苏联援助的一些项目开工率低于30%。柯西金表示在以后五年中，苏联将会购买印度所有能够出口的黄麻、皮革产品和铁路车辆。他相信这将是增加印度经济中三个关键部门产量的重要步骤。印度官员原则上接受了这个提议，并答应在3月份接待一个苏联经济代表团，讨论相关细节和其他经济问题。柯西金说，对于他提出的购买印度物资事宜，印度要在1968年6月1日前做出决定，以便苏联在下一个五年计划中做好这种采购的计划。苏联详细讨论了他们对印度的工业援助计划，并迫使印度解释为什么这个或那个项目没有按期运行。当"工业发展和公司事务部"部长艾哈迈德(F. A. Ahamd)正在谈论苏联某些援印项目的情况时，柯西金显示自己非常熟悉这些项目。艾哈迈德起初谈论了兰尼(Ranhi)的某个苏联的援助项目，并说事实上这个工程完全是形象工程。柯西金听艾哈迈德说完，然后有些愤怒地说他认为艾哈迈德说的这个项目是捷克援助的而不是苏联援助的。艾哈迈德看了他的备忘录后同意了柯西金的说法，印度方面对此感到很尴尬。……②评论：印度方面并没有准备就经济问题进行详细的讨论，而苏联好几次都被印度的无准备所激怒。

6. 越南问题。苏联在1月27日下午递交给印度官员的联合公报中，不仅包含了要求美国停止对越南北部的轰炸，而且还猛烈抨击美国在东南亚推行侵略主义和帝国主义。让许多观察家吃惊的是，甘地夫人对苏联的提议采取了强硬的反对立场，说印度除了要求美国停止对越南北部的轰炸之外，不会赞同任何提议。甘地说，虽然印度并不赞同美国对越南北部的轰炸，但人们要意识到这一时期约翰逊总统所面临的压力是十分重要的，看到美国方面的问题也是很重要的，如果美国停止轰炸，北越有必要做些同样的姿态。柯西金对后一种立场持强烈反对态度，他说最重要的是美国单方面停止轰炸。在停止轰炸的重要性问题上，个别官员在谈判桌上是有交易的，柯西金忽然不假思索地说即便只有10天来检验北越的意图，美国也必须停止轰炸。印度官员极力想知道柯西金是否有北越会做什么的消息，但他没有答复。苏联最后放弃了其强硬的反美立场，同意了印度人在最后联合公报中仅限于呼吁停止轰炸。……③评论：印度官员仍对柯西金的"即便只有10天"的声明很关心。这个声明，

① 原文此处未解密。——编注
② 原文此处未解密。——编注
③ 原文此处未解密。——编注

明显带有感情色彩，与印度的判断相悖，印度认为苏联正要求美国在不确定的时间无条件停火。

7. 关于巴基斯坦。苏联显然对推进印巴和平很感兴趣，这是继经济问题后讨论得最为详尽的议题。柯西金陈述了他可以向甘地夫人保证阿尤布·汗总统“充分认识”到中国对亚洲的威胁这一问题，而且阿尤布·汗总统并不像印度所担心的那样坚定地与中国站在一起。柯西金说，印度和巴基斯坦之间要寻求和解的一个主要原因是，只有印度和巴基斯坦联手才能在南亚与美国的霸权作斗争。苏联同意印度的立场，印度认为印巴两国寻求达成协议最可接受的途径是从运输、通信、灌溉等领域开始，然后再在更大的范围内达成协议。……①评论：印度官员无疑感到了在苏联眼中印度和巴基斯坦是同等重要的。……②

8. 军备问题。苏联认为，为了将有限的外汇用于其他事情上，印度必须要尽力削减武器的购买。国防部长辛格(Swaran Singh)参加了这次讨论，他认为，印度不能依据提供援助的模糊承诺，在将来同中国或巴基斯坦的冲突中牺牲国家的安全。辛格在这个问题上的顽固立场使在场的官员很是惊讶，而且他一个人垄断了这个话题，对印度国防的重要性发表长篇大论。没有讨论苏联进行具体军援项目的问题。……③考虑到苏联这一时期向印度提供飞机和潜水艇仍在商议之中，对苏联在军火问题上采取的立场依然值得怀疑。

9. 中东问题。印度不同意苏联最初的公报，此公报猛烈抨击美国和以色列在中东的侵略。苏联同意放弃直接提到美国，但对印度提出的在最后公报中既不提及阿拉伯国家也不提及以色列的建议，苏联也没有同意。印度同意苏联提出对 1967 年 11 月 22 日的安理会决议做出补充。……④评论：最后的公报确实提到了以色列。

10. ……⑤评论。以下是一般与会者意见：

(1) 柯西金给人的影响最为深刻。他完全控制了大部分的会谈，而且还令人敬佩地谈论了印度的经济发展和苏联对印度的援助项目。他看起来身体和精神状况都很好。副总理德赛(Moraji Desai) 在接下来的一个会议上发表声明说，柯西金比任何人都想提醒约翰逊总统的是，不要做出愚蠢的举动和漫天要价。德赛接着说，约翰逊和柯西金完全应该能坐下来谈。

(2) 简单地说，甘地的表现很糟糕，经常使印度代表团感到尴尬。幸好她是个女人，如果她是个男人，当她只能就一些最普通的国际事务却不能就其他问题进行讨论时，她会遭到柯西金的讥笑。她对印度的经济问题和苏联的援印项目几乎一无所知。另一方面，她在越南和中东问题上却表现得异常强硬。在越南问题上，她个人为约翰逊总统的“困难处境”进行辩护，这使她的顾问和苏联人都吃了一惊。

---

① 原文此处未解密。——编注
② 原文此段未解密。——编注
③ 原文此处未解密。——编注
④ 原文此处未解密。——编注
⑤ 原文此处未解密。——编注

(3) 内政部长查万采取了令人吃惊的亲苏立场，这显然是在巴结柯西金。在呈送总理办公室的报告中，表明查万在与柯西金的私人谈话中，违背了自己的立场向柯西金表明他是一个左倾主义者。他显然是在向柯西金表明，他是取代甘地夫人的合法的人选。

(4) 国防部长辛格在许多国际问题的会谈中采取了强硬的、亲西方的立场，再次使许多与会者大吃一惊。他采用惯用的长篇大论的手法，迫使苏联在国际问题上做出让步。

(5) 副总理德赛基本上没说什么，只是很明智地说了一下印度的基本经济情况。他显然意识到自己并不是苏联的宠儿，但欣慰的是他也没做什么让苏联感到更加不安。

(6) 商务部长辛格(D. Singh)是印度代表团中最尴尬的人。他在试图既想讨好甘地又讨好苏联上花了大量的时间。即便是在甘地和苏联完全处于不同立场时也是如此；有一次苏联副外长费柳宾(N. P. Firyubin)打断了他的谈话，要求甘地夫人做解释。

11. ……①总结。印度官员中有一个未经证实的传闻，说因为印度在讨论经济方面表现如此之差让苏联很不高兴。根据传闻，印度官员倾向于认为是跟随柯西金的《真理报》观察员马耶夫斯基(V. V. Mayevsky)向印度共产党的3个高级记者透露说：印度完全忙于国内的政治问题，以至于没有时间同苏联进行建设性的讨论。这在某种程度上完全是事实：印度方面更热衷于长远的问题、西亚问题和欧洲问题，而不是讨论本国的经济问题及如何加以解决的问题。另一方面，印度方面和甘地在反对苏联迫使印度采取公开的反美立场及最后公报的观点上却给人留下了深刻的印象。由于苏联对国际问题所提的要求是符合西方的考虑，因此这次会议可以看作是西方的一个巨大胜利。

12. 分发范围：国务院(仅限于大使、副馆长、公使、参赞、政治顾问)、太平洋总部司令[仅限于夏普海军上将(Admiral Sharp)和普拉德海军上将(Admiral Pulad)]、中东非洲南亚司令(仅限于指挥将军)。

DDRS, CK 3100494458 - CK 3100494471

张霞译，戴超武校

① 原文此处未解密。——编注

14－50

中情局关于印度与苏联官员讨论中国问题的电报

（1968年2月3日）

……①

秘　密

印度与苏联官员讨论中国问题的印方记录

（1968年2月3日）

……②

（摘要：苏联部长会议主席柯西金一行于1968年1月27～30日访印期间，与印度总理英·甘地和印度其他官员就中国问题展开了讨论。柯西金阐释了为什么苏联认为这一时期的中国不会对印度构成威胁。并且认为即便印中之间真的发生冲突，中国也不会得到其他国家的援助。印方阐释说只要中国认为战争是不可避免的，中国对印度来说都是一个直接的威胁。印度还提到了中国在缅甸北部的活动。下面的报告是印度官方关于印苏之间就中国问题讨论的会议记录。会议的原始文件被印度政府归入秘密类。评论结束。）

1. 柯西金主席说由于两国之间没有大规模的接触和合作，所以他不能就中国问题发表过多的意见。然而，中苏关系的复杂性并不取决于苏联的政策。苏联不赞同中国的所谓所有重大的问题都应该用武力来解决的好战观点，也不同意中国的所谓战争是不可避免的设想，特别是在当前存在核武器和其他毁灭性武器的时候更是如此。俄国人还反对中国的观点，即：如果有一半的人死于战争，还有另一半人将活着。俄国与中国有着本质上的不同。与此同时，苏联确信并有证据证明中国人民并不苟同其领袖的观点。虽然在中国控制十分严密，但俄国正在收到那些声称不会放弃斗争的人民的求助。柯西金认为中国存在个人独裁，因为毛毕竟不是通过选举的，并且他占据的所有职位都早已满期了。中国没有召开过党代会，而党、工会及青年团体事实上早被解散。中国政权的堡垒是军队。这是不会随着时间的推移而有所改变的。以文化大革命的名义而发生的事情是由军队来控制的。人们可能发现毛泽东已很长时间未发表任何声明了，但他的妻子总是以毛的名义发表讲话。由于毛是不可能犯错，所以她也是绝对正确的。苏联不能宽恕或回避个人崇拜，但中国却发生了过分的谄媚。柯西金列举了一个例子，说的是中国代表团在“莫斯科-北京”的火车上集中在一

---

① 原文编号未解密。——编注

② 原文此段未解密。——编注

起、拿出他们的红宝书鞠躬，像《圣经》一样不断地加以引用。他们害怕与任何人交谈，他们的举止好像表明他们早就忘了要为自己着想。因此，在中国的抗争仍将继续，而像这样的政权是不会长久的。一些要以红卫兵为基础来建立共产党和青年团的说法早已出现，也有人正在要求有党代会。总之，柯西金坚信，形势一定会发生变化的，而且马列主义一定会走向胜利。

2. 鉴于当前的局势，柯西金提出了一个问题，中国是否会侵略一些国家。作为对自己问题的回答，柯西金说，没有人能对未来做出保证，他认为中国的经济潜力，如食品和燃料的获得、机械化水平等是如此之低，以至于中国是没有军事潜力来承受一场战争的。柯西金在会上简要地提到了他收到的最新报告，昨天在北京有两个年轻人被当着1万人的面处以死刑，并且还进行了电视转播。一份红卫兵报纸引用毛的说法，其大意是这是最好的教育。

3. 国防部长辛格插话说，很不幸的是，中国当前的立场以及它的战争是不可避免的信念都是与印度有直接关联的，因为中印之间有着漫长的共同边界线，中国向印度提出了领土要求，并且中国军队正沿边界集结。他承认中国的机械化水平不能与美国相提并论。但从另一方面看，中国巨大的人力、军队的规模及其装备、加上中国在西藏地区空军力量的发展，这确实对印度构成了威胁。印度也知道中国向巴基斯坦提供武器装备、坦克、米格战斗机等，中国还向巴基斯坦提供可自由兑换的外汇，让巴基斯坦能从其他国家购买武器。目前的情况是，对付中国的印度军队数量超过对付巴基斯坦的军队数量。甘地总理先前所提到的缅甸北部的局势，也与印度的安全休戚相关。中国在缅甸北部的活动十分猖獗，中国军队实际已驻扎在那里。中国还向那加(Naga)和米佐(Mizo)部落的不法分子提供武器装备。有一条从阿萨姆邦到中国的公路穿过缅甸境内。国防部长继续指出，如果中国的压力持续，那么印度除了面对来自西藏的威胁外，东北部将是又一个新的威胁源。柯西金总理认为，由于中国对这一地区施加了压力，所以苏联要抢先占领缅甸。国防部长还向柯西金提到，在北部地区，缅甸政府的指令并不能得到有效的执行。他认为毛信奉的战争不可避免论加上他认为不需要大国的支持就能发动战争，可能是想通过挑起与印度的纠纷来表明他的理论的有效性。对印度来说，他已竭尽所能想要和中国达成和解，甚至在某种程度上提出就边界争端进行仲裁。但中国拒绝了印度的每一个提议，或许这是因为中国认为印度今后会是阻挡中国建立霸权的一个阻碍。中国对《塔什干声明》反应是众所周知的，并且无论印度和巴基斯坦在什么时候试图接近，中国方面都竭力干涉，试图挫败这种努力。国防部长指出，没必要持一种恐慌的观点，印度必须准备保卫自己的荣誉、尊严和领土完整。这自然会加重印度的负担，也会导致挪用发展经济的资源。因此，印度需要理解性的支持，并感激所有支持它的朋友。他意识到国家的最终实力不仅取决于军队，还取决于一个国家的经济和工业结构。

4. 柯西金认为，如果中国挑起冲突，它将不会获得到任何支持，这可能会是阻止中国发动战争的一个较为重要的因素。根据他的观点，鉴于当前中国国内的状况，认为中国会挑起冲突是不现实的，尽管他不能肯定地补充说，没有人能担保中国的行为。

5. 分发范围：国务院(仅限于大使、副馆长、公使、参赞、政治顾问)、太平洋总部司令(仅限于普拉德和夏普海军上将)、中东非洲南亚司令(仅限于指挥将军)。

DDRS, CK 3100494472 - CK 3100494478

张霞译,戴超武校

14－51

中情局关于甘地同柯西金会谈内容的电报

(1968年2月6日)

……①

秘　密

印度官方有关甘地总理与柯西金总理1968年1月27日会谈的备忘录

(1968年2月6日)

……②

1968年1月27日甘地总理和柯西金总理举行会谈。这次会议讨论的主要议题是巴基斯坦。根据柯西金的说法,巴基斯坦总统阿尤布·汗认为要结束印巴之间的对抗,首先必须解决克什米尔问题。阿尤布·汗并没有与柯西金讨论他解决克什米尔问题的条件。

甘地夫人和柯西金都认为,处理印巴间的问题首先应从解决小的问题上开始。柯西金排除了中巴长期合作的可能性,并说苏联反对这种合作。关于东南亚和越南问题,柯西金指出,如果美国想开始谈判,那么他应该试着停止大约10天的轰炸,看看会发生什么。关于普韦布洛(Pueblo)事件,柯西金说此问题应该通过双边和平解决。在欧洲安全问题上,柯西金说苏联与美国和英国的政策是迥然不同的,并在某种程度上与意大利和法国也是不同的,因为苏联认为法西斯主义正在西德疯狂滋长。对于美国,柯西金说美国的政策是站不住脚的,绝大多数国家会直接或间接地试图与它的政策相脱离,他还提到他与英国首相威尔逊③发表的联合公报。苏联和法国都认为欧洲各国应该建立一种没有美国参加的欧洲安全体系。评论结束。

1. 甘地总理对柯西金总理的到访表示欢迎,并请他就巴基斯坦问题发表看法。甘地说,印度正努力采取各种措施来实现与巴基斯坦关系的正常化,但巴基斯坦的反应比较消极。这是在违背印度民意的情况下所做的事情。她回顾了当她就曼戈拉大坝④问题向巴基斯坦总统阿尤布·汗传话时在社会各界和国会所引发的骚乱。两国仅在电信上通过协商的方式取得了微小的突破。然而,根据最新的报道,发生东巴基斯坦的阴谋使得这些努力都付之东流,巴方在没有任何正当理由的情况下竭力把印度一秘牵扯进去。两国关系似乎已陷

---

① 原文编号未解密。——编注
② 原文此段未解密。——编注
③ 哈罗德·威尔逊(Harold Wilson, 1916～1995),20世纪英国最为著名的政治家之一,1964～1970年和1974～1976年担任英国首相。——编注
④ 曼戈拉大坝(Mangla Dam),修建在巴基斯坦杰赫勒姆河(Jhelum River)上的世界第12座最大的水坝,由世界银行贷款修建,1967年建成。——编注

入僵局。甘地还讲述了印度政府明知谢赫对解决克什米尔问题或是在改善与巴基斯坦的关系上都不会起任何作用，但还是采取了不受欢迎的措施释放了他。对如何本着《塔什干声明》的精神实现两国关系正常化，甘地想知道柯西金总理有何高见。

2. 柯西金总理对甘地总理及其同僚邀请他到印度访问表示感谢，并很高兴在热情洋溢和友好的气氛中进行会见。柯西金说他昨天已就内政、防务、贸易问题与各位部长进行了会谈，并就各个问题阐明了苏联政府的立场。关于巴基斯坦，他能说的确实微乎其微。他曾向甘地总理通报了他在莫斯科与巴基斯坦总统阿尤布·汗的会谈内容。阿尤布·汗曾向柯西金许诺准备尽可能履行《塔什干声明》，并正在寻求奉行一种和平友好的对印政策。但柯西金说，阿尤布·汗认为印度正在大力武装自己，而且其陆军力量极强，这在阿尤布看来是很危险的。柯西金说，这种疑惧是没有道理的。他告诉阿尤布·汗，印度有权保卫自己免受侵略，并认为印度的安全不仅与巴基斯坦有关，而且还同与包括中国在内的其他国家有关。但正如柯西金所认为的，阿尤布·汗所暗含的顾虑是克什米尔问题。阿尤布·汗并没有透露其所认为的可能的解决方案，他不断重复当前所流行的报道说克什米尔地区的局势依旧紧张。阿尤布·汗说，有关克什米尔问题，他在国内承受了巨大的压力。

3. 柯西金还提到，他当天通过在新德里的巴基斯坦高级专员收到阿尤布·汗的一封来信，是阿尤布·汗回复柯西金在《塔什干声明》周年日发给他的信件。柯西金宣读了信件的部分内容，大意是虽然阿尤布·汗并不想违反《塔什干声明》，但最近发生的一些事情却让人感到不安。阿尤布·汗一直对柯西金说，巴基斯坦不是不愿意解决这类问题，但依据阿尤布·汗的说法，查谟和克什米尔的未来仍是印巴两国冲突的焦点，体面的解决方案将结束这一地区的动荡局势。柯西金说，在他看来，最现实的办法是解决印巴两国之间其他一切问题，不要触及两国间最根本的问题。上次阿尤布·汗在莫斯科的时候，柯西金以为他们会在这些问题上达成了共识，但那天他收到的消息表明对阿尤布·汗来说克什米尔仍然是主要问题。显然，这与克什米尔的内部局势有关，也与当前在巴基斯坦与克什米尔有联系的军队的影响有关。但柯西金认为将来这个问题仍然属于讨论的范畴，不会引起冲突。柯西金之所以这样认为，是因为阿尤布·汗在莫斯科并没有一再要求使用武力来解决问题。柯西金认为当前的形势之所以未处于战争状态是基于以下两个原因：首先，从军事上来说，印度更为强大；其次，即便战争爆发，巴基斯坦只有一个盟国，即中国。但中国和阿尤布·汗之间没有信任，更不要说别的了。对阿尤布·汗来说，他显然认为中国在寻求获得这一地区的霸权，如果中国实现了其霸权梦，那么巴基斯坦将会沦为其霸权的一部分。因此，他排除了巴基斯坦和中国进行长期合作的所有可能性，之所以这样，更是因为俄国反对任何如此局面的形成。因此，他希望印巴之间能和平解决问题。克什米尔是一个长期的、复杂的问题，但俄国会竭尽全力，说服巴基斯坦逐个解决所有其他问题。由于柯西金主席没有想到解决的办法，所以他对不能提出任何建议感到很遗憾。但他对听取甘地总理对决定印度同巴基斯坦关系的问题的建议很感兴趣。

4. 甘地总理同意柯西金总理所提出的观点，同意印巴之间首先应从解决小的事情上着手、任何问题的解决都不应诉诸武力。她还向柯西金提到了印度向巴基斯坦提出的非战条约，但巴基斯坦并未予以接受。她认为巴基斯坦并不关心克什米尔人民的感情。印度还认为普什图人非常希望脱离巴基斯坦的控制而获得自由。阿富汗人也意识到了这一点，事实上甚至铁托总统都在阿富汗被告之这一点。普什图人实际上甚至曾向印度寻求军事援助，但印度仅仅给予道义上的支持。东巴存在很多麻烦。但是，所有这些都是巴基斯坦的内部事务，印度对此没有理由进行干涉，就像克什米尔是印度的内部事务一样，但巴基斯坦除了干涉克什米尔之外，还支持印度边境部落的叛乱，如那加人和米佐人。

5. 甘地总理说，印度不得不准备采取适当的措施以对付来自中国的威胁。由于印度的国土面积是巴基斯坦的 5 倍，所以将印度同巴基斯坦的陆军力量相比较是不公平的。此外，克什米尔在战略上占有重要的地位。说到克什米尔地区所谓的不满情绪，甘地总理表示那只是很小的一部分，但即便是这很小的一部分，也并不支持巴基斯坦。如果阿尤布・汗真的意识到了中国的野心，那么他就应与印度一起联合起来加强这一地区的军事力量。但从他的书中看，他对印度似乎没有任何好感。由于在塔什干谈到了一些这样的问题，所以甘地总理向柯西金询问了阿尤布・汗是否就克什米尔问题暗示过他的最低要求和最高要求。

6. 甘地总理还简要提到了中国最近加强对缅甸北部的渗透，这给缅甸和印度都造成了威胁。

7. 柯西金简要提到了巴基斯坦向印度部落提供武器的问题。他对一方向另一方提供武器的做法感到很遗憾，因为这样可能使军事冲突达到顶峰。柯西金说，应采取行动来阻止这一军事冲突，他还建议双方军事领导人应尽可能着手解决这一问题。柯西金回述了他与阿尤布・汗在塔什干会谈时阿尤布在克什米尔问题上提出的最高要求和最低要求，但在他后来与阿尤布・汗的讨论中并未提及这个问题。他认为这是个值得关注的问题，并认为这在将来或许还有可用之处。

8. 柯西金认为越南、老挝和柬埔寨的状况仍与原来一样。对此问题他不愿详谈，但他想强调的是，直到美国不再答复越南民主共和国(DRVN)的提议，会谈才可以在无条件停止轰炸的基础上进行。但他担心出于某种考虑以及选举的需要，美国可能会使战争进一步升级。

9. 此外，柯西金提到了最近美国对朝鲜扣押"普韦布洛"军舰的抗议。美国国内正在上演一场运动，试图把其他国家也卷进来。柯西金说整个事件的实质是一只间谍船闯入了北朝鲜的水域并被扣押。美国所能做的是道歉并要回军舰。但美国却在旁边一味地施加压力。它一面为了自己的利益写信给苏联从中要求调解，同时另一方面向朝鲜发出最后通牒，这只能是毫无结果的。一个常规问题在安理会被提了出来，而且在本已紧张的地区进一步加剧了紧张局势。在这一问题上，苏联的立场是双方和平解决问题。

10. 关于欧洲安全问题，柯西金说欧洲的形势持续紧张。美国、英国以及意大利、法国在某种程度上都相信西德不会对和平构成威胁，相信法西斯主义的崛起同第二次世界大战前的时期是没有相同之处的。但俄国不同意这种估计，认为法西斯主义正在以国家民主党的合法外衣疯狂发展。俄国最近已经写信给了《波茨坦协议》的签字国,提请注意西德法西斯主义的崛起。他随后还指出最近“国家民主党”(National Democratic Party, NDP)汉诺威大会的论调和性质,同二战前德国纳粹的会议没有什么两样。

11. 柯西金指出,美国的政策是站不住脚的,大多数国家明显而间接地将他们与美国的政策相脱离。在这方面,他提到了最近他与威尔逊首相的谈话以及在他们随后所发表的联合公报中都对美国在中东和越南的政策进行了谴责,尽管还不能说英国已与美国的政策分道扬镳。巨大的战争开支造成了美国长期的财政赤字,开始给美国的经济带来了困难。这反过来影响了美元的价值,动摇了对美元的信心。现在不是美国为欧洲提供资金,是欧洲和日本反过来通过国际货币基金组织向美国提供资金。俄国支持欧洲国家联合起来建立一个没有美国参加的欧洲安全体系,法国也持有同样的观点。柯西金补充道,总的来说,俄国反对类似战争的局面,同样也反对两个霸权。每个国家都要发挥他们的作用。

12. 甘地总理重申印度的立场是立刻停止对北越的轰炸,但美国想知道地面战争能否在同一时间停止。柯西金回答说,如果美国想开始谈判,那么美国至少应该试着暂停 10 天的轰炸,以观察形势如何发展。如果谈判不能开始,而且美国头脑发热,美国除了在过去几个月中一直在丛林中四处乱逛之外,它还可能会经常恢复轰炸。

13. 会议结束,进一步的问题留待下一次会议解决。

14. 以下人员出席了会议:

(1) 苏方人员:柯西金、费柳宾、佩格夫(N. M. Pegov,苏联驻印大使)、扎姆亚丁(L. M. Zamyatin,苏联外交部人员)、福明(A. A. Fomin,苏联外交部人员)、克里门基(I. I. Klimenki,苏联外交部人员)。

(2) 印方人员:英・甘地、S・S・辛格(国防部长)、迪奈斯・辛格(Dinesh Singh,商业部长)、巴加特(B. R. Bhagat,外交国务部长)、达亚尔(外交秘书)、山科尔(V. Shanker,国防部秘书)、考尔(T. N. Kaul,外交部秘书)、科瓦尔・辛格(Kewal Singh,印度驻苏大使)、哈克萨尔(P. N. Haksar,总理秘书)、奈尔[K. C. Nair, JS(S)]、梅塔[J. S. Mehta, JS(PP)]、贾帕尔[R. Jaipal, JS(UN & XP)]、普里提・辛格[Prithi Sigh, JS(Europe)]。

15. 分发范围:国务院、太平洋总部司令(仅限于普拉德和夏普海军上将)、中东非洲南亚司令(仅限于指挥将军)。

DDRS, CK 3100494479 - CK 3100494493

张霞译,戴超武校

14－52

中情局关于巴基斯坦局势的评估

（1969 年 2 月 6 日）

Intelligence Memorandum 0612169

秘　密

巴基斯坦局势

（1969 年 2 月 6 日）

去年 10 月开始的反政府骚乱到 1 月份持续困扰着巴基斯坦，而且愈演愈烈。东西巴基斯坦的城市都实行了不同程度的宵禁，军队被派往一些主要城市恢复秩序。阿尤布·汗政权似乎失去了各阶层民众的支持，虽然没有关于最重要的武装部队的不满的报道。

阿尤布·汗总统 2 月 1 日表示愿意与负责任的反对党领导人见面，讨论改变政体的问题。2 月 5 日，这一邀请扩大到包括所有主要的反对者。但他的建议与反对派发言人和学生领导人的要求还相差甚远。新的、也许是更为暴力的游行示威可能还会发生，只要阿尤布·汗还在台上，政府已经到了或者不得不向反对派做出决定性让步，或者采取更为严厉的镇压措施来恢复国家稳定的地步。如果阿尤布·汗采取后者的措施，他的未来则更加依靠武装部队的坚定忠诚。

说明：该备忘录仅由中情局完成。它是由现时情报办公室在国家情报评估办公室和秘勤处的协助下准备的。该备忘录与其前两个备忘录是一个系列的。第一个是在 1968 年 12 月 2 日提交的（编号 2583/68），第二个在 1968 年 12 月 30 日（编号 2259/681）。不对外公布。

政治局势

1. 各种各样的势力都站出来反对阿尤布·汗，他们成功地部分消除了彼此之间的分歧，八个中右翼政党联合起来在 1 月 8 日宣布成立民主行动委员会。只有两个小的但很有影响的反对党没有加入联盟，他们是亲中共的巴基斯坦共产党的分支、东巴基斯坦的“民族人民党”（National Awami Party）和左翼的巴基斯坦人民党，该党是由前外交部长、目前关押在狱中的布托于 1968 年建立的政治组织。

2. 民主行动委员会提出八项主张作为在巴基斯坦“重建民主”的“最低纲领”。该纲领要求恢复联邦议会制以取代现行的总统制；实行直接普选取代现行的间接的立法机关选举制，总统要由 12 万名“基本的民主人士”组成的选举团选出；恢复民权。民主行动委员会还宣布了一项联合决定，如果 1969～1970 年的选举还在现行选举体制下进行的话，他们将抵制选举。民主行动委员会抵制选举的决定得到了民主人民党领导人的热情支持，他们承诺将在此次活动中进行合作，但这一决定遭到了人民党发言人的批评。该发言人早些时候声明布托有意参加总统选举;虽然布托本人没有类似的表示,他的另一个智囊人士也否认前外交部长将成为候选人。

3. 与此同时,三个有可能但并未宣布参加总统选举的政治家都拒绝参加反对党,继续进行相关的活动。前陆军将军和东巴前省长阿扎姆·汗(Azam Khan)在西巴边境的白沙瓦地区的首次政治活动中获得良好的反应。东巴前首席大法官穆赛德(Gyed Murshed)在1月底大张旗鼓地前往西巴。最有力的反对派发言人是前空军元帅阿斯加尔·汗,他参加了民主行动委员会在达卡召开的组织会议,并在1月初回到卡拉奇时受到热烈欢迎。他不断猛烈地攻击政府的行为,开始向大多数愤世嫉俗的观察家表明,他不是在背后与阿尤布·汗合作的人,而真正同现政权脱离了关系。此外,与布托不同的是,他清廉的名声和保守主义的立场使他继续受到许多政治和经济"组织"成员的欢迎。阿斯加尔在军队中特别是空军中也受到了广泛的欢迎,但就竞争总统职位而言,他受到的支持度同其他高级官员相比尚不清晰。

游行示威

4. 民主行动委员会声明进行全国范围内的罢工,迫使政府做出让步。1月17日是东巴的"呼声日"(demand day)。东巴省长穆奈姆·汗(Monem Khan)警告反对派领导人,他将动用任何必要的手段维持稳定,再次发布禁令禁止游行,甚至禁止三人以上的集会。民主行动委员会做出了让步,达卡相对平静地度过了1月17日。

5. 但在接下来的几天内,达卡大学和其他学校的学生明显被穆奈姆·汗的镇压政策所激怒,都走上街头。他们在1月20日与警察和东巴议会卫队发生了冲突,一名学生死亡。随着暴力迅速地扩展到东巴的主要城市,西巴的学生开始组织表示声援的游行。

6. 遍及巴基斯坦的混乱状态到1月24日升级至总罢工。在那一天以及随后的几天内,暴乱者向警察投掷石块等进行战斗;亲政府的新闻机构、政府建筑甚至官员的住宅都受到了攻击,还有一些被点火焚烧。政府最终被迫在大部分城市进行宵禁,征召军队恢复秩序,并在达卡、卡拉奇、拉合尔、白沙瓦和其他一些较小的城市进行宵禁。

7. 到2月初,暴力冲突已造成了30多人死亡,数十人受伤,数百人被捕。虽然相对恢复了平静,但据报道东巴和西巴都有零星的暴力活动。军队撤退后会发生什么还不清楚,但学生领导人和一些反对派发言人显然认为政府在退缩,并暗示他们准备尽可能早地阻止政府的进攻。

政府的反应

8. 拉瓦尔品第政府继续给人这样的印象,即不是认不清当前反对派的强大势力和决心,就是没有能力采取迅速而坚定的行动稳定局势。一个表明政府不情愿向反对派做出让步的例子,就是选在1月23日取消了限制性的1961年发布的《西巴基斯坦大学条例》。这些条例长期以来就是学生们攻击的目标,如果在10月或11月取消这些法令,会向那些愈加接受暴力活动的团体展现政府的良好意愿。但1月23日,整个巴基斯坦都爆发暴乱,不可避免的结果就是,政府的行动不是其强硬立场的表现,而是由于街头的压力所造成的政府虚弱的表现。

9. 在1月份不断有消息说,阿尤布·汗准备会见反对派领导人,商讨解决当前危机的办法。达卡的游行达到高峰之时,总统顾问哈桑(Fida Hassan)从拉瓦尔品第来到达卡,与穆奈姆·汗省长交换意见。有谣言传说他或者可能是阿尤布·汗的另一个使者,也在与国民大会反对派领导人阿明(Nuril Amin)接触。

10. 2月1日,阿尤布·汗在其例行的每月第一天向全国讲话中表示,他将与“负责任的政党”的代表进行“简短”的协商。他指出,1962年宪法可以修改,他将同意“基于相互讨论达成的”任何协议。几天之后,总统提议会议可以于2月17日在拉瓦尔品第举行。阿尤布·汗邀请民主行动委员会的一位主要代言人可以提出“任何你喜欢的”反对派政治家参加会议。这项空头邀请支票可以包括阿尤布·汗的最强劲的竞争对手布托。

11. 这项建议是否会被民主行动委员会,或者其他任何竞争者或者极左的政党所接受还有待观察。虽然民主行动委员会的一位领导人在达卡列出了举行会议的具体条件,包括结束1965年强加的国家紧急状态,释放政治犯等,但主要反对派的最初反应都是谨慎的。

12. 巴基斯坦人民党和东巴民族人民党的发言人仍坚持他们反复申明的原则,那就是人民的要求是不可谈判的。同时,最大、最活跃的学生组织立即表示拒绝举行会议的建议,2月2日,在巴基斯坦的一些小城市发生了学生抗议游行。

阿尤布·汗的立场

13. 各种报道表明,阿尤布的政治基础在过去的一个月内已遭到严重破坏。自从他1958年执掌政权以来,这位总统主要依靠军队、内务部队、工商业者、地主阶级以及传统而保守的农民阶级的支持,还在某种程度上依靠其创建的政党“巴基斯坦穆斯林联盟”的支持。他还通过自己在1958年的时候在一个出于政治动乱的国家里第一次确立并保持了稳定而赢得其他阶层的支持。当然,阿尤布·汗还利用人们对印度有可能将巴基斯坦并入大印度联邦的担心,来证明其高度集中甚至有时候是独裁的统治的合理性。

14. 对印度的恐惧依然还存在着,这也是阿尤布·汗掌握的不多的心理武器之一。但在经过了已经持续三个月而且仍在加剧的混乱之后,阿尤布·汗发现自己越来越难以说服他的国民相信,只有他才能保证国家政治生活的平静。他不断警告说,如果没有他,这个国家会回复到1958年的无政府状态,但这一警告变得愈加空洞。

15. 在过去的两个月里,许多的内务部门的高官离开或者说背叛了阿尤布·汗。其他没有公开辞职的官员开始前所未有地公开批评当前的腐败、裙带关系以及政府的失败。许多迹象表明,内务部门的一些工作人员对自己的命运不满,特别是当他们把自己在阿尤布·汗政权下的经济收入同军事部门相应人员进行比较的时候更是如此。为了让反阿尤布·汗的运动升温,反对派领导人开始警告内务部门的工作人员,如果继续支持现政权,他们将受到阿尤布·汗之后新政权的“人民法庭”的审判。有报道说,在1月的最后几天内,政府在一些小城镇和农村地区的权力机关都已经崩溃了。

16. 作为巴基斯坦经济领域领导层的大工商业主和大地主继续支持阿尤布·汗。但也有证明表明,不断发生的混乱开始破坏经济活动。媒体报道说,在1月后期的游行示威期间,卡拉奇工厂的产值下降到正常水平的30%。此外,混乱状态使得东巴的孟加拉分离主义再次复兴,这对那些在东巴有巨大利益的西巴富裕的企业主来讲是危险的信号。有报道说,有些资金开始从达卡转移走了。

17. 农村大地主的态度还不十分明确,但许多人可能认为,由于……①,阿尤布·汗的路已经到了尽头,同现政权分道扬镳的时刻就到来了。……②声称,担心现阶段出现"农民起义"是没有道理的,虽然城市的暴乱已开始激发起这些传统上不关心政治的阶级的反政府活动。

18. 阿尤布的政党"巴基斯坦穆斯林联盟"从来就不是一个特别有效率的政党,看起来已经瓦解。针对那些有组织的反政府示威的反示威活动正在日益减少,在卡拉奇和达卡,"巴基斯坦穆斯林联盟"领导人的住宅都成为抢劫的对象。"巴基斯坦穆斯林联盟"的一些骨干民主人士,即选举委员会成员公开宣布退党。在达卡大学,可能还有其他学校,全国学生联合会中亲"巴基斯坦穆斯林联盟"和亲政府的学生投向了反对派,现政权在学校中也失去了支持。

19. 这一切使得阿尤布·汗只能主要依赖军事部门特别是军官集团的继续效忠。在过去的一个月里,没有要密谋军事政变的报道,……③。此外,军队在结束混乱状态方面取得了极大的成功,并利用宵禁维持了平静。有趣的是,在卡拉奇1月25日游行群众与警察发生冲突的高潮时刻,军队的开进受到了反政府人群的欢迎。对军队进入城市这种友好欢迎是真是假尚未可知,但如果利用他们对反政府活动进行持续的镇压,那他们的受欢迎形象会遭到破坏。军队的高级将领是否会把警察的工作看作自己军队的任务以及是否愿意把军队与一个不受欢迎的政权紧密地联系在一起,这都有待观察。到目前为止,军队还忠于政府,但这是否表明他们会继续忠于阿尤布·汗或其法统地位尚不确定。

短期前景

20. 阿尤布·汗提出的在2月1日与反对派会见的建议让大部分的反对派领导人感到失望,因为他提出的建议比亲政府的媒体预测的还要低。除非他愿意作出进一步的让步,否则这次会议不可能成功地恢复国内的平静,而且也不确定阿尤布·汗是否能明智地让其主要的对手参与。

21. 鉴于目前的局势,加之双方缺乏信任,阿尤布·汗和反对派能否达成协议值得怀疑。如果要完全满足民主行动委员会要求,阿尤布·汗就要交出权力,他这样做的可能性微乎其微。但在目前的选举体制下,阿尤布·汗似乎拥有必要的筹码,来保证自己在选举中再次击败民主人士。在布托可能不参加的情况下,反对派似乎也不会选择在这种选举体制下进行竞争。由于公众对反对派的支持的增加以及政府似乎被逼到绝路状况,反对派抵制选

① 原文此处未解密。——编注
② 原文此处未解密。——编注
③ 原文此处未解密。——编注

举的可能性正在增强。如果存在迫使反对派政治家与阿尤布·汗达成妥协的压力的话，那就是他们会担心随着混乱局势的继续，将使得权力落到如布托等更为激进的政治家手中。

22. 同时，无论各政党的领导人决定怎么做，学生已作为一支新的有力的政治力量出现在巴基斯坦。许多证据表明，1月的许多游行都在学生没有同反对党领导人进行协商的情况下自己组织和开展的。一般而言，这些青年示威者的领导层中的许多人都担心自己毕业后没有合适的工作，从而支持布托及其“伊斯兰社会主义”思想，甚至是中国的共产主义，而不是支持传统的反对党的纲领。

23. 阿尤布·汗似乎要被迫做出重大决定。他可以向反对党做出重大的让步，这样有可能丢失权力；他也可能通过颁布法令加强军管法和统治；他或者继续努力分化反对派，同时做出有限的让步，甚至可能推迟1969～1970年的大选。第一个选择意味着阿尤布·汗政治生命的终结；如果他获得军方的支持，第二个选择在短期内会有效；最后一个选择意味着去年10月开始的混乱将会继续困扰巴基斯坦。此外，阿尤布·汗可以辞职，或者宣布不参加下次总统选举。虽然有报道说促使他做出这种选择的压力正在……①增强，但这不符合其个性。如果阿尤布·汗的健康状况恶化，或者军方要求他为了“国家政权的统一”而让位，这种选择才有可能。

24. 无论阿尤布·汗做出何种选择，巴基斯坦未来几周的局势依然是罢工、抗议游行、与安全部队的冲突以及持续的政治动乱。由军队维持着的宵禁恢复了城市中让人神经紧张的平静。有些宵禁已经解除，但军队仍驻扎在附近。在这种情况下，如以前一样，阿尤布·汗及其政府的生存还要依靠军队对政府的忠诚。

Foreign Relations of the United States, 1969 - 1976, Volume E - 7, South Asia, 1969 - 1972, Document 04.

刘磊译，戴超武校

① 原文此处未解密。——编注

14-53

中情局关于印度和巴基斯坦政治及经济发展趋向的评估

（1970年10月20日）

NIE 31/32-70

秘　密

印度和巴基斯坦的政治及经济的长期发展趋向

（1970年10月20日）

概　要

一、尽管印巴两国政府付出巨大的努力来减少增长率，但它们7亿人口的年增长率在2.5%～3%之间。以当前人口计算，到1980年会达到9亿，在30年内会翻一番。人口的增长会消化掉两国经济发展的大部分成果。

二、"绿色革命"(the green revolution)会使西巴和印度西北部地区的小麦生产获得大量增收。但稻米的产量会增加很慢，对东巴和印度特别重要的稻米生产，取得突破性进展的可能性不大。

三、印度的粮食生产能否在下个十年内达到自给的水平，这在经济专家内部存在争论。与中情局相比，国务院认为其可能性要高一些。我们将在第9～12段和第43段讨论印度农业前景的差异和总体经济发展的差异。

四、巴基斯坦总体上来讲会实现比印度更高一些的经济增长率。但这只反映了西巴的相对繁荣，而东巴依然处在贫困和停滞之中。

五、印巴现代工业的发展水平和增长速度将继续大量依赖外来援助。但未来援助的水平是不确定的，两国都不能仅靠增加出口来解决外汇短缺的问题。在这种情况下，印巴两国将会寻求通过谈判来减轻债务，并被迫在贸易条件方面做出让步。但是，在未来几年内单方面违约似乎是不可能的。无论如何，两国都不可能得到他们认为对自己的经济发展计划必不可少的外汇和外来援助。

六、该大陆上不断增长的人口压力，将会继续促使大量的人口涌向已经不堪重负的城市。以受过教育的失业人员为首的爆炸性的城市人口，将对两国现有的政治秩序构成日益增长的威胁。

七、巴基斯坦的国内政治形势前景黯淡。1970年12月成立的制宪机构将可能会产生一个新的选举出来的政府。但这样一个政权也是命运未卜。东巴和西巴在一段时间内更有可能保持统一，而不是分裂为两个国家。分裂会伤害双方的经济，但西巴会更快地恢复，而东巴则会处于停滞。

八、印度也处在一个政治过渡期。新的议会选举会在 1972 年初或更早的时候举行。其结果不可预测，但至少可以断定，包括甘地夫人的国大党在内的任何一个政党都不可能获得绝对多数。这会在印度历史上产生第一个联合政府。

九、其可能性是印度会保持团结。但印度军方会要求在国家处于紧张或紧急状态时在部分地区乃至全国发挥更直接的作用。

十、印度和巴基斯坦都会因太关注国内事务而不能在国际事务中发挥太多作用。目前还没有印巴接近的迹象。虽然双方都不想陷入另一轮敌对冲突中，但也都不愿在根本问题上做出足够的妥协以建立相互信任的气氛。

十一、印巴的对外政策都不会有太大的变化。但如果国内发生急剧的变化或区域外形势的突变，诸如巴基斯坦出现分裂、毛之后的中国政府改变敌视印度的政策，或中苏实现缓和、苏联减少对印度的支持和军援等，它们的外交政策也会发生急剧改变。

十二、印巴都会积极向发达国家特别是美国要求平等地分享世界的财富。但是，它们会发现发达世界不会像以前那样通过经济援助来从印巴争夺政治利益。

讨　　论

一、引　　言

1. 40 年来，巴基斯坦和印度一直都在大力宣扬其经济发展项目。尽管存在许多不尽如人意的地方，他们确实建立了相当规模的基础设施和一些大型的工业设施。虽然两国都有一些喧嚣的大城市，但是它们依然主要是农业国家；人均收入在世界上处于最低水平。这两个国家拥有大约 7 亿人口，①相当于中东、非洲、南美洲大约 60 个国家人口的总和。鉴于如此庞大的人口规模，印巴两国存在着尖锐的等级、阶层、语言、地区以及其他差异并不令人吃惊。

2. 这两个国家自从独立以来一直处于盛衰沉浮之中。在 20 世纪 50 年代和 60 年代早期，在尼赫鲁的领导下，印度有一段时期政治相对稳定，经济有所发展，国际地位得以提高。而巴基斯坦在这段时期内政局不稳，经济停滞，但 1958 年阿尤布·汗执政后，巴基斯坦的经济取得了巨大进步，政治相当稳定。这两位领导人离去之后（尼赫鲁在 1964 年，阿尤布在

① 原注：目前巴基斯坦宣称自己有 1.3 亿人，印度则是 5.5 亿人。许多观察家认为两国的实际人口应该更多。需要指出的是印巴两国自己宣称的人口和经济数据都是不可靠的，只能当作模糊的证据。

1969年),这两个国家经历了一段政局不稳、经济波动的时期;现在两国正处在寻找解决问题的新方法的过渡期。

3. 在这种情况下,伊斯兰堡和新德里政府在未来十年内将面对一系列的挑战。主要问题如下:

(1) 增加粮食产量的同时控制人口增长。

(2) 为大量的和不断增长的人群提供工作机会。

(3) 改变外汇储备短缺的状况。

(4) 刺激工业和经济的发展。

(5) 消除至少是控制各地区和不同阶层间的敌对情绪,并尽量满足大众的要求。

(6) 与对方、邻国和其他超级大国保持可容忍的关系。

但是这些目标不是互补的,有时候它们会发生冲突,也会妥协。以下就是对该问题的评估。

二、经济和社会问题的挑战

(一) 粮食和人口问题

4. 印巴两国大约有80%的人口住在农村,其中大部分是农民,包括拥有少量土地的小农、租种土地的农民、小佃农和没有土地的地主。农业为次大陆提供了一半的国民生产总值,因此,农业依然是这些国家社会和经济体系中的最为重要组成部分,在未来几十年内依然如此。从最好的情况看,工业的发展仍不能吸收当下更多的失业者,更不要说将来的人口增长了。

5. 次大陆上的粮食和人口问题可能是世界上最为严重的问题,共产党中国在这方面可能是一个例外。尽管日益付出巨大的努力来解决这一问题的方方面面,但这依然会在将来产生极大的关注。虽然最近在农业产量上取得了巨大的成就,但事实依然是,该地区在粮食上从独立以来就没有实现过自给自足。独立之后,粮食的增长没有赶上人口的增长,粮食水平依然低于标准水平。由于小麦的增产以及连续几年的风调雨顺,这暂时消除了饥荒的危险,而这种危险在20世纪60年代中期经常出现。但随着人口的急剧增长,粮食和人口问题依然值得严重关注。

6. 次大陆的人口年增长率最少是2.5%(官方宣布的数字),甚至可能达到3%。这一增长率将会持续到20世纪70年代,即使到1980年也不会明显减少。当前的人口增长率(即使按2.5%算)继续下去的话,总人口将会在进入21世纪时翻一番。

7. 导致高增长率的因素与其他发展中国家是一样的。健康和卫生设施大量地减少了死亡率,特别是儿童和孕妇人群。这就导致处在怀孕年龄的人口比例迅速增加。但生育模式并没有改变。以生育来抵消死亡的传统文化倾向依然盛行,出生率会继续大大超过死亡率。

8. 两国都极大地发展其人口控制计划，但只有小部分人的生育行为受其影响。总之，出生率不仅没有降低，反而有所增加。但是，造成这种状况的原因是人口结构(如年龄结构、婴儿低死亡率)的变化，而且假如没有这些计划的话，增长率仍会更高。我们不能否认在出生控制领域科学突破的影响，试验性的工作还要继续。但即便是取得了成功，也不会对下个10年的增长率产生太大的影响。

9. 印巴在最近几年里都加强了粮食增产的努力。由于各种高产谷物、化肥、灌溉系统和相关技术发明的广泛使用，产量在西巴和印度西北部都有很大的增加。但大部分的收成来自小麦，而且该作物的增长率可能下降了。新稻米品种的培养试验还远没有成果；现在种植的品种不能完全适应南亚的稻米生长条件，并且它们对水的深度很敏感，因此需要复杂的水控制技术和装置，而这些在多洪水季风的地区是极其缺乏的。但是，一些如IR－20等较新的品种正在被引进，似乎能给这些地区带来希望。即使是利用重要的技术支持，稻米的增产也远不如近期小麦的增产。

10. 预测印巴的粮食生产在下个十年内可能的年平均增长是有风险的。天气的变化、农作物的病虫害以及无论稻米是否会像小麦那样取得突破，所有这一切很难让人有信心地算出准确的数据。不过，以往的经验和当前的计划会给我们粗浅的启示。在一定范围内，政府支持农业的政策在很大程度上决定了粮食的产量，虽然个体农场主的热情也是至关重要的。即使没有在稻米方面取得突破，印度粮食年产量的增加最大可能到达5%，甚至更多，其依据如下：

(1) 增加化肥的使用量，并且每英亩的平均使用量还在增加。

(2) 加强控制病虫害的措施。

(3) 推广和改进新的农业工艺的教育。

(4) 农民能够获得优良的品种和投入的数量(化肥、种子、杀虫剂、水或其他的东西)，而且有钱去购买这些东西。

(5) 正常的气候。

11. 虽然对印度的农业潜力没有太多的争论，但专家对印度在下个十年内能取得多大的成就这一点上存在着分歧。有人认为年增长率能达到或接近3%。还有人认为会更高一点，以致在某些情况下会达到5%，甚至更高。十年内5%的平均增长率能够使印度在粮食上实现自给自足，印度可以建立足够的粮食储备，应对雨季带来的粮食歉收，也可能提高民众的粮食消费水平。此外，由于农业收入约占国民生产总值的一半，这种较高的增长率会推动经济的全面发展和繁荣。在3%的较低增长率的情况下，印度将不得不继续定期大量进口谷物，甚至任何一种作物的歉收都会导致额外的需求。同时经济发展步伐也要受到拖延。

12. 中情局的观点是，印度的粮食年度增长率在20世纪70年代将是3%～4%，或者更低一些。国务院认为增长率大约在4%，特别情况下能达到5%。造成这两项评估的差异的主要原因是，它们对印度政府维持其农业发展计划的意愿和能力以及对印度的农业发展潜力的认识不同。

国务院的立场

国务院预测农业增长率为4%～5%,依据是假定政府继续在政策上支持农业更快速地发展:激励性的价格支持、政府补贴、集中外汇进口化肥、向农村地区扩展银行系统、扩大在研究以及灌溉等方面的投资等。如果这些政策执行下去,并稳定增加小规模的灌溉设施以及私人投资者的参与,这些都会保证实现4%的增长率。稻米研究的突破以及大型的长期灌溉防涝设施的建设,将有助于将增长率提升到5%。

还有其他因素促使印度政府继续优先考虑农业的发展,这些因素包括农业政策和粮食价格的政治重要性以及政府公开承诺的尽早结束具有让步性的农业进口。自从1965年开始,有利于农业增长的政策承诺依然有效,尽管在财政政策上有所波动。此外,印度政府直接的农业开支在政府预算、私人资本和外来援助的支持下继续增加。

在20世纪60年代,发展项目不断向农业集中,表明政府当前对农业发展的重视。在第三个五年计划(1961～1965财政年度)中,[①]公共部门在农业和灌溉系统的开支占20.5%,在第四个五年计划(1969～1973财政年度)中调整到24%。在1969财政年度农业开支减少了6%,原因是财政和通货膨胀压力,虽然此前获得了一个大丰收,在1970年财政年度农业开支还是增加了17%。此外,印度在1970年3月将第四个五年计划的农业开支增加了20%,从而增加了该部门的份额。虽然政府对化肥征税延缓了化肥使用的增长,但据判断,实际的增长率依然超过了实现目标所需要的标准;此外,税收也只是从不断增长的农业收入中分流出一点来发展其他项目的可行的政治手段。已经增加的政府项目使得耕种者自己加快发展灌溉井(从1961年的4.9万口增加到1968年的20万口),并且采用了更多的丰产种子。

中央情报局的观点

印度政府在农业上的计划可能会像以前那样波动不定,将继续从属于工业发展。例如,政府1969年财政年度总开支减少,工业开支增加,但农业开支却减少,政府还对化肥征税,这减慢了化肥消费的增长速度。这一变化与过去的经历相一致,反映出政府是在工业部门而不是农业受到了政治和经济上的压力。1970年财政年度计划增加开支,就能说明印度在发展农业时的矛盾心情,这反而不是说明印度要改变其长期政策的决定性证据。事实上,在第四个五年计划中增加对农业的投入,只能赶上在1966～1969年财政年度农业所接受的资金总额。

此外,政府要想取得在稻米应用研究中的突破还有很多的技术障碍。这种应用技术不仅包括开发新的种子,同时还影响到对灌溉工程和水利控制工程的长期改造,这些改造耗资巨大。印度政府能否克服这些巨大的障碍还值得怀疑。如果成功的话,将会使粮食生产的增长率接近4%,但如果失败了(这种可能性更大),增长率则接近3%。此外,即使是20世纪70年代持续保持3%的增长率,也比20世纪60年代的2.25%的增长率有很大的进步。

---

① 原注:印度的财政年度从每年的4月1日开始算起。

13. 无论事实如何，在整个 20 世纪 70 年代，印度的粮食进口需求每年都会有所变化。如果是 5%的增长率，印度就会成为粮食出口国。另一方面，如果是 3%的增长率，其进口需求可能会保持在目前的水平，即每年 400 万吨。在保持较高增长率的情况下，消费会相应地增加，如果是低增长率，需求的增加会放缓，并可能保持当前的消费水平。在经常出现的雨季，进口会急剧增加；如果出现大面积的病虫害，进口也会增加。增加的程度则要看危机的程度和持续时间的长短以及国内粮食储备的规模。例如，在 20 世纪 60 年代出现的两次由雨季导致的歉收，每年的进口增加到 1 000 万吨或更多。

14. 西巴的粮食产量自 1966 年以来增加了 60%，该地区（以前是一个粮食短缺的地区）变成了粮食出口地区。①在下个十年内会继续保持下去。该地区有着良好的水资源，没有人口压力，主要生产小麦。东巴则是另一番情况。7 000 万人生活在佛罗里达州一样大小的地方。那里吃大米的人们还没有看到绿色革命，在下个十年内也不会从出售小麦中受益。它将继续受季风、不定期的干旱和洪水的折磨。最好的情况是，东巴能看到粮食增长率达到 3%（坏年头会少一些），还必须继续依靠从西巴和其他国家进口粮食。整个巴基斯坦农业的年增长率将是 4%～5%。

15. 虽然印度国内地区间的差异不那么显著，但已分化为一些相对繁荣的地区和一些贫穷的地区。印度的西孟加拉邦存在着与说孟加拉语的邻居东巴基斯坦同样的问题，并且还有规模较大、贫穷的好斗的产业工人，他们容易受到极端政治的影响。印度西南部的喀拉拉邦人口密集，具有相对高的文化水平，但该邦的经济存在着全面崩溃的可能。作为“印度心脏地带”的恒河平原情况复杂：比哈尔邦、中央邦和北方邦的东部经济发展停滞，出了名的穷，粮食产量低，生活水平始终没有提高，该地区的人们抵制改变传统的生活方式；但在后两个邦的某些地区，耕种者对使用水、化肥和高产的谷物品种的激励做出了反应，传统的方法在慢慢改变。这些落后的或缓慢改变的地区，同繁荣和发达的旁遮普邦、古吉拉特邦、马哈拉施特拉邦的西部以及泰米尔纳德邦的一些地区形成了鲜明的对比。虽然印度和巴基斯坦都在推行各种政策来改变区域差异，但在未来十年内不会取得太大的成就。

16. 在过去，总是印度和巴基斯坦的贫困地区遭受最严重的自然灾难。在雨季歉收的时期，粮食富裕的地区要很不情愿地帮助歉收的邻居。在印度，粮食富余的邦在缺粮的时期禁止粮食外运，以此维持本地城市较低的价格，而个体农民则想办法通过黑市向外出售粮食。

17. 在 20 世纪 60 年代中期的干旱时期，印度政府成功地迫使富裕的邦向外输送粮食，并限价向短缺的地区出售粮食。印度在 1964 年建立了政府入股的粮食公司，这促使其积累了 500 万吨的粮食储备，远多于 20 世纪 60 年代的 100 万吨。但国内的储备仍少

① 原注：应该指出的是无论西巴还是印度盛产小麦的地区都不能确定自己的问题都已完全解决。对危害它们“神奇种子”的病虫害的抵抗系统没有建立，其作物每年都会受到病虫害（如麦锈）的侵害。

于公共需求，短缺的部分由进口来弥补，而这些储备在干旱的紧急时期也不能满足分配需求。在巴基斯坦，政府正在从西巴向东巴输送粮食，应付其短缺状况，而且这一政策还不得不被迫持续下去。

18. 在下个十年，南亚的部分地区将经常遭受严重的缺粮危机。就如1966～1976年印度比哈尔邦在这种情况下，美国和其他粮食出口国不得不再次提供紧急援助。正如比哈尔邦危机所表现出来的那样，印度政府已掌握了在有粮食进口的情况下，处理缺粮时期粮食分配的技术。此外，由于向落后地区(主要是东巴)提供物质帮助有着紧迫的政治利益，巴基斯坦政府会付出极大的努力承担这项工作。虽然饥荒的情况还会发生，但两国政府能够比过去更好地应对这样的危机。

(二) 提供工作机会

19. "失业"是一个在西方经济中常用的词汇，在南亚，除了一小部分现代工业部门外，并不存在这一词汇。那里有着大量的未充分使用的劳动力以及工作的分享。没有失业补偿，没有失业救济金，很少的慈善事业单位。该地区的许多地方，村民或农民的劳动时间非常少，但在一些能提供有效的经济激励的地方，这种状况正在迅速改变。政府和工业部门人员过剩，节奏缓慢，雇员工作效率低下，这些都是常见现象。

20. 另一方面，中央政府的一些机构和地方政府则运行良好而有效，两国都有不少工业部门达到了世界标准。具有代表性的是，印巴两国各部的高层都有竞争意识，工作努力，但是下层职员就相对差一点。虽然劳动力的生产率在一段时间内增长缓慢，但相对而言，新的农业技术有着迅速增加的前景，一些农业主产区可以使用新的种子和技术。

21. 经济的不景气将继续从不同的方面影响着社会和政治生活。一方面，农村人口过多和生活条件低下，正导致大量的农村人涌向本已拥挤的大城市。这一趋势即使在被农业革命缓解的情况下仍在继续着。只有一小部分人在工厂企业中找到了工作，这一比例在求职者中是相对很小的；大部分人进入了服务行业。至少他们的生活在一开始有所改善；但是摆脱了传统的农村社会和政治的限制，初次面对城市的富足生活，越来越多的人开始要求进行激烈的改革。

22. 这些呼声一般来自一小部分但又具有分裂性的群体：受过教育的失业者和半失业者，他们出身于逐渐分化出来的中产阶级。印巴两国都很重视教育，但结果却是千差万别。两国都培养了一大批大学毕业生，但在技能方面受的教育和训练很差，与实际工作和发展需求的关系不大，不能找到与他们所受教育和训练相称的岗位。他们被迫接受仆人式的工作或低收入工作，这使他们对"富人"充满了怨恨。在大城市的大部分地区，"几乎是富人"提供了暴乱的刺激物和导火索。

23. 除了对现状的日益不满，并倾向于去报复那些他们认为损害自己利益的那些人之外，他们几乎没有任何共同的意识形态。因此，在1968年底到1969年初，西巴的一些学生和工人在对社会不满的律师、职员和知识分子的领导下进行暴乱，抗议由于阿尤布·汗总统保守的寡头统治而造成的利益分配不公。同时，东巴也抗议西巴的控制和剥削。在印度的西孟加拉邦和喀拉拉邦，一些强硬的共产党分子（共产党马克思主义派）成为最强硬的一股力量，同时还出现了一些地下的恐怖主义运动（the Naxalites①）；加尔各答时常遭受恐怖主义、集体暴力和罢工的折磨。另一方面，孟买出现了仇外的法西斯主义组织"湿婆军"②，他们经常试图用暴力来发挥影响，大城市将会给地方和邦政府造成严重挑战，并有可能需要中央政府的干预。

（三）经济增长、工业化和外汇短缺

25. 印度和巴基斯坦都把经济发展放在优先地位，但他们的起点不同，所选择的道路也不同。印度在独立的时候就有相当规模的制造业基础，此后又有了巨大的发展。现在其工业产值约占印度国家收入的17%，自1950年起，其增长率达到5%～6%。印度现在是一个工业大国，占世界钢产量的十分之一（年产500万～700万吨）。它计划在未来几年扩展规模。印度还有大型的生产资料生产工业，其化学、化肥、铝、合成橡胶等制造业和其他基础工业也很活跃。它还有高度综合的核能项目，目前只用于和平目的。印度也制造和仿造各种各样的制成品，包括飞机、铁路设施、摩托车以及印度人普遍消费的所有物品。巴基斯坦建国时几乎没有工业基础，但自己已发展了相当规模的消费品工业。虽然在如化肥等轻工业方面的生产比较活跃，但是没有建立高度的重工业，也没有开始生产关系国计民生的商品。尽管巴基斯坦取得了一些成就，但没有达到印度20年前的发展水平，至少在重工业领域如此。巴基斯坦工业产值占国民收入的10%。

印巴1950年和1969年的国民收入评估

（百分比）

部　门	1950年		1969年	
	印　度	巴基斯坦	印　度	巴基斯坦
农业及其相关部门	57	60	44	45
矿业	不明	不明	1	不明
大规模的制造业	5	1	10	3
小规模的制造业	6	4	6	3
其他	31	34	36	43

① Naxalites即纳萨尔巴里分子，系指参加纳萨尔巴里运动的印度共产党人。纳萨尔巴里是西孟加拉邦一个村庄的名称，因1967年5月在此爆发农民起义而著名。这次农民起义由印度共产党人领导，又称"纳萨尔巴里运动"，两年后他们成立了印度共产党（马列）。——编注

② 湿婆军（the Shiv Sena），1966年成立的印度民族主义政党，其政党的主要信仰是，马拉提人（Marathi People）比印度其他种族和文化都要优越。——编注

26. 两国长期以来都接受国家计划经济的原则,但政府的总体政策大不相同。印度接受了尼赫鲁确立的建设重工业大国的目标,大部分部门由政府所有并负责运行,而且国家要确立对私人企业的控制。其最终目标是实现高水平的工业产出、充分的就业、更为公平的分配收入以及建立一个民主的社会主义的社会。巴基斯坦的方式与此大不相同,特别是在1958年阿尤布・汗执政后;政府尽量避免直接拥有和控制工业部门,给私人企业以广泛的自由。后者的一小部分(所谓的"20个家庭")取得了很大的成功,获得了相当的财富、影响和声望,当然,它们没能推动工业的发展。

27. 印度和巴基斯坦的经济发展都有过大起大落。印度的前两个五年计划(1951～1955年[①]和1956～1960年)取得了可观的成功;在这一时期,国民生产总值的年增长率为4%左右。但在20世纪60年代初,经济发展速度开始放缓,特别是雄心勃勃的1961～1965年的第三个五年计划的目标远远没有实现,而且20世纪60年代的国民生产总值的平均年增长率为3%。这是由多种因素造成的:中央官僚机构对经济控制过严、政治的不稳定、农业减产、军事开支增加、外汇储备紧缺等。[②]

28. 巴基斯坦独立的头十年政局不稳,尽管工业有所发展,但整个经济的年增长率低于3%。但1958年之后,由于加大对主要水坝、灌溉工程的投入和其他投资(几乎全在西巴),农业产量极大地得以提高。同时,工业发展也很迅速。20世纪60年代经济年增长率达到5.5%,但大部分收益都给了西巴。西巴的人均收入自1950年以来增长了50%,但东巴实际上却没有什么变化。

29. 印度和巴基斯坦自从独立以来都未能成功地吸引外来私人投资。很多时候,投资获益的可能性是非常大的,但潜在的投资者都受制于许多悬而未决的问题,如政局不稳、税收不确定、近来的干旱和饥荒的威胁以及1965年的印巴战争,但更多的是因为政府的政策和"红头文件"(red tape)。印度政府出于意识形态和国内政治的考虑,采取的政策和制定的程序给潜在的外来投资者造成了许多的延误和障碍,打击了他们的积极性。而巴基斯坦政府设立的类似障碍要少得多,但在阿尤布・汗之前和之后,由于官僚机构效率低下,政局不稳,这也使得外来投资的水平很低。

30. 印度和巴基斯坦的对外经济关系的特征是长期贸易逆差,严重依赖国外的官方援助,为经济发展和粮食进口提供财政支持。结果是印巴都背负了巨额外债。除了粮食进口外(自从干旱年份以来已经大幅度下降了)实际上所有的民用消费品进口[③]主要是化肥以及诸如石油、机械、非铁类金属和其他原料等物资;这些物资不仅对两国工业和农业部门扩大投入是必不可少的,而且对保持它们的现有水平也是必

---

① 原注:印度的财政年度从每年的4月1日开始算起。

② 原注:此报告还指出,以前提到的粮食和人口问题的恶化也导致了这样的经济发展状况。卡拉奇地区和巴基斯坦的西旁遮普省以及印度的一些邦如古吉拉特、马哈拉施特拉、旁遮普和泰米尔纳德等,为它们的农业和工业扩展带来了严重障碍。以上给出的数据描绘了这样一幅图画,南亚的某些地区是昏暗的,其他一些地区是光明的。

③ 原注:印度每年在军事上花费2.5亿美元;其中6 000万以货物和服务出口的方式偿还苏联的军事贷款。巴基斯坦每年在军事上花费1亿美元,在未来几年内,这方面的支出没有减少的迹象。

需的。增加进口的能力对于两国运作和扩展其大型的现代工业部门具有特别重要的意义。① 由于进口和债务都会增加的缘故，印巴两国必须面对如何满足其未来的外汇需求的问题。

印度：接受外援的数额

（1951年1月1日～1969年9月30日）

（单位：10亿美元）

	核准款	提取款		核准款	提取款
自由世界财团			苏联和东欧国家	1.97	1.00
美国			总计	17.10	14.31
《公法480号援助》	4.32	4.05	援助类型*		
美国的其他援助	4.30	3.79	贷款	11.72	9.24
其他放款银行团	6.36	5.33	赠款	1.06	1.01
全部放款团	14.96	14.18	《公法第480号》	4.32	4.06
自由世界的其他国家	0.15	0.13	总计	17.10	14.31

*　包括军事援助。

巴基斯坦：接受外援的数额*

（1948～1969年）

（单位：10亿美元）

	核准款	提取款		核准款	提取款
自由世界财团			全部放款团	6.36	5.37
美国			自由世界的其他国家	0.28	0.23
《公法480号援助》	1.36	1.36	苏联和东欧国家	0.33	0.06
美国的其他援助	2.54	2.11	总计	7.06	5.72
其他放款银行团	2.46	1.90			

*　包括军事援助。

① 原注：从1967～1969财政年度，印度的贸易逆差从12亿美元减少到3亿美元。这一减少的原因是出口增加（1967年为16亿美元，1969年为19亿美元）和进口的减少（同期，从28亿美元减少到22亿美元）。导致进口减少的原因部分是进口需求的减少，部分是政府减少开支避免通货膨胀并储备外汇。但是1970年政府增加开支是为了增加工业方面的进口。

印度：外援提取款和债务偿还*

(1961～1969年)

(单位：百万美元)

财政年度**	外援提取款	粮食援助***	偿还额	实际援助	不包括粮食的援助
1961	718	161	224	494	313
1962	947	255	235	712	457
1963	1 191	352	261	930	578
1964	1 473	482	322	1 151	669
1965	1 567	526	368	1 199	673
1966	1 507	480	387	1 120	640
1967	1 499	391	473	1 026	635
1968	1 135	210	491	644	434
1969	1 301	200	549	752	552

* 包括军事援助在内的所有援助。印度现有可流通的资金储备加上承诺的外援，总计有30亿美元。其中苏联承诺了8亿美元的援助。新给予的外来援助正在以更快的比例下降。1969年西方集团对印度承诺了6～7亿美元的非粮食援助，苏联没有任何援助承诺。

** 财政年度从每年的4月1日算起。

*** 来自美国PL480的援助约占80%～85%。

巴基斯坦：外援提取款和债务偿还*

(1961～1969年)

(单位：百万美元)

财政年度**	外援提取款	粮食援助***	偿还额	实际援助	不包括粮食的援助
1961	314	106	21	293	187
1962	329	66	25	304	236
1963	501	145	39	462	317
1964	652	174	51	601	427
1965	660	158	73	587	429
1966	602	120	85	516	396
1967	674	100	106	566	466

续　表

财政年度**	外援提取款	粮食援助***	偿 还 额	实际援助	不包括粮食的援助
1968	705	165	126	579	414
1969	656	70	141	515	445

*　包括军事援助在内的所有援助。巴基斯坦现有的流动资金加上承诺的外援共有 10 亿美元。其中苏联承诺了 1 亿美元的援助。新承诺的援助也在减少。

**　财政年度从每年的 7 月 1 日算起。

***　包括《公法第 480 号》的援助。

31. 这两国特别是印度，有着广泛的工业基础，将来的进口形势将是限制进口，减少进口需求。印度在 20 世纪 60 年代的十年里，对工业产品的进口和投资的吸收都有所减少；但这些进口的替代品代价高昂。在最近几年，由于需求减少，进口仍在降低，其中部分的原因是印度政府谨慎的经济政策。印度高度关注的是避免再次爆发外汇危机，并愿意付出代价(代价会不断地增加)，使得进口控制在外汇可以承受的范围。但经济速度发展放慢会带来其他的风险，短期来看是为了执政党的政策能继续取得成功，从长期来看是为了根本的政治稳定。

32. 印度和巴基斯坦有五种方法(单独或同时使用)应对将来的外汇问题：(1) 保持甚至增加目前接受的外援水平；(2) 获取大量的外来私人投资；(3) 增加出口；(4) 就此前的债务偿还问题重新谈判；(5) 起码是在实际中不履行还债义务。

33. 目前，外援规模的前景尚不明确。美国援助的水平目前在降低，而这一援助此前则占整个西方集团对印度和巴基斯坦援助的 40%。来自其他财团成员的援助有所增加，但几乎全是通过减轻债务实现的。如果双边援助项目的总数保持稳定的话，国际开发组织提出的增加援助的建议实质上会增加援助。但如果包括美国在内的发达国家因为国际开发组织援助的增加而减少双边援助项目的话，那么总的援助水平仍会保持原有水平。

34. 另一方面，作为解决援助问题的当前行动的一个后果，印巴两国可能会更有效地利用援助。由于不再要求援助款必须购买捐赠国的商品，这将使得两国可以将援助用来进口最便宜的适合自己需要的产品。援助使用安排上的同样的改变，还使得印度可以增加其生产资料对其他受援国的出口。

35. 无论如何，印巴两国如果想要解决其外汇问题的话，最为重要的是要极大地增加出口收入。这样做的前景尚不明确。在短时期内，大部分出口的增长将继续来自农业和制造业，虽然印度大量出口矿产品的潜力很大，但还需要进一步全面地开发。东巴基斯坦和印度的许多邦没能在大米生产上取得突破性进展，因此其农业生产上不能满足国内需求，从而不能使整个国家成为重要的粮食出口国(某些粮食可以定量出口，如巴斯马蒂香稻①)。两国"传统"出口物资是茶叶、黄麻、棉花、棉纺织品等，由于面临其他国家竞争，国际市场需求增

① 巴斯马蒂香稻(Basmati rice)，印度著名的稻米品种；"巴斯马蒂"在印度语中是"香"、"软"的意思。——编注

加缓慢,以及合成替代品的出现,这些主要出口物资获得的收入只会缓慢地增加。但“非传统”项目的出口表现不错,这些为印度提供了30%的出口收入。

36. 印巴两国都采取措施增加出口,并取得了一些成功。但在将来都会遇到许多难以克服的障碍。印度最近几年做出一些早就该做的事情来扩大出口,即给出口商优惠的待遇的方式、降低出口税、放宽对生产许可证的限制、控制进口、控制垄断、提高补贴等。这些激励措施旨在抵消每个行业的特别的成本劣势,这些措施从本质上讲是利用制造商来扩展国家的进口替代政策,特别是在新的生产领域,鼓励他们在出口方面承担份额。但是,对高成本的、规模小的生产部门实行出口补贴尽管对打入新的市场是必要的,但这并不能为出口的大量和持续的增长奠定坚实的基础。

37. 印度让制造商垄断大规模的国内市场的政策,使得他们缺乏积极兴趣提高生产效率、降低成本以及严把质量关。由于高成本、管理混乱、重要的大型公共项目不能有效运行等因素,局势变得更加困难,特别是在生产资料领域和钢铁工业。因此,国内许多制造业的产品在国际市场上根本就没有竞争力。巴基斯坦在出口替代工业方面遇到的问题要小得多,即便如此,政府也比印度做出更多的努力鼓励出口,并取得了一些成功。在未来几年内,所能达到的最好情况是出口收入继续增加,巴基斯坦增长率为7%,印度为4%～5%。总之,我们不认为两国能够仅靠出口就能解决外汇的困难。

38. 印度和巴基斯坦都很担心当前实际援助会由于偿还以往的债务而减少,特别是提供援助的国家提出了更为严格的条件。新德里对国际财团最近三年里给予印度的债务减免的行动感到失望,主要是因为债务减免的大部分为总援助所代替了,而这些援助则是印度可以从其他途径获取的。尽管将来还会有债务减免方面的安排,但不可能有额外的大量援助。尽管有一些债务能够协商并在事实上延期偿还,但在长期内不会完全取消,两国也都担心延期偿还债务可能造成的经济和政治上的影响,并且它们可以从外汇储备、出口收入和现行援助中获得足够的资金,这使得在未来几年不可能拖延还债。

39. 总之,印巴两国虽然都认识到在未来几年内获得外国官方援助的可能性不大,但它们仍然要求西方国家特别是美国,尽可能提供援助以及其他设施,帮助它们应对外汇的波动。特别值得提出的是,印度和巴基斯坦将会经常坚持要求给予其在西欧和北美市场的产品以优惠待遇。

40. 没有一套方案能够确定某种援助水平来保证任何不发达国家实现持续的经济发展。援助是决定此类国家经济能否良好运行的许多因素之一。在当前水平的基础上,或增或减的微小变动不会造成多大影响。外援的大量的急剧减少会对两国的现代产业部门造成严重的混乱。无论如何,印度和巴基斯坦都不可能(无论哪种渠道)获得足够的外汇或者外援来达到两国计划中的经济增长率。

(四) 总体的经济前景

41. 印度和巴基斯坦在过去20年经济的适度发展,不仅表明本国有限的资源造成了限制，而且还反映了两国的发展战略。20 世纪 70 年代的发展将受到以下因素的限制：(1) 经济的增长同政府所追求的社会和福利目标之间的矛盾；(2) 农业部门继续占主导地位，该部门的发展速度慢于工业部门；(3) 给工业发展的投资有限；(4) 传统出口产品的市场有限，从而会加重用来进口的外汇的短缺；(5) 政治的基本走向和决策。除了上述因素外，以下的判断预测两国能够维持一定的秩序和团结。它们还认为军事开支不会有大的变动。当然都不能完全肯定这些假设，实际上，在下个十年内，巴基斯坦可能会分裂，印度则会经历严重的政治紧张局势。因此以上的假设都要随着事态的新发展而做出改变。

42. 在一定的范围内，政府的政策将在很大程度上决定发展的程度。鉴于印度农业部门的产值占国民生产总值的一半，它会要求政府对灌溉工程和相关研究项目进行大量的投资，以利于将来的发展，公共政策还会支持个体农民增加收入。印度政府不太可能放弃支持规模小、劳动力密集的工业部门的政策，以避免失业人数的增加，并会继续容忍国有大企业冗员过多的现象。除农业之外，就业与效率之间经常存在着冲突，因为在农业领域，劳动力密集型同资本密集型技术之间没有什么选择的余地。

43. 印度政府不太可能吸收太多的外来投资，也不会放松对私人工业企业的限制来加速经济发展。还需要指望政府能增加对经济发展的投入，但税收已经够高了。国内的储备金支付工资是不够的，国营企业虽控制了一小部分发展迅速的现代工业，但多半是亏损的，农业的储备多年来也是波动较大。总而言之，鉴于国内资源和政府政策方面的限制，我们最好的评估结果是，现代制造业将以当前 6%～8%的增幅发展，如果农业的增长达到 3%～4%，印度经济的总增长率会达到 3.5%～4.5%。如果农业增长率达到 4%～5%，那么 20 世纪 70 年代的总增长率会达到 4.5%～5.5%。

44. 巴基斯坦的发展政策也受到需求矛盾的困扰，影响到经济发展的进程和速度。政府继续增加对东巴基础设施的投资，这在政治上是必要的，但会转移资源，而这些资源将用于能带来更快回报的西巴工业发展。同样，政府宣布打算增加社会公益设施的投资，这必然会放慢对一些领域的投资，诸如对有助于发展的农村公共设施的投资。巴基斯坦国内消费品工业的建设是刺激工业发展的主要动力，它不会像过去那样快的发展了，工业的增长率可能会有所下降。

45. 巴基斯坦工业的进一步发展将严重依赖有着更为复杂的投入要求的生产资料生产工业以及依赖需要更多市场的外向型工业。虽然西巴仍可以保持较快的农业增长速度，但东巴由于缺少大规模的水利控制设施，不能提高其生产效率。在这种情况下，巴基斯坦在下个十年内的经济增长速度可能达到年均 5%。这种判断的依据是农业增长率为 4%～5%，工业增长率为 7%。即使东西巴分裂，西巴会很快恢复元气。相反，东巴只有在大规模援助的帮助下才能在该评估期内增加生产能力。

三、国内政治问题

46. 次大陆经济发展的政治影响是很难估量的。经验表明，政治形势与经济发展没有必然的联系。经济因素是同其他诸如语言、历史、宗教等因素相联系共同起作用的,一般不是决定政治发展的最重要因素。但这不是说经济没有影响。东西巴基斯坦之间的经济差距造成了双方之间在政治上的紧张关系。印度城市中的大规模动乱是20世纪60年代中后期粮食短缺和价格上涨的直接结果。印度的西孟加拉邦(特别是在加尔各答)不断增长的暴力和民众的动乱迫使许多的工商业部门迁移到其他地区,留下了日益恶化的经济形势以及更严重的政治混乱。但一般来说人们不能推断,经济发展或停滞同政治稳定或混乱有着直接的联系。

47. 印度和巴基斯坦目前都处于政治过渡期,虽然出现了一些明显的趋势,但很难对两国在下一段时期的政治发展形势做出准确的判断。目前处在叶海亚·汗①将军(现在是总统)的军管政府统治下的巴基斯坦,计划在1970年12月举行制宪大会的选举。该大会的工作是制订一部宪法,该工作要在120天内完成。即使制订出了这样一份文件,还需要得到叶海亚总统的批准。制定一部东西巴都接受的宪法是非常艰巨的工作。会议的大部分成员将来自东巴;而孟加拉人的大部分则可能是穆吉布·拉赫曼②领导下的人民联盟的成员。人民联盟一直要求在一个松散的中央联邦政府下获得实际的自治,甚至要求弥补过去遭受的苦难。由于人民联盟当前的要求同过去相比,更难让大多数西巴人接受,孟加拉人为了在新政府中分享权力,将会做出一些让步。

48. 即使制订出一部宪法,要长期维持一个能被孟加拉人和西巴基斯坦都接受的稳定的政府是极其困难的,甚至是不可能的。在未来十年内,东西巴基斯坦的经济和政治利益很难协调好。西巴部署在东巴的军队不可能无限期地压制住东巴一致的反抗。虽然还不能预测分裂的时间和方式,但在未来十年内分裂的可能性比过去更大。这种分裂可能是因为孟加拉人感到自己政治上受压迫,经济上被歧视,或者是西巴拒绝为维持统一而付出难以接受的高昂代价。

49. 一旦发生分裂,双方至少在一开始会经历在商品、服务和资本自由流动方面的混乱。但经济上可以自给自足的西巴会很快恢复元气。主要由西巴人组成的巴基斯坦军队将维持秩序和安全,而且不论最后出现什么样子的政府,军队都将是一支重要的力量。东巴的未来将是极难预料的。尽管其前途主要依据分裂是如何发生的,但一个独立的东巴基斯坦将是世界上的最贫穷的国家之一,并迟早会成为政治上最为混乱的国家之一。

50. 在印度,1964年尼赫鲁的逝世、国大党在1967年地方和中央的选举中的惨败以及国大党在1969年的分裂(这种情况起码可能持续到下一次选举),这些都极大地改变了印度的政局。国大党的分裂看来是个人间的敌意,而非意识形态上的分歧。不过,甘地夫人的支

① 叶海亚·汗(Agha Muhammad Yahya Khan, 1917～1980),巴基斯坦政治家,1969～1971年担任巴基斯坦总统。在其任内帮助建立了美国同中国之间的联系。——编注

② 谢赫·穆吉布·拉赫曼(Sheikh Mujibur Rahman, 1920～1975),东巴基斯坦的孟加拉的政治领袖,孟加拉国的建国领导人之一。遇刺身亡。——编注

持者更多的是来自左翼而不是右翼，她成功地展示了自己是一个同根深蒂固的特权进行斗争的民粹派改革者的形象。她的地位至少在当前是稳固的，因为一些小的左翼政党和大部分独立的议员拒绝参与倒甘地夫人的活动。

51. 全国议会选举将在1972年初或更早的时候举行。其结果当前是不可预测的，但至少可以肯定的是，包括甘地夫人的国大党在内的任何政党都不可能单独赢得议会的多数席位。过去团结的国大党总是拒绝同反对党联合，无论是建立选举联盟还是成立联合政府方面都是如此。现在，国大党的两个派别都放弃了这一政策，它们所建立的选举联盟的性质将是决定下届议会组成的首要因素。甘地夫人极可能赢得足够的席位组成一个少数派政府，正如现在她所领导的一样。如果做不到这点，下届政府将是印度历史上的第一个联合政府。印度的邦联合政权的记录给我们提供了新的线索来预测未来形势。尽管一些邦的联合政府是稳定的和相对有效的，但大部分不是这样。

52. 无论如何，未来的新德里政府会遇到许多困难的挑战。由于一些邦政府的执政党对那些在中央政府掌权的政党持有敌意，所以地区间的对立就会加剧。大部分邦的政治领导人会寻求加强自己的权力，并可能会成功地削弱中央政府的权力。印度东北部地区依然会麻烦不断。在一些混乱的地区如纳格尔和米佐等地的叛乱会常常出现。在西孟加拉邦，极端的和不负责任的左翼党派力量依然强大，并会在加尔各答和农村地区制造大规模的混乱。但西孟加拉邦仅是诸多困扰中的一处而已。印度的主要大城市都会不安定。由左翼和右翼挑起的极端主义活动都可能加剧。规模不大但可能具有重大影响的毛主义恐怖运动将继续煽动混乱。不同教派间敌意也是具有潜在爆炸性的主要问题。印度的一些地区还将遇到粮食短缺、增长缓慢、失业等问题。

53. 如果整体局势走向恶化的话，印度政治体制的未来和统一的未来都可能日益出现问题。印度分裂的可能性也不能排除，但我们认为在下个十年内是不可能的。该国的规模、惯性和各地区间经济上日益增长的相互依赖将会影响这一巨变。尽管地区主义在加深，但共同的民族认同感在发展，并且有军事和民事部门这样有效的制度巩固这一点。印度军队在20世纪70年代确实发挥着愈加重要的作用。因此即使印度遭受公共秩序崩溃的威胁，军队有可能遏制它。同样，军队也可能会镇压，由印度持不同政见的团体所挑起的分离主义的企图，就像对待纳格尔和米佐那样的叛乱。

54. 印度在一段时期内的政治体制的未来更难以预料。看来深层的根基确实受到了动摇，但目前不会有什么威胁。但它将面临严峻的挑战。这种挑战不仅来自许多共产党人和左翼的暴动组织，同时还来自一些右翼力量。一旦印度社会的普遍不满和两极分化发展下去，这些挑战将变得相当严重。在这种情况下，中央政府将被迫依靠文职和军事组织来应对极端的反对派。军方领导人不可能挑战文职统治，除非事态发展到比我们预想的还要严重的地步。

四、南亚和外部大国

(一) 当前形势

55. 目前,印度和巴基斯坦的对外关系的主要特点看来是已经适当地确立下来了,不容易发生急剧的变化。这包括穆斯林教徒和印度教徒之间根深蒂固的强烈猜疑和敌对,以及最近爆发的武装冲突。双方都不希望发生新的战争。但除了在共享恒河的水资源方面取得进展外,在关键问题上,两国都不愿在基本立场上做出足够的让步,以营造互信的气氛。如果孟加拉人在政府中有更大的发言权,那么两国合作前景的可能性会有所增加。

56. 印度依然保持对中国的担忧与敌对。中国发展了自己的核能力,占领着印度所宣称主权的领土,中国甚至有可能同巴基斯坦联合起来进攻印度,这是新德里极度关注的问题。相比之下,巴基斯坦当前的领导人将中国视为有价值的武器的供应者,以及对付印度未来威胁的政治上(还有可能是军事上的)的支持者。

57. 印度和巴基斯坦都不断加强同苏联良好的政治关系,并进行贸易和获取援助。苏联表现了对次大陆的浓厚兴趣,我们相信,这不是出于意识形态的考虑,而是苏联出于以下国家利益的考虑,诸如与南方近邻建立和谐关系的意愿、对付中国的考虑以及为其逐步扩展在印度洋的海军存在而服务。自从 20 世纪 50 年代以来,苏联提供印度大量的经济援助,从 60 年代开始给予军事援助。在过去的两三年里,它又加强同巴基斯坦的关系,①试图减少中国在那里的影响,加强苏联的分量。至少从 1965 年开始,莫斯科积极寻求缓和印巴之间的紧张关系,主要是为了防止出现可能为北平所利用的危机。

58. 莫斯科在这方面取得了某些成功。特别是在印度方面,印度已把苏联视为防御中国的关键因素,并把同苏联的关系视为一种特殊关系。与此同时,新德里总是坚持保持自己的独立性和行动自由。因此,它公开谴责包括苏联在内的“外来”海军越来越多地出现在印度洋,也反对向任何一方提供基地。巴基斯坦同样表现出自己不愿意按俄国人的意愿行事;巴基斯坦在接受苏联军援和经援的同时,没有放弃同中国的良好关系。

59. 印度和巴基斯坦都表现了对亚非世界的兴趣,因为印度是不结盟运动的主要国家,巴基斯坦是最大的穆斯林国家。但除了自己的近邻如伊朗、阿富汗、尼泊尔和锡兰之外,两国都没有与亚非国家建立紧密的双边关系。尽管印度重新努力希望在国际事务上发挥积极的作用,但它同巴基斯坦一样,国内财政资源的匮乏以及对国内事务的关注,极大地制约了它在同亚非国家相关的许多争端和问题发挥着最起码的作用。这些限制在短期内不可能克服。一旦东南亚问题的解决涉及国际维和体制的话,印度则期望能够参与。但印度想在东南亚发挥更大的作用,都需要得到美国和苏联的支持。巴基斯坦在东南亚有着极小的利益或者说没有利益;当然,它对亚非世界的关切也要依靠西方世界。

---

① 原注:1961 年至今,苏联对印度的军援达到 7 亿美元,1968 年至今,对巴基斯坦的军援为 5 000 万美元。

60. 印巴两国同任何非共产党大国都没有了特殊的军事和政治关系。巴基斯坦与东南亚条约组织和中央条约组织的关系实际上名存实亡，印度会继续保持不结盟的姿态。另一方面，这两个南亚国家都会把西欧、日本和美国看作是获取近期经济援助的基本来源，期望通过外援、债务减免、扩大出口市场、提供粮食等获得发展。除此之外，印巴都仍然会把美国视为一个超级大国，并依靠它来应对苏联和中国在次大陆的影响。当然，这在很大程度上也不能保障美国同印巴之间的政治关系是和谐的。

五、变化的前景

61. 当前，印度和巴基斯坦基本的对外政策处在稳定的状态。两国都不准备较大地改变自己与外部大国和近邻之间的关系。同时也没有外部力量或某种趋势准备改变这种局势，但从长期来看，两国都存在着相当大的变化的可能性，使得这一长久的稳定局面不会持续很长时间。

62. 因此，在巴基斯坦，一个独立的东孟加拉的出现，将改变整个地区的国际关系。东孟加拉独立的影响很大程度上取决于其独立的方式、其领导人的性质以及大国对其独立的态度。不能排除出现一个激进政权的可能性；对这个可能处于中国影响之下的激进国家，印度政府已显露了担忧。如果真的出现这种情况，新德里将会采取强力措施对付这个国家，甚至会动用武力。另一方面，一个更为温和的东孟加拉政权可能会采取同印度更为密切的政策，特别是在经济领域，这种关系比处在西巴控制之时的巴基斯坦更加亲密。

63. 印度的发展也可能带来巨大的变化。如果国大党的现政府被一个右翼力量发挥重要影响的政权接替，印度会对印度的穆斯林和巴基斯坦采取更为强硬的政策。与中国的紧张关系会加剧，将会用比现在更为警惕和怀疑的眼光看待包括美国和苏联在内的所有大国。随着时间的推移，该政府会通过扩大业已壮大的国内军火工业，摆脱对苏联军事援助的依赖；它也会寻求减少或者甚至是结束对西方的财政依赖，尽管这种行动将会由于印度承认自身继续需要外援而有所缓和。

64. 同现政府相比，一个右翼的印度政府更有可能倾向于制造核武器。到目前为止，印度政府排除了这一选择，尽管印度的核计划依然保留着这一选择。印度现在拥有足够的钚，可以制造一些辐射尘很小的核武器(low-yield nuclear weapons)；如果它做出决定，它会在一年之内试爆一个核装置。随着在 20 世纪 70 年代中期建成一座大型的不受安全条例监督的反应堆(unsafeguarded reactor)，新增加的钚产量使得生产更多高质量的核武器成为可能。但是如果印度试图遏制中国，它将不得不生产核弹头以及运载它们的导弹。鉴于印度相对有限的技术能力，从开始决定到拥有一套有效的先进武器系统，这至少要十年的时间。印度国内有强大的力量支持这样做。其主要的障碍就是费用，这将给经济带来沉重的负担。因此，如果印度的任何政府选择这条道路，将不得不在社会福利和发展支出方面做出巨大的牺牲。

65. 南亚国家和中国的关系将发展迅速地变化。一方面,印度和中国之间当前的冷战僵持将会升温,比方说,如果缓冲国尼泊尔或不丹出现了革命的或无序的状态,印度、中国或中印两国可能被迫进行军事干预。另一方面,毛之后的北平政府可能会放弃敌对印度的政策。但是,如果这样的政府也同苏联改善关系,印度就会担心苏联的支持以及苏联给予印度军队的军援会减少。即使有可能出现中苏缓和,印度也会加强与莫斯科的联系,与此同时尽力从美国和西方其他国家那里获得提供进一步援助和支持的保证。当然,印度对美中关系的任何改善都会保持敏感,担心这会导致美国对印度支持的减少。

66. 印巴两国特别是巴基斯坦同西方的政治和军事关系已开始疏远,不太可能恢复到20世纪60年代那样的水平。西方的经济援助也在减少。但南亚的经济需求和期望不会减少;两国在给发达世界造成压力的行动中起到主要的作用,特别是对占有世界财富最多的美国施加的压力最大。与此同时,他们会发现,发达国家不会像以前那样通过进行大规模经济援助的方式在印巴争夺政治利益。

U. S. Department of State, *Foreign Relations of the United States*, 1969 - 1976, Documents on South Asia, 1969 - 1972, Document 085

刘磊译,戴超武校

14－54

中情局关于1970年12月7日巴基斯坦国民大会选举的预测

（1970年11月27日）

……[①]

……[②]

1979年12月7日巴基斯坦国民大会选举的预测

（1970年11月27日）

巴基斯坦：选举

12月7日，巴基斯坦人民将从1 500多名候选人中选出300个席位的国民大会议员。这个根据宪法规定的大会将制定一部宪法，并在120天内提交给巴基斯坦总统叶海亚·汗，等待他的批准。

图[③]

拉赫曼的人民党联盟（Awami League）作为要求给孟加拉更大自治权的最重要的倡导者，是唯一一个竞选东巴基斯坦全部162个选举席位的政党，同时，许多观察家认为，这个相对温和的政党将会获得80～100个席位。孟加拉人对政府在处理最近发生的飓风海啸的善后救济问题上的批评，会加剧已有的对西巴控制的怨恨，并导致人民党联盟取得更大的压倒性的胜利。保守的党派未能成功地组成有效的选举联盟，而左翼人士只提出了相对较少的候选人。由此可以预见，左翼极端分子会使用暴力手段来破坏选举；但是，他们是否拥有足够的资金和力量来迫使选举推迟还是令人怀疑的。

在西巴基斯坦最大的旁遮普省，两个宗教上保守的政党、三个都宣称是正宗的“穆斯林联盟”的温和的政党以及前外长布托的左翼的“巴基斯坦人民党”（PPP，Pakistan People's Party），都将赢得席位。算起来，穆斯林联盟委员会（Council Muslim League）、巴基斯坦穆斯林联盟大会（Pakistan Muslim League Conventionist）以及巴基斯坦穆斯林联盟（Pakistan Muslim League Conventionist）的加尧姆·汗派（Qaiyum Khan）似乎会赢得大部分选民的支持。但是，由于选票的分散，他们会帮助愈加活跃的巴基斯坦人民党和宗教政党。穆斯林联

---

① 原文编号未解密。——编注

② 原文密级未解密。——编注

③ 原文有一选举分布图，此处省略。——编注

盟委员会似乎会以微弱的多数领先,但有可能会因没有占到多数而失败。

在布托的家乡信德省,同样是这些党派在竞争,但巴基斯坦人民党有微弱的可能获得至少是半数的席位。在俾路支省和西北边境地区,巴基斯坦穆斯林联盟加尧姆·汗派显然是一个具有左倾倾向的地方主义的政党。

包括东巴基斯坦人民联盟在内,没有哪个政党有可能获得足够多的席位来控制制宪会议。尽管对选举后的联盟有所推测,但要真正形成有效的这种联盟还是很困难的,许多巴基斯坦人怀疑这次国民大会是否能够完成其首要目标。

……①虽然由于有10个选区最近遭遇台风袭击,投票被推迟,但选举还是可能按计划举行。……②

DDRS, CK 3100330979 - CK 3100330981

刘磊译,戴超武校

① 原文此段未解密。——编注
② 原文此段未解密。——编注

14 - 55

中情局关于印巴局势的备忘录

（1971 年 12 月 7 日）

OCI 2168/71

秘　密

印巴局势报告

（1971 年 12 月 7 日）

政治

1. 叶海亚·汗总统提前提出成立一个文官联合政府的时间表。伊斯兰堡今天宣布阿明(Nurul Amin)将担任总理,他是一位对叶海亚政府友好的东巴基斯坦人,而且是新成立的由多党组成的“统一联合党”(United Coalition Party)领导人。左翼政治家布托被任命为副总理兼外交部长,叶海亚·汗已与阿明和布托谈判了几个星期,选择他们也是在意料之中。内阁全体成员名单也即将宣布。布托的第一个任务是带领巴基斯坦代表团前往联合国,他今天或明天将从伊斯兰堡启程前往纽约。

2. 孟加拉共和国代表团官员今天在加尔各答宣布,达卡(Dacca)将成为孟加拉共和国永久的首都。以前杰索尔(Jessore)曾被设想为新的孟加拉的首都。

共产党中国

3. 北平把印度承认孟加拉共和国作为印度寻求吞并东巴基斯坦的扩张主义政策的证据并加以谴责。新华社援引印度和西方的消息,于 12 月 6 日发表文章,指责孟加拉国“完全是印度炮制出来的”,并说自从东巴基斯坦骚乱开始,印度就密谋推行它的扩张主义政策。文章证实了中国对苏联在印巴危机中的所作所为的抨击,即声称苏联鼓动印度入侵巴基斯坦来建立孟加拉国。

4. 毫无疑问,北平对新德里的强烈抨击将阻碍两国正在缓慢接近的步伐,并且限制了中国处理与独立的孟加拉国的关系的余地。

5. 根据……[①]的报告,巴基斯坦空军和陆军代表团最近在北平讨论巴基斯坦提出的军事上的需求。

苏联的行为

6. 苏共领导人勃列日涅夫[②]今天重申了 12 月 5 日首次发表的一份塔斯社声明,警告外部势力不要干涉次大陆的危机。勃列日涅夫在波兰党代表大会上的讲话中表示,苏联希望

---

① 原文此处未解密。——编注

② 利奥尼德·勃列日涅夫 (Leonid Ilyich Brezhnev,1906～1982),苏联领导人。曾任最高苏维埃主席团主席和苏联共产党总书记。——编注

通过政治渠道解决危机,要考虑到这一地区人民的合法权利(即东巴基斯坦人),“不要有任何外部势力干涉”(即中国和美国)。

7. 苏联媒体首次把孟加拉国称为“东巴基斯坦民族解放运动”,但苏联当局没有就印度承认孟加拉国“政府”的决定做出评论。苏联将在印度的压力下跟着效仿,但是如果过早地承认,会有许多因素对苏联产生不利的影响。苏联明白,如果它承认孟加拉国,伊斯兰堡会立即中断与莫斯科的关系,所以只要情况允许,莫斯科宁愿保持目前与西巴基斯坦的关系。况且苏联过去一直不情愿承认那些还没有牢固确立或者被其他一些大国承认的政府。无论如何,苏联在这个问题上的态度一定要等到这个周末党的领导人勃列日涅夫返回莫斯科后才能做出决定。在今天下午即将离开挪威前举行的记者招待会上,柯西金总理同样说他的政府还没有时间讨论这件事。

其他的国际动向

8. 据报道,锡兰总理班达拉奈克夫人[①]昨天指示国防部长和外交部长举行预备讨论会,并开始准备可能在科伦坡召开的一场由联合国发起的“亚洲会议”。这是她对最近联合国提出的对亚洲国家的问题举行会议的建议的反应。班达拉奈克夫人渴望成为国际瞩目的焦点,并热切希望担当会议的东道主。

9. 据报道,印度尼西亚为了使冲突达成协议,提供良好的办公场所。自冲突爆发以来,锡兰和印度尼西亚都试图保持中立。

10. 喜马拉雅地区的不丹王国是第二个承认孟加拉国的国家,由于印度控制着这个国家的外交政策,所以不丹的做法并不使人感到惊讶。

11. 据报道,比利时已暂时停止向印度和巴基斯坦运送武器。布鲁塞尔今天宣布取消所有待批的许可证申请。

12. 印度公布一份战时禁运清单,但缺乏详细的说明和程序。同时,美国“探险者”号商船被怀疑向巴基斯坦军队运送军需品,因而被印度海军扣留在纳达拉斯(Nadras),今天这艘船驶往缅甸。据说船长给新德里写下保证,说这艘船没有为巴基斯坦部队运送军事物资。

13. 今天联合国大会就可能的停火请求或者其他结束冲突的措施开始辩论。大会主席、印度尼西亚人马利克(Adam Malik)规定,除印度和巴基斯坦外其他国家代表只有10分钟的发言时间。索马里要求联合国大会通过要求双方停火并撤出军队的决议。至于大会何时对这个建议进行投票表决现在还没有消息,不过我们相信,大多数会员国都期待着这个消息。根据联合国宪章第18款,这个问题可能是一个重要的问题,因此要求三分之二的多数支持才能通过。即使可能会达到超过三分之二的票数,但也有可能是大量的票数支持一个美国不赞同的修正案。苏联和印度一定会寻找措辞提出一个有利于东巴基斯坦的解决方案。

---

① 班达拉奈克夫人(Sirimavo Bandaranaike, 1916～2000),斯里兰卡政治家,1960～1965年和1970～1977年两次出任联合政府总理。1994年其女儿库马拉通加夫人当选总统后,班达拉奈克夫人被任命为总理,直至去世。——编注

东部的军事形势

14. 印度陆军参谋长梅内克肖将军(Menekshaw)呼吁在东巴的巴基斯坦军队“赶快投降”。印度声称巴基斯坦在杰索尔西部的防御已被摧毁。根据最新的新闻报道,印军正试图清除镇上的巴基斯坦人。另外据报道,印度军队已推进到杰尼达(Jhenida)以远的地区。这一推进最终将切断东巴基斯坦西南边远地区与这个省的其余部分的陆地交通联系。

15. 再往北,印度声称已控制了这个省的西北边远地区的大部分地区,但大的城镇并未陷落。印度声称,在东部已拿下锡尔赫特(Sylhet),并向杰马勒布尔(Jamalpur)推进。虽然印度声称已包围科米拉(Comilla),但没有收到印军推进到科米拉附近的报道。

16. ……[①]报告,在东巴基斯坦的阵地已无望守住,失败只是时间问题了,但他说士兵们决心要战斗到底。他说由于人力的限制,巴基斯坦军队基本上都集中起来保卫大城市和战略重地。他补充说,尽管难以防御的通道已经不再设防,但印度人却集中兵力对巴基斯坦军队正在防守的那些地区发起正面攻击,导致双方伤亡惨重。他总结说,巴基斯坦的高级官员认为未来的四到六天是关键,如果没有外部的援助,他们预言他们的防守最终将被摧毁,遭到屠杀的不仅是他们的军队,还有东巴基斯坦比哈尔省的众多的平民。

17. 今天是达卡战斗发生以来空袭持续时间最长的一天,印度飞机反复攻击特杰加(Tejgaon)机场和库米托拉(Kurmitola)营地,除了战术失误外,印度空军显然有意避免达卡附近的平民区。

18. 加拿大政府的一位发言人否认今天上午加拿大一架在联合国的支持下为撤离人员飞往达卡的C-130飞机在途中遭到攻击。显然,飞机飞过一艘正遭受攻击的航空母舰的上方,飞行员以为那些防空射击是针对他的。联合国明天将撤离在那里的人员。如果飞机起飞,美国人员将乘联合国或加拿大的飞机一同撤离。

19. 联合国秘书长助理亨利要求秘书长吴丹立即召开安理会,考虑从达卡撤离外国人不断出现的问题。亨利希望会议要么呼吁双方短暂停火以便外国人撤离,要么在达卡建立一个中立区,以便外国人在国际红十字会的帮助下得以避难。他怀疑达卡的机场跑道还能使用,但相信可以利用从航空母舰上起飞的直升机。直到此时仍无迹象表明吴丹会召开安理会。

西部的局势

20. 巴基斯坦军队在西部取得了一些进展,印度官员表示出他们的担忧。巴基斯坦在克什米尔的昌巴地区加强了进攻,印度一位发言人称,敌人把2个步兵师和3个装甲团投入到战斗中。印度承认失去了昌巴,但称在沿西部边境的战斗中摧毁了敌人138辆坦克。巴基斯坦在查莫博发动大规模强攻的最终目标,可能是切断查谟北部的主要公路网,打进克什米尔的另一个动机意在夺取普恩奇(Poonch)。

21. 印度在旁遮普地区发动了反攻以削弱巴基斯坦的进攻,双方伤亡人数上升。巴基

① 原文此处未解密。——编注

斯坦停止了对阿姆利则(Amritsar)的进攻。印军在信德地区的攻势没有进展。这次大规模的强攻主要是为了缓解最北部军队的压力,另一个目的可能是封锁从卡拉奇北部穿过海得拉巴德的铁路线。

22. 双方继续在西部前线进行空袭,没有一方取得绝对优势。

DDRS, CK 3100544020 - CK 3100544025

李春玲译,戴超武校

14－56

中情局关于中国介入印巴战争的能力的评估

（1971年12月7日）

……①

绝　密

中国的军事选择和进攻印度边境地区的能力

（1971年12月7日）

摘要

根据现有的一切可用的情报进行评估表明，中国没有做好深度干预印巴战争的军事准备。我们还没有了解中国沿喜马拉雅山做出的军事部署的细节，但很明显的是，中国现在不具备进行1962年入侵印度那样规模的干预的能力。中国确实保持进行小规模干涉的选择，从公开的军事调动和备战到侵略性的巡逻以及对印度边境哨所的骚扰，或者进行一次牵制性的有限进攻。但是，目前北平似乎表现得很冷静。

中国在边境地区的部队

中国在印度北部边境地区部署了8.6万名地面部队，在成都军区所属的西藏军分区部署了7.6万军人，在新疆军区的阿里军分区部署了1万名军人。大约6万名属于战斗人员（其中5万人在边境），其他属于支援人员。但并非部署的所有部队都处于战备状态，许多人从事民事活动、宣传工作，或休假，或者有一些不在该地区。

中国没有在西藏部署空军作战部队，也没有在边境地区建立空军力量的公开计划。中国在西部有四个飞机场，战斗机、战斗轰炸机和依柳－28飞机可以从这些机场起飞，在沿印度边境的领土上空执行任务。其中有三个机场在西藏，但没有在那里部署战斗机。另一个在新疆南部的和田，战斗机偶尔在那里起降。没有证据表明，这四个基地有足够的油料和保障设施来支持持续的空军行动，没有空军战斗机联队在那里训练或者熟悉西藏边境的地形。

中国有30多架图－16型中程喷气式轰炸机服役，这些飞机可以从这四个基地或者稍远些的一些机场进入印度。他们可以在没有战斗机护航的情况下完成任务。

装备和物资准备

中国在西藏派驻了新的更现代化的步兵团，接收了防空武器，普遍改进了武器装备。但是，由于地形的困难，部队主力仍是轻步兵，没有重型火炮和装甲车。

---

① 原文编号未解密。——编注

西藏困难的地形和漫长险峻的补给线现在并且将来也是中国在印度边境地区进行军事行动不得不考虑的因素。卡车通过三条翻山越岭的公路对西藏进行补给，这些公路到最近的火车站点的距离在1 200～1 400公里之间。卡车的机械保障很贫乏，只有一部分进藏的卡车能保持最高运行状态。路况的保养也是个问题，大雪、山崩、洪水经常造成主要路段的中断。

目前用来维持西藏部队的后勤部队即使在和平时期的条件下都无法保障人员物资的顺畅流动。……①

目前在该地区的后勤部队可能无力保障西藏部队进行任何大中规模的持续战斗。这些规模的战斗所需要的给养是平时的四到六倍。虽然中国可能发动大中规模的战斗，但一旦该地区的军事物资储备耗尽，他们的战斗将依靠其他地区再补给。就已知的中国在该地区的战争储备情况看，油料和弹药仅是刚刚够而已。进一步说，秋季结束之际，正是喜马拉雅山区最适合军事行动的季节，不利的气候条件将会阻碍有时会阻断在该地区的人员和物资的运输。

通过转向大规模的汽车运输和其他地区的维护力量，北京可能很艰难地建立在西藏边界进行中等规模的持续作战的力量。但是，这需要至少两三个月来完成，并在经济上花费巨大。(在过去的16个月里，中国人稳步增加了在西藏的机械化和摩托化战斗部队的数量，但是这些努力的目标似乎是要解决目前的困难而不是要为增加战斗能力作准备。)

中国的选择

……②。这些活动的目标可能不是准备大规模军事干涉印度目前的战争。在1962年战争之前，中国提前数月精心准备物资，并组建了大约11万人的部队。即使这些准备正在进行，他们短期内也不可能完成。在边界另一侧，印军训练有素，装备精良，虽然部分部队正与东巴基斯坦作战，但还是比1962年部署的要多。

虽然中国不会大规模地干预，但是他们有能力在该地区给印度人制造不小的麻烦。印度人依然承受着1962年耻辱所造成的精神创伤的压力，……③中国人在沿广阔的边境各要点制造小规模的冲突，依然会使印度不敢轻易从印中边境调出部队，从而会大大地削弱印军(在印巴战争中)的力量。

由于印度几乎无力派遣大规模的部队越过喜马拉雅山进入中国领土，以及印度正与巴基斯坦进行战争，所以中国人在边境采取行动几乎就不会使战争升级到长期大规模战斗的风险。

因此，在当前军事力量的基础上，中国不会发动一场越过喜马拉雅山进入印度平原的大

① 原文此处未解密。——编注
② 原文此处未解密。——编注
③ 原文此处未解密。——编注

规模持久进攻行动。中国可能在最小的军事风险下，在高山地区发动一系列的骚扰性进攻，以便牵制相当数量的印度军队，如果北平有意这样做。……①

DDRS，CK 3100544223 - CK 3100544227

刘磊译，戴超武校

---

① 原文此处未解密。——编注

14 - 57

中情局关于印度击败巴基斯坦的影响的分析

（1971年12月9日）

……①

秘　密

印度战胜巴基斯坦的意义

（1971年12月9日）

1. ……②

（1）解放孟加拉；（2）巴控克什米尔的南部地区并入印度；（3）巴基斯坦装甲部队和空军被摧毁，巴基斯坦再也不能威胁到印度了。

在以下备忘录中，我们假设这些目标已经全部实现，然后讨论它对南亚次大陆以及对其他大国的影响。

战后南亚次大陆的基本形势

2. 印度当然会成为南亚的主导力量。但战争使其糟糕的经济状况更加恶化，它需要更多外来的经济援助。此外，虽然巴基斯坦的军事力量遭到摧毁，但以前国内的左右翼力量会因战争造成的困难而联合起来，他们的困境或早或晚会波及印度自身。

3. 孟加拉国将在印度的保护之下。印度将处于一种可以施加重要影响的地位，但它不寻求也不能进行完全的控制。孟加拉极为贫穷，人口过多，其经济和社会结构被内战和印巴的敌对严重破坏。孟加拉人存在着极端主义、激进主义和暴力的倾向，这些倾向信奉印度教的印度西孟加拉邦表现得很明显，并将会在信奉穆斯林的孟加拉很快地得到证实。这个新国家和西孟加拉的动乱很有可能进一步强化，而且将彼此推波助澜。但我们认为，新的孟加拉民族主义（孟加拉民族主义是要争取西孟加拉脱离印度并入孟加拉）在不远的将来不可能是一种很有效的力量；印度教徒和穆斯林之间的敌意依然强烈，而印度的军事力量如此强大，不能允许出现这种紧急情况。但是，这两个孟加拉会制造相当的麻烦，牵扯新德里的许多精力和资源。

---

① 原文没有编号。——编注

② 原文此段未解密。——编注

4. 西巴基斯坦的将来也是难以预料的。虽然印度军队在胜利之后会撤出，但这一地区在战争中仍遭受了严重的破坏。这要看如塔尔贝拉(Tarbela)和曼格拉水坝等印度河谷重要的水电和灌溉工程以及集中在卡拉奇的工业设施所遭受的破坏程度。

5. 除此之外，西巴基斯坦会在政治上发生分裂。该地区存在着各地区间的敌对；一次重大的失败会造就离心的力量，这可能把巴基斯坦分裂成三个或四个国家，这四个省的继任者们正利用这一点。[①]在这四个省中，旁遮普人在传统上控制巴基斯坦军队和政府，到目前还没有受到严峻的挑战。但军队不仅是被打败，而是解体，至少一些不满的国民军士兵会以自己的方式脱离。这些可能性将会在一份附录中加以细致地讨论。

6. 应该指出的是，巴基斯坦可能的分裂是建立在这样一个假设之上的，即巴基斯坦军队不是简单地被击败，而是不复存在，不论在东巴和西巴都是如此。……[②]印度是否会让巴基斯坦承受如此彻底的失败值得怀疑。换句话说，当呼吁停火的时候，在西线的巴基斯坦军队会保存下来，而且更有可能阻止住印军在西线的突破。叶海亚·汗及其同僚会由于这次失败而名誉扫地，别的人会出来领导政府，但除非出现最为糟糕的状况，最终还要指望巴基斯坦军队来维持西巴基斯坦的完整。然而，这样一个新政府会受到来自激进政治势力的巨大压力，并与试图夺取权力的军方产生分歧。

外部力量

7. 莫斯科在一段时期内一直相信，与印度保持密切关系是维持其在南亚长远利益的关键。在战争之前，苏联一直在外交和物质上支持新德里对巴基斯坦的“压力政策”，并在联合国竭力支持印度。因此，战争结束后，苏联在南亚的影响要比以前大得多。作为战争的一个后果，苏联将继续面对在经济和军事上大力援助印度以及孟加拉的要求。即使它有能力和愿意满足这些要求，苏联也不可能一定会得到它在该地区想要的所有东西，因为它还要保持其威信地位。印度不再面对一个强大而敌对的巴基斯坦的军事力量，它不会再像现在一样感激苏联，为了维护其尊严和主权也不会像以前那样答应苏联的任何要求。印度对苏联的感激不会长久的。

8. 未来的印苏关系是否亲密(就印度一方来说)和具有依赖性，很大程度上是由中国和美国对新德里的态度所决定的。如果印美关系得不到修复，削减经济援助，印度会更加依赖苏联。如果中国继续与印度敌对，印度同样会继续依赖苏联。如果这样，莫斯科会更加倾向新德里，会做出重大让步，比如说提供海军装备。但如果中国最终接受南亚的现状，与新德

---

① 原注：这四个省是旁遮普(Punjab)、信德(Sind)、巴鲁齐斯坦(Baluchistan)以及重要的普什图(Pushtu)，他们声称西巴基斯坦的西北边境省大约有5 500万人口，66%是旁遮普人，13%是信德人，10%是普什图人，还有3%是巴鲁齐斯坦人，剩下的是来自印度的说乌尔都语的难民。

② 原文此处未解密。——编注

里的关系正常化,后者是会欢迎这样一个摆脱对苏联的依赖的机会的。

9. 印度实现其目标,值得中国严重关注。北平会害怕在国际上丢面子,因为它没有采取有效措施支持一个长期的朋友。在北平看来,更严重的是这一事态对它与苏联进行竞争的影响。

10. 中国在联合国的讲话和北平的广播中强调了两个主要观点:苏联保护并支持印度对巴基斯坦的"武装侵略",从而控制了次大陆和印度洋;如果允许印度在苏联的支持下用自卫的"借口","武装侵略"巴基斯坦,那么各国的主权和领土完整就无法得到保证。

11. 这两个观点都是用来羞辱苏联的,并为中国赢得反对超级大国诡计以及第三世界利益的"主要维护者"的名誉。但它们也反映了真正的内在担忧,苏联可能加强在次大陆的地位和影响,包围中国,并为在将来进一步向印度洋和南亚扩张提供军事和政治基地。

12. 如果中国接受了印度的既成事实,它的担忧会持续下去,它不得不动用各种手段来限制或破坏苏印的合作。其基本选择是尽力渐渐地增加西巴基斯坦的力量,通过颠覆或不时与苏联竞争在新德里的影响来削弱印度。后一个方法最终会显得有吸引力;德里不会与苏联过于亲密,因此也许会欢迎中国的建议。

13. 但中国人不会急于将其努力的重点转向次大陆。他们不希望表现为"全天候"朋友,他们会继续谴责印度,并且他们非常不喜欢印度。印度是潜在的大国竞争者,中国人非常疑虑的是,中印之间任何的接触只会帮助印度获得更多援助,加速印度经济和军事力量的增长。由于这些原因,我们认为中印关系在一段时期内会持续紧张。

14. 在地区大国中,伊朗比阿富汗更加深入地卷入了巴基斯坦与印度的斗争。伊朗国王向战败的西巴基斯坦提供石油、资金以及一些军事装备。他甚至认为对巴基斯坦事务施加深刻影响有利于本国利益,但是,我们怀疑他是否会把他过多的资源用于这一事业。然而,一般来讲,巴基斯坦的失败和解体很明显会加强伊朗在波斯湾——印度洋地区的重要地位。因此,其他国家的政府会最终将伊朗视为世界主要的区域大国之一,这也是伊朗国王对自己国家的评价。巴基斯坦的失败会进一步使伊朗国王认为,他必须尽可能依靠自己的力量实现其对外政策目标。

更为广泛的意义

15. 如前所述,印度政治、军事目标的成功实现,将极大地改变次大陆的大国关系。因为苏联会公开在外交、宣传和物质上支持印度,所以它会有助于实现这一变化,有关各方会留下这样一个印象,即苏联的实力和政策会有效地服务于其盟友。由于美国的政策会有急剧转变,美国的实力和影响会被拿来与苏联进行比较,所以其他国家会加进自己考虑来重新判断美苏的实力均衡。

16. 虽然苏联在世界上的重要性在持续增长的基本印象无疑在某种程度上得以加强,

但这种印象和估量经常是在短期有效的。然而对那些在其他地区陷入对抗的国家，如中东和南亚等国家，得出具体结论和付诸行动的方式就与现在不同了。埃及就不可能认为苏联会冒很大的风险站在自己这边；如果它这样做了，莫斯科会很快使开罗认识到这一想法。担心美国脱离这一地区的南亚国家会很快发现担忧的新原因，或许为苏联在该地区建立影响提供有利的耳目，但是，它们最不可能采取任何激进的措施。

17. 决定南亚当前局势的更广泛影响的关键因素是苏联认为这些局势有意义。从普遍意义上看，莫斯科会受到鼓舞地认为自己的实力和影响在增长，会接受在其他地区发挥更重要作用的观点。但苏联人不可能不对风险进行精打细算，他们通常会把这些风险置于特定的环境之中加以考虑。此外，他们不希望危及现在推行的以缓和与谈判为口号的对西方的政策。如果南亚当前局势的发展看似加深了他们同中国的争论，那么这种情况就是一个典型。

DDRS，CK 3100536783 - CK 3100536794

刘磊译，戴超武校

14－58

国务院对孟加拉领导层的评估

（1971 年 12 月 17 日）

孟加拉领导层

（1971 年 12 月 17 日）

未来孟加拉政府的组成主要取决于谢赫·穆吉布①的参与或不参与。如果他从监狱被释放出来领导政府，其成员将几乎全部来自人民联盟，会与当前在战争中在加尔各答成立孟加拉内阁如出一辙。如果穆吉布不能回来组织政府，孟加拉政府会是一个由人民联盟成员、一些来自几个月前成立的孟加拉顾问委员会（The Bangla Desh Consultative Committee）的温和的左翼人士以及极有可能还包括著名的"解放军"（Mukti Bahini②）的指挥官们组成的联合政府。

人民联盟。穆吉布创建了人民联盟。他将自己描述成一个英国式的社会主义者，除了争取东孟加拉自治外，在其他所有问题上都是温和的，追随在他周围的人都持有同样的思想。人民联盟的"核心小圈子"组成了孟加拉内阁的成员，他们都接受过法律教育，都是成功的律师和政治家。他们长期以来活跃于人民联盟，都在政府中有着各种各样的职位，许多人因为政治活动而坐过牢。他们主要的共同点是忠于穆吉布。尽管他们以政治专家而著称，并在各自的家乡拥有牢固的政治基础，但在内战之前，他们没有人在全省是一个权威人物或拥有一批追随者。虽然他们都把自己定位为温和的社会主义者，但人民联盟总书记和孟加拉政府总理塔杰丁·艾哈迈德（Tajuddin Ahmed）最倾向于左派，而人民联盟副主席和孟加拉外交部长孔达卡尔·艾哈迈德（Khondkar Mushtaque Ahmed）则最为右倾。塔杰丁·艾哈迈德的总书记的经历使他成为最有经验的管理者，但是他们都不是专业的管理者。在人民联盟，特别是在孟加拉内阁中，需要来自大学和工商业界的顾问给他们提供政治上的指导，他们自己则提供专门的政治操作。

由于缺少穆吉布，并受内战的压力，人民联盟和孟加拉内阁出现了分化，特别是在塔杰丁·艾哈迈德派和孔达卡尔·艾哈迈德派之间产生了明显的分歧。但为孟加拉而奋斗的共同目标，促使他们团结起来，搁置分歧。在建立一个新政府的更为紧张的压力下，各派别的分歧会更大，削弱人民联盟的总体影响。但是，如果穆吉布回归，至少能在短期内减少分歧，重新团结起来。

---

① 谢赫·穆吉布，即谢赫·穆吉布·拉赫曼。——编注

② Mukti Bahini 在孟加拉语中意即"解放军"，这里指的是在 1971 年孟加拉独立过程中同巴基斯坦作战的孟加拉游击队武装。——编注

孟加拉顾问委员会。该委员会包括了孟加拉内阁成员和受苏联影响的左翼政党领导人，是由印度倡议成立的目的是为孟加拉的独立运动提供更广泛的基础。这些左翼政党规模小，由于其激进的倾向，他们在许多反抗活动中发挥了更为积极的作用。战后，苏联会施加压力要求将这些左翼人士纳入最后成立的政府中。印度则可能认为建立一个防备激进的左翼组织的坚固防线是有利的。但是包括亲苏的“民族人民党”(National Awami Party)①领导人穆扎法·艾哈迈德(Muzaffar Ahmed)、年老的农民领袖马乌拉纳·巴沙尼②、印度教左翼的达尔(Monoraian Dhar)、共产党保守派的马尼·辛格(Mani Singh)在内的这些左翼人士影响较小，人民联盟依然会在联合政府中占主导地位。

“解放军”。孟加拉游击队“解放军”的指挥官包括总司令奥斯马尼(Osmani)在内，都是巴基斯坦军队的前军官。需要解决的问题是他们是否接受“英国统治”的传统，即军队不得干预政治。他们是征服的英雄(印度军队的作用只是极小地抵消了其影响)，孟加拉内阁尚安全地待在加尔各答时，他们已在东孟加拉进行长期的战斗了，他们得到了装备精良、能征善战的军队的忠诚，并将会密切注视孟加拉政局的发展。他们的默认和支持将是决定国家从战争向法律和秩序成功过渡的核心因素，为了保证他们的合作，会邀请他们进入政府发挥作用。如果这样，他们将扮演温和的右翼角色。他们的下级指挥官虽然会保持忠诚，但很有可能更加左倾，会对地区局势产生最重要的影响。如果能按政府声明的那样，立即举行新的选举，地方指挥官的参与会将孟加拉推向左面。

U.S. Department of State, *Foreign Relations of the United States*, 1969 - 1976, Documents on South Asia, 1969 - 1972, Document 375

刘磊译，戴超武校

---

① 民族人民党(National Awami Party)，巴基斯坦的左翼政党，成立于1957年；1967年分裂为亲苏和亲中的两派。——编注

② 马乌拉纳·巴沙尼(Maulana Bhashani, 1885～1976)，巴基斯坦和孟加拉国著名的政治领袖，“民族人民党”的创始人。由于其“亲中”的政治立场，也被称为“红色的马乌拉纳”(Red Maulana)。——编注

14－59

中情局关于孟加拉国成立的记述

（1971 年 12 月 23 日）

……①

……②

孟加拉国的成立
1970 年 12 月～1971 年 12 月印度和巴基斯坦形势大事年表

（1971 年 12 月 23 日）

前　　言

该附录是 1971 年 12 月 1 日到 1971 年 12 月 17 日印巴关系发展状况的年表。……③第一栏的星号表示当时发生的事件或大致与此同步发生的事件。年表的前面是所用的缩写语，表示文本中使用的人名和专用术语。

人名和专门术语

塔杰丁・艾哈迈德（AHMAD，Tajuddin）	孟加拉国总理
巴沙尼（BHASHANI，Maulana Abdul Hamid）	总统，民族人民党，左派
布托（BHUTTO，Zulfiqar Ali）	巴基斯坦人民党领导人，巴基斯坦新总统
达尔（DHAR，D. P. ）	印度外交部政策设计委员会主席
巴基斯坦有五个省	四个在西部，一个在东部
英迪拉・甘地（Gandhi，Indira）	印度总理
安德列・葛罗米柯（Gromyko，Andrey）	苏联外交部长
阿列克谢・柯西金（Kosygin，Aleksy）	苏联部长会议主席

① 原文编号未解密。——编注
② 原文密级未解密。——编注
③ 原文此处未解密。——编注

库塔霍夫(KUTAKHOV, Pavel)	苏联国防部副部长,空军总司令
库兹涅佐夫(KUZNETSOV, Vasiliy)	苏联外交部第一副部长
穆吉布(MUJIB,Sheikh Mujibur Rahman)	巴基斯坦人民党领导人
波德戈尔内(PODGORNYY,Nikolay)	苏联最高苏维埃会议主席
辛格(SINGH,Swaran)	印度外交部长
六点计划	人民党联盟的竞选纲领强调地方自治
叶海亚·汗(YAHYA Khan, Agha Mohammad)	巴基斯坦前总统,军法管制首席执行官

缩　写　词

AL　人民党联盟(Awami League)

BSF　边境安全部队(Border Security Porce)

GOI　印度政府(Government of India)

GOP　巴基斯坦政府(Government of Pakistan)

IRC　国际红十字会(International Red Cross)

MLA　军管政府(Martial Law Administration)

PIA　巴基斯坦国际航空公司(Pakistan International Airlines)

PPP　巴基斯坦人民党(Pakistan People's Party)

1970 年 12 月……①

4 日　人民党联盟在选举临近之时在达卡游行。叶海亚呼吁政治领导人在法律框架采取行动,要求选民选那些致力于"保证巴基斯坦意识形态与领土统一"的候选人。②

6 日　东巴基斯坦政府指责印度人和警察在进攻巴基斯坦在西孟加拉的飞地巴特里格奇(Battrigach)时,杀害 300 名巴基斯坦人,伤 700 人。

7 日　印度政府否认这一指责。

国民大会举行选举,巴基斯坦人民党联盟获得了多数席位(51%),人民党获得

① 原文此处未解密。——编注

② 原文在每个日期后面均有一处不解密的地方,估计可能为情报来源的注释;以下不再一一标出。——编注

263席。

……①

11日　苏联与巴基斯坦签订贸易协定。

17日　叶海亚释放所有因为政治鼓动而关押的犯人。

巴基斯坦地方选举：人民党联盟在东部获胜，人民党在西部获胜。

26日　印度和苏联签订了为期五年的商业协定。

28日　甘地夫人要求在1971年年初举行选举。……②

1971年1月

1日　甘地夫人在记者招待会上宣布，在即将到来的选举中，她的国大党将不会与其他党结成联盟。

2日　印度三个反对党联合起来反对甘地夫人的政党。

(1月初)印度政府为5月17日的全国大选作准备，阻止克什米尔的公民投票阵线参选，禁止阵线领导人谢赫回国，直到选举结束；至少该阵线的300名支持者被逮捕；该阵线主张给克什米尔人机会，自由决定留在印度，还是并入巴基斯坦，还是完全独立。

4日　穆吉布宣称要东巴基斯坦在国民大会即将起草的新宪法下获得完全自治；布托则坚持比人民联盟所寻求的更强大的中央政府权威。

10日　基辛格强调塔什干宣言对解决印巴争端的重要性。

24日　印度政府驱逐巴基斯坦一秘。

25日　巴基斯坦驱逐印度一秘。

28～31日　布托和穆吉布会晤解决有关新宪法方面的分歧；穆吉布坚决反对修改他所提出的六点计划。

31日　叶海亚宣布巴基斯坦恢复文职统治计划。

1971年2月

2日　被劫持的飞机坠毁。

印度政府禁止巴基斯坦飞机过境飞行。

① 原文此处未解密。——编注

② 原文此处未解密。——编注

4 日　印度政府要求军队保证西孟加拉举行和平选举。

14 日　布托说,巴基斯坦人民党不会参加国民大会,除非穆吉布改变地方自治的要求。

21 日　哈米德·汗将军(Gen Hamid Khan)宣布开通了 380 英里的喀喇昆仑山公路,连接巴基斯坦的塔克特(Thakot)和共产党中国。

1971 年 3 月

1 日　叶海亚把即将召开的国民大会“推迟几天”。

人民党联盟在 3 月 2～3 日组织了几次罢工抗议推迟大会。

叶海亚将五个省长解职,任命了一些军法管制长官(Martial Law Administrators),并开始限制新闻自由。

3 日　军管当局接管了巴基斯坦五个省的民事管理权。

穆吉布 3 月 6 日再次呼吁组织罢工。

4 日　叶海亚呼吁所有重要的政治领导人会晤;布托表示他将参加;穆吉布拒绝参加。

6 日　援军到达达卡;叶海亚宣布第一届国民大会将在 3 月 25 日召开。

提卡·汗(Gen Tikka Khan)将军被任命为东巴基斯坦省长。

7 日　穆吉布要求结束军管法,将权力交还人民,将军队撤回军营。

叶海亚警告脱离分裂行为。

9 日　首席法官拒绝宣誓任命提卡·汗将军为东巴基斯坦的军事长官。

15 日　叶海亚赴达卡与穆吉布会谈。

穆吉布宣布他正接管东巴基斯坦政权来“解放”孟加拉祖国的人民。印度政府将禁飞令扩大到所有飞往东巴基斯坦的军用飞机。

19～22 日　叶海亚与穆吉布进行会谈,布托飞往达卡参与讨论。

22 日　叶海亚推迟召开国民大会。

23 日　达卡抵抗日这天,孟加拉国旗在几乎所有的建筑物上飘扬。

25 日　叶海亚与穆吉布的会谈破裂;军队开始武力接管东巴政权,镇压人民联盟。

26 日　孟加拉领导人称代表穆吉布宣布东巴基斯坦为具有独立主权的孟加拉共和国。

穆吉布被逮捕,送往卡拉奇。

巴基斯坦军队将外国记者(包括许多美国记者)撤离达卡交火地区。

27 日　美国总领事报告说,军队已经控制达卡了。

东巴基斯坦爆发了公开的反抗;据报道,吉达港、科米拉、兰卜、达卡等地发生了战斗。在许多城市和城镇发生了激烈的战斗,据说政府军在装甲部队,空军战斗机和坦克的支援下杀死了 1 万多人。

甘地夫人对“镇压”东巴“手无寸铁的人民”表示悲痛。

巴基斯坦抗议印度干预其内部事务。

印度许多孟加拉的同情者组织起来越过边境援助东巴基斯坦人。

吴丹与印巴两国的代表进行了协商。

30日 勃列日涅夫宣布,"我们与印度的友好关系得到了长足发展"。

31日 美国驻达卡总领事要求美国撤离所有的妇女和儿童,以及部分男人,因为外国人在东巴不再安全。

巴基斯坦政府再次抗议印度的报道和行为,它认为印度对巴基斯坦的武装部队怀有敌意。

1971年4月

1日 印度议会批准甘地谴责巴基斯坦政府在东巴近乎种族灭绝地"屠杀无辜平民"的决定。

巴基斯坦政府再次谴责印度向东巴边境地区渗透武装部队。

美国开始与巴政府官员商讨撤退在东巴的美国公民事宜;据报道,巴军队已经完全控制了达卡和吉达。

据报道,巴军队未能巩固在东巴农村地区的阵地。

2日 美国驻达卡总领事暗示巴军事当局的有效控制只限于几个主要城市;农村地区在人民党联盟的控制之下。西巴军队摧毁了达卡的大部分粮食市场,希望通过饥饿使民众屈服。

英国航班第一次将英国公民从达卡撤离东巴。

印巴相互指责。

美国军用飞机开始将美国官员和普通公民撤离东巴;巴军处死持不同政见的孟加拉政治领导人和学生。

西巴军队在装甲车和战斗轰炸机的支援下,不断反击东巴人的小规模抵抗;在持续进行大规模的杀戮之时,数以千计的平民逃往乡村;加尔各答的官员坚持认为,尽管锡兰否认,但西巴的美制C-130运输机在锡兰加油并将部队与军火运往东巴。

3日 美国国务院宣布巴基斯坦提供了几架航班从达卡运出了700名美国公民;巴基斯坦政府拒绝授权国际红十字会派遣救援人员到东巴;联合国秘书长授权从东巴撤退所有联合国工作人员;巴基斯坦政府第三次正式向印度抗议,警告说印度干预巴基斯坦内部事务的行为会导致"严重后果"。

4日 又有几百个东巴难民家庭从拉吉沙希地区[①]越过边境进入印度。西巴军队不断

① 拉吉沙希(Rajshahi),位于东巴基斯坦的西北部的城市。——编注

遇到维持其补给系统的困难,而东巴基斯坦人宣布将加剧进行游击战的反抗行动。

首架巴基斯坦国际航空公司航班离开达卡飞往卡拉奇。其中外国人有包括美国、法国公民和联合国工作人员。第二次巴航撤离的有英国人和美国人。30 名美国人乘坐英国货船离开吉达港前往加尔各答。

5 日 巴基斯坦广播电台指责 9 辆印度军车载有武器弹药越过边境进入东巴,在路上被拦截。印度政府否认向巴基斯坦输送任何军事装备;加尔各答的高级官员多次声明在印度的孟加拉邦存在着为叛乱者提供武装的地下工厂;甘地夫人声明印度没有干涉任何国家的内部事务,但印度不能对在东巴发生的事件保持沉默;西巴军队总部在杰索尔附近安营扎寨,却遭到了 2 000 名抵抗战士和 500 名东巴步枪队员的包围。

中国打破了对危机的沉默,它引用叶海亚抗议印度的话说,“显然可以证明”印度干涉巴基斯坦内政。

印度政府给在新德里的两名巴基斯坦副高级专员(Dep High Comm)以庇护。中国(在抗议照会中)支持巴基斯坦政府关于印度“干涉巴基斯坦内政”的言论。

外国人包括 100 多名美国人通过紧急航班离开东巴到达西巴;西巴采取了严格的审查制度。叶海亚呼吁苏联利用其影响制止他所说的印度干涉巴基斯坦内政的行为;他还指责印度在东巴边境部署了至少 6 个师。

7 日 叶海亚告知苏联他准备尽早与“能代表东巴的有理智的力量”对话;为其使用武力辩护。英国货船将 119 名外国人从吉达运到加尔各答。

据说至少 307 名美国公民通过巴航从东巴飞到卡拉奇;从达卡疏散美国公民的工作仍在继续。

8 日 西方观察家宣称巴基斯坦军队成功地包围了东巴独立运动的整个领导层;并宣称中央政府在采取行动前开始从卡拉奇向达卡派遣军队;西方观察家断言,当局开始采取行动清除大学教授和学生以及其他知识分子精英;巴基斯坦政府承认派遣空军战机在该省北部采取行动,该地区据说被穆吉布的支持者控制着;美国呼吁巴基斯坦采取“所有可能的措施”结束冲突,并实现“和平解决”;空运 500 名美国公民离开的任务已经完成。

9 日 西巴军队在东巴对寻求独立的武装发动进攻,战斗激烈。

10 日 美国根据 1967 年开始执行的计划继续向巴基斯坦运送弹药和武器装备。

11 日 中国支持巴基斯坦政府在东部的努力,谴责印度、美国、苏联干涉巴基斯坦内政;巴军在东巴继续发动大规模的进攻。

12 日 周恩来致函叶海亚,保证中国继续支持巴基斯坦。

13 日 由于东巴港口堵塞,美国暂停向东巴运送小麦。

14 日 美国国务院承认从 1967 年开始美国每年向巴基斯坦出售价值 250 万美元的“不

致命”的装备。

15 日　巴政府宣布巴军在拉吉沙希地区“清除了所有的邪恶分子和印度渗入者”；布托在卡拉奇的新闻发布会上宣布，一旦局势处于控制之下，政府将会寻求“政治解决东巴基斯坦问题”。孟加拉总理艾哈迈德在广播讲话中要求援助并承认他的新政府；秘密的自由孟加拉电台播出了这一消息。

16 日　美国官方声称自从 3 月 25 日战斗爆发后，美国没有向巴基斯坦运送武器弹药。

17 日　孟加拉共和国在加尔各答正式宣布成立。

18 日　巴基斯坦的副高级专员和在加尔各答的大部分外交人员宣布效忠孟加拉，并在代表处升起孟加拉国旗。

20 日　巴勒斯坦阿拉伯领导人哈吉·阿明·侯赛尼[①]谴责印度“公开干涉巴基斯坦内政”。

21 日　巴基斯坦任命了新的副高级专员领导加尔各答的机构；印度拒绝驱逐其他背叛的外交人员。

23 日　新的巴基斯坦副高级专员到达加尔各答；但没有成功地接管加尔各答代表处。

24 日　巴沙尼呼吁美国和中国承认孟加拉。巴基斯坦关闭了在加尔各答的代表处，并要求印度关闭其在卡拉奇的代表处；印度常驻联合国大使要求联合国秘书长吴丹要求联合国援助 50 万来自东巴的难民。

26 日　孟加拉自由战士宣称看见中国军官指挥巴军打击解放武装力量。

27 日　印度限制巴基斯坦外交官出行。

巴基斯坦驻纽约副领事马哈穆德·阿里(A. H. Mahmud Ali)宣布支持孟加拉政权；他和他的妻子要求美国庇护。

30 日　巴基斯坦电台否认印度对巴军进入印度领土并开枪射击印度平民的指责；它还指责印度派遣更多的渗透者进入东巴；据说叶海亚接到基辛格送来的消息，但没有公开其内容。

目前在印度有 120 万难民。(这是根据 8 月 6 日印度公布的统计数字，除去误差，最初公布的数字大致如此)。

1971 年 5 月

3 日　巴基斯坦指责印度战斗机两次侵犯巴领空。

4 日　巴基斯坦指责印度边防部队射击巴军阵地。

---

① 哈吉·阿明·侯赛尼(Haj Amin el-Husseini，1893～1974)，英国委任统治时期巴勒斯坦最著名的阿拉伯领袖，1921 年被英国任命为耶路撒冷的穆夫提(mufti)，1936 年巴勒斯坦骚乱后被取消穆夫提的称号，随即流亡国外。侯赛尼在巴勒斯坦的影响随着 1948 年阿拉伯军队的战败而逐渐消失。——编注

6 日 关于遣返印巴外交人员的临时性条约搁浅。
巴基斯坦军事情报机构负责人阿克巴尔·汗(Maj Gen Akbar Khan)认为印巴之间可能爆发战争,指责印度在边境部署军队,印度在东巴边境的 6 个空军基地处于战争警戒状态。

8 日 印度呼吁外来援助来应对来自东巴的不断增加的难民;每天涌入 6 万人;总数超过了 150 万。
在印度已有 190 万难民。

10 日 巴基斯坦派遣经济学家艾哈迈德(M. M. Ahmed)去美国说服尼克松政府恢复经济援助。

13 日 巴基斯坦得到了来自中国的 1 亿美元的援助。
叶海亚表示,并不需要联合国向东巴提供紧急援助。

14 日 印度媒体报道了苏联承诺援助印度应对难民危机。
在印度的难民达到 270 万。

16 日 巴基斯坦政府声称中国最近提供的无息贷款达到了 2.07 亿美元。

17 日 巴基斯坦政府接受了联合国对东巴的紧急援助。

21 日 在印度的难民达到 340 万。

23 日 印度动员外交和公共力量要给巴基斯坦造成国际压力促使其阻止东巴难民涌入印度,并警告说它将“被迫采取行动保护自己的国家利益”,除非国际社会说服巴基斯坦结束“向外输出恐怖主义”和“蓄意驱逐孟加拉人”的行动。

25 日 尽管官方声称已恢复常态,但游击队活动和军队的镇压行动仍在继续。叶海亚说他决定把权利平稳过渡给文官政府。

25～26 日 国大党的一些议员在议会辩论要求承认并采取一切可能的措施援助孟加拉。

28 日 在印度的难民达到 390 万。

1971 年 6 月

1 日 印度宣布在孟加拉难民营出现了不可控制的霍乱传染病。
在印度的难民达到 510 万。

8 日 印度从国内货币中调取部分资金,以此来减少东巴银行被抢给经济带来的影响。

11 日 巴基斯坦政府呼吁东巴的难民回归家园;将特赦扩展到逃亡的军事人员和政客。在印度难民达到 570 万。

12 日 印度外长访问莫斯科后发表联合声明(回应柯西金在 6 月 9 日选举中的讲话),要求需苏采取措施制止难民流动,并创造他们回归家园的安全环境。

16 日 甘地夫人说政治解决东巴问题的可能性正一天天减少，印度不会同意那种意味着孟加拉死亡和民主终结的解决方式；印度“准备做出任何牺牲”并“承受任何艰难”来照顾 600 万难民。

18 日 在印度的难民达到 590 万。

19 日 印度外长与尼克松总统和国务卿罗杰斯协商，要求国际社会迫使巴基斯坦采取政治的解决方式，放弃武力手段。

21 日 巴基斯坦政府告知外国记者可以不受限制地重新进入东巴。

在印度的难民达到 630 万。

26 日 由于美国向巴基斯坦运送武器，印度的反美情绪增长。(6 月末)印度发生了反对运送武器的游行。

28 日 叶海亚宣布将把专家起草的宪法提交国家立法机构修改；该宪法将给各省最大的自治权，但中央政府要“拥有足够的权力”；如果地方党派被禁止，那将是“一件好事”。文职政府将在“4 个月内成立”，他们将“在一段时期里继续实行军事管制”。

1971 年 7 月

1 日 在印度的难民达到 650 万。

5 日 巴基斯坦抗议印度空军战机飞临东巴的阿马尔卡纳(Amaarkhana)。

6 日 孟加拉游击队摧毁了达卡和科米拉供电系统；印度边境的反抗活动继续扩大，效果更加明显。

7 日 中国边境贸易代表团抵达吉尔吉特；其领导人在为期一周的访问中将重申北平支持巴基斯坦在没有外来干涉的情况下解决其内部事务。

9 日 《消息报》(*Izvestiya*)提醒印巴苏联希望双方避免战争；文章支持甘地夫人拒绝那些主张与巴基斯坦开战的人。

在印度的难民达到 670 万。

世界银行行长麦克纳马拉决定不会给予具有东巴基斯坦状况的受援国以条款规定的完全援助，因为这些国家秩序混乱，并存在政治迫害。

12 日 印度国防部长拉姆(Jagjivan Ram)告知国会，一个新的孟加拉国家最终将在现在的东巴基斯坦建立。

14 日 印度官方宣布到 1971 年 7 月 3 日在印度的难民人数达到 650 万。

16 日 有媒体报道，巴基斯坦政府会认真考虑断绝与英联邦的关系。

在印度的难民人数达到 690 万。

21 日 目前的交通状态比 4 月中旬以来的任何时候都更加混乱；破坏活动导致东巴大

规模混乱。

23 日　在印度的难民人数达到 780 万。

27 日　东巴可能出现饥荒；巴政府没有采取有效措施向该省运送粮食。

28 日　巴基斯坦当局指责印度装甲车在科米拉杀害 5 名平民，伤 13 人。

29 日　印度内政部长潘特(K. C. Pant)宣布，军队做好了“采取一切必要和足够的行动”的准备，以对付巴军的骚扰和偷袭。

30 日　印度政府要求在西孟加拉邦难民营的外国人离开。
在印度的难民达到 710 万。

1971 年 8 月

1 日　据报道，美国获得巴基斯坦与联合国同意，在联合国名义下向东巴派驻国际救援专家组。

3 日　吴丹在给安理会成员的备忘录中警告说印巴间可能爆发冲突；印度完全反对联合国难民事务高级专员公署(UN High Commission on Refugees)向双方派驻代表的计划，而巴基斯坦则在 7 月 20 日对此表示同意；吴丹强调仅靠外来的援助是不够的，需要政治解决；在东巴的大部分地区爆发了巴军与孟加拉游击队的冲突；大学在有军方代表监督的情况下重新开放；周末又有一些平民在达卡被捕。

4 日　美国众议院批准了对外援助法案第 200 - 192 号，暂停向巴基斯坦提供 4.25 亿美元的援助，包括美国的经济援助，军售和运往巴基斯坦的粮食。

5 日　14 名来自孟加拉的巴基斯坦外交官从华盛顿的大使馆和驻联合国代表团中辞职。

6 日　对穆吉布的审判开始。
在印度的难民达到 750 万。

7 日　巴基斯坦政府宣布入选国民大会的 167 名人民党联盟成员中只有 88 名被允许拥有席位；其他人将被送交军事法庭审判。
苏联驻印度大使别哥夫(Pegov)说目前形势“非常危险”，战争随时可能爆发；各国有必要讨论约束巴基斯坦和印度；苏联已经在这样做了。

8 日　葛罗米柯开始访问印度，在外交家们看来，这是表明苏联在印巴分歧中与印度的团结，也暗中表明一旦印巴发生战争，苏联将支持印度。

9 日　印苏签订了友好条约。巴基斯坦政府公布了有关东巴战斗的白皮书，指责人民党联盟的强硬态度应该为持续的战斗负责。

11 日　巴基斯坦同意遣送双方的外交使团成员回国；巴政府禁止参议员肯尼迪访问巴基斯坦。

12 日　葛罗米柯返回莫斯科之前以最热情的语言重申通过条约建立的印苏亲密关系；甘地夫人向 23 个国家的首脑呼吁，利用他们的影响来解救穆吉布。

13 日　美国的外交和情报来源表明，苏联通过迅速签订为期 20 年的印苏友好条约劝阻了印度正式承认孟加拉。

巴基斯坦政府很难让东巴的黄麻工业正常化；1970 年以来产量降低了 50%；工人们害怕如果他们回去工作，就会受到军队和游击队的报复。

印度议会同意追加 2.67 亿美元用来解救难民；在 1.45 亿美元的外援承诺中，印度只收到了 1 100 万美元；而难民总数已达到 750 万。

印度大使馆的官员声称，在莫斯科的建议下友好条约两年前就开始协商了，但是，甘地夫人要求苏联在比较适当的时候签署。巴基斯坦军队和警察已经做好准备，应对游击队威胁要在印巴独立 24 周年纪念日发动进攻；达卡的国际酒店发生了爆炸。

16 日　游击队在东巴的活动不断高涨；在他们的控制区起义的数量和规模不断增长。

17 日　据说叶海亚反对对穆吉布执行死刑；高级军事顾问和高等法院法官警告说，这将损害巴基斯坦的形象。

在印度的难民达到 760 万。(这个人数以及随后的难民数来自印度公布的并不准确的数据。)政府军在达卡逐屋搜索清理，很明显是针对威胁进行恐怖袭击的孟加拉分裂分子；国民大会前发言人阿布杜拉·马提恩(Abdul Mateen)被捕，询问之后又被释放；承认自己是政府的支持者；大学实际上还处于荒废状态。

23 日　葛罗米柯告知美国大使比姆(Beam)，苏联关注印巴局势是要促进和平。

在印度的难民达到 820 万。

1971 年 9 月

1 日　季风造成的洪水恶化了印度难民营的条件。印度媒体称，新德里已经使部队处于“全面警戒”状态。

马利克被任命为东巴省长。

东巴基斯坦省长兼军法管制首席执行官(Chief Martial Law Administrator)提卡·汗将军被召回西巴基斯坦。

2 日　尼亚兹(Gen A. A. K. Niazi)将军被任命为东巴军政府领导(Martial Law Administrator)。

巴基斯坦撤销了新闻审查机构。

5 日　叶海亚宣布大赦，以便难民回归。

6 日　在印度的难民达到 830 万。

9 日　孟加拉政府建立了顾问委员会来为解放斗争提供建议。

11 日　孟加拉政府派代表到纽约，在联合国大会开始前陈述理由；人民联盟吸收了三个左翼组织进行反对叶海亚政权的"自由斗争"。

14～15 日　叶海亚赴德黑兰。

17 日　波德戈尔内要求叶海亚寻求政治解决，警告巴基斯坦如果不能很快实现，将不可避免外部干涉。巴基斯坦任命了东巴文职内阁。

叶海亚宣布指导原则，确定国民大会在修宪中的作用。

20 日　在印度的难民达到 870 万。

21 日　苏联高级谈判代表察拉普金(S. K. Tsarapkin)在新德里与印度外交部长会谈(23 日返回莫斯科)。

23 日　达尔到达莫斯科，为甘地夫人的访问作准备。

27 日　在印度的难民达到 900 万。

28 日　葛罗米柯告知联合国大会，印度有理由关注在东巴发生的事态，并且苏联认为事态紧急，但还是有希望和平解决。

柯西金要求叶海亚"采取有效措施清除造成东巴紧张状态的温床"，创造难民回归的条件，他说"不可能证明巴基斯坦采取的造成数百万难民流向印度的行动是正确的"；他还说到，苏联人正采取一切措施阻止在该地区爆发战争。

29 日　印苏双方同意甘地夫人在莫斯科与苏联高级官员会谈之后成立联合经济委员会。

1971 年 10 月

1 日　游击队早些时候的袭击摧毁了至少 5 艘船，此后 7 家西方航运公司宣布无限期停止为东巴服务。

2 日　波德戈尔内达到新德里，他发表声明说，必须避免军事冲突，并寻找一种政治解决方式。

在印度的难民达到 910 万。

外交人员报告游击队的潜水员在东巴吉达港用炸药摧毁了希腊油轮；在此前已经摧毁了至少 12 艘船只；巴政府宣布击毙 10 个蛙人，俘虏 3 个。

主要由游击队造成的港口阻塞扰乱了国际航运系统，耽搁了紧急粮食运输。

11 日　巴基斯坦政府取消政治活动禁令，以便为东巴的选举做安排。

在印度的难民达到 930 万。

巴基斯坦驻阿根廷大使辞职以支持孟加拉的独立运动。

14 日　在联合国内外所进行的希望在印度与东巴边境紧张地区部署联合国观察员的

谈判,在经过 3 个月的紧张努力后陷入僵局;联合国官员估计,在印度有 650 万东巴难民;巴基斯坦估计有 2 002 000 人,印度则认为总数达到了 9 339 342 人;美国、英国、伊朗和其他国家将问题纳入到联合国框架的努力失败了。

甘地夫人声明,承认孟加拉并不能解决难民问题;难民应该体面而安全地回归。

15 日　孟加拉游击队刺杀了前东巴省长;联合国秘书长助理亨利声明东巴游击队破坏了联合国在东巴运送救援物资的努力。

北朝鲜宣布援助巴基斯坦;签订了北朝鲜和巴基斯坦协商条约。

16 日　甘地夫人和外长辛格在本周早些时候的讲话中声明,印度首要关心的是将 900 多万难民送回东巴。

17 日　甘地夫人告诉来访的铁托,印度必须自卫。

20 日　尽管此前宣布无限期停止运输,但仍有 7 条航线的船只继续到达东巴。

据报道,印度外交部秘书考尔(Kaul)在新闻发布会上声明说,在巴基斯坦表明采取政治解决的意向并保证难民回归之前,印度不会从边境撤军。

22 日　东巴出现了饥荒的威胁。

22～27 日　苏联外交部副部长费柳宾访问新德里讨论印巴危机。

在印度的难民达到 950 万。

媒体报道叶海亚可能要求吴丹访问印巴,采取措施安排印巴共同从边境地区撤军。

29 日　人民党联盟常设委员会重申以下内容:该党不会接受除完全独立以外的任何政治解决方案;没有必要更换人民党联盟领导层;有必要保持与“解放军”的联系。

(上周)甘地夫人访问了布鲁塞尔、维也纳和伦敦。

1971 年 11 月

1 日　甘地夫人现在英国访问。

4 日　印巴边境的战斗加剧。

4～6 日　甘地夫人与尼克松总统会晤,讨论印巴危机。

8 日　美国限制了对巴基斯坦的武器援助。在印度的难民达到 970 万(这段时期难民人数没有大规模的增加)。

15 日　甘地夫人在对议会的演讲中提出要做好准备应对危机,但也要有所克制。

22 日　巴基斯坦媒体声称,印度在东巴的杰索拉地区发动大规模的进攻行动。

4 架巴基斯坦军用飞机入侵印度领空,3 架被击落。

23 日　叶海亚谴责印度侵略,并宣布国家进入紧急状态。

巴基斯坦政府发言人称巴基斯坦欢迎任何大国采取行动制止“印度的侵略”。

印度政府证实印度军队和装甲部队参与了在东巴的军事行动。

巴控克什米尔(Azad Kashmir)总统宣布由于“印度的侵略”，全境进入紧急状态。

印度报业托拉斯报道，希腊轮船在查尔纳港入口处被“解放军”击沉。

29日　甘地夫人反对将印巴危机提交联合国的建议。

新华通讯社(NCNA)报道说，印度和苏联应对危机负责。

甘地夫人在议会演讲时，要求巴基斯坦从东巴撤军。

1971年12月

3日　巴基斯坦宣称袭击了印控克什米尔和旁遮普的印军机场。

甘地夫人在加尔各答得到巴基斯坦空袭的消息，回到德里。

甘地夫人在德里向全国发表讲话，说印度处于战争边缘，有8个机场遭到袭击。

印度驻美国大使说在巴基斯坦空袭之前印度没有在西线发动进攻。

巴基斯坦全国处于紧急状态，动员了所有的预备役人员，取消了商业航班。

4日　巴基斯坦宣战；达卡和卡拉奇遭受空袭。柯西金在丹麦说，苏联不会单方面采取行动来结束危机。

联合国安理会召开会议；在程序问题上争吵不休；苏联否决了美国的建议。

5日　苏联继续公开支持印度，警告其他国家不要卷入。

6日　巴基斯坦正式断绝与印度的外交关系。

印度承认了孟加拉政府。

中国强烈谴责印度和苏联，指责莫斯科逼迫巴基斯坦向印度屈服，以便扩大苏联在次大陆的势力范围。

联合国安理会将印巴问题提交联合国大会。

7日　叶海亚建立文职政府，任命阿明为总理，布托为副总理兼外交部长。

波德戈尔内将印巴战争归罪于巴基斯坦对待东巴民众的方式。

印度爆发了第一次反美游行。

不丹承认孟加拉国。

8日　联合国大会104票赞同，11票反对，10票弃权，通过了美国支持的解决方案，要求双方停火，撤军；新德里对此置之不理。

9日　孟加拉正式在德里开设使馆。印度进攻卡拉奇，摧毁两艘外国船只，击沉一艘。

印度全境继续发生反美示威游行。布托抵达联合国。

11日　印度外交部长抵达纽约，向安理会陈述印度的理由。

12日　在达卡的美国人和其他外国人的撤离行动结束。苏联外交部副部长库兹涅佐夫抵达新德里。

印度外交顾问达尔达到莫斯科。

14 日　阿里将军(Gen Farman Ali)和东巴省长马利克提议停火;驻东巴的巴军司令尼亚兹(Gen Niazi)反对停火。

尼亚兹要求停火;马利克辞去东巴省长职务。

16 日　东巴向印度军队投降。印度命令在西线单方面停火。

17 日　叶海亚要求西线停火。

DDRS, CK 3100331073 - CK 3100331125

刘磊译,戴超武校

14－60

中情局关于印度粮食状况的评估

（1972年8月）

ER IM 72－126

机　密

印度的粮食状况：发展和问题

（1972年8月）

摘要和结论

1. 印度在连续五年的适宜气候和大丰收后，由于受到最近变幻莫测的雨季的影响，今年的粮食产量不容乐观。从上次严重干旱以来，在1966～1967年收获年度中①取得了给人留下相当深刻印象的增长纪录，特别是小麦的产量，加上2 050万公吨的粮食进口，使得印度应急的粮食储备达到了历史水平，促使新德里在去年年底特许停止粮食的进口。今年夏季的雨季对粮食产量的严重影响程度要到明年春天才能知晓。同时，新德里准备大幅度削减粮食供应。已有迹象表明，他们打算通过降低储备和加大最近的种植计划来避免粮食进口。但是，如果必须要进口粮食，那么印度领导人将力图避免向美国请求依据《公法第480号》的粮食援助和通过商业途径购买美国的粮食。印度领导人特别是甘地夫人，从印巴战争以来直言不讳地指责美国，说什么印度只有在别无选择的时候才会寻求美国的援助。可能与加拿大或澳大利亚商谈了购买粮食的特别协议。无论如何，如果印度必须在世界市场上购买粮食，那么其13亿美元的外汇存储就会减少。

2. 印度的粮食产量从1967～1968年度的9 500万增加到了1970～1971年度的将近1.08亿吨，这一年度则是紧随着上一次的严重干旱。1971～1972年度的粮食产量仍未公布，可能在1.06亿吨左右。从1967～1968年度以来，政府补贴使高产量品种（HYV）小麦的种植迅速地推广，但在水稻的种植上还远未取得这么大的进步。早熟性的高产量品种水稻容易遭受病虫害，而且还受到消费者的抵制。但是，已研究出了更适合印度的杂交品种，他们正在推广这些品种。1971～1972年度，产粮区的高产品种的小麦、水稻和粗粮的种植面积大约是15%，总的来说，产量有所提高。更多的灌溉、农作物的成倍增长以及更多的使用化肥也有助于粮食增产。

---

① 原注：这一年度是从1966年7月1日至1967年6月30日。

3. 所谓的绿色革命在印度引发了一些新的问题，主要是小麦的征购价格过高，这使政府的补贴开销急剧增加，并且导致农民将种植其他作物的灌溉地改种小麦。这一年度的小麦补贴预算是去年的四倍多。有的是将小麦的种植取代了工业生产所必需的经济作物的种植，有的是取代了作为比较贫困阶层主要食物和蛋白质的主要来源的粗粮和豆类的种植。农村的收入也得到了不同程度的增长，如比较富裕的、拥有大面积灌溉地的农民很快就采用了高产量品种种子并提高了利润。同时，那些没有灌溉设施、只有小块土地的农民则由于新技术的推广而逐渐被边缘化了。

4. 不可避免的周期性的干旱以及人口的急剧增加，可能会继续使印度粮食自给自足的努力付诸东流。熟悉印度情况的人口学家估计当前印度人口的年增长率是2.5%，并相信由于死亡率持续的下降，这种情况将更为突出；与此同时，高出生率将会一直持续，直到对待家庭规模的文化观念发生重大的改变。印度的粮食产量的平均增长率从1967～1968年度到1970～1971年度间高于4%，但这样连续几年的好天气是罕见的。印度过去十年粮食产量的平均增长率还不到3%。印度的绿色革命主要是集中于冬麦，主要是依靠雨水的灌溉，但现在冬麦已处于严重的干旱之中。在粮食产量上，印度的绿色革命是否降低了对变幻无常的雨季的依赖仍有待观察。

讨　论

产量趋向

5. 整体上的好气候和绿色革命的不断推广使印度的粮食产量从1964～1965年度(在上次干旱前)的8 900万吨，增加到了1970～1971年度的将近10 800万吨(见表一和附录)。政府官员估计1971～1972年度可能要差几个月的粮食，但印度媒体在1972年7月底的报道中表明印度可能还有1 060万吨粮食。初步迹象显示，粗粮和豆类的收成很差，但水稻和小麦的收成保持了过去的水平。1971年夏天恒河平原的严重水灾和一些高原地区的干旱显然使粮食产量未超过1970～1971年度的丰收产量。

表一　印度：种植高产品种种子的面积(按照种类)

(单位：千公顷)

种植年份*	水　稻	小　麦	粗　粮
1966/1967	888	541	457
1967/1968	1 785	2 942	1 309
1968/1969	2 683	4 792	1 822

续　表

种植年份*	水　稻	小　麦	粗　粮
1969/1970	4 342	4 910	2 161
1970/1971	4 654	6 677	2 428
1971/1972**	7 214	7 489	3 233

*　从7月1日至次年6月30日。
**　初步估计。

6. 虽然有五年相对较好的种植条件，从1967～1968年度开始，进口的大约2 050万吨的粮食提高了每个人的消费量，而且还扩大了政府的储备。增量和进口使印度的粮食消费量达到了1964～1965年度的水平，而且还增加了大约950万吨的储备（主要是国内的小麦）。

7. 产量的增加（每年平均增长大约2%）占了1964～1965年度以来增产量的四分之三（见表二）。增加的种植面积平均不到1%，这说明主要是粮食产量在成倍增长，即便是有一些种植经济作物的土地改种了粮食。①还不能确定天气条件和技术改进对粮食产量所产生的相应的影响。从1967～1968年度以来的令人欣喜的收成和绿色革命的快速推广是同时发生的，高产品种种子需要一系列的现代化投入，包括大量的化肥、严格的水量控制以及农药。但与此同时，没有良好的气候条件，绿色革命要取得这么大的成功也是不可能的。

8. 同其他农作物相比，小麦的产量更容易受到绿色革命的影响，从1967～1968年度到1970～1971年度，小麦产量的平均年增长率为12%。初步的报告显示，小麦的产量在1971～1972年度可能会达到2 600万吨，这样将是1964～1965年度的两倍多（见数据3）。高产品种小麦种子得到了快速推广，1971～1972年度大约种植了750万公顷（见表一），大约占小麦种植面积的五分之二。从1967～1968年度以来，由于高产品种小麦种子的推广、适宜的降雨以及使用更多的化肥，小麦产量的年增长率大约为7%。在1971～1972年度，小麦产量占印度粮食总产量的25%，与此相比，在60年代中期的干旱前，小麦产量只占了总产量的14%。

9. 虽然高产品种的种子几乎同样用于水稻田和小麦田，但水稻的增产远不如小麦。初步估计，1971～1972年度的水稻的产量是4 300万吨，与此相比，1964～1965年度的产量是3 900万吨。使用高产品种水稻让人感到失望，主要是因为IR－8和其他进口的高产品种的种子在印度的雨季条件下极易遭受病虫害的袭击。新品种并没有受到消费者的欢迎，因为他们喜欢不黏的、更为优良的水稻。但是，IR－8仍比其他的高产品种水稻的种植面积要多，而政府已实验并投放了另外30种实验性的水稻种子，各个品种适合不同的地区，并使他

① 原注：见ER IM 71－75《印度：绿色革命和工业作物的生产》，1971年10月，机密。

们克服这些障碍得以生长。

10. 从1967～1968年度到1970～1971年度,粗粮产量的提高(高粱、小米、玉米、大麦)年平均增长率约为2%,这大大弥补了种植面积的下降。1971～1972年度的粮食产量仍不确定,但据报道,种植面积会更进一步下降。产量也可能会下降,这主要是因为在粗粮种植的地区降雨量太小。在粗粮种植的地区,高产品种种子的推广只有其种植面积的7%。虽然在一些地区受到农民的欢迎,但作为主要的食物,高产品种的玉米在印度尚未被接受。高产品种的大麦推广最快,但据报道在1971～1972年度,播种新的杂交大麦的很少,病虫害至少还袭击了一个主要的产大麦的邦。自从干旱发生以来,由于种植面积和生产的减少,产量基本未变。虽然在豆类作物的基因上取得了某些进展,有三个新品种投入试种,但高产品种的种子在增产方面没有发挥重要的作用。

11. 农作物的多样性大大增加了粮食的产量。从上次干旱以来,种植一种以上农作物的地区每年平均增加大约100万公顷,到1971～1972年度增加到了2 600万公顷。农作物多样性的种植的增加可能主要是由于灌溉水平的提高以及高产品种作物生长周期的缩短。但即便如此,印度农作物多样性种植的地区也只有20%,少于灌溉面积。

12. 当印度向1 000万孟加拉难民提供粮食以及向孟加拉国提供65万吨的济灾小麦和10万吨大米的时候,新德里有利的粮食状况就更为明显了。而且,根据外贸部1972年5月的一份声明,印度可能通过同远东国家达成的双边协议,准备在1972～1973年度出口10万吨玉米、2万吨高质量的巴斯马蒂香米和7 200吨小麦。

13. 除了风调雨顺和高产品种的种子外,小麦产量同其他的粮食产量相比获得令人欣喜的增长,这与政府保持小麦比其他农作物较高的小麦收购价有关(见表四)。从1965～1966年度以来,小麦的收购价格比其他粮食的收购价格要增长得快。小麦利润的增加,也是由于高产品种小麦产量的增加是普通小麦的两倍。虽然高产品种小麦的投入要高,但据报道,在1966～1967年度种植高产品种小麦的农民,其小麦产量翻了一倍,而且他们的纯收入增加了70%。从1968年以来,为了避免政府补贴开销的增加和生产品种的不平衡,国家农业价格委员会每年都建议降低小麦的收购价格。但是,来自大的产小麦的邦的政治压力和政府害怕粮食产量的减少,仍使得粮食部维持小麦的收购价格。

14. 化肥使用的大量增加也是推广绿色革命的一个重要方面。从1967～1968年度开始,印度使用的化肥总量年平均增长为22%,大约使用了260万吨的营养肥。估计现在2/3的化肥用于粮食生产。化肥使用的增加不仅反映了高产品种种子使用的扩大,而且还反映了国内化肥产量的增产以及化肥进口的增加、风调雨顺的持续、增加灌溉、加大对农民的贷款。其他具有推动作用的因素包括使用自动观察显示镜、土壤测试、地区性的研讨会、更多的化肥零售商店。显然由于上述原因,尽管化肥在1969年3月增加了10%的消费税,但化肥仍在广泛地使用。

15. 绿色革命所带来的好处实际上远超出了高产品种的种植地区。由于新技术的推广,几乎所有耕种阶层都从采用现代化的农业方式中增加了收入和产量。即便是在那些种植水稻的地区,种植高产品种种子受到农业气候条件的限制,但由于采用化肥、农药以及其他现代化生产方式,当地各种农作物的产量也得以稳步地增加,如果允许的话也会适当增加产量。

16. 据报道,1971～1972 年度总的灌溉面积估计增加了 100 万公顷,灌溉面积从 1968 年开始每年都在增加。估计灌溉面积在 2 500 万～4 000 万公顷之间不等,这取决于所使用的定义以及使用的评估程序。大约 4/5 的灌溉土地是用于粮食生产。在一些已有灌溉系统的地区,小型的灌溉工程(主要是机井和水泵)仍继续以极快的速度建设。最主要的是,这些小型灌溉系统是用来增加水的供应量和提高对水的控制。普通的小麦和水稻种植地区也同样从这样的小型灌溉中获益。1971 年 6 月,印度有 47 万机井,这是 1966 年的 4 倍,还有 240 万的柴油或电动的水泵,相比之下 1966 年只有 98 万个。但水泵一年平均只能用 700 个小时,这主要是因为(1) 电力和燃料的短缺;(2) 由于一些地区水井的增加,水位很底;(3) 大部分是小农种植。

17. 由于粮食储备饱和,这一年依据《公法第 480 号》进口了大约 200 万吨美国小麦后,新德里在 1971 年底停止了特许的粮食进口。从美国进口 40 万吨小麦的协议也被取消了,这个协议是在 1971 年 4 月达成的。1971 年 10 月,粮食储备量达到了 750 万吨,接近政府储备的最高能力。今年的早些时候,新德里声称,印度在 1972 年打算按照同远东国家现有的双边贸易协定只进口 10 万到 20 万吨的大米,并根据商业贸易购买 20 万吨小麦。自从 1957 年开始在印度实施《公法第 480 号》计划以来,根据《公法第 480 号》进口的粮食达到了 590 万吨,价值 37 亿美元,占印度粮食进口的四分之三,1957 年到 1971 年的进口如下表所示:

图①

粮食的进口

(单位:百万公吨)

	总　量	根据《公法第 480 号》的进口	根据《公法第 480 号》进口占总进口量的百分比
小　麦	63.6	51.4	81
大　米	7.6	1.9	25
粗　粮	5.5	5.4	98
总　量	76.7	58.7	77

与绿色革命相关的问题

18. 虽然产量增加很快,小麦的高收购价也导致了占用其他作物的种植面积,实际上降

① 原文第 9、第 10 页是 4 幅有关印度粮食生产的图标,此处略去。——编注

低了人们的饮食质量。就像水浇地都用来种植小麦一样，棉花和油菜的产量的严重不足使得工业增长放慢。从政府没能扩大罂粟种植地来满足世界对药用鸦片的强大需求来推测，小麦甚至还同鸦片形成了竞争。小麦侵占传统的粗粮和豆类的种植地区，降低了每个人的食品供应量并导致价格上涨。粗粮是大部分贫困阶层的主要食物，特别是那些无地的人，而且豆类食品是印度饮食中蛋白质的主要来源。最重要的是，新品种的小麦所含的对人体新陈代谢至关重要的蛋白质和氨基酸都很低，

19. 小麦的价格保持在世界出口价格的两倍，这导致新德里严重的财政赤字。

印度食品公司(Food Corporation of India)通过平价商店(fair price shops)负责粮食的定价、储备和销售，已经稳步地增加了国内小麦的采买和储存，以便维持小麦的价格和扩大储存量。该公司在1971～1972年，以每吨102美元的价格购买了大约600万吨小麦，并以同样的价格出售，因而承担了运输、加工和存储的费用。直到最近，印度都无需预算上的补贴，因为政府出售低价进口的小麦所获得的利润，大大弥补了国内小麦的损失。但是，在1973年3月31日结束的财政年度中，对小麦的补助预算从上一年度的4 000万美元增加到1.76亿美元。

20. 从1967～1968年度以来，小麦产量的快速增长使得小麦的市场投放量增加了六倍，这些小麦需要被购买、储存和投放到消费市场。这导致了市场上小麦的饱和，许多市场没有处理粮食的系统的机构或机械设备，使粮食的损失不断增加，甚至已开始限制某些地区产量。例如，在安得拉邦(Andhra Pradesh)地区，邦政府要求将通常种第二季稻谷的地方用于其他目的，以避免市场的饱和。尽管如此，政府的粮食储备从1969年的550万吨增加到报道中所说的1972年8月的950万吨。

21. 绿色革命加大了印度本来已经非常严重存在于不同的农业地区之间以及大小土地所有者之间的收入不平衡。因为三分之一的可耕地平均每年仅有不到30英寸的降雨量，而且集中在3个月之内，灌溉地区以及拥有更多水浇地的农民将获得更大的好处。自从1962年以来，新德里将其农业投入集中于现代技术的利用，以提高占耕地总面积20%～25%的地区的产量，而这些地区要么有灌溉系统，要么有充足的降雨量。1966年以后，由于高产品种种子的出现以及这些种子需要水量控制，这些地区得到了更大的支持。结果，农业发展集中在印度河-恒河平原、河谷地区以及其他可以得到灌溉的地区(见图五①)。可以种植高产品种种子的地区得到了特别的实惠，特别是旁遮普邦、哈尔亚那(Haryana)、拉贾斯坦和西部的北方邦。只是近年来才开始研究如何努力增加没有灌溉或缺少充足雨量的地区的产量。

22. 然而，即使是在灌溉地区，由于采纳新技术而带来的收益，其分配也是不均衡的。大农场主获得大部分的利益，而小农场主和佃户的处境实际上比以前更困难了。总体来说，拥有4公顷或4公顷以上土地的农民，只占持地农民的10%，他们能够有资金投入小规模的灌溉和新的农业设备。拥有2～4公顷土地的农民一般是设法通过使用少量的化肥来增加

---

① 图五是原文第13页的一幅关于印度农业灌溉系统的图，此处略去。——编注

产量,从而提高他们的收入,但他们没有能力对土地的开发投入资金。拥有1公顷土地或是不到1公顷土地的农民,占全国土地持有者的40%,他们在成本不断上涨的情况下,至多只能维持其生计,但是大部分正在承受成本-利润的盘剥,而且有的人正在向大的土地经营者出售或出租他们的土地。随着土地价格的上升,继续租出土地的大土地所有者正不断提高租金或要求更大份额的收成。大部分的佃户不能承担投资新的生产技术的费用,许多正在变成没有土地的劳动者。随着更为精细的生产和种植模式的多样化,农业劳动者目前更易于找到工作,他们的工资在过去的几年里也得到了增加。但由于自1966年以来消费品的价格上涨了25%,总的来说劳动者的实际收入几乎没有增加。

前景

23. 由于当前季风的变幻莫测,印度的粮食产量极有可能减产,也可能在1972～1973年度急剧减产。75%以上的印度农田仍缺乏灌溉,季风没有及时到来,加上充足的降水又是至关重要的,这不仅会减少产量,而且还会减少耕种的面积。由于这一年在季风之前没有降雨,所以许多地区的土地无法种植。推迟了几个星期才到来的季风进一步推迟了种植,而且到7月中旬,南亚次大陆的大部分地区停止了下雨。然而,到8月的第一个星期,大部分的干旱地区又开始降雨了。庄稼减产的程度将取决于在剩下的8月和整个9月的降水量及降水的分布情况。

24. 同1965年相比,印度目前在处理农业减产所产生的影响方面要好得多了,当时历时两年的大面积的干旱刚刚开始。印度政府有一个950万吨的紧急物资储备和一个已在运转的分配系统。相比较而言,1965年储备计划还没有实施,政府只有极少或几乎没有自己控制的储备物资。为了应对1965年的食品分配问题,中央政府增加了政府许可的平价商店的数量,按固定的价格出售粮食。目前,这个分配系统还有1.25万个商店,每个月都销售大量的谷物。中央政府和邦政府都实施过不同的定量配给制度,这种制度在干旱之后还会在大城市里持续好几年。1965年1月成立的印度食品公司,就是为了处理进口的粮食和国内的谷物供应以及控制各邦之间的粮食交易,其购买力每年都在扩大。仅1971～1972年年度就购买了600万吨粮食。尽管该公司仍然没有权力强迫各个邦出让多余的粮食,但它与各邦政府的业务关系正在取得进展。

25. 近年来,灌溉的扩展已提高了生产的水平,但并不能自然而然地减轻干旱的影响。灌溉对1972～1973年度产量的影响将取决于今年干旱的持续程度和严重程度,即在冬季的几个月和季雨季节。从表面上看,大约有25%的粮食生产地区有某种形式的灌溉,但是,如果没有每年的季雨来补充水库和水槽的水,并保持地下水的水位,有的灌溉无法实现。如果水位不会下降的话,机井对大部分作物来说是非常好的水源;但是,正常情况下,仅仅通过机井并不能提供足够的水来灌溉水稻。而且,高产品种种子目前在印度仅仅只能在某些完全依靠降雨而得到灌溉的地区种植。

26. 长期制约取得粮食和其他作物较高增长率的关键因素是缺乏灌溉。将灌溉迅速扩大到印度广袤的干旱地区依赖于大规模地利用地表水的工程。但类似工程的前景不容乐观。第四个五年计划(1969～1973)的目标是每年增加4.3%的灌溉地区,但实际上在前三年大约只增长了2%。费用的支出是按计划确定的,但取得的实际成效却比计划的低,这是因为正在建设的工程的费用在三年里增加37%。最初规划的新项目的数量已经削减了。如果不增加资金的话,地表灌溉工程的发展在将来就会放慢速度。

27. 由于许多现有的灌溉稻田开始种植高产品种的种子,灌溉设施的缓慢发展将妨碍高产品种水稻取得像高产品种小麦那样所取得的突破。而且,大部分种植水稻的农民是各自拥有小块土地,没有经济实力来投资新技术。同时,印度的人口增长可能会加速,这种情况至少会持续几年,这同过去相比更加大了对粮食的需求。死亡率特别是婴儿的死亡率预计会不断下降,但不能指望出生率有大幅度的下降。控制人口出生率的努力所取得的成绩是微乎其微的。为了抵消预料之中的过早死亡,尽管婴儿的死亡率在下降,但喜欢多子多孙的传统思想仍会持续。

28. 对开始于7月1日的今年的收成年而言,减产并不绝对意味着立即恢复特许谷物的进口。新德里已表示它将尽可能避免这样的进口。削减储备和进一步降低人均消费量能使印度顺利渡过一个收成差的年份,即便是政府很难控制食品的价格。如果需要进口,新德里将尽力避免向美国寻求援助或通过商业途径向美国购买谷物。印度政府显然是被美国在印巴战争期间的政策所激怒了,当时美国暂停了一些经济援助,而且美国也没有再恢复经济援助。新德里已经通过对印度的进口商施加非正式的压力,限制从美国的商业进口来对美国进行报复。作为替代性的方案,印度可能会与加拿大或澳大利亚商谈特许协议。当然,印度现在可以以每吨约70美元的价格购买商业小麦(包括运费)。印度约有13亿美元的外汇储备,这是20世纪50年代后期以来印度所处的最好的国际经济地位。但是,由于它自60年代初期以来存在的收支平衡问题,新德里已不轻易地动用外汇储备了,只有在别无选择的情况下才会同意动用大量的外汇储备。

附录

统 计 表 格

表二 印度:粮食生产

(单位:百万吨)

收成年份*	水 稻	小 麦	粗 粮**	豆 类	总 量***
1949/1950	23.4	6.93	16.82	8.16	54.92
1950/1951	20.58	6.46	15.38	8.41	50.82

续　表

收成年份*	水　稻	小　麦	粗　粮**	豆　类	总　量***
1951/1952	21.30	6.18	16.09	8.42	52.00
1952/1953	22.90	7.50	19.61	9.19	59.20
1953/1954	28.21	8.02	22.97	10.62	69.82
1954/1955	25.22	9.04	22.82	10.95	69.04
1955/1956	27.56	8.76	19.49	11.04	66.85
1956/1957	29.04	9.40	19.86	11.55	69.86
1957/1958	25.52	8.00	21.23	9.56	64.31
1958/1959	30.85	9.96	23.19	13.15	77.14
1959/1960	31.68	10.32	22.87	11.80	76.67
1960/1961	34.57	11.00	23.74	12.70	82.02
1961/1962	35.66	12.07	23.22	11.76	82.71
1962/1963	33.22	10.78	24.63	11.53	80.15
1963/1964	37.00	9.85	23.72	10.07	80.64
1964/1965	39.31	12.26	25.37	12.42	89.36
1965/1966	30.66	10.42	21.15	9.80	72.03
1966/1967	30.44	11.39	24.05	8.35	74.2
1967/1968	37.61	16.54	28.80	12.10	95.05
1968/1969	39.76	18.65	25.18	10.42	94.01
1969/1970	40.43	20.09	27.29	11.69	99.50
1970/1971	42.45	23.25	30.54	11.58	107.82

*　从7月1日至次年6月30日。

**　包括高粱、小米、玉米和大麦。

***　由于只是统计大致情况，有的部分可能没有列入总量。

表三　印度：粮食种植面积*

（单位：百万公顷）

种植年份**	水　稻	小　麦	粗　粮***	豆　类	总　量
1949/1950	30.52	9.76	38.84	20.32	99.29
1950/1951	30.81	9.75	37.67	18.68	97.32

续 表

种植年份**	水　稻	小　麦	粗　粮***	豆　类	总　量
1951/1952	29.83	9.47	38.88	18.81	96.96
1952/1953	29.97	9.83	42.45	19.89	102.09
1953/1954	31.29	10.68	45.37	21.77	109.06
1954/1955	30.76	11.26	43.92	21.95	107.86
1955/1956	31.52	12.37	43.46	23.25	110.56
1956/1957	32.28	13.52	42.02	23.35	111.14
1957/1958	32.30	11.73	42.91	22.58	109.48
1958/1959	33.17	12.62	44.66	24.35	114.76
1959/1960	33.82	13.38	43.79	24.88	115.82
1960/1961	34.13	12.93	44.96	23.56	115.58
1961/1962	34.69	13.57	44.73	24.24	117.23
1962/1963	35.70	13.59	44.29	24.27	117.84
1963/1964	35.81	13.50	43.93	24.19	117.42
1964/1965	36.46	13.42	44.35	23.79	118.11
1965/1966	35.27	12.66	43.16	22.08	113.17
1966/1967	35.25	12.84	45.09	22.26	115.30
1967/1968	36.44	15.00	47.34	22.65	121.42
1968/1969	36.97	15.96	46.24	21.26	120.43
1969/1970	37.68	16.63	47.24	22.02	123.57
1970/1971	37.43	17.41	46.12	22.42	123.87

*　数据是官方报道的数据。各部分的数额与总量之间的差异在印度的统计数据中没有加以解释。

**　从7月1日至次年6月30日。

***　包括高粱、小米、玉米和大麦。

表四　印度：粮食的产量*

（单位：千克/公顷）

种植年份**	水　稻	小　麦	粗　粮***	豆　类	总　量
1949/1950	771	665	433	405	553
1950/1951	668	633	408	441	522

续 表

种植年份**	水 稻	小 麦	粗 粮***	豆 类	总 量
1951/1952	714	653	414	448	536
1952/1953	764	763	462	463	580
1953/1954	902	750	506	489	640
1954/1955	820	803	520	500	631
1955/1956	874	708	448	476	605
1956/1957	900	695	473	495	629
1957/1958	790	682	495	424	587
1958/1959	930	789	519	541	672
1959/1960	937	772	522	475	662
1960/1961	1 013	851	528	539	710
1961/1962	1 028	890	519	485	705
1962/1963	931	793	556	475	680
1963/1964	1 033	730	540	416	687
1964/1965	1 078	913	572	520	757
1965/1966	869	824	490	444	636
1966/1967	863	887	533	377	644
1967/1968	1 032	1 103	608	534	783
1968/1969	1 076	1 169	545	490	781
1969/1970	1 073	1 209	578	531	805
1970/1971	1 134	1 335	662	516	870

* 所有产量用不完全数据来计算产量和种植面积，由于是粗略统计，有的部分可能未计算在总量内。

** 从7月1日至次年6月30日。

*** 包括高粱、小米、玉米和大麦。

DDRS, CK 3100381157 - CK 3100381176

刘磊译，戴超武校

14 - 61

中情局关于印度发展前景的评估

（1974 年 7 月）

OPR - 5

机　密

印度：是发展中的大国还是正在形成的权力真空

（1974 年 7 月）

……[①]

前　　言

这份研究展现了一幅印度未来的完整的图景。事实上，所有的印度观察家都认为印度政府在未来几年里面临的问题将会极其严重。但有人认为新德里的领导人还是能找到方法渡过危机的。论据很简单，那就是导致危机的许多麻烦出现的可能性非常大，因此只有考虑影响纷争不断的亚洲次大陆的相关国际因素才是谨慎的选择。

基 本 判 断

即使是专家对印度的分析也会受到新闻评论的影响。当前，来自这个拥有近 6 亿人口的国家的新闻大多都是负面的。1974 年 3 月，美国驻新德里大使馆来的电报称"这个国家正处在麻烦中"。[②]在同一个月，世界银行的经济学家提出了一个报告，预测印度在以后的几年里将需要巨大而紧急的经济援助和粮食援助，并警告由于雨季无雨会造成"大面积的饥荒"。[③]虽然可能会丰收，但食物依然紧缺，物价飞涨，能源危机将会对经济产生重大的威胁、公众的不满与暴动四处蔓延。

这篇研究报告的核心观点是，印度看起来还过得去，但从长远来看，还是存在更多的麻烦。印度政府现在面临许多问题是未来前景的预兆，尽管从短期看这些问题能够得以改善。

---

① 原文有目录和一幅印度地图，此处略去。——编注

② 原注：新德里 3236，1974 年 3 月 7 日，机密。

③ 原注：《纽约时报》，1974 年 3 月 11 日，第 10 页。

无论如何，下面首先关注的，不是以后几个月或几年印度发展中所应首要关注的问题。该文对印度悲观的预测，并非来自最近的负面新闻报道或者预测假设性的灾祸。①在研究印度在政治、社会、文化和经济方面进行改革的决心之后，该报告试图分析这个庞大而复杂的国家未来十年可能的发展趋势。

在权衡了所有正反两方面的观点后，该报告做出如下判断：

——印度现政府或任何可以预见的继承者都不可能促成巨大的经济突破和社会变革。但它将会像过去一样，取得一定程度的进展，即使是不利的条件下，也将会显示出巨大的持久力。

——在相当长的一段时间内，印度政府无力解决食物和人口问题。随着人口数量的不断增长，粮食的保障越加不确定，或许在20世纪70年代末之前，产生广泛政治影响的人口危机发生的可能性更为可能。

——一旦发生了这样的危机，就会出现在国内严重削弱政府权威的危险，甚至会出现印度分裂的危险，从而在南亚地区形成巨大的权力真空。

——如果这些判断是正确的，那么重要的问题就是，这些即将发生的困境将对国际社会产生怎样的影响。尽管不能很自信地给出明确的答案，但所有的可能性会在第四部分加以详细讨论。所有这些可能性都可能会对美国的利益产生影响，在一些情况下可能会产生重大的影响。

——任何创造或是结束特殊的事态的企图都超出了本研究的范围。

——本报告没有任何创造或破坏具体设想的企图。但很明确的是，印度业已恶化的混乱将在主要大国之中产生诱惑、怀疑、竞争和反应。这就是印度对世界具有“消极重要性”的地方，这种重要性可能会被忽视，尽管它是核俱乐部成员，但仍会保持稳定，并在国际事务中发挥积极的(或主要是毫无效果的)作用。但极而言之，每一个超级大国以及邻接印度的其他大国会对其他各方正在做或将要做的事情感到敏感。每一方都倾向于设想最坏的结果，并准备好反击措施。因此，有关国家以这种或那种方式干预事态的机会或动机都是很大的，采取导致对抗或冲突的行动或反应的机会足够大，已足以值得认真地研究美国可能采取的措施。

讨　　论

一、保持稳定的因素；变革的决心

在研究印度的学者之中，“客观现实”很少是一个有价值的东西。无论是同意与否，那个

① 原注：例如，该报告没有考虑一些气候学家的假设，即气象的变化将意味着包括印度在内的世界许多地区会遭遇20世纪前所未有的干旱(和饥荒)。该主题将在政治研究室的另一个项目中考虑。

国家容易激起强烈的情感,特别是当话题涉及印度人现在以及将来能否解决自己的问题的时候尤其是这样。因此:

懒惰、无助、缺少创造精神、缺少持久的力量和持久的忠诚、思想贫乏缺少热情、生命活力的虚弱等等,这一切都是印度人的缺点,不仅是现在,而且在过去相当长的历史时期也是如此。进而言之,这些问题将继续困扰着他们,程度还在不断加深。①

印度学生是具有现代思想的,他们有着更多的经验和同情心,他们有时也会重复那些乏味的观点,即使是在充满使形势改善的变革的希望的时候,也会这样。

即便是印度发展的源泉似要走向干涸,那么印度无力或不愿意改革社会和经济结构这一点,可以在很大程度上对此做出解释。②

显而易见的是,即使具有保守倾向的、怀疑一切共产主义情感的西方学生也已开始自问,是否有必要进行一场社会革命来使南亚坚定地走在进步的道路上。③

与这种悲观的分析相对的是如下的论述:

印度人有着丰富的文化遗产意识,在世界当代艺术与科学方面有着非常专业的成就,他们深信自己能够管理自己,这一切给予他们一种民族成熟的感觉,这种感觉会使他们能理性地理解政府的创建和工作。对于民主宪政的创建和运作,印度人有着基本的素质、态度和经验,所以他们不会对自己的命运漠然处之。④

确实,对究竟是什么形成印度人的行为方式,还没有普遍的一致意见。“民族特性”的心理分析并没有得到特别的认可。对印度这样复杂的国家的所有研究,包括这项研究,都必定是解释性的,当然会存在着相当大的分歧。但印度过去是现在仍是一个开放的社会。长期以来它都是印度人或非印度人分析研究的对象。从这些研究中,可以得出许多影响力和发展趋势。

(一) 政治传统:对权威的限制

在印度这个巨大肌体中,强大与虚弱、离心与向心的力量以及利于变革和利于守旧的因素,这些都相当矛盾地并存着。印度教(80%的印度人是印度教徒,其他人则深受其传统的影响)是最有力的共同纽带。“印度教的生活方式”这一信仰使印度人在精神与价值观上不

---

① 原注:凯瑟琳·梅奥:《印度母亲》,第161页,该书是最早、最雄辩地攻击印度的书之一。
② 原注:库纳尔·默达尔:《亚洲戏剧》,第279页。该书或许依然是该领域的最佳著作。
③ 原注:同上,第117页。
④ 原注:科兰威尔·奥斯丁:《印度宪法,国家的柱石》,第330页。

同于其他民族，他们劝导克己精神以及献身的价值观，反对他们认为的广泛传播又是错误的唯物主义的东西。①

印度的社会体系深深扎根于其历史中，可以从千百个孤立的、传统的乡村中窥其一斑。乡村的社会结构由于受到印度教等级体系的影响，以及这些乡村与外界稍有接触等原因而得到加强。惯于忍受的传统，以及想保持一致的愿望又来源于印度过去的历史。但是，极权主义、被动性以及安于现状的性格也来自于此。在一个大的家族或者等级体系内同样要求很多的一致，社会是根据等级的标准组织的，统治者的角色和责任及其统治，也严格按照等级来规定。

英国入侵之前的佛教徒和印度教徒的印度没有创造任何持久的政治哲学，没有建立显著的政治传统。他们对民主，甚至看起来是民主先驱的一些东西一无所知。传统上政府权力是绝对的，独断的。②政府的权力也是非常地集中。从地理上看，整个次大陆在过去的历史中都没有处于单一的印度教控制之下。公元六七世纪以来没有出现过任何规模的印度帝国。也没有出现过寻求获取广泛的公众支持或要其附属国在情感上效忠的国家。

穆斯林对次大陆的一部分地区的征服始于公元 1 000 年左右，给那些地区的印度教居民带来了长时期的剥削、压迫和灾难。政府不再像过去一样了，对他们来说这是一个外来的、敌对的和压迫的机构。到 18 世纪末，英国人开始接掌权力，取代了另一个虽然仁慈但独裁的外来统治者。英国人自己的统治传统也有缺陷，但他们引入了许多理想和实践，准备用来保护其臣民，保证他们有相当大的个人自由。

当印度成为一个独立的国家时，不论是其公民还是统治者都继承了以前的根深蒂固的对政府和政权的态度。政府是一种不可信的外来的力量，潜意识地敌对并反抗之。对大多数人来说，它是一个遥远的实体，但又经常发生着直接的影响。在实际上，民主印度的掌权者和普通民众都有这种多样的态度。

> 印度人生活的中心内容是社会的无纪律，拒绝强制，对权威无动于衷。各级政府不愿向民众提出要求；即使提出要求，也不会去强制执行。那些遇到的无声反抗都来自对法律及其意图的怀疑。③

当“拒绝强制、对权威无动于衷”在维持印度人所坚持的真正自由和民主的社会中发挥重要作用的时候，它也使印度政府成为一个虚弱的政府，“一个软弱的国家”，一个不愿或者无力在抵制自己的选区推行自己意志的政府。有很多这样的例子。1950 年的印度宪法取

① 原注：“从印度教、佛教、伊斯兰教或诸如节制、唯心主义、缺乏物质主义以及其他所谓的亚洲价值观个性、文化特性等出发，以简单的、揣测的方式来解读亚洲观念、制度以及生活和工作方式的特殊性，这决不符合科学的原则。这些宽泛的概括可以很简单的被证明是不符现实的，这一点并不是以外。”库纳尔·默达尔：《亚洲戏剧》，第 112 页。

② 原注：它也经常是仁慈的和家长式的。这个仁慈的独裁者的杰出代表是著名的阿育王(Asoka)，他在公元前 3 世纪统治该地区。

③ 原注：伯纳德·诺亚斯特：《平静的国家》，第 76 页。

消了等级的隔离,但在农村地区依然存在。印度已经在制定复杂而雄心勃勃的经济计划,但没有完全地实施。这并不是说这个国家因为不能保证自己的生存而是“虚弱的”。它还是有能力生存下去的。只是不能像日本、中国或者多数西欧国家的政府那样履行自己的责任,它们那种完全的现代化而已。

(二) 印度当前的统治者

尽管这些态度取决于根深蒂固的文化模式以及长期的历史经验,当然这也不是印度教的印度所独有的,这在整个落后的世界是普遍存在的。当前印度政府或许要比大部分的亚非国家更大程度上受西方价值观的影响。在17世纪初期最早来到印度的英国人,对印度的影响或许是最重要的,在所有入侵印度的势力中,其影响也是最持久的。

英国在历史上首次统一了印度次大陆,它所创造的行政结构依然存在,并带来了比以前任何时期都要好的政府形式。他们从经济上联系在一起了,发展了贸易与金融体系。在法律上,英国引进了统一的司法模式和法律之下的自由观念。英国不仅使印度接触了西方的思想;他们还造就了一个新的阶层。正如麦考利(Macaulay)所说:“这些人在血统肤色上不是完全意义的印度人,但在兴趣、观念、道德和思维方式上倒像英国人。”但西方对他们的影响是巨大的。在19～20世纪初期,这些人成为印度商业、工业乃至政府、军事部门的精英。

这些受西方影响的、尽管几乎不说英语的群体依然占据印度社会的首要地位。他们的数量较少(仅百万人而已),能干,直到现在也没受到严重的挑战。他们的任务是保持政治自由,民主治国,这种意念始终强烈。然而,卓越的才能并不等于占据统治地位。对印度产生巨大影响的西方民主传统进一步加强了那些根深蒂固的观念,即对政府和权威必须加以限制。当然,印度的统治阶级不完全是有结合力的、和谐的或思想一致的集团,这也是一个事实。商人、将军、政府官员以及政党领导人对经济、社会的看法是有很大分歧的。他们所联系的印度民众也有很大不同。但无论具体情况如何,这一部分统治精英已表现出他们比印度其他社会经济阶层的人群更有能力主导政治体制和维持其地位。

印度政治体制深受西方民主政治思想的影响,同时也为统治者和被统治者所接受。该国依据成文的宪法运作。权限根据联邦制原则进行组织和分配。它现有21个邦,几个次一级的领土单位,大都根据语言的界线进行组织的。虽然印度宪法给予各邦一些真正的权力,例如,独立征收农业税,但中央政府权限极大,有权将各邦事务放到联邦中处理。宪法将其他的权力都归于全国性的政府(通常称为“中央”)。它允许中央议会以简单多数决定成立新邦或者未经各邦许可重划各邦边界。中央政府如做出选择,可以宣布紧急状态,解散各邦政府并接管其权力。中央政府在经济计划、商业规范、财政控制、对外政策、国防和交通等方面的主宰作用,使其地位进一步加强。但邦政府并非无权无势,它们也有庞大的官僚机构,在实践上也负责国家的日常管理(包括执行中央的决定)。

印度实行的是议会民主制。正如英国一样,真正的行政权力由总理(在各邦是首席部长)行使,他是由议会下院普选产生,并对其负责。(每个邦都有一名州长,整个印度拥有一名总统,这类似英国拥有一位君主,是象征性的国家元首,但不具有实权。)同时还拥有一个独立的司法机构。分析报告最后指出,国民议会特别是下院(Lok Sabha)或称人民院,在印度拥有最高权力。议会议员以及国家司法官员都由自由选举产生。年满21周岁的公民都有选举权。各立法机构的选举至少五年举行一次,但如需特别选举的话,周期可以缩短。

国民大会党是印度宪法框架下的主导性的政治组织。该党成立于19世纪末,甘地将其改组后,成为印度争取独立的领导力量,后来被尼赫鲁改造成其统治工具。尽管有许多竞争对手,国大党现在仍是印度唯一主要的全国性政党。它有深厚的基础,有许多能干的领导人。它继续表达着尼赫鲁的广为人知的目标,推动温和的民主社会主义,寻求发展计划经济,以便结束国家普遍存在的贫穷,推进有序的社会改革。

就其所有的力量来看,国大党长期以来就存在许多严重的问题。①它从没有在全国国民普选中获得绝对多数的选票;最多的两次是在1952年和1957年,分别获得45%和48%的选票。它之所以能赢得议会多数,是由于其竞争对手的分裂。因此在大多数的机构选举中,国大党候选人只要获得30%～40%的选票就会胜出,因为其对手会分裂为三个、四个甚至更多的相互竞争的候选人。②

现存的反对派没有一个有能力形成一个取代国大党的政府。不存在全国范围的反对党,只有许多地区的集团,仅在个别的地区有支持者。反对党有着具体的意识形态的要求,如右翼"自由党"③代表自由企业利益,左翼的社会主义者和共产主义者显然没有获得全国范围的大量的支持者。这表明印度的政治前途与国大党密切相关。即使国大党经常在一些邦或曾在中央失去立法机构的多数地位,但它依然是势力最大的集团,并会成为联合政府中的领导力量。从某种意义上说,国大党能够接受多种观点的能力,会使其继续作为一种温和的、中立的政党,会表现出容忍各种不同的观点,包容接受不同等级的成员、利益集团、社会团体以及地方势力。

另一方面,它内部的不同成分和随之而来的无纪律性,限制了它采取重大的行动。例如,许多邦的国大党当地领导人以及较低层次的司法机构官员都是富裕的地主、商人,他们对甘地总理及其追随者的社会主义的和民粹主义的计划并不热心,即便是她能够像她之前自己的父亲一样迫使党公开以及正式接受她的政策。农业经营者已成功地在邦立法机构阻止了有效的土地改革法的通过,而该法是甘地夫人积极倡导的。尼赫鲁制订的用来限制垄断和商人滥用经济权力的规则,被中央和各邦的政府机构改造成有限的、费时的规则(经常被财阀们滥用),改造后的规则可能会扼杀经济活动。④

但甘地夫人不仅仅是一个影子统治者。在国内,她表现出强大的政治生存能力,驾驭对

① 原注:20世纪60年代末期,国大党分裂为两个党。更保守的各邦的党领导人领导较小的少数派,因为没有成功地取代甘地夫人,退出该党。1971年甘地夫人在选举中取得压倒性胜利,这部分少数派被迫退出了政治舞台。甘地夫人领导的派别现在领导着国大党。

② 原注:甘地夫人领导的国大党在1971年的选举中以43%的选票获胜,足以获得议会中的三分之二的席位。

③ "自由党"(Swatantra Party),印度的政党,成立于1959年。"Swatantra"在梵语中是"自由"、"独立"的意思。——编注

④ 原注:根据印度计划委员会最近研究,一名印度商人要花费近四年来全面了解这些规则并开始一项业务活动。

手的能力,赢得选举的能力。在对外政策上,甘地夫人具有相对的自由,表现出相当的力量、目标性和技巧。但在执掌政权和管理经济方面,她深受印度政治生活中的受限制的、"软弱政府"这一传统的影响,她的执政纪录也没有多大出彩之处。①虽然她有能力取得主持"消除贫困"这个令人鼓舞的计划的权力,但事实上她没有足够的能力来实现这一目标。她也可能无力对印度社会产生更大的影响。她对经济甚至政府机构的控制也不是权威性的。从乡村到中央政府,反对行政当局是印度的一大特色,这种特色或许深植于印度民族反对任何大的变革的生活特性之中。

反对巨大的、根本性的社会和政治变革,这些阻力对任何一个领导另外一个国大党政府的继任者都是一样的。这种情况即便是在甘地夫人退出政治舞台、国大党失去议会多数党地位以及印度由一个联合政府来统治的情况更是如此局面。②现行的宪政体制也同样可能会被一个"更强大"的体制所代替,比如军事独裁体制,这种体制的领导人也会像当前的民选统治者一样,来自同样的背景。在这样一个庞大而复杂的国度中,制度上的障碍也不可能形成一个持久和有效的中央政府。这种状态既是印度力量的源泉,也是其软弱所在。社会和政治的体制可能对民众的要求做出反应,也会抵制专制暴政的出现。但这种体制依然会保持固定不变和效率低下的特性。

(三) 经济: 政治上的意义

印度如此之大,以至于其数据总量是惊人的。1973 年的 GNP 是 560 亿美元,位列世界第八。印度一年生产了 600 万～700 万吨的钢铁,还有纺织品和粮食产业正取得巨大的进步,制造了包括喷气式飞机在内的许多其他产品。根据 1973 年的统计数据,有九个城市的人口超过 100 万。

尽管如此,印度总的来说还是一个极其贫穷的农业国家。70%以上的人口从事农业。每户年收入不到 100 美元。根据印度政府自己的估计,40%的人口生活在"贫困线"以下,该线是根据最低生活水平设立的。根据西方的标准,印度存在广泛的失业和隐性失业,虽然没有合适的方法来精确地计算。③

尽管印度的贫困是普遍而严重的,但还没有表现出会爆发人们所设想的重大革命的迹

---

① 原注: 国大党改革派在某些领域也取得了实质性的成就,但带来了意料之外的影响。教育设施得到很大扩展,消除了文盲。该计划一方面提高了人口素质,同时还造就了一个新的阶层,他们是叛逆的在校学生以及离校学生。因此,印度现有 250 万大学生,而在 1950 年只有 30 万。很多人没有找到合适的工作的希望,他们形成了有效的抗议力量的核心。

② 原注: 在很多邦都出现过这种联合统治。虽然正如当今的意大利和几年前的法国一样他们也表现为一种暂时的现象,但他们总体的作为还是不错的。政权机构依然运行,民权自由得到尊重,法律秩序得以维持。

③ 原注: 如美国大使馆 1970 年发自新德里的电报所讲:"没有对印度劳动力可信的估算,大约的猜测高达 2.1 亿,也没有对失业人口的精确估算,失业人口数维持在所谓的经济的'有组织的部分',而印度的经济只使占 10%的人口有了工作,其中包括政府雇员和那些为中央和各地方政府工作的企业以及大的私人企业,但不包括整个农业部分(该部分占了印度 GNP 的近 50%)以及那些只雇用 10 个或 10 个以下雇员的小企业及那些私人手工业者。在印度,除了那些有组织的部分,其他的都没有足够的就业、失业和隐性失业统计。对于失业者的估算在 1 000 万～5 000 万之间,隐性失业者在 1 亿～1.7 亿之间。"

象。大多数人“一无所有”，但没有被逼到去反对商人、地主、知识分子以及官僚等一小部分人的地步，这些人构成实际上的“统治阶级”，虽然他们各有其特点。民粹主义者的呼吁包括抨击根深蒂固的特权，保证进行土地改革和重新分配土地以及将银行和大企业国有化，这些类似的呼吁确实引起了民众的反应。甘地总理像他的父亲一样非常有效地利用这些诉求，以寻求并维持公众的政治支持，当然，推行起来是另一回事。

在整个历史时期，养活自己对印度来说一直是一个重大的挑战，但一直都没有实现。饥荒是常见的，甚至是周期性的，自19世纪末期以来就是如此，这一纪录是相当可信的。在过去的20年里，粮食的年均产量(每年各不相同)每年平均增加3.95%，而人口年增长率却是2%到2.5%。即便如此，该国粮食经常不能自给自足。人口和粮食问题将会是未来几十年内印度困难的主要因素，这是该研究报告(第二部分)的主题。

印度政府一直关注发展经济。虽然最近非常重视农业，但多年来实现国家的工业化一直是重点。各种各样的经济建设项目(其具体细节不在本报告研究的范围内)的结果也是多种多样。很少有几个雄心勃勃的计划得以实现。而许多由各邦经营的新的企业，其运营的效率却非常低下。但大量的工程已经完成，也有许多工业产品。然而，这些新的工业却没有吸引足够多的劳动力，这些人是由于人口的增长和农村失业人数的增加而流入劳动力市场的。受益的总是限于相对较小的一小部分人，他们是印度的精英分子：政府官员，中产阶级以及商人等。但是，新的工业可能加快了城市中心地区的发展，由于吸引的大量潜在的就业者和服务人员远远超出了新进扩展的城市所能容纳的限度，这可能会促使这些地区发生动荡。因为它们提供了新的机会，而政府的经济发展计划没有带来经济繁荣，没有使整个社会都从中获益。在这种情况下，无论是工业快速发展时期还是衰退期，都不会产生那种只有更为发达和更加工业化的国家才具有的剧烈而直接的政治影响。

正如美国一样，印度也是个拥有丰富自然资源的陆上大国。与日本不同的是，印度不仅仅依靠对外贸易来维持生存，它对外贸是严加规范的。但是，印度在粮食短缺的年月里，不得不进口大量的粮食，并以非常优惠的条件支付这些粮食。直到最近油价上涨为止，印度在几年内能够在没有外援的情况下，进口那些保持自己经济增长的产品，虽然效率不是很高。就1973年夏天来看，印度的进出口总额与国民生产总值相比，非常少。他们大体保持了进出口的平衡，(在1973年4月末)并分别增加到25亿美元。大多数的出口是日用品：茶叶、黄麻、棉花、铁矿石，还有纺织品和一小部分来自新兴工业的制造品。进口包括粮食、机械和一些工业原料；其中也包括印度所需的日用品，如有色金属、化肥和石油。

印度的经济发展计划会带来一些特定的国际政治影响。有相当大的一部分发展计划是靠外债来支撑的，印度是现今的主要债务国之一。到1974年初，印度的外债总额达到50亿美元，债主有美国、世界银行、主要的非共产党国家、苏联以及东欧国家。①欠美国达30亿美元，欠苏联10亿美元。该总数已超出印度自身的偿还能力，它必须或者得到更多援助来偿

① 原注：另外，还有欠美国《公法第180号》船运的约31亿卢比的费用没有算入总数之内。

还以前的债务，或者要求延期还债。只要债主们关注同印度的关系，上述每种方法都会对印度同其许多援助提供者的关系产生重要的影响。对印度自身来说，整个外援问题已成为一个极富争议性的问题。有人宣称这些项目弊大于利，应该迅速结束。其他人则坚持认为，印度依然严重依赖外援，必须更积极地寻求援助。

(四) 能源危机

最近油价的飙升严重打击了印度，这是广为人知的事实。整个 1973 年，印度进口石油花费 1.84 亿美元。1974 年 1 月石油输出国组织(OPEC)提高油价后，我们可以预测，(如果没有某种形式的救济)这些花费将会达到每年 12 亿美元，占其出口收入的三分之一。由于化肥供应的减少或价格上涨而造成的化肥短缺，这会给粮食生产带来损失，因为印度的化肥生产也是依靠化工原料的，还有直接来自化工原料的化肥的广泛短缺也会造成这种局面。当然现在说化肥如何短缺，说它的影响会带来多大的灾难还为时尚早。一些专家(包括美国农业专员)预测，干旱加上化肥的短缺会使印度 1974 年的粮食生产比预期减产 10%。

假如不消除当前能源危机给印度带来的严重威胁，其影响无论在短期还是长期都不会如人们预期的那样严重。虽然不能保证一定成功，但新德里还是希望通过要求其波斯湾富裕的 OPEC 成员朋友做出一些让步，来结束进口的花费负担(它已经与伊拉克和伊朗签订了协议，规定在 1974 年减少 2 亿～3 亿美元的石油订单)，并从世界银行和其他国家获得额外的财政援助。到目前为止，苏联已同意增加现有油田的产量，并在开发新油田方面进一步提供援助。他们已决定提供 100 万吨的煤油和 10 吨柴油。

从长期着眼，印度可能有潜力实现能源自给。他们已拥有可加工其消费用油的精炼厂。虽然他们忽视了长期储备，但毕竟可以自己生产所需石油的三分之一。印度政府、社会主义者以及民族主义者如果不是恐惧外国，那就是不相信外国大公司，最近又拒绝西方(包括美国)石油公司勘探其内陆和海上石油的建议。很多有希望发现石油的地区都没有勘探过。一些新的油田是在苏联的援助下发现的，但很多都已枯竭了。

石油并不是印度主要的能源来源。该国 40%能源需求(主要在农村)来自牛粪和木材。另外 40%的需求来自煤炭，而且主要是提供给先进的经济部门。石油只满足了 10%的国家需求，其他由水电和核能供应。①印度有巨大的煤炭储量，年产量接近 8 000 万吨。如果有合适的计划、投资和管理的话，这一数字在不远的将来有可能会增加一倍。从长期来看，核能具有相当大的潜力。两个核电站在建，另有两个正在运行。该国有着丰富的钍供应，还有少一点的铀。它还拥有开发这些资源的科学家和知识。②但印度人是否能开发其潜力实现能源自给，那则是另一回事。例如，整个煤炭业最近被国有化，各邦所属的工业生产记录在过去几年也不引人注目。从理论上讲，能源领域(以及其他经济部门)要实现其目标的确有许

① 原注：石油消费每天达 40 万～50 万加仑。

② 原注：弗兰达(Marcus Franda)的《印度和能源危机》，对印度能源问题的评论很有价值，《美国大学原野文集》，MFF-1-74。还可见《联系》周刊，1974 年 1 月 6 日。

多不足，所以做出任何判断都要谨慎。

(五) 世界舞台上的印度

印度的国际角色反映了其强弱相杂的矛盾境地。由于它拥有5亿人口，因此不可能对它置若罔闻。其100多万的军队居世界第三位。虽然与大多数工业化国家相比，它的技术基础还比较薄弱，但其发展已达到开发生产核设施的水平；它可以进一步制造核武器。虽然它已不再拥有尼赫鲁时代的崇高威望，但印度仍然是第三世界和不结盟运动的主要领导之一。它是印度洋的主要大国，其影响已扩展到邻近的波斯湾地区。如果美苏的海军力量扩大在该地区的规模，作为拥有自己海军的印度自然会在战略考虑中显示出更加重要的地位。

印度是中国的直接邻国。它曾与中国交战，还有悬而未决的边境纠纷，是中国在亚洲的主要敌人和竞争对手。出于这样或那样的原因，印度成为其邻国苏联的亲密朋友之一，最近勃列日涅夫访印足以证明这一点。苏联考虑利用印度反对中国，把它看成苏联倡导的亚洲安全条约组织的关键一方，还将其作为维持南亚及周边地区稳定的力量，印度的作用是相当大的。

印度自身在南亚制造麻烦的潜力也是值得重视的，它具有在次大陆首屈一指的军事力量。印度与巴基斯坦的关系紧张，曾多次与之发生战争。它依然继续敌视伊斯兰堡，最近还与伊朗关系紧张，因为伊朗强烈支持巴基斯坦，并是巴基斯坦领土完整的保证人。

然而，对印度在国际上的重要性还存在着许多明显的限制。虽然印度经济健康稳定，政府强力有效，但它对主要的非共产党国家影响并不很大。它不出口诸如石油或铜等关键性的产品。印度及其南亚邻国都生活在一块对美国、西欧和日本在战略意义上来说相对孤立的地区。在印度洋地区，新德里的军事和战略力量也是有限的。其不结盟国家的追随者们不再像尼赫鲁时代那样重视它。尽管印度较为强大，但它依然较为贫穷，它不能为自己提出有关世界经济的倡议。即便如此，印度依然保持这样的状态：庞大，隐忧重重，可能变得强大而不能忽视之。

二、人口及粮食问题

(一) 人口膨胀

尽管印度的统计数据不应被视为大约的估计而不具有精确的指导意义，但印度现在大约有5.5亿～6亿人口。[①]人口年增长率在2.2%～2.3%之间，或者更高。虽然与拉美一些国家相比这一增长率相对较低，但如果以现在的人口基数计算，结果将是巨大的人口膨胀。因此每年至少增加1 300万～1 400万人；如果现在的增长率继续下去的话，到2000年印度

---

① 原注：根据官方统计数据，1974年4月印度人口有5.479亿。从那以后这数字将增加到5.9亿。在1901年该地区只有2.38亿人口。

人口会达到10亿。

印度政府很早就认识到要控制其快速的增长速度。从20世纪60年代中期开始,就推行广泛的全国运动,不仅通过训导的方式,还有提高诸如绝育、节育以及其他避孕技术的方式来进行。还没有客观的方法来衡量这一计划的效果。一些观察家认为已经有了一个好的开始,其他人则宣称该计划是一个失败,其中既有政府不够努力的原因,又有大众对此无动于衷的原因。虽然初步的人口普查数字似乎展现出一些成功的迹象,但在最好形势下的许多年里,并没有取得巨大的成功。

健康和卫生计划大大减少了死亡率,特别是儿童和孕妇的死亡率。这会迅速增加怀孕妇女的比例;根据1971年的人口普查数据,50%的人口在20岁以下,42%的人口在15岁以下。但人口的生产方式没有多大改变,以生育新人来取代死去的人的传统文化取向依然盛行。印度人拥有一个希望,到1981年将人口增长率降低到1.6%。即使这是不现实的目标,如果增长率还是在2.2%～2.5%之间的话,那今年增加的人口会比往年少300万～400万,对印度而言不是个大数字。

图①

(二)农业发展

养活大量人口的努力所取得的成就,要比减少人口的成就大得多。除了在那些雨水充足、可以缓解粮食压力的年月,印度自独立以来就不能实现粮食自给。当然它有能力大幅度提高粮食产量,在过去20年里,产量增加了一倍。20世纪50年代产量的增加,是由于开垦了大量的荒地,建成了一些水坝和灌溉系统。60年代后期,经历了农业生产的一段停滞(两年的下降)之后,良好的气候和"绿色革命"给农业产量带来巨大飞跃。但这仅限于小麦。在印度西北部出现了新的紧张状态。在需要灌溉的地区,开始采取进一步的节水措施,同时由于政府的推动,也提供了大量的化肥。

到1973年6月一直是丰收的日子,小麦的产量比六年前增长了一倍,但仅占印度粮食总产量1亿吨的四分之一。与印度其他主要粮食作物大米、豆子、高粱等相比,小麦的增长最大。虽然只有五分之一已播种的土地得到灌溉,但大部分还是靠每年的雨季带来的雨水。雨季是极其多变的,不好的雨季带来的降水量会少于平均降水量,由此粮食就会减产,这种情况每隔几年都会发生。到目前为止,印度人已能在歉收时进口足够的粮食,来弥补雨水不足带来的粮食缺口。但这些成就只能在一定程度上改善生活和营养标准。当然,所取得的大部分的成就都直接被增加的人口吃掉了,大多数的人依然吃不饱。

即使没有民众改善生活的要求,印度也必须增加粮食产量来养活每年新增的1 300万～

① 原文第13页是印度人口分布图,此处略去。——编注

1 400 万人口。新增的粮食或是来自进口，或是国内的增产。虽然已经几乎没有新的土地可供耕种，但在技术上印度可以借此增加粮食产量。印度很多干旱的土地都将得到灌溉。现有的灌溉系统也需改进。还要大量增加化肥的使用。要获得更高的产量，需要开发出紧缺的大米或其他谷物的新品种，以适应印度广大而各异的生长条件。

鉴于印度有着过去辉煌的成就（部分是由于使用这些技术的缘故），那就有理由乐观地认为，这种良好的态势会继续下去。印度政府确实在采取措施保证人民有足够的粮食进行消费的过程中，表现出了奉献精神与坚定意志。

但是，印度也存在着在未来的年月里出现马尔萨斯危机这种危险甚至是可能性的一些因素。这些因素包括：

1. 产量因素　印度稳定的人口增长和绝对而不是相对的人口大量增加数，使得每年养活这个国家的任务更加艰难。印度现有 6 亿人口，而 1961 年有 4.39 亿，1951 年有 3.61 亿。（附印度人口和粮食增长对比表）。到 1980 年初期，人口会接近 7 亿，虽然不如中国那么大，但还是个可怕的数字。要养活新增的人口，印度政府必须投资比过去更多的灌溉系统、肥料、各种广泛的服务以及运输等。如果各国对印度的经济援助计划减少以及将来粮食大幅度增产的前景也不乐观的情况下，那么印度就必须在没有外援的情况下做更多的工作。如果国内的产量不能满足需求，就必须寻求进口，这样的话，那就绝对不是百分之几的份额了，而是极大的数量。①

表②

2. 印度自身以往的纪录　尽管印度在提高粮食产量方面取得了很大成就，但除了收成很好的年份，印度还是不能实现自己的生产目标。即便它增加肥料产量扩大可灌溉耕地，减少对气候的依赖，其目标还是不能实现。③

3. “绿色革命”本身的危险　小麦、大米等各种各样的高产种子会使印度的粮食产量剧增。这些（不同于以前的、传统的、低产的但抗疾病的品种）会出人意料地遭受诸如麦锈病或枯萎病等植物疾病的攻击，这会导致农作物普遍的损失。④

4. 进口的持续需要　在 1970～1971 年这个丰收的年份，印度自 20 世纪 50 年代以来第一次生产出超过消费需求的粮食。但在以后的丰收年份里就达不到以上的成就了，实现粮

---

① 原注：1951 年印度进口了 500 万吨谷物来弥补缺口。1966 年，达到 1 000 万吨。分别占当年国内产量的 10% 和 14%。假如到 80 年代初印度的紧急进口保持同样的百分比，那这个数字会达到 1 500 万吨或更多。

② 原文第 15 页是印度人口和粮食产量表，此处省略。——编注

③ 原注：例如，最近的一个五年计划（1969～1973 年）要求 1973 年的粮食产量达到 1.28 亿吨。实际结果是大约 1.05 亿吨。灌溉系统不足长久以来就是实现高产量的主要制约因素，不仅是粮食还有其他农作物。印度政府估计该五年计划中扩展灌溉系统的成果仅是目标的四分之三，而专家包括前水利部长估计只达到目标的一半。虽然资金投入是按计划进行的，但实际成果却不足，因为花费急剧增长，所以不得不削减起初规划的水利工程的数量。

④ 原注：关于这场革命有不小的争论。帕多克（W. C. Paddock）的《绿色革命有多绿》一文，载于 1970 年 8 月 15 日的《生物科学》杂志，其中还讨论了植物疾病的危害。

食自给依然是印度未来的目标。

5. 世界粮食和肥料供应的紧缺　世界粮食储量很小,是否能恢复到1974年前的水平仍不确定。印度所需的进口数额难以达到。世界肥料的供应也十分紧张。印度不会是唯一一个人多粮少的国家。不断增长的需求会使价格提高到印度无力购买它所需的粮食的地步,即使有足够的粮食供应。

这不是说印度无论在长期还是短期都会陷入粮食及人口的灾难之中。如果存在这么多的变化和不确定性,那么印度粮食生产的长期计划就很难制订了。但避免发生危机的障碍显然是存在的。由于印度政府必须面对的挑战的问题和性质,这些障碍将变得更加难以克服。除了新的技术突破或是好的天气异乎寻常地持续一段时间之外,随着70年代末的临近,这种危险愈加增长。在这段时期内,人口压力加上粮食短缺造成的累积压力正在发生影响,这可能会深深地影响着印度;雨季不能及时到来会带来危机。下一部分会讨论这些问题反映在政治领域的一些形式。

(三) 政治影响

不容易预测的是一系列的饥荒可能造成的政治影响。在历史上,印度或其他地方的饥荒造成的是顺从,而不是破坏性的抗议。发生大规模饥荒的时候会出现这种状况,而这些饥荒更容易引发人类死亡率,而不是造成政治上的麻烦。而这确实发生了。大约到了20世纪,印度大概每年都会发生饥荒。但这都是地区性的。有些地方发生干旱,而离它几公里远的地方却更幸运,会有粮食盈余。

在英国建立一种有效的行政管理体制、建造了覆盖次大陆的公路铁路网以及把整个国家变成一个货币经济体之后,才结束了由于饥饿而带来的大量的死亡。①一地的盈余可以被运往另一地弥补那里的粮食缺口。从那以后,印度(第二次世界大战时期的孟加拉除外)的"饥荒"具有以下特点:全国范围内的粮食短缺、物价飞涨和政治混乱,而不是像在某些粮食紧缺的地方出现的人口死亡那样的灾难。②

从这种意义上看,印度在过去已经经历了导致类似于饥荒那种状况的粮食短缺,包括物价上涨、局部的匮乏以及广泛的公众不满。由于没有在粮食供应方面取得较大的进展,该国面对的形势将从应对不断增长的短缺,变成应付大规模的饥饿威胁。

这些严重的人口难题又怎么会演变成政治问题和争论呢?在过去十年里,民主的印度的国内(及其近邻)所发生的政治抗议为我们认识可能发生的事情提供了线索。在20世纪20年代和30年代,国大党领导印度的独立斗争,(通过结盟或入党的形式)吸收了这个国家的大部分的领导人和政治集团。即便在那时,它也经历过分歧和分裂;到

---

① 原注:英印政府1883年饥荒的秘密记录标志着协调解决这一问题的开始。最后一次大的饥荒灾难发生在1899年。

② 原注:一些以前的在粮食短缺的时期出现的痕迹现在依然可见,那时候印度一些有盈余的邦竭力阻止将粮食运往粮食不足的邦。虽然这些合法的侵犯人权的现象不是决定性的,但大规模的粮食短缺依然集中在一些个别地区[例如1961年的比哈尔邦(Bihar)和1971年的印度西部地区],这些地区的形势比其他地方更加严峻。

现在依然如此。在许多情况下，分裂是由领导者个人的分歧造成的，它只反映出在观念和方法上的细小分歧，但在其他一些情况下，则暗示了更加深刻的分歧。后来共产党和穆斯林联盟分离了出去。独立后，国大党发现(现在也是这样)许多小党向其提出挑战。在一些情况下，他们的分歧来自意识形态、经济和阶级界线。在其他情况下，分歧基本上是有关社区、文化或地区性的。在所有的情形下都是无产者攻击有产者，苦大仇深的无产者挑战现有的统治秩序。在形势恶化的时期，这种情况会屡屡出现，地区性的、全国性的或阶级的苦难会演化成抗议运动，他们提出极端的要求或采用极端的方法，带有反民主的性质。

1. 地区差异　这一点的作用非常重要。虽然强烈的民族忠诚感和印度民族的整体感深深植根其中，但印度人还同时说几百种不同的语言。其中有 14 种官方语言，但只有 10 种或 12 种具有真正的重要性。如果存在语言间的斗争的话，那就是争取成为“官方”语言的斗争，这种斗争会是持久的，有时会是暴力的，但不是决定性的。虽然有些类似的现象会造成误导，但如同以前奥匈帝国的居民说德语一样，印度同样比例的人口(40%)说印地语(以及相近的语言)，该语言是广泛使用的本地语，也最有可能成为官方语言。奥匈帝国的德语民族虽然长期处于主宰地位，但也不能强加对其他民族的控制。在第一次世界大战失败的打击下，该帝国解体。在地理上与印度极为接近的并且类似的国家是巴基斯坦。东西巴基斯坦的居民都是同民族和同宗教的信徒，但在 24 年后的 1971 年这两个地区在政治、语言、文化和经济上是如此的敌对，以至分裂成两个国家。

印度在语言和区域上的主要敌意存在于南部和北部之间。从历史上看，印度在被英国征服之前，南北方从没(至少没在较长的有意义的时期)在政治上联合起来。而且各地区的居民说着数种不同的语言，南北方的语言完全不同，有着相互不可调和的渊源。南方人说达罗毗荼语(Dravidian)①，该语言源自原住的史前的南亚人。大部分的北方语言包括印地语在内，源自入侵次大陆的雅利安人。虽然印度民族情感强烈，南北方统一在一个国家内，但他们之间还是存在相当的敌意，这种敌意在混乱的时期可被组织抗议的领导人利用。确实，印度南方部分地区如泰米尔纳德邦(Tamil Nadu)已出现了要求自治甚至分离出去的政治运动。同时还存在着地区及语言上的竞争。克什米尔的居民是一个特殊的例子，它们是不信印度教的穆斯林居民，长久以来被巴基斯坦宣称为属于自己的居民。还有印度东北部的许多原始部落民(最著名的是纳迦人)也是如此，他们甚至在一段时期经常反叛。这些人是被军事力量强制留在印度联邦内的，虽然他们不会在动乱时期自动地发动叛乱，但仍不能认为他们是忠诚的。印度东部的孟加拉人以及马拉地人(集中在孟买附近)有着自己独特的身份认同和历史传统。这些特性在由语言引起的多次骚乱、争取更大自治权运动以及本地排外的运动中表现得淋漓尽致。

① 达罗毗荼语(Dravidian，又称德拉维达)，分布在印度南部和西部的泰米尔纳德邦、卡纳塔克邦、安得拉邦、喀拉拉邦、西孟加拉邦和巴基斯坦的一个小地区，包括 75 种语言，其中马拉雅拉姆语、泰米尔语、泰卢固语、卡纳达语被认定为官方语言。泰米尔语也是斯里兰卡和新加坡的官方语言。

图[①]

2. 政治极端主义　以变革社会和经济为目标的印度激进运动的发展趋势，观察家对此在几十年前就预见到了。但这些预测并不总是为发展的现实所验证。印度在独立之前就有了相当大规模的进步的共产主义运动。印度共产党在 1948 年和 1949 年试图用暴力推翻政府夺取政权，但失败了，这一结果对他们是灾难性的。这一失败导致公众的疏远和政府的镇压。印共承认自己的错误，宣布放弃武力夺取政权，在 50 年代初开始以一个大党的身份进行合法活动。

印共变得谨慎之后，取得了在两个非印地语邦(喀拉拉邦和西孟加拉邦)选举中的胜利，并在其他几个邦表现良好。党员的数量一年年发生变动，但共产党在全国范围内获得大约 10%的选票比例没有多大变化，这同 20 年前还大致相当。印共进而在 60 年代分裂成两个敌对的派别，实力基本一样，并产生了一些更为基层的组织。两个新的共产党主要在与苏联的关系上存在分歧。一个继续遵循寻求莫斯科庇护的传统模式，另一个则仇视包括苏联在内的非印度人。可以肯定的是，这两个党派都不如其前身那样强大了。这一事实以及新党派在各邦的表现和在地方政府机构的选举中成果不如过去 20 年那么鼓舞人心的状态，已经使得这一运动失去了光泽。印度是否会“走向共产主义”的问题似乎不再像以前那样事关重大了，至少就目前正式组成的马克思主义的团体来说是这样的。

但同其他的发达国家和不发达国家一样的是，印度也出现了各种各样的激进、活跃的青年组织。他们大部分是高度政治化的，而且没有正式而严密的组织显出无政府的状态。从外表看他们是虚无主义者，活动区域主要在城市。其中最具影响力、最著名的组织是“纳萨尔巴里共产党人”[②]或称之为纳萨尔巴里分子(Naxalites)。他们声称将力图鼓动大规模的农民暴动。实际上，大部分的纳萨尔巴里分子在加尔各答市内外进行广泛的恐怖主义活动。他们的力量来自对国家有潜在威胁的人群，即受过教育的城市失业者。由于政府的高压，纳萨尔巴里分子的影响有限，但在几年前还是会掀起严重的风暴的。

加尔各答并不是唯一的例子。就像所有的不发达国家一样，印度所有的城市看起来就是一个大杂烩，各种各样的人从周围的乡村聚集而来。[③]随着国家成为一个整体，它就已超负荷运载了，农村没有足够的机会让人过上适宜的生活。过剩的人口便涌入城市，在这里，即使做仆人的工作也可以稍微改善其命运。随着乡村的传统被城市的生活所侵蚀，时间一长，这些传统就被打乱并开始消失。在新的城市定居者中，一些接受传统的行为方式和信仰

---

① 原文第 19 页是印度语言分布图，此处略去。——编注

② “纳萨尔巴里共产党人”(Naxalbari Comminists)，系指参加纳萨尔巴里运动的印度共产党人。纳萨尔巴里是西孟加拉邦一个村庄的名称，因 1967 年 5 月在此爆发农民起义而著名。这次农民起义由印度共产党人领导，又称“纳萨尔巴里运动”，两年后他们成立了印度共产党(马列)。——编注

③ 原注：一些数据可以说明这些问题。1920 年，南亚只有 5%的人口居住在 2 万人以上的城市里。1950 年是 8%，1970 年是 15%。加尔各答 1920 年有 180 万人口，1969 年达到 700 万。1920 年，孟买有 130 万人口，1969 年达到 620 万。见里金斯(W. Howard Wriggins)和盖约特(Jame F. Guyot)所著《南亚的人口、政治和未来》，第 44 页。数据来自联合国，与印度官方的统计数字稍有出入。

的人开始发现政治、经济和社会的不公正。

这些情况特别出现在这些人群中，他们由于城市提供了机会而使之接受了相当程度的教育，有自己的雄心以及那些找不到合适称心的工作，甚至找不到任何工作。这些“受过教育的失业者”心怀不满，他们远离社会，已成为次大陆上的严重问题。这里还有一些准确的数字或数据。不过在 1971 年，印度 30 万技校毕业生中有 6 万人登记失业这一事实，就足以说明问题的严重性。失业的教师、律师、记者的数量也一定是很高的。这一群体的能力足以给现政权带来大麻烦，其邻国巴基斯坦和锡兰的事实已证明了这一点，这两国的社会最近经历了一场压力之下的暴乱。

在印度还存在右翼极端政治势力。他们大多是传统主义者和狂热的印度人，他们打上了统治民族和仇视外族的标签。大多数人来自中产阶级底层；但实际上他们的支持来自店主、小农场主以及在印度传统社会中占有一定地位的人群。很多人属于印度北部武装的印度人社区，对外来事物采取强硬的敌对立场，包括对共产主义、议会民主制、英语，甚至还有除印地语以外的印度其他语言。他们反对穆斯林的偏见极其强烈。

在独立之前，部分右翼极端主义者就建立了有组织、有纪律的准军事武装。他们参与大多数的反穆斯林暴乱和各种暴力活动；其中一个人刺杀了甘地。他们也通过“全印人民联盟”(Jan Sangh)以合法的政治途径获取权力，但他们的成果很有限。在政治平静的时期，他们只不过是些刺激物，但在混乱的时期他们的影响会增大。

3. 官方反应　印度政府经常会顺理成章地遭受批评，这也是可以理解的，因为他们不能促进经济发展，实现所承诺的社会改革目标。过于看重这一估计是种危险，低估新德里的能力也是一种危险，而这些能力已在一些领域得以强有力的展示。如上所述，印度政府已面临了许多的问题，诸如地方的分歧、共产党所企图的暴动、部落地区的游击队活动、城市恐怖主义、大量的骚乱和抗议活动以及一些对外战争。由于使用了相当的技巧和力量，所有这些都被遏制住了，并且得到了控制。但这个“虚弱国家”在控制人口增长、发展经济、降低能源危机方面收效甚微，同时它也没建立一个有效运行的政治秩序和政府。

下一部分内容将介绍印度内部危机加剧的性质和范围。发生这些现象的例证很有力。它进一步假设，这些困难将变得极其严重，以至于会削弱印度政府本身的权力和权威，从而催生更多的以及更广泛的混乱。但有关这些情况假设的例证要弱得多。新德里的民事(如果他们不能的话)和军事当局有能力应对这些比过去更严重的问题。当然他们也可能做不到。我们不能做出任何颇有信心的判断。但失败的可能性以及危险性都是巨大的，这足以值得人们去考虑这些情况。

三、危机中的印度

印度危机的必须条件可以概括如下：

(一) 这些年粮食一直短缺,物价不断上涨,低收入群体、城市居民以及一些特定的地区的居民遭受的打击最严重。紧随这些艰难而来的,是严重歉收而造成的急剧的短缺。随着世界粮食供应的紧张,印度几乎不能指望外来的援助。

(二) 经济的普遍不景气,通货膨胀,城市失业状况严重。

(三) 政治极端主义和对社会、经济、地区和其他问题的抗议活动的发展。几乎任何的不满、经济、语言、宗教、等级问题都能触发暴力事件,但在大的危机中,所有的问题都可能最终变成持续的焦点问题。但是,不满情绪仍在不断出现,它们可能发展成持续的和广泛的民间起义。

(四) 政府信誉和力量正在减弱。官方和民众都对政府能否应对危机失去信心,政府的无能已成为事实。①

作为一种表达方式,一个城市发生暴乱就会扩散到大部分的其他城市地区,就像 1969 年发生在巴基斯坦的事件一样。在该国的各个地区,最主要的问题还是经济和社会问题;在其他地区则是地区或语言问题。这些混乱会在原有的区域和规模上持续下去;并会随着一周周一月月的事件推移而加剧。正常的商业和其他经济活动开始中断。由于政府的调停以及(或)镇压的失败,持不同政见者的要求会增加,他们的领导者会变得更加大胆。警察开始失去信心,大批的军事力量也会发现自己会受到影响。然后持不同政见者将从城市转移到周围的乡村,从而控制整个邦。

在第二种情形中,由知识分子领导的叛乱会将其根据地设在农村地区(1971 年的锡兰曾发生过这样一次广泛的近乎成功的叛乱)。我们可以这样假设,武装的叛乱将会是秘密计划的,突然发难,然后成功控制该国的某些地区。虽然革命的骨干大多来自城市、大学和其他的抗议中心,他们的运动又具有新的特点,那就是在某些农村地区积蓄巨大的力量,然后有效地进行长期的游击战。政府会派一些有组织的警察去镇压叛乱者。而军队由于习惯于进行常规作战,并为此进行装备,他们不适于镇压这种叛乱。叛乱者会控制更多的农村地区,扰乱商业和运输,然后在各大城市进行破坏。

在巴基斯坦,出人意料的骚乱迫使阿尤布·汗总统的政府倒台,其连锁反应最终导致东巴基斯坦独立成为孟加拉。锡兰的叛乱几近成功,但最终被镇压下去。然而这些类似的情况都不能完全适应于印度;印度社会与巴基斯坦和锡兰(现在的斯里兰卡)有很大不同。但给印度近邻造成冲击的危机模式,给印度应对自己的困难提供了借鉴,因为给巴基斯坦和斯里兰卡带来麻烦的诱因,在印度或多或少也存在。它们在足够的压力下会爆发,范围和程度都会很大。如果印度政府进行自我调节,或者军事镇压,或多种方式并用,局势会很快恢复平静,这是非常重要的。如果不能成功,印度的国内危机会扩展到国外。

---

① 原注:这些条件也可以适用于印度的南亚邻国。斯里兰卡、巴基斯坦和孟加拉也有自己的人口-粮食问题。孟加拉的情况比印度还糟糕,骚乱会更快地在那里爆发,给整个地区带来不稳定的因素。斯里兰卡领土面积小,它的岛国状况不会使自己的困境波及印度。在印度旁边的巴基斯坦,土地和人口的比率较为有利,粮食产量的纪录更好一些,至少在下一个十年,是南亚地区最不可能受到影响的国家。

四、世界对印度危机的反应

世界各国关注印度的混乱，但采取超脱的立场，并决定不介入。所有的大国都强烈坚持这一点。美国在印度没有军事或其他实质性的设施受到威胁，美国、西欧和日本在印度也没有重大的投资项目，所以不必考虑安全的问题。由于经济衰退而带来的贸易下降也不会对那些同印度做买卖的国家产生重要的影响。但是，假如新德里同邻国或同其他大国的关系同目前相比没有多大改变，①那么许多局外人就会意识到，他们必须认真观察局势，并仔细观察彼此之间的关系。

中国人会很欣喜地看到，他们一向厌恶的印度中央政府正处于日益恶化的困境之中。但北平也要面对一个抉择：他们是否要对印度的叛乱者提出的有关武器、训练甚至保护的请求做出反应？这些人声称，他们在同印度资产阶级的反动政权进行斗争时，有着同中国人相同的意识形态。如果它提供支持，是通过增加武器援助，还是让巴基斯坦利用印度的麻烦。无论中国领导人有什么样的观点或赞同采取何种手段，他们都面临巨大压力，是不介入还是支持一方。

图②

首先，中国人在决定如何行动之前要考虑苏联的态度和反应。印度也许是苏联在非共产党世界中最亲密的朋友了。政府间的关系非常密切，勃列日涅夫 1973 年 11 月访问印度，1971 年 8 月，两国签订苏印和平友好条约是这一关系的例证。③在过去几年里，两国间经贸关系稳步增长。莫斯科把印度视为是中国的主要制衡者，是在其边境以南的广袤的亚洲地区的巨大稳定力量，甚至是未来亚洲安全计划的关键因素。

一场极具威胁性的印度的混乱可能会使苏联下决心采取行动。对印度国内危机进行直接的军事干涉似乎不可能。这种行动会在印度国内外产生不良的后果。但苏联会采取其他的干预手段。作为印度大部分的尖端而精密的武器的供应者，苏联会同意印度军事装备方面的要求，以便用来镇压暴乱。它也会加大在技术、经济和商品方面的援助，只要国内有库存产品并对新德里有用。在 1971 年印巴战争爆发前苏联紧急向印度输入了大量武器装备，就是这样的先例。虽然莫斯科拒绝承担长期的援助印度的责任，但在 1973 年还是借给饥荒中的印度 200 万吨的小麦。④

---

① 原注：当然，这种假设可能不正确。现在印度与邻国以及大国的具体关系与多年以前肯定有所不同。无论如何，假设印度与这些国家的关系对各方来说都是非常重要的，那是正确的，无论各国态度发生怎样的具体变化。

② 原文第 24 页是印度形势图与周边地区形势图，此处略去。——编注

③ 原注：该条约宣布两国在遇到困境时相互协商，不针对其他任何一方。

④ 原注：1973 年中期，苏联向印度提供了 20 亿美元的经济援助，大部分用于钢铁和电力等国有的大企业。

苏联在政治上对印度的支持,很可能给任何其他国家想干预印度事务或利用印度困难形势的企图带来巨大压力。莫斯科会(通过私下或公开的警告)阻碍中国干预印度的危机的努力。一场持续的印度危机(正如它表现的那样)会不可避免地增加中苏之间的紧张关系,因为这两个共产党国家互不信任,相互担忧。即使各方都保持完全置身事外的姿态,莫斯科和北平都不能确定对方的真实行动与意图。

巴基斯坦是中国和美国的亲密朋友,又是印度的传统敌手,必将成为有关各方关注的对象。巴基斯坦对困境中的印度进行干预的威胁并非是不可能的。在过去的 25 年里,这两个国家多次交战,相对弱小的巴基斯坦全部失败了。最近的一次(1971 年)战争决定性地确立了印度的军事优势。印度能够制造核武器的能力进一步加强了它的军事优势。1971 年战争使巴基斯坦永久冻结了四分之一个世纪以来对克什米尔的要求。

值得怀疑的是,巴基斯坦是否会最终放弃他们在感情上不可分割的、长久以来所要求的这块穆斯林领土。他们估计,被叛乱和起义所困扰的印度会遭到削弱,以至会在外交压力、颠覆或军事占领下放弃对克什米尔的要求。在过去,巴基斯坦领导人,特别是军事领导人,高估了自己与印度的力量对比。这种倾向还是会出现,会导致进一步的鲁莽行为。除此之外,伊斯兰堡的任何政府实际上都会发现自己处于公众的巨大压力之下,要求采取某种方式进行干预,特别是克什米尔本身成为持久的麻烦的地区的时候。

仅仅根据印度自身困难的程度和范围,巴基斯坦对印度困境的干预,其发展将会很慢,而且要经历相当长的一段时间。起初,伊斯兰堡只不过是幸灾乐祸地看着印度的混乱局势,不会采取什么举措;但印度虚弱局势的持续,将会产生国内的压力,要求采取更为强硬的政策,比如向叛乱者秘密提供援助,或公开对克什米尔提出要求。这些情绪不会不引起新德里的注意,印度领导人会援引 1971 年苏印和平友好条约,要求苏联直接或通过巴基斯坦的主要朋友美国、中国和伊朗向巴基斯坦施加压力,要求其不要介入。

巴基斯坦反过来也会寻求其朋友的支持。它肯定会希望美国在政治上支持其行动,建立反对其敌人的共同阵线。同时也会寻求经济和物资的援助。巴基斯坦人也会转向北平,因为中国是其主要的军事援助国,他们会要求北平向印度施加压力,阻止印度反对巴基斯坦。巴基斯坦也肯定会借助伊朗。拥有强大军事力量的伊朗国王,他个人愈加重视巴基斯坦问题,公开表示要保证其邻国的领土完整。

上述一些事态发展使人联想到了 1971 年 11 月印巴战争爆发前的事态。当然,不能指望未来事态的发展是过去事态的复制品,但主要的相关各方,如美国、苏联、中国、巴基斯坦、伊朗以及印度的态度和可能的行动,或多或少同以前是相似的。

下面的例证可以说明问题的关键。莫斯科、北平、华盛顿以及其他相关国家的首都都将严重关注以下大致勾画出的偶发事态:

(一) 印度一个或更多各地区的领导人可以从军队、警察和民事机构获得足够的支持促使他们宣布独立,并与任何的镇压行动进行战斗。他们寻求像如美国、中国、巴基斯坦这些外国的承认、供给和支持。而印度则向莫斯科寻求更大的支持。

（二）印度一场重大的农村叛乱持续数月，部分原因是巴基斯坦的秘密支持。印度威胁进行军事报复，伊斯兰堡就转向美国、中国和伊朗寻求保护。

（三）饥荒和半饥荒不断加剧，由此产生严重的混乱，以至于正常的经济、商业和政治活动减少到中央政府无力保证基本的公共秩序和行政管理的程度。开始出现对全国部分的或全国的合法主权提出要求。但没有外来支持，没有任何一方能成功。因此许多人都在寻求这种援助。

（四）一场叛乱突然发生，席卷了大部分的乡村和许多城市。它将建立起军事政权，也可能是恐怖主义政权，这个政权致力于在印度及其邻国进行革命暴乱。

任何制造或结束特定事态的尝试，都不在本这项研究的范围之内。但显而易见的是，上述印度不断恶化的混乱会使得主要大国之间相互猜忌、竞争和各种反应融合在一起。这就是印度对世界的“消极重要性”的表现，这个重要性可能会被忽视，即便是当这个国家甚至成为核俱乐部成员、保持相对稳定并在国际事务中发挥积极的（或无效的）作用时也是如此。但在紧急关头，每个大国和与印度接壤的小国将会对其他各方正在采取的行动或计划要做的事情异常敏感；所有国家都会考虑最坏的状况，并准备采取应对措施。以这种或那种方式介入事态的机会和动机将会很大；导致对抗或者冲突的行动和反应的可能性很大，足以值得美国对现在的紧急事态进行研究。

DDRS，CK 3100174788 - CK 3100174818

刘磊译，戴超武校

14 - 62

中情局关于西藏问题的报告

（1977 年）

秘　密

对西藏的融合：中国取得的进展及存在的问题

（1977 年）

提　要

西藏对北平来说已被证明是中国所有边境地区最难完全控制的区域。这个问题的由来有着复杂的文化、历史和自然的因素，尽管这些因素的重要性在今天比过去有所降低，但是仍然阻碍和制约中国的行动。它们包括：

基于宗教基础之上的文化（藏传佛教），它的影响渗透到西藏人生活的各个方面。北平政府清除宗教及其习惯的企图是西藏长期公开和秘密地抵抗中国统治的主要原因。

从历史上看，西藏一直是独立的，这一事实得到了国际法学家委员会① 1959 年组织的西藏法律地位调查的承认。独立的传统和西藏人强烈的民族认同感给西藏抵抗运动注入了巨大潜力。

西藏地理位置上与外界的隔离至今仍是个问题，这也是它之所以躲过中国或者其他强国控制的主要原因；但是通过修筑公路、几个飞机场和最近完工的石油管道工程，这种情况已经很大地得到改善。缺乏可耕地和充足的粮食供应使西藏不可能大量移入汉族人来定居，而移民大量汉人的策略则成功地用在加强对诸如新疆和内蒙古等其他边境地区的控制。

尽管存在这些困难，加之加强西藏边界的军事安全的需要，北平最终实现了对这一地区的真正的行政上的融合：实现了农村集体化；完善的公路网和其他交通联系；第一批被称为“永久定居者”的汉族人（不足 1 000 人）已经到达。

然而，困难依然存在，全面控制西藏的关键是完成青藏铁路的建设，这至少需要十年才能完成。到那时，中国的发展将继续受道路的后勤补给能力和增加粮食产量以满足不断增长的粮食需求的能力的限制。

---

① 国际法学家委员会（International Commission of Jurists），1952 年成立于柏林，由 60 名来自世界各国不同的法律体系的代表组成。该委员会的宗旨是通过法律途径保障人权。——编注

1950～1976 年西藏大事记

1950 年 中国军队侵略西藏东部。

1951 年 拉萨和北平签订“西藏解放”十七点协定；中国军队在西藏建立总部，在重要人口中心驻军。

1954 年 青海到四川公路开通有限的运输。

1957 年 北平宣布西藏的改革推迟至 1962 年。

1959 年 藏人在拉萨发动起义，达赖喇嘛逃亡印度；中国废除 1951 年协定，用西藏自治区筹备委员会取代由班禅喇嘛(Pahchen Lama)领导的地方政府。

改革再次推迟，或者推迟到 1965 年。

1960 年 西藏西部新疆至西藏的公路建成。

1962 年 与印度发生边界战争。

1964 年 班禅喇嘛被免职。

1965 年 西藏自治区成立；西藏基本的公路网建成。

1973 年 重新计划建设青海至西藏的铁路。

1974 年 中国宣布西藏的粮食生产实现自给自足。

1975 年 完成在西藏建立农业和游牧公社。

1976 年 第一批永久定居者到达西藏；铺设管道。

讨　论

导言

1976 年，近 1 000 名汉人进入西藏①，他们被命令在农村地区“永久定居”。尽管有关的人数不多，但这一事件的意义却极为深远。随着整个农村地区建立人民公社和不断地努力提高西藏的交通运输联系，它意味着北平可能快要实现达到中国自古以来的野心，即把西藏完全合并和融入中国之中。这些事件所引起的问题包括：

——允许汉族定居者进入西藏，这将会产生何种变化？

——对吸纳的汉族定居者的数量，存在不存在环境方面的限制？

——西藏的交通运输网络和后勤保障能力是否足够容纳越来越多的定居者？

——仍然存在的问题会继续给中国实现在西藏的目标制造麻烦吗？

这些问题涉及一系列影响西藏过去和现在发展的复杂的关系。其中关键的因素包括拉

① 原注：本文件中所说的西藏(Tibet)，指的是西藏自治区(TAR)。

萨和藏人聚居的其他中心区远离汉人定居区、自然环境恶劣以及西藏的战略位置和它与印度有争议的漫长的边界线。

背景

西藏是一个特别的地区,它的独特性源自它的高山和高原的自然环境、悠久的独立以及封闭的历史和宗教主导的文化。从民族上看来,西藏人的家乡包括目前的西藏自治区(TAR)和一个面积相等但是在行政上隶属于几个省分别管辖的地区,即青海全省、四川的西部、云南北部与甘肃西南部小块毗邻区域。

从历史上看,影响西藏和中国政治关系的最重要的因素是把两国分开的迢迢长路以及西藏及其毗邻地区(著名的西藏高原)恶劣的自然环境。进入西藏必须穿过高度超过 4 000 米的山口及更高的地区;汉人居住区和拉萨之间的平均距离为 2 000 公里,意味着 3 个月的行程。在 1952 年中国占领以前,西藏大部分地区到 20 世纪还是人迹罕至;只是它的政治和文化遗迹引起探险者和冒险家们的兴趣,但外部世界对它的政治兴趣不浓。

献身宗教使渗透于西藏传统中的力量,为团结不同的群体提供了一个纽带,为实施并进行制度化政治控制提供了手段。佛教在公元 7 世纪被几位教士从印度和尼泊尔传入西藏,尽管分裂成几个不同的教派,但还是慢慢地成为占支配地位的宗教。由于达赖喇嘛发展成为所有藏传佛教的精神领袖,格鲁巴派(Gelunpa, 黄帽子,Yellow Hat)①的统治地位在 15 和 16 世纪得到加强。②到 17 世纪中期,强有力的第五世达赖喇嘛把宗教和世俗事物都控制在自己手中;教会和国家的权力可以相互转换,一切政治、经济和其他事务都要服从宗教的利益和需要。③这种特有的制度形成了。西藏几乎不存在贫困,因为人口增长稳定。在这种制度下每个人都有一个相应的位置,粮食生产满足人民的需要。

然而,传统的西藏并非香格里拉。除了其恶劣的环境外,这个国家遭受政治阴谋的困扰,僧侣之间的权力争夺比较普遍,内战和外部威胁时而发生。尽管频繁发生的内部动乱以及中国历代王朝都企图在一定程度上确立对这个国家的行政控制,但西藏在它的大部分历史中保留了独立的政治特征。

西藏和藏族人口聚居地区总是给中国的统治者提出一个政治问题。中国传统的边界政策是适应各个主要边境地区的条件和特征的。对于西藏,中国在历史上最担心的是西藏被其他敌视中国的国家或者集团利用作为基地。17 和 18 世纪期间,清朝当权者担心藏传佛教的结合力将会同西藏和蒙古集团的联盟一起寻求政治诉求,这些蒙古集团已经遍布中国整

---

① 格鲁巴(Gelunpa),又称悟鲁巴,西藏密宗里的黄派。——编注

② 原注:达赖喇嘛据说是前世达赖喇嘛的转世,在儿童时经过复杂的仪式选出。转世之说在 1475 年产生;达赖喇嘛的封号由蒙古国王子阿尔泰·可汗(Altan Khan)在大约 100 年后创立,并授予戈兰帕派的一位地位很高的修道士索南嘉措(Sonam Gyatso)。目前流亡印度的是第十四世达赖喇嘛。索南嘉措是第三世达赖喇嘛。——编注

③ 原注:西藏政府在达赖喇嘛的领导下由两个平行的权力部门组成,达赖喇嘛实际上领导两个分别由受过特殊培训的僧侣和同样数量的世袭的世俗贵族组成的民事机构。这种二元的世俗-僧侣结构存在于各级政府中并起到控制和平衡的作用。这种二元制延伸到社会结构中,上层和下层等级存在于贵族和平民中以及等级分明的宗教团体中。一切土地属于政府并被分配给僧侣、贵族家庭和平民,以他们在政府、教育、粮食生产和其他部门的服务作为交换。

个北部和西北边界地区。随着这种威胁的消除，19 世纪晚期和 20 世纪出现了新的担忧，大英帝国、俄国或者后来的印度政府将在西藏获得一个政治或者经济落脚点，并威胁到中国在这一地区的霸权。

总之，中国和西藏间的历史渊源在本质上更多的是宗教的而非政治的：皇帝扮演的角色是庇护人，或是宗教的保护者，达赖喇嘛的角色则是僧人，或是汉皇帝的宗教导师。18 和 19 世纪期间，中国清王朝偶尔施加某种程度的政治控制，起因是西藏请求军事援助反对外来侵略者或镇压内部叛乱，但当拉萨政府在 1910～1911 年赶走中国驻军后，中国在西藏存在所有的痕迹都消失殆尽。在 1914 年召开的有三方(中国、西藏和英国)参加的西姆拉会议上，西藏拥有平等的代表权；西姆拉会议的主要目的是把西藏分成内藏(青海和长江以东的四川)，在此地区承认中国拥有主权，而外藏(现在的西藏自治区)将实行自治。当 1959 年国际法学家委员会在联合国大会的名义下详细审查西藏的法律地位时，他们的结论是，西藏是一个独立的国家，至少在 1913～1950 年期间是这样。

中国接管

中国军队在 1950 年秋季开进西藏边境地区，这一行动被北平视为是再次主张一个世纪以来的政策：西藏是中国不可分割的一部分。然而拉萨政府认为它是公开的侵略，并紧急向联合国呼吁抗议侵略呼吁援助。这一请求在到达联合国大会之前被搁置了，迫使政治上不老练的拉萨政府别无选择，只好在 1951 年 5 月签订一个十七点协议。条件包括允许北平控制西藏的对外关系，负责西藏的防务并允许人民解放军进入西藏，并在拉萨设立人民解放军总部。协议也保证西藏的政治和宗教结构的完整、达赖喇嘛的地位和西藏人民实施北平规定的地区自治。为了执行后面的条款，中国政府在 1955 年 5 月成立西藏自治区筹备委员会，达赖喇嘛为主席。

中国在西藏十分之一世纪的统治最明显的特征是，不停的镇压和中间的解放与内部的起义和叛乱。尽管北京政府在管理西藏时遇到的不平坦的道路和对西藏政治控制程度的变化，但是共产党在西藏的社会主义化和融合的目标没有改变——尽管时间表一再地调整(见大事年表)。

中国政府早期试图在西藏引入土地改革和初步的农业集体化并限制宗教活动遇到强烈抵制。这些对西藏基本制度的威胁提供了导致一些藏民集团直接叛乱的导火索，特别是在西藏东部。尽管中国政府在 1957 年宣布“改革”将被推迟，但紧张关系加剧了，叛乱扩大了，最终在 1959 年达到高潮，达赖喇嘛和他的随从逃亡印度。这给北京政府残暴地对付西藏权力集团提供了正当理由。1951 年中国-西藏协定被废除；不合作的西藏官员、贵族和僧侣人士被逮捕，他们的财产被充公；地方政府被解散并由班禅喇嘛领导的筹备委员会接替。由于持续的骚乱和迫切需要不能中断农业生产，中国政府在 1960～1961 年间再次推迟五年进行改革。中国尽力加强对西藏藏民的控制，通过发动“教育大众”计划、加强培养愿意接受中国统治的成年藏人为领导人，并送大量西藏儿童到中国上学。

在公开表示支持流亡的达赖喇嘛和西藏独立之后，1964 年班禅喇嘛被逮捕，西藏政府最后的残余被清除,并随之消失了,中国官员担任起主要的行政职务。1965年西藏自治区成立,中国开始了武力镇压计划,解散宗教政权残余,清洗了许多藏人合作者和没有效率的中国官员,并在"试验的基础上"成立人民公社,即在选定的地区强迫建立公社。文化大革命波及西藏就成为执行这个计划的推进因素,但是藏民持续的固执以及糟糕的粮食供应形势,使得再次放松控制成为必要。尽管还有西藏继续反抗的零星报道,但在北平政府看来,整个形势已经得到充分解决,在1974～1975年完成人民公社化,并在全西藏实现中国的统治。

西藏的人口

据称,北平自1950年以来已经把上百万的中国人移民到西藏。实际上,中华人民共和国已限制中国人的数量,使其达到一个通过公路能够提供充足的粮食和其他必需品的规模。尽管西藏的人口数量是不确定的,但中国人所占的比例可能不超过它的180万总人口的13%。

1950年前或1950年之后,西藏没有进行人口普查。带有一定可信度的最早的估计是390万,这是拉萨政府根据1915年在大致相当于今天西藏自治区面积的地区征收的人头税计算得来。

1953年官方人口普查的数字表示,目前西藏自治区的人口是130万人,藏民总人口"超过"300万人。西藏自治区之外所称的200万人口中的大多数在青海和四川西部。中国一直接受大约130万人这个数字,直到1974年,这一估计被更改为140万人。自1951年以来中国的平民和军事人员特别是退役的军事人员就被移民到西藏,但没有任何官方的估计数字表明汉族人在西藏总人口中的数字。

西藏最新的人口数字由巴特利①[施莱辛格组织(the Schlesinger group)的成员]1976年在旅行时从中国官员那里获得的。根据这些估计,西藏人口包括170万藏民和12.5万名汉族人共180万人。同样的总数给了韩素音博士(Han Su-yin),在她1975年访问期间,尽管藏民(160万)和汉人(20万)的数字与首次提供给巴特利的有所不同。照这样的话,180万的数字比1974年官方估计的140万总人口数高出40万。这40万人代表自然增长,先前的藏族人以及另外进入西藏的汉人不算在内。

第一批被北平公开指定为"永久定居者"的汉人在1976年初开始进入西藏。到年末,有780人到达或正在途中。新来的定居者大多数要成为农民;余下的将会被安置在需要的地方,而不考虑他们特别的技能。

经济发展

交通运输和农业是西藏经济中仅有的可以发展到任何程度的部门。工业对当地有着重要的意义,有诸如机械维修和维护、农具制造、毛纺织品和许多小煤矿组成的小型企业。地理勘探显示西藏有相当丰富的未开发的矿藏,已经开始寻找石油,但尚无结果。

① 巴特利(Robert Leroy Bartley, 1937～2003年),担任《华尔街日报》(The Wall Street Journal)编辑长达30年,曾获"普利策奖"(Pulitzer Prize),并于2003年获"总统自由勋章"(Presidential Medal of Freedom)。——编注

交通运输

一、公路

公路是中国控制西藏的关键。主要的进藏公路，从新疆、青海和四川延伸进藏并承担补给西藏的任务，中国把它们作为西藏全部公路网的组成部分。在这个地区内，公路网把为数不多的几个中心城市同全部 71 座县城连接起来，只有 3 个县城除外。众多的支线和专用线沿着喜马拉雅边界线通往边境哨所，并为之提供补给。

自 1965 年西藏公路网基本建成以来，中国已把注意力转向提高现有公路的等级。1973 年 1 月官方的公路统计表明，在总长为 1.58 万公里的公路网中，仅有 800 公里是在公路网完成以后新修的。其后，每新增 1 公里就要重建 8 公里的路基，路面和排水系统得到改善，木头和城堡型的桥被混凝土结构取代。公路网的升级将会持续一段时间，将集中在西藏中部和南部，主要是进藏公路，特别是青藏公路。

二、机场

由于西藏海拔较高，地形对跑道长度的限制以及缺乏足够的燃料供应，中国在西藏建设空中运输网络上没有成功。尽管已建成 3 座机场，另外一个也在建设中，但只有贡嘎(Kung-ka)机场可以使用。它位于拉萨以南 70 公里，只是不定期地使用。

三、石油管道

中国最近完成了铺设到拉萨的一条输油管道，这将缓解西藏长期的石油产品的短缺。据估计，这条管道只要运行两个月(当它运行时)，就能提供足够的燃料满足好几年的需求。

四、铁路

西藏是中国唯一没有与其他省份有铁路连接的地区。北平一直考虑向拉萨延伸它的铁路网，这对西藏完全的融和与未来的定居具有重要意义，但工程建设几次被经济上的倒退和在青藏高原上发现大片永久冻土层所推迟。然而，中国在最近已重新制订修建到拉萨的铁路的计划，但到完工至少要在十年之后。

粮食供应和农业

粮食供应成为中国在西藏一个长期的严重问题。在中国占领前，西藏生产的粮食足以满足自己的需要，但几乎也没有剩余。西藏生长的主要作物大麦在中国的烹饪中不受欢迎，当地生产的大米也不受欢迎。结果是解放军和汉族平民的粮食需求大部分要从中国用卡车长途运送来。

在中国人看来，1959～1960 年后条件有所改善，大部分最好的耕地被没收，从而提供了旨在增加粮食产量的方法，引入了合作化以及农业现代化的改革。从 1960 年以来，农业产量增长了，尽管没有达到无需从中国输入或者达到粮食产量自给自足的程度，北平政府在 1974 年宣布取得了这一成就。

一、粮食生产

西藏的粮食生产在不断增长，但增长的比例似乎仅仅能赶上西藏人口的增长。(据估计 1974 年粮食总产量为 37 万吨，1976 年增加到 45 万吨。)尽管大麦仍然作为主食(几乎完全供应本地藏民),但最近强调农作物的多元化已带来了其他谷物的增长,尤其是冬小麦。小麦和其他庄稼的增长,允许中国人减轻对一些输入的粮食的依赖,具体包括蔬菜、一些炸油的庄稼和谷物。然而,汉人仍然从中国输入大量的大米和经过加工的谷物。

二、增加产量的措施

中国通过实施对西藏现有农业技术的现代化,取得了农业产量的增长。灌溉系统得到延伸,安装了水泵;木犁被金属的替代;包括混合肥料、河泥以及人畜粪便在内的有机肥的用量增多了;中国对粮食收成进行监督,有助于保证满足国家的粮食配额。中国也运入为数不多的拖拉机和其他机械化设备。这些设备只能限定在有开阔平地的较大山谷中使用,并受到燃料缺乏、没有足够的维护工具以及需要进口零配件的制约。

在研究开发高产量、抗冻种子、种植多种适应中国口味的蔬菜并向西藏地区引进新作物方面,中国取得了一定的成功。新作物主要生长在试验田里,包括冬小麦、榨糖用的甜菜、大豆、花生、茶叶、烟草、棉花和苎麻。冬小麦在1959年第一次被引入拉萨大峡谷,慢慢向拉萨北部和东部的其他地区延伸,并进入西藏南部;到1975～1976年,面积已增加到超过69万亩(4.6万公顷)。冬小麦是所有新作物中最为成功的,或许也是花费精力最多的。

三、耕地限制

西藏所有最好的可耕地是由海拔4 300米以下的河流峡谷中的平地组成。1960年中国估计可耕地面积为300万亩或20万公顷,大大少于西藏土地面积的百分之一。从那以后,通过开垦那些常常是贫瘠的土地,可耕地面积扩大到了25万公顷;修耕的土地被用来生产;一些放牧的草地也增加了;拉萨峡谷中的沼泽地被排干了水并加以开垦;划定西藏田地的那些狭长的带状土地都被清除掉了。

因为最多产的土地目前已被耕作,扩大土地面积限于海拔较高的高地,那里的生长周期非常短,在那里就是提高灌溉水平并增加肥料,也不能保证产量会增加。几次公布的计划试图把粮食生产扩大到高地上都失败了。尽管宣称在4 300米以上种植的大麦取得了丰收,但短暂的生长周期产出的谷物并不成熟,只能用作饲料。中国在那些高海拔地区取得了较多成功,那里可以种植成熟期在几周或者几个月内的耐寒蔬菜。

定居的前景

大量汉族人在未来到西藏定居的关键,可能是在20世纪80年代后期完成的青藏铁路的建设。到那时:

定居问题将缓慢地进展,汉族定居者每年进入西藏的人数可能仅有1 000人左右;

中国需要继续限制汉族人口的规模,让公路能够提供足够的补给,因为当地的农业产量不可能满足在西藏的中国人的需要。依赖公路网向西藏提供补给将持续一些年,这就是为什么中国把改善进藏公路和该国国内的公路网放在高度优先的位置。

中国已增加农业产量并使农业生产多样化。然而,产量仍不足以使西藏无需从中国输入粮食。而且,中国所取得的增长既没有让大多数藏人获益,也没有接近于恢复存在了几百年的大麦生产和消费之间的平衡。大多数可耕地正在耕作中,开垦条件不好的地区需要大规模的劳力和其他资源的投资。另外，这些地区恶劣的自然条件限制产量的增长。

尽管中国现在完全控制了西藏，但是其形势不容乐观。中国对西藏的控制可能比其他有大量少数民族居住的地区还要棘手。多数西藏人坚定地坚持自己对达赖喇嘛和他们的宗教的信仰，尽管中国宣布那是叛国的，要受到监禁或死刑的处罚。只有在缺乏食物以及过度艰苦的劳动的威胁下，他们才会顺从中国当局及其集体化政策。西藏人不信任藏族的干部，这是由于他们的表里不一，即使这些干部有时充当藏人同中国人之间的缓冲者。中国人所带来的一个问题是，在中国接受培训的藏族青年中不断增强的政治觉悟和民族认同感，这样的气氛对中国来说像宗教一样无法忍受。西藏青年以及西藏人的干部感到愤恨的，是自己"第二等级"的地位以及中国人否定他们的决策权。

然而，西藏人中最普遍的感情是对汉族沙文主义的憎恨，这表现在各个层面上。对于1976年访问拉萨的"施莱辛格小组"的成员来说，中国人的这种优越感以及他们对西藏人的嘲笑表现得非常明显。访问者们也注意到把拉萨分割成分立的藏民城区和中国城区，给人留下这是一个被占领的地区的印象。

尽管有组织的抵抗中国的活动已消失或转入地下，但公开的零星的抵抗偶尔会突然爆发。假如传统的互相憎恶的感情被叛乱和中国的占领措施所加深，那么在西藏不会有红地毯，以欢迎那些将要到西藏来的定居者。

DDRS，CK 3100440454 - CK 3100440475

马晓云译，戴超武校

第十五编　美国情报机构

目　录

附录

导　　论

梁　志

本编翻译的文件出自以下两本美国档案文件集："The Central Intelligence Agency: Its Founding and the Dispute over Its Mission, 1945 - 1954,"(vol. 23) in Dennis Merrill (ed.), *Documentary History of the Truman Presidency*, University Publications of America, 1998; Michael Warner (ed.), *CIA Cold War Records: The CIA Under Harry Truman*. Washington, D. C.: History Staff, Center for the Study of Intelligence, Central Intelligence Agency, 1994。前者收录了97份文件，后者收录了81份文件。课题组首先剔除了两本文件集中重复的文件(共25份)，接着又略去了美国对外情报机构撰写的关于外部世界、地区和国家形势或某一具体问题(如1949年春撤出驻朝美军的后果、美国对外军事援助计划的影响以及苏联控制中国的可能性等)的情报评估报告，最后再从剩余文件中挑选与国家情报委员会、中央情报小组、情报顾问委员会和中央情报局等美国对外情报机构的建立、组织结构、职能、情报汇报形式、拨款、人员及作用直接相关者加以翻译，总计95件。

具体地说，本编翻译文件的主要内容如下：解散战略情报局；参谋长联席会议和国务院分别制订的有关建立国家对外情报体制的计划及其异同点；建立国家情报委员会和中央情报小组；国家情报委员会会议；国家情报委员会指令、中央情报小组的组织管理、职能和人员聘任；关于中央情报小组每日和每周摘要适用性的讨论；1947年国家安全法；国家安全委员会和中央情报局的建立；国家安全委员会会议；国家安全委员会情报指令、国家安全委员会第10号系列文件；国家安全委员会第50号文件；中央情报局的性质、组织结构、职能和人员聘任；1949年中央情报局法；中央情报局的情报汇报形式；向中央情报局拨款的问题；索尔斯对中央情报局的由来及其个人经历的回忆；杜鲁门重申建立中央情报局的初衷，并呼吁恢复中央情报局原有的功能。

本编翻译文件的形式大体包括备忘录、报告、公开声明、会议记录、国会记录、法案、总统行政命令以及信函等。其中，信函的格式是按照中文书信样式处理的。在不严重影响排版美观的情况下，余下几种文件类型的格式均保持原貌。

在专有名词的翻译上，译者尽可能遵照得到国内学界广泛认可的译法。需要特别说明的是：(1) 国内大多将"Central Intelligence Group"译为"中央情报组"，将"National Intelligence Authority"译为"国家情报局"；而根据这两个机构的具体组织结构，译者将它们分别译为"中央情报小组"和"国家情报委员会"。(2) 在美国外交档案中，"中央情报小组组长"和"中央情报局局长"均为"Director of Central Intelligence"，单凭文字本身无法辨识该词究竟是指前者还是后者;译者的处理方法是以1947年9月20日中央情报局的建立为分界点,此前译为"中央情报小组组长",此后译为"中央情报局局长"。

1948年操纵意大利选举、1953～1954年伊朗和危地马拉政变、1961年的"猪湾事件"以及1967年在越南展开的"凤凰行动",使美国中央情报局成为尽人皆知的"秘密情报机构"。可是,很长一段时间人们对中央情报局的由来及其职能的演变仍知之甚少。直到20世纪80年代以后,美国国会听证会、中央情报局自由信息法项目以及非官方的著作和文章陆续披露了大量有关美国政府战时和战后情报活动的机密文件,一些民间学者和官方史学家还相继编撰了若干相关的文件集,①中央情报局的神秘面纱才渐渐被揭开了。这里拟对美国中央情报局的形成过程和职能变化作一梳理,借此将本编所收录的分散的近百份文件串联起来,以求更清楚地揭示1946年1月22日哈里・杜鲁门(Harry S. Truman)关于建立国家情报委员会和中央情报小组的指令、1947年国家安全法、1947年12月12日国家安全委员会第1号情报指令以及1949年中央情报局法等核心文件的意义和重要性。

一、从战略情报局到中央情报小组

第二次世界大战爆发前后,美国从事间谍、反间谍和破坏活动的机构主要是联邦调查局、陆军情报局和海军情报局。为了协调三者的工作,政府专门成立了由联邦调查局、陆军情报局和海军情报局负责人组成的部际情报委员会,定期开会交换情报,并就各位成员提出的问题进行讨论。1940年6月24日,富兰克林・罗斯福(Franklin D. Roosevelt)总统决定由联邦调查局根据国务院的要求"承担西半球的对外情报工作",陆军情报局和海军情报局则"在必要时对世界其他地区开展情报工作"。战时美国对外情报活动由此开始。

1941年7月11日,出于加强情报协调工作的考虑,罗斯福批准建立情报协调局(Office of the Coordinator of Information)。作为情报协调局局长(Coordinator of Information)的威廉・多诺万(William J. Donovan)的任务是"收集、复核来自各个部门的有关国家安全的情报和资料",并"对这些资料加以分析综合,以供总统和总统指定的官员使用"。② 12月7日,日本偷袭珍珠港。美国政府对此毫无准备,不是因为情报机构没有得到袭击何时何地发生的消息,更不是因为急于参战的罗斯福总统扣压了情报,而是因为没有人把这些情报综合

① Christy Macy and Susan Kaplan(eds.), *Documents*, New York: Penguin Books, 1980; Michael Warner (ed.), *CIA Cold War Records: The CIA under Harry Truman*, Washington D. C.: History Staff Center for the Study of Intelligence, Central Intelligence Agency, 1994; *Foreign Relations of the United States*(以下简称FRUS), Special Volume, 1945-1950, Emergence of the Intelligence Establishment, Washington: United States Government Printing Office, 1996; "The Central Intelligence Agency: Its Founding and the Dispute over Its Mission, 1945-1954," (vol. 23), in Dennis Merrill (ed.), *Documentary History of the Truman Presidency*, Washington D. C.: University Publications of America, 1998.

② Robin W. Winks, "Getting the Right Staff: FDR, Donovan, and the Quest for Professional Intelligence," in George C. Chalou (ed.), *The Secret War: The Office of Strategic Service in World War* Ⅱ, Washington D. C.: National Archives and Records Administration, 1992, p. 19; [美]托马斯・特罗伊:《历史的回顾——美国中央情报局的由来和发展》,狄奋、李航译,北京:群众出版社1987年版,第21、28、76页。

起来，加以精确的分析。于是，建立中央情报机构被提上议事日程。① 1942年6月13日，罗斯福发布军事命令：情报协调局将不再从事对外情报活动，该活动转由新建的战争情报处(Office of War Information)负责；情报协调局更名为战略情报局(Office of Strategic Services)，转属参谋长联席会议管辖；战略情报局的职责是收集和分析参谋长联席会议所需的情报，规划并执行参谋长联席会议所指示的特殊任务；战略情报局局长将由总统任命、在参谋长联席会议的指导和监督下工作；任命原情报协调局局长多诺万为战略情报局局长。12月，参谋长联席会议正式将战略情报局的任务确定为破坏、间谍、反间谍和秘密活动。一年后，战略情报局又被赋予从事对外宣传活动的职责。② 战略情报局的战时活动遍及欧洲、北非、东地中海、巴尔干和远东，是美国历史上第一个具有中央对外情报机构性质的组织。

1944年11月18日，多诺万就战后对外情报体制问题向罗斯福总统进言：改变战时由军方负责情报活动的做法，将和平时期的情报活动直接置于总统的控制之下；任命一位中央情报局局长，由他在总统的指导下全权负责情报事务；设立由国务卿、陆军部长、海军部长以及总统可能指定的其他人员组成的顾问委员会，职能是向中央情报局局长提供咨询。此即"多诺万计划"。③ 该计划刚一问世就遭到了国务院、陆军部、海军部、参谋长联席会议以及联邦调查局等各部门情报机构的强烈反对，它们认为只有松散的情报体制才能确保有效地收集和分析情报，兼顾多方利益。④ 1945年1月1日，参谋长联席会议下属的联合情报委员会(Joint Intelligence Committee)签署了JIC239/5号文件，提议建立由国务卿、陆军部长、海军部长和总司令参谋长组成的国家情报委员会，在国家情报委员会下面设立中央情报局，组建以国务院、陆军部和海军部情报负责人为成员、负责向中央情报局局长提供建议的顾问委员会。⑤ 2月，华盛顿、纽约和芝加哥的各大报纸详细报道了多诺万和参谋长联席会议的建议，且耸人听闻地称之为建立"美国盖世太保"的新政计划，确立对外情报体制的进程因而一度拖延。4月，罗斯福总统指示多诺万争取各部门情报机构对其计划的支持。⑥ 几天后，罗

① Michael Warner (ed.), *Central Intelligence: Origin and Evolution*, Washington D. C.: History Staff Center for the Study of Intelligence, Central Intelligence Agency, 2001, p. 1; Roger Hilsman, Jr., "Intelligence and Policy-Making in Foreign Affairs," *World Politics*, vol. 5, no. 1(October 1952), p. 2; William M. Leary (ed.), *The Central Intelligence Agency: History and Documents*, Alabama: The University of Alabama Press, 1984, p. 19.

② Bradley F. Smith, "The American Road to Central Intelligence," in Rhodri Jeffreys-Jones&Christopher Andrew (eds.), *Eternal Vigilance: 50 Years of the CIA*, London: Frank Cass&Company LTD., 1997, pp. 2-16; [美]约翰·兰尼拉格:《中央情报局》,潘世强等译,范道丰校,北京:中国社会科学出版社1990年,第49～51、60～63页; [英]罗德里·杰弗里斯-琼斯:《美国谍报史——从安全勤务局到中央情报局》,北京:群众出版社1985年版,第226～227页。

③ "Introduction of Founding of the National Intelligence Structure, August 1945-January 1946," in *FRUS*, Special Volume, 1945-1950, Emergence of the Intelligence Establishment, p. 1; William M. Leary (ed.), *The Central Intelligence Agency: History and Documents*, pp. 17-18.

④ Amy B. Zegart, *Flawed by Design: The Evolution of the CIA, JCS, and NSC*, Stanford: Stanford University Press, 1999, pp. 175-176.

⑤ "Introduction of Founding of the National Intelligence Structure, August 1945-January 1946," in *FRUS*, Special Volume, 1945-1950, Emergence of the Intelligence Establishment, pp. 1-2.

⑥ G. J. A. O'Toole, *The Encyclopedia of American Intelligence and Espionage: From the Revolution War to the Present*, New York: Facts On File, 1988, p. 94.

斯福去世。新上任的杜鲁门总统于9月20日发布了第9621号行政命令,指示解散战略情报局,其中的研究和分析处(Research and Analysis Branch)与论证处(Presentation Branch)转归国务院,余者由陆军部接管。当天,他还致函国务卿詹姆斯·伯恩斯(James F. Byrnes),希望其组建一个由国务院领导的部际小组,负责制订一份全面的、协调一致的对外情报计划。① 这样,"多诺万计划"便在首轮对外情报体制之争中被淘汰了。

美国政府各部门纷纷趁机就战后对外情报体制问题发表意见:参谋长联席会议将JIC239/5号文件稍加改动,重新编序为JCS1181/5号文件,并通过陆军部长和海军部长转呈总统;预算局与国务院的主流观点大体接近,主张以各内阁部门现有情报机构为基础建立新的对外情报体制,和平时期的对外情报工作应主要由国务院负责;战时负责在西半球开展秘密情报和反情报活动的联邦调查局提议由联邦调查局依照其在拉美的情报工作经验确立"全球情报体制"。由于杜鲁门认为战后联邦调查局应仅负责国内情报活动,而预算局和国务院的多数意见又较为一致,因此军方与国务院很快成为新一轮对外情报体制之争的主角和对立双方。②

9月底,陆军部长罗伯特·帕特森(Robert B. Patterson)和海军部长詹姆斯·福里斯特尔(James V. Forrestal)将参谋长联席会议的建议送交伯恩斯。③ 10月22日,帕特森命令他的空军助理罗伯特·洛维特(Robert A. Lovett)组建一个委员会,专门研究未来对外情报体制的问题。11月3日,洛维特委员会提交了初步报告,总体上支持参谋长联席会议的主张,同时在某些重要问题上它也有自己的见解:拟建的中央情报机构应拥有独立的财政权,而非依靠国务院、陆军部和海军部的资助;该中央情报机构应是唯一一个从事秘密情报收集工作的组织;各部门情报机构应在参谋长联席会议计划拟建的情报顾问委员会中发挥更大的作用。④ 同样,作为海军部研究结果的埃伯施塔特报告也得出了类似的结论,大体赞同参谋长联席会议的意见。⑤ 如果说军方内部的看法相对来说比较一致的话,那么国务院主要官员间的分歧则相当严重。伯恩斯在情报方面主要倚重国务卿研究和情报特别助理艾尔弗雷德·麦科马克(Alfred McCormack)和负责管理事务的助理国务卿唐纳德·拉塞尔(Donald

---

① "Introduction of Founding of the National Intelligence Structure, August 1945-January 1946, " in *FRUS*, Special Volume, 1945－1950, Emergence of the Intelligence Establishment, p. 2; "Executive Order 9621, " September 20, 1945, in *FRUS*, Special Volume, 1945－1950, Emergence of the Intelligence Establishment, pp. 44－46; "Letter From President Truman to Secretary of State," September 20, 1945, in *FRUS*, Special Volume, 1945－1950, Emergence of the Intelligence Establishment, pp. 46－47.

② "Introduction of Founding of the National Intelligence Structure, August 1945-January 1946, " in *FRUS*, Special Volume, 1945－1950, Emergence of the Intelligence Establishment, pp. 2－4.

③ "Introduction of Founding of the National Intelligence Structure, August 1945-January 1946, " in *FRUS*, Special Volume, 1945－1950, Emergence of the Intelligence Establishment, p. 5.

④ "Introduction of Founding of the National Intelligence Structure, August 1945-January 1946," in *FRUS*, Special Volume, 1945－1950, Emergence of the Intelligence Establishment, pp. 5－6; "Memorandum From the Lovett Committee to Secretary of War Patterson," November 3, 1945, in *FRUS*, Special Volume, 1945－1950, Emergence of the Intelligence Establishment, pp. 98－105.

⑤ "Introduction of Founding of the National Intelligence Structure, August 1945-January 1946," in *FRUS*, Special Volume, 1945－1950, Emergence of the Intelligence Establishment, pp. 5－6.

S. Russell)。然而，两人在对外情报体制问题上的想法迥然不同。麦科马克认为应由国务卿主管对外情报工作，由国务卿或国务卿的代表决定呈送总统的情报的性质。① 拉塞尔对此不以为然，他的意见与参谋长联席会议的计划极为接近，以至于福里斯特尔将二者等同视之。②

鉴于制订对外情报计划的工作因各种错综复杂的矛盾而进展缓慢，11 月 7 日白宫建议总统将国务卿、陆军部长和海军部长召集到一起，命令他们早日制订出一份三方均能接受的有关建立中央情报机构的计划，以呈送总统审批，最后期限为 1945 年 12 月 31 日。杜鲁门按照这一建议发出了指示。③ 不久，国务院的麦科马克计划出台。与两个月前的预算局建议相似，该计划提议以一个复杂的委员会体系为基础(即设立许多委员会，将这些委员会作为基层执行机构)构建协调对外情报和安全情报(内部情报)活动的双重机制。虽然麦科马克计划并未排除建立履行共同职责的中央情报机构的可能性，但它将协调现有情报活动视为根本问题，主张由国务院主导对外情报工作。可是，军方坚决反对由国务院负责对外情报工作。无奈，国务院两次修改麦科马克计划：将原来分别负责协调对外情报和安全情报的两个委员会改为一个由国务卿(主席)、陆军部长和海军部长组成的国家情报委员会；虽然国家情报委员会的执行秘书仍要由国务卿任命，但该任命要事先征得陆军部长和海军部长的同意；具体规定了执行秘书处的职能，将它作为国家情报委员会的执行机构；赋予国家情报委员会以检查部门情报机构的工作等权力。然而，在 12 月 3 日送交帕特森和福里斯特尔的附有修改后的麦科马克计划的备忘录中，伯恩斯依旧反对单独建立一个中央情报机构，理由是这样的机构太显眼，且在职能方面会与现有情报机构构成竞争或彼此重叠。接着，国务院进一步对麦科马克计划进行了微调。陆军部的态度开始软化，似乎愿意谋求妥协，但海军部仍拒不接受国务院的立场。更糟糕的是，伯恩斯 12 月中旬至下旬要到莫斯科参加三国外长会议，无法全程参与协调对外情报体制的讨论。这一切表明 12 月 31 日前国务院、陆军部和海军部很难制订出一份三方都可以接受的建立国家对外情报体制的计划。④

此时，白宫再次介入，问题很快得到解决。⑤ 据悉尼·索尔斯(Sidney W. Souers)1954 年 12 月 15 日回忆，1946 年 1 月 6 日下午福里斯特尔与陆军部副部长肯尼思·罗亚尔(Kenneth Royall)来到伯恩斯的寓所，告诉伯恩斯他们准备带着陆军部和海军部签署的计划

① "Memorandum From Sidney W. Souers to Clark M. Clifford, December 27, 1945, in Dennis Merrill, *Documentary History of the Truman Presidency*, vol. 23, doc. 6.

② "Introduction of Founding of the National Intelligence Structure, August 1945-January 1946," in *FRUS*, Special Volume, 1945 - 1950, Emergence of the Intelligence Establishment, pp. 6 - 7.

③ "Introduction of Founding of the National Intelligence Structure, August 1945-January 1946," in *FRUS*, Special Volume, 1945 - 1950, Emergence of the Intelligence Establishment, p. 7; "White House Memorandum," November 7, 1945, in *FRUS*, Special Volume, 1945 - 1950, Emergence of the Intelligence Establishment, p. 107.

④ "Introduction of Founding of the National Intelligence Structure, August 1945-January 1946," in *FRUS*, Special Volume, 1945 - 1950, Emergence of the Intelligence Establishment, pp. 8 - 10.

⑤ "Introduction of Founding of the National Intelligence Structure, August 1945-January 1946," in *FRUS*, Special Volume, 1945 - 1950, Emergence of the Intelligence Establishment, p. 10.

草案去见总统,邀请伯恩斯一同去。倘若伯恩斯不愿如此,他可以单独起草一份计划草案。伯恩斯在对军方的计划草案作了一两处无关紧要的文字修改后签了字。① 最终获得国务院、陆军部和海军部共同批准的计划与 JCS1181/5 号文件基本相同,较为接近海军部的立场,而没有采纳陆军部洛维特委员会提出的拟建的中央情报机构拥有独立财政权的建议,主要内容包括:建立一个由国务卿、陆军部长和海军部长组成的国家情报委员会(National Intelligence Authority),职责是制订和执行全面的情报计划,检查并协调联邦各情报机构的活动,以最有效地完成与国家安全有关的情报任务;在国家情报委员会下面设立中央情报局(Central Intelligence Agency),中央情报局局长应由总统根据国家情报委员会的提议任命;组建一个由与国家安全有关的各情报机构的负责人组成、职责为向中央情报局局长提出建议的情报顾问委员会(Intelligence Advisory Board)。② 9 日和 12 日,白宫两次召开会议,以国务院、陆军部和海军部联合提交的计划草案为基础讨论修改了关于协调对外情报活动的行政命令的内容。18 日,在与司法部协商的过程中,计划被进一步修改:以总统致国务卿、陆军部长和海军部长信函而非总统行政命令的形式公布协调对外情报活动计划;稍微削弱了国家情报委员会的权力;不再设立中央情报局,转而授权国务卿、陆军部长和海军部长"由各自所属部门指派人员共同组成一个中央情报小组组长领导下的、负责协助国家情报委员会开展工作的中央情报小组(Central Intelligence Group)"。联邦调查局对 18 日信函草案非常不满,反对将联邦调查局排斥在国家对外情报活动之外,且坚决要求命令禁止国家情报委员会在美国大陆及其属地行使情报调查权。结果,后一项要求得到满足。③

1 月 22 日,杜鲁门以信函的形式向国务卿、陆军部长和海军部长发出了关于协调对外情报活动的指令,命令三者与总统任命的个人代表一同组成国家情报委员会,并从各自所属部门中抽调人员组建中央情报小组。中央情报小组组长要在国家情报委员会的指导和管理下履行以下职责:充分利用国务院、陆军部和海军部各情报机构的人员和设备,对与国家安全有关的情报进行归类和评估,继而在政府内部适当地分发最终整理出来的战略和国家政策情报;制订协调国务院、陆军部和海军部各情报机构与国家安全有关的活动的计划,并在确立确保最有效地完成国家情报任务的总体政策和目标方面向国家情报委员会提出建议;为了保证各部门情报机构的利益,承担起在国家情报委员会看来中央组织可以最有效地完成的多个机构共同关心的工作;履行总统和国家情报委员会随时可能赋予的与国家安全情报有关的其他职责。但是,中央情报小组不得行使维持治安、执法和保

---

① "Reminiscences of Sidney W. Souers," December 15, 1947, in Dennis Merrill (ed.), *Documentary History of the Truman Presidency*, vol. 23, doc. 90.

② "Introduction of Founding of the National Intelligence Structure, August 1945-January 1946," in *FRUS*, Special Volume, 1945-1950, Emergence of the Intelligence Establishment, pp. 11-12; "Letter From Secretary of State Byrnes, Acting Secretary of War Royall, and Secretary of the Navy Forrestal to President Truman," January 7, 1945, in *FRUS*, Special Volume, 1945-1950, Emergence of the Intelligence Establishment, pp. 166-169.

③ "Introduction of Founding of the National Intelligence Structure, August 1945-January 1946," in *FRUS*, Special Volume, 1945-1950, Emergence of the Intelligence Establishment, pp. 14-15.

证国内安全的职能。除非法律或总统指令批准，否则国家情报委员会和中央情报小组不得在美国大陆及其属地行使调查权。次日，杜鲁门决定在确定中央情报小组组长的正式人选之前先让悉尼 W·索尔斯临时担任中央情报小组组长，同时任命威廉·莱希(William D. Leahy)为总统在国家情报委员会中的个人代表。[①] 美国国家对外情报体制初步形成。虽然在该体制中中央情报小组原则上具有评估和分发情报的职能，拥有协调与国家安全有关的情报活动的权力，但在资金、人员和设备等方面对国务院、陆军部和海军部的严重依赖以及组织结构上处于国家情报委员会和情报顾问委员会中间的尴尬地位使得它难以成为能够真正履行职能的实体，或许这正是在前一阶段对外情报体制之争中获胜的军方的初衷。

二、从中央情报小组到中央情报局

索尔斯上任后，首要任务便是组建中央情报小组，为此国家情报委员会在 1946 年 2 月 8 日发布题为"关于中央情报小组的政策和程序"的第 1 号指令和题为"中央情报小组的组织和职能"的第 2 号指令。第 1 号指令将中央情报小组界定为合作性部际组织，国务院、陆军部、海军部以及其他联邦部门机构均可以充分平等地参与中央情报小组的各项工作。中央情报小组应为总统以及国务院、陆军部和海军部等部门机构提供战略和国家政策情报。中央情报小组组长在向国家情报委员会提出建议前要先获得情报顾问委员会的同意或评价。如果情报顾问委员会表示赞同，中央情报小组组长可以在其职权范围内直接将建议付诸实施。一旦情报顾问委员会提出异议，中央情报小组在向国家情报委员会提出建议的同时应汇报不同意见。[②] 第 2 号指令规定国务院、陆军部和海军部应向中央情报小组提供必要的人员。中央情报小组由中央情报小组组长、管理科(Administrative Section)、中央报告办公室(Central Reports Staff)、中央计划办公室(Central Planning Staff)以及中央情报处(Central Intelligence Services)组成。当前，需要中央情报小组组长优先考虑的两项任务是为总统及国家情报委员会成员等人提供概括与国家安全和国外重大事件有关的重要发展形势的每日摘要(daily summaries)并对现有的用于收集外部情报的设备设施的情况进行调研且提出适当的建议。[③]

6 月 7 日，索尔斯在离职前向国家情报委员会提交了一份中央情报小组工作进程报告。

---

① "President Directive on Coordination of Foreign Intelligence Activities," January 22, 1946, in *FRUS*, Special Volume, 1945 - 1950, Emergence of the Intelligence Establishment, pp. 178 - 179; "Letter From Harry S. Truman to James F. Byrnes, Robert P. Patterson and James Forrestal," January 23, 1946, in Dennis Merrill (ed.), *Documentary History of the Truman Presidency*, vol. 23, doc. 19; "Letter From Harry S. Truman to William D. Leahy and Sidney W. Souers," January 23, 1946, in Dennis Merrill (ed.), *Documentary History of the Truman Presidency*, vol. 23, doc. 20.

② "National Intelligence Authority Directive No. 1," February 8, 1946, in *FRUS*, Special Volume, 1945 - 1950, Emergence of the Intelligence Establishment, pp. 329 - 331.

③ "National Intelligence Authority Directive No. 2," February 8, 1946, in *FRUS*, Special Volume, 1945 - 1950, Emergence of the Intelligence Establishment, pp. 331 - 333.

报告指出,由于战后军人大规模复员以及中央情报小组与各部门对优秀人才的竞争,中央情报小组的人员聘任工作进展缓慢。中央情报小组优先为中央计划办公室配备了人员,与战略情报分队(Strategic Service Unites)①共用人员和设施已大大缓解了管理科人员不足的问题。而且,中央情报小组组长还聘任了一些出色的顾问,如拥有丰富情报经验的著名科学家H·P·罗伯逊(H. P. Robertson)和驻苏代办、苏联问题专家乔治·凯南(George F. Kennan)。目前国家情报委员会、中央情报小组和情报顾问委员会的组织关系合理,初步组织和规划中央情报小组活动的工作已经完成,中央情报小组应尽快运转起来。为了确保中央情报小组能够完成使命,保证国家情报委员会和中央情报小组在制订、支持、协调和指导联邦情报计划方面拥有必要的权力和地位,应尽早使国家情报委员会和中央情报小组成为依法建立的机构并赋予二者独立的财政权。②

6月10日,霍伊特·范登堡(Hoyt S. Vandenberg)成为第一任正式的中央情报小组组长。当时,初建的中央情报小组在国家情报体制中尚没有实权,中央情报小组组长的权威也并非无可置疑。各部门情报机构明显排斥中央情报小组,依旧越过中央情报小组直接向总统呈送情报,拒绝与中央情报小组分享原始资料,只向中央情报小组提供少量的资金和一小部分平庸的人员。造成这种局面的主要原因是中央情报小组不是一个依法建立的机构,在财政上必须依赖国务院、陆军部和海军部的资助,仅具有初步的研究和分析能力,无力撰写战略和国家政策情报,中央情报小组组长与情报顾问委员会之间的权责关系尚不明晰。③因此,范登堡不断谋求扩大中央情报小组的权限,一心要把中央情报小组建成一个独立的、完全自给的国家情报机构。

6月20日,范登堡向情报顾问委员会提交了一份题为"中央情报小组职能"的国家情报委员会指令草案。草案的主旨是:为了让中央情报小组组长有效地履行职责,应授权中央情报小组组长从事有利于撰写战略和国家政策情报的基础性研究和分析工作。相应地,国务院、陆军部和海军部中与这一工作有关的资金、人员和设施将转归中央情报小组所有;赋予中央情报小组组长以国家情报委员会"行政代理人"(executive agent)的身份,允许他代表国家情报委员会协调和监督联邦政府的所有情报活动;由中央情报小组组长全权负责收集涉及国家安全的外部情报信息的间谍和反间谍活动以及与之相关的监视外国新闻出版和广播宣传的工作;国务院、陆军部和海军部应在各自能力范围内按中央情报小组组长的要求向中央情报小组提供必要的资金、人员、设施和其他帮助;中央情报小组有权请求追加拨款。④28日,情报顾问委员会讨论了该草案,国务卿研究和情报特别助理威廉·兰格(William L.

---

① 第9621号行政命令规定由陆军部接管战略情报局的执行职能(与国务院接管的研究和分析职能相对)。为此,陆军部组建了战略情报分队,负责接收战略情报局移交的人员、资产和档案。

② "Memorandum From the Director of Central Intelligence(Souers) to the National Intelligence Authority," June 7, 1946, in *FRUS*, Special Volume, 1945–1950, Emergence of the Intelligence Establishment, pp. 358–363.

③ Amy B. Zegart, *Flawed by Design: The Evolution of the CIA, JCS, and NSC*, pp. 180–181; William M. Leary (ed.), *The Central Intelligence Agency: History and Documents*, p. 25.

④ "Memorandum From the Director of Central Intelligence(Vandenberg) to the Intelligence Advisory Board," June 20, 1946, in *FRUS*, Special Volume, 1945–1950, Emergence of the Intelligence Establishment, pp. 375–377.

Langer)等人对部分内容提出了反对和修改意见,主要目的在于防止或尽量减少中央情报小组向各部门情报机构职权范围的渗透。7月8日,国家情报委员会将修改后的文件作为第5号指令公布。虽然增加了一些限制条件,但指令还是赋予了中央情报小组组长以从事基础性研究和分析工作、代替国家情报委员会协调联邦政府所有与国家安全有关的对外情报活动、全权负责在美国大陆及其属地之外收集涉及国家安全的外部情报信息的间谍和反间谍活动以及与之相关的监视外国新闻出版和广播宣传的工作、请求国务院和军方提供必要的各方面的帮助以及要求国家情报委员会提供追加拨款的权力。① 22日,范登堡依照国家情报委员会第5号指令对中央情报小组进行了改组,主要措施及其影响如下:解散中央报告办公室,代之以研究和评估办公室(Office of Research and Estimates),具体职责为提供国家时事情报、科学情报、技术情报、经济情报,并组织各情报机构共同撰写国家安全情报。研究和评估办公室发展迅速,中央情报小组因而很快具有了独立的情报收集和分析能力,加之杜鲁门对每日摘要的重视,此后一段时间组织撰写每日摘要而非国家情报评估报告成为中央情报小组的关注焦点;接管陆军部战略情报分队,组建专门负责间谍和反间谍工作的特别行动办公室(Office of Special Operations)。②

从7月份开始,范登堡陆续提出了一些与中央情报小组职能有关的具体问题:协调与外国原子能开发及其潜力有关的情报活动;利用与国外有联系的美国商业机构、非政府组织和个人收集外部情报;将撰写静态情报(Static Intelligence)(指描述外国基本情况的国家手册等供各机构使用的基础资料)的职责划归中央情报小组;情报顾问委员会的讨论和审议不得妨碍中央情报小组按时呈交情报评估报告;由中央情报小组协调传记情报(Biographic Intelligence)(指有关外国个人基本情况的信息)的撰写和保存工作;界定国务院、陆军部、海军部等各部门情报机构负责收集的情报的类型。随着以上问题的逐步解决,中央情报小组的收集和分析情报、撰写情报评估报告以及协调情报活

① "National Intelligence Authority Directive No. 5," July 8, 1946, in *FRUS*, Special Volume, 1945 - 1950, Emergence of the Intelligence Establishment, pp. 391 - 392.

② "Central Intelligence Group Directive No. 14," July 19, 1946, in *FRUS*, Special Volume, 1945 - 1950, Emergence of the Intelligence Establishment, p. 393; "Memorandum From the Director of Central Intelligence(Vandenberg) to the National Intelligence Authority," August 13, 1946, in *FRUS*, Special Volume, 1945 - 1950, Emergence of the Intelligence Establishment, pp. 394 - 395; "Minutes of the Sixth Meeting of the National Intelligence Authority," August 21, 1946, in *FRUS*, Special Volume, 1945 - 1950, Emergence of the Intelligence Establishment, pp. 395 - 400; "Telegram From the President's Chief of Staff(Leahy) to President Truman," August 21, 1946, in *FRUS*, Special Volume, 1945 - 1950, Emergence of the Intelligence Establishment, pp. 401 - 402; "Letter From the Director of Federal Bureau of Investigation(Hoover) to the President's Chief of Staff(Leahy)," August 23, 1946, in *FRUS*, Special Volume, 1945 - 1950, Emergence of the Intelligence Establishment, pp. 402 - 404; "Minutes of the Seventh Meeting of the National Intelligence Authority," August 26, 1946, in *FRUS*, Special Volume, 1945 - 1950, Emergence of the Intelligence Establishment, pp. 405 - 409; "Letter From the President's Chief of Staff(Leahy) to the Director of the Federal Bureau of Investigation(Hoover)," September 4, 1946, in *FRUS*, Special Volume, 1945 -1950, Emergence of the Intelligence Establishment, p. 410; "Letter From the Federal Bureau of Investigation (Hoover) to the President's Chief of Staff(Leahy)," September 6, 1946, in *FRUS*, Special Volume, 1945 - 1950, Emergence of the Intelligence Establishment, pp. 411 - 412; William M. Leary (ed.), *The Central Intelligence Agency: History and Documents*, pp. 25 - 28.

动等各项职能明显加强。①

同时,范登堡也在努力使中央情报小组成为依法建立的机构。② 1946 年 6 月 13 日,中央情报小组首席法律顾问劳伦斯·休斯顿(Lawrence Houston)向范登堡进言:中央情报小组仅具有协调的职能,而没有实权,尤其是财政支出的权力。第 358 号公法(即 1945 年独立机构拨款法)的通过使这一问题更加严重了。该法案规定,如果某一机构不能获得国会的特别拨款,那么一年后它的所有资金来源都将被切断。这意味着从 1947 年 1 月 22 日起国务院、陆军部和海军部就无法再向中央情报小组提供资金了。③ 7 月初,范登堡的法律顾问们起草出一份准备呈交白宫的中央情报局立法草案,赋予中央情报小组以独立财政权等诸多权力和明显高于各部门情报机构的地位。12 日,总统特别顾问克拉克·克利福德(Clark Clifford)在致范登堡的备忘录中抱怨草案不加区分地使用"情报"、"外部情报"、"与国家安全有关的情报"、"战略和国家政策情报"以及"国家情报任务"等词语,没有明确地分别界定它们的含义。非但如此,草案本身还有"自相矛盾"之处,且将"情报"和"对外情报"等同视之

---

① "Memorandum From the Director of Central Intelligence (Vandenberg) to the National Intelligence Authority," August 13, 1946, in *FRUS*, Special Volume, 1945 - 1950, Emergence of the Intelligence Establishment, pp. 394 - 395; "Minutes of the Sixth Meeting of the National Intelligence Authority," August 21, 1946, in *FRUS*, Special Volume, 1945 - 1950, Emergence of the Intelligence Establishment, pp. 395 - 400; "Telegram From the President's Chief of Staff (Leahy) to President Truman," August 21, 1946, in *FRUS*, Special Volume, 1945 - 1950, Emergence of the Intelligence Establishment, pp. 401 - 402; "Letter From the Director of Federal Bureau of Investigation (Hoover) to the President's Chief of Staff (Leahy)," August 23, 1946, in *FRUS*, Special Volume, 1945 - 1950, Emergence of the Intelligence Establishment, pp. 402 - 404; "Minutes of the Seventh Meeting of the National Intelligence Authority," August 26, 1946, in *FRUS*, Special Volume, 1945 - 1950, Emergence of the Intelligence Establishment, pp. 405 - 409; "Letter From the President's Chief of Staff (Leahy) to the Director of the Federal Bureau of Investigation (Hoover)," September 4, 1946, in *FRUS*, Special Volume, 1945 - 1950, Emergence of the Intelligence Establishment, p. 410; "Letter From the Federal Bureau of Investigation (Hoover) to the President's Chief of Staff (Leahy)," September 6, 1946, in *FRUS*, Special Volume, 1945 - 1950, Emergence of the Intelligence Establishment, pp. 411 - 412; "Minutes of the Eighth Meeting of the Intelligence Advisory Board," October 1, 1946, in *FRUS*, Special Volume, 1945 - 1950, Emergence of the Intelligence Establishment, pp. 419 - 424; "Minutes of the Ninth Meeting of the Intelligence Advisory Board," October 31, 1946, in *FRUS*, Special Volume, 1945 - 1950, Emergence of the Intelligence Establishment, pp. 435 - 445; "Minutes of the Tenth Meeting of the Intelligence Advisory Board," November 7, 1946, in *FRUS*, Special Volume, 1945 - 1950, Emergence of the Intelligence Establishment, pp. 455 - 458; "Memorandum From the Commanding General of the Manhattan Engineer District, Department of War (Groves) to the Atomic Energy Commission," November 21, 1946, in *FRUS*, Special Volume, 1945 - 1950, Emergence of the Intelligence Establishment, pp. 458 - 460; "Minutes of the 11th Meeting of the Intelligence Advisory Board," November 26, 1946, in *FRUS*, Special Volume, 1945 - 1950, Emergence of the Intelligence Establishment, pp. 461 - 464; "Minutes of the 12th Meeting of the Intelligence Advisory Board," December 17, 1946, in *FRUS*, Special Volume, 1945 - 1950, Emergence of the Intelligence Establishment, pp. 467 - 475; "National Intelligence Authority Directive No. 7," January 2, 1947, in *FRUS*, Special Volume, 1945 - 1950, Emergence of the Intelligence Establishment, pp. 478 - 479; "Central Intelligence Group Directive No. 18," January 23, 1947, in *FRUS*, Special Volume, 1945 - 1950, Emergence of the Intelligence Establishment, pp. 483 - 485; "Minutes of the 9th Meeting of the National Intelligence Authority," February 12, 1947, in *FRUS*, Special Volume, 1945 - 1950, Emergence of the Intelligence Establishment, pp. 487 - 488; "National Intelligence Authority Directive No. 9," April 18, 1947, in *FRUS*, Special Volume, 1945 - 1950, Emergence of the Intelligence Establishment, pp. 510 - 511.

② "Introduction of the National Security Act of 1947," in *FRUS*, Special Volume, 1945 - 1950, Emergence of the Intelligence Establishment, pp. 518 - 519.

③ "Memorandum From the General Counsel of the Central Intelligence Group (Houston) to the Director of Central Intelligence (Vandenberg)," June 13, 1946, in *FRUS*, Special Volume, 1945 - 1950, Emergence of the Intelligence Establishment, pp. 523 - 524.

的做法会让人怀疑国家情报委员会和中央情报小组试图控制联邦调查局和其他情报机构的活动。① 16日,休斯顿和情报顾问委员会秘书詹姆斯·莱(James S. Lay)在与克利福德讨论中央情报局立法草案时指出,作为国务院、陆军部和海军部"继子女"(step-child)的中央情报小组在管理方面面临诸多困难,有必要为中央情报小组立法。克利福德接受了这一建议,认为确实应该改变将中央情报小组界定为小型规划机构的做法,使其成为依法建立的具有相当规模的执行机构,并答应向总统提及此事。② 在17日的国家情报委员会第4次会议上,范登堡提出中央情报小组应有权审阅所有原始情报资料,努力满足各部门的情报需求。实现这一目标的前提条件是中央情报小组组长拥有财政和用人权,即要使中央情报小组成为依法建立的机构。国家情报委员会总体上支持范登堡的看法,指示伯恩斯与预算局讨论中央情报小组在资金方面的困难。最终,预算局、财政部和总审计局同意设立一项专由中央情报小组组长管理和使用的特别工作基金(Special Working Fund),中央情报小组由此迈出了走向独立的第一步。更令范登堡感到振奋的是,虽然杜鲁门认为不宜向本届国会提出为中央情报小组立法的问题,但他授权国家情报委员会先起草出一部准备呈给下一届国会的中央情报局立法草案。③

可是,形势很快发生变化,致使白宫无法全力支持中央情报小组的立法要求:二战刚刚结束,美国政府便开始考虑军队合并问题。1946年6月15日,杜鲁门在致参众两院陆海军事务委员会主席的信函中指出,陆军部长和海军部长已就与军队合并法案有关的12项原则达成了一致,其中包括在国防委员会(Council of National Defense)(后来改称国家安全委员会)下面设立中央情报局。不过,在其他一些问题上,陆军部和海军部之间尚存在分歧。1947年1月,陆军部长和海军部长共同建议通过包括建立中央情报局等内容在内的军队合并法案。负责起草军队合并立法草案的白宫工作小组顺势决定将建立中央情报局的问题纳入其中,且对中央情报局的职能和中央情报局局长的特权不作详细规定,以免引起国会对情报事务的过多关注和争论。④中央情报小组逐渐接受了这一事实,对1947年国防法(后来改称1947年国家安全法)草案中涉及中央情报局的部分提出了修改意见。⑤ 2月7日,国务卿

① "Introduction of the National Security Act of 1947," in *FRUS*, Special Volume, 1945 - 1950, Emergence of the Intelligence Establishment, p. 519.

② "Memorandum for the File," July 17, 1946, in *FRUS*, Special Volume, 1945 - 1950, Emergence of the Intelligence Establishment, pp. 525 - 526.

③ "Minutes of the Fourth Meeting of the National Intelligence Authority," July 17, 1946, in *FRUS*, Special Volume, 1945 - 1950, Emergence of the Intelligence Establishment, pp. 526 - 537.

④ "Introduction of the National Security Act of 1947," in *FRUS*, Special Volume, 1945 - 1950, Emergence of the Intelligence Establishment, pp. 520 - 521; "Memorandum From the Deputy of Central Intelligence(Wright) to the President's Special Counsel(Clifford)," January 28, 1947, in *FRUS*, Special Volume, 1945 - 1950, Emergence of the Intelligence Establishment, p. 560; Michael Warner (ed.), *Central Intelligence: Origin and Evolution*, p. 4.

⑤ "Memorandum From the Chief of the Legislative Liaison Division of the Central Intelligence Group(Pforzheimer) to the Director of Central Intelligence(Vandenberg)," January 23, 1947, in *FRUS*, Special Volume, 1945 - 1950, Emergence of the Intelligence Establishment, pp. 550 - 553; "Memorandum for the Record," in *FRUS*, Special Volume, 1945 - 1950, Emergence of the Intelligence Establishment, pp. 553 - 557; "Letter From the Deputy Director of the Central Intelligence(Wright) to the President's Administrative Assistant(Murphy)," January 27, 1947, in *FRUS*, Special Volume, 1945 - 1950, Emergence of the Intelligence Establishment, pp. 558 - 559; "Memorandum From the Deputy of Central Intelligence(Wright) to the President's Special Counsel(Clifford)," January 28, 1947, in *FRUS*, Special Volume, 1945 - 1950, Emergence of the Intelligence Establishment, pp. 559 - 561.

乔治·马歇尔(George Marshall)在致杜鲁门的备忘录中严厉批评了1947年国家安全法草案：目前，国务卿是国家情报委员会的主席。但在即将成立的国家安全委员会中，与军方相比，国务院在发言权方面明显处于劣势。而且，拟建的中央情报局的权力几乎不受约束。① 国务院的反对意见并未改变1947年国家安全法草案的基本内容。当月，白宫将草案呈交国会，参众两院举行了一系列听证会，而后又就法案的内容展开了激烈的辩论。草案中的情报条款受到关注，尤其是中央情报局局长应由军人还是平民担任的问题更是引起了广泛的争论。9月19日，获得通过的1947年国家安全法正式生效。法案规定，国家情报委员会解散，另外成立国家安全委员会，并在国家安全委员会下面设立中央情报局。中央情报局应在国家安全委员会的指导下履行以下职责：在涉及与国家安全有关的政府部门和机构的情报活动的事务方面向国家安全委员会提出建议；就协调与国家安全有关的政府部门和机构的情报活动这一问题向国家安全委员会提出建议；对与国家安全有关的情报进行归类和评估，并利用现有的、适当的机构和设备在政府内部分发情报，前提条件是中央情报局不得行使维持治安、传唤和执法的权力，各部门和其他机构应继续收集自身所需的情报并对其进行评估、归类和分发，中央情报局局长有责任严守有关情报来源和方法的秘密，以防未经授权的泄密；为了保证现有情报机构的利益，从事国家安全委员会认为由中央机构可以更有效地完成的以上情报机构共同关心的其他工作；履行国家安全委员会随时可能赋予的与国家安全情报有关的其他职责。② 1948年，中央情报局又将单独的中央情报局立法草案提交国会，但国会未来得及按程序对草案进行审议便休会了。1949年，中央情报局再次将草案呈送国会。6月20日，获得通过的中央情报局法正式生效，主要意义在于赋予中央情报局不受相关法律法规限制自由使用资金并按照预算局批准的数额与其他部门机构相互挪用资金的权力。③

1947年国家安全法和1949年中央情报局法的通过一方面使中央情报局成为依法建立的机构，拥有了签约、财政和用人权，另一方面也充分保护了各部门情报机构的利益，将中央情报局置于由各部门首脑组成的国家安全委员会之下，允许各部门情报机构继续从事原来的工作，且并未明确赋予中央情报局收集情报和采取秘密行动④的权力。但这一切并不意味着中央情报局的职能从此一成不变，因为1947年国家安全法规定中央情报局可以从事国

---

① "Introduction of the National Security Act of 1947," in *FRUS*, Special Volume, 1945 - 1950, Emergence of the Intelligence Establishment, pp. 521 - 522.

② "Introduction of the National Security Act of 1947," in *FRUS*, Special Volume, 1945 - 1950, Emergence of the Intelligence Establishment, p. 522; "Letter From the Director of the Central Intelligence (Hillenkoetter) to the Chairman of the Senate Armed Services Committee (Gurney)," June 3, 1947, in *FRUS*, Special Volume, 1945 - 1950, Emergence of the Intelligence Establishment, pp. 574 - 575; "Memorandum for the Record," June 19, 1947, in *FRUS*, Special Volume, 1945 - 1950, Emergence of the Intelligence Establishment, p. 576; "Central Intelligence Group Memorandum," July 21, 1947, in *FRUS*, Special Volume, 1945 - 1950, Emergence of the Intelligence Establishment, pp. 577 - 578.

③ "Introduction of the National Security Act of 1947," in *FRUS*, Special Volume, 1945 - 1950, Emergence of the Intelligence Establishment, p. 522.

④ 英文为"covert action"，国内冷战史学界通常将其译为"隐蔽行动"。在本文中，"秘密行动"和"隐蔽行动"通用。

家安全委员会认为中央机构可以更有效地完成的各部门情报机构共同关心的其他工作，国家安全委员会有权随时赋予中央情报局与国家安全有关的其他职责。

三、中央情报局职能的演变

1947 年 5 月 1 日，罗斯科·希伦科特(Roscoe Hillenkoetter)继任中央情报小组组长。由于范登堡在任时想尽一切办法扩大中央情报小组的权力，因此中央情报小组与情报顾问委员会或者说各部门情报机构负责人之间的关系一度紧张。在 6 月 26 日的国家情报委员会第 10 次会议上，希伦科特提出中央情报小组组长不需要国家情报委员会第 9 次会议授予的作为国务卿、陆军部长和海军部长"代理人"的权力，希望国家情报委员会收回成命，以改善中央情报小组组长与情报顾问委员会成员的关系。国家情报委员会接受了这一建议。① 9 月 20 日，中央情报局正式成立，希伦科特成为第一任中央情报局局长。此前，他已准备好了向即将建立的国家安全委员会提出的建议：允许中央情报局局长参加所有国家安全委员会会议；建立一个由国务卿和国防部长组成的负责指导中央情报局的国家安全委员会分委会；组建一个负责向中央情报局局长提出建议的情报顾问委员会(Intelligence Advisory Committee)；国家情报委员会的指令暂时依然有效；国家安全委员会指示中央情报局局长在 60 天内提出对中央情报局新的授权建议。26 日，国家安全委员会召开第 1 次会议，授权中央情报局局长以观察员或顾问的身份参加国家安全委员会的所有会议，同意国家情报委员会的指令短时间内依旧有效，命令希伦科特在 60 天内提出"完善以往指令的授权建议"，但没有就筹建国家安全委员会分委会和情报顾问委员会等问题做出决定。② 10 月 10 日，国家安全委员会执行秘书索尔斯对希伦科特建立情报顾问委员会的提议进行了修改，删去了有关中央情报局局长应按照两个或两个以上情报顾问委员会成员的要求向国家安全委员会提出建议的规定。结果，国家安全委员会授权按照索尔斯的主张组建情报顾问委员会。③

11 月，希伦科特如期向国家安全委员会提出了修改国家情报委员会指令的建议，详细

---

① "Minutes of the 10th Meeting of the National Intelligence Authority," June 26, 1947, in *FRUS*, Special Volume, 1945 - 1950, Emergence of the Intelligence Establishment, pp. 766 - 776.

② "Introduction of the National Security Act of 1947," in *FRUS*, Special Volume, 1945 - 1950, Emergence of the Intelligence Establishment, pp. 522 - 523; "Memorandum From the Director of Central Intelligence (Hillenkoetter) to the National Security Council," September 19, 1947, in *FRUS*, Special Volume, 1945 - 1950, Emergence of the Intelligence Establishment, pp. 583 - 585; "Memorandum From the Director of Central Intelligence (Hillenkoetter) to the National Security Council," September 19, 1947, in *FRUS*, Special Volume, 1945 - 1950, Emergence of the Intelligence Establishment, p. 586; "Memorandum From Acting Secretary of State Lovett to the Director of Central Intelligence Hillenkoetter," September 23, 1947, in *FRUS*, Special Volume, 1945 - 1950, Emergence of the Intelligence Establishment, pp. 587 - 588; "Minutes of the First Meeting of the National Security Council," September 26, 1947, in *FRUS*, Special Volume, 1945 - 1950, Emergence of the Intelligence Establishment, pp. 588 - 590; "Memorandum From Roscoe H. Hillenkoetter to George C. Marshall, Robert P. Patterson and James Forrestal," September 11, 1947, in Dennis Merrill (ed.), *Documentary History of the Truman Presidency*, Vol. 23, doc. 42.

③ "Introduction of the National Security Act of 1947," in *FRUS*, Special Volume, 1945 - 1950, Emergence of the Intelligence Establishment, p. 523; "Memorandum From the Executive Secretary of the National Security Council (Souers) to the National Security Council," October 10, 1947, in *FRUS*, Special Volume, 1945 - 1950, Emergence of the Intelligence Establishment, p. 591.

规定了中央情报局的职能和中央情报局局长的权力。该建议遭到各部门情报机构负责人的普遍反对。[①] 20日,情报顾问委员会召开会议,中央情报局局长与各部门情报机构负责人就修改国家情报委员会指令的问题展开了激烈的争论。多数部门情报机构负责人认为应大范围地修改希伦科特的建议。会议决定建立一个特别工作小组,专门负责修改国家情报委员会指令。但事实证明,希伦科特无法接受至少是无法完全接受特别工作小组的修改意见。不过,中央情报局与各部门情报机构的紧张关系很快缓和下来。在12月12日的国家安全委员会第3次会议上,各部门情报机构一致承认中央情报局局长拥有协调权,承诺向中央情报局局长提供其对情报进行综合分析所需的资料,并讨论通过了详细规定中央情报局职能和中央情报局局长权力的国家安全委员会第1号情报指令(NSCID1)。指令的主要内容为:应建立一个负责向中央情报局局长提供建议的由国务院、陆军部、海军部、空军部、参谋长联席会议、原子能委员会的情报负责人或他们的代表组成的情报顾问委员会;在1947年国家安全法第102条第(5)款授权的范围内,中央情报局局长或由他指定的代表将通过与有关部门和机构负责人达成的协议调研和检查他认为必要的、与他向国家安全委员会提供咨询和就协调情报活动一事提出建议的职责有关的涉及国家安全的各联邦部门机构的部门情报资料;中央情报局局长应负责利用现有情报设施和部门情报整理出与国家安全有关的情报(简称国家情报),但要尽量不重复进行各部门机构的情报活动和研究工作;中央情报局局长应向总统、国家安全委员会成员、情报顾问委员会组成机构的情报负责人以及国家安全委员会随时可能指定的政府部门机构分发国家情报。所分发的情报必须得到各情报机构的正式同意或经同意附上说明明显不同意见的报告;为了确保现有各情报机构的利益,中央情报局局长应承担起国家安全委员会认为由中央机构可以更有效地完成的、这些机构共同关心的工作;各部门机构的情报组织应在其职责范围内保持与中央情报局以及彼此间的情报信息或情报交流;情报组织应尽力提供或收集中央情报局局长或其他某个部门机构要求获得的情报;中央情报局局长应与各部门机构达成协议,向中央情报局选派中央情报局局长可以直接任命者之外的具有顾问、一线工作或其他方面经验和才能的人员。在任何情况下,这些部门的人员都要按照各个部门必要的人事程序行事。[②] 国家安全委员会第1号情报指令的意义在于正式赋予中央情报局局长以协调和检查情报界工作以及分析和分发情报的权力。相应地,各情报部门机构则有义务依照规定收集或提供中央情报局局长要求获得的情报并选派

---

① "Introduction of Hillenkoetter's Tenure as Director of Central Intelligence," in *FRUS*, Special Volume, 1945-1950, Emergence of the Intelligence Establishment, p. 749; "Memorandum From the Director of the Policy Planning Staff (Kennan) to the Under Secretary of State(Lovett)," November 18, 1947, in *FRUS*, Special Volume, 1945-1950, Emergence of the Intelligence Establishment, p. 807.

② "Introduction of Hillenkoetter's Tenure as Director of Central Intelligence," in *FRUS*, Special Volume, 1945-1950, Emergence of the Intelligence Establishment, pp. 749 - 750; "Memorandum From the Executive Secretary of the National Security Council(Souers) to the National Security Council," December 10, 1947, in *FRUS*, Special Volume, 1945-1950, Emergence of the Intelligence Establishment, pp. 822-823; "Minutes of the 3d Meeting of the National Security Council," December 12, 1947, in *FRUS*, Special Volume, 1945 - 1950, Emergence of the Intelligence Establishment, pp. 823-826; "National Security Council, NSCID 1," December 12, 1947, in Michael Warner (ed.), *CIA Cold War Records: The CIA under Harry Truman*, doc. 34.

中央情报局局长所需的人员。

1946年年底,随着美苏关系的恶化,陆军部、海军部和国务院开始讨论开展心理战的问题。1947年12月9日,国家安全委员会批准了题为"心理行动"的NSC4-A号文件。文件指出,根据1947年国家安全法第102条第4款第(5)项的规定(国家安全委员会随时可以赋予中央情报局与国家安全有关的其他职能),授权中央情报局开展心理战。为了确保以上行动与美国的外交政策和军事战略相一致,中央情报局与此相关的所有政策指令和计划必须获得国家安全委员会特别小组的批准,且应充分考虑有关地区的美国外交和军事负责人的意见。12月22日,中央情报局在特别行动办公室内设立了职责为组织开展心理战的特别程序小组(Special Procedures Group)。① 1947年年底至1948年上半年,以操控意大利大选为中心,中央情报局在欧洲采取了一系列心理战行动,成效显著,心理战控制权再次成为各部门关心的问题。经过一个月激烈的争论,1948年6月17日国家安全委员会批准了名为"国家安全委员会关于特别计划办公室的指令"的NSC10/2号文件,主要内容是:撤销中央情报局特别程序小组,另设特别计划办公室(Office of Special Projects),专门负责秘密行动;特别计划办公室主任由国务院任命,但需中央情报局局长认可;特别计划办公室主任有权直接向中央情报局局长汇报工作。为了最大程度地提高效率,特别计划办公室将在中央情报局其他下属机构之外单独开展工作;中央情报局有责任与国务卿和国防部长的指定代表协商,以确保秘密行动与美国的外交政策和军事战略协调一致。如果双方意见不一,应由国家安全委员会予以裁决。该指令使国务院和国防部对中央情报局采取秘密行动的权力形成了有效的制约,且特别计划办公室自成立之日起便成为中央情报局内部的一个半自治机构。②

1948年1月13日,国家安全委员会第5次会议决定组建情报调研小组,全面客观地考察中央情报局的组织、活动和人员情况,并提出相应的建议。③ 2月13日,索尔斯在致艾伦·杜勒斯(Allen Dulles)、马赛厄斯·科雷亚(Mathias Correa)和威廉·杰克逊(William H. Jackson)的备忘录中授权三人按照以上决议进行调研。④ 1949年1月1日,情报调研小组向国家安全委员会提交了名为"中央情报组织和国家情报组织"的最终报告。报告的主要

---

① "Memorandum From the Executive Secretary(Souers) to the Members of the National Security Council," December 9, 1947, in *FRUS*, Special Volume, 1945-1950, Emergence of the Intelligence Establishment, pp. 643-645; William M. Leary (ed.), *The Central Intelligence Agency: History and Documents*, pp. 39-40; 白建才:《冷战初期美国"隐蔽行动"政策的制订》,《陕西师范大学学报》(哲学社会科学版)2003年第4期,第5～7页。

② "Introduction of Psychological and Political Warfare," in *FRUS*, Special Volume, 1945-1950, Emergence of the Intelligence Establishment, pp. 616-621; "National Security Council, NSC10/2," 18 June 1948, in Dennis Merrill, *Documentary History of the Truman Presidency*, vol. 23, doc. 70; William M. Leary (ed.), *The Central Intelligence Agency: History and Documents*, pp. 41-42; 白建才:《论冷战期间美国的"隐蔽行动"战略》,《世界历史》2005年第5期,第58～59页。

③ "Letter From Sherman Kent to Director of Central Intelligence Hillenkoetter," February 9, 1948, in *FRUS*, Special Volume, 1945-1950, Emergence of the Intelligence Establishment, p. 837.

④ "Memorandum From the Executive Secretary of the National Security Council(Souers) to the Allen W. Dulles, Mathias F. Correa, and William H. Jackson," February 13, 1948, in *FRUS*, Special Volume, 1945-1950, Emergence of the Intelligence Establishment, p. 841.

观点如下：中央情报局与国家安全委员会的关系合理，但应授权并鼓励中央情报局通过中央情报局局长与国务卿和国防部长建立更紧密的联系；无需修改1947年国家安全法关于中央情报局职责的规定，而应促使中央情报局真正地履行这些职责。首先，中央情报局尚未有效地行使协调情报活动的职能，情报职责重叠的现象依然存在，中央情报局以及军方和国务院的情报机构基本上仍在各行其是，这一点在科技情报以及与国家安全有关的国内情报和反情报领域体现得尤为明显。为了大力加强情报顾问委员会在协调情报活动方面的职能，需要在中央情报局内部专门设立一个负责协调情报活动的“协调科”(Coordination Division)。其次，中央情报局没有很好地完成撰写国家情报的任务。负责撰写国家情报的报告和评估办公室同时还要考虑其他各类报告和摘要的问题，无力专注于国家情报这项最重要的工作。而且，它是根据自己的研究和分析结果撰写国家情报的，没有让各部门情报机构充分地参与其中。鉴于此，中央情报局应以一个名为“评估科”(Estimates Division)的小型专家组替代报告和评估办公室，职责是查阅中央情报局和其他情报机构的情报报告，撰写供情报顾问委员会审议的国家情报评估初稿。情报顾问委员会各成员机构均要对经情报顾问委员会讨论修改的国家情报评估负责。同时，为了确保国内外情报工作的协调一致，应使联邦调查局成为情报顾问委员会的正式成员机构，并允许其他政府机构在情报顾问委员会讨论与其有关的议题时发表意见。再次，由中央情报局从事的各部门情报机构共同关心的工作主要指撰写静态情报和通过秘密行动收集某类情报。当前，撰写静态情报是报告和评估办公室的职责。如果将撰写国家情报的职能赋予新建的评估科，那么可以将报告和评估办公室重组为负责撰写各类报告的“研究和报告科”(Research and Reports Division)。中央情报局承担的收集某类情报的工作包括在美国国内收集情报、借助特别行动办公室收集国外机密情报以及通过政策协调办公室(Office of Policy Coordination)在国外采取秘密行动。事实上，三者是密不可分的，且在机密和安全方面具有共性，与中央情报局的其他下属机构明显不同。因此，建议由新建的“行动科”(Operations Division)统一负责这三项工作，或许还可以将外国广播新闻处(Foreign Broadcast Information Branch)合并过来。“行动科”在管理方面是完全独立的，具有半自治机构的性质；在管理和工作指导方面的主要不足是中央情报局的指示、管理组织和行动没有真正地为行使职能服务，致使中央情报局似乎变成了与各部门情报机构竞争的又一个情报机构。造成这种后果的主要原因是中央情报局过分关注管理，有时甚至将管理工作置于制定情报政策之上。因此，中央情报局局长应时刻注意本部门的行动，随时给予指导；出于保证各任中央情报局局长都有较长任期并摆脱军方束缚的考虑，中央情报局局长一职应由平民或退伍军人担任。①

4月7日，国家安全委员会召开第37次会议，研究情报调研小组报告。由于报告长达163页，且各情报机构对报告褒贬不一，因此国家安全委员会决定委托国务卿和国防部长在

① “Report From the Intelligence Survey Group to the National Security Council,” January 1, 1949, in *FRUS*, Special Volume, 1945－1950, Emergence of the Intelligence Establishment, pp. 903－911.

与财政部长和司法部长协商后参照本次会议的讨论情况向国家安全委员会提出具体的行动建议。① 7月1日，国务卿迪安·艾奇逊(Dean Acheson)和国防部长路易斯·约翰逊(Louis Johnson)联合向国家安全委员会提交了NSC50号文件。文件大体上仅保留了情报调研小组报告中的建议部分，并对各项建议做出了评价，即支持某些建议，部分或完全否定了另外一些建议，同时提出了替代性或经过修正的行动方针。例如，NSC50号文件同意情报顾问委员会应更加积极地参与情报协调工作，建议正式任命中央情报局局长为情报顾问委员会主席，但拒绝接受中央情报局局长和情报顾问委员会对国家情报评估过程集体负责的意见，主张中央情报局撰写的所有国家情报评估均应提交情报顾问委员会审议，一旦出现异议则由中央情报局局长将国家情报评估和不同意见一并呈送国家安全委员会裁定。再如，NSC50号文件认同中央情报局局长应有较长任期的观点，建议中央情报局局长要由平民担任，军人担任这一职务的前提是退伍或此次任职是最后一次服役。总体上，NSC50号文件只是部分地赞同情报调研小组对中央情报局领导不利的指责，批评的语气相对温和。② 7月7日，国家安全委员会召开第43次会议，决定指示国务卿和国防部长的代表进一步研究拟建的“行动科”单独管理的可行性，同时批准了NSC50号文件的其他建议。③ 22日，国务卿和国防部长的代表指出应对中央情报局公开和秘密的行动分别予以管理，从而肯定了情报调研小组的看法。④

10月7日，希伦科特向国家安全委员会汇报了依据NSC50号文件第6条改组中央情报局一事的进展情况：已经起草了将特别行动办公室、政策协调办公室和行动办公室(Office of Operations)中的联络小组合并为行动科的计划，并将这一计划提交国务院和国防部审议；正在起草重组研究和评估办公室的计划；准备提高部际协调和规划办公室(Interdepartmental Coordinating and Planning Staff)的业务水平。⑤ 12月27日，希伦科特又向国家安全委员会汇报了NSC50号文件第4条“需要协调或注意的具体情报问题”的执行情况：1949年1月1日建立的中央情报局科技情报办公室(Office of Scientific Intelligence)已经开始同其他相关政府机构一同处理科技情报事务了。1949年10月18日中央情报局又组建了一个部际科技情报委员会(Interdepartmental Scientific Intelligence

---

① “Memorandum From the President of Discussion at the 37th Meeting of the National Security Council,” April 7, 1949, in *FRUS*, Special Volume, 1945-1950, Emergence of the Intelligence Establishment, pp. 965-967.

② “Introduction of Hillenkoetter's Tenure as Director of Central Intelligence,” in *FRUS*, Special Volume, 1945-1950, Emergence of the Intelligence Establishment, pp. 755-756; “Report by Secretary of State Acheson and Secretary of Defense Johnson to the National Security Council,” July 1, 1949, in *FRUS*, Special Volume, 1945-1950, Emergence of the Intelligence Establishment, pp. 974-984.

③ “Memorandum From the President of Discussion at the 43d Meeting of the National Security Council,” July 7, 1949, in *FRUS*, Special Volume, 1945-1950, Emergence of the Intelligence Establishment, pp. 984-986.

④ “Memorandum From General Joseph T. McNarney to the Executive Secretary of the National Security Council (Souers),” July 22, 1949, in *FRUS*, Special Volume, 1945-1950, Emergence of the Intelligence Establishment, pp. 988-990.

⑤ “Memorandum From the Director of Central Intelligence Hillenkoetter to the Executive Secretary of the National Security Council(Souers),” October 7, 1949, in *FRUS*, Special Volume, 1945-1950, Emergence of the Intelligence Establishment, pp. 1016-1017.

Committee)，专门负责制订、支持和协调科技情报工作计划；联邦调查局局长已成为情报顾问委员会的正式成员机构，而且中央情报局特别行动办公室正谋求在相关事务方面与联邦调查局密切合作；情报顾问委员会已就危机期间应加快情报工作这一原则达成一致，但在实施方法上各方的看法尚不统一；中央情报局将继续为总统和国家安全委员会撰写每日和每周摘要；利用外国团体和个人获取情报的工作正在顺利进行当中；中央情报局已经明显加强了与相关机构在远东和欧洲占领区秘密情报工作方面的合作；正在等待国家安全委员会批准有关利用在美国国内的外国叛逃者获取情报的建议；中央情报局特别行动办公室已大力加强了同联邦调查局在国外反间谍活动方面的合作；改组中央情报局报告和评估办公室的工作正在进行当中；已经解决了在长期和部际的基础上规划情报撰写工作的问题。① 1950年5月，国务院和国防部联合就撰写国家情报评估一事提出建议，对国家情报评估的撰写程序进行了详细的规定，进一步限制了中央情报局在撰写国家情报评估方面的权力。可是，直至7月份希伦科特才接到这份报告。那时，朝鲜战争已经爆发，杜鲁门政府无暇他顾。②

虽然中央情报局撰写了一些有关朝鲜半岛的情报评估报告，也提及战争爆发的可能性，但措词的力度并不足以引起国家安全委员会的注意，因此美国并没有提前做好战争准备。更为严重的是，战争之初中央情报局报告和评估办公室提交的朝鲜半岛局势分析报告漏洞百出。8月2日，《纽约先驱论坛报》就美国情报系统的失误问题发表了一篇尖锐的批评性文章。文章认为，除朝鲜问题外，美国情报系统还未能准确地预见"捷克斯洛伐克的陷落"、铁托对莫斯科的"背叛"、中国国民党的垮台、以色列在巴勒斯坦地区的胜利以及拉美各国在1947年波哥大会议上的情绪。③ 面对这种局面，1950年10月接任中央情报局局长的沃尔特·B·史密斯(Walter B. Smith)决心改革中央情报局的组织结构和运行机制，主要措施如下：扩大中央情报局局长的权限；撤销报告和评估办公室，另设负责撰写协调一致的国家情报评估的国家评估办公室(Office of National Estimates)；组建研究和报告办公室(Office of Research and Reports)，其研究和分析工作主要针对"苏联集团"国家的经济状况；建立负责同国外联络并向国外秘密行动提供后勤支援的行政办公室(Administrative Office)；将通讯情报小组(COMINT unit)改组为时事情报办公室(Office of Current Intelligence)，职责是以时事情报公报(Current Intelligence Bulletin)的形式对瞬息万变的事态做出迅速的分析和评估，为秘密行动提供情报支持；将特别行动办公室和政策协调办公室合并为规划处(Directorate of Plans)。④ 朝鲜

---

① "Memorandum From the Director of Central Intelligence Hillenkoetter to the Executive Secretary of the National Security Council (Souers)," December 27, 1949, in *FRUS*, Special Volume, 1945 - 1950, Emergence of the Intelligence Establishment, pp. 1045 - 1049.

② "Introduction of Hillenkoetter's Tenure as Director of Central Intelligence, " in *FRUS*, Special Volume, 1945 - 1950, Emergence of the Intelligence Establishment, p. 756.

③ William M. Leary (ed.), *The Central Intelligence Agency: History and Documents*, pp. 25 - 28; [美] 约翰·兰尼拉格：《中央情报局》，第212～216页。

④ [美] 约翰·兰尼拉格：《中央情报局》，第218～220，224～225，227～229，231页；G. J. A. O'Toole, *The Encyclopedia of American Intelligence and Espionage: From the Revolution War to the Present*, pp. 97 - 99, 115 - 116; William M. Leary (ed.), *The Central Intelligence Agency: History and Documents*, pp. 29 - 35; http://www.Spartacus.Schoolnet.co.uk/JFKclineR.htm(下载时间为2007年10月10日)。

战争还促使美国进一步完善隐蔽行动战略。1951 年 10 月 23 日的 NSC10/5 号文件再次强调开展和加强秘密行动的必要性，决定由 1951 年 4 月 4 日建立的心理战略委员会(Psychological Strategy Board)评估重要秘密行动计划的可行性，重新赋予中央情报局局长从事秘密活动的职责，并要求他与国务院、国防部和心理战略委员会的代表充分协商。至此，杜鲁门政府不仅建立了实施隐蔽行动的一整套组织体系，确定了隐蔽行动的具体内容，而且明确了隐蔽行动的范围和步骤以及给苏联的权力结构和以苏联为首的社会主义国家关系造成最大紧张的最终目标。①

1953 年 2 月 26 日，前情报调研小组成员、时任中央情报局副局长的杜勒斯升任中央情报局局长，他由史密斯手中继承下来的研究和分析团队确保了评估文件的可靠性和权威性。同样是新上任的德怀特·艾森豪威尔(Dwight D. Eisenhower)总统非常重视中央情报局，为中央情报局提供了充足的财政支持，让中央情报局参与各个层次的外交政策讨论，并接受了中央情报局做出的斯大林去世后苏联新的统治者会将注意力集中于国内事务而不会对外采取冒险行动的重要判断。此外，他还大大提高了国家安全委员会在决策系统中的地位，随之而来的是国家安全委员会要在起草政策文件前仔细研读中央情报局国家情报评估报告，以做到言之有据。从这个意义上讲，艾森豪威尔政府时期情报文件已被制度性地纳入最高决策层的阅读范围。② 此间，中央情报局在情报收集技术方面也取得了长足的进步，主要表现为 U-2 飞机和间谍卫星的研制成功和实际应用。③

然而，无论是杜勒斯还是艾森豪威尔最重视的都是秘密行动。1953～1961 年，中央情报局的秘密行动集中于西欧、远东和拉美，所用资金占总开支的 54%，人员也相应地增加了约 1 000 人。④ 随着秘密行动的深入开展，美国政府着手加强秘密行动管理工作。1954 年 3 月 15 日，艾森豪威尔批准了题为“秘密行动”的 NSC5412 号文件，NSC10/5 号文件就此作

---

① “Paper Prepared by the Central Intelligence Agency,” February 23, 1967, in *FRUS*, 1964 - 1968, vol. 33, Organization and Management of U. S. Foreign Policy; United Nations, Washington: United States Government Printing Office, 2004, doc. 263; Christopher Andrew, *For the President's Eyes Only: Secret Intelligence and the American Presidency from Washington to Bush*, New York: HarperCollins Publishers, 1995, pp. 192 - 193; William M. Leary (ed.), *The Central Intelligence Agency: History and Documents*, pp. 35, 43 - 44; 白建才：《冷战初期美国“隐蔽行动”政策的制订》，第 10 页。

② [美]约翰·兰尼拉格：《中央情报局》，第 254，267，275～276，280～281 页。

③ Loch K. Johnson, *Secret Agencies: U. S. Intelligence in a Hostile World*, London: Yale University Press, 1996, p. 33; Stephen E. Ambrose, *Ike's Spies: Eisenhower and the Espionage Establishment*, New York: Doubleday & Company, Inc., 1981, pp. 265 - 292; James A. Nathan, “A Fragile Detante: The U - 22 Incident Re-examined,” *Military Affairs*, vol. 39, no. 3(October 1975), pp. 97 - 104; William M. Leary (ed.), *The Central Intelligence Agency: History and Documents*, pp. 67 - 72.

④ Stansfield Turner and Allen Mikaelian, *Burn Before Reading: Presidents, CIA Directors and Secret Intelligence*, New York: Hyperion, 2005, pp. 72, 77, 83 - 88; Douglas Little, “Mission Impossible: The CIA and the Cult of Covert Action in the Middle East,” *Diplomatic History*, vol. 28, no. 5(November 2004), pp. 664 - 666; Rhodri Jeffreys-Jones, *Cloak and Dollar: A History of Secret Intelligence*, London: Yale University Press, 2002, pp. 169 - 171; Mostafa T. Zahrani, “The Coup That Changed the Middle East: Mossadeq v. the CIA in Retrospect,” *World Policy Journal* (Summer 2002), pp. 92 - 99; Abrahamian Ervand, “The 1953 Coup in Iran,” *State & Society*, vol. 66, no. 2(Summer 2001), pp. 182 - 215; Stephen E. Ambrose, *Ike's Spies: Eisenhower and the Espionage Establishment*, pp. 189 - 234, 293 - 306; William M. Leary (ed.), *The Central Intelligence Agency: History and Documents*, pp. 54 - 55, 57 - 58, 61.

废。NSC5412 号文件指出,国家安全委员会已赋予中央情报局从事对外间谍和反间谍活动的职责,本指令进一步指示中央情报局承担起在国外采取秘密行动的责任,而不再单独新建一个专门负责秘密行动的机构。中央情报局局长在秘密行动方面的职责是为确保秘密行动计划的制订和执行与美国的外交和军事政策以及公开活动协调一致而与国务卿和国防部长的指定代表协商,征求行动协调委员会(Operations Coordinating Board)(根据 1953 年 9 月 2 日的第 10483 号总统行政命令成立的取代心理战略委员会、专门负责执行国家安全委员会指令的机构)以及其他适当的政府部门机构的意见,并通过合适的渠道通知美国政府相关机构中央情报局即将执行的秘密行动计划。① 1955 年 12 月 28 日,艾森豪威尔又批准了 NSC5412 号文件的修订版 NSC5412/2 号文件,决定成立由国务卿和国防部长指定的助理部长或助理部长以上级别的代表与总统代表组成的特别工作小组,任务是审批中央情报局提出的秘密行动计划并统一安排国务院、国防部和中央情报局提供相应的支持。② 部分地为了掩人耳目,防止国会强化对情报活动的监督,1956 年 1 月艾森豪威尔政府还组建了由退休高级官员和各界杰出人物组成的总统对外情报活动顾问委员会(President's Board of Consultants on Foreign Intelligence Activities)。该委员会仅负责向总统提出建议,没有行政权。③

1958 年,出于加强中央情报局局长对情报界控制的考虑,艾森豪威尔修改了国家安全委员会第 1 号情报指令,明确规定现有部门和机构有责任协助中央情报局局长提高情报界的行动效率和情报质量。为此,应建立一个以中央情报局局长为首的美国情报委员会(United States Intelligence Board),职责是通过一系列由各机构官员组成的委员会协调情报界的活动。④ 1959 年秋,按照预算局的建议,艾森豪威尔决定成立美国政府对外情报活动联合研究小组(Joint Study Group on the Foreign Intelligence Activities of the United States Government),探讨对外情报机构的管理和运作问题。1960 年 12 月 15 日,联合研究小组提交了最终研究报告。1961 年 1 月 13 日,国家安全委员会批准了报告中提出的大部分建议。该报告为约翰·肯尼迪(John F. Kennedy)总统的情报改革奠定了基础。⑤

1961 年 5 月 4 日肯尼迪发布了第 10938 号行政命令,撤销了总统对外情报活动顾问委

---

① NSC5412, "Covert Operations," March 15, 1954, Reproduced from *Digital National Security Archive*(以下简称 DNSA), ProQuest Information and Learning Company, 2007, PD00393.

② NSC5412/2, "Covert Operations," December 28, 1955, Reproduced from *DNSA*, PD00395.

③ [美]约翰·兰尼拉格:《中央情报局》,第 326～327 页。

④ Michael Warner (ed.), *Central Intelligence: Origin and Evolution*, p. 8.

⑤ "Editorial Note," in *FRUS*, 1961 - 1963, vol. 25, Organization of Foreign Policy; Information Policy; United Nations; Scientific Matters, Washington: United States Government Printing Office, 2001, doc. 78; "Memorandum of Discussion at the 473d Meeting of the National Security Council," January 5, 1961, in *FRUS*, 1961 - 1963, vol. 25, Organization of Foreign Policy; Information Policy; United Nations; Scientific Matters, doc. 80; "Report From the Chairman of the President's Board of Consultants on Foreign Intelligence Activities (Hull) to President Eisenhower," January 5, 1961, in *FRUS*, 1961 - 1963, vol. 25, Organization of Foreign Policy; Information Policy; United Nations; Scientific Matters, doc. 82; "Memorandum of Discussion at the 474th Meeting of the National Security Council," January 12, 1961, in *FRUS*, 1961 - 1963, vol. 25, Organization of Foreign Policy; Information Policy; United Nations; Scientific Matters, doc. 84.

员会，取而代之的是由一些杰出公民组成的总统对外情报顾问委员会(President's Foreign Intelligence Advisory Board)，任务是不断全面评估中央情报局以及其他与对外情报事务有关的联邦部门机构的职能，监督中央情报局的秘密活动，向总统汇报美国情报人员的表现、进步和问题，并就对外情报目标和活动向总统提出建议。这一切并不意味着肯尼迪不再重视隐蔽行动了。相反，1961～1962 年他共批准了 550 项包括向国外友好政治家提供秘密资助、暗杀外国领导人和发动准军事行动在内的隐蔽行动计划。同时，为了防止因猪湾事件失去白宫的信任，中央情报局决定将"每日摘要"升级为"总统情报简报"(President's Intelligence Checklist)，加入中央情报局行动汇报等新内容，且更加注重简洁凝炼。总统情报简报很快成为肯尼迪最乐于阅读的文件之一。①

1963 年 12 月 27 日，刚刚入主白宫的兰登·约翰逊(Lyndon B. Johnson)总统在与中央情报局局长约翰·麦康(John A. McCone)讨论情报事务时表示，中央情报局不宜作为"秘密机关"存在，而应重新充当总统情报顾问。同样，与杜勒斯不同，麦康对情报收集和分析活动的兴趣远远大于对秘密行动的兴趣，②但这并非是说情报收集和分析在各方面都对决策产生了更大的影响，越南问题便是明证。除 1963～1964 年初以外，中央情报局一直对卷入越战持悲观看法，屡次指出美国很难在这场战争中取胜。约翰逊却认为中央情报局的报告日益偏离政策需求，在协助美军打赢越战方面没有多大价值，因此越来越不愿接受情报分析得出的结论。虽然规划处在麦康掌权期间没有受到足够的重视，可中央情报局的秘密活动并未因此减少。相反，随着冷战主战场向第三世界转移，1963 年以后中央情报局开始更加频繁地在古巴、老挝、越南和非洲采取秘密行动。此时，批准秘密行动的权力进一步集中于白宫"5412 委员会"下设的反情报特别小组手中。开支和危险性是决定中央情报局是否需要将某一秘密行动计划提交反情报特别小组审议的标准：前者的界限是 25 000 美元；后者的衡量尺度包括暴露的可能性、成功几率和政治敏感程度。1964 年，约翰逊政府通过第 303 号国家安全行动备忘录(NSAM303)将反情报特别小组更名为"303 委员会"，构成和职责保持不变。③

---

① "Editorial Note," in *FRUS*, 1961 - 1963, vol. 25, Organization of Foreign Policy; Information Policy; United Nations; Scientific Matters, doc. 87; "Editorial Note," in *FRUS*, 1964 - 1968, vol. 33, Organization and Management of U. S. Foreign Policy; United Nations, doc. 183; Piero Gleijeses, "Ships in the Night: The CIA, the White House and the Bay of Pig," *Journal of Latin American Studies*, vol. 27, no. 1(February 1995), pp. 1 - 42; Aiyaz Husain, "Covert Action and US Cold War Strategy in Cuba, 1961 - 62," *Cold War History*, vol. 5, no. 1 (February 2005), pp. 28 - 40; Christopher Andrew, *For the President's Eyes Only: Secret Intelligence and the American Presidency from Washington to Bush*, pp. 265 - 266, 271 - 272; William M. Leary (ed.), *The Central Intelligence Agency: History and Documents*, p. 79; 王伟：《"猫鼬计划"——肯尼迪政府的秘密军事计划》，《吉林师范大学学报》(人文社会科学版)2006 年第 2 期，第 29～35 页；[美] 约翰·兰尼拉格：《中央情报局》，第 327～328、424～450 页。

② "Editorial Note," in *FRUS*, 1964 - 1968, vol. 33, Organization and Management of U. S. Foreign Policy; United Nations, doc. 184.

③ "National Security Action Memorandum 303," June 2, 1964, in *FRUS*, 1964 - 1968, vol. 33, Organization and Management of U. S. Foreign Policy; United Nations, doc. 204; Christopher Andrew, *For the President's Eyes Only: Secret Intelligence and the American Presidency from Washington to Bush*, pp. 262 - 266; William M. Leary (ed.), *The Central Intelligence Agency: History and Documents*, pp. 82 - 83; [美] 约翰·兰尼拉格：《中央情报局》，第 489～510 页。

20世纪60年代上半期，先是古巴导弹危机的爆发，后是美国逐渐卷入越战，部分美国公众因此不再认为苏联是肆无忌惮地寻求扩张的强权国家，也不再认为共产主义是唯恐避之不及的恶魔，他们思考的更多的是核时代对抗可能导致两败俱伤的问题。在这种形势下，人们对以秘密行动见长的中央情报局越来越不信任，希望它真正地成为能够对世界形势做出准确判断的专业机构，加之理查德·尼克松(Richard Nixon)总统和总统国家安全事务助理亨利·基辛格(Henry A. Kissinger)都对书面情报有着浓厚的兴趣，于是中央情报局的工作重点由秘密行动转向情报收集与分析。① 1970年2月17日，第40号国家安全决议备忘录(NSDM40)出台，NSC5412/2号文件就此失效。该备忘录继续强调秘密行动对于美国防务和安全的重要性，重申中央情报局局长负有协调和组织秘密行动的职责，赋予替代"303委员会"的"40委员会"批准重要或具有政治敏感性的秘密行动的权力，且将司法部长增列为"40委员会"成员。② 1971年11月5日，总统在致内阁部长和情报界高级决策人的题为"美国对外情报界的组织和管理"的备忘录中指出，当前对外情报界亟待解决的首要问题是改善情报质量和提高情报资源利用率。具体措施如下：赋予中央情报局局长制订、审议、协调和评估情报计划，组织实施情报活动以及撰写国家情报的权力。为此，成立协助中央情报局局长制订整个情报界预算的情报资源顾问委员会(Intelligence Resources Advisory Committee)；重组国家情报委员会，赋予其协助中央情报局局长反映国家情报需求、确定各项情报工作的重点、保证国家情报资料分发和保密工作的顺利进行并确保情报来源和方法的安全等职责；建立国家安全委员会情报分委会(National Security Council Intelligence Committee)，职责为确定情报需求并从情报使用者的角度对情报质量做出评价；在国家安全事务委员会(National Security Council Staff)中设立净评估小组(Net Assessment Group)，负责全面审阅和评价情报文件，并就美国与敌国间的实力对比做出评估。③ 根据尼克松备忘录的指示，1972年2月17日国家安全委员会发布了修改后国家安全委员会第1号情报指令。指令赋予中央情报局局长四项重要职责：规划和审议整个情报界的活动和开支，并就此事向白宫做出年度汇报；为总统及其他决策人撰写国家情报；领导情报界顾问小组；确定情报需求及工作重点。在履行以上职责的过程中，中央情报局局长应遵循提高工作效率、提供更优质及时的情报、行使领导整个情报界的职权三项原则。④

1973年上半年，中央情报局训练西藏游击队、秘密破坏智利经济以及卷入水门窃听案

① 虽然如此，中央情报局在决策系统中的地位还是下降了。以往，按照惯例中央情报局局长总是在国家安全委员会会议一开始便就所有议题做一简短介绍，并全程参加会议，以解答问题或处理讨论过程中遇到的难题。如今，尼克松不许中央情报局局长参与决策，中央情报局局长只在国家安全委员会会议之初简要介绍情况，然后必须退场。

② "National Security Decision Memorandum 40," February 17, 1970, in *FRUS*, 1969 - 1976, vol. 2, Organization and Management of U. S. Foreign Policy, 1969 - 1972, Washington: United States Government Printing Office, 2006, pp. 418 - 419.

③ "Memorandum by President Nixon," November 5, 1971, in *FRUS*, 1969 - 1976, vol. 2, Organization and Management of U. S. Foreign Policy, 1969 - 1972, pp. 539 - 544.

④ "Editorial Note," in *FRUS*, 1969 - 1976, vol. 2, Organization and Management of U. S. Foreign Policy, 1969 - 1972, p. 559; Michael Warner (ed.), *Central Intelligence: Origin and Evolution*, pp. 8 - 9; Richard A. Best, Jr., "Proposals for Intelligence Reorganization, 1949 - 2004," CRS Report for Congress, September 24, 2004.

等一系列事件曝光,美国公众和国会严厉指责中央情报局从事非法活动。为了争取主动,中央情报局局长命令负责秘密行动的高级官员立即汇报现在正在进行或过去从事过的超越法律规定权限的活动。这样做的直接后果之一便是此后中央情报局再也无法像以往那样几乎毫无束缚地从事秘密活动了。12 月 30 日,国会通过对外援助法休斯-瑞安修正案(Hughes-Ryan amendment)。作为战后美国历史上第一项有关监督对外情报活动特别是秘密活动法规的休斯-瑞安修正案规定,除非总统以书面形式证明美国将要采取的秘密行动对保卫国家安全来说是必要的,并就此向国会相关委员会做出汇报,否则情报界不得将拨款用于秘密行动。此举意味着总统不再是中央情报局秘密活动的唯一指导和监督者。① 1974 年 12 月,《纽约时报》数次揭露中央情报局欺骗国会和公众以及在国内针对反越战运动和持不同政见者采取的包括私拆信件和监听通话记录在内的非法活动。为此,参众两院各自成立特别情报委员会,对政府各部门机构的情报活动展开了广泛的调查并提出了多项整改建议。落实这些建议的第一步便是 1976 年 5 月和 1977 年 7 月参众两院分别成立了情报监察委员会。②

1975 年国会特别情报委员会调查中央情报局期间,根据总统和 40 委员会的授权,中央情报局又开展了一项秘密活动,先后投入至少 2 000 多万美元用于削弱苏联支持的"安哥拉人民解放运动"。12 月 13 日,《纽约时报》披露了以上行动。19 日,参议院在就此事进行表决时以绝对多数票切断了安哥拉秘密活动的资金来源。杰拉德・福特(Gerald Ford)总统和中央情报局局长威廉・科尔比(William E. Colby)对此十分恼怒。23 日,中央情报局雅典站站长理查德・韦尔奇(Richard S. Welch)被暗杀。福特和科尔比均将此事归咎于国会的调查活动。1976 年初,众议院特别情报委员会报告的摘要和全文先后被泄露给报界。2 月 17 日,福特在电视讲话中严厉斥责了这些"不负责任的、危险的、泄漏国家机密的行为",宣称要改组情报机构。次日,他发布了第 11905 号行政命令,以替代国家安全委员会第 1 号情报指令。第 11905 号行政命令的主要内容为:建立一个以中央情报局局长为首的国家安全委员会对外情报分委会(NSC Committee on Foreign Intelligence),职责是统一协调情报管理工作;撤销 40 委员会,代之以由白宫、中央情报局、国务院、国防部和军方的高级代表组成的职能与 40 委员会相似的五人行动顾问小组(Operations Advisory Group);组建一个情报监察委员会(Intelligence Oversight Board),负责分别向司法部长和总统汇报情报界的非法

---

① [美] 约翰・兰尼拉格:《中央情报局》,第 659、666～667、669～700 页;G. J. A. O'Toole, *The Encyclopedia of American Intelligence and Espionage: From the Revolution War to the Present*, p. 105;Christopher Andrew, *For the President's Eyes Only: Secret Intelligence and the American Presidency from Washington to Bush*, p. 403.

② Graeme S. Mount, *895 Days That Changed the World: The Presidency of Gerald R. Ford*, New York: Black Rose Books, 2006, pp. 140 - 144; Richard A. Best, Jr., "Proposals for Intelligence Reorganization, 1949 - 2004," CRS Report for Congress, September 24, 2004; Kenneth Kitts, "Commission Politics and National Security: Gerald Ford's Response to the CIA Controversy of 1975," *Presidential Studies Quarterly*, vol. 26, no. 4(Fall 1996), pp. 1081 - 1098; P. B. S. Ⅲ, "The Central Intelligence Agency: Present Authority and Proposed Legislative Change," *Virginia Law Review*, vol. 62, no. 2(March 1977), pp. 332 - 382; Christopher Andrew, *For the President's Eyes Only: Secret Intelligence and the American Presidency from Washington to Bush*, pp. 399 - 400; Michael Warner (ed.), *Central Intelligence: Origin and Evolution*, pp. 8 - 9.

和不当行为。这三项改革措施的目的在于使中央情报局绝对服从总统及其国家安全事务助理的指示,同时保留和恢复中央情报局局长的基本职责,即指导和管理情报界、制订情报界的财政预算、确定情报需求及其优先性、充当对外情报首席顾问和情报界首席发言人以及实施不包括"政治暗杀"在内的"特别行动"("秘密行动")。①

为了使 1977 年的一系列情报改革措施具有法律效力,1978 年 1 月 24 日吉米·卡特(Jimmy Carter)总统颁布第 12036 号行政命令,第 11905 号行政命令从此失效。第 12036 号行政命令的主旨是:组建成员包括中央情报局局长(主席)、副总统、国家安全顾问、国务卿、国防部长和参谋长联席会议主席的政策审查委员会(Policy Review Committee),职责为确定情报收集、分析和经费分配份额的优先性;废除五人行动顾问小组,另设特别协调委员会(Special Coordination Committee),任务是审查秘密行动和其他特别"敏感的"情报行动计划并向总统提出建议。特别协调委员会的构成与政策审查委员大体相同,主要差异在于国家安全顾问为特别协调委员会主席,增列司法部长为特别协调委员会成员;建立以中央情报局局长为主席、情报界各部门代表参与其中的国家对外情报委员会(National Foreign Intelligence Board),以协助中央情报局局长撰写、审议和修改国家对外情报。同时,组建和平时期由中央情报局局长担任主任的国家对外情报中心(National Foreign Intelligence Center),职责为协调各情报机构的活动;中央情报局局长和其他情报机构首脑有责任毫不隐瞒地、及时地就本机构的行动向国会各委员会做出汇报,在采取重大秘密行动之前更要提前通知国会各委员会。10 月 25 日,卡特签署"对外情报监督法",第一次要求情报界在采取可能涉及监听美国公民通讯信息的对外情报或反情报行动之前必须获得司法部门的批准。② 这一切反映了两种看似相反的趋势:一是中央情报局和中央情报局局长在情报界的地位日益提高;二是国会和司法部对政府情报活动的监督力度不断加强。将二者统一起来的背景是美苏冷战的加剧、情报界地位的上升以及舆论和立法界对中央情报局非法活动的不满。

1981 年 1 月,罗纳德·里根(Ronald Reagan)入主白宫。他视中央情报局为重要的冷战工具,努力提高中央情报局的地位,大力加强中央情报局局长的权力,将中央情报局局长列为内阁成员。12 月 4 日,里根发布第 12333 号行政命令,第 12036 号行政命令就此作废。第 12333 号行政命令中与中央情报局有关的内容包括:中央情报局的职责是在国外或同联邦调查局一同在国内收集、撰写和分发外部情报和反情报或从事反情报活动,收集、撰写和分发有关毒品生产和肮脏交易的外部情报,按照总统的指示在和平时期采取特别行动(除非总统认为由其他机构采取某项特别行动更为合适,否则其他机构不得涉足特别行动领域),依

① Christopher Andrew, *For the President's Eyes Only: Secret Intelligence and the American Presidency from Washington to Bush*, pp. 411 - 413, 417 - 420; Loch Johnson, "The U. S. Congress and the CIA: Monitoring the Dark Side of Government," *Legislative Studies Quarterly*, vol. 5, no. 4(November 1980), p. 479; Michael Warner (ed.), *Central Intelligence: Origin and Evolution*, p. 9.

② Christopher Andrew, *For the President's Eyes Only: Secret Intelligence and the American Presidency from Washington to Bush*, pp. 434 - 436; Michael Warner (ed.), *Central Intelligence: Origin and Evolution*, pp. 9 - 10.

据国家安全委员会的命令从事情报界共同关心的工作，组织相关的技术研发活动；中央情报局局长直接向总统和国家安全委员会负责，充当总统和国家安全委员会的首席情报顾问，职责是向总统和其他行政官员提供外部情报，确定整个情报界对外情报活动的目标和指导原则，从事各情报机构共同关心的情报活动，实施特别行动计划，制定同外国政府签订对外情报和反情报协定的政策和程序，与司法部长一道研究指导对外毒品情报活动的问题，确保情报来源、方法和分析程序的安全，确定情报工作的重点，撰写和分发国家外部情报，制订并向总统和国会提交国家对外情报预算，管理国家对外情报资金，监督国家对外情报计划(National Foreign Intelligence Program)的实施。[①] 该行政命令指导着此后直至冷战结束以前的美国对外情报活动，它赋予中央情报局以在平时采取秘密行动的特权、收集毒品和非法交易情报以及组织情报技术研发活动的权力，明确规定中央情报局局长为总统和国家安全委员会的首席情报顾问，负有领导情报界的职责，明显地提高了中央情报局和中央情报局局长在情报界的地位。

纵观以上内容，可以发现影响冷战期间美国中央情报局职能演变的主要有以下三个因素：其一，重大国际事件或美国对冷战形势的新认识。在 1947 年关于心理战问题的讨论中，国家安全委员会指出，"考虑到苏联及其卫星国和共产党集团开展的旨在使美国和其他西方大国的目标和活动臭名昭著、一败涂地的邪恶的心理战，国家安全委员会确定美国政府在进行对外情报活动的同时必须辅之以秘密心理战行动，以促进世界和平，维护美国国家安全。"[②]基于这一看法，杜鲁门政府决心对共产党国家发动心理攻势，赋予中央情报局从事海外心理战活动的职能。1951 年夏，朝鲜战事稳定下来，通过空战侦查获取的信号情报成为美国监视中朝军队动向的可靠手段。鉴于此，1952 年 10 月 24 日杜鲁门总统决定改组美国通讯情报委员会(United States Communications Intelligence Board)，由中央情报局局长任主席，成员包括国务卿、国防部长、联邦调查局局长、陆军部、海军部、空军部、中央情报局的代表以及国家安全局局长。委员会的职责为协调各部门情报机构的信号情报活动、提出有关信号情报的政策建议并执行同外国政府达成的信号情报协定。[③] 中央情报局在信号情报领域的职能因此得以进一步加强；其二，总统和中央情报局局长的个人经历和偏好。第二次世界大战期间，艾森豪威尔在对德作战时曾利用英国破译德国无线电信号所获得的"超级机(ULTRA)"情报，深知情报的重要性。担任总统后，他非常担心苏联会突然对美国发动核打击，视空中侦察为防止核灾难的主要手段。这一切促使艾森豪威尔总统大力推动中央情报局研制开发和实际应用 U-2 飞机和间谍卫星。在此过程中，中央情报局的职能范围扩展至情报收集技术研发领域。与此相类似的是，同时期的中央情报局局长杜勒斯曾在战略情报

---

① 第 12333 号行政命令的全文参见 http://www.fas.org/irp/offdocs/eo12333.htm(下载时间为 2007 年 11 月 29 日)。

② "Memorandum From the Executive Secretary(Souers) to the Members of the National Security Council," December 9, 1947, in *FRUS*, Special Volume, 1945-1950, Emergence of the Intelligence Establishment, p. 644.

③ "Memorandum From President Truman to the Secretary of State and the Secretary of Defense," October 24, 1952, http://www.nsa.gov/truman/truma00001.pdf(下载时间为 2007 年 12 月 5 日)。

局任职，擅长间谍和秘密行动。担任中央情报局局长期间，他将绝大部分时间和精力用于策划间谍和秘密行动，很少关心情报收集、分析和评估，更不愿履行协调情报界工作的职责。相应地，1954 年国家安全委员会决定不再单独成立一个从事秘密活动的机构，授权中央情报局全面负责间谍、反间谍和秘密行动；①其三，舆论界和国会的监督。1967 年以后，以《纽约时报》和《华盛顿邮报》为代表的美国各大新闻媒体屡次揭露中央情报局在国内外的非法活动，美国政府的国际国内形象严重受损。作为回应，卡岑巴赫委员会、洛克菲勒委员会和参众两院特别情报委员会相继针对情报界展开调查，提出改革情报管理体制的建议。结果，国会加强了对中央情报局国内外活动的监察力度，政府也扩大了对中央情报局秘密行动计划的审查范围，中央情报局的秘密行动职能明显受到削弱。②

① *Declassified Document Reference System*, Detroit, Mich.: The Gale Group, Inc., 2007, CK3100382958; Stansfield Turner and Allen Mikaelian, *Burn Before Reading: Presidents, CIA Directors and Secret Intelligence*, pp. 72－74; Stephen E. Ambrose, *Ike's Spies: Eisenhower and the Espionage Establishment*, p. 267.

② "Editorial Note," in *FRUS*, 1964－1968, vol. 33, Organization and Management of U. S. Foreign Policy; United Nations, doc. 260; "Editorial Note," in *FRUS*, 1964－1968, vol. 33, Organization and Management of U. S. Foreign Policy; United Nations, doc. 267; "Memorandum From the Deputy Director for Plans of the Central Intelligence Agency (Karamessines) to All Staff Chiefs and Division Chiefs," September 30, 1967, in *FRUS*, 1964－1968, vol. 33, Organization and Management of U. S. Foreign Policy; United Nations, doc. 269; "Memorandum From the Secretary of 303 Committee (Jessup) to the Executive Secretary of the President's Foreign Intelligence Advisory Board (Coyne)," February 8, 1968, in *FRUS*, 1964－1968, vol. 33, Organization and Management of U. S. Foreign Policy; United Nations, doc. 272.

15－1

多诺万关于建立中央情报机构给总统的信函

（1945 年 4 月 30 日）

机　密

1945 年 4 月 30 日

亲爱的总统先生：

所附文件是罗斯福总统 4 月 5 日给我的备忘录的副本（附录一）。在这份备忘录中，总统指示我同十个行政部门的对外情报和国内安全机构以及外国经济署和联邦通讯委员会的代表一起商讨应他的要求由我呈递给他的一项建立中央情报局的计划（附录二）。

收到这封信后，我立即与罗斯福总统指定的各部门联络，征求它们的意见。在此过程中，我提出遵照总统的指示（附录三）要召开一次会议。

某些部门已经作了答复。不过，在进一步采取行动之前，如果您能在百忙之中安排时间同我就这项计划的某些方面进行讨论并发出您的指示，这将是有益的。

献上我真诚的祝福！

战略情报局局长　威廉·J·多诺万①

附录一

秘　密

副本

1945 年 4 月 5 日

致多诺万少将的备忘录：

您在 1944 年 11 月 18 日的备忘录中提出了建立一个中央情报部门的问题。为了达成共识，您召集了各行政机构的对外情报和国内安全方面的负责人，向您表示感谢。

在我看来，外国经济署、联邦通讯委员会以及那十个行政部门与您的建议都有直接的关

① 威廉·J·多诺万是战略情报局的缔造者，1942 年 6 月 13 日至 1945 年 10 月 1 日间任战略情报局局长，被称为“美国情报之父”或“中央情报局之父”。——编注

系。应该要求这些机构对建立中央情报部门的计划提出建议。

富兰克林·D·罗斯福

附录二

机 密

1944年11月18日

致总统的备忘录:

根据您1944年10月31日的批示,我考虑了组建一个战后情报机构的问题。

战争初期,情报工作主要是围绕军事行动展开的,为军事行动服务,那时战略情报局①隶属于参谋长联席会议。

一旦我们打败了敌人,对有助于我们解决和平问题的情报的要求将会同样紧迫。

具体要求有以下两点:

1. 总统将重新掌握情报控制权。

2. 建立一个直接向您汇报并负责确定情报目标、收集整理行政部门制定和实施国家政策及战略时所需情报资料的中央机构。

我以指示草案(表一)的形式说明了实现上述两点目标而又不带来麻烦或浪费时间的措施。您会注意到只是政策层面上才进行协调和集中,(基本属于部门行动范围内的)执行情报仍属现存有关机构的职责范畴。因此,建立一个中央机构并不会与陆军、海军、国务院及其他部门在情报职能上发生冲突,也不会限制这些部门的情报职能。

按照您的愿望,它是作为一个永久的长远计划来制订的。但是,您可能会考虑是否应该现在就通过行政或立法措施实施这一计划(或部分计划)。由于一些众所周知的原因,您或许应该立即构建基本框架。

立即改革和调整现有的情报系统将在很大程度上有利于我们更加高效快速地结束战争。

在战争中,我们并未充分利用某些部门和机构正在收集的重要的国防情报。战略层面上的协调将会杜绝浪费,避免出现目前这种导致浪费和不必要的重复劳动的混乱局面。

---

① 1942年6月13日,富兰克林·罗斯福总统签署了两项命令——“关于统一某些战时情报工作成立战时新闻局的第9182号总统命令”和以“战略情报局”为题的“1942年6月13日军事命令”。后者规定把情报协调局除外国情报处之外的其余部分改组为战略情报局,划归参谋长联席会议管辖,便于其同军方协调一致。战略情报局的职能是为参谋长联席会议搜集和分析战略情报与在参谋长联席会议的指导下规划和执行特种行动。它是美国历史上第一个在欧洲、中东和亚洲收集外部情报和从事秘密活动的中央情报机构。——编注

尽管战争仍在进行，但我们已处于一个转折时期，它会将我们不知不觉地带入忙乱的重建工作。一个合乎需要、井然有序的情报系统将有利于作出有理有据的决策。

目前，美国政府内部拥有一批完成这一计划所需的训练有素的专业人员，应该将这些人才集中加以使用。

战略情报局局长　威廉·J·多诺万

表一

副本

在建立中央情报机构的过程中所必需的实质性授权

为了协调并统一制定和执行政府的情报政策和行动：

1. 所建立的名为……①的中央情报机构隶属于总统办事机构②，其负责人是应由总统任命、在总统的指导和监督下履行职责的局长。经总统批准，他可以在其权力范围内决定通过哪些官员和机构、以何种方式行使权力并履行职责。

2. 在……③中建立一个由国务卿、陆军部长、海军部长以及今后由总统指定的其他成员组成的顾问委员会。委员会将在……④的基本政策和计划方面向局长提出建议并协助局长完成这一工作。

3. ……⑤将依照总统的指导和命令，在政府其他部门和机构必要的建议和协助下履行以下职责：

(1) 协调政府所有情报机构的职能，制定能够确保整合国家情报工作的政策和目标；

(2) 直接或通过现有政府部门和机构收集有关外国的实力、意图和行动尤其是那些可能对美国的国家安全、政策和利益产生影响的军事、经济、政治和科技情报；

(3) 在政府内部，对政府在和平和战争时期制定与国家计划和安全有关的政策以及提出广泛的国家政策的过程中所需的情报进行最后的评估、整合和分发；

(4) 招募、训练和管理情报人员；

(5) 在国外进行颠覆活动；

(6) 制定与分段(2)有关的情报政策，并统一调用收集这些情报所必需的设备；

---

① 原文此处删去数个词。——译注

② 总统办事机构是为履行总统主要职责而向总统提供帮助和建议的最高参谋机构。1939年9月8日，富兰克林·罗斯福总统颁布“第1号行政命令”(即8248号命令)创立了这一机构。——编注

③ 原文此处删去数个词。——译注

④ 原文此处删去数个词。——译注

⑤ 原文此处删去数个词。——译注

(7) 总统随时可能赋予的与情报有关的其他职责。

4. ……①不具有在国内外维持治安或执法的职能。

5. 根据第3段的有关规定，政府内部现有的情报机构将收集、评估、整合和分发部门行动情报(即这些机构在实际履行职责的过程中所需要的情报)。

6. 局长有权要求政府各部门和机构提供……②中所需要的负责监督和执行的合适的专家。

7. 经总统同意，局长可以随时要求政府各部门机构提供他所需要的情报资料。

8. ……③将拥有独立的预算。

9. 战争期间或国家处于极度的紧急状态时，……④在实际或计划中的战区的所有行动计划都要与军事计划协调一致，且需获得参谋长联席会议的批准。在战区执行的那部分计划要服从战区司令的指挥。

10. 在……⑤可支配的资金的范围内，局长可以雇用必要的人员并提供必需的物资、设备和服务。经总统批准，局长可以指派履行……⑥的职责所需的陆海军人员。局长还能够按照其认为适合的方式向内部组织和管理部门提供……⑦

附录三

副本

1945年4月6日

致财政部长的备忘录：

我在1944年11月18日致总统的备忘录中建议建立一个中央情报机构，根据所附的总统4月5日的备忘录的副本，我现在请您谈谈对这一建议的看法。

如果您在4月20日或之前对我的建议中涉及的目标和基本原则给予评价，我将感激不尽。

得到答复之后，将安排财政部对外情报和内部安全组织负责人参加的一个会议，讨论几个机构的建议，并按照总统的愿望达成共识。

在就拟建的中央情报部门提出建议的时候，希望您能牢记我11月18日建议所基于的

① 原文此处删去数个词。——译注
② 原文此处删去数个词。——译注
③ 原文此处删去数个词。——译注
④ 原文此处删去数个词。——译注
⑤ 原文此处删去数个词。——译注
⑥ 原文此处删去数个词。——译注
⑦ 原文此处删去数个词。——译注

以下原则：

1. 对总统和由国务卿、陆军部长、海军部长和总统可能委派的其他成员组成的顾问委员会负责。

2. 战时，在战区的行动要由参谋长联席会议和战区司令负责。

3. 保持若干行政部门和机构在行动情报和内部安全职能上的完整性。

4. 统一协调共同关心领域内的情报活动，整合和评估战争与和平时期制订国家计划和保证国家安全所需的情报。

5. 不具有维持治安或执法的职能。

6. 在国会控制下进行独立预算。

7. 基于节约、效率以及机构间互利的考虑，协调使用现有的用于收集、处理和分发情报的设备。

8. 召集专门的军事和文职人员，以求反映若干机构在国家政策层面上的需要和责任。

战略情报局局长　威廉·J·多诺万

附件

总统1945年4月5日致多诺万少将的备忘录。①

W·J·多诺万1944年11月18日致总统的备忘录。

"The Central Intelligence Agency: Its Founding and the Dispute over Its Mission, 1945 - 1954," (vol. 23) in Dennis Merrill (ed.), *Documentary History of the Truman Presidency*, University Publications of America, 1998, Document 1, pp. 1 - 12

张屹峰译，梁志校

① 此及以下附件略去。——译注

15－2

多诺万关于建立中央情报机构的备忘录

（1945年8月25日）

机　密

1945年8月25日

致总统的备忘录：

兹附上本人致预算局局长信函的副本。在信函中，我建议他应该在1946年1月1日左右解散战略情报局，并指出指定一个机构接管战略情报局的职能和资产的必要性。

此外，我还附上了一份报告，说明了本人对建立中央情报机构的指导原则的看法。

您已表示希望在决策前同我研究此事，希望您能抽时间在我最近两周赴德解决战俘问题之前和我讨论这件事。

战略情报局局长　威廉·J·多诺万

根据我们自己的经验及对其他国家情报体制的一手研究而确立的关于建立美国中央对外情报体制的合理的指导原则

对其他国家的目标、能力、意图和政策的了如指掌（或一无所知）会影响乃至决定国家政治和军事政策的制定。

除美国之外，所有大国在很久以前便已拥有了在世界范围内运作的、直接向所属政府最高层汇报的常设情报机构。此次战争以前，美国没有对外秘密情报机构，且至今从未建立协调一致的情报体制。

人们已经普遍意识到这种状况所带来的弊病和危险。按照下列原则行事将会消除这一战争与和平年代里的弊端，使美国的政策能够建立在对亲手搜集的有关外国意图、能力和发展状况的情报的理解和诠释的基础之上。

1. 政府各部门都应该有自己的情报机构，由它负责收集整理在实际履行自身职责的过程中所必需的情报资料。该机构应由其所属部门首脑单独控制，且不应受到政府任何其他情报机构的职能的侵犯或损害。由于机密情报涵盖所有领域，并可能引起麻烦，因此除了适当的情况下需要中央机构提供帮助之外，任何行政部门均不得参与机密情报活动。

2. 除各部门的情报组织外，还应建立一个全国性的中央对外情报机构，其职权如下：

(1) 服务于所有政府部门。

(2) 获取可能关涉国家利益的由政府各部门或机构收集的政治、经济、心理、社会、军事以及其他方面的情报。

(3) 必要的时候，公开或秘密地通过其他各种信息来源收集其需要的或任何政府部门要求获得的情报。

(4) 以战略解析的方式整合、分析、处理并向指定政府机构和官员传送情报。

3. 应禁止这一机构在美国国内进行秘密活动或在国内外行使警察的职能。

4. 这一机构的工作性质决定它应具有独立于任何政府部门之外的地位(因为它有义务向所有职能部门提供服务，所以必须摆脱职能部门固有的偏见)。它应该接受总统任命的一位局长的领导，在总统的指导下运作。另一种情况是假使国家任命了一位总负责人，那么这一中央情报机构应属于总统行政办公室并接受这位总负责人的领导。

5. 在总统或总负责人批准的情况下，该机构的政策应由局长在以国务卿、陆军部长、海军部长和财政部长为代表的委员会的建议和协助下制定。

6. 作为唯一的秘密情报机构，它有权在国外(且只在国外)进行间谍和反间谍活动并在士气和心理等方面采取特别行动，以期预见和抵制敌人旨在破坏我国安全的渗透和颠覆。

7. 这一机构应拥有由国会直接划拨的独立款项。

8. 它有权拥有自己的密码系统，且应配备由政府部门提供的称心应手的、执行任务所必需的设备。

9. 这一机构应接收在分析情报方面受过专门训练的、具有出色的语言能力、拥有丰富的地区知识和高超的实用技能的(供职于政府部门、文职和军事机构且以平民身份存在的)专家。这些人的职责是分析、整理和评估获得的情报，撰写特别情报报告，并指导本机构中负责情报收集的分支部门。

美国中央对外情报机构的建立

为了协调、统一政府与对外情报有关的政策和行动，

1. 在总统行政办公室中设立一个名义上作为……①的对外情报局(Foreign Intelligence Service)，其首脑应是一位由总统任命的局长。

2. 在……②中设立一个由国务卿、财政部长、陆军部长、司法部长、海军部长以及总统今后可能指定的其他成员组成的顾问委员会。该委员会的职责是向对外情报局局长提出建议

① 原文此处删去数个词。——译注
② 原文此处删去数个词。——译注

并协助他制定……①的基本政策和计划。

3. ……②将在总统的指导和管理下,依靠其他政府部门和机构提供的必要的建议和帮助履行下列职责:

(1) 将几个政府部门和机构拥有的(其理应提供的)所有关于其他国家的能力、意图和活动特别是可能影响美国国家安全、政策和利益的军事、经济、政治和科学情报资料汇集在一起。

(2) 收集在局长看来对完成其研究工作必不可少的补充性材料。

(3) 整理、分析、评估并向总统或总负责人指定的部门或官员分发政府在和平和战争时期制定国家计划、保证国家安全以及提出广泛的国家政策时所需的情报。

(4) 确立有关统一安排国家情报工作的政策和目标。

(5) 聘任、训练并管理情报人员("情报"一词的含义是一切有助于美国预见和抵制任何旨在破坏其国家安全的渗透和颠覆活动的工作)。

(6) 总统随时可能赋予的与情报有关的其他职责。

4. 这一机构在国内外均无权行使警察的职能。

5. 在收集其他机构履行职责所需的情报时,拟建的机构决不能侵犯、干预或损害国务院、财政部、陆军部、法院、海军部等现有部门以及其他部门和机构的职责。不过,当拟建机构本身收集的补充性资料可能是以上部门所需要的或对它们有价值时,该机构理应向这些部门提供资料。

6. 局长有权请求政府部门和机构提供……③的管理和执行工作可能需要的合适的专家。

7. 在总统的批准下,所有政府部门和机构都应向局长提供其随时可能需要的情报资料。

8. ……④将拥有独立的预算。

9. 在战时或国家处于极度紧急状态时,……⑤在战区的所有计划均应与军事计划协调一致,且须获得参谋长联席会议批准,在战区执行的部分计划应由战区司令负责。

10. 在……⑥可用资金的范围内,局长可以雇用必要的人员并提供必需的物资、设备和服务。在总统的批准下,局长可以指派履行……⑦的职责可能需要的陆海军人员。局长还可以以其认为适当的方式为……⑧的内部组织和管理提供……⑨

---

① 原文此处删去数个词。——译注
② 原文此处删去数个词。——译注
③ 原文此处删去数个词。——译注
④ 原文此处删去数个词。——译注
⑤ 原文此处删去数个词。——译注
⑥ 原文此处删去数个词。——译注
⑦ 原文此处删去数个词。——译注
⑧ 原文此处删去数个词。——译注
⑨ 原文此处删去数个词。——译注

行政命令……[①]
国家安全情报委员会
(National Security Intelligence Board)

绝　密

根据美国宪法和法律赋予我的作为美国总统和陆海军总司令的职权,为了避免联邦政府情报工作中的重复劳动,提高情报工作的效率,同时也是为了以最有效的方式向联邦政府提供处理国际关系和军事事务所需要的战略情报,兹发布如下命令:

1. 据此,在总统行政办公室中设立一个国家安全情报委员会,下文称之为委员会。委员会成员包括由总统任命的主席以及国务卿、陆军部长和海军部长。同时,应邀请美国参议院对外关系委员会主席和众议院外交事务委员会主席列席所有会议并充分参与讨论。

2. 在委员会成员的建议和协助下,主席应履行以下职责:

(1) 制定有关联邦政府情报活动的基本政策和计划。

(2) 确定所有联邦政府部门和机构的情报职能,协调它们的情报活动并尽量不要使两个或两个以上的部门和机构从事同一项工作。

(3) 从事第(2)款中其他联邦政府部门和机构的职责以外的机密及其他情报工作,为政府提供采取陆海军军事行动以及处理国际事务所需的情报。

(4) 为了使总统充分了解国际战略局势,应组建一个接收、整理和分析国务院、陆军部、海军部和委员会收集的所有情报及其他相关材料的研究小组。

(5) 履行总统随时可能赋予的与情报活动有关的其他职责。

3. 委员会不应行使警察职能或执法权。

4. 国务院、陆军部和海军部应继续履行各自的收集政治、陆军和海军情报的基本职责。同时,委员会的工作小组应将接收到的相关情报资料直接送达以上部门。

5. 据此,废除战略情报局,将其人员、档案和资产移交委员会。1942 年 6 月 13 日的军事命令作废。

6. 委员会有权取消所有其他联邦部门或机构的任何情报活动或决定转由国务院、陆军部、海军部或委员会的工作小组从事这些情报活动。

7. 主席有权为了实现本行政命令所规定的目标而签署必要或适当的指令,以上几个联邦政府部门和机构应遵照这些指令行事。

---

① 原文此处删去数个词。——译注

8. 在委员会可用资金的范围内，主席可以雇用必要的人员并提供必需的物资、设备和服务。他可以以其认为适当的方式为委员会内部的管理和组织提供便利条件。

9. 依据此行政命令，所有主要用于被取消的或转由其他部门机构从事的活动的档案、协议、资产以及原来从事这些活动的所有人员(包括主要职责与实施这些情报行动有关的人员)将被转移或调离至委员会或接手以上工作的部门。倘若委员会主席发现调职人员超出了情报活动所需的人数，则按现有程序规定将这些超编的转职人员再调至政府机构中的其他岗位或不再留用。

10. 在总统批准的情况下，由预算局局长确定根据此行政命令将原定用于被取消或转由其他部门机构从事的活动的专款、拨款或其他资金的结余移交委员会或接手以上活动的联邦政府部门或机构的数额。

11. 据此，废除以往行政命令中与本命令相抵触的条款。

"The Central Intelligence Agency: Its Founding and the Dispute over Its Mission, 1945 - 1954," (vol. 23) in Dennis Merrill (ed.), *Documentary History of the Truman Presidency*, University Publications of America, 1998, Document 2, pp. 13 - 23

梁志译、校

15 - 3

李海关于建立中央情报部门的备忘录

（1945 年 9 月 19 日）

绝 密

1945 年 9 月 19 日

致陆军部长和海军部长的备忘录：

主题：废除战略情报局后建立一个中央情报机构

参谋长联席会议要求陆军部长和海军部长将所附的备忘录转交总统。

陆海军总司令的总参谋长、美国海军五星上将 威廉·D·李海①

附件

致总统的备忘录：

1944 年 11 月 22 日，参谋长联席会议收到了一份来自战略情报局局长的关于建立中央情报机构的备忘录，要求参谋长们予以评论并提出建议。当时，参谋长联席会议认真研究和考虑了这一问题，且准备在适当的时候建议通过以下三个步骤建立这样一个情报机构：

1. 通过行政命令建立一个国家情报委员会（由国务卿、陆军部长、海军部长和参谋长联席会议的代表组成），任命一位中央情报局局长（由总统任命）并组建一个情报顾问委员会（由主要的军事和文职情报机构负责人组成）。

2. 由以上机构制订一份建立完整的情报系统所需的基本的组织计划，并将这一计划提交总统。

3. 通过适当的总统指令和立法行动建立这一情报系统。

初步研究以后，参谋长联席会议在 1945 年 8 月 25 日战略情报局局长致预算局局长的重申关于这一问题的建议的信中提及以上想法。同时，战争的结束、关于未来组建军事机构的某些悬而未决的问题以及新式武器的发展成为需要考虑的新因素。

战争的结束突出了立即着手建立一个中央情报系统的重要性。

尚未得到解决的组建战后军事组织的问题不会对此事产生实质性的影响。既然中央情报机构适合将要建立的任何军事组织或机构，那么就一定要确保毫不拖延地建立这一机构。

新式武器领域内最近所取得的进展将建立一个高效的情报组织对于保卫国家安全的重

---

① 威廉·D·李海，1942 年 7 月至 1949 年 3 月间任总司令参谋长，主持参谋长联席会议。——编注

要性提高到了前所未有而又始料不及的程度。目前,这样一个情报系统的缺失完全有可能给国家带来一场灾难。

像战略情报局局长一样,参谋长联席会议也认同联合情报机构的以下三项职能:

(1) 进一步协调有关国家安全的情报行动;

(2) 由一个联合机构更为高效地统一实施共同关注的行动;

(3) 在战略和国家政策层面上对各部门的情报进行整合。

参谋长联席会议认为,如果始终能够坚持将责任明确到与国家安全直接相关的各部门,联合情报机构则完全可能更有效地行使这三项职能。不过,在它看来,战略情报局局长所提出的具体建议极易遭到强烈的反对,原因在于该建议中没有包含充分的补偿措施,使国家情报机构的职能过度集中,以至于可以在不从个人或集体的角度对相关部门的首脑负责的情况下控制部门情报机构的行动。

鉴于以上考虑,参谋长联席会议在此附上了一个替代性的行政命令草案,它认为这份草案既保留了多诺万将军建议的优点,又可以避免遭到反对。

拟建组织能否成功地履行职责在很大程度上取决于中央情报局局长。在参谋长联席会议看来,中央情报局局长的任期应该相当长。基于这点考虑,他应该是一个特别优秀的文职官员或具有适当背景和经历并可以转任此职的陆军或海军军官。这些要求是绝对必要的,尤其是对于第一任中央情报局局长来说更是如此,因为他要面对建立一个有效运作的组织以前所必须解决的许多组织和合作上的难题并做出不偏不倚的判断。

附件

草　　案
关于协调情报活动的行政命令

为了开展和协调有关国家安全的情报活动,需要做以下准备工作:

1. 成立由国务卿、陆军部长、海军部长和参谋长联席会议代表组成的国家情报委员会,它将全面负责情报计划的制订和实施并监督和协调联邦政府所有的情报活动,以确保最有效地完成与国家安全有关的情报任务。

2. 国家情报委员会应该建立一个中央情报局,以协助它完成以上工作。中央情报局局长应由总统根据国家情报委员会的建议予以任免,对国家情报委员会负责并作为一名没有表决权的成员列席委员会会议。

3. 组建一个由国家情报委员会认定的、具有国家安全职能的主要军事和文职情报机构负责人组成的负责向中央情报局局长提出建议的情报顾问委员会。

4. 在中央情报局局长和情报顾问委员会的协助下，国家情报委员会的首要职责应是制订一份按照以下各段提出的理念来实施本指令的基本组织计划，并将这份计划提交总统批准。该计划应包括所有必要的立法草案。

5. 在国家情报委员会的指导和管理下，中央情报局将：

(1) 整合各部门涉及国家安全的情报，并在政府内部适当地分发最终整理出来的战略和国家政策情报。

(2) 制订一个协调具有国家安全职能的政府情报机构的活动的计划，并在确立确保最有效地完成国家情报任务的总体政策和目标方面向国家情报委员会提出建议。

(3) 为了保证部门情报机构的利益，从事那些国家情报委员会认为联合情报机构可以更有效地完成的包括直接获得情报在内的共同关心的工作。

(4) 履行国家情报委员会随时可能赋予的与情报有关的其他职责。

6. 中央情报局不具有维持治安或执法的职能。

7. 在国家情报委员会的协调下，政府现有情报部门将继续收集、评估、整合和分发部门工作情报(具体指一些部门和独立机构行使法定职能所需的情报)。为了整合情报资源，中央情报局有权利用上述的国家情报委员会界定的部门工作情报。经国家情报委员会批准，中央情报局有权检查部门情报机构的工作，以履行制订计划的职责。在解释本段内容时，国家情报委员会和中央情报局要负责充分保护与军事行动有直接和重大关系的情报来源和手段。

8. 国家情报委员会的资金将由成员部门提供，具体数额和比例由各成员部门商定。中央情报局局长有权利用可支配的资金雇用必要的人员，提供必需的物资、设备和服务。经国家情报委员会批准，他可以要求各部门和独立机构提供中央情报局所需的负责监督和行使职能的专家，包括指派陆海军人员。

"The Central Intelligence Agency: Its Founding and the Dispute over Its Mission, 1945 - 1954,"(vol. 23) in Dennis Merrill (ed.), *Documentary History of the Truman Presidency*, University Publications of America, 1998, Document 3, pp. 24 - 29

张屹峰译，梁志校

15 - 4

杜鲁门关于战略情报局的解散及其职能归属的行政命令

（1945 年 9 月 20 日）

未设密级

行 政 命 令

战略情报局的解散及其职能归属

根据包括 1941 年首次战争权力法（First War Powers Act，1941）第 1 条[①]在内的宪法和法律赋予我的权力，作为美国总统和海陆军总司令，兹发布如下命令：

1. 将以下职能移交或合并到在国务院内设立的临时情报研究机关：(1)（依据 1942 年 6 月 13 日军事命令的规定设立的）战略情报局研究和分析处（Research and Analysis Branch）以及论证处（Presentation Branch）的职能，但不包括在德国和奥地利的职能。(2) 与研究和分析处及论证处的职能有关的战略情报局（此后简称为局）的其他职能。由国务卿接管战略情报局局长和美国参谋长联席会议与本段规定的被移交的职能相关的职能。除了在德国和奥地利的之外，研究和分析处及论证处的人员、资产和档案以及战略情报局其他的人员、资产、档案以及资金（后者的移交数量应由预算局局长决定）将被移交给国务院的临时情报研究机关。依据相关的法律规定，在国务卿和陆军部长或海军部长一致同意的情况下，与此次人员转任有关的现役军人可以继续在国务院履行其职责。

2. 临时情报研究机关将在 1945 年 12 月 31 日前解散，国务卿将为它的善后事宜作好准备。在该机构解散之前(1) 国务卿可以把临时情报研究机关的任何职能移交给他指定的国务院中的机构；(2) 国务卿可以削减临时情报研究机关的活动；(3) 临时情报研究机关的负责人要由国务卿任命，对国务卿或国务卿指定的其他国务院官员负责；(4) 除了本命令的规定之外，要将临时情报研究机关作为国务院的一个实体对其加以管理。

3. 没有按照本命令第 1 段的规定移交的战略情报局的职能、人员、档案、资产和资金一律移交给陆军部；解散包括战略情报局局长办公室在内的战略情报局。由陆军部长接管与本段移交的工作相关的战略情报局和美国参谋长联席会议的职能。依据相关的法律，在陆

---

① 第 1 条的标题为“为了使政府管理更加集中化而统一改组行政机构”，该法的全文详见 US Act Dec. 18，1941，Ch. 593，55 Stat. 838。——编注

军部长和海军部长一致同意的情况下，与本段移交的工作有关的战略情报局的现役海军人员可以继续在陆军部履行其职责。出于维护和促进国家利益的考虑，陆军部长可以中止依照本段规定接管的任何工作并处理与此相关的善后事务。

4. 为了促进本命令规定的职能转移或重新分派工作的完成，预算局局长可以指定某些机构按照他认为适当的方式采取进一步的措施进行处理。

5. 与这一命令相矛盾的以往的总统命令的所有规定都要作出相应修改。

6. 除了特别规定以外，本命令将于 1945 年 10 月 1 日生效。

哈里·杜鲁门 1945 年 9 月 20 日于白宫

Michael Warner (ed.), *CIA Cold War Records: The CIA under Harry Truman*. Washington, D. C.: History Staff, Center for the Study of Intelligence, Central Intelligence Agency, 1994, Document 3, pp. 11 - 13

张屹峰译，梁志校

15－5

杜鲁门关于解散战略情报局给多诺万的信函

（1945 年 9 月 20 日）

未设密级

1945 年 9 月 20 日

亲爱的多诺万将军：

您和您的工作人员在日本投降以前便开始着手取消战略情报局在和平时期不需要从事的那些战时活动。对此，我十分感激！

同时，应及时采取措施把战略情报局所拥有的对于我们实现和平时期的目标至关重要的资源和技术完好无损地传承下去。

因此，今天我通过行政命令发出指示，要求国务院自 1945 年 10 月 1 日起接管战略情报局研究和分析处以及论证处余下的工作。此举是在正式的政府框架内建立协调一致的对外情报体制的开端。

与以上举措相一致的是，行政命令规定由陆军部接管战略情报局其余的工作、解散战略情报局、继续在不影响从军事角度讲需要再进行一段时间的其他工作的前提下有条不紊地取消战略情报局的一些活动。

担任战略情报局局长期间，您在极其重要的战时工作中竭尽所能地发挥了卓越的领导作用，借此机会我要向您表示感谢！您完全可以对战略情报局所取得的成绩感到满足并因您在其中所做的贡献而自豪。这本身便是丰厚的回报。此外，给予您的额外的巨大报偿还有我们正在战时战略情报局通过动员获得的设施和资源的基础上筹建和平时期的政府情报机构。

献上我真诚的祝福！

哈里·S·杜鲁门

Michael Warner (ed.), *CIA Cold War Records: The CIA under Harry Truman*. Washington, D. C.: History Staff, Center for the Study of Intelligence, Central Intelligence Agency, 1994, Document 4, p. 15

梁志译、校

15－6

杜鲁门关于建立中央情报处的备忘录

（1945 年 11 月 7 日）

未设密级

1945 年 11 月 7 日

备　忘　录

中央情报处(Central Intelligence Service)

制订一份关涉所有联邦机构的协调一致的对外情报计划的工作看来似乎停滞不前了，原因是陆军部和海军部认为国务院正在按照 1945 年 9 月 20 日总统致国务卿的信函的指示制订这一计划。

要想使上述工作在最近一段时间内取得进展，似乎必须：

由总统主持召开国务卿、陆军部长和海军部长会议，命令他们共同制订国务院、陆军部和海军部均能接受的建立中央情报处的计划。

此计划要尽早完成并呈递总统审批，最后期限是 1945 年 12 月 31 日。

"The Central Intelligence Agency: Its Founding and the Dispute over Its Mission, 1945－1954," (vol. 23) in Dennis Merrill (ed.), *Documentary History of the Truman Presidency*, University Publications of America, 1998, Document 4, p. 30

梁志译、校

15－7

克利福德关于中情局问题的报告

（1945 年 12 月初）

绝 密

中 央 情 报 局

我认为建立中央情报局的目的是协调在国务卿、陆军部长和海军部长领导下的现有情报部门的活动，以获得并向总统提供保证他随时了解不断发展变化的外部形势所必需的国外情报，并向那些对国外情报综合报告感兴趣的政府部门提供最有效地履行其职责所必需的国外情报。

为了达到这一目的，我希望国务卿、陆军部长和海军部长立即起草一份包括以下要点的指令草案：

1. 成立一个由国务卿、陆军部长、海军部长以及一位参谋长联席会议代表组成的国家情报委员会。

2. 国家情报委员会将负责制订全面的情报计划并组织、检查和协调联邦政府所有的对外情报活动。

3. 建立一个由总统任命的、向国家情报委员会负责的局长领导下的中央情报局。

4. 设立一个由与国防和外交有关的主要军事和文职情报机构负责人组成的顾问委员会，将它作为中央情报局局长的咨询机构。

克拉克・M・克利福德①

"The Central Intelligence Agency: Its Founding and the Dispute over Its Mission, 1945－1954,"（vol. 23） in Dennis Merrill （ed.）, *Documentary History of the Truman Presidency*, University Publications of America, 1998, Document 5, pp. 31－32

张屹峰译，梁志校

---

① 克拉克・M・克利福德，1945 年 8 月至 1946 年 7 月间任总统海军助理，而后任总统特别顾问。——编注

15－8

索尔斯关于中情局问题的备忘录

（1945 年 12 月 27 日）

绝　密

1945 年 12 月 27 日

致克利福德海军中校的备忘录：

主题：中央情报局

1. 按照您的要求，我附上了：

（1）国务院计划的副本。

（2）参谋长联席会议起草的指令草案的副本。

（3）对计划(1)与(2)的详细比较。

2. 两个计划间的差异比表面看起来的要大得多，且更具本质意义。

3. 国务院计划的制订者麦科马克①先生主张由国务卿主抓美国的情报工作。麦科马克先生认为国务卿或他的代表应决定呈送总统的情报的性质。他不仅在已经公布的国务院的计划中清楚地表明了这一点，而且还在对公众的广播讲话和对海陆军军官的各种演讲中有意兜售国务院的计划。

4. 反对麦科马克先生建议的三个重要理由是：

（1）近来的经验已经向所有人十分清楚地表明了要想让海陆军在最后的分析中支持国家的外交政策，那么就应该让总统像了解国务院的意见一样准确无误地了解军方的意见。

（2）情报评估并非一门精确的科学，因此应竭力防止任何一个部门有机会以看起来像支持以往被采纳的政策或预先形成的观点那样解释情报。

（3）一旦采纳了麦科马克计划，最终该计划将不可避免地被视为国务院的情报体制，而非美国政府的情报体制。与此同时，海陆军也将保持属于它们自己的完整的情报体制。

5. 与麦科马克计划相比，利用了一切可资利用的资料且已获得与外交政策直接相关的三个部门——国务院、陆军部和海军部批准的参谋长联席会议计划似乎更可能为总统提供客观的情报，更好地保护总统的利益，理由如下：

（1）将委员会直接设立于总统之下，因而它的级别比其他任何部门都高。这样一来，就没有哪个部门能够对委员会提供的情报的类型施加不当的影响了。而且，在没有任何一个

---

① 艾尔弗雷德·麦科马克，1945 年 9 月 28 日至 1946 年 4 月 23 日间任国务卿情报研究特别助理。——编注

部门在委员会中占据主导地位的情况下,可以更均衡地分配对委员会的控制权。

(2) 由总统来任命负责人,这样做有可能会挑选到一个能力突出而又诚实正直的人。

(3) 借助中央情报局的后备专业人员,参谋长联席会议计划能够比麦科马克计划更加高效、迅捷、经济地行使目前属于各情报机构的许多职能(在接受采访时,麦科马克先生表示反对建立中央情报局)。

(4) 参谋长联席会议的计划规定,由参与(情报工作的)机构批准通过供最需要它们的那些人(包括总统、内阁级总统顾问人员和联合政策规划人员)利用的(情报)总结和评估。

(5) 参谋长联席会议的计划考虑要使国务院、陆军部和海军部均能发扬畅所欲言的精神,拥有一份共同的责任感,进而在三者间建立起真正的伙伴关系。成员机构间全心全意地合作可以确保中央情报局尽可能在互惠的基础上运作。

6. 参谋长联席会议计划的优点还在于它是数月思考的结果。该计划是由联合情报委员会技术人员在长期思考后制订的,并获得了包括国务院、陆军部和海军部情报机构的首脑在内的联合情报委员会成员的一致批准。接着,由海军五星上将李海和金以及陆军五星上将马歇尔①和阿诺德组成的参谋长联席会议对这一计划稍事修改后也予以批准。而且,那时陆军部长和海军部长对参谋长联席会议的建议也表示同意。

7. 我认为参谋长联席会议计划是最符合总统和国家利益的方案,因此本人建议总统大体上按照此处所附的草案(参谋长联席会议计划)签署指令。

8. 您是知道的,我对这一问题的关注完全出于公心,因为我不是局长一职的候选人,即使被委以此职,我也不接受。

悉尼·W·索尔斯②

副本

致陆军部长和海军部长的备忘录:

主题:国家情报委员会

在1945年9月20日的信中,总统向我发出如下指示:

"我热切地希望您能够为所有涉及对外情报活动的联邦机构主持制订一份详尽统一的计划。为此,国务院应领导建立一个部际小组,由它来制订供我审批的计划。这一程序将使制订出来的计划涵盖对外情报领域的方方面面,按这种方式布置情报工作、管理情报活动将最大程度地满足各个机构与整个政府的需求。"

这里所附的便是按总统的指示制订的计划,这是我的顾问委员会经数周讨论研究之后

---

① 乔治·C·马歇尔,1945年11月以前任陆军参谋长,1947年1月21日至1949年1月20日间任国务卿,1950年9月21日以后任国防部长。——编注

② 悉尼·W·索尔斯,1940年投入第二次世界大战,战争结束时是海军情报事务第二负责人。受杜鲁门总统的委托,他在中央情报局成立以前的过渡时期领导中央情报小组。——编注

向我提出的建议，希望您能予以批准。

敬请特别关注以下几点：

1. 计划建立的国家情报委员会由作为主席的国务卿以及陆军部长和海军部长组成，且主席还有权召集其他部门和机构的首脑商讨与他们尤为相关的问题。

2. 计划意在根据一项详尽的、在整个政府范围内执行的方案协调政府各机构的工作，以期最大限度地利用它们所掌握的情报资源。拟建的机构是一个委员会下辖的、由现有机构抽调工作人员的部际组织而非拥有单独预算的独立机构。以上安排的优点在于可以避免曝光并减少中央机构与现有部门和机构的情报组织之间的竞争与重叠。

3. 中央机构的行政指令由一位国务院官员发出，但前提是陆军部长和海军部长必须批准该人选。这样，国务院协调关涉外交的事宜的职责便获得了承认。不过，这位行政官员代表的仍是整个委员会而非哪一个单独的部门。

4. 拟建中的中央秘书处是一个主要由国务院、陆军部和海军部的人员组成的工作组。

5. 计划并不排除按照委员会的要求采取可行的集体情报行动(无论这些活动是否在中央机构的领导下进行)。通过将某一专业领域的职责赋予一个单独的机构或将致力于解决同一问题的几个不同机构下辖的工作小组合并为一个委员会指导下的联合工作组，计划完全有可能建立起一种使许多专业领域的情报职责集中化的机制。

6. 根据我的理解，关于秘密活动(包括“机密情报”和“反间谍”两个方面)的主流观点是如果要采取这类行动，不妨由一个中央机构领导进行。本计划建立起了详细研究该问题并制订具体的秘密行动计划的机制。

这一中央机构首先是作为负责协调统一和制订计划的组织，其任务是按总统的设想制订详细的计划，确定整个政府的外部情报需求，并在满足这些需求的方式方法方面提出建议或充分利用政府所拥有的一切情报资源满足以上需求。除国务院、陆军部和海军部外，还有很多机构从事收集和分析外部情报的工作，包括财政部、农业部、商务部、劳工部、关税和海运委员会(Tariff and Maritime Commissions)、联邦储备委员会及其他许多机构。如果这些机构能够在一个统一的计划下运作，那么它们就能为对外情报工作做出重要贡献，以至于在各自的领域内满足自身和政府其他机构的需要。

在建议实行的计划中，主要的协调机构是一个全面负责情报工作的部际委员会下辖的小组。除了制订计划外，作为一个常设小组，它还将负责保持计划的协调性，并检查所有与完成这一计划相关的行动的落实情况与实效。对各主要委员会构成问题的初步建议参见所附的表格。

对外情报是一个庞大而复杂的工程，涉及几乎所有的人文知识。其中所包含的问题并不能轻而易举地迅速得到解决，必须从长远的角度出发各个击破。我认为所附计划就提供了这样一种解决问题的机制，如果该计划得到了有力的执行，将有望取得显著成效。

詹姆斯·F·贝尔纳斯①

① 詹姆斯·F·贝尔纳斯，1945年7月3日至1947年1月21日间任国务卿。——编注

附录

1945 年 12 月 3 日

国家情报委员会的建立

组织

一、在 1945 年 9 月 20 日的信中,总统指示国务卿“为所有涉及对外情报活动的联邦机构制订一份全面的协作计划……由国务院领导建立的部际小组制订供(总统)审批的计划”,特此建立一个名为国家情报委员会的部际情报协调委员会。

成员

二、国家情报委员会　国家情报委员会将由作为主席的国务卿、陆军部长和海军部长组成。

三、其他成员　应主席的邀请,任何其他部门或机构的首脑均可作为委员会成员参与讨论与该部门或机构尤为相关的问题。

四、委托代理者　在委员会成员缺席时,由他指定一位副部长或部长助理级别的官员作为其全权代表。

五、秘书处　委员会下设一个由作为委员会首席执行官的执行秘书(Executive Secretary)领导的秘书处。执行秘书由主席任命,但需获得陆军部长和海军部长的同意。假使被任命者那时尚不是国务院官员,那么就在他行使执行秘书的职责之前任命其为国务院官员。在委员会同意的情况下,副秘书、助理秘书和一般工作人员将协助执行秘书履行职责。副秘书将由委员会根据执行秘书的建议任命,可以是陆军或海军军官。助理秘书和一般工作人员将由执行秘书在国务院人员以及陆军部和海军部的可供人选中任命。通常,秘书处的副秘书、助理秘书和一般工作人员没有其他职责。国务院将为他们提供除个人薪金和供给之外的管理上的服务。经委员会批准,秘书处的一般工作人员可以由国务院、陆军部和海军部以外的其他机构的人员充任。

六、顾问组(Advisory Groups)　执行秘书将在由下列官员的专职代表组成的两个顾问小组的建议和协助下履行职责:

(一) 情报顾问小组(Advisory Group on Intelligence)

1. 陆军部参谋本部情报科的助理参谋长

2. 海军情报局局长

3. 空军情报助理参谋长(Assistant Chief of Air Staff, Intelligence)

（二）安全顾问小组（Advisory Group on Security）

1. 财政执行署最高协调官（Chief Coordinator，Treasury Enforcement Agencies）

2. 陆军部参谋本部情报科的助理参谋长

3. 海军情报局局长

4. 联邦调查局局长

七、小组下辖委员会

根据执行秘书的建议，委员会将建立顾问小组下辖的一系列委员会，每一个小组下辖委员会负责国家情报委员会权限范围内的一个重要方面、地区或类型的行动。这些小组下辖委员会是国家情报委员会执行任务的主要机构。每一个小组下辖委员会均由作为主席和全面负责的专职人员的来自主要负责该领域的活动或与该领域关联密切的机构的助理秘书以及来自委员会认为在这一领域负主要责任的其他机构的特别出色的兼职或专职代表组成。每个小组下辖委员会所需的行政支持应由执行秘书提供。

定义

八、情报　这里所使用的“情报”一词是指有助于保证国家安全和促进国家利益的关于外部国家、人民、力量、事件、状况、能力和意图的所有重要信息。

九、安全情报　这里所使用的“安全情报”（有时为“反情报”）一词是指一种关于来自国内外的对国家安全或国家利益构成真正或潜在威胁的敌对人员、运动、意识形态和活动的所有重要信息的特殊类型的情报。

职能

十、国家情报委员会　国家情报委员会应在广泛的对外情报领域以及国家安全和安全情报的专业领域行使如下职能：

（一）确定国家情报和安全目标以及所有部门机构的需求。

（二）决定在实际行动中何种方法可以最有效地实现这些目标并满足以上需求。

（三）通过一系列特别行动计划，根据每个部门的大体职责及其情报设备的完备程度和功能效用将工作职责明确到各个政府部门和机构。

（四）不断地检讨委员会情报和安全计划的充分性和成效，包括在自身条件允许的情况下检查应由委员会规定其工作职责的部门情报机构的活动。

（五）当委员会确定由中央组织集中采取情报或安全行动可以比某一部门或机构的情报组织单独行动更有效时，组织和指导此类行动。

（六）在情况紧急或发生变化时，制订情报和安全行动计划。

（七）为了为所有涉及对外情报和安全活动的部门制订全面统一的计划而需要行使的其他职能。

十一、秘书处　在执行秘书的监督和指导下，秘书处应该：

(一)为委员会制订计划,并就计划的实施问题向委员会提出建议。

(二)作为委员会的行政部门,执行包括委员会安排的集体行动在内的委员会批准的计划和所有行动方案。

(三)作为小组各下辖委员会的主席,指导和协调小组各下辖委员会的活动,负责有效地处理小组各下辖委员会的事务,并使它们的活动与委员会的行动协调一致。

(四)建立委员会和小组各下辖委员会的文件处理程序和其他程序。

(五)为委员会及小组各下辖委员会提供秘书服务。

(六)保管包括所有的信件、议程、会议记录、研究记录单、决议、指示、工作计划和手册在内的档案文件。

(七)提供其他必要的服务。

十二、顾问组　顾问组的各位成员均应向执行秘书提供建议,协助执行秘书开展工作并:

(一)充当其所属机构和执行秘书间非正式的交流渠道。

(二)在与其所属机构有关的事务上充任执行秘书的顾问。

(三)协助执行秘书完成与其所属机构相关的委员会的计划。

(四)协助执行秘书从其所属机构那里接收秘书处和小组各下辖委员会所需的人员设备。

十三、小组各下辖委员会　小组各下辖委员会应在各自负责的某一方面、地区或类型的行动的范围内:

(一)以汇编索引的形式撰写一份关于包括与其所负责的领域相关的部门在内的整个国家在该活动领域内的需求的详细报告。

(二)确定在实际行动中满足这些需求的方法。

(三)制订呈递委员会的具体行动计划。

(四)在情况紧急或发生变化时,制订呈送委员会的行动计划。

(五)充当保持计划协调统一和检查所有与完成这一计划相关的行动的落实情况和最终实效的常设小组。

(六)参与委员会特别指示的其他活动。

程序

十四、由执行秘书确立所有程序,而后报送委员会审批。

十五、在向委员会呈递供审议的材料时,执行秘书有责任在其中说明各方同意或反对的程度,详细介绍与负责这一领域活动的小组下辖委员会多数意见明显相左的观点并表明自己的看法。

十六、小组各下辖委员会有权建立下属工作小组并在行使职能时向某一机构求助。

十七、在委员会认为必要的时候,委任一位主管人员,由他负责执行委员会指导下的情报或安全行动。执行这类行动所需的人员(包括这位主管人员)、资金和设备由参与行动的部门和机构根据他们各自相对的责任和能力、按照他们同意并经委员会批准的数量和份额予以提供。

十八、要由委员会主席确定向总统呈递将要颁布实施的决议的时机和方式并就此做出指示。

图①

参谋长联席会议计划与国务院计划之比较

参谋长联席会议计划	国　务　院　计　划
1. 国家情报委员会 由总统主持建立。 成员： 国务卿 陆军部长 海军部长 参谋长联席会议代表	1. 国家情报委员会 由国务卿主持建立。 （假使国务卿同意，陆军部长和海军部长将成为成员。） 国务卿可能邀请其他部门的首脑出席国家情报委员会会议。
2. 中央情报局 由国家情报委员会主持建立。	2. 没有对中央情报局作出明确规定 将由秘书处行使考虑赋予中央情报局的大部分职能。
3. 中央情报局局长 由总统根据国家情报委员会的建议任免，可以作为不参与表决的成员出席国家情报委员会会议。	3. 国家情报委员会的执行秘书和首席执行官 如果不是国务院官员，则必须在他就职前任命其为国务院官员。由国务卿任命，经陆军部长和海军部长批准。由国家情报委员会按照执行秘书的建议任命的他的副职可以是陆海军军官。
4. 情报顾问委员会 由国家情报委员会认定的、与国家安全有关的主要军事和文职情报机构的首脑组成。 职能： 向中央情报局局长提出建议，并作为国家情报委员会负责人的顾问协助制订呈送总统批准的执行指令所需的基本组织计划（该计划应包括必要的法规草案）。	4. 无 计划规定要建立一个由陆军情报科、空军情报科（A－2）和海军情报中心（CNI）（the Center for Naval Intelligence）的代表组成的情报顾问小组。 计划还规定要建立一个由财政部、陆军情报科、空军情报科和海军情报中心的代表组成的安全顾问小组。
5. 财政 由国务院、陆军部和海军部联合提供。	5. 所需资金由国务院在陆军部和海军部的协助下提供。

① 此处为美国国务院计划中的主要情报组织结构图，略去。——译注

续　表

参谋长联席会议计划	国　务　院　计　划
6. 在国家情报委员会的指导和管理下，中央情报局应该： (1) 整合与国家安全有关的部门情报，并分发最终整理出来的战略和国家政策情报。 (2) 制订协调所有具有国家安全职能的情报机构的活动的计划，在制定确保最有效地完成国家情报工作的总体政策和目标方面向国家情报委员会提出建议。 (3) 为了保证各部门在情报方面的利益，承担起国家情报委员会认为联合机构可以更有效地完成的包括直接收集情报在内的各相关部门共同关心的工作。 (4) 履行国家情报委员会随时可能赋予的与情报有关的其他职责。	6. 国家情报委员会应负责： (1) 确定包括各部门机构在内的整个国家的情报和安全目标以及需求。 (2) 确定在实际行动中完成目标和满足需求的最有效的方法。 (3) 根据每个部门的总体职责及其情报设备的完备程度和功能效用，通过一系列具体的行动计划，将工作职责明确到各政府部门和机构。 (4) 不断检讨委员会情报和安全计划的充分性与成效，包括在委员会自身条件允许的情况下检查应由委员会规定其工作职责的部门情报机构的活动。 (5) 当委员会确定由中央组织集中采取情报或安全行动可以比某一部门或机构的情报组织单独行动更有效时，组织和指导此类行动。 (6) 在情况紧急或发生变化时，制订情报和安全行动计划。 (7) 为了为全体与对外情报和安全活动有关的联邦机构制订全面统一的计划而应具有的其他职能。
7.	7. 在执行秘书的监察和指导下，秘书处应： (1) 为委员会制订计划，并就计划的实施问题向委员会提出建议。 (2) 作为委员会的行政部门，执行包括委员会安排的集体行动在内的委员会批准的计划和所有行动方案。 (3) 作为小组各下辖委员会的主席，指导和协调小组各下辖委员会的活动，负责有效地处理小组各下辖委员会的事务，并使它们的活动与委员会的行动协调一致。 (4) 建立委员会和小组各下辖委员会的文件处理程序和其他程序。 (5) 为委员会及小组各下辖委员会提供秘书服务。 (6) 保管包括所有的信件、议程、会议记录、研究记录单、决议、指示、工作计划和手册在内的档案文件。 (7) 提供其他必要的服务。
8.	8. 顾问小组　顾问小组的各位成员均应向执行秘书提供建议，协助执行秘书开展工作并： (1) 充当其所属机构和执行秘书间非正式的交流渠道。 (2) 在与其所属机构有关的事务上充任执行秘书的顾问。 (3) 协助执行秘书完成与其所属机构相关的委员会的计划。 (4) 协助执行秘书从其所属机构那里接收秘书处和小组各下辖委员会所需的人员设备。

续　表

参谋长联席会议计划	国　务　院　计　划
9. 未详细讨论此事。或许建立一些委员会是有益的。	9. 小组各下辖委员会　许多委员会——每个委员会负责一类行动。
10.	10. 程序 由执行秘书确立所有程序，而后报送委员会审批。 在向委员会呈递供审议的材料时，执行秘书有责任在其中说明各方同意或反对的程度，详细介绍与负责这一领域活动的小组下辖委员会多数意见明显相左的观点并表明自己的看法。 小组各下辖委员会有权建立下属工作小组并在行使职能时向某一机构求助。 在委员会认为必要的时候，委任一位主管人员，由他负责执行委员会指导下的情报或安全行动。执行这类行动所需的人员（包括这位主管人员）、资金和设备由参与行动的部门和机构根据他们各自相对的责任和能力、按照他们同意并经委员会批准的数量和份额予以提供。 要由委员会主席确定向总统呈递将要颁布实施的决议的时机和方式并就此做出指示。

"The Central Intelligence Agency: Its Founding and the Dispute over Its Mission, 1945 - 1954," (vol. 23) in Dennis Merrill (ed.), *Documentary History of the Truman Presidency*, University Publications of America, 1998, Document 6, pp. 33 - 47

梁志译、校

15－9

贝尔纳斯和福里斯特尔关于协调情报活动给杜鲁门的信函

（1946 年 1 月 7 日）

秘　密

1946 年 1 月 7 日

亲爱的总统先生：

根据您 1945 年 9 月 20 日致国务卿的信函，我们组建了一个部际小组，负责为所有与对外情报活动有关的联邦机构制订全面的协作计划，以供您批准。

经深入研究，我们一致建议您批准此处所附的计划。

这一计划设想通过指令的形式建立一个由国务卿、陆军部长和海军部长组成的国家情报委员会，其职责是制订和实施全面的情报计划，并督察和协调所有联邦情报机构的活动，以确保最有效地完成与国家安全有关的情报任务。这一指令进一步规定，国家情报委员会将建立一个经国家情报委员会推荐并由总统任命的局长领导下的中央情报局。由具有国家安全职能的各主要军事和文职情报机构的首脑组成的情报顾问委员会要向中央情报局局长提出建议。

您将注意到指令中提出的这一计划设想由国家情报委员会在中央情报局局长和情报顾问委员会的协助下制订与指令的原则相一致的基本组织计划，并提交给您审批。首先，应由负责执行该计划的官员对于这一组织的建立做出详细的规划。

鉴于此，我们建议您签署所附的指令。

致以诚挚的敬意！

国务卿、代理陆军部长、海军部长①

关于协调情报活动的指令

为了组织和协调有关国家安全的情报活动：

1. 成立由国务卿、陆军部长和海军部长组成的国家情报委员会，其职责是制订和实施全面的情报计划，并监督和协调所有的联邦情报活动，以确保最有效地完成有关国家安全的

① 詹姆斯・福里斯特尔，1945 年 8 月至 1947 年 9 月间任海军部长，1947 年 9 月 17 日至 1949 年 3 月 28 日间任国防部长。——编注

情报任务。

2. 国家情报委员会将建立一个经国家情报委员会推荐并由总统任免的局长领导下的中央情报局，以协助自身完成这一使命。作为国家情报委员会中一名不参与表决的成员的中央情报局局长要对国家情报委员会负责。

3. 由国家情报委员会确定的具有国家安全职能的各主要军事和文职情报机构的首脑组成的情报顾问委员会应向中央情报局局长提出建议。

4. 国家情报委员会的首要职责是在中央情报局局长和情报顾问委员会的协助下制订一份呈递总统审批的按照以下各段提出的理念执行本指令的基本组织计划。这一计划应包括所有必要的立法草案。

5. 在国家情报委员会①的指导和管理下，中央情报局应：

(1) 整合、评估各部门与国家安全有关的情报及其收集的其他信息，并在政府内部适当地分发最终整理出来的战略和国家政策情报。

(2) 制订协调所有具有国家安全职能的政府情报机构的活动的计划，并在确立确保最有效地完成国家情报任务的总体政策和目标方面向国家情报委员会提出建议。

(3) 为了确保各部门情报机构的利益，承担起国家情报委员会认为联合机构可以更有效地完成的包括直接收集情报在内的各相关部门共同关心的工作。

(4) 履行总统和国家情报委员会随时可能赋予的有关情报的其他职责。

6. 中央情报局不具有维持治安或执法的职能。

7. 在国家情报委员会的协调下，政府现有情报机构应继续收集、评估、整合和分发部门工作情报(指一些部门和独立机构行使法定职能所需的情报)。为了整合情报资源，中央情报局有权利用以上提及的国家情报委员会所界定的部门工作情报。经国家情报委员会批准，中央情报局有权检查部门情报机构的工作，以行使其制订计划的职能。在解释本段内容时，国家情报委员会和中央情报局有责任全面保护与军事行动有直接和重大关系的情报来源和手段。

8. 国家情报委员会所需的资金和人员应由委员会的组成部门提供，具体数额和比例由委员会成员商定。中央情报局局长有权利用可支配的资金雇用必要的人员，提供必需的物资、设备和服务。经国家情报委员会批准，他可以要求各部门和独立机构提供中央情报局所需的负责监督和行使职能的专家，包括指派陆海军人员。

图②

“The Central Intelligence Agency: Its Founding and the Dispute over Its Mission,

① 收件人在“国家情报委员会”一词的上方写下了“总统?”(President?)字样。——译注

② 此处为美国国家情报委员会和中央情报局的结构图，略去。——译注

1945 - 1954," (vol. 23) in Dennis Merrill (ed.), *Documentary History of the Truman Presidency*, University Publications of America, 1998, Document 7, pp. 48 - 52

张屹峰译,梁志校

15－10

克利福德关于协调情报活动的指令

（1946 年 1 月 8 日）

秘　密

关于协调情报活动的指令

为了组织和协调有关国家安全的情报活动：①

1. 成立由国务卿、陆军部长和海军部长②组成的国家情报委员会，其职责是制订和实施全面的情报计划，并监督和协调所有的联邦③情报活动，以确保最有效地完成有关国家安全的情报任务。

2. 国家情报委员会将建立一个经国家情报委员会推荐④并由总统任免的局长领导下的中央情报局，以协助自身完成这一使命。作为国家情报委员会中一名不参与表决的成员的中央情报局局长要对国家情报委员会负责。

3. 由国家情报委员会确定的具有国家安全职能的各主要军事和文职情报机构的首脑组成的情报顾问委员会应向中央情报局局长提出建议。

4. 国家情报委员会的首要职责是在中央情报局局长和情报顾问委员会的协助下制订一份呈递总统审批的按照以下各段提出的理念执行本指令⑤的基本组织计划。这一计划应包括所有必要的立法草案。

5. 在国家情报委员会的指导和管理下，中央情报局应：

（1）整合、评估各部门与国家安全有关的情报及其收集的其他信息，并在政府内部适当地分发最终整理出来的战略和国家政策情报。

（2）制订协调所有具有国家安全职能的政府情报机构的活动的计划，并在确立确保最有效地完成国家情报任务的总体政策和目标方面向国家情报委员会提出建议。

（3）为了确保各部门情报机构的利益，承担起国家情报委员会认为联合机构可以更有效地完成的包括直接收集情报在内的各相关部门共同关心的工作。

---

① 收件人将这句话删去了。——译注

② 原文此处有收件人的一段手写批注，但无法辨识。——译注

③ 收件人在此处加上了“对外”(foreign)。——译注

④ 收件人删去了“经国家情报委员会推荐”。——译注

⑤ 收件人将此处的“指令”(directive)改为“行政命令”(executive order)。——译注

(4) 履行总统和国家情报委员会随时可能赋予的有关情报的其他职责。

6. 中央情报局不具有维持治安或执法的职能。

7. 在国家情报委员会的协调下,政府现有情报机构应继续收集、评估、整合和分发部门工作情报(指一些部门和独立机构行使法定职能所需的情报)。为了整合情报资源,中央情报局有权利用以上提及的国家情报委员会所界定的部门工作情报。经国家情报委员会批准,中央情报局有权检查部门情报机构的工作,以行使其制订计划的职能。在解释本段内容时,国家情报委员会和中央情报局有责任全面保护与军事行动有直接和重大关系的情报来源和手段。

8. 国家情报委员会所需的资金和人员应由委员会的组成部门提供,具体数额和比例由委员会成员商定。中央情报局局长有权利用可支配的资金雇用[①]必要的人员,提供必需的物资、设备和服务。经国家情报委员会批准,他可以要求各部门和独立机构提供中央情报局所需的负责监督和行使职能的专家,包括指派陆海军人员。

"The Central Intelligence Agency: Its Founding and the Dispute over Its Mission, 1945 - 1954," (vol. 23) in Dennis Merrill (ed.), *Documentary History of the Truman Presidency*, University Publications of America, 1998, Document 8, pp. 53 - 54

梁志译、校

① 收件人在此处加上了"额外的"(additional)。——译注

15－11

克利福德关于建立国家情报委员会的行政命令草案

（1946 年 1 月 8 日）

未设密级

行政命令(草案)

（1946 年 1 月 8 日）

建立协调情报活动的国家情报委员会

根据宪法和法律授予我的权力，作为美国总统，我特此发布如下命令：

1. 建立一个由国务卿、陆军部长、海军部长及美国总统代表组成的国家情报委员会，其职责是制订和实施全面的情报计划，并监督和协调所有的联邦对外情报活动，以确保最有效地完成有关国家安全的情报任务。

2. 为协助其完成这一使命，国家情报委员会将建立一个应由总统任免的局长领导下的中央情报局。作为国家情报委员会中一名不参与表决的成员的中央情报局局长要对国家情报委员会负责。

3. 由国家情报委员会确定的具有国家安全职能的各主要军事和文职情报机构的首脑组成的情报顾问委员会应向中央情报局局长提出建议。

4. 国家情报委员会的首要职责是在中央情报局局长和情报顾问委员会的协助下制订一份呈递总统审批的按照以下各段提出的理念执行本行政命令的基本组织计划。这一计划应包括所有必要的立法草案。

5. 在国家情报委员会的指导和管理下，中央情报局应：

(1) 整合、评估各部门与国家安全有关的情报及其收集的其他信息，并在政府内部适当地分发最终整理出来的战略和国家政策情报。

(2) 制订协调所有具有国家安全职能的政府情报机构的活动的计划，并在确立确保最有效地完成国家情报任务的总体政策和目标方面向国家情报委员会提出建议。

(3) 为了确保各部门情报机构的利益，承担起国家情报委员会认为联合机构可以更有效地完成的包括直接收集情报在内的各相关部门共同关心的工作。

(4) 履行总统和国家情报委员会随时可能赋予的与情报有关的其他职责。

6. 中央情报局不具有维持治安或执法的职能。

7. 在国家情报委员会的协调下，政府现有情报机构应继续收集、评估、整合和分发部门工作情报(指一些部门和独立机构行使法定职能所需的情报)。为了整合情报资源，中央情报局有权利用以上提及的国家情报委员会所界定的部门工作情报。经国家情报委员会批准，中央情报局有权检查部门情报机构的工作，以行使其制订计划的职能。在解释本段内容时，国家情报委员会和中央情报局有责任全面保护与军事行动有直接和重大关系的情报来源和手段。

8. 国家情报委员会所需的资金和人员应由委员会的组成部门提供，具体数额和比例由委员会成员商定。中央情报局局长有权利用可支配的资金雇用额外的必要人员，提供必需的物资、设备和服务。经国家情报委员会批准，他可以要求各部门和独立机构提供中央情报局所需的负责监督和行使职能的专家，包括指派陆海军人员。

"The Central Intelligence Agency: Its Founding and the Dispute over Its Mission, 1945 - 1954," (vol. 23) in Dennis Merrill (ed.), *Documentary History of the Truman Presidency*, University Publications of America, 1998, Document 9, pp. 55 - 57

张屹峰译，梁志校

15－12

杜鲁门关于建立国家情报委员会的行政命令草案

（1946年1月12日）

未设密级

行政命令（草案）

（1946年1月8日）①

建立协调情报活动的国家情报委员会

根据宪法和法律授予我的权力，作为美国总统，我特此发布如下命令：

1. 建立一个由国务卿、陆军部长、海军部长及美国总统代表组成的国家情报委员会，其职责是制订和实施全面的情报计划，并监督和②协调所有的联邦对外情报活动，以确保最有效地完成有关国家安全的情报任务。

2. 为协助其完成这一使命，国家情报委员会将建立一个应由总统任免的局长领导下的中央情报局。③ 作为国家情报委员会中一名不参与表决的成员的中央情报局局长要对国家情报委员会负责。

3. 由国家情报委员会确定的具有国家安全职能的各主要军事和文职情报机构的首脑组成的情报顾问委员会应向中央情报局局长提出建议。

4. 国家情报委员会的首要职责是在中央情报局局长和情报顾问委员会的协助下制订一份呈递总统审批的按照以下各段提出的理念执行本行政命令的基本组织计划。这一计划应包括所有必要的立法草案。④

5. ⑤在国家情报委员会的指导和管理下，中央情报局应：

（1）整合、评估各部门与国家安全有关的情报及其收集的其他信息，并在政府内部适当地分发最终整理出来的战略和国家政策情报。⑥

---

① 收件人将此处的“1946年1月8日”改为“1946年1月12日”。——译注

② 收件人删去了“监督和”(and such inspection)。——译注

③ 收件人将这句话改为“建立一个应由总统任免的局长领导下的协助国家情报委员会的中央情报局”。——译注

④ 收件人将第4段的内容全部删去了。——译注

⑤ 收件人将本段的序号改为“4”。——译注

⑥ 收件人将本句改为“理清与国家安全有关的部门情报和其收集的其他信息之间的关系，并做出评估，继而在政府内部适当地分发最终整理出来的战略和国家政策情报”，并在此处加上“应充分利用现有部门的情报机构的人员和设备”。——译注

(2) 制订协调所有具有国家安全职能的政府情报机构的活动的计划，并在确立确保最有效地完成国家情报任务的总体政策和目标方面向国家情报委员会提出建议。

(3) 为了确保各部门情报机构的利益，承担起国家情报委员会认为联合机构可以更有效地完成的包括直接收集情报在内的各相关部门共同关心的工作。

(4) 履行总统和国家情报委员会随时可能赋予的与情报有关的其他职责。

6. ①中央情报局不具有维持治安或执法的职能。

7. ②在国家情报委员会的协调下，政府现有情报机构应继续收集部门工作情报(指一些部门和独立机构行使法定职能所需的情报)并对这些情报进行评估、整合③和分发。为了对情报资源进行整合，④中央情报局有权利用以上提及的国家情报委员会所界定的部门工作情报。经国家情报委员会批准，中央情报局有权检查部门情报机构的工作，以行使其制订计划的职能。在解释本段内容时，⑤国家情报委员会和中央情报局有责任全面保护与军事行动有直接和重大关系的⑥情报来源和手段。

8. ⑦国家情报委员会所需的资金和人员应由委员会的组成部门提供，具体数额和比例由委员会成员商定。中央情报局局长有权利用可支配的资金雇用额外的必要人员，提供必需的物资、设备和服务。经国家情报委员会批准，他可以要求各部门和独立机构提供中央情报局所需的负责监督和行使职能的专家，包括指派陆海军人员。

评价：

1. 不明白第4行为何使用“外部”一词。

2. 原草案中的7已被删除。情报小组因此受到压制。应予以还原。

行政命令(草案)

(1946年1月12日)

建立协调情报活动的国家情报委员会

根据宪法和法律授予我的权力，作为美国总统，我特此发布如下命令：

1. 建立一个由国务卿、陆军部长、海军部长及美国总统个人代表组成的国家情报委员会，其职责是制订和实施全面的情报计划，并协调所有的联邦对外情报活动，以确保最有效

---

① 收件人将本段的序号改为“5”。——译注

② 收件人将本段的序号改为“6”。——译注

③ 收件人将此处的“整合”(synthesis)改为“归类”(correlate)。——译注

④ 收件人将此处的“整合”(synthesis)改为“归类”(correlation)。——译注

⑤ 收件人将前半句改为“在工作中”(In the conduct of its activities)。——译注

⑥ 收件人在此处删去了“与军事行动有直接和重大关系的”。——译注

⑦ 收件人将本段的序号改为“7”。——译注

地完成有关国家安全的情报任务。

2. 建立一个应由总统任免的局长领导下的协助国家情报委员会的中央情报局。作为国家情报委员会中一名不参与表决的成员的中央情报局局长要对国家情报委员会负责。

3. 由国家情报委员会确定的具有国家安全职能的各主要军事和文职情报机构的首脑组成的情报顾问委员会应向中央情报局局长提出建议。

4. 在国家情报委员会的指导和管理下，中央情报局应：

(1) 理清与国家安全有关的部门情报和其收集的其他信息之间的关系，并做出评估，继而在政府内部适当地分发最终整理出来的战略和国家政策情报。应充分利用现有部门情报机构的人员和设备。

(2) 制订协调所有具有国家安全职能的政府情报机构的活动的计划，并在确立确保最有效地完成国家情报任务的总体政策和目标方面向国家情报委员会提出建议。

(3) 为了确保各部门情报机构的利益，承担起国家情报委员会认为联合机构可以更有效地完成的包括直接收集情报在内的各相关部门共同关心的工作。

(4) 履行总统和国家情报委员会随时可能赋予的与情报有关的其他职责。

5. 中央情报局不具有维持治安或执法的职能。

6. 在国家情报委员会的协调下，现有政府情报机构应继续收集部门工作情报（指几个部门和独立机构行使其法定职能时所需的情报）并对这些情报进行评估、归类和分发。为了对情报进行归类，中央情报局有权利用以上提及的国家情报委员会所界定的部门工作情报。经国家情报委员会批准，中央情报局有权检查部门情报机构的工作，以履行其制订计划的职能。在工作中，国家情报委员会和中央情报局有责任全面保护情报来源和手段。

7. 国家情报委员会所需的资金和人员应由委员会的组成部门提供，具体数额和比例由委员会成员商定。中央情报局局长有权利用可支配的资金雇用额外的必要人员，提供必需的物资、设备和服务。经国家情报委员会批准，他可以要求各部门和独立机构提供中央情报局所需的负责监督和行使职能的专家，包括指派陆海军人员。

"The Central Intelligence Agency: Its Founding and the Dispute over Its Mission, 1945 - 1954," (vol. 23) in Dennis Merrill (ed.), *Documentary History of the Truman Presidency*, University Publications of America, 1998, Document 10, pp. 58 - 64

梁志译、校

15－13

麦格鲁德关于陆军部战略情报分队获取情报优势的备忘录

（1946年1月15日）

机　密

副本

1946年1月15日

致勒罗伊·S·欧文少将的备忘录：

主题：陆军部战略情报分队（Strategic Services Unit, War Department）①在和平时期获取情报的优势

现在，战略情报分队拥有和平时期秘密收集情报过程中的各个复杂程序所必需的人员、技术和设备。另外，这一机构还为驻德国、奥地利、东南亚指挥部（The Southeast Asia Command）和中国的占领军提供服务，继续履行战时的职责。除了东南亚指挥部外，各有关战区司令均反对为了将精力集中在未来的长期工作上而收回以上服务承诺。

目前战略情报分队的主要目标是把它特有的优势转化为和平时期秘密获取情报的基础。尽管存在预算和人员定额不断削减且未来情报组织的框架还未确定等困难，但这方面的工作已经在稳步开展了。当然，这些困难已经导致许多重要军官和人员的流失。

战略情报分队极其重要的优势在于它拥有经验丰富的合格工作人员，他们在过去四年中的行动区域不仅包括处于激战中的地区，还包括基本上保持着和平状态的地区。对将来的工作而言，许多已离开战略情报分队的人员仍是一个可以利用的人才库。经过精心挑选且注明了特殊技能和才干的候选者名单已经编写完毕并可以投入使用。

能否长期地秘密获取情报取决于保密程度、隐蔽性和个人的忠于职守。必须在不暴露调查目的的情况下仔细审查人员的可靠性。而且，在训练的时候绝对不允许过多地涉及组织的情况，以防止个人泄露秘密或背弃原则。出于协调各种情报来源和渗透机会的考虑，必须在程序上保持灵活性。“掩护”身份必须是确有其人，且合乎任务的需要。最重要的是，身份的暴露不能牵扯出美国或有损美国的利益，也不能请求官方救助。

---

① 1945年9月20日的第9621号行政命令规定由陆军部接管战略情报局的执行职能（与国务院接管的研究和分析职能相对）。为此，陆军部组建了战略情报分队，负责接收战略情报局移交的人员、资产和档案。——编注

秘密情报——秘密情报小分队(SI Branch)

方法：秘密情报人员在获取和处理外部秘密情报信息基本技巧方面都是富有经验的：

1. 搜寻、筛选、招募特工、间谍和参谋人员并对他们进行思想灌输。

2. 策划、组织和支持秘密情报行动。

3. 收集和汇报军事、政治、经济、社会和科技秘密情报。

4. 核实、评估、处理并向当地、同一区域内的其他地区以及华盛顿的情报需求者发送情报报告。

人员：小分队的所有重要人员(无论他们现在身在美国还是国外)在过去四年间均在针对中立国、盟国或敌国的工作中掌握了这一领域里的一些或全部技能。其中一些已经重返文职部门的人希望将来在适当身份的掩护下继续在国外从事秘密情报工作。其他一些仍然在国外工作的人胜任行动指挥或华盛顿总部的辅助性工作。还有一些人在他们目前以半公开身份活动的地区已被怀疑从事秘密行动，但经过一段时间后这些人还能在华盛顿或国外的其他地方工作。

最好将在由于缺乏授权、资金或设备而有必要停止行动的某些地区从事美国秘密情报工作的当地特工"封存起来"，待以后再让他们恢复联系。

档案和工作文件包括：

1. 过去四年里从战场收到的经过处理的数万份情报报告。为了查阅方便，已经给这些情报报告编了索引。

2. 战争日记、战区历史、行动记录以及情报原则和技术手册。

3. 关于在国外的人和事务方面具有专业知识的美国人(公民或居民)的带有完备索引的档案以及就这些知识对他们进行询问的详细记录。

4. 有关美国间谍作品的最全面的参考书目。

联系：战时，已经同英国、法国、比利时、捷克、丹麦、荷兰、挪威、波兰、泰国和印度支那建立起了高效的情报工作联系，另外，还与瑞士、瑞典、西班牙和土耳其这些中立国家建立了某种秘密情报关系。

这些对外联系是陆军部战略情报分队拥有的固定资产，且按照原则只有相应的美国秘密情报机构才能保持这种联系。由于以上联系对于其他国家在和平时期获得美国的支持具有独一无二的价值，因此这些国家会主动为美国提供难以获得的情报。

当前的行动大体分为两类：

1. 军队指挥官在德国、奥地利、中国和东南亚组织进行的广泛的半秘密行动。它们将随军事需要的结束而终止。同时，经证明以上占领区是将行动范围扩大到这些地区以外并由此向和平时期的长期秘密行动过渡的理想基地。类似的行动正在瑞士、瑞典、意大利和希腊内外展开，且计划向这些国家增派人员，让他们在新的指令下行动。

2. 目前，在近东的七个国家和北非的四个国家中已经确立了在和平时期开展工作的良好基础。其间所采取的行动是具有永恒价值的真正的秘密行动。

已经制订出了在远东的详细的秘密行动计划。这些计划是完整的,并能够在八个月内付诸实施。正在实施的计划是逐步扩大在近东的行动并扩展在非洲的工作。

研究人员正在探讨在主要欧洲国家长期采取行动的问题。以上行动必须在这些国家中逐一展开,因为必须等到某些状况恢复正常之后才能够真正地进行成功的掩护。

战略情报分队的瓦解士气和破坏设施小分队被解散了,不过从其中挑选出来的人员已被重新分派到秘密情报小分队。除了对情报报告进行具体的分析外,他们还保管着有关技术和行动的完整档案,能为将来积极地策划或抵御颠覆性宣传、破坏和游击行动提供基础。

反间谍小分队(又称反情报部队)

方法:在西半球之外的军事区和非军事区进行协同掩护的作为美国唯一的反间谍组织的反间谍小分队占据着独一无二的地位。它的任务是:

1. 评价、汇报和整合所有关于外国情报机构和相关秘密组织行动的情报。
2. 建议并协助美国政府相应的执行部门挫败这些外国组织可能危害美国利益的行动。
3. 保护美国政府机构的秘密情报行动。

反间谍小分队利用特工和双重特工获得的情报不仅涉及国外情报人员及其行动,还涉及他们所属组织的结构和政策。它在获取相关情报时同有关的美国机构通力合作。在不影响美国安全利益的事情上,它与国外反间谍机构合作,以获得关于双方共同关心的问题和个人的资料。一些小国的情报机构尤其想让被其看作对应部门的美国陆军部战略情报分队得到关于它们希望美国政府了解的以及如果不通过这种方式美国可能无法获得的反情报资料。

人员:反间谍小分队已经建立了一支拥有三年以上有效实战经验的获取和整合反间谍情报的专家队伍。他们与国务院、陆军情报科、海军情报局、联邦调查局和财政部等行政和执法机构密切协作,向它们提供与其尤为相关的情报。在德国、奥地利、意大利和中国等军事区,反间谍小分队的人员像与陆军情报科的总部保持密切联系的特别反情报小组(Special Counter-Intelligence Units)一样采取秘密行动对付外国情报和破坏组织,协助审问擒获的敌方间谍和情报官员并分析截获的相关的敌方文件。反间谍小分队还协助反间谍活动组在当地安全事务方面开展工作,并从反间谍活动组那里接收涉及其他地区的情报。

在非军事区,尤其是在欧洲和近东主要国家,反间谍小分队的人员基本上在国务院外交和领事机构中工作。反间谍小分队的代表在防止外国情报机构的渗透以及审查当地雇员、申请美国签证者和美国官员接触的其他个人的可靠性方面为美国外交官提供建议和协助。他们还与当地反情报官员和警官保持适当的联系。

档案:华盛顿的反间谍小分队总部是工作中心和来自各地方工作站和代表的所有情报的汇集地。那里存有关于40多万人的信息文件,他们都以某种形式与危害或可能危害美国利益的外国情报和秘密组织间存在关联。另外,反间谍小分队总部还保留着关于外国情报

机构的构成、政策和行动的全面详细的研究资料。

通讯

秘密情报的获得要求通过完全隐秘的设备保持极其专业的、快捷安全的通讯联系。

陆军部战略情报分队通讯小分队(Communications Branch)的人员从它建立之初起就一直在这里工作。在海外,通讯是工作的一个组成部分,通讯小分队负责在通讯方面对特工人员进行培训并建立各种类型的通讯联系。它还发明研制了保护深入敌控区或敌占区内部发送情报的特工的人身安全的技术装备。

在与陆军和海军实验室的密切合作中,通讯小分队研制出了最先进的手动和自动的电子专业装备,目的是使为战争设计的装备在当前同样能满足和平时期秘密行动的需要。进行以上研究的专业技术人员仍在陆军部战略情报分队中或者说其中大部分人依旧可以继续效力。

伪装和文件

借助研究和战地经验,该小分队可以在为特工人员提供实物"掩护"和恰当身份的细节方面配上必需的文件和其他资料。它的工作人员已经掌握了伪造绝对能够以假乱真的空白文件的方法以及生产在纯度、重量、颜色和质地方面精确无误并带有逼真的水印的纸张的技术。

陆军部战略情报分队的化学研究人员已经改进了秘密书写方法,美国和外国机构所了解的检验手段尚无法发现用以上方法书写的文字。

特别资金

陆军部战略情报分队负责特别资金的官员活跃于所有的战区和中立国家,以外国货币的形式向秘密间谍提供执行行动所需的资金。通过由华盛顿总部精心协调的买卖活动,在获得敌方和中立国家大量货币的同时仅使敌方得到少量美元。

支持服务

人员选择和评定 在秘密组织中,人员的选择和安排是一个特别的问题。对这些人员的要求是掌握语言和国家方面的专门知识、非常可靠且情绪稳定。战时,美国实行了一个心理评估计划并将该计划与对战场上的个人工作效率的详细记录和评估结合在一起。因此,陆军部战略情报分队人员的潜力一直都有案可查,从中分析出来的相对适于从事情报工作的各种个性特点和性格特征成为将来招募工作的指导思想。同时,这些记录、评估方法和受训人员仍是陆军部战略情报分队的一笔重要资产。

训练 依照经验不断重新调整和充实训练内容,目前根据和平时期的需要编写的新的训练指南即将完成。陆军部战略情报分队保留了一批曾在华盛顿和战场上受训的有经验的

人员，或者说在很大程度上这些人员是可以重新起用的。

安全　安全官员已经开始在所有特遣部队和战区作战司令部中工作了。尽管机构职能和工作岗位的性质多种多样，但机构内部仍按照华盛顿总部协调的政策确立了并坚持执行很高的安全标准。在和平时期世界范围内的行动中，甚至要更加认真地按照这些标准行事。

复制　陆军部战略情报分队拥有能够印刷、胶印、影印和晒图-油印的印刷厂，它的安全标准和效率很高，白宫和参谋长联席会议的大部分高度机密的文件都可以委托这家印刷厂来印刷。负责战时工作的人员仍留在原来的岗位并准备继续在及时且绝对安全地印刷包括最为复杂的带有插图的情报报告在内的文件资料方面发挥必不可少的作用。

服务　应用于秘密行动的程序需要服务部门的大力配合与充分理解。在与陆军、海军和文职机构联系的过程中，可以改变现有的程序，以满足情报人员的需要。已经制订出来的特殊的赔偿、保险和住院治疗方案能够在保证情报人员工作安全的同时为他们提供个人服务。已经接受训练的运输和供应官员可以满足情报特工们最为特殊的需求。

美国准将、队长　约翰·麦格鲁德①

Michael Warner (ed.), *CIA Cold War Records: The CIA under Harry Truman*. Washington, D.C.: History Staff, Center for the Study of Intelligence, Central Intelligence Agency, 1994, Document 6, pp. 21-28

张屹峰译，梁志校

① 约翰·麦格鲁德，1945年9月以前任战略情报局负责情报的副局长，1945年10月1日至1946年4月4日间任陆军部战略情报分队队长，1948年9月以后任中央情报局政策协调处高级顾问。——编注

15 - 14

克利福德关于建立国家情报委员会的总统指令的新闻稿

（1946年1月18日）

未设密级

……①

今天，白宫公布了总统向国务卿、陆军部长和海军部长发出的关于协调联邦政府对外情报活动的指令。

需要指出的是，该指令并非要建立一个全新的、独立的联邦政府机构，而是为了使国务院、陆军部和海军部原有的情报工作更加协调统一，配合得更加默契。应该强调的是，以上指令并未授予甚至允许在美国国内行使新的调查权。目前由联邦调查局和其他②政府机构在国内行使的调查权没有发生改变，指令所提出的计划决不会重复赋予调查权。

据称，该指令的实施完全可能要求总统进一步采取行动或通过新法案。倘若执行指令时获得的经验表明有必要或应该通过新的立法，那么总统完全有可能寻求通过关于这一问题的新法案。

"The Central Intelligence Agency: Its Founding and the Dispute over Its Mission, 1945 - 1954," (vol. 23) in Dennis Merrill (ed.), *Documentary History of the Truman Presidency*, University Publications of America, 1998, Document 11, p. 65

张屹峰译，梁志校

---

① 原文此处有收件人的一段手写批注，但无法辨识。——译注

② 收件人在此处删去了"联邦调查局和其他"(the Federal Bureau of Investigation and other)。——译注

15 - 15

杜鲁门关于建立国家情报委员会和中央情报小组的批示

（1946 年 1 月 18 日）

未设密级

1. 财政部、商务部、联邦储备委员会。通信系统不应该受到控制。问题太宽泛。

2. 如果由总统建立中央机构，应建立“委员会”(Board)而非“委员会”(Authority)（提交司法部审批）。

3. 讨论组织计划等问题的必要性。

4. (1)“完成”(accomplish)一词太宽泛。

指导有关机构共同努力整理并在政府内部分发涉及两个或两个以上部门决策的战略和国家政策情报。

(2) 应充分利用现有部门情报机构的人员和设备。

(3) 可以继续深入。可能仅为国务院、陆军部和海军部。

国务卿
陆军部长
海军部长
先生们：

1. 我希望并因此指示制订、扩大并协调联邦政府对外情报活动的计划，以确保最有效地完成与国家安全有关的情报任务。为此，[①]兹委派你们与我指定的作为我的个人代表的另一个人组成国家情报委员会。

2. 你们中的每一个人都应[②]由各自所属的部门委派[③]人员[④]，而后由这些人员[⑤]共同组成一个在中央情报小组组长监管[⑥]下的协助国家情报委员会的中央情报小组。将由我来任命的中央情报小组组长作为国家情报委员会中一位不参与表决的成员应对国家情报委员会

---

① 收件人将此处的“为此”(to this end)改为“为了达到这一目的”(to accomplish this purpose)。——译注
② 收件人在此处加上了“不时地”(from time to time)。——译注
③ 收件人将此处的“委派”(designate)改为“调配”(assign)。——译注
④ 收件人在此处加上了“和设备”(and facilities)。——译注
⑤ 收件人在此处加上了几个词，但无法辨识。——译注
⑥ 收件人将此处的“监管”(supervision)改为“领导”(direction)。——译注

负责。

3. ①在国家情报委员会的指导和管理下，中央情报局应该②：

(1) 对与国家安全有关的情报进行归类和评估并在政府内部适当地分发最终整理出来的战略和国家政策情报。此间，应充分利用您所属部门的情报机构的人员和设备。

(2) 制订协调前面提及的③您所属部门情报机构与国家安全有关的活动的计划，并在确立确保最有效地完成国家情报任务的总体政策和目标方面向国家情报委员会提出建议。

(3) 为了确保各情报机构的利益，承担起国家情报委员会认为联合机构④可以更有效地完成的包括在美国大陆以外直接收集情报在内的⑤各相关部门共同关心的工作。

(4) 履行总统和国家情报委员会随时可能赋予的与情报有关⑥的其他职责。

4. 中央情报小组不具有维持治安、执法以及收集处理国内情报的职能。⑦

5. 中央情报小组⑧有权对国家情报委员会指定的前面提及的您所属部门情报机构接到的工作⑨情报进行归类、评估和分发。在国家情报委员会批准的情况下⑩，前面提及的情报机构的工作应接受中央情报小组⑪与制订和执行计划有关的检查。

6. 您所属部门的现有情报机构应继续收集本部门的工作⑫情报，并对其进行评估、归类和分发。

7. 由国家情报委员会指定的具有⑬国家安全职能的主要军事和文职情报机构的代表⑭组成的情报顾问委员会应向中央情报小组组长提出建议。

8. 在现有法律和总统指令规定的范围内，联邦政府的其他行政部门和机构应提供根据国家情报委员会的规定中央情报小组⑮随时可能要求获得的这些行政部门和机构在履行职责的过程中得到的或可能得到的⑯与⑰国家安全有关的情报信息。

---

① 收件人在此处加上了“依据现有法律”(existing law and to)。——译注

② 收件人将此处的“中央情报局应该”(the Central Intelligence Agency shall:)改为“中央情报小组组长应该”(the Director of Central Intelligence shall:)。——译注

③ 收件人将此处的“前面提及的”(said)改为“那些”(the)。——译注

④ 收件人将此处的“联合机构”(by a common agency)改为“中央”(centrally)。——译注

⑤ 收件人在此处删去了“包括在美国大陆以外直接收集情报在内的”。——译注

⑥ 收件人在此处加上了“涉及国家安全”(bearing on national security)。——译注

⑦ 收件人将这句话改为“不得依据本指令行使维持治安、执法和保证国内安全的职能”。——译注

⑧ 收件人将此处的“中央情报小组”(the Central Intelligence Group)改为“中央情报小组组长”(the Director of Central Intelligence)。——译注

⑨ 收件人在此处删去了“工作”(operating)。——译注

⑩ 收件人在此处删去了“在……情况下”，但替换的词无法辨识。——译注

⑪ 收件人将此处的“中央情报小组”(the Central Intelligence Group)改为“中央情报小组组长”(the Director of Central Intelligence)。——译注

⑫ 收件人在此处删去了“工作”(operating)。——译注

⑬ 收件人在此处删去的数个词无法辨识。——译注

⑭ 收件人将此处的“代表”改为“首脑(或其代表)”。——译注

⑮ 收件人将此处的“中央情报小组”(the Central Intelligence Group)改为“中央情报小组组长”(the Director of Central Intelligence)。——译注

⑯ 收件人将此处的“这些行政部门和机构在履行职责的过程中得到的或可能得到的”(acquired or may be acquired by them in the course of their authorized activities)改为“它们所掌握的”(in their possession)。——译注

⑰ 收件人在此处删去的一词无法辨识。——译注

9. ……①

10. 在②活动中,国家情报委员会和中央情报小组③将④负责全面保护情报来源和方法。

白宫

1946 年 1 月

"The Central Intelligence Agency: Its Founding and the Dispute over Its Mission, 1945 - 1954," (vol. 23) in Dennis Merrill (ed.), *Documentary History of the Truman Presidency*, University Publications of America, 1998,Document 12, pp. 66 - 71

梁志译、校

① 收件人删去了整个第 9 段,并标明"插入新的第 9 段"(insert new P9)。原来第 9 段的内容无法辨识。——译注

② 收件人将此处的"它的"(its)改为"他们的"(their)。——译注

③ 收件人将此处的"中央情报小组"(the Central Intelligence Group)改为"中央情报小组组长"(the Director of Central Intelligence)。——译注

④ 收件人将此处的"将"(will)改为"应该"(shall)。——译注

15 - 16

关于建立国家情报委员会和中央情报小组的总统指令的备忘录

（1946 年 1 月 18 日）

未设密级

1946 年 1 月 18 日

致克拉克·克利福德的备忘录：

贾德森先生打电话表示，他认为应该将下列各段加入"情报"草案：

"第 9 段此处的规定不应该被认为是对于在美国本土及其属地进行调查的授权，除非现有法律和总统指令做出了这样的规定。"

贾德森先生说，考虑到有关这一问题的法律规定，他认为必须将本段包含进去或者加上具有同样含义的字句。

他还表示，应该作如下修改：

第 2 段应该这样开头："在您可支配的经费范围内，您……"（Within the limits of available appropriations, you...）

第 5 段第 2 句，用"在……程度上"（to the extent）代替"如同"（as）。

致以诚挚的敬意！

m. e. h

"The Central Intelligence Agency: Its Founding and the Dispute over Its Mission, 1945 - 1954," (vol. 23) in Dennis Merrill (ed.), *Documentary History of the Truman Presidency*, University Publications of America, 1998, Document 13, p. 72

张屹峰译，梁志校

15－17

克利福德关于建立国家情报委员会和中央情报小组的总统指令的备忘录

（1946 年 1 月 21 日）

未设密级

1946 年 1 月 21 日

致海军上将李海的备忘录：

兹附上关于建立国家情报委员会和中央情报小组的正等待总统签署的总统指令的定稿。查尔斯·罗斯建议将签署文件和发布新闻稿的时间推迟到明天，原因是今天国会会接到总统咨文，出版界几乎不会注意其他事情。

在您方便的时候，我想听一听您对公布这一计划的方式的看法。

致以十分诚挚的敬意！

克拉克·M·克利福德

副本

1946 年 1 月 22 日

致国务卿、陆军部长和海军部长：

1. 我希望并因此命令规划、扩大、协调联邦政府所有的对外情报活动，以确保最有效地完成与国家安全有关的情报任务。为此，兹委派你们与我指定的作为我的个人代表的另一个人组成国家情报委员会。

2. 在可用拨款的范围内，你们应随时从各自所属部门中抽调人员和领取设备，而后这些人员将共同组成一个由中央情报小组组长领导的协助国家情报委员会的中央情报小组。将由我来任命的中央情报小组组长作为国家情报委员会中一位不参与表决的成员应对国家情报委员会负责。

3. 中央情报小组组长应依据现有法律在国家情报委员会的指导和管理下：

（1）对与国家安全有关的情报进行归类和评估，继而在政府内部适当地分发最终整理出来的战略和国家政策情报。期间，应充分利用您所属部门情报机构的人员和设备。

（2）制订协调您所属部门情报机构与国家安全有关的活动的计划，并在确立确保最有效地完成国家情报任务的总体政策和目标方面向国家情报委员会提出建议。

（3）为了保证以上情报机构的利益，承担起在国家情报委员会看来相对而言中央组织可以更有效地完成的多个机构共同关心的工作。

(4) 履行总统和国家情报委员会随时可能赋予的与国家安全情报有关的其他职责。

4. 不得依据本指令行使维持治安、执法和保证国内安全的职能。

5. 中央情报小组组长有权对国家情报委员会指定的您所属部门情报机构接到的情报进行归类、评估和分发。在国家情报委员会批准的范围内,前面提及的情报机构的工作应接受中央情报小组组长与制订和执行计划有关的检查。

6. 您所属部门的现有情报机构应继续收集本部门所需的情报,并对其进行评估、归类和分发。

7. 由国家情报委员会指定的具有国家安全职能的主要军事和文职情报机构的首脑(或他们的代表)组成的情报顾问委员会应向中央情报小组组长提出建议。

8. 在现有法律和总统指令规定的范围内,联邦政府的其他行政部门和机构应提供根据国家情报委员会的规定中央情报小组组长随时可能要求获得的它们所掌握的与国家安全有关的情报信息。

9. 除非法律和总统指令批准,否则不得认为此处赋予了新建机构在美国大陆及其属地进行调查的权力。

10. 在活动过程中,国家情报委员会和中央情报小组组长有责任全面保护情报来源和方法。

献上我真诚的祝福!

哈里·杜鲁门

"The Central Intelligence Agency: Its Founding and the Dispute over Its Mission, 1945 - 1954," (vol. 23) in Dennis Merrill (ed.), *Documentary History of the Truman Presidency*, University Publications of America, 1998, Document 14, pp. 73 - 75

梁志译、校

15 - 18

克利福德关于建立
中央情报组织的总统指令的备忘录

（1946 年 1 月 21 日）

未设密级

1946 年 1 月 21 日

致罗斯先生的备忘录：

以下是建议发布的关于总统签署协调政府对外情报活动的指令的新闻稿。

“今天，白宫公布了总统向国务卿、陆军部长和海军部长发出的关于协调联邦政府对外情报活动的指令。这里是指令全文的副本：（总统指令的副本）”

致以十分诚挚的敬意！

克拉克·M·克利福德

“The Central Intelligence Agency: Its Founding and the Dispute over Its Mission, 1945 - 1954,”（vol. 23）in Dennis Merrill（ed.）, *Documentary History of the Truman Presidency*, University Publications of America, 1998, Document 15, p. 76

张屹峰译，梁志校

15－19

克利福德关于司法部长批准总统指令定稿的备忘录

（1946 年 1 月 21 日）

未设密级

致海军上将李海的备忘录：

在此附上下列关于建立国家情报委员会和设立中央情报小组组长一职的文件：

1. 司法部长克拉克批准总统指令定稿的信函。

2. 将由总统签署的送交国务卿、陆军部长和海军部长的三份指令草案。

3. 致财政部、司法部长、内政部、邮政部长（Postmaster General）和商务部备忘录的五份副本。总统应逐一签署这五份文件，且每一份均应附上草案的副本。

致以十分诚挚的敬意！

克拉克·M·克利福德

1946 年 1 月 19 日

亲爱的总统先生：

随函附上建议签署的送交国务卿、陆军部长和海军部长的关于协调对外情报活动的指令。

此处呈递的指令建议已获得我的批准。

我通过海军上将李海呈递此信。在我看来，他是就预算局和其他相关机构的看法向您提出建议的合适人选。

致以诚挚的敬意！

司法部长

致国务卿、陆军部长和海军部长：

1. 我希望并因此命令规划、扩大、协调联邦政府所有的对外情报活动，以确保最有效地完成与国家安全有关的情报任务。为此，兹委派你们与我指定的作为我的个人代表的另一个人组成国家情报委员会。

2. 在可用拨款的范围内，你们应随时从各自所属部门中抽调人员和领取设备，而后这些人员将共同组成一个由中央情报小组组长领导的协助国家情报委员会的中央情报小组。

将由我来任命的中央情报小组组长作为国家情报委员会中一位不参与表决的成员应对国家情报委员会负责。

3. 中央情报小组组长应依据现有法律在国家情报委员会的指导和管理下：

(1) 对与国家安全有关的情报进行归类和评估，继而在政府内部适当地分发最终整理出来的战略和国家政策情报。期间，应充分利用您所属部门情报机构的人员和设备。

(2) 制订协调您所属部门情报机构与国家安全有关的活动的计划，并在确立确保最有效地完成国家情报任务的总体政策和目标方面向国家情报委员会提出建议。

(3) 为了保证以上情报机构的利益，承担起在国家情报委员会看来中央组织可以最有效地完成的多个机构共同关心的工作。

(4) 履行总统和国家情报委员会随时可能赋予的与国家安全情报有关的其他职责。

4. 不得依据本指令行使维持治安、执法和保证国内安全的职能。

5. 中央情报小组组长有权对国家情报委员会指定的您所属部门情报机构接到的情报进行归类、评估和分发。在国家情报委员会批准的范围内，前面提及的情报机构的工作应接受中央情报小组组长与制订和执行计划有关的检查。

6. 您所属部门的现有情报机构应继续收集本部门所需的情报，并对其进行评估、归类和分发。

7. 由国家情报委员会指定的具有国家安全职能的主要军事和文职情报机构的首脑(或他们的代表)组成的情报顾问委员会应向中央情报小组组长提出建议。

8. 在现有法律和总统指令规定的范围内，联邦政府的其他行政部门和机构应提供根据国家情报委员会的规定中央情报小组组长随时可能要求获得的它们所掌握的与国家安全有关的情报信息。

9. 除非法律和总统指令批准，否则不得认为此处赋予了新建机构在美国大陆及其属地进行调查的权力。

10. 在活动过程中，国家情报委员会和中央情报小组组长有责任全面保护情报来源和方法。

献上真诚的祝福！

"The Central Intelligence Agency: Its Founding and the Dispute over Its Mission, 1945 - 1954," (vol. 23) in Dennis Merrill (ed.), *Documentary History of the Truman Presidency*, University Publications of America, 1998, Document 16, pp. 77 - 82

梁志译、校

15 - 20

杜鲁门关于协调情报活动的指令的备忘录

（1946 年 1 月 22 日）

未设密级

副本

1946 年 1 月 22 日

致财政部长、司法部长、内政部长（Secretary of the Interior）、邮政部长和商务部长的备忘录：

附件是今天我向国务卿、陆军部长和海军部长发出的关于国家安全情报的指令的副本。当指令的内容涉及贵部的活动时，我要求贵部也遵照执行。

哈里 · S · 杜鲁门

"The Central Intelligence Agency: Its Founding and the Dispute over Its Mission, 1945 - 1954," (vol. 23) in Dennis Merrill (ed.), *Documentary History of the Truman Presidency*, University Publications of America, 1998, Document 17, p. 83

张屹峰译，梁志校

15 - 21

白宫关于建立国家情报委员会和中央情报小组的总统指令的新闻稿

（1946 年 1 月 22 日）

未设密级

1946 年 1 月 22 日

以下是总统向国务卿、陆军部长和海军部长发出的关于协调联邦政府对外情报活动的指令的正文：

1. 我希望并因此命令规划、扩大、协调联邦政府所有的对外情报活动，以确保最有效地完成与国家安全有关的情报任务。为此，兹委派你们与我指定的作为我的个人代表的另一个人组成国家情报委员会。

2. 在可用拨款的范围内，你们应随时从各自所属部门中抽调人员和领取设备，而后这些人员将共同组成一个由中央情报小组组长领导的协助国家情报委员会的中央情报小组。将由我来任命的中央情报小组组长作为国家情报委员会中一位不参与表决的成员应对国家情报委员会负责。

3. 中央情报小组组长应依据现有法律在国家情报委员会的指导和管理下：

(1) 对与国家安全有关的情报进行归类和评估，继而在政府内部适当地分发最终整理出来的战略和国家政策情报。期间，应充分利用您所属部门情报机构的人员和设备。

(2) 制订协调您所属部门情报机构与国家安全有关的活动的计划，并在确立确保最有效地完成国家情报任务的总体政策和目标方面向国家情报委员会提出建议。

(3) 为了保证以上情报机构的利益，承担起在国家情报委员会看来中央组织可以更有效地完成的多个机构共同关心的工作。

(4) 履行总统和国家情报委员会随时可能赋予的与国家安全情报有关的其他职责。

4. 不得依据本指令行使维持治安、执法和保证国内安全的职能。

5. 中央情报小组组长有权对国家情报委员会指定的您所属部门情报机构接到的情报进行归类、评估和分发。在国家情报委员会批准的范围内，前面提及的情报机构的工作应接受中央情报小组组长与制订和执行计划有关的检查。

6. 您所属部门的现有情报机构应继续收集本部门所需的情报，并对其进行评估、归类和分发。

7. 由国家情报委员会指定的具有国家安全职能的主要军事和文职情报机构的首脑（或他们的代表）组成的情报顾问委员会应向中央情报小组组长提出建议。

8. 在现有法律和总统指令规定的范围内，联邦政府的其他行政部门和机构应提供根据国家情报委员会的规定中央情报小组组长随时可能要求获得的它们所掌握的与国家安全有关的情报信息。

9. 除非法律和总统指令批准，否则不得认为此处赋予了新建机构在美国大陆及其属地进行调查的权力。

10. 在活动过程中，国家情报委员会和中央情报小组组长有责任全面保护情报来源和方法。

"The Central Intelligence Agency：Its Founding and the Dispute over Its Mission，1945 - 1954，"（vol. 23）in Dennis Merrill（ed.），*Documentary History of the Truman Presidency*，University Publications of America，1998，Document 18，pp. 84 - 85

梁志译、校

15－22

杜鲁门关于建立国家情报委员会和中央情报小组的指令

（1946 年 1 月 22 日）

未设密级

1946 年 1 月 22 日

致国务卿、陆军部长和海军部长：

1. 我希望并因此命令规划、扩大、协调联邦政府所有的对外情报活动，以确保最有效地完成与国家安全有关的情报任务。为此，兹委派你们与我指定的作为我的个人代表的另一个人组成国家情报委员会。

2. 在可用拨款的范围内，你们应随时从各自所属部门中抽调人员和领取设备，而后这些人员将共同组成一个由中央情报小组组长领导的协助国家情报委员会的中央情报小组。将由我来任命的中央情报小组组长作为国家情报委员会中一位不参与表决的成员应对国家情报委员会负责。

3. 中央情报小组组长应依据现有法律在国家情报委员会的指导和管理下：

（1）对与国家安全有关的情报进行归类和评估，继而在政府内部适当地分发最终整理出来的战略和国家政策情报。期间，应充分利用您所属部门情报机构的人员和设备。

（2）制订协调您所属部门情报机构与国家安全有关的活动的计划，并在确立确保最有效地完成国家情报任务的总体政策和目标方面向国家情报委员会提出建议。

（3）为了保证以上情报机构的利益，承担起在国家情报委员会看来中央组织可以更有效地完成的多个机构共同关心的工作。

（4）履行总统和国家情报委员会随时可能赋予的与国家安全情报有关的其他职责。

4. 不得依据本指令行使维持治安、执法和保证国内安全的职能。

5. 中央情报小组组长有权对国家情报委员会指定的您所属部门情报机构接到的情报进行归类、评估和分发。在国家情报委员会批准的范围内，前面提及的情报机构的工作应接受中央情报小组组长与制订和执行计划有关的检查。

6. 您所属部门的现有情报机构应继续收集本部门所需的情报，并对其进行评估、归类和分发。

7. 由国家情报委员会指定的具有国家安全职能的主要军事和文职情报机构的首脑（或他们的代表）组成的情报顾问委员会应向中央情报小组组长提出建议。

8. 在现有法律和总统指令规定的范围内，联邦政府的其他行政部门和机构应提供根据国家情报委员会的规定中央情报小组组长随时可能要求获得的它们所掌握的与国家安全有关的情报信息。

9. 除非法律和总统指令批准，否则不得认为此处赋予了新建机构在美国大陆及其属地进行调查的权力。

10. 在活动过程中，国家情报委员会和中央情报小组组长有责任全面保护情报来源和方法。

献上我真诚的祝福！

哈里·杜鲁门

Michael Warner (ed.), *CIA Cold War Records: The CIA under Harry Truman*. Washington, D. C.: History Staff, Center for the Study of Intelligence, Central Intelligence Agency, 1994, Document 7, pp. 29 - 32

梁志译、校

15－23

杜鲁门关于任命主要情报官员致国务卿等人的信函

（1946年1月23日）

未设密级

1946年1月23日

亲爱的国务卿先生：

1946年1月22日关于建立国家情报委员会的指令规定由总统任命其在国家情报委员会中的个人代表以及中央情报小组组长。

特此告知您根据这一命令我已于今天任命美国海军五星上将威廉·D·李海为我在国家情报委员会中的个人代表，任命美国海军预备役(United States Naval Reserve)少将悉尼·W·索尔斯为中央情报小组组长。

献上我非常真诚的祝福！

哈里·S·杜鲁门

1946年1月23日

亲爱的部长先生：

1946年1月22日关于建立国家情报委员会的指令规定由总统任命其在国家情报委员会中的个人代表以及中央情报小组组长。

特此告知您根据这一命令我已于今天任命美国海军五星上将威廉·D·李海为我在国家情报委员会中的个人代表，任命美国海军预备役少将悉尼·W·索尔斯为中央情报小组组长。

献上我非常真诚的祝福！

哈里·S·杜鲁门

1946年1月23日

亲爱的部长先生：

1946年1月22日关于建立国家情报委员会的指令规定由总统任命其在国家情报委员会中的个人代表以及中央情报小组组长。

特此告知您根据这一命令我已于今天任命美国海军五星上将威廉·D·李海为我在国家情报委员会中的个人代表，任命美国海军预备役少将悉尼·W·索尔斯为中央情报小组组长。

献上我非常真诚的祝福！

哈里·S·杜鲁门

"The Central Intelligence Agency: Its Founding and the Dispute over Its Mission, 1945 - 1954," (vol. 23) in Dennis Merrill (ed.), *Documentary History of the Truman Presidency*, University Publications of America, 1998, Document 19, pp. 86 - 88

张屹峰译，梁志校

15－24

杜鲁门关于李海和索尔斯任命的信函

（1946 年 1 月 23 日）

未设密级

1946 年 1 月 23 日

亲爱的海军上将李海：

1946 年 1 月 22 日，我向国务卿、陆军部长和海军部长发出了关于建立国家情报委员会[①]的指令。指令规定以上三位部长以及总统任命的另一位个人代表为国家情报委员会成员。

我希望您成为国家情报委员会成员，因此任命您为我在该机构的个人代表。

献上我非常真诚的祝福！

哈里·S·杜鲁门

1946 年 1 月 23 日

亲爱的海军少将索尔斯：

1946 年 1 月 22 日，我向国务卿、陆军部长和海军部长发出了关于建立国家情报委员会的指令。指令规定应建立一个由中央情报小组组长领导的中央情报小组。

我希望您担任中央情报小组组长，因此任命您出任此职。

献上我非常真诚的祝福！

哈里·S·杜鲁门

"The Central Intelligence Agency: Its Founding and the Dispute over Its Mission, 1945－1954,"（vol. 23）in Dennis Merrill（ed.）, *Documentary History of the Truman Presidency*, University Publications of America, 1998, Document 20, pp. 89－90

梁志译、校

---

① 收件人在"国家情报委员会"(National Intelligence Authority)短语下面划了线。——译注

15－25

财政部长关于执行协调情报活动的总统指令给杜鲁门的信函

（1946年2月5日）

未设密级

1946年2月5日

亲爱的总统先生：

已收到您1946年1月22日的附有发给国务卿、陆军部长和海军部长的关于国家安全情报的指令副本的备忘录。

我已经注意到了您下达的指示，即在适用于财政部行动时执行这一命令。

财政部长　敬上

“The Central Intelligence Agency：Its Founding and the Dispute over Its Mission，1945－1954，”（vol. 23）in Dennis Merrill（ed.），*Documentary History of the Truman Presidency*，University Publications of America，1998，Document 21，p. 91

张屹峰译，梁志校

15 - 26

国家情报委员会第二次会议的会议记录

（1946 年 2 月 8 日）

秘　密

副本

国家情报委员会第二次会议
国家情报委员会

1946 年 2 月 8 日(星期五)上午 10 点 15 分

在国务院大楼 212 室召开的会议的会议记录

出 席 成 员

国务卿詹姆斯·F·贝尔纳斯(主席)

陆军部长罗伯特·P·帕特森①

海军部长詹姆斯·福里斯特尔

总统个人代表威廉·D·李海海军五星上将

中央情报小组组长悉尼·W·索尔斯海军少将

列 席 者

国务院的阿尔弗雷德·麦科马克先生

国务院的弗里曼·H·马修斯先生

陆军部的戴维森·萨默斯先生

美国海军部的威廉·R·斯梅德伯格上校

秘 书 处

中央情报小组的小詹姆斯·S·莱②

1. 中央情报小组暂定组织方案建议(国家情报委员会第 2 号指令)

贝尔纳斯国务卿声称,他已经同总统讨论了国家情报委员会第 2 号指令附件中的第 4(1)段的目的问题,总统向他明确表示只想看到事实叙述。因此,贝尔纳斯国务卿建议在“总结”(Summaries)一字后加上“包含事实叙述”(containing factual statements)。

索尔斯少将觉得陈述事实的每日摘要应该就可以满足要求了。因此,他建议删掉第 4

---

① 罗伯特·P·帕特森,1945 年 9 月 27 日至 1947 年 7 月 18 日间任陆军部长。——编注

② 小詹姆斯·S·莱,1946 年 1 月 1 日至 1947 年 9 月任情报顾问委员会秘书,1947 年进入中央情报小组报告和评估办公室工作,1947 年 9 月至 1950 年 1 月间任国家安全委员会执行秘书助理,1950 年 1 月以后任国家安全委员会执行秘书。——编注

(1)段中的“每周”(and weekly)一词。

国家情报委员会同意将国家情报委员会第2号文件第4(1)段的措辞修改如下并批准了该文件：

“(1) 撰写包含对于国家安全情报和行动领域重大发展和国外事件的客观陈述的每日摘要，以供总统、国家情报委员会成员和附件3所列的其余分发对象使用。”

2. 管理中央情报小组的政策和程序建议(国家情报委员会第1号文件)

索尔斯少将提议，按照麦科马克办公室从预算的角度提出的建议修改国家情报委员会第1号文件第5段第3和第4句的措辞：

“经本委员会批准，在可支配的拨款的范围内您可以根据与情报顾问委员会相关成员达成的协议获得必要的资金和人员。您可以决定人员的资格要求和候选人的数量。”

李海上将认为，应该由索尔斯少将通过情报顾问委员会的成员与其所属部门达成协议，而不是由索尔斯直接与该委员会的相关成员达成协议。

国家情报委员会同意将国家情报委员会1号文件第5段第3和第4句的措辞修改如下并批准了该文件：“经本委员会批准，在可支配的拨款的范围内您可以根据通过情报顾问委员会的成员与相关部门达成的协议获得必要的资金和人员。您可以决定所需人员的资格，并评定各候选人的胜任程度。”

Michael Warner (ed.), *CIA Cold War Records: The CIA under Harry Truman.* Washington, D. C.: History Staff, Center for the Study of Intelligence, Central Intelligence Agency, 1994, Document 8, pp. 33-34

张屹峰译，梁志校

15－27

国家情报委员会第1号指令

（1946年2月8日）

秘　密

副本

国家情报委员会

国家情报委员会第1号指令

（1946年2月8日）

管理中央情报小组的政策和程序

所附的1946年1月22日的总统信函指派本文件的具名人组建国家情报委员会。据此，本委员会指示您按照以下政策和程序履行中央情报小组组长的职责：

1. 应按照协作性部际组织的标准界定、组建和管理中央情报小组，使国务院、陆军部和海军部以及经您建议由我们批准的其他联邦政府部门和机构充分平等地参与小组的工作。陆军中的空军将依照陆军和海军的标准派出代表。

2. 中央情报小组将向总统、国务院、陆军部和海军部提供战略和国家政策情报。同时，在适当的情况下它还要向国务院—陆军部—海军部协调委员会、参谋长联席会议以及具有与国家安全有关的战略和政策职能的其他政府部门和机构提供以上情报。

3. 情报顾问委员会的构成将是灵活多变的，取决于每次讨论的主题。负责研究和情报工作的部长特别助理、陆军部参谋本部情报科助理参谋长、海军情报负责人和空军情报助理参谋长（或他们的代表）将作为固定的成员。您还要邀请具有国家安全职能的其他情报机构的首脑（或他们的代表）参与讨论属于这些机构职责范围内的事务。

所有向国家情报委员会提出的建议都将先由情报顾问委员会讨论审批。您和情报顾问委员会一致同意且目前有权予以执行的任何建议都可以不经过国家情报委员会而直接付诸实施。倘若情报顾问委员会中有人提出反对意见，那么您要将您的建议和反对者提出的理由一同上报本委员会。

4. 本委员会批准的建议将用于指导列席代表所属各部门的情报活动。情报顾问委员会的成员将负责确保各自所属部门执行以上建议。

5. 为了维持本财政年度及下一个财政年度的收支平衡，您应尽快向本委员会递交一份有关组建中央情报小组的建议书和一份对小组所需各部门提供的人员和资金的评估报告。

今后每年在制订各部门的预算以前，您都要呈交一份类似的关于下一个财政年度的评估报告。经本委员会批准，在可支配的拨款的范围内您可以根据通过情报顾问委员会的成员与相关部门达成的协议获得必要的资金和人员。您可以决定所需人员的资格，并评定各候选人的胜任程度。分派给您的人员仅需在人事程序上遵照各部门的规定，在工作和行政方面则要接受您的领导。

6. 中央情报小组在整理战略和国家政策情报时要利用一切可以获得的信息。它撰写的所有情报报告均要注明参与其中的情报机构所提出的明显的不同意见。

7. 我们各自所属部门会向您或您授权的代表提供自身拥有的您在履行职责的过程中所需的必要的设备、情报和信息。有关事宜要与情报顾问委员会成员商定。反之，通过您与情报顾问委员会成员间达成的协议，在我们各自所属部门的权限范围内，我们也可以利用中央情报小组的所有设备和情报。

8. 按照您与情报顾问委员会相应成员达成的协议，您或您授权的代表可以对我们所属部门情报机构的工作进行与您的计划职能有关的检查。

9. 在履行法定职责时，您有权要求其他联邦部门和机构向您提供任何您需要的信息或帮助。

10. 您将负责从中央情报小组的人员中为本委员会安排一位秘书，他的职责是安排议程、检查和分发讨论文件、参加所有会议、保存和公布会议记录、提议实施决议、检查决议落实情况并提供其他必要的秘书服务。

国务卿、海军部长、陆军部长、总统个人代表

"The Central Intelligence Agency: Its Founding and the Dispute over Its Mission, 1945 - 1954," (vol. 23) in Dennis Merrill (ed.), *Documentary History of the Truman Presidency*, University Publications of America, 1998, Document 22, pp. 92 - 94

梁志译、校

15 - 28

查普曼关于执行情报协调活动的总统指令给杜鲁门的信函

（1946 年 2 月 21 日）

未设密级

1946 年 2 月 21 日

亲爱的总统先生：

我已收到您 1946 年 1 月 22 日的附有当日您发给国务卿、陆军部长和海军部长的关于规划、扩大和协调联邦政府所有与国家安全有关的对外情报活动的指令副本的备忘录。我已指派矿产局(Bureau of Mines)的约瑟夫·S·麦格拉思代表内政部参加作为国家情报委员会中央情报小组咨询机构的情报顾问委员会。

我已指示麦格拉思先生在您 1 月 22 日的命令尤其是其中的第 7 段和第 8 段适用于内政部的行动时遵照您的指示执行。

献上我真诚的祝福！

代理内政部长奥斯卡·L·查普曼

"The Central Intelligence Agency: Its Founding and the Dispute over Its Mission, 1945 - 1954," (vol. 23) in Dennis Merrill (ed.), *Documentary History of the Truman Presidency*, University Publications of America, 1998, Document 23, p. 95

张屹峰译，梁志校

15－29

帕特森关于任命范登堡为中央情报小组组长的备忘录

（1946 年 5 月 28 日）

未设密级

1946 年 5 月 28 日

致总统的备忘录：

主题：任命范登堡①将军为中央情报小组组长

我已收到您 1946 年 5 月 16 日关于任命范登堡将军为中央情报小组组长的备忘录。虽然艾森豪威尔将军与我都不愿失去范登堡将军，但我们认为他完全胜任这一职务。

考虑到您在此事上的愿望，范登堡将军随时可以按照您的要求赴任。

陆军部长　罗伯特·P·帕特森

1946 年 5 月 16 日

致陆军部长罗伯特·P·帕特森的备忘录：

现任中央情报小组组长索尔斯少将即将离任。

在同艾森豪威尔将军讨论继任者的问题时，我提议范登堡中将是合适的人选。

艾森豪威尔将军告诉我他需要范登堡将军，并向我推荐博恩斯蒂尔少将。

我感觉范登堡中将似乎才是中央情报小组组长的合适人选：他对这一工作了如指掌，且善于交际，不但能与陆军部还能与国务院和海军部融洽相处。在不会致使艾森豪威尔将军的工作陷入瘫痪的前提下，我非常希望范登堡中将能出任中央情报小组组长一职。

哈里·S·杜鲁门

"The Central Intelligence Agency: Its Founding and the Dispute over Its Mission, 1945－1954," (vol. 23) in Dennis Merrill (ed.), *Documentary History of the Truman Presidency*, University Publications of America, 1998, Document 24, pp. 96－97

梁志译、校

---

① 霍伊特·S·范登堡(1899～1954)，第二次世界大战中担任美国第九军司令，1946 年 6 月 10 日至 1947 年 5 月 1 日间任中央情报小组组长。——编注

15－30

索尔斯关于中央情报小组工作进展报告的备忘录

（1946年6月7日）

秘　密

中央情报小组工作进展报告
美国海军预备役少将、中央情报小组组长悉尼·W·索尔斯
呈送国家情报委员会的备忘录
1946年6月7日

致国家情报委员会的备忘录：

主题：中央情报小组工作进展报告

1. 组建

1946年2月8日，根据国家情报委员会第2号指令作为官方组织的中央情报小组得以建立。事实上，在总统签署建立国家情报委员会的指令后的第三天（即1月25日），来自国务院、陆军部和海军部的一部分人员作为一个小组就已经被召集在一起了。

2. 组织

中央情报小组是根据国家情报委员会第2号指令建立的。目前小组下辖的机构主要是负责情报活动的计划与协调的中央计划办公室（Central Planning Staff）以及负责收集整理国家政策情报的中央报告办公室（Central Reports Staff）。另外，可能还会建立一个以已经任命的行动办公室主任（Chief of Operational Services）以及少数工作人员为核心的负责处理共同关心的事务的组织。同时，还设立了一个为国家情报委员会、中央情报小组和情报顾问委员会服务的小型秘书处以及由一名行政官员、一名安全官员、一名人事官员和一小部分经专门训练的职员组成的为中央情报小组提供必要办公服务的行政科（Administrative Division）。

3. 人事

在这个至关重要的初创时期，选拔中央情报小组成员的原则是只利用情报活动各领域中经验最为丰富的人。为此，各部门负责官员通力合作。然而，考虑到军队复员以及在许多特定情况下必须协调中央情报小组与各部门对胜任人员的自然而然的需求的事实，中央情报小组招募人员的过程必然是相当缓慢的。下表显示了中央情报小组人员构成的现状：

……①

① 原文此处十余行未解密。——译注

从中或许可以看出，由于有效的计划被视为中央情报小组完成任务的必要前提，因此中央计划办公室的组织工作已得到优先考虑。现在工作的重点落在了中央报告办公室的人员配备上。与陆军部战略情报分队共用人员和设备虽然大大缓解了行政科人员方面的紧张状况，但在采取集中行动时行政科的力量仍需加强。

人事方面的重大进展在于为中央情报小组组长任命了一些特别优秀的顾问。具有丰富情报经验的杰出科学家 H・P・罗伯特森博士是组长的高级科学顾问。任命最近在莫斯科担任代办的拥有辉煌经历的外交官乔治・F・凯南①为主抓苏联事务的组长特别顾问一事进展顺利。

4. 活动

截至目前，中央情报小组的活动主要是处理行政方面的琐事、讨论亟待解决的问题以及对未来的情报活动作出合理的基本规划。中央情报小组已经确立了自身的基本政策和程序，且对情报领域中尤其是关于某些重大行动的亟待解决的问题进行了认真研究，并采取了或正准备采取适当的行动。对长期情报问题的分析也取得了实质性进展。因此，组织和计划上的最初阵痛基本已经过去，现在已是采取集中的情报行动的时候了。

协调情报活动　从中央情报小组开始运作后的第四天（即 1946 年 2 月 12 日）开始，它收到了大量关于有效地协调联邦政府情报活动的建议和意见。另外，中央情报小组已经着手研究这方面的许多其他问题。这些问题大体可以分为三类：(1) 战时仅得到部分解决的问题；(2) 现有政府机构无法或无力解决的问题；(3) 在战后新形势下要求新的解决方案的问题。

以上某些问题尤其是第三类问题需要尽快拿出临时性的解决方案。其中，针对解散战略情报局、进一步获取苏联情报以及协调科学情报工作的问题，中央情报小组已经制订出或开始制订临时性解决方案。

下列问题已经有了相应的合理解决方案：

(1) 监听外国新闻和宣传广播的准备工作

(2) 协调购买国外出版物活动的准备工作

(3) 协调情报信息收集活动的准备工作

(4) 协调情报研究工作

(5) 信息的必要组成部分

(6) 秘密收集外国情报信息的准备工作

(7) 有关外国工业设施的情报

(8) 对在中国收集情报信息的初步研究

(9) 集中登录情报信息

① 乔治・F・凯南，1946 年 8 月至 1947 年 7 月间在国防大学的国家战争学院（National War College）工作，1947 年 5 月 5 日至 1949 年 12 月 31 日间任国务院政策规划委员会主任，1949 年 8 月 4 日以后任国务院顾问。——编注

正在研究或规划的项目还涉及另外一些主题：

(1) 美国战略轰炸调查局文件的处理

(2) 审查制度的制定

(3) 情报术语

(4) 资源开发计划

(5) 取样技术在情报方面的运用

(6) 对于在美国的外语新闻报道的调查

(7) 有关外国石油开发的情报

(8) 地理情报和与之相关的情报间的协调

(9) 在联合情报委员会下面设置出版审查分委会(Publications Review Subcommittee)

(10) 简要介绍联合情报研究出版委员会

(11) 处理国务院的照片情报文件

(12) 配合利用私人的社会科学研究成果

(13) ……①

(14) ……②

(15) 心理战计划

(16) ……③

中央情报小组一个非常重要的职能是为各部门的情报活动争取足够的预算支持。在预算局和国会面前陈述情报活动预算要求的理由时口径一致是防止以牺牲国家安全为代价任意削减情报资源的一个最有效的手段。然而，只要中央情报小组在预算上依赖其他部门，它以国家安全的公正卫士身份讲话的权威性就会遭到质疑，其辩辞也因此失去了部分效力。

国家政策情报的撰写 根据国家情报委员会第2号指令，中央报告办公室的主要工作是撰写记述性的每日摘要(Daily Summary)，2月13日发布了第1期。尽管此类摘要总括了情报和行动两方面的问题，并不包含中央情报小组的解释说明，但它要使中央情报小组人员了解最新的事态进展，为未来情报报告的撰写工作打下基础。

尽管中央报告办公室人手不够，但对于每周摘要(Weekly Summary)的需求是迫切的，第1期已经决定在6月14日撰写完成。然而，在使各个区域都拥有足够的人手以前，每周摘要将主要聚焦于那些目前已经配备了称职人员的地区。撰写每周摘要的理念是集中记述重大事件的显著发展趋势，起到补充各部门日常情报的作用。确保每周摘要的内容能够反映中央情报小组和各部门称职人员的最佳判断的程序正在制订当中。

然而，中央情报小组在收集整理情报方面的主要职能是对影响美国国家安全的外国的实力和意图做出明确的判断并撰写和分发相应的评估报告。任命最优秀的和精心挑选的人

---

① 原文此处约一行半未解密。——译注

② 原文此处约两行半未解密。——译注

③ 原文此处约一行半未解密。——译注

员完成这一至关重要的任务的必要性延误了以上工作的开展。在招募足够的人员期间，理清中央情报小组的这一活动与各部门、国务院—陆军部—海军部协调委员会、参谋长联席会议及其他涉及国家安全的机构间的关系的工作也受到了影响。现在优先考虑的是人员征召问题，预计中央报告办公室不久就将准备撰写国家政策情报报告了。

统一采取行动　中央情报小组统一采取行动被认为是一个需要认真研究的问题，以确保各部门的工作不受影响或避免不必要的重复劳动。国家情报委员会认识到了陆军部战略情报分队解散后迫切需要一个中央机构来指导工作，因而安排中央情报小组替代过去在陆军部领导下的战略情报分队来完成这一任务。根据这一安排，中央情报小组可以暂时使用直接收集所需信息的设备，但这无疑只是权宜之计。

中央情报小组在计划和组织方面已经取得了明显的进展，强烈建议由中央情报小组承担起中央机构能够更有效地完成的工作。下列是正在考虑由中央情报小组负责的行动：

(1) 监听外国的新闻和宣传广播

(2) 秘密收集外国情报信息

(3) 对国外地区的静态情报进行研究，以此替代陆海军联合情报研究(Joint Army-Navy Intelligence Studies)

(4) 建立情报信息登录中心(Central Register of Intelligence Information)

(5) 对有关经济、地理、社会以及传记资料等各部门共同关心的情报进行基础性的研究和分析

然而，在考虑由中央情报小组统一采取行动时，当前的组织在管理、预算和立法上的困难是真正的难题。尽管各部门希望合作，但用于情报活动的资金和从事情报活动的人员的削减已经使它们难以向中央情报小组提供必要的设备。中央情报小组无法直接从平民中招募人员以及从各部门征召人员所要面临的繁琐的行政规定可能影响了中央情报小组的行动效率。由于缺乏使中央情报小组成为合法组织的立法，因此中央情报小组无法协商签订监听外国广播等许多工作所需的协议。

5. 结论

(1) 目前国家情报委员会、中央情报小组和情报顾问委员会之间的组织关系是合理的。

(2) 组织和规划中央情报小组的活动的最初阶段的工作已经完成了，中央情报小组应该尽早统一采取情报行动。

(3) 无论是将国家情报委员会和中央情报小组作为新的国防组织的一部分还是作为独立机构，总之要尽早使它们获得合法地位和独立预算权。原因是：这样，中央情报小组才可能合理合法地、高效地采取迫切需要的统一情报行动，国家情报委员会和中央情报小组才能够在充分扩大、支持、协调和指导有关国家安全的联邦情报计划方面拥有必要的权威和名分。

中央情报小组组长　悉尼·W·索尔斯

"The Central Intelligence Agency: Its Founding and the Dispute over Its Mission, 1945 - 1954," (vol. 23) in Dennis Merrill (ed.), *Documentary History of the Truman Presidency*, University Publications of America, 1998, Document 25, pp. 98 - 108

张屹峰译，梁志校

15 – 31

福里斯特尔关于任命范登堡将军给杜鲁门的信函

（1946 年 6 月 8 日）

未设密级

1946 年 6 月 8 日

亲爱的总统先生：

感谢您 6 月 7 日通过信函告知我任命范登堡中将为中央情报小组组长一事。海军部对索尔斯少将的离职表示惋惜，但很高兴得知您任命范登堡中将继任这一职务，因为在任陆军部情报科助理参谋长期间他完全配合海军部的工作，并与海军部情报负责人密切合作。

献上我真诚的祝福！

詹姆斯·福里斯特尔

"The Central Intelligence Agency: Its Founding and the Dispute over Its Mission, 1945 - 1954," (vol. 23) in Dennis Merrill (ed.), *Documentary History of the Truman Presidency*, University Publications of America, 1998, Document 26, p. 109

梁志译、校

15 - 32

埃尔西关于建立中央情报局的立法提案的备忘录

（1946 年 7 月 17 日）

未设密级

1946 年 7 月 17 日

存档备忘录：

7 月 16 日，克利福德在他的办公室会见了中央情报小组的休斯敦先生和莱先生，讨论了关于建立中央情报局的立法提案的问题。埃尔西中校也在场。

讨论的基础是范登堡将军提交克利福德先生要求后者给予评价的立法草案，克利福德先生在 1946 年 7 月 12 日的备忘录中做出了答复。

克利福德先生指出，总统的本意并不是要建立一个新的机构。他认为，立法提案意在建立一个独立的、颇具规模的政府机构，这看起来似乎与总统的意图相违背。克利福德先生还提及，总统想要通过 1946 年 1 月 22 日的信函为中央情报小组提供一个可行的计划。接着，克利福德问道是否实践已经表明总统在信函中提出的计划行不通。

休斯敦先生和莱先生详细列举了作为三个独立部门的"继子"的身份存在的中央情报小组在行政上面临的困难。他们认为，实践表明立法是必要的，以便中央情报小组能作为一个健全协调的组织展开工作。两人还对克利福德先生表示，实践证明中央情报小组应该成为一个拥有大量情报专家的执行机构。

经过详细的讨论，在场的所有人都一致认为，应立即改变最初对中央情报小组的定位；实践表明，如果中央情报小组仍只是一个小规模的计划部门，那么它是不会发挥什么作用的。现在它必须成为一个依法建立的、具有相当规模的执行机构。克利福德先生表示，他将同李海上将和总统讨论这一新的定位。

接下来，几个人又根据克利福德先生在 7 月 12 日备忘录中做出的评论和提出的批评详细讨论了立法草案。休斯敦和莱先生赞同采纳克利福德先生的所有观点，同意依照他的建议重新起草法案。

这次讨论明显地表明，休斯敦先生和莱先生在起草法案时并没有更多地考虑措辞。二者表示，这一法案中的很大一部分内容是从与情报有关的其他法律和文件中摘录的。在用剪刀加糨糊的方法仓促地起草草案的过程中，他们并没有理解问题的关键，即国家情报委员会应是一个负责制订计划的组织，而中央情报局则是一个负责执行的组织。

克利福德先生向他们指出，如果不字斟句酌的话，立法提案可能会因此遭到反对。

休斯顿先生和莱先生将起草一部新的法案，并提交克利福德先生，要求他给予评价。

乔治·M·埃尔西①

"The Central Intelligence Agency: Its Founding and the Dispute over Its Mission, 1945－1954," (vol. 23) in Dennis Merrill (ed.), *Documentary History of the Truman Presidency*, University Publications of America, 1998, Document 29, pp. 126－127

张屹峰译，梁志校

① 乔治·M·埃尔西，1945～1946年间任总统副海军助理，1947～1949年间任总统特别顾问助理。——编注

15 - 33

国家情报委员会第四次会议的会议记录

（1946 年 7 月 17 日）

绝　密

副本

国家情报委员会第四次会议

国家情报委员会

1946 年 7 月 17 日（星期三）上午 10 时 30 分

在国务院大楼 212 室召开的会议的会议记录

出 席 成 员

国务卿詹姆斯·F·贝尔纳斯（主席）

陆军部部长罗伯特·P·帕特森

代理海军部长约翰·L·沙利文

总统个人代表、五星上将威廉·D·李海

中央情报小组组长、中将霍伊特·S·范登堡

列　席　者

国务卿研究和情报特别助理威廉·L·兰格博士①

国务院的约翰·D·希克森先生

美国陆军部的查尔斯·W·麦卡锡上校

美国海军部的罗伯特·L·丹尼森上校

秘　书　处

国家情报委员会秘书小詹姆斯·S·莱先生

1. 中央情报小组组长报告

国务卿贝尔纳斯要求范登堡将军向与会者介绍一下中央情报小组目前和未来面临的问题。

范登堡将军提请与会者注意前中央情报小组组长索尔斯少将撰写的“中央情报小组进程报告”的结论。范登堡将军解释说，当前各情报机构正在围绕着所属部门的主要关注点展开工作。他认为中央情报小组应该找到一个部门获得的与其他部门相关的原始资料。为

---

① 威廉·L·兰格，1946 年 7 月以前任国务卿研究和情报特别助理，1950 年 11 月以后任中央情报局国家评估委员会主席。——编注

此，中央情报小组必须能够看到和筛选所有的原始资料。例如，关于某一家钢厂，国务院研究的是它生产的产品及其生产力水平，而陆军部则关心工厂的构造和内部的实物详情、所使用的铁路及目标信息需要的其他数据。假如国务院能够扩大研究基础，它完全可以至少提供部分经济情报。鉴于这种情况，中央情报小组的工作应该是通过建议某一部门扩大活动范围或亲自进行必要的研究了解并满足所有部门的需求。为此，中央情报小组急需充足的有能力的工作人员。依据当前的协议，要想获得必要的人手在行政上是极其困难的。因此，范登堡将军感到他必须拥有自己的资金和用人权。这意味着中央情报小组必须是依法建立的机构。

国务卿贝尔纳斯认为，我们是有意按照现在这种形式设立国家情报委员会的，这样就不必单独拨款了。

陆军部部长帕森斯对此表示赞同。他解释说，出于安全考虑这样做可以掩盖用于中央情报活动的资金数额。

国务卿贝尔纳斯认为，在不危及安全的情况下，很难向国会解释在情报方面花费资金的必要性。

范登堡将军提出，这样安排在行政上带来的困难使上述考虑失去了应有的意义。在他看来，重要的是中央情报小组应该是一个名副其实的、高效的组织。

李海上将说，通常认为中央情报小组终归是要扩大职能范围的。然而，他觉得最初各部门能够向中央情报小组提供充足的资金和人员，使它运转起来。李海大体同意此时国家情报委员会应该试图获得自己的拨款。但由于国务院、陆军部和海军部应继续提供必需的大笔资金，因此国家情报委员会获得的拨款理应是小额的。

陆军部长帕特森认为在当前的安排下行政问题可以得到解决。

国务卿贝尔纳斯认为，主要问题是要设法让各部门为中央情报小组提供它所需要的资金。

陆军部部长帕特森声称，他非常愿意命令陆军情报部门为中央情报小组提供必要的资金，使中央情报小组组长可以用那些资金自行挑选所需人员。由于不想暴露这些情报活动，因此他反对单独预算。

国务卿贝尔纳斯对此表示同意，声称在这样一个国家里我们绝不能将情况公诸于众。

范登堡将军指出，在每次人事调动中，各部都要有 100 人参与处理此事。这意味着三个部门中共有 300 人了解中央情报小组人员。他认为，在中央情报小组内部处理人事问题会更安全些。

李海上将同意这种看法，认为不能让各部中的这么多人了解中央情报小组。他感到，假如各部都向中央情报小组提供资金，它就可以隐蔽地进行人事调动了。

范登堡将军指出，这样一来反倒需要在参众两院分别为三份拨款法案辩护。

兰格博士也认为，无论如何都必须在国会面前为拨款法案辩护。

国务卿贝尔纳斯回忆说，国会议员已经以“海外调查”的名目或预算项目下追加拨款的形式为国务院提供了情报资金。他认为,既然国会显然愿意这样做,那么就可以轻而易举地以这种方式将资金隐藏在各部门的预算中了。

兰格博士认为,李海上将的建议非常实用,它既能使相对公开的活动获得独立的预算,又能将其他资金隐藏在各部的拨款中。这样做可以很好地掩盖秘密活动。而且,在他看来,对中央情报小组的单独拨款将使范登堡将军更有效地支持各部门的情报预算。

李海上将认为,必须非常认真地对待这一问题。在他看来,最好由曾在国会任职的国务卿贝尔纳斯就该问题向国家情报委员会提出建议。李海声称,总统授权他明确表示:总统认为在当前的协议下国家情报委员会是负责机构,而中央情报小组组长不过是执行国家情报委员会指示的官员而已。李海继续说,一些迹象表明在情报顾问委员会的协助下中央情报小组组长在控制情报活动方面可能会履行比预想中更多的职责。他重申,总统认为应由国家情报委员会中的内阁官员主管协调情报活动。

代理海军部长沙利文将中央情报小组组长比作执行国家情报委员会指示和政策的行政副主席。

李海上将声称,关于赋予国家情报委员会单独预算权和法律地位的法案的问题,总统认为不宜向本届国会提交这样一项法案。总统感到国家情报委员会没有足够的时间充分研究这一问题。不过,总统提出考虑到可能会向下一届国会提交以上法案,国家情报委员会可以起草一份法案并进行研究。李海上将声称,同时总统还认为应尽可能地给予范登堡将军所需要的一切支持。

范登堡将军指出,中央情报小组无权花费资金。因此,即便拥有了各部提供的资金,中央情报小组除了要在其内部设立一个管理账目的必要的组织以外还需要三大部门中负责支付和审核的官员的配合。这样一来,原本一步就能够解决的财政问题需要四步才能解决。

李海上将建议可以通过调整拨款法案的措辞来解决这一问题。国务卿贝尔纳斯对此表示同意。

兰格博士则对此表示怀疑,认为除非赋予中央情报小组以资金使用权,否则调整拨款法案措辞的方法或许并不可行。

国务卿贝尔纳斯提出,总统可以根据紧急权力法(Emergency Powers Act)赋予中央情报小组以资金使用权。

范登堡将军说,他不赞成这一解决方案,因为这可能意味着国家情报委员会只是一个会随着总统战争权的中止而解散的临时机构。

国务卿贝尔纳斯肯定地说,总统可以不援引紧急权力法而通过行使(机构)重组权解决这一问题。贝尔纳斯承诺会与预算局讨论此事,并向国家情报委员会反馈协商结果。

李海上将确信,中央情报小组必须拥有无需详细说明其用途的资金。

兰格博士认为范登堡将军可能更担心在三大部门中进行人事调动的蹩脚协议。

范登堡将军强调说,没有资金也就谈不上人事调动。例如,他提及国务院并没有充足的资金为中央情报小组聘用所需人员。但范登堡将军承认,按照当前的协议,人事调动是极为困难的。比如,获得各部的安全审查许可平均就需要六周的时间,而他又不想雇用没有经过审查的人员。范登堡将军强调说,事实上他最关心的是尽一切可能使中央情报小组运转起来。他感到在这个关键时期时间是至关重要的。

国务卿贝尔纳斯认为,当前克服行政困难的唯一办法是安排各部向中央情报小组提供必要的资金。

范登堡将军指出了由各部获得资金的困难。例如,虽然国务院为国家情报委员会请求划拨的款项的金额约为 33 万美元,但只获得了 17.8 万美元。虽然他理解国务院需要另外的资金,但此事表明这样一个事实:除非直接向中央情报小组拨款,否则中央情报小组并不敢肯定自己能够得到要求获得的资金。

兰格博士认为,这样的事以后不会再发生了,但他也觉得国务院向中央情报小组提供的资金不足。可是,在他看来,只有通过赤字法案才能使中央情报小组获得更多的资金。

代理海军部长沙利文问为什么不能从总统的紧急专款中提取资金。

范登堡将军声称,1947 年财政年度中央情报小组可资利用的资金总额为 1 200 万美元,相对有效运作所需的资金而言尚缺 1 000 万美元。他问在预计要呈送赤字法案的情况下,是否可以获准加速使用可用资金。

国务卿贝尔纳斯认为不能允许中央情报小组这样做。他指出,范登堡声称中央情报小组拥有 1 200 万美元,想要 2 200 万美元。

兰格博士怀疑是否存在回顾这一预算建议的机制。

范登堡将军声称,他掌握着回顾所需的细节。不过,他提请与会者注意详细回顾意味着必须在三个部门的人员中广泛公布这些信息。

代理海军部长沙利文认为,既然总统已经声称他想让国家情报委员会负责,那么委员会成员就必须了解中央情报小组所有预算请求的细节。

应国务卿贝尔纳斯的请求,随后范登堡将军简短地汇报了中央情报小组的活动。他指出,中央情报小组正在接管美国对外广播情报机关和所有秘密对外情报活动。然而,除此以外,中央情报小组每天都接到接管国务院、陆军部和海军部各委员会正在行使的职能的请求。例如,有人建议中央情报小组集中处理密码和暗号,以提高安全性。又如,陆军部担心同英国的情报交流。国务院-陆军部-海军部协调委员会下辖一个负责这一事务的分委会,但它仅处理了双方实际交流情报中的约 20%或 30%,且完全限于机密事务。陆军航空兵则认为应建立一个中央信息中心,由它来确定用于交流的情报在讨价还价方面的价值。

兰格博士指出,国务院-陆军部-海军部协调委员会分委会仅处理技术性的军事情报。他认为问题还涉及非军事情报的交流及资料的解密。除非集中处理这些事务,否则各部仍会像现在这样各自为政。

范登堡将军报告说,他已经建立了一个特别行动办公室和一个部际协调和计划工作组(Inter-departmental Coordinating and Planning Staff),不过由于缺少人手后者只是一个空架子。

陆军部部长帕特森感到，如果国务卿能够获得预算局的帮助，那么范登堡将军目前面临的所有问题应该都能够得到解决。

范登堡将军将问题概括为他需要资金、资金使用权以及聘用解雇权。

国务卿贝尔纳斯认为实际上存在两个问题：一是想办法管理现有资金；二是获得所需的其他资金。他感到，在新财年刚刚开始 15 天时难以获得其他资金。贝尔纳斯怀疑目前资金是否真的不足，因为在他看来中央情报小组主要仍是继续行使以往的职能。

范登堡将军解释说，中央情报小组正在行使某些新的职能，同时一些原有的职能也扩大了。在作出答复时，范登堡将军建议，至本财年结束时中央情报小组全体人员大概应接近 3 000 人，其中约有 1 900 人从事机密情报工作。

兰格博士声称他基本同意范登堡将军提出的所有看法，但拟建组织的庞大规模令他吃惊。他认为，在批准另外 1 000 万美元的拨款请求前应对这一计划进行审核。

范登堡将军指出，考虑到情况的变化，情报工作显然需要额外的拨款。战争期间，收集与军事行动有关的信息和情报的美军遍布全球。然而，这些行动并未被视为情报活动，所需资金也没有被划在情报的账目上。目前，这些行动正在迅速减少。因此，有必要让遍布世界的情报特工继续收集战时无偿送交情报机构的那些情报。

陆军部部长帕特森同意这种看法。他提出情报科在各战区的活动只是陆军行动的一部分，并未被视为华盛顿领导下的情报组织的活动。

范登堡将军简要地介绍了他拟定的中央情报小组组织图。他提请与会者注意图表中的协助协调所有与国家安全有关的情报活动的部际协调和计划参谋小组，接着是四个执行中央情报小组行动方案的办公室，分别负责特种行动、收集、研究和评估以及分发情报。

经过进一步讨论，国家情报委员会注意到了下列情况：

(1) 范登堡将军关于中央情报小组的报告。

(2) 国务卿将与预算局讨论如何解决范登堡将军提出的问题并向委员会做出反馈。

(3) 范登堡将军想要使之运转起来的中央情报小组的筹备工作。

"The Central Intelligence Agency: Its Founding and the Dispute over Its Mission, 1945 - 1954," (vol. 23) in Dennis Merrill (ed.), *Documentary History of the Truman Presidency*, University Publications of America, 1998, Document 30, pp. 128 - 134

梁志译、校

15－34

李海关于美国在拉美情报工作交接事宜的备忘录

（1946 年 8 月 12 日）

机　密

1946 年 8 月 12 日

致范登堡将军的备忘录：

8 月 12 日，司法部长克拉克派联邦调查局的塔姆先生与我会面，主要是为了解决替代联邦调查局在拉丁美洲的情报特工的问题。司法部长希望尽可能多地加速派出国家情报特工（National Intelligence Agents），总统认为我们应答应这一要求。

联邦调查局需要它的特工人员在美国国内工作。

明确反对我们派前联邦调查局人员与联邦调查局讨论双方共同关心的问题。

看来应该由中央情报小组组长本人与胡佛先生直接进行的全面接触，目前在中央情报小组工作的前联邦调查局人员一定不能再从事这方面的联系工作。

如果联邦调查局在拉丁美洲特工人员的过早撤离将引起工作效率暂时下降的观点能够得到认同的话，那么我的看法是不能再按照目前的时间表来安排交接工作了，应该将进度大大地提前。

在招募中央情报小组人员时，我们一定不能聘用联邦调查局的现有成员。而且，在我看来，为了避免冒犯胡佛先生，除非国家情报委员会特批，否则今后我们不能再雇用任何前联邦调查局人员了，不管他是什么时候离开联邦调查局的。

威廉·D·李海

Michael Warner (ed.), *CIA Cold War Records: The CIA under Harry Truman*. Washington, D. C.: History Staff, Center for the Study of Intelligence, Central Intelligence Agency, 1994, Document 16, p. 77

张屹峰译，梁志校

15 - 35

李海关于中央情报小组接管原子能委员会情报职能的备忘录

（1946 年 8 月 21 日）

绝　密

1946 年 8 月 21 日

李海上将致总统的备忘录：

今天，国家情报委员会批准了将要下达给范登堡将军的下列指令。格罗夫斯将军表示同意。

帕特森部长和福里斯特尔部长认为立即下达这一指令是十分重要的。艾奇逊副国务卿[①]主张您应该对此予以批准。

国家情报委员会的成员们建议您批准上述指令，他们认为委员会采取的任何行动都不会阻碍原子能委员会以后可能希望推行的变革。同样，我也建议您予以批准。

“在 1946 年 1 月 22 日的信函中，总统指派国家情报委员会负责规划、扩大和协调联邦政府所有的对外情报活动，以确保最有效地完成涉及国家安全的情报任务。据此，现将涉及与国家安全有关的外国原子能发展及其潜在可能性的联邦情报活动的政策和程序公布如下：

1. 授权和命令中央情报小组组长在国家情报委员会的指导和管理下组织接受国家情报委员会协调的机构对可能影响美国国家安全的有关外国原子能发展及其潜在可能性的所有情报信息进行统一的收集，并对获得的情报信息进行归类和评估，继而在政府内部适当地分发从中整理出来的情报。进一步授权中央情报小组组长与政府的其他情报机构协商，以利用它们在这一领域的情报收集设备。

2. 为了行使以上职能，陆军部长和曼哈顿工程特区（Manhattan Engineer District）负责人已经授权尽早将曼哈顿工程特区负责人领导下的对外情报办公室（Foreign Intelligence Branch）的人员和公文移交中央情报小组。”

“The Central Intelligence Agency：Its Founding and the Dispute over Its Mission，1945 - 1954，”（vol. 23）in Dennis Merrill（ed.），*Documentary History of the Truman Presidency*，University Publications of America，1998，Document 31，pp. 135 - 136

张屹峰译，梁志校

---

① 迪安·艾奇逊，1945 年 8 月 16 日至 1947 年 6 月 30 日间任副国务卿，1949 年 1 月 21 日后任国务卿。——编注

15-36

蒙塔古关于中央情报小组研究和评估办公室重要人员聘任的备忘录

（1946年9月24日）

秘　密

1946年9月24日

致范登堡将军的备忘录

主题：中央情报小组研究和评估办公室重要人员的聘任

1. 从一开始，建立一个能够收集和整理高质量的“战略和国家政策情报”的组织的关键问题便是聘任能够预见情报需求、对手头资料做出客观的判断并觉察出处于萌芽状态的发展趋势的天资卓越、经验丰富的重要人员。事实上，这样的人并不多见，也难以获得，因此聘任工作的进展必然是缓慢的，但这一工作对于完成我们的使命是必不可少的。

2. 在中央情报小组建立的时候，华盛顿规模最大、实力最强的情报组织是军事情报处(Military Intelligence Service)。在复员的过程中，如果我们的聘任工作获得了军事情报处的全力配合，那么现在我们在收集和整理所需情报方面的境况就会好得多了。确实，我们已经由陆军情报科那里接收了大量其由于实力下降而被迫裁减的职位很低的人员。但令人失望的是，与国务院和海军部的态度相比，在聘用重要人员方面我们非但没有得到情报科的帮助，反而受到了它的阻挠。结果，本可以在这方面对研究和评估办公室做出最大贡献的陆军部参谋本部的情报科却还没有其他机构作的贡献多，因而我们只能被迫聘用一些并非十分理想的海军军官充任本应由情报科人员担任的职务。

3. 我们多次试图在这方面获得情报科的合作，但每次都以失败而告终。无论是全面聘任还是个别人员的选派，情报科均不予配合。以下两个事例说明了我们受到的冷遇。

(1) 我们想要聘任能力突出的、著名的中东情报专家罗伯特·H·麦克道尔到研究和评估办公室任职，在这里他的才干会令三大部门共同受益。在此事上，情报科长期借故推脱。而当我们认为最后还是可以达成人员交接协议的时候，它却拒不调离麦克道尔，理由是此人的才能太宝贵了，不可或缺。如果各部门均持这样的态度，研究和评估办公室永远也无法聘用到合适的人员。国务院和海军部至少还提供了一些他们认为最优秀的人。

(2) 我们想要聘请在罗马尼亚盟国管制委员会(ACC Rumania)而非情报科工作的戴维·S·克里斯特。然而，此事必须由情报科安排。了解到可以任用克里斯特这一情况后，情报科抢先聘用他。情报科的态度是只要他仍留在陆军，就必须为情报科工作，即使违背他本人的意志也要如此。只有当他选择作为第四种类型的军官退役时，他才可以到中央情报小组工作。可是，当克里斯特来到华盛顿时，情报科却警告他即使是以平民的身份也最好不要签约受雇于中央情报小组。

4. 以上态度不但使中央情报小组为研究和评估办公室聘用合适的重要人员的工作受阻，而且还会导致陆军部参谋本部情报科在研究和评估办公室中没有真正的代表，这对双方都不利。

(中央情报小组研究和评估办公室)代理副助理署长(Acting Deputy Asst. Director)

勒德韦尔·L·蒙塔古①

Michael Warner (ed.), *CIA Cold War Records: The CIA under Harry Truman*. Washington, D. C.: History Staff, Center for the Study of Intelligence, Central Intelligence Agency, 1994, Document 19, pp. 85 - 86

梁志译、校

① 勒德韦尔·L·蒙塔古，1946年3～7月间任中央情报小组中央报告办公室主任，1946年还担任代理中央情报小组组长助理，1946年9月至1950年11月间一直在中央情报小组(中央情报局)报告和评估办公室工作，1947年9月至1950年10月间还担任中央情报局在国家安全委员会中的代表，1950年11月进入中央情报局国家评估办公室。——编注

15 - 37

范登堡关于特别行动办公室的职能的备忘录

（1946 年 10 月 25 日）

绝　密

致特别行动办公室主任助理①的备忘录：

主题：特别行动办公室的职能

1. 特别行动办公室将根据以下政策行使职能：

（1）特别行动办公室的任务是在中央情报小组组长的直接督察下全权负责联邦政府在美国及其属地之外有组织地采取的间谍和反间谍行动，以收集维护国家安全所需的外部情报信息。以上间谍和反间谍工作可能包括为了圆满完成任务而采取的半公开、半秘密的行动。

（2）为了完成分配给自己的任务、保守行动资料和方式的秘密以及获取收集和分发办公室（Office of Collection and Dissemination）和其他各部门机构的使用者所需的机密外部情报信息，主管特别行动的主任助理将直接对中央情报小组组长负责。

（3）特别行动办公室将在自己负责的收集行动方面与中央情报小组的具有类似职能的其他机构进行协作。

（4）特别行动办公室将把所有收集到的情报信息处理成可直接利用的形式，并按来源和可靠性分级，继而将它们作为实地情报送交研究和评估办公室或正好需要这些情报信息的②其他部门机构。除了针对那些有关反间谍的情报或者确定情报来源和可靠性的等级以外，特别行动办公室不具有研究和评估职能。

（5）为了方便确定特别行动办公室以后将要收集的情报信息的级别，研究和评估办公室将对这些信息进行仔细的筛选。研究和评估署将定期提交报告，评定在各行动地区收集到的信息的情报价值。

（6）对特别情报的要求一般会由国务院、陆军部、海军部和其他部门机构通过收集和分发办公室提出，而收集和分发办公室又判定特别行动办公室是收集所需情报的适当机构。可是，当以上需求明显属于特别行动办公室的职责范围且出于安全考虑所需的情报（或行动）的特殊类型要求这样做时，特别行动办公室则有权直接听取情报使用部门机构对于采取

---

① 唐纳德·加洛韦，1946 年 7 月 11 日至 1948 年 12 月 27 日间先后担任中央情报小组和中央情报局的特别行动办公室主任助理。——编注

② 收件人将此处的“正好需要这些情报信息的”（directly requested）改为“在适当的时候”（appropriate）。——译注

特别行动或收集特别情报的要求。这种直接联系将通过特别行动管理办公室(Office of Control,Special Operations)和各部门机构的联络办公室进行。在涉及机密行动时,特别行动办公室将与联邦政府部门机构直接保持联系,必须将知情者控制到最少。

(7) 特别行动办公室将负责收集、处理、分发和存储外国反间谍情报信息。研究和评估办公室可以利用在处理外国反间谍情报信息的过程中获取的情报。

2. 在特别行动办公室主任助理的指导下,中央情报小组行政人员人事管理处(Personnel and Administrative Branch of the Executive Staff)特别计划科(Special Projects Division)将为特别行动办公室提供必不可少的支持性服务。

3. 在执行上述政策的过程中,所有相关人员都要严格遵守行动安全纪律。

美国中将、中央情报小组组长　霍伊特·S·范登堡

Michael Warner (ed.), *CIA Cold War Records: The CIA under Harry Truman*. Washington,D. C.: History Staff,Center for the Study of Intelligence,Central Intelligence Agency, 1994,Document 20, pp. 87 - 89

张屹峰译,梁志校

15－38

福兹海默关于中央情报小组立法提案的备忘录

（1946年11月26日）

未设密级

1946年11月26日

致中央情报小组组长的备忘录：

主题：克利福德上尉对中央情报小组立法提案的建议

参考文件：(1) 所附的是总统特别顾问克拉克·M·克利福德致范登堡将军的日期为1946年7月12日、主题为“关于建立中央情报局的立法提案”的备忘录的副本，其中包括对那时呈递给白宫的立法草案的修改建议。(2) 1946年11月由中央情报小组立法联络处(Legislative Liaison Branch)起草的当前的这份关于建立中央情报小组的立法提案。

1. 应该注意的是，虽然过去十个月的经历以及可资利用的管理方面的便利条件使当前的立法草案相对1946年1月22日的行政信函而言有所改动，但这并未改变1946年1月22日总统信函中最初设想的部际关系。

2. 参考备忘录指出立法草案不加区分地使用“情报”、“外部情报”和“战略和国家政策情报”等未加界定的词语，看起来令人费解。当前的草案已删去了这些词语，仅使用已在当前草案的第2部分以中央情报小组认可的术语清楚地界定了的“外部情报”和“外部情报信息”这两个词。另外，当前的草案还使用了“国家情报”和“国家情报任务”这两个词，前者是在该草案的第1条第(1)款出现的。

3. 参考备忘录指出立法草案没有区分“情报”和“外部情报”这两个词，这样可能会使人怀疑中央情报局企图控制联邦调查局以及原本不想让它负责的其他情报活动。正如以上第3段所指出的那样，严格地使用“外部情报”和“外部情报信息”这两个词语已经解决了这一问题。

4. 参考备忘录表明立法草案并未规定国家情报委员会的职责。当前草案第3条第(1)款第⑥⑦⑧分款详细规定了国家情报委员会的职责。

5. 参考备忘录指出立法草案并未规定设立中央情报局局长一职。当前草案第3条第(2)款第①分款规定设立这一职位。

6. 参考备忘录表明立法草案有关中央情报局同其他政府部门和机构关系的规定存在某些自相矛盾之处。此处所附的草案中的第4条第(2)款删去了这些前后不一致的地方。

7. 参考备忘录声称第1条第(1)款没有“裁定”一词。当前草案的第1条第(1)款包含了裁决。"裁定与公告"是标准的立法用语。

8. 参考备忘录中与第 1 条第(2)款有关的建议认为应使用"分析评估外部情报的计划"这一短语。当前草案第 1 条第(2)款第④分款这样写道:"对所收集的外部情报信息进行评估、归类和阐释的计划……"事实上,当前草案的第 2 条将"评估、归类和阐释"界定为研究工作的组成部分,因此目前措辞的含义应该说是更全面的,比参考备忘录中的建议更可取。

9. 参考备忘录与第 1 条第(2)款有关的建议认为应使用"向适当的政府官员传递情报资料的计划"这一短语。当前草案的第 1 条第(2)款第⑤分款使用的短语是"向总统和适当的联邦政府部门和机构分发情报的计划"。考虑到"分发"(Dissemination)一词含义宽泛且极为广泛地被用于描述与情报有关的活动,因此比"传递"(Distribution)更可取。而且,在此处"适当的部门和机构"这一短语比"适当的政府官员"更合适。

10. 参考备忘录建议应该增加一个"收集一切可以获得的外部情报并在外部情报领域采取最有利于国家安全的其他措施的计划"。当前草案的第 1 条第(2)款第③分款已经阐明了这一情报收集计划,且第 1 条第(2)款的其他分款也包含了与以上建议相同的措辞。

11. 参考备忘录的其余建议仅涉及较细微的措辞变化。

立法联络处处长　沃尔特·L·福兹海默①

"The Central Intelligence Agency: Its Founding and the Dispute over Its Mission, 1945 - 1954," (vol. 23) in Dennis Merrill (ed.), *Documentary History of the Truman Presidency*, University Publications of America, 1998, Document 32, pp. 137 - 139

梁志译、校

① 沃尔特·L·福兹海默,1946 年以后先后担任中央情报小组和中央情报局的立法顾问。——编注

15 - 39

赖特关于建立中情局的立法提案的备忘录

（1946 年 12 月 2 日）

未设密级

1946 年 12 月 2 日

致克拉克·M·克利福德先生的备忘录：

主题：关于建立中央情报局的立法提案

这里转发的是关于建立中央情报局的立法提案的草案。它比 7 月份提交的草案更为详细全面。

基于过去十个月的经验和可资利用的管理方面的便利条件，当前草案的内容被大大地扩充了。然而，它并没有从根本上改变总统最初在 1946 年 1 月 22 日信函中所设想的部际关系。这份草案的内容为：

第 1 条第(1)款：裁定和公告。

第 1 条第(2)款：法案的目的。

第 2 条：根据您在 1946 年 7 月 12 日致范登堡将军的备忘录中提出的应该对一些术语进行界定的想法而作出的一些定义。

第 3 条第(1)款：介绍了国家情报委员会，并阐明了它的权力。这与您在 7 月 12 日备忘录中提出的想法也是一致的。

第 3 条第(2)款：介绍了中央情报局。按照 1946 年原子能法所规定的级别确定工资，这样做是必要的，为的是吸引最有才干的人到中央情报局工作。另外，第(5)款也被包括在内，以便利用有经验的退伍军人，其措辞类似于对退伍军人管理局(Veterans' Administration)作出相似规定的第 718 号公法(第 79 届国会)。

第 3 条第(3)款：规定建立情报顾问委员会。

第 4 条：阐明了中央情报局的职能。

第 5 条：这一条已被删除。后来有人认为应该加上一项与 1946 年原子能法(Atomic Energy Act of 1946)的第 10 条多少有点类似的关于信息管理的条款。在等待司法部表明对陆军部、海军部和联邦调查局提出的修订间谍法(Espionage Laws)建议的看法期间，此事被耽误了。

第 6 条：阐明了一般权限，其中包括一项为了美国的利益而终止人员雇用的规定。这类似于 1947 年国务院拨款法(Department of State Appropriation Act, 1947)的规定(第 470

号公法,第 14 页)(第 79 届国会)。

第 7 条:关于拨款。

第 8 条:关于条款的单独有效性。

第 9 条:简称。

它还包括了一份您 1946 年 7 月 12 日致范登堡将军的主题为关于建立中央情报局的立法提案的备忘录的副本以及一份致中央情报小组组长的包含对您的备忘录的评价的备忘录。

总参谋部特种部队上校、中央情报小组组长行政官 埃德温·K·赖特

建立国家情报委员会和中央情报局的法案
(一旦为美利坚合众国国会参众两院所通过)
政 策 公 告

第 1 条第(1)款　裁定和公告:

在颁布这一法律的过程中,国会的意图就是要通过一个全面的长期计划有效地完成尽可能地向美国总统、国务卿、陆军部长、海军部长及其他适当的政府官员提供高质量的外部情报这项国家情报任务。为完成以上任务,美国需要一个中央情报机构。这一机构应确保提供使适当的政府官员在与其他国家打交道时能够掌握充足的信息并可以制定出避免发生军事冲突和保证美国日常安全的国家政策和计划所必需的外部情报。这就是美国的国家情报任务。

过去的两次世界大战期间及其前后的经验表明,政府众多部门机构在收集、研究和分发外部情报信息时互不协调的一盘散沙的状况是无法令人满意的。在国家面临危机时,为扭转这种局面,美国多次采取紧急措施。这些经历表明需要建立一个常设的中央情报机构,以便在收集和整理外部情报时可以最大限度地利用政府所掌握的用于对外情报工作的资源和设备,继而达到高效节约的目的,避免在完成美国国家情报任务的过程中出现事倍功半的重复劳动和不必要的职能重叠的现象。

因此,为了使政府在制定国家政策和处理同其他国家的关系时能够采取强有力的措施并时刻服从于确保国家日常安全这一最高目标,应该充分地协调政府的对外情报活动、职能和服务工作,并根据本法案的规定为完成美国国家情报任务而集中采取行动。这代表了美国人民的意志。

第 1 条第(2)款　法案的目的:

本法案的目的是通过执行以下重大情报计划等手段实施第 1 条第(1)款所规定的政策:

① 关于国家情报委员会确定集中采取行动可以最有效、最迅捷、最经济地组织完成的

联邦政府对外情报活动的计划。

② 包括协调政府各部门机构旨在收集整理外部情报的活动在内的规划和组织联邦政府所有对外情报活动的计划。

③ 以一切被认为有效的手段收集外部情报的计划。

④ 对获取的外部情报信息进行评估、归类和解读以便为总统及联邦政府适当的部门和机构提供情报的计划。

⑤ 向总统以及联邦政府适当的部门和机构分发整理出来的情报的计划。

⑥ 针对以上活动制订的最有效的管理和实施计划。

定　　义

第 2 条　本法案所使用的:

① “外部情报”一词应解释为对外部情报信息及时地进行评估、归类和解读的成果。

② “外部情报信息”一词应解释为与可能影响美国外交政策或国防和安全的外国政府和地区有关的所有资料。

③ “研究”一词解释为为了获得情报而对情报信息进行评估(选择)、归类(整合)和解读(分析)的过程。

④ “评估”一词解释为系统而又客观地检视情报信息的过程,以确定它的可用性、可信度和准确性。

⑤ “归类”一词解释为将情报信息与所有可资利用的相关材料整合在一起的过程。

⑥ “解读”一词解释为确定经过评估的情报信息可能具有的意义的过程。

组　　织

第 3 条第(1)款　国家情报委员会

① 据此建立的国家情报委员会(以下称为委员会)由五名成员组成:国务卿、陆军部长、海军部长应是委员会成员。总统将任命第四名成员作为其在委员会中的个人代表。只有国务卿、陆军部长、海军部长和总统的个人代表才是委员会中具有表决权的成员。据以下规定,中央情报局局长将作为委员会的不具有表决权的第五名成员。应由国务卿担任委员会主席。

② 由于他们都需要履行在所属部门中的职责,因此应保留委员会成员们原来的职务。委员会成员的工作是无偿的,他们可以在参与其他公共或私人活动的同时履行这份职责。

③ 在国务卿、陆军部长或海军部长缺席时,合适的代理国务卿和代理部长将作为委员

会成员出席会议。倘若总统的个人代表缺席,国务卿(或代理国务卿)、陆军部长和海军部长同样可以达到委员会的法定人数。

④ 委员会将召开会议,举行听证会,并听取可能有助于它实施本法案规定的汇报。委员会至少一个月要召开一次会议。

⑤ 应设立一个由一位秘书和委员会认为必要的其他技术人员、管理者以及办事员组成的为委员会提供服务的秘书处。按以下规定,中央情报局将负责配备秘书处所需的人员,同时委员会的秘书处同样还作为情报顾问委员会的秘书处,对情报顾问委员会履行相同的义务。

⑥ 按以下规定,委员会将在规划、执行和协调政府部门机构的对外情报行动以及在以保证最有效地完成国家情报任务的方式集中采取这些对外情报行动方面为中央情报局确定政策和目标,并对其予以监督指导。

⑦ 委员会有权将某一政府部门机构的对外情报职权移交其他政府部门机构。

⑧ 经委员会批准的对国家防务和安全产生影响的有关美国对外情报活动的政策应具有指导政府各部门机构情报工作的效力。

⑨ 假使委员会内部在本法案第 3 条第(1)款第⑥和⑦分款所提出问题上意见不一,那么它应该将这一问题提交总统,由总统作出最后的决定。

第 3 条第(2)款　中央情报局

① 据此,建立中央情报局(以下称为局),并设立中央情报局局长一职。中央情报局局长要由总统在听取参议院的建议并经参议院同意后从平民或军人中选拔任命,他的任期由总统根据自己的意愿决定。局长的年津贴是 1.75 万美元。

② 设立由总统在听取参议院的建议并经参议院同意后从平民或军人中选拔任命的中央情报局副局长一职,他的任期由总统根据自己的意愿决定。副局长的年津贴是 1.5 万美元。副局长有权按照局长的指示签署信函、文件和公文并履行其他职责,另外,在局长不在或局长职位空缺时,副局长将履行局长的职责。

③ 正如本法案第 4 条所规定的那样,中央情报局的职能将由该局各相应的办公室行使。各个办公室将接受由中央情报局局长任命的局长助理的指导,局长助理的年津贴是 1.4 万美元。局长助理的数量将不少于四位,不超过六位。

④ 可以指派国务院(或美国外事机构)、美国陆军、美国海军以及美国陆军中的空军部队的任何官员或军官执行中央情报局的任务,尽管存在美国法典第 10 编[①]第 576 部分(10 U. S. Code, Sec. 576)、1946 年 8 月 13 日第 79 届国会批准的第 724 号公法、题为“改善、加强和扩大美国外事机构并合并和修改有关外事机构管理的法律”的法案以及其他关于这种情况下所应享有的薪水和津贴的法律的规定,但这样的工作决不能影响他们在国务院、美国外

① 1926 年,美国人将建国 200 多年以来国会制定的所有立法(除独立宣言、联邦条例和联邦宪法外)加以整理编纂,按 50 编系统地分类编排,命名为《美国法典》(United States Code,简称 USC),首次以 15 卷的篇幅发表,这是第一版《美国法典》。1964 年又出版了修订版,以后每年还出增刊。其中,第 10 编的内容为“武装力量”。——编注

事机构、美国陆军、美国海军、美国陆军中的空军部队中可能或已经处于或担任的地位、官职、军衔或级别以及因此而应该享有的薪金、特权、权利或利益。以上国务院、美国外事机构的官员以及正在服役的军官在担任本法第 3 条第(2)款设立的职务期间应照常领取国务院、外事机构或军队按照他的级别(军衔)和工作(服役)年限发放的薪金以及来自中央情报局拨款的相当于本法案第 3 条第(2)款设立的职位规定的工资和国务院、外事机构以及军队的薪水之间差额的年津贴。

⑤ 尽管存在经过美国法典第 5 编[①]第 62 部分(5 U. S. C. 62)修订的 1894 年 7 月 31 日法案(28 Stat. 205)的第 2 条或经过美国法典第 5 编第 58、59 部分(5 U. S. C. 58，59)修订的 1916 年 5 月 10 日法案(39 Stat. 120)的第 6 条的规定，中央情报局局长仍可以任命或雇用美国陆军、海军、海军陆战队、海岸警卫队(Coast Guard)、海岸大地测量局(Coast and Geodetic Survey)和公共卫生局(Public Health Service)的退伍军官或准尉担任中央情报局的文职人员或其他职务。除经过美国法典第 5 编第 59a 部分(5 U. S. C. 59a)修订的 1932 年 6 月 30 日法案(47 Stat. 406)的第 212 条的规定外，以上中央情报局的任命和雇用及其相应发放的工资决不影响接受任命和雇用的退伍军官或准尉的地位、官职、军衔或级别以及因此而应该得到的薪金、特权、权利、免责特权或利益。

第 3 条第(3)款 情报顾问委员会

① 由国家情报委员会随时确定的具有国家防务和安全职能的政府文职和军事情报机构的首脑(或他们的代表)组成的情报顾问委员会(以下称为委员会)将向中央情报局局长提出建议。

② 委员会成员的工作是无偿的，他们可以在参与其他公共或私人活动的同时履行这份职责。

③ 根据本法案第 3 条第(1)款第⑤分款的规定设立的秘书处将向情报顾问委员会提供服务。

④ 中央情报局局长和情报顾问委员会一致同意且二者目前有权予以执行的任何建议都可以不经过国家情报委员会而直接付诸实施。

⑤ 没有得到一致同意的中央情报局的建议应随同反对意见一同提交国家情报委员会裁定。

职 能

第 4 条 中央情报局的职能

(1) 为确保最有效地完成美国国家情报任务，中央情报局将在国家情报委员会的监督

① 内容为“政府组织与雇员”。——编注

和指导下：

① 为确保最有效地完成国家情报任务和实施本法而确定相应的总体政策、计划、要求、目标和程序并就此向国家情报委员会建议。

② 协调涉及国家防务和安全的政府部门和机构的对外情报活动。

③ 借助一切被认为有效的手段收集来自美国大陆之外的外部情报信息。

④ 及时地对外部情报信息进行评估、归类和解读。

⑤ 将国家情报分发给总统和其他适当的政府部门机构。

⑥ 从事国家情报委员会认定的中央机构可以最出色地组织进行或更有效地、更经济地完成的对外情报活动。

⑦ 管理局内人员并提供自身所需的后勤支持，包括招募、培训、监管局内人员，提出预算要求，分配资金以及提供自身对外行动所需的行政和后勤支持。

⑧ 负责全面保护中央情报局收集外部情报信息的来源和手段。

⑨ 保证局内安全，包括绝对保证它的政策、计划、要求、目标、程序、行动和人员的安全。

⑩ 制定并公布符合国家防务和安全利益的确保政府各部门机构秘密信息和事务不向外泄漏的全面的安全政策和程序。

⑪ 履行总统或国家情报委员会可能赋予的与外部情报有关的其他职责。

(2) 国家情报委员会除了可以依据本法案第 3 条第(1)款第⑧分款的规定解除政府部门机构有关对外情报的职责和权力以外，其他情况下不得影响这些部门机构收集并对自身情报进行评估、归类、解读和分发的职责和权力。

(3) 根据实施本法案的需要，中央情报局有权立即和长期利用政府各部门机构所拥有的一切情报信息和设施。

(4) 在国家情报委员会建议的范围内，政府部门机构的情报工作应接受中央情报局与计划职能有关的检查。

(5) 除非依据本法案第 4 条第(1)款第⑧⑨⑩分款获得特别授权，否则中央情报局不具有维持治安、传讯或执法的权力和职能，也不具有维护美国国内安全的职能。

总 体 授 权

第 6 条　在行使职能时，中央情报局有权：

(1) 不遵循经过修订的修订法案(Revised Statutes)第 3709 条(41 U. S. C. 5)的规定享有或购置必要的服务、供应品和设备，而且还可以根据合同为此预支部分费用，前提是局长或他专门指定的官员认定为了保证国家日常防务和安全必须如此或者认为刊登广告是极不可行的。

(2) 为在美国本土之外常设工作站工作的雇员支付住房和生活补贴或代之以支付差额

工资。

(3) 为了行使本法案所赋予的职能,执行本法案所规定的行动,可以在不考虑有关拨款转移的法律规定的情况下依据预算局的授权向其他政府部门机构转移或从其他政府部门机构接收用作预付或偿还拨款的资金,其他政府部门机构也可以依照以上做法向中央情报局转移或从中央情报局接收资金。按照本法案的授权,中央情报局可以在不顾及其他拨款限制的情况下将根据本段规定接收到的资金用于行使本法案所赋予的职能或执行本法案所规定的行动。

(4) 应该按照规定安排那些在国外连续工作两年的中央情报局官员或雇员回美国大陆休假,并为这些雇员及其随同人员支付从工作地点到美国住所的往返旅费。这种休假不超过 60 天,但这 60 天不包括旅途上实际或必须花费的时间。

(5) 应该为从其他政府部门机构抽调人员而向这些政府部门机构支付补偿金,而其他部门机构为了工作的需要由中央情报局选调人员时也要如此。

(6) 在不考虑修订法案第 3651 条(31 U. S. C. 543)规定的情况下进行货币兑换。

(7) 授权中央情报局局长指定的通讯员可以在传递影响国家防务和安全的机密文件资料时携带枪支。

(8) 建立就管理、立法、行动、政策、研究以及其他问题向中央情报局提供咨询和建议的顾问委员会。

(9) 为了行使本法案所赋予的职权或实施本法案以及今后签署的法规和指令,在必要或适当的时候进行调查研究、获取信息或举行听证会。

(10) 尽管存在 1912 年 8 月 24 日法案第 6 条(37 State. 555)或者其他法律规定,中央情报局局长仍然可以在他认为符合美国利益时全权决定解雇任何局内官员或雇员,但此举并不影响被解雇的官员或雇员在符合美国公务员委员会(United States Civil Service Commission)①规定的情况下寻求或接受其他政府部门机构的聘任。

拨　　款

第 7 条　拨款:

(1) 为了执行本法案的规定并促进本法案目标的实现,有权获得必要或适当数额的拨款。

(2) 局长有权将以上拨款用于在首都或其他地方雇用人员和购买设施,支付劳务费、租金、旅费、整理死于国外或调任途中的官员和雇员的遗物并把它们运送到这些人生前在美国的住所或不太远的安葬地所需的费用、通常的丧葬费、租用新闻报道设备的费用,购买法律

① 1883 年,美国通过了《公务员法案》,并建立了美国人事管理办公室的前身美国公务员委员会。——编注

图书、参考书、期刊、报纸、商贸报告;购买或租赁摄影、复印、密码、复写和印刷机器、设备和装置以及包括电报和电传设备在内的无线电接收和发送器材和装置,购买、保养、使用、维修和租用发动机驱动或马拉的载客交通工具以及其他包括飞机和各类船舶在内的交通工具、印刷和装订设备,购买、保养和清理枪支。

(3) 为以上开支拨款的法案还可以在不考虑有关政府经费开支或政府部门人员聘任的法律规定或者为了保密的需要增拨专款,仅凭中央情报局局长的证明书就能够将这样的花费记入账目,而且这种证明书还可以作为代币券使用。

条款的单独有效性

第 8 条　即使本法的某一条款或某一条款在应用于某人或某种情况时被认为是无效的,本法其余条款的有效性或这些条款对于其他人员或情况的适用性不应因此受到影响。

简　　称

第 9 条　援引本法案时可称之为"1947 年中央情报局法"。

"The Central Intelligence Agency: Its Founding and the Dispute over Its Mission, 1945 - 1954," (vol. 23) in Dennis Merrill (ed.), *Documentary History of the Truman Presidency*, University Publications of America, 1998, Document 33, pp. 140 - 156

张屹峰译,梁志校

15 - 40

埃德加关于中央情报小组每日和每周摘要的备忘录

（1947年1月2日）

秘　密

1947年1月2日

致中央情报局小组组长行政官[①]的备忘录：

主题：对于1946年12月9日收集和分发办公室起草的"对于中央情报小组每日和每周摘要的充分性的调查研究"

1. 收集和分发办公室的文件表明：

（1）人们从各种角度批评每日摘要，包括选择性、信息的详细程度、对提及的人物缺少适当的身份说明、重点不突出等等。

（2）人们从各个方面批评每周摘要，包括选择性、内容冗长和缺少概要等等。

（3）中央情报小组的特别报告受到一致好评。虽然每日和每周摘要遭到了以上批评，但这一文件的主要观点是情况还好。

2. 李海上将的助手作出了非常意味深长的评价："看起来，与开始相比，摘要的概念已经发生了某种程度上的变化。最初，撰写摘要的目的首先是为了让总统了解情况，其次是向国务卿、陆军部长和海军部长提供信息。当前，考虑到摘要分发的情况，它们似乎像为总统一样也为计划制订者提供了同样多的信息。"

3. 我认为所有接受采访的人或几乎所有的人想要表达的都是中央情报小组没有成功地通过一系列情报文件满足上至美国总统下至国务院、陆军部情报科、海军情报局和空军情报科驻相关地区办事处低级官员的各级官员的情报需求，但他们并没有举出一些不言自明的实例。

4. 最有效地满足某一个人的需求的撰写技巧是注重细节并清楚地了解此人的阅读习惯、兴趣、知识水平和背景、在文件涉及领域内的活动、对业务资料以及参考性或辅助性资料的需求。

5. 显而易见，即使是研究和评估办公室完全胜任的起草人员也不可能在一份必然要发

① 埃德温·K·怀特，1946年2月至6月间任陆军部参谋本部情报科执行科长，1946年6月26日至1947年1月20日间任中央情报小组组长行政官，1947年1月20日至1949年3月9日间先后任中央情报小组副组长和中央情报局副局长。——编注

送给各式各样的"用户"的文件中满足这些要求。

6. 作为总统陆军情报科的人员，中央情报小组组长应在其能力范围内通过某种形式将时事情报呈递给总统，满足他的个人需要。这种情报应该是言简意赅而又极为重要的，以至于当中央情报小组将它送交上去时，总统助理会不假思索、毫不犹豫地将其交给总统。为了避免返工，只应使用总统能够即刻辨认出来或轻而易举地识别出来的那些缩写形式和正确的名称。不能指望总统会认识那些无法识别的"Heath"(见第 236 号文件第 3 款)、"Irgun Zuai Leuni responsibility"(见第 237 号文件第 5 款)、"ITO and PICAO"(见第 238 号文件第 4 款)和"Manuilsky"(见第 239 号文件第 4 款)(这些词语出自我获得的头四份每日摘要)。只有当他亲自处理某个问题时，才应向他汇报趋势以外的情况。当然，"火灾报警技术的研发"(fire alarm developments)除外。

7. 并不能保证总统会阅读自己的情报文件。总统阅读情报的时间是非常有限的，以至于除非中央情报小组组长按"必须类"呈递的文件，否则他甚至连每周摘要中的一款都不会通读。依我看，以现在的方式呈交上去的文件，总统是一定不会看的。

8. 在为国家情报委员会成员、情报顾问委员会成员以及类似的其他人起草情报报告时也要考虑这些问题。在个人简报方面，遵循的是适于此者并非适于彼者(sauce for the goose is not sauce for the gander)这一原则。事实上，即使是在烹饪行业中，也没有哪位美食家认同这句谚语。

9. 为了证明它的存在，中央情报小组必须至少在某一个情报领域赢得声誉。国家情报委员会已将那一领域确定为向总统和国家情报委员会成员提供战略和国家政策情报。

10. 中央情报小组应为总统且仅为总统起草每日时事情报报告。该报告应包含他履行美利坚合众国总统职责所必需的外部情报。从报告的形式上要明显地看出来是为总统撰写的，同时它还应随着总统兴趣和活动的变化而变化。仔细分析白宫的官方报告和新闻稿以及国务院的新闻发布会对于确定这些兴趣和活动将是大有裨益的。倘若总统本人活动频繁，比如说他正在处理巴勒斯坦问题，那么每日摘要就应当偏重于这一主题以及所有与之相关的主题。如果内阁官员和高级官员间在某一问题上出现了最后可能需要由总统裁定的明显分歧，那么每日摘要就应该随之收录与此相关的资料。毋庸讳言，在以上情况下最大限度地保持客观性是至关重要的。

11. 无法归类的信息不能作为总统"必须阅读"的内容。

12. 应该永远记住，各部门提交的供总统审阅的政策文件需得到阐明文件起草部门提出行动建议的缘由的书面论证的充分支撑。因此，中央情报小组情报报告的内容不能与这类资料有任何重复，而应提前为总统提供最为全面的背景信息，以免让总统觉得他正在处理一个尚不为人所知的问题。为此，有必要(对信息)进行篦梳式的筛选。这种筛选方式是危险的，但必须如此。

13. 除了对总统负责以外，中央情报小组组长还要对国务卿、陆军部长和海军部长负责。在履行以上职责时，他应该确保让这些内阁成员获得与他们的行动或政策制定有关的所有情报，而不考虑这些情报是否来自于国务院、陆军部或海军部。在表达上也要同样准确，即在呈交内阁级官员的情报报告中不应出现重写或在下面书写的现象。最后，可能还要为四个机构的情报负责人起草专门的情报报告。此外，这些负责人还应获得他们所属各部的部长们接收到的信息，而那些部长们则应获得总统接收到的信息。

14. 最近，陆军部和海军部表示要坚决按照自己的心愿对其部门或研究人员的情报进行评估，鉴于此，中央情报小组应确保陆军部和海军部接收到经过分类的情报信息，以促进它们的工作。我认为，中央情报小组不应该再撰写面向所有人却又因此失去了应有价值的每周摘要，应代之以对过去一周的局势进行分类总结，借此对这周的历史进行最起码的解读。

15. 阶段性地修改有关世界上各个战略地区的情况报告应该可以很好地补充上述的每周分类总结报告。如果能够阶段性地（可能为每月一次）对这些情况报告进行回顾、修改、更新并补充相关部门所需的参考资料，那么长期以来的需求便会得到满足。此类情况报告可以详尽到满足几个部门需求的程度且可能要随着各地区战略重要性的改变而改变。该系列的情报或许还要包括关于特定地区和主题的情况报告。为了使研究和评估署制订出可能消除其工作人员的抱怨的某种类型的情报计划，或许应要求各分支机构每月起草一份预计几个部门中的专家们会定期地阅读的关于各分支机构所负责的地区或主题的情况报告，同时这类情况报告还可以充当级别较高的官员在核实或更新部门情报的过程中所需的现成的参考资料。当然，还应根据需要撰写特别的补充报告。

16. 依我看，以上涉及的是时事情报和国家政策情报，其中前者也可以被视为一种国家政策情报。

17. 为了完成使命，中央情报小组应坚持编写有关世界上各个战略地区的时事手册。情报顾问委员会已经讨论了拟在该领域推行的计划（撰写国家情报摘要），此处无需赘言。在履行显然属于我们的职责的过程中面临的国内问题是制订一个可能按下列步骤执行的管理计划：

（1）撰写确保满足几个机构需求的概要。

（2）收集美国政府、英国、德国、日本及其他国家撰写的所有基础情报手册。

（3）重新装订现存的基础情报手册并将所获资料填充到概要中去。

（4）确定概要中哪些部分的资料还不够充实，并要求收集填补这些空白所需的资料。

（5）经常研究新获得的情报信息，决定是否应该修订、改正或更新手册资料。这是一项永不间断的工作，不应将哪一本手册视为成稿。因此，应该把手册设计成活页型的，以便能够轻而易举地进行细微的修改，且可以通过有选择地将一些活页装订在一起作成并分发关于某些特定问题的便携式业务手册。

（6）当中央情报小组确定需要对手册进行修改时，应就由中央情报小组还是相关机构进行修改的问题与这些机构达成协议。

18. 从事以上关于时事情报、情况报告和基本情报三项工作的合适人选应对其专业领域有充分的了解,以便随时能够进行满足各种需求的口头工作汇报。

唐纳德·埃德加[1]
个人评论

Michael Warner (ed.), *CIA Cold War Records: The CIA under Harry Truman*. Washington, D. C.: History Staff, Center for the Study of Intelligence, Central Intelligence Agency, 1994, Document 22, pp. 93 - 97

梁志译、校

① 唐纳德·埃德加,1946 年 7 月至 1947 年 10 月间先后担任中央情报小组和中央情报局部际协调和计划办公室主任。——编注

15 - 41

埃尔西关于范登堡与克利福德 1947 年 1 月 8 日谈话的备忘录

（1947 年 1 月 9 日）

未设密级

1947 年 1 月 9 日

1947 年 1 月 8 日谈话备忘录：

中央情报小组组长范登堡中将同克利福德先生讨论了中央情报小组提出的关于提交授权建立国家情报委员会和中央情报小组的法案的建议。

范登堡提出，自去年 6 月第一次向克利福德先生呈递议案建议要求对方作出评价以来，他一直以为白宫支持这一法案，而且总统可能还会据此在国情咨文中提出相关建议。

1 月 8 日，克利福德先生告诉他国情咨文的初稿中曾包含这一建议，但李海上将和总统认为这时不宜也没有必要引起国会对此事的关注。

范登堡将军声称，他认为国家情报委员会支持这一法案。范登堡将提请国家情报委员会审议此事并向克利福德先生汇报国家情报委员会的决定。

美国海军预备役指挥官 乔治・M・埃尔西

"The Central Intelligence Agency: Its Founding and the Dispute over Its Mission, 1945 - 1954," (vol. 23) in Dennis Merrill (ed.), *Documentary History of the Truman Presidency*, University Publications of America, 1998, Document 34, p. 157

梁志译、校

15－42

福兹海默关于中央情报小组建议提交的议案的备忘录

（1947 年 1 月 28 日）

秘　密

备案备忘录：

主题：中央情报小组建议提交的议案

1947 年 1 月 22 日下午 4 点多一点，中央情报小组组长收到了一份 1947 年国防法(National Defense Act of 1947)议案的副本，要求他对与其有关的那些条款作出评论。他立即审阅了关于情报的条款，发现它们实质上是逐字照搬了由托马斯参议员向第 79 届国会提交的合并法案(Merger Bill)的第 2044 条。在诸多方面，这些规定都没有满足中央情报小组的要求。分歧主要反映在沃尔特・L・福兹海默致中央情报小组组长的日期为 1947 年 1 月 23 日、主题为"建议提交的 1947 年国防法议案"的备忘录中。

与中央情报小组组长开会协商后决定不应试图删除国防法中涉及中央情报局的内容，而要单独提交一项中央情报局议案。中央情报小组组长还希望加上一条规定：他将担任国防委员会(Council on National Defense)的情报事务顾问，并以这一身份出席委员会的所有会议。各方一致认为由于国防委员会是一个决策机构且长期以来人们都觉得中央情报机构不应参与决策，因此中央情报局局长将不参与表决。

1947 年 1 月 23 日上午 10 点，在总统行政助理查尔斯・S・墨菲的办公室举行了一次会议，范登堡将军、福里斯特・舍曼中将、劳里斯・诺斯塔德少将、备忘录起草者沃尔特・L・福兹海默和休斯敦先生①出席了会议。墨菲先生表示，这个问题对他来说是新问题，因为他 1947 年 1 月 20 日才第一次接触这一问题，全面负责为白宫起草国防法。他表示不知道已经将一项有关授权建立中央情报小组的议案提交克利福德办公室了。他建议(得到了与会者的一致同意)最初的工作应该是起草这项有关授权建立中央情报小组的议案，以此取代国防法议案中涉及情报的条款。

关于 1947 年 1 月 23 日沃尔特・L・福兹海默致中央情报小组组长备忘录的第 1 段第(1)部分，会议指出在建议法案的标题中没有提到中央情报局。原因是这一法案建立了许多委员会，而法案的标题均未提及它们的名字。因此，在标题中似乎也不宜提到中央情报局。范登堡将军对此表示赞同。

① 劳伦斯・R・休斯敦，1946 年以后先后担任中央情报小组总顾问和中央情报局总顾问。——编注

关于上述备忘录的第1段第(2)部分，会议同意在建议法案的政策声明中提及集中处理情报的问题。尽管其他与会者一开始认为这样做可能会很麻烦，但舍曼中将大力支持这一建议。

关于上述备忘录的第1段第(3)部分，会议认为这一建议是毫无争议的，而其中包含的恰如其分的定义也是令人满意的。

关于上述备忘录的第1段第(4)部分，范登堡将军表示他强烈反对中央情报局或中央情报局局长在任何问题上参与决策。不过，他认为他应该出席国防委员会会议。对于这一点，诺斯塔德将军发表了明显的不同意见，因为在他看来委员会已经太过臃肿。他认为，中央情报局局长甚至不能作为旁听者出席会议，因为参谋长联席会议的运作已经证明这是十分麻烦和不切实际的。但舍曼中将建议，中央情报局局长应该在委员会同意的情况下正常出席委员会会议。像诺斯塔德将军一样，范登堡将军也对此表示赞同并同意另外加入一项规定，即根据委员会的判断，参谋长联席会议成员也将出席委员会会议。

范登堡将军提及，他在许多问题上都必须同国家情报委员会打交道，这给他带来了困难。他认为，由于他必须要求获得成员数量较国家情报委员会多得多的国防委员会的政策指导，他在工作上的困难因此急剧倍增。他确信这一法案的本意是中央情报局将成为一个独立的机构，仅在国防委员会随时可能命令它采取的特别措施方面接受委员会的指导。中央情报局没有必要不断要求获得国防委员会的批准。在这一解释的基础上，范登堡将军不再反对上述备忘录第1段第(5)部分最后一句话。

中央情报局局长指出了在没有授权其使用无需交代去向的资金、挑选某一类型的人员以及解雇可能有背叛行为的雇员的详细立法的情况下采取秘密行动的困难。与会者同意把这些规定纳入到中央情报小组提出的建议草案中，且要求必须在1947年1月23日晚上之前提交这一法案，以防超过最后期限。

会议最后认为，中央情报局局长应该就国防问题向国防委员会做出汇报。范登堡将军指出，有必要在某地进行汇报，且总统和他都不希望让另一个机构在政府周围“游刃有余地穿梭”。但中央情报局在行使职能方面应该拥有足够的权力，而不必事事都请求国防委员会予以特别批准。

在休斯敦先生的协助下，沃尔特·L·福兹海默修改了1947年国防法的建议草案，不但按照会议的要求进行了改动，而且还将授权建立中央情报小组的议案中的必要条款纳入其中。1947年1月23日下午5点多一点，博茨福德上尉亲手将修改后的法案的副本交给舍曼中将和诺斯塔德将军。5点15分沃尔特·L·福兹海默又将一份副本交给墨菲先生。他还让墨菲看了国家情报委员会第5号指令。由于墨菲办公室不安全，所以没有把这份指令留给他。墨菲先生建议加上一段有关解散国家情报委员会和中央情报小组并将它们的人员、资产和档案移交中央情报局的规定。在做了一两处小的改动之后，1947年1月24日沃尔特·L·福兹海默接受了这一建议。

1月25日，沃尔特·L·福兹海默在与墨菲先生的谈话中获悉由于起草委员会认为中央情报小组提交的资料争议太大,可能阻碍合并法案的通过,因此要删掉所有直接提到中央情报局的内容。

起草委员会认为,中央情报小组建议的草案的实质部分争议太大,会遭到其他机构的攻击。该委员会还认为,从国会的观点看,总体授权的内容也有相当大的争议,但倘若中央情报小组有时间充分陈述自身观点的话,它可能会证明其在议案中的观点是正确的。而且,在起草委员会看来,如果合并议案中包括详细的情报法案,听证会期间中央情报小组可能就没有时间详尽地向国会介绍其设想了。

沃尔特·L·福兹海默问墨菲先生从合并法案中删除有关中央情报局的条款是否意味着相应地允许我们将自己的建议法案提交上去。墨菲先生说,他不能回答这一问题,因为他的权力仅在于(与其起草委员会一起)起草合并法案,无权就其他事务做出决定。抑或是说,授权起草并提出建立中央情报局的法案不在他的权力范围内。

已经向副局长(赖特上校)通报了以上情况,他通过电报把这些进展告诉了范登堡将军。

赖特上校向李海上将表示,希望获知是否墨菲的立场为我们的法案的通过开启了绿灯。李海倾向于认为是这样的。他觉得我们应删去草案第 302(2)段中"依照现存法律"这个短语,因为它只会使事情变得复杂。我们还认为应使草案获得通过。

大家决定把副局长的看法写入草案,删掉上一段提到的那个短语,并增加一项任命中央情报局局长为国防委员会情报顾问的条款。

1947 年 1 月 27 日,沃尔特·L·福兹海默起草了一封署名为中央情报局副局长的致查尔斯·墨菲先生的信。在信中,中央情报小组就 1947 年 1 月 25 日白宫提交的草案中涉及中央情报的条款提出了自己的观点。在研究了 1947 年 1 月 27 日备忘录之后,墨菲先生给沃尔特·L·福兹海默打电话,要求福兹海默同意删除由他起草的 1947 年 1 月 25 日草案的第 302(2)段,理由是我们在 1947 年 1 月 27 日备忘录第 2 段提出了反对意见,而整个删去这一段确实也不会带来什么影响。在与赖特上校协商后,沃尔特·L·福兹海默对此表示同意。同时,他还同意降低拟发给副局长的工资,由 1947 年 1 月 27 日备忘录第 1 段提出的每年 1.4 万美元降至每年 1.2 万美元,原因是每年 1.4 万美元的工资已经大大超过了各部部长助理所享受的薪金数额。另外,墨菲先生同意极力敦促各方采纳我们在 1947 年 1 月 27 日备忘录第 3 段中提出的任命中央情报局局长为国防委员会(后来改称国家安全委员会)情报顾问并允许他作为不参与表决的成员出席会议的观点。

1947 年 1 月 28 日,墨菲先生要求沃尔特·L·福兹海默去他的办公室,交给后者 1947 年国家安全法建议提案的第三稿(日期为 1947 年 1 月 27 日)。墨菲先生表示,我们的大多数要求并没有得到满足,陆军和海军一致驳斥了他在这个问题上提出的建议。局长的工资也从 1.5 万美元降至 1.4 万美元,理由是担任这一职务的人很可能是陆军或海军军官,他的工资不应超过陆军参谋长和海军参谋长的工资;这一薪金数额是按照原子能委员会军事应用办公室主任(Director of Military Applications)的工资水平确定的;陆军部和海军部参与协商者不希望工资对那些正寻求职位的官员来说仅仅意味着"优厚的待遇"(juicy plum)。

正如关于任命中央情报局局长为国防委员会情报顾问的段落一样，由于争议太大，墨菲先生强烈要求保留的关于设立中央情报局副局长一职的段落被删除了。陆军部和海军部参与协商者认为中央情报局局长一职本身就意味着他还要充当国防委员会的情报顾问，因此不宜再通过法律规定作为国防委员会下属机构首脑的中央情报局局长应该出席委员会会议。

墨菲先生指出，他的地位仅仅是陆军部和海军部在起草草案方面的顾问。他还提到起草委员会将在1947年1月29日下午的会议上向总统特别顾问克拉克·M·克利福德先生提交定稿。墨菲还表示，我们只管就草案问题向白宫提意见，对此他是可以接受的，不会伤害到他。

赖特上校和沃尔特·L·福兹海默检查了建议草案的第三稿后，认为中央情报小组对它仍不满意。因此，他们向克利福德先生发出了一份备忘录（日期1947年1月28日），表明了中央情报小组对建议草案的意见。

立法联络科(Legislative Liaison Division)科长　沃尔特·L·福兹海默

Michael Warner (ed.), *CIA Cold War Records: The CIA under Harry Truman*. Washington, D. C.: History Staff, Center for the Study of Intelligence, Central Intelligence Agency, 1994, Document 24, pp. 105 - 109

张屹峰译，梁志校

15－43

国家情报委员会关于第九次会议的会议记录

（1947年2月12日）

绝　密

国家情报委员会第九次会议
国家情报委员会

1947年2月12日（星期三）上午11时

在国务院大楼214室召开的会议的会议记录

出　席　成　员

国务卿乔治·C·马歇尔（主席）

陆军部长罗伯特·P·帕特森

海军部长詹姆斯·福里斯特尔

总统个人代表威廉·D·李海五星上将

中央情报小组组长霍伊特·S·范登堡将军

列　席　者

助理陆军部长霍华德·C·彼得森

国务卿研究和情报特别助理威廉·A·埃迪先生①

国务院的弗里曼·马修斯先生

美国海军部的罗伯特·L·丹尼森上校

中央情报小组的小詹姆斯·S·洛伊先生

秘　书　处

代理秘书J·S·弗曼先生

协调与外国原子能情报发展和潜力有关的情报活动
（国家情报委员会第6号文件）

帕特森部长简要汇报了协调与外国原子能情报发展和潜力有关的情报活动的现状。他声称，原子能委员会希望聘请三个人仔细研究移交给中央情报小组的文件中所包含的信息。

---

① 威廉·A·埃迪1946年8月1日至1947年10月1日间任国务卿研究和情报特别助理。——编注

他说这三个人将从以上文件中检索出有关铀矿藏的信息，所获信息会被保存在原子能委员会。帕特森部长建议中央情报小组同利连索尔先生一起着手解决人员移交的问题。

经讨论后，国家情报委员会同意着手安排以上提及的人员移交工作，并指示中央情报小组组长与利连索尔先生研究细节问题。(随后的移交工作在 1947 年 2 月 18 日完成)

中央情报小组组长的汇报

范登堡将军声称，应马歇尔国务卿的要求他的上一份报告相当详细地介绍了中央情报小组自成立以来所取得的成绩。不过，这次他希望向与会者汇报的是中央情报小组遇到的一些困难。范登堡说，在说明这些困难之前，他想先介绍一下中央情报小组最近取得的某些成绩。

范登堡将军说，在最初同意由中央情报小组接管联邦调查局在南美地区的活动时，人们对中央情报小组能否完成这一任务是心存疑虑的。他提到曾收到波利大使给中央情报小组人员的一封信。在信中，他赞许中央情报小组的代表们顺利地完成了以上交接工作。范登堡还提到，国务院的杜森(Dewson)先生也曾表示那些接替联邦调查局人员的中央情报小组的代表们都是相当优秀的。范登堡将军指出，中央情报小组已经对新任命的在南美的人员进行了巡回工作检查，结果表明他们正在以堪称模范的方式履行职责。

随后，范登堡将军简要汇报了中央情报小组对外国广播的监听情况，并指出中央情报小组正在准备与英国广播公司进行新的谈判，以就更好地交换资料和中央情报小组覆盖中东的开罗监听站将来从开罗移到塞浦路斯一事达成一致。

……①

范登堡将军指出，中央情报小组正在协调利用在远东地区收集到的文件，并正在制订与此相类似的利用来自欧洲的文件的计划。

范登堡将军表示，现在他想介绍一下中央情报小组在工作中遇到的一些主要困难。他指出，中央情报小组组长指令权威性的不确定阻碍了减少重复劳动这一重要的协调工作的开展。他称总统详细说明了中央情报小组组长将“制订协调涉及国家安全的部门情报机构的活动的计划，并就确立确保最有效地完成国家情报任务的总体政策和目标向国家情报委员会提出建议。”(引自 1946 年 1 月 22 日总统信函的第 3 段，并加上了着重号)

范登堡将军进一步指出，国家情报委员会规定：“本委员会批准的建议将在其适用的范围内指导委员会代表所属部门的情报活动。情报顾问委员会的成员将分别负责确保其所属部门执行获得批准的建议。”(引自国家情报委员会第 1 号指令第 4 段)

范登堡将军说，国家情报委员会规定：“此处授权和命令中央情报小组组长代表国家情

---

① 原文此处数行未解密。——译注

报委员会协调联邦政府所有与国家安全有关的对外活动,以确保国家情报委员会所确立的总体政策和目标真正地得到贯彻落实。”(引自国家情报委员会第 5 号指令第 3 段,并加上了着重号)

范登堡将军指出,各机构(情报顾问委员会)感到目前对协调的解释是“一致同意”。这就将中央情报小组组长仅仅置于情报顾问委员会执行秘书的位置上。他认为这不符合国家情报委员会的设想。随后,范登堡将军又指出,在某些情况下需要花六到八个月才能就一份文件达成一致。为改变这种局面,他建议中央情报局局长应具有类似于联合研究发展委员会的权力。“联合研究发展委员会应在作为陆军部长和海军部长下辖机构的权限范围内行事。因此,陆军部长和海军部长要授予它必要的权力,以便它的决定、命令和指示被赋予陆军部长和海军部长授权的性质,具有与他们的指令同样的效力。”(引自经 1947 年 7 月 3 日修改后的 1946 年 6 月 6 日的联合研究发展委员会第 1/1 号文件)

范登堡将军提议,作为以上建议的替代方案,中央情报小组可以向国家情报委员会成员提出它的执行指令,然后由他们的办公室下发。然而,这样做是非常繁琐的且会让相关各方浪费大量的时间。

范登堡将军表示,由于各机构对战略和国家政策情报的界定不明,此类情报的撰写工作更加困难。为了扭转这种局面,希望国家情报委员会能够批准中央情报小组做出的如下界定:“战略和国家政策情报是指总统、政府其他的高级官员和研究人员在战时和和平时期制定涉及国家计划和安全的政策以及提出广泛的国家政策设想时所需的跨部门综合情报。它涉及多个机构关注的政治-经济-军事领域的问题,必须是客观的,且一定超越了任何一个部门的权限范围。”

范登堡将军表示,按照他的理解,那些建立中央情报小组计划的制订者已经考虑到了中央情报小组将替代联合情报委员会的问题。迄今为止,这种设想并没有变为现实,中央情报小组和联合情报委员会间也没有建立起任何工作关系;而且,联合情报委员会仍在履行与中央情报小组相类似的职责。在这一问题获得解决之前,是不可能协调并高效地完成国家情报任务的。范登堡将军建议撤销联合情报委员会,由中央情报小组为参谋长联席会议提供必要的情报。不过,他觉得参谋长联席会议的某些成员已经表示这样做将会降低起初对中央情报小组的定位。范登堡指出,在拨款委员会面前,他很难为中央情报小组的拨款请求辩护,因为他经常面临情报拨款申请重叠的问题。在他看来,中央情报小组组长的一个主要任务就是尽量避免这样的重叠。

范登堡将军表示,他想要指出的是,当中央情报小组要求获取陆军部和海军部情报机构的信息时,经常会因为到底是联合情报委员会还是中央情报小组具有优先权的问题而出现摩擦。简言之,两个机构都在寻求同样类型的情报,且方式基本相同。这种重复劳动是不必要的,占用了本应从事更有意义的情报工作的人员的时间。

这时,福里斯特尔部长询问是否已经向参谋长联席会议提出了关于解散联合情报委员会并将其职责移交中央情报小组的问题。

范登堡将军回答，他认为已经通过情报顾问委员会成员这样做了。

埃迪先生表示，现在就应该废除联合情报委员会并由中央情报小组负责处理所有跨部门的情报，这是十分重要的。

经讨论，国家情报委员会

1. 一致认为应该撤销联合情报委员会并由中央情报小组接管其职责，但希望在与参谋长联席会议讨论之后再做决定。

2. 注意到李海上将即将向参谋长联席会议提出这一问题。

随后，应国务卿马歇尔的要求，范登堡将军重申了他的第一个建议。

帕特森部长认为，国家情报委员会别无选择，只能批准这一建议。然而，他补充说应该在建议中加入一项条款，即允许正当权益受到侵害的机构通过它们各自的负责人向国家情报委员会提出申诉。

范登堡将军认为，这一点已经实现了，每个机构都有权通过其负责人上诉，就具体指令提出反对意见。

李海上将建议批准范登堡将军的建议，但同时他指出应加上帕特森部长提出的条款。

帕特森部长问道，范登堡将军的建议是否意味着中央情报小组将涉足各机构负责的工作情报领域。

范登堡将军表示，他没有这个意思。

埃迪先生问道，如果国家情报委员会授权给中央情报小组组长，使他的指令具有代表国家情报委员会意志的性质，这样的权力是否可以被解释为允许中央情报小组组长从其他机构抽调人员从事特殊工作。

范登堡将军表示，中央情报小组无意像埃迪先生那样解释这一授权。

帕特森部长问道，中央情报小组是否打算建议中止由国务院、陆军部和海军部情报机构负责的某些情报使用指南的出版工作。

范登堡将军表示，他想找个机会浏览一下这些出版物，然后再做回答。

福里斯特尔部长认为，应该这样表述正在讨论的附加在范登堡将军建议中的条款："正当权益受到侵害、反对采取某一具体行动的任何机构都可以通过该机构的负责人向国家情报委员会提出申诉。"

埃迪先生表示，在他看来，一般情况下中央情报小组在发布任何指令之前都要经过情报顾问委员会的预先讨论。

范登堡将军对此表示同意。

国家情报委员会批准了以下建议："中央情报小组组长要在作为国务卿、陆军部长和海军部长代表的权限范围内行事。因此，国务卿、陆军部长和海军部长要授予中央情报小组组长必要的权力，以便他的决定、命令和指示被赋予国务卿、陆军部长和海军部长授权的性质，具有与他们的指令同样的效力。规定正当权益受到侵害的任何机构都可以通过它的负责人向国家情报委员会提出申诉。"

随后,应国务卿马歇尔的要求,范登堡将军重申了他提出的关于界定“战略和国家政策情报”的建议。

范登堡将军在讨论中解释了需要对“战略和国家政策情报”一词进行统一界定的原因。随后,国家情报委员会批准了以下定义:“战略和国家政策情报是指总统、政府其他的高级官员和研究人员在战时和和平时期制定涉及国家计划和安全的政策以及提出广泛的国家政策设想时所需的跨部门综合情报。它涉及多个机构关注的政治—经济—军事领域的问题,必须是客观的,且一定超越了任何一个部门的权限范围。”

国务卿马歇尔提及,最近泰伯议员在一次谈话中从安全的角度出发对为情报活动拨款表示担心。马歇尔进一步指出,泰伯先生曾说过,对他而言审批这样的拨款似乎要与太多人协商。马歇尔继续说,他认为确保安全的最好办法是由总统或国务卿控制这些资金,且应要求一次性划拨。

范登堡将军说,他最近出席了联合委员会召开的会议,之前他被告知委员会由四五个人组成。但是,到达会场之后他才发现事实上有 22 人出席。他接着说,随后又召开了一次会议,他会继续谨慎地对待接到的信息。不过,他同意确保情报行动安全的最好办法就是要保证资金的隐蔽性、将资金一次性划拨到位且由一个人控制。

“The Central Intelligence Agency: Its Founding and the Dispute over Its Mission, 1945 - 1954,” (vol. 23) in Dennis Merrill (ed.), *Documentary History of the Truman Presidency*, University Publications of America, 1998,Document 35, pp. 158 - 166

张屹峰译,梁志校

15－44

蒙塔古关于中央情报小组每日和每周摘要问题的备忘录

（1947年2月26日）

秘　密

1947年2月26日

致报告和评估办公室(R&E)主任助理①的备忘录：

主题：就中央情报小组每日和每周摘要的问题与福斯克特少将②的谈话

参考文件：范斯莱克(VanSlyck)博士1947年2月19日的备忘录。

1. 今天在与我讨论的过程中，福斯克特少将将对范斯莱克博士在备忘录中所反映的评价给予了肯定与阐发。

2. 下午，福斯克特少将将每日摘要呈交总统。总统通常会带着它离开办公室，并在晚间阅读。次日早晨，他将以此为基础与李海上将讨论外交问题。

3. 总统认为是他首创了每日摘要这一情报汇报形式，每日摘要是按照他的要求撰写的，撰写得不错，目前这种形式的每日摘要满足了他的需求。

4. 正常的话，总统是不看任何预先提出或重复每日摘要内容的电报资料的。下午福斯克特少将会挑选一些电报连同每日摘要一起带给总统，早上李海上将又会给总统带来另外一些电报，但一般来说这些电报描述的都是每日摘要未曾讨论的事情，例如行动信息。

5. 在见李海上将前，总统会按照福斯克特少将的标示阅读每日摘要。虽然福斯克特少将标示出某些需要特别注意的款项，但这并非要总统仅仅关注这些内容。一般地，总统会兴致勃勃地通读每日摘要。

6. 李海上将副本上的标记不是为了引导总统阅读的，而只是为了便于他确定想要查阅的条款所在的准确位置。李海上将很少查阅有关以往讨论过的局势的进展报告。（这解释了我们注意到的他标示出次要条款而非那些描述显然更为重要的局势的进展情况的条款的原因。）但是，总统想要了解重要的、处于发展变化中的局势的进展情况。

7. 福斯克特少将认为每日摘要不应在资料方面太过精挑细选：在适当的篇幅内，每日摘要最好是包罗万象而非挂一漏万。除了我们已经讨论过的因素以外，他还指出他和李海

---

① 克拉尔·赫德尔，1946年9月至1946年末间任中央情报小组研究和评估办公室主任助理，1946年末至1947年5月间任中央情报小组报告和评估办公室主任助理。——编注

② 詹姆斯·福斯克特，海军少将，1946年7月至1948年2月间任总统海军助理。——编注

上将两人都是每天活动在总统左右的服务人员，在选择提请总统特别关注的条款方面二者总是出现分歧，且各自又都言之有理。(倘若这样的首席专家之间尚不能达成一致，我们又如何才能做出精确的选择呢?)他重申，无论在哪一种情况下他们的选择都不是排他性的。在他看来，我们应该先进行广泛的初选，前提是每一项都可能引起总统的兴趣，这样各项加在一起就不至于过多而使总统负担过重了。

8. 尽管福斯克特少将称赞每周摘要的形式新颖，但对它并不十分满意。在将每周摘要呈交总统之后，虽然他听到的关于其中个别条款的评论证明总统确实阅读了每周摘要，但一般他不会再看到或听到有关它的更多的消息了(通过李海上将副本上的标记，我们得知他已与总统就每周摘要中的某些条款进行了讨论)。看起来，白宫接受了目前这种形式的每周摘要，并在某种程度上对其加以利用，尚没有人迫切地希望进行特别修改。当我介绍正在审议中的可供选择的另一种方案时，福斯克特少将却没有说这是更可取的。不过，他对这一问题进行了进一步的调查研究。

研究和评估办公室情报研究小组组长　勒德韦尔·L·蒙塔古

Michael Warner (ed.), *CIA Cold War Records: The CIA under Harry Truman*. Washington, D. C.: History Staff, Center for the Study of Intelligence, Central Intelligence Agency, 1994, Document 27, pp. 123 - 124

梁志译、校

15-45

埃尔西关于中央情报小组提交的法案草案的备忘录

（1947 年 3 月 14 日）

未设密级

1947 年 3 月 14 日

致克利福德先生的备忘录：

主题：中央情报小组

1. 中央情报小组正在故伎重施。它又一次“非正式”地呈递将要提交给国会的立法提案的草案，该草案与近几个月范登堡向您提交的被您束之高阁的两份草案十分相似。

2. 唐纳德·斯通小组的乔治·施瓦茨瓦尔德先生受命要求得到有关预算局应如何答复中央情报小组的建议和信息。我建议告知中央情报小组考虑到合并法案（Unification Bill）中已包含情报条款，因此它呈交的法案是多余的。

3. 预算局同意这一立场，并将通知中央情报小组鉴于总统对合并法案的支持，此时不宜提交该小组呈交的法案。

乔治·M·埃尔西 敬上

“The Central Intelligence Agency：Its Founding and the Dispute over Its Mission，1945-1954，”（vol. 23）in Dennis Merrill（ed.），*Documentary History of the Truman Presidency*，University Publications of America，1998，Document 36，p. 167

梁志译、校

15－46

埃尔西关于国家对外情报体制问题给克利福德的信函

（1947 年 3 月 19 日）

未设密级

1947 年 3 月 19 日

亲爱的克利福德先生：

非常感谢您给我寄来了预备役军官协会(Reserve Officers Association)关于国家情报决议的副本。既然我对您所在组织的利益和观点有了更好的理解，那么我认为我们目前的讨论就可以更加明确而有条理了。我发现这份决议十分有趣且非常高兴在不久后某一天的午餐时间与您讨论这份决议。如果您下周有空，请给我打电话，我的电话是总机 1414，分机 134。

献上我真诚的祝福！

乔治·M·埃尔西

1947 年 3 月 15 日

亲爱的埃尔西：

我附上了一份昨晚我跟您提到的预备役军官协会国家情报决议的副本。我认为您将发现它比我们在酒会上对这一问题的讨论更加明确而有条理！这份决议是许多人共同撰写的，其中多数人拥有丰富的战时情报工作经验，但现在毫无私心！

我标出了我认为最根本的几点，我想在离开之前跟您讨论这些问题。您可以到政府 3392 号房间找我。

鲍勃·克利福德

很抱歉，副本非常模糊，但这是我能找到的唯一一份。

1947 年 2 月 18 日

关于管理国家情报组织和行动的原则的决议

在战时及以后，美国围绕必须建立一个使政府在和平和战争时期均能随时了解其他国家的目标、能力、意图、政策和行动的高效情报系统的问题展开了充分的公开讨论。目前，建立国家情报系统的工作已经取得了某些进展。此后，只有沿着在战时和战后经验的基础上确立的合理路线才能取得更大的进展。由于国会正在考虑通过立法对当前的中央情报小组做出定位，因此此时重新审视管理国家情报组织和行动的某些较为重要的原则似乎是有益的。

显然，美国情报系统的支柱仍将是各政府部门尤其是国务院、陆军部和海军部中的现存情报机构。在过去一些年里，以上部门已经培养和获得了收集和评估各部门决策所需情报的人员和设施。据估计，目前90%以上与国家安全有关的外部情报都是由这些政府部门收集和评估的。

因此，确保建立一个有效的国家情报系统的关键在于协调部门情报机构的活动以保证它们能够按照各自所属部门的职责收集、评估和分发国家情报。为了执行那些中央机构可以更有效地完成的任务并行使协调职能，需要建立一个中央情报机构。应按照以下原则组建和管理这一中央情报机构：

1. 这一中央情报机构应独立于任何政府部门之外、直接接受总统的领导，或许可以将它作为总统行政办公室的一部分，但它仍要依照总统的指示为其他机构提供服务。

2. 这一中央情报机构应该拥有国会法案的授权，从而获得更为稳固的基础。该法案应对中央情报机构和其他国家情报机构的职责作出明确的规定。

3. 身为文官的这一中央情报机构的负责人应由总统任命、经参议院确认且只对总统负责。由国务院、陆军部、海军部的情报机构以及其他有必要参与其中的情报机构的负责人组成的委员会应在政策问题上向中央情报机构的负责人提出建议。需要的时候，应该在中央情报机构的框架内建立类似的由这些情报部门的专家组成的部际工作小组，以制订国家情报行动各阶段的计划、方案和程序，并在具体情报问题上通力合作。

4. 这一中央情报机构将拥有自己的预算。这部分预算属于总统行政办公室预算的一部分，且会被列为机密或更高密级的信息。中央情报机构的负责人将全权负责管理由精选的经过专门训练的专家组成的工作人员。立法提案将对他们的薪水和工作条件作出规定，以便吸引最优秀的人员到中央情报机构工作。

5. 这一中央情报机构的职能将是：

(1) 协调所有政府机构的情报活动，以确保最有效地获取与外国有关的一切信息。为此：

① 这一中央情报机构将在收集和研究领域内与各司其职的其他情报机构合作，以保证最大限度地集中处理各机构提出的与其所属部门直接相关的建议，尽一切可能地减少不同机构间的重复劳动，并防止在关键问题上出现纰漏。

② 这一中央情报机构应确立保证情报从一个机构顺畅地传递到其他所有相关机构的程序。

(2) 执行其他情报机构共同关注的、最好由中央机构完成的或不属于单独哪一个机构职责范围内的任务，包括组织收集只有通过特殊手段才能获取的国外信息的行动以及在美国之外采取的反间谍行动。

(3) 撰写作为制定国家政治经济政策的依据且任何部门都无法单独完成的评估报告。

① 在撰写这些战略评估报告的过程中，中央情报机构应充分利用相关部门情报机构所撰写的评估报告。

② 在呈递这些战略评估报告时，中央情报机构应指出该报告与其他情报机构提供的评估报告之间在评估方面的意见分歧。

③ 由于这些评估报告是在充分利用部门研究人员的基础上撰写的，因此中央情报机构本身也需要拥有少量高水平的研究人员。

6. 中央情报机构应负责就国内安全问题通过总统向适当的机构提供建议。

7. 中央情报机构不具有维持治安和在国内进行反间谍活动的职能。

"The Central Intelligence Agency: Its Founding and the Dispute over Its Mission, 1945 - 1954," (vol. 23) in Dennis Merrill (ed.), *Documentary History of the Truman Presidency*, University Publications of America, 1998, Document 37, pp. 168 - 178

张屹峰译，梁志校

15 - 47

埃尔西关于中情局法案问题给克利福德的备忘录

（1947 年 4 月 4 日）

未设密级

1947 年 4 月 4 日

致克利福德先生的备忘录：

主题：中央情报局法案

在 4 月 1 日参议院军事委员会关于参议院第 758 号议案①的听证会上进行了如下讨论：

泰丁斯参议员：中将，简言之，我的观点是，第 20 页到第 22 页开头关于中央情报局的措辞或多或少地涉及了合并到中央情报局而非移交给中央情报局的职责。

在我看来，这是法案中应予以弥补的一个漏洞。

舍曼中将：嗯，我们也想对有关中央情报局的方方面面的问题作出规定，结果发现这将是一个涉及诸多方面且极为重要的立法问题。

泰丁斯参议员：一项单独的提案？

舍曼中将：是的。在与范登堡将军协商之后，我们认为较好的方式是在本法案中仅仅表明中央情报局与国家安全委员会之间的关系，而通过另外一项法案全面深入地对有关中央情报局的各方面事宜作出规定。

泰丁斯参议员：那么，需要强调的是，本委员会能否认为在本次会议期间可能会提出我们正在讨论的专门的中央情报局法案。

舍曼中将：我认为能够提出这样一项法案。

主席：范登堡将军，您怎么看？

范登堡将军（霍伊特・S・范登堡中将，中央情报局局长）：授权法案已经准备好了，但在有理由这样做之前，我们还不想提交这一法案。

* * * * * * * *

舍曼中将：这样表述的本意只是想将现有情报机构的职责移交该安全委员会，而后再通过总统信函发布指令把当前情报小组的职能移交给国家情报委员会。

---

① 1947 年 3 月 3 日，参议员约翰・C・格尼向参议院提交了这一议案。在随后的 10 周间，参议院军事委员会为此多次举办听证会。在 1947 年 5 月 20 日的行政会议上，该法案获得通过。——编注

我认为宜采用现在指导中央情报局运作的总统指令信函的形式并将其增列到记录中，因为这封信将会阐明各方面的问题。

主席：这次武装力量委员会听取了范登堡将军的证词，我相信将军会随身携带那封信，我们将在此后的听证会上对其加以讨论。

乔治·M·埃尔西 敬上

"The Central Intelligence Agency: Its Founding and the Dispute over Its Mission, 1945 - 1954," (vol. 23) in Dennis Merrill (ed.), *Documentary History of the Truman Presidency*, University Publications of America, 1998, Document 39, pp. 181 - 182

张屹峰译，梁志校

15 – 48

1947 年国家安全法中涉及的中情局部分

（1947 年 7 月）

未设密级

中 央 情 报 局[①]

根据 1947 年 7 月 26 日批准的 1947 年国家安全法(第 80 届国会第 1 次会议第 253 号公法),中央情报局得以建立。下面引用的内容便是该法案中适用于中央情报局的部分：

* * * * * * * * * * *

“第 102 条第 1 款　特此在国家安全委员会下设立中央情报局,它的首脑中央情报局局长应由总统根据参议院的建议并经参议院同意在军官或平民中任命。中央情报局局长年津贴为 1.4 万美元。”

第 2 款　(1) 如果是一位军官被任命为局长,那么：

① 在履行局长的职责时,他除了应服从一位与陆军部、海军部和空军部等所有军事组织无任何关系的平民所应受到的制约外,不应受到军队或其他方面的监督、控制、限制或约束。

② 除了作为局长拥有的或被赋予的权力外,他不得拥有或行使任何与武装部队或其中的陆军部、海军部、空军部以及它们下辖的任何独立支队、局、连或师以及以上组织中的任何个人(军人或平民)有关的监督权、管理权、控制权或职权。

(2) 除第(1)段的规定外,任命军官为中央情报局局长办公室人员,他接受任命并从事这一工作都绝不影响他可能或已经在军队中获得的职位、官职、军衔或级别以及与职位、官职、军衔或级别相应的薪水、津贴、权利、特权或事故保险金。在局长办公室工作期间,以上军官应领取军队中视现役或退伍、级别、服役时间而定的工资和补贴。此外,中央情报局还要按照他在军队中每年领取的薪金和补贴与 1.4 万美元之间的差额付给他年津贴。

第 3 款　尽管存在 1912 年 8 月 24 日法令(37 Stat. 555)第 6 条或任何其他法律的相应规定,但为了维护美国的利益中央情报局局长仍可以依据他的权限在他认为必要或可取的时候免去局内任何官员的职务或解雇局里的任何雇员,不过此举不得影响以上官员或雇员谋求或接受美国公务员委员会认定其具备相应条件的任何其他政府部门或机构的聘任。

---

① 本文是节选。——译注。

第 4 款　出于维护美国利益的考虑，中央情报局应协调几个政府部门和机构的情报活动。为此，中央情报局应在国家安全委员会的指导下履行以下职责：

(1) 在涉及与国家安全有关的政府部门和机构的情报活动的事务方面向国家安全委员会提出建议；

(2) 就协调与国家安全有关的政府部门和机构的情报活动这一问题向国家安全委员会提出建议；

(3) 对与国家安全有关的情报进行归类和评估，并利用现有的、适当的机构和设备适当地在政府内部分发这些情报。前提条件有三：中央情报局不得行使维持治安、传唤和执法权；各部门和其他机构应继续收集自身所需的情报并对其进行评估、归类和分发；中央情报局局长有责任严守有关情报来源和方法的秘密，以防未经授权的泄密；

(4) 为了保证现有情报机构的利益，从事国家安全委员会认为由中央机构可以更有效地完成的以上情报机构共同关心的其他工作；

(5) 履行国家安全委员会随时可能赋予的与国家安全情报有关的其他职责。

第 5 款　在国家安全委员会建议、总统批准的范围内，除以下规定的情况外，中央情报局局长有权检查政府各部门和机构的与国家安全有关的情报，有权对以上政府部门和其他机构所拥有的与国家安全有关的情报进行归类、评估和分发。不过，若是中央情报局局长提出书面请求，联邦调查局局长应向中央情报局局长提供对国家安全来说非常重要的信息，以供其归类、评估和分发。

第 6 款　当根据第 1 款任命的第一任中央情报局局长上任时，下列规定将生效——

(1) 国家情报委员会(1946 年 2 月 5 日的联邦公报第 11 卷第 1337、1339 号)应解散；

(2) 应将中央情报小组的人员、资产和档案移交中央情报局，小组随之解散。小组所拥有的拨发经费中尚未花费的余额、划拨款项及其他可由小组支配的或授权由小组使用的资金应被转交中央情报局并授权中央情报局以相同方式使用。

"The Central Intelligence Agency: Its Founding and the Dispute over Its Mission, 1945 - 1954," (vol. 23) in Dennis Merrill (ed.), *Documentary History of the Truman Presidency*, University Publications of America, 1998, Document 41, pp. 188 - 190

张屹峰译，梁志校

15－49

美国参众两院关于1947年的国家安全法

（1947年7月26日）

未设密级

美利坚合众国第八十届国会第一次会议[①]

1947年1月3日（星期五）在华盛顿市举行

［第343章］

法　　案

为了促进国家安全，规定设立国防部长一职，创立国家军事组织（National Military Establishment），[②]建立陆军部、海军部和空军部并同关涉国家安全的其他政府部门和机构协调创立国家军事组织的活动。

（一旦在国会会议期间美利坚合众国的参议院和众议院批准了该法案）

简短的标题

可将此法案称为"1947年国家安全法"。

目　　录

① 本文是节选。——译注

② 根据1947年国家安全法的授权，1947年9月18日美国建立了国家军事组织，首任部长的主要身份是协调人，负责为陆军部、海军部和新建的空军部制定总体政策。1949年美国修改了1947年国家安全法，将国家军事组织重新命名为国防部。——编注

第一部分——国家安全协作

第 101 条　国家安全委员会
第 102 条　中央情报局
第 103 条　国家安全资源委员会

第二部分——国家军事组织

第 201 条　国家军事组织
第 202 条　国防部长
第 203 条　部长军事助理
第 204 条　平民
第 205 条　陆军部
第 206 条　海军部
第 207 条　空军部
第 208 条　美国空军
第 209 条　调动的有效期
第 210 条　战争委员会(War Council)
第 211 条　参谋长联席会议
第 212 条　联合参谋人员
第 213 条　军需委员会
第 214 条　研究和发展局

第三部分——杂项

第 301 条　部长们的补贴
第 302 条　副部长和部长助理
第 303 条　顾问委员会和顾问
第 304 条　转为平民身份
第 305 条　节余钱物
第 306 条　资金转移
第 307 条　拨款授权

政 策 声 明

第 2 条　在批准该法案时，国会的目的是为保证美国未来的安全提供一个全面的计划；为与国家安全有关的政府部门、机构及其职能规定统一的政策和程序；分别为由各自的战斗和后勤部队组成的陆军、海军（包括海上航空部队和美国海军陆战队）和空军提供一个执行和管理部门；确保三者接受文官权威性的协调和统一的指导；但并不对其进行合并；为军队提供有效的战略指导，使陆海空三军的行动步调一致，共同组成一支有战斗力的团队。

第一部分　国家安全协作
国家安全委员会

第 101 条第 1 款　兹设立一个委员会，名为国家安全委员会（以下称之为委员会）。

应由美国总统主持委员会会议：如果总统缺席，他可以指派一位委员会成员代他主持会议。

委员会的职能应该是就与国家安全有关的对内、对外和军事政策的协调统一向总统提出建议，以便使军方与政府的其他部门和机构在国家安全事务方面更有效地合作。

委员会应由总统、国务卿、根据第 202 条任命的国防部长、第 205 条提及的陆军部长、海军部长、根据第 207 条任命的空军部长、根据第 103 条任命的国家安全资源委员会主席以及总统随时可能指定的官员——行政部门的部长们、根据第 213 条任命的军需委员会主席、根据第 214 条任命的研究和发展局局长组成。此外，总统不能指定其他成员，除非是参议院建议并批准任命的担任委员会成员职务的官员。

第 2 款　除了行使总统可能赋予的其他职能外，为了更有效地协调与国家安全有关的政府部门和机构的政策和职能，在总统的指导下，委员会还应履行以下职责：

（1）在符合国家安全利益的前提下，对与美国实际和潜在军事实力有关的国家目标、投入和风险做出评估，以便向总统提出相关的建议；

（2）考虑涉及国家安全的政府部门和机构共同关心的政策并向总统提出相关建议；

（3）委员会应拥有一个由总统任命的、每年享受 1 万美元补贴的文职执行秘书领导的工作组。据此，在委员会的指导下，依据公务员法和经过修订的 1923 年级别法（the

Classification Act of 1923),执行秘书有权任命履行委员会根据自身职能赋予他的职责时所需的人员并确定他们应该享有的补贴金额。

(4) 委员会应随时向总统提供在它看来适当的或总统要求获得的建议和其他报告。

中央情报局

第102条第1款　特此在国家安全委员会下设立中央情报局,它的首脑中央情报局局长应由总统根据参议院的建议并经参议院同意在军官或平民中任命。中央情报局局长年津贴为1.4万美元。

第2款　(1) 如果是一位军官被任命为局长,那么:

① 在履行局长的职责时,他除了应服从一位与陆军部、海军部和空军部等所有军事组织无任何关系的平民所应受到的制约外,不应受到军队或其他方面的监督、控制、限制或约束。

② 除了作为局长拥有的或被赋予的权力外,他不得拥有或行使任何与武装部队或其中的陆军部、海军部、空军部以及它们下辖的任何独立支队、局、连或师以及以上组织中的任何个人(军人或平民)有关的监督权、管理权、控制权或职权。

(2) 除第(1)段的规定外,任命军官为中央情报局局长办公室人员,他接受任命并从事这一工作都绝不影响他可能或已经在军队中获得的职位、官职、军衔或级别以及与职位、官职、军衔或级别相应的薪水、津贴、权利、特权或事故保险金。在局长办公室工作期间,以上军官应领取军队中视现役或退伍、级别、服役时间而定的工资和补贴。此外,中央情报局还要按照他在军队中每年领取的薪金和补贴与1.4万美元之间的差额付给他年津贴。

第3款　尽管存在1912年8月24日法令(37 Stat. 555)第6条或任何其他法律的相应规定,但为了维护美国的利益中央情报局局长仍可以依据他的权限在他认为必要或可取的时候免去局内任何官员的职务或解雇局里的任何雇员,不过此举不得影响以上官员或雇员谋求或接受美国公务员委员会认定其具备相应条件的任何其他政府部门或机构的聘任。

第4款　出于维护美国利益的考虑,中央情报局应协调几个政府部门和机构的情报活动。为此,中央情报局应在国家安全委员会的指导下履行以下职责:

(1) 在涉及与国家安全有关的政府部门和机构的情报活动的事务方面向国家安全委员会提出建议;

(2) 就协调与国家安全有关的政府部门和机构的情报活动这一问题向国家安全委员会提出建议;

(3) 对与国家安全有关的情报进行归类和评估,并利用现有的、适当的机构和设备适当地在政府内部分发这些情报。前提条件有三:中央情报局不得行使维持治安、传唤和执法权;各部门和其他机构应继续收集自身所需的情报并对其进行评估、归类和分发;中央情报局局长有责任严守有关情报来源和方法的秘密,以防未经授权的泄密;

(4) 为了保证现有情报机构的利益，从事国家安全委员会认为由中央机构可以更有效地完成的以上情报机构共同关心的其他工作；

(5) 履行国家安全委员会随时可能赋予的与国家安全情报有关的其他职责。

第5款　在国家安全委员会建议、总统批准的范围内，除以下规定的情况外，中央情报局局长有权检查政府各部门和机构的与国家安全有关的情报，有权对以上政府部门和其他机构所拥有的与国家安全有关的情报进行归类、评估和分发。不过，若是中央情报局局长提出书面请求，联邦调查局局长应向中央情报局局长提供对国家安全来说非常重要的信息，以供其归类、评估和分发。

第6款　当根据第1款任命的第一任中央情报局局长上任时，下列规定将生效：

(1) 国家情报委员会(1946年2月5日的联邦公报第11卷第1337、1339号)应解散；

(2) 应将中央情报小组的人员、资产和档案移交中央情报局，小组随之解散。小组所拥有的拨发经费中尚未花费的余额、划拨款项及其他可由小组支配的或授权由小组使用的资金应被转交中央情报局并授权中央情报局以相同方式使用。

国家安全资源委员会

第103条第1款　兹建立国家安全资源委员会(以下称之为委员会)，其成员包括委员会主席以及总统随时可能指定成为委员会成员的各行政部门和独立机构的首脑或代表，委员会主席应由总统根据参议院建议并经参议院同意后在平民中任命，他的年津贴为1.4万美元。

第2款　在总统的指导下，委员会主席有权依据公务员法和经过修订的1923年级别法任命委员会行使职能时所需的协助人员并确定他们的津贴。

第3款　委员会的职能是就协调军事、工业和平民动员活动向总统提出建议，具体问题包括：

(1) 确保在战时最有效地动员和最大限度地利用国家人力资源的工业和平民动员政策。

(2) 关于战时有效利用国家自然和工业资源以满足军事和民事需要、维持和稳定民用经济并使之适应战争形势需要的计划。

(3) 协调统一战时参与军用或民用补给品、物资和产品的生产、采购、分配、运输或与此相关的联邦机构和部门的活动的政策。

(4) 有关储备充足的战略和重要物资的政策。

(5) 工厂、公司、政府和经济活动的战略转移以及对国家安全至关重要的工厂、公司、政府和经济活动的继续运作。

(6) 在行使职能时，委员会应最大限度地利用政府部门和机构的设备和资源。

生 效 日 期

第 310 条第 1 款　第 202 条第 1 款第 1 句和第 1、2、307、308、309 和 310 条应在本法通过后立即生效。

第 2 款　除第 1 款规定的以外,本法的其余条款最早生效日期是首任国防部长上任的次日或本法通过后的第六天。

总统继承问题

第 311 条　修改 1947 年 7 月 18 日获得批准的题为"一旦总统和副总统被免职、辞职、死亡或无法执行公务时履行总统职责法"的法案的第 1 条第 4 款的第(1)段,以"国防部长"代替"陆军部长"一词,同时删去"海军部长"一词。

1947 年 7 月 26 日获得批准。

"The Central Intelligence Agency: Its Founding and the Dispute over Its Mission, 1945 - 1954," (vol. 23) in Dennis Merrill (ed.), *Documentary History of the Truman Presidency*, University Publications of America, 1998,Document 40, pp. 183 - 187

梁志译、校

15－50

希伦科特关于1947年国家安全法实施问题的备忘录

（1947年9月11日）

秘　密

1947年9月11日

致国务卿、陆军部长、海军部长以及总统在国家情报委员会的个人代表的备忘录：

主题：1947年国家安全法

1. 在1947年国家安全法生效之际，国家情报委员会将自动解散，同时国家安全委员会下面会设立中央情报局。鉴于国家安全委员会尚未确定何时召开与国家情报委员会进行工作交接的会议，现提出以下意见和建议：

(1) 在国家安全委员会第1次会议上，建议在国家安全委员会有机会研究国家情报委员会和中央情报小组的所有指令并做出其认为适当的修改之前继续严格按照这些指令行事。

(2) 为了促使国家安全委员会早日处理这一问题，提议指示中央情报局局长在60天内就通过国家安全委员会指令使国家情报委员会和中央情报小组以往的指令符合1947年国家安全法的规定一事提出建议。

(3) 考虑到相对国家情报委员会来说，国家安全委员会规模较大，建议在其下设立与国家情报委员会职能类似的向中央情报局发出指令的分委会。应将该分委会成员数量控制在最低水平，建议由国务卿和国防部长或国务卿、国防部长以及陆军部长、海军部长和空军部部长组成。我个人认为前者更为可取，因为这样一来国务卿与军方代表的数量就对等了。如实行后一种方案，国务院可能会抱怨军方占据了明显优势。

2. 中央情报小组组长曾作为不参与表决的成员出席国家情报委员会会议。虽然我认为由我建议中央情报局局长继续以此身份出席国家安全委员会会议是冒昧和不便的，但为了让中央情报局局长随时了解国家安全委员会的想法，允许他以旁听者、参谋或顾问的身份出席国家安全委员会所有的会议将是大有裨益的。另外，出席会议还可以使中央情报局局长当场回答问题。

3. 如果您能表明对以上意见和建议的看法，我将着手起草并在国家安全委员会第1次会议上向该委员会递交正式报告。

美国海军少将、中央情报小组组长　R·E·希伦科特①

分发：

将一份副本送交悉尼·W·索尔斯少将

“The Central Intelligence Agency: Its Founding and the Dispute over Its Mission, 1945 - 1954,” (vol. 23) in Dennis Merrill (ed.), *Documentary History of the Truman Presidency*, University Publications of America, 1998, Document 42, pp. 191 - 192

梁志译、校

① 罗伯特·H·希伦科特(1897～1982)，第二次世界大战时是切斯特·尼米兹海军上将手下负责太平洋战区的情报参谋，继而先后被任命为海军部训练处副处长和人事局计划处处长，1947 年 5 月 1 日至 1950 年 10 月 7 日间历任中央情报小组组长和中央情报局局长。——编注

15-51

国家安全委员会第一次会议的议事日程

（1947年9月19日）

秘　密

1947年9月26日(星期五)上午10时

在白宫召开的国家安全委员会第一次会议的议事日程

1. 指导国家安全委员会工作的政策和程序

在讨论以上主题的过程中具体将涉及以下问题：

(1) 委员会的定位和职责

(2) 委员会的成员

(3) 出席会议的人数

(4) 会议时间和地点

(5) 提出建议的方式

(6) 同国家安全资源委员会的关系

(7) 保证活动信息的安全

2. 国家安全委员会工作人员

审议这里所附的执行秘书提出的关于以上问题的备忘录(表A)

3. 建议向中央情报局发出的最初指令

审议由中央情报小组组长提交的主题为"1947年国家安全法"的备忘录(表B)

4. 回顾影响美国国家安全的世界形势

由中央情报局局长就该问题作口头汇报。

5. 对于向国家安全委员会配备工作人员问题的初步研究

审议这里所附的执行秘书提出的关于以上问题的备忘录(表C)

致国家安全委员会的备忘录：

主题：国家安全委员会工作人员

职责

1. 为了确保有效履行自身职责，建议国家安全委员会要求工作人员行使以下两类职能：

(1) 为委员会设立一个秘书处，其职责是：

① 传阅资料文件或在确认这些资料文件恰好与委员会的职责有关且起草得当并经过多方协调后对其加以审议。

② 准备会议议程，并通报主持会议的官员，必要时亦通知其他成员，安排和出席所有会议。

③ 做会议记录并存档，以备委员会成员或他们授权的代表查阅。

④ 提议实施获准的建议并检查实施情况。

⑤ 使委员会了解所有最近出现且悬而未决的问题，并将这些问题优先提交委员会审议。

⑥ 充当委员会和政府其他部门机构间交流和联系的官方渠道。

⑦ 在委员会可支配资金的限度内获取和提供其他必要的秘书服务。

(2) 制订研究计划，建议委员会予以审议，并安排其他合适的政府部门机构或执行秘书下属的工作人员为此做好准备。

人员需求

2. 要行使以上1(1)部分所规定的职能要求配备一位助理秘书以及总数不超过十人的必要的研究和办事人员。

3. 要履行以上1(2)部分所规定的职能估计要求五位高级工作人员(其中一人应担任协调人)以及同等数量的助理和必要的研究、办事人员，但总数不超过20人。这些工作人员将负责项目规划，在从合适的部门机构那里获取了必要的事实、观点和看法的基础上制定试图协调各种不同意见、能够被广泛接受的解决方案。最后，他们还应撰写提交给委员会的报告，简明扼要地介绍事实、结论和一致意见或多数和少数建议。在履行这些职责时，以上工作人员必须与所有和国家安全有关的政府部门机构保持密切的联系，尤其是国务院、国家军事组织、国家安全资源委员会、中央情报局、重组后的国务院-陆军部-海军部协调委员会。

4. 在以上人员需求中，作为两个主要人物之一的执行秘书助理和秘书处的核心班子已经选定了。尽管国务院已要求任命一位候选人，但以上第3点提及的作为另一个关键人物的协调人还没有任命。至于说任命五位高级工作人员中的另四位及他们的助手的问题，目前有人建议从国务院、陆军、海军和空军中等额抽调，以确保委员会运作之初可以与这四个部门紧密协调并为委员会提供一个获得优秀工作人员的捷径。

场所要求

5. 固定工作人员的办公室和选调人员的临时办公地点将设在老国务院大楼的白宫区。但是，以上四个部门选派过来的工作人员无疑大多数时间仍将在他们各自所属的部门。因此，为了保证工作效率并鼓励同各部门密切协作，国务院成员的办公地点宜设在新国务院大楼，军方成员的办公地点宜设在五角大楼。当执行秘书在这些大楼时，也将为他提供办公地点。五角大楼已经为此留出了空间，但新国务院大楼还没有作出相应的安排。

管理服务

6. 尽管国家安全委员会将通过执行秘书对自身的文件、信息安全、工作人员的个人活动以及财政拨款的支出实施全面控制，但国家安全委员会工作人员仍可以依据已达成的协议享有中央情报局提供的管理服务和供给。预算局局长对此表示同意。

建议

7. 建议国家安全委员会批准以上有关职能、计划和安排的报告。

1947 年 9 月 19 日

致国家安全委员会的备忘录：

主题：1947 年国家安全法

1. 根据 1947 年国家安全法，国家安全委员会应下设一个中央情报局。该法的第 102 条第(4)款规定了中央情报局在国家安全委员会的指导下应行使的基本职能。中央情报局局长就任之时，即是国家情报委员会解散和将中央情报小组的人员、资产、档案和资金移交中央情报局之际。因此，中央情报局将从那时起准备行使法定职能，但国家安全委员会并没有按照本法的规定向中央情报局发出指令。因此，要将下列建议提交国家安全委员会第 1 次会议审议：

(1) 国家情报委员会向中央情报小组发出的所有指令依然完全有效。在国家安全委员会明确表示撤销或更改这些指令、在其中增添新内容抑或以上指令因为下面第(2)段的建议而发生改变之前，中央情报局仍将在这一授权下行使职能。

(2) 国家安全委员会指示中央情报局局长在六十天内向它提交替代国家情报委员会以往指令并根据 1947 年国家安全法的规定对他和中央情报局的职能作出详细规定的授权方案。

美国海军少将、中央情报局局长　R·H·希伦科特

致国家安全委员会的备忘录：

主题：国家安全委员会工作人员最初的研究任务

1. 1947 年国家安全法第 101 条第(2)款对国家安全委员会的职责作出了具体的规定：

“(1) 在符合国家安全利益的前提下，对与美国实际和潜在军事实力有关的国家目标、投入和风险做出评估，以便向总统提出相关的建议；

(2) 考虑涉及国家安全的政府部门和机构共同关心的政策并向总统提出相关建议。”

2. 虽然执行秘书及其工作人员应预先就对以上第(2)部分提及的对政策报告的需求做出估计，但据推测国家安全委员会成员或政府其他部门机构要正式向委员会提交这些报告。然而，此类报告通常会是断断续续的、一次性的，无需从长远的角度不断地进行研究。

3. 以上第(1)部分所述的职责是具体的、面面俱到的，只有不断地从长远的角度进行研

究才能切实履行这些义务。为国家安全委员会考虑要进行的研究工作做准备是执行秘书的一项基本职责,也是委员会工作人员的长期任务。因此,他们应从所有合适的政府部门机构那里获得关于这方面的建议和协助。

建议

4. 建议国家安全委员会指示执行秘书在所有适当政府部门机构的建议和协助下利用国家安全委员会工作人员专用的设施履行以上第 3 部分所述的职责。

"The Central Intelligence Agency: Its Founding and the Dispute over Its Mission, 1945 - 1954," (vol. 23) in Dennis Merrill (ed.), *Documentary History of the Truman Presidency*, University Publications of America, 1998, Document 43, pp. 193 - 198

张屹峰译,梁志校

15－52

莱关于国家安全委员会第一次会议日程给索尔斯的信函

（1947年9月25日）

未设密级

国家安全委员会

索尔斯先生：

显然，这一议程建议对于委员会第一次会议来说太复杂了。事实上，我提议在我们呈递此议程建议的时候以非正式投票的方式对其加以处理。

但我认为海军情报局与空军情报科间的意见分歧似乎应当由国防部长而非国家安全委员会解决。

因此，我建议希伦科特少将在此文件被呈交委员会之前要求海军情报局与空军情报科在国家军事组织内部谋求裁决。

小詹姆斯·S·莱

机　密

1947年9月25日

致国家安全委员会执行秘书的备忘录：

主题：协调情报工作的计划

附件：（一）中央情报局局长致国家安全委员会的日期为1947年9月25日的带有附件的备忘录。

1. 中央情报局局长要求将这里所附的他给国家安全委员会的备忘录及其附件纳入国家安全委员会第1次会议的议事日程。①

美国海军少将、中央情报局局长　R·H·希伦科特

① 原文只有(一)1。——译注。

"The Central Intelligence Agency: Its Founding and the Dispute over Its Mission, 1945 - 1954," (vol. 23) in Dennis Merrill (ed.), *Documentary History of the Truman Presidency*, University Publications of America, 1998, Document 44, pp. 199 - 201

梁志译、校

15－53

国家安全委员会第一次会议的会议记录

（1947年9月26日）

机　密

1947年9月26日（星期五）

在白宫举行的国家安全委员会第一次会议的会议记录

出席成员

美国总统（主持者）

国防部长詹姆斯·福里斯特尔

代理国务卿罗伯特·A·洛维特①

陆军部长肯尼思·C·罗亚尔②

海军部长约翰·L·沙利文③

空军部长W·斯图尔特·赛明顿④

国家安全资源委员会主席阿瑟·M·希尔

其他出席者

国家安全委员会执行秘书悉尼·W·索尔斯

中央情报局局长、海军少将罗斯科·H·希伦科特

决　　议

1. 指导国家安全委员会工作的政策和程序

国家安全委员会批准了以下指导国家安全委员会工作的政策和程序：

(1) 只有那些1947年国家安全法规定其具有成员资格的官员才能成为委员会的固定成员。

(2) 中央情报局局长有权作为旁听者和顾问出席委员会的所有会议。其他官员要想出席会议应通过执行秘书提出请求并获得主持会议的官员的批准。

---

① 罗伯特·A·洛维特，1947年7月1日至1949年1月20日间任副国务卿。——编注

② 肯尼思·C·罗亚尔，1947年9月18日至1949年4月27日间任陆军部长。——编注

③ 约翰·L·沙利文，1947年9月18日至1949年5月24日间任海军部长。——编注

④ W·斯图尔特·赛明顿，1947年9月18日至1950年4月24日间任空军部长。——编注

(3) 对会议时间不作规定。在主持会议的官员批准的情况下,会议将由执行秘书来安排。

(4) 委员会的事务将作为最高机密处理。

2. 国家安全委员会工作人员

(作为国家安全委员会第1次会议议事日程中的表A提交给国家安全委员会的同名备忘录)

国家安全委员会:

(1) 批准了参考备忘录中概述的国家安全委员会工作人员的职能、计划和安排。

(2) 采纳了一项授权执行秘书根据委员会制定的政策全权负责控制、监督和管理国家安全委员会目前及今后可支配的资金的决议(决议的副本由执行秘书办公室存档)。

3. 向中央情报局发出的指令建议

(作为国家安全委员会第1次会议议事日程中的表B的由中央情报局局长向国家安全委员会提交的日期为1947年9月19日、主题为"1947年国家安全法"的备忘录)

国家安全委员会:

(1) 批准了中央情报局局长在参考备忘录中提出的建议。

(2) 授权中央情报局局长向预算局提交一份1949财政年度的预算评估(具体数额由执行秘书办公室存档)。

4. 回顾影响美国国家安全的世界形势(中央情报局第1号报告)

委员会注意并讨论了中央情报局局长提交的关于上述问题的报告。

5. 国家安全委员会工作人员最初的研究任务

(作为国家安全委员会第1次会议议事日程中的表C提交给国家安全委员会的同名备忘录)

委员会批准了执行秘书在参考备忘录中提出的建议。

执行秘书　悉尼・W・索尔斯

"The Central Intelligence Agency: Its Founding and the Dispute over Its Mission, 1945 - 1954," (vol. 23) in Dennis Merrill (ed.), *Documentary History of the Truman Presidency*, University Publications of America, 1998, Document 45, pp. 202 - 203

张屹峰译,梁志校

15－54

国家安全委员会第一次会议的声明

（1947 年 9 月 26 日）

秘　密

简　　报

国家安全委员会第一次会议声明

我相信参与国家安全委员会工作的各位都了解这项工作对美国国家安全的重要性。不过，在第 1 次会议上我仍想讨论一下委员会的定位和职责，以确定其未来的工作方式。此外，需要讨论的还有 1947 年国家安全法交由总统或委员会全权处理的某些事务，并尽可能地通过这次会议解决这些问题。

首先，依据该法建立的国家安全委员会纯粹是一个顾问机构，除了指导中央情报局之外不具有其他决策或监督职能。我希望至少从现在开始大家能严格地按照这一理念行事。具体地说，委员会的议事日程应仅仅是那些要求我予以审议的问题。目前，不应该让委员会拥有作出部际决策或监督部际机构的职能。不过，委员会必须通过执行秘书与其他行政部门和机构保持联系，以预见和了解要求委员会考虑的问题。

在我看来，1947 年国家安全法明确要求国家安全委员会承担的职责对于国家安全来说是不可或缺和至关重要的。履行这些职责是异常耗力费时的，因此我认为委员会此时有必要将自身活动严格地限定在履行以上职责的范围内。

这些职责与 1947 年国家安全法授权作为委员会成员的那些官员们息息相关。我认为任何其他行政部门或机构均与整体议程无关。因此，似乎应该将委员会的固定成员限定在本法规定的具有成员资格的官员的范围内，除非我或在我缺席时被指定主持会议的人专门授权邀请本法规定可以受邀与会的其他官员出席讨论属于其所属部门或机构职责范围内的事务的会议。为此，我想指定国务卿在我缺席时主持会议。如果国务卿也无法出席，则由国防部长主持。

我认为，原则上应将与会者的数量限制在最低水平。不过，中央情报局局长应以旁听者和顾问的身份出席所有会议。其他官员需经执行秘书批准才能参加会议。

考虑到当前的国际局势，我认为在初创阶段国家安全委员会应计划一周或至少两周召开一次会议。不过，我打算平均每月参加一次委员会会议。我建议在我参加会议的时候会议在这里举行,其他时候会议地点设在执行秘书办公室。

但愿委员会能提出全体成员一致通过的建议。然而,如果无法做到这一点,那么我希望委员会在反映多数意见的同时也能够让我了解少数或不同意见。

虽然国家安全委员会和国家安全资源委员会负责在各自的职责范围内提出建议,但我认为二者似乎有必要在工作上密切配合。希尔先生在本委员会中的成员自然能够确保国家安全委员会的建议反映国家安全资源委员会的观点。为了使国家安全资源委员会的建议同样反映国家安全委员会的观点,我想将前者的建议送交后者,要求后者做出评价。我还会随时将其他部门和机构的报告和建议送交本委员会,要求给予评论。

最后,尽管我相信大家已经对保密一事给予了适当的考虑,但我仍要强调委员会的活动和审议情况需绝对保密。我希望只有在执行秘书请求、经我特批的情况下才能公开与委员会事务相关的信息。

以上只是当前我对本委员会的定位及某些具体工作的看法,我想听听各位在这一问题上的意见。

"The Central Intelligence Agency: Its Founding and the Dispute over Its Mission, 1945－1954," (vol. 23) in Dennis Merrill (ed.), *Documentary History of the Truman Presidency*, University Publications of America, 1998, Document 46, pp. 204－206

梁志译、校

15－55

希伦科特关于1947年国家安全法的备忘录

（1947年10月2日）

秘　密

1947年10月2日

致国家安全委员会执行秘书的备忘录：

主题：1947年国家安全法

附件：(1) 代理国务卿致中央情报局局长的日期为1947年9月23日、主题为1947年国家安全法的备忘录的副本。(2) 中央情报小组组长致国家情报委员会成员的日期为1947年9月11日、主题为1947年国家安全法的备忘录的副本。

1. 中央情报局局长附上了代理国务卿在作为前国家情报委员会国务院成员的职责范围内对中央情报小组组长致国家情报委员会的日期为1947年9月11日、主题为1947年国家安全法的备忘录做出的答复的副本以及1947年9月11日备忘录的副本，供国家安全委员会执行秘书参考。

2. 同时，他还会向国家安全委员会执行秘书提供可能接到的对1947年9月11日备忘录的其他答复，供其参考。

美国海军少将、中央情报局局长　R・H・希伦科特

副本

1947年9月23日

致中央情报局局长的备忘录：

主题：您1947年9月11日关于1947年国家安全法的备忘录

1. 我同意您1(1)部分的建议，主要内容是在国家安全委员会有机会研究国家情报委员会和中央情报小组的所有指令并做出其认为适当的修改之前继续严格按照这些指令行事。

2. 我也赞同您1(2)部分的建议，主要内容是中央情报局局长在60天内就通过国家安全委员会指令使国家情报委员会和中央情报小组以往的指令符合1947年国家安全法的规定一事提出建议。不过，为此我建议中央情报局局长的报告应与情报顾问委员会的观点协调一致，以确保几个部门的情报机构的负责人提前考虑这一问题，进而促使他们同意报告的

内容。

3. 您1(3)部分的建议的主要内容是建立一个职能与前国家情报委员会相近的国家安全委员会分委会,专门负责指导中央情报局。我认为,看起来这个建议大体是非常有价值和切实可行的。考虑到中央情报局将是唯一一个有权协调和平时期政治经济情报与军方情报计划的部际情报机构,我认为负责外交事务、保护海外商业利益和维持同其他国家友好外交关系的政府部门在其中拥有充分的发言权似乎是非常重要的。就军方而言,他们在参谋长联席会议情报委员会中拥有一个相对来说更加协调一致的共同的情报机构。

因此,我建议拟建的指导中央情报局的分委会由国务卿和国防部长以及总统可能想要指派的个人代表组成。这将使人回想起包括作为主席的国务卿和总统个人代表在内的国家情报委员会。

4. 关于第2段的建议,对我来说,中央情报局局长作为不参与表决的成员出席指导中央情报局的国家安全委员会分委会的所有会议似乎是必要的。同样,他作为顾问或旁听者参加国家安全委员会会议似乎也是可取的。

代理国务卿　罗伯特·A·洛维特

副本

1947年9月11日

致国务卿、陆军部长、海军部长和总统在国家情报委员会的个人代表的备忘录:

主题:1947年国家安全法

1. 在1947年国家安全法生效之际,国家情报委员会将自动解散,同时国家安全委员会下面会设立中央情报局。鉴于国家安全委员会尚未确定何时召开与国家情报委员会进行工作交接的会议,现提出以下意见和建议:

(1) 在国家安全委员会第一次会议上,建议在国家安全委员会有机会研究国家情报委员会和中央情报小组的所有指令并做出其认为适当的修改之前继续严格按照这些指令行事。

(2) 为了促使国家安全委员会早日处理这一问题,提议指示中央情报局局长在60天内就通过国家安全委员会指令使国家情报委员会和中央情报小组以往的指令符合1947年国家安全法的规定一事提出建议。

(3) 考虑到相对国家情报委员会来说,国家安全委员会规模较大,建议在其下设立与国家情报委员会职能类似的向中央情报局发出指令的分委会。应将该分委会成员数量控制在最低水平,建议由国务卿和国防部长或国务卿、国防部长以及陆军部长、海军部长和空军部长组成。我个人认为前者更为可取,因为这样一来国务卿与军方代表的数量就对等了。如实行后一种方案,国务院可能会抱怨军方占据了明显优势。

2. 中央情报小组组长曾作为不参与表决的成员出席国家情报委员会会议。虽然我认为由我建议中央情报局局长继续以此身份出席国家安全委员会会议是冒昧和不便的，但为了让中央情报局局长随时了解国家安全委员会的想法，允许他以观察者、参谋或顾问的身份出席国家安全委员会的所有会议将是大有裨益的。另外，出席会议还可以使中央情报局局长当场回答问题。

3. 如果您能表明对以上意见和建议的看法，我将着手起草并在国家安全委员会第 1 次会议上向该委员会递交正式报告。

美国海军少将、中央情报小组组长　R·E·希伦科特

"The Central Intelligence Agency: Its Founding and the Dispute over Its Mission, 1945 - 1954," (vol. 23) in Dennis Merrill (ed.), *Documentary History of the Truman Presidency*, University Publications of America, 1998, Document 48, pp. 216 - 220

梁志译、校

15－56

希伦科特关于1947年国家安全法的备忘录

（1947年10月15日）

秘　密

1947年10月15日

致国家安全委员会执行秘书的备忘录：

主题：1947年国家安全法

参考文件：(1) 中央情报局局长致国家安全委员会执行秘书的日期为1947年10月2日、主题为1947年国家安全法的备忘录。①

附件：(一) 陆军部长致中央情报局局长的日期为1947年10月6日、主题为1947年国家安全法的备忘录。

1. 中央情报局局长附上了陆军部长(作为国家情报委员会陆军部成员的继任者)对中央情报小组组长致国家情报委员会的日期为1947年9月11日的备忘录(该备忘录的副本被附在了以上参考文件的后面)的答复的副本，供国家安全委员会执行秘书参考。

2. 中央情报局局长还利用此次机会告知国家安全委员会执行秘书，他已接到前海军部部长福里斯特尔和总统在国家情报委员会的个人代表李海上将依据其职权作出的完全同意的答复。至此，所有的答复都接到了。②

美国海军少将、中央情报局局长　R・H・希伦科特

副本

致中央情报局局长的备忘录：

主题：1947年国家安全法

1. 我注意到了您提出的日期为1947年9月11日、主题为1947年国家安全法的备忘录的所有收件人都是国家情报委员会成员。无论我是作为国家情报委员会还是国家安全委员会的代表，以下评论都同样有效。

2. 我同意在国家安全委员会有机会研究国家情报委员会和中央情报小组的所有指令

---

① 原文只有(1)。——译注

② 原文只有(一)1、2。——译注

以前它们将继续完全有效。

3. 我也同意中央情报局局长应该奉命就如何使国家情报委员会以往的指令符合 1947 年国家安全法这一问题向国家安全委员会提出建议。

4. 我不反对中央情报局局长出席所有与中央情报局有关的国家安全委员会会议。当然，此事应由委员会主席决定。

5. 至于说在国家安全委员会下面设立一个向中央情报局下达行动指令的分委会的问题，在我看来，这与委员会的职能不符。我设想，委员会将是一个按照它对所有问题的认知行事的实体，且中央情报局局长希望得到的或许也是委员会的宽泛指令。

陆军部长　肯尼思・C・罗亚尔

"The Central Intelligence Agency: Its Founding and the Dispute over Its Mission, 1945 - 1954," (vol. 23) in Dennis Merrill (ed.), *Documentary History of the Truman Presidency*, University Publications of America, 1998, Document 49, pp. 221 - 222

张屹峰译，梁志校

15－57

莱关于希伦科特撤回有关设立国家安全委员会分委会建议给索尔斯的信函

（1947年10月中旬）

未设密级

索尔斯先生：

考虑到陆军部长罗亚尔的反对，能不能劝说希伦科特少将至少在我们弄清楚国家安全委员会的工作进展情况之前撤回关于设立处理中央情报局事务的国家安全委员会分委会的建议。

小詹姆斯·S·莱

希伦科特少将已同意向我们提交请求撤回建议的备忘录。

小詹姆斯·S·莱

"The Central Intelligence Agency：Its Founding and the Dispute over Its Mission，1945－1954，"（vol. 23）in Dennis Merrill（ed.），*Documentary History of the Truman Presidency*，University Publications of America，1998，Document 50，pp. 223－224

梁志译、校

15－58

希伦科特关于国家安全委员会执行秘书的建议的备忘录

（1947年10月17日）

秘　密

1947年10月17日

致国家安全委员会执行秘书的备忘录：

主题：国家安全委员会执行秘书的建议

1. 现将中央情报局提出的关于国家安全委员会监督中央情报局的提议的日期为1947年9月19日、主题为国家安全委员会执行秘书的建议的备忘录作为附录1转发给您。

2. 经过进一步考虑，要求收回上述参考附录。

美国海军少将、中央情报局局长　R·H·希伦科特

1947年9月19日

致国家安全委员会执行秘书的备忘录：

主题：国家安全委员会执行秘书的建议

1. 这里发给您的是我认为您将向国家安全委员会提出的两份建议书，二者分别关于：

（1）国家安全委员会对中央情报局的监督；

（2）中央情报局局长出席国家安全委员会会议。①

美国海军少将、中央情报局局长　R·H·希伦科特

附录一

1. 总统1946年1月22日的信函向国家情报委员会四位拥有表决权的成员下达了组建中央情报小组的行动指令。1947年国家安全法把中央情报小组的后继者中央情报局置于

① 原文只有1(1)(2)。——译注

国家安全委员会的领导之下。人们认为,国家安全委员会的规模使它无法发出详细的指令,而这样的指令又是完成国家情报任务所必需的。因此,最好由国家安全委员会下设的由国务卿和国防部长组成的分委会发出以上指令。分委会有权代表国家安全委员会处理涉及中央情报局职能的事务。

2. 因此,建议国家安全委员会:

(1) 设立一个由国务卿和国防部长组成的国家安全委员会分委会,由它代表国家安全委员会处理所有涉及中央情报局职能的事务。①

附录二

1. 总统1946年1月22日的信函指示,中央情报局局长将成为国家情报委员会中一位不参与表决的成员。国家情报委员会和中央情报局局长均发现这种关系对中央情报小组履行自身职责至关重要。

2. 1947年国家安全法保留了中央情报局局长办公室并在国家安全委员会下面设立了接管中央情报小组工作的中央情报局,但它并没有规定中央情报局局长可以出席国家安全委员会会议。虽然据说国家安全委员会并不认为中央情报局局长应该参与委员会的决策,不过它应该会同意中央情报局局长参加委员会会议,相信中央情报局局长以纯粹的顾问的身份出席委员会会议有助于他履行职责,也有助于委员会讨论决定与外部情报有关的事务。

3. 因此,建议国家安全委员会:

(1) 要求中央情报局局长以纯粹的顾问的身份出席国家安全委员会所有的会议。②

"The Central Intelligence Agency: Its Founding and the Dispute over Its Mission, 1945 - 1954," (vol. 23) in Dennis Merrill (ed.), *Documentary History of the Truman Presidency*, University Publications of America, 1998, Document 51, pp. 225 - 228

张屹峰译,梁志校

① 原文只有(1)。——译注
② 原文只有(1)。——译注

15 - 59

克拉克关于中央情报局职能和性质的备忘录

（1947 年 12 月 3 日）

秘　密

拉尔夫·L·克拉克先生致万尼瓦尔·布什[①]博士的日期为 1947 年 12 月 3 日、主题为中央情报局的境况的备忘录：

1. 贝克勒先生、布罗德博士、我与国务院的埃文斯先生共进午餐，进一步讨论了所附备忘录中提出的问题。

2. 12 月 8 日（星期一），情报顾问委员会将再次举行会议讨论这些指令，各种迹象表明这次会议不会达成任何协议。困难似乎在于两个组织在哲学信念方面的根本分歧：情报职能机构的首脑们认为中央情报局应是一个小型高级战略情报合成组织，负责从职能机构提供的信息中抽取出它们所说的“国家情报”；中央情报局则建议将自身定位为一个明显居于其他情报职能机构之上的集执行和评估职能于一身的联合体。

3. 当然，贝克勒先生的备忘录中提及的情报顾问委员会并不是一个依法建立的机构，但中央情报局起草的指令草稿建议由中央情报局局长将它改组为中央情报局局长的顾问委员会。当前的情报顾问委员会建议，委员会将是一个根据行政命令建立的、差不多以中央情报局管理委员会形式存在的机构。这一行政命令将指出国家安全委员会无权建立这样的委员会。职能机构首脑们建议建立的情报顾问委员会将拥有支配中央情报局局长行动等诸多权力。

4. 最高决策层应确定中央情报局在支持国家安全委员会整理战略情报方面的目标及中央情报局与执行机构之间的关系，以求使收集信息、提供详细情报和合成战略情报的工作顺利进行。

5. 在这种情况下，布罗德博士的计划完全落空了：他既不能征募和组织自己的工作人员，也无法使研究和发展局从中央情报局获取任何有用的情报。

计划科科长　拉尔夫·L·克拉克

1947 年 12 月 2 日

情报处处长戴维·Z·贝克勒致计划科科长拉尔夫·L·克拉克的备忘录：

---

① 万尼瓦尔·布什时任研究和发展局局长。——编注

主题：关于原子能情报的重要情况

解释：本备忘录中的信息来自原子能委员会情报科负责人的谈话。它指出，由于当前原子能情报问题几乎完全由中央情报局处理，这将原子能委员会置于尴尬之地。

1. 国家安全委员会指示中央情报局拟定旨在实施1947年国家安全法的国家安全委员会指令。国家安全委员会计划参谋人员已经起草了四个基本指令及大量相应的实施补充说明。在1947年11月30日的会议上，中央情报局局长将这些文件呈交情报顾问委员会。①

2. 还没有将基本指令草案递交研究和发展局并要求它做出评价。然而，(已呈交研究和发展局的)情报顾问委员会第4号文件(IAC/4)实施补充说明的要旨已表明这些指令以损害原子能委员会、研究和发展局以及各部门情报机构的利益为代价赋予了中央情报局局长大量的权责。情报顾问委员会成员强烈反对以上指令并组建了一个重新起草供其审议的指令的特别委员会。

3. 这个在国务院领导下的特别委员会拟定了一系列经过修改的指令。与最初的指令相比，新指令明显地赋予情报顾问委员会以更大的权力，且削弱了中央情报局的权力。根据修改后的指令，中央情报局局长向国家安全委员会提出的重要建议必须附上情报顾问委员会的意见(同意或反对)。而且，经过修改的第1号指令规定中央情报局将不再承担属于各部门情报机构负责领域的基本情报研究工作。简言之，最初和修改后的指令体现了完全不同的哲学理念：在前者那里，中央情报局是几乎完全独立的机构；在后者那里，中央情报局则是一个被强大的各部门情报机构包围着的小型协调机关。

4. 不管一套指令相对另一套指令来说有何优点，当前的混乱使新设立的原子能委员会情报科处于非常尴尬的境地，严重妨碍了它的工作。由于最终被选定的指令可能会影响原子能委员会情报工作的性质和范围，因此虽然中央情报局以及陆军部、海军部和空军部原则上同意与原子能委员会合作，但均要等到原子能委员会与中央情报局的关系明晰之后才能真正地开始进行信息交流。考虑到现有指令建议之间的分歧，理清二者的关系或许要花费很长一段时间。

5. 布罗德博士至今并未收到就以上事宜进行协商的官方建议，也没有人与他商量关于原子能委员会与中央情报局合作的问题。

6. 结论：(1) 在究竟中央情报局采取哪一种组织形式最有利于遵照国家安全法的指示和精神行事的问题上存在很大分歧。在中央情报局详细阐明其目标和责任并确定其存在时限和任务之前，难以判明哪一种是最好的组织形式。

(2) 研究和发展局与当前拟定指令的尝试关系密切。它完全依靠中央情报局来获得履行国家安全法规定的职责所必需的科学和战略情报。中央情报局提供以上情报的能力主要取决于正在进行的协商的结果。

---

① 原注：情报顾问委员会成员包括中央情报局的希伦科特少将、参谋长联席会议的托德将军、海军部的英格利斯少将、陆军部的张伯伦将军、空军部的麦克唐纳将军、原子能委员会的金里奇少将以及国务院的阿姆斯特朗先生。

（3）原子能情报问题亟待解决。

7. 建议：（1）由研究和发展局决定它需要从中央情报局那里获得的情报的性质和类型。

（2）研究和发展局建议向中央情报局发出内容与(1)最为相符的指令。

（3）出于以上考虑，研究和发展局要求中央情报局通知它有关正在审议的指令的情况。

"The Central Intelligence Agency: Its Founding and the Dispute over Its Mission, 1945 - 1954," (vol. 23) in Dennis Merrill (ed.), *Documentary History of the Truman Presidency*, University Publications of America, 1998, Document 52, pp. 229 - 231

梁志译、校

15－60

布什关于中央情报局组织形式问题的备忘录

（1947年12月5日）

机　密

1947年12月5日

致国防部长的备忘录：

主题：中央情报局

今早当您和我出席国会原子能联合委员会听证会时，我发现委员会显然要对情报问题进行深入研究。据我看（我想您也会这样看），为此它将向中央情报局求助，我认为不久它便会这样做。

现在，我担心中央情报局还未处于一个能够满足这种请求的良好状态。它一直在研究指令的问题，尤其是中央情报局与原子能委员会的关系。在这一问题上，它有一个情报顾问委员会可以利用，该委员会下星期一开会，但看起来它就要支离破碎了。关于中央情报局应是一个小型协调机构还是一个本身可以采取广泛行动的机构的问题，我附上了来自我的工作人员的两份备忘录。在我看来，这两份备忘录表明现在的情况如一团乱麻。

中央情报局接受国家安全委员会的领导。考虑到今早发生的一切和即将面临的言辞激烈的质询，我认为或许应该提醒索尔斯先生国家安全委员会要立即开始研究与此相关的某些政策。如果您同意，那么我建议最好将这份备忘录连同您的评论转交给索尔斯。当然，当这一问题涉及研究和发展局时，我乐于提供任何帮助。

万尼瓦尔·布什

"The Central Intelligence Agency: Its Founding and the Dispute over Its Mission, 1945－1954," (vol. 23) in Dennis Merrill (ed.), *Documentary History of the Truman Presidency*, University Publications of America, 1998, Document 53, p. 232

张屹峰译，梁志校

15－61

国家安全委员会第1号情报指令

(1947年12月12日)

秘　密

国家安全委员会第1号情报指令

副本

国家安全委员会第1号情报指令

(1947年12月12日)

义 务 和 责 任

根据1947年国家安全法第102条,为了阐明第(4)和(5)段,国家安全委员会授权和指示:

1. 为了维持对中央情报局与其他情报组织的合作至关重要的关系,应该建立一个负责向中央情报局局长提供建议的由国务院、陆军部、海军部、空军部、参谋长联席会议、原子能委员会的情报负责人或他们的代表组成的情报顾问委员会。当要讨论的问题属于其他具有国家安全职能的机构的职责范围时,中央情报局局长将邀请这些机构的负责人或他们的代表出席情报顾问委员会会议。

2. 在1947年国家安全法第102条第(5)款授权的范围内,中央情报局局长或由他指定的代表将通过与有关部门和机构负责人达成的协议调研和检查他认为必要的、与他向国家安全委员会提供咨询和就协调情报活动一事提出建议的职责有关的涉及国家安全的各联邦部门机构的部门情报资料。

3. 协调情报活动的主要目的是为了全面加强政府情报体系。应该充分了解各部门的主要需求,并让中央情报局在满足这些需求方面予以支持和合作。

(1) 中央情报局局长在向国家安全委员会提出有关各部门机构情报活动的建议时应同时附上一份说明情报顾问委员会看法(同意或不同意)的报告;在国家军事组织的部门负责人之间无法达成一致意见时,中央情报局局长在把情况反映给国家安全委员会之前,应先将这一问题提请国防部长处理。

(2) 中央情报局局长的建议经国家安全委员会批准后将作为委员会指令下发给中央情报局局长。各位情报负责人应负责确保在这些命令或指令适用于其所属机构时加以落实。

(3) 必要时,中央情报局局长将发布中央情报局局长补充指令,代表国家安全委员会保证委员会指令的彻底落实。各部门机构应按照段落(2)的规定执行由中央情报局局长签署的获得情报顾问委员会一致同意的补充指令。当中央情报局局长和情报顾问委员会的某个或某些成员在指令问题上出现分歧时,应依照段落(1)的规定把指令建议及反对意见提交国家安全委员会裁定。

4. 中央情报局局长应负责整理与国家安全有关的情报(下文简称为国家情报)。他要尽量不重复进行各部门机构的情报活动和研究工作,但在整理国家情报的过程中应利用现有情报设施和部门情报。具体规定见国家安全委员会第3号情报指令。

5. 中央情报局局长应向总统、国家安全委员会成员、情报顾问委员会组成机构的情报负责人以及国家安全委员会随时可能指定的政府部门机构分发国家情报。所分发的情报应得到各情报机构的正式同意或经同意附上说明明显不同意见的报告。

6. 在情报来源机构安全规定允许的范围内,中央情报局局长可以向联邦调查局和其他部门机构分发他拥有的、在他看来有助于以上部门或机构行使与国家安全有关的职能的情报或情报信息。

7. 为了确保现有各情报机构的利益,中央情报局局长应承担起国家安全委员会认为由中央机构可以更有效地完成的、这些机构共同关心的工作。

8. 各部门机构的情报组织应在其职责范围内保持与中央情报局以及彼此间的情报信息或情报交流。

9. 依据相关部门机构的安全规定,在同其他部门机构协商时可以利用包括中央情报局在内的各情报组织的情报文件。

10. 情报组织应尽力提供或收集中央情报局局长或其他某个部门机构要求获得的情报。

11. 中央情报局局长应该与各部门机构达成协议,向中央情报局选派中央情报局局长可以直接任命者之外的具有顾问、一线工作或其他方面经验和才能的人员。在任何情况下,这些部门的人员都要按照各个部门必要的人事程序行事。

Michael Warner (ed.), *CIA Cold War Records: The CIA under Harry Truman*. Washington,D. C.: History Staff,Center for the Study of Intelligence,Central Intelligence Agency, 1994,Document 34, pp. 169 - 171

张屹峰译,梁志校

15 - 62

国家安全委员会第三次会议的会议记录

（1947 年 12 月 12 日）

绝　密

1947 年 12 月 12 日（星期五）在国防部长办公室
举行的国家安全委员会第三次会议的会议记录

出 席 成 员

国防部长詹姆斯·V·福里斯特尔（主持者）

国务卿代表乔治·F·凯南

陆军部长肯尼思·C·罗亚尔

海军部长约翰·L·沙利文

空军部长 W·斯图尔特·赛明顿

国家安全资源委员会主席阿瑟·M·希尔

研究和发展局局长万尼瓦尔·布什博士（受到邀请但未能出席）

列　席　者

中央情报局局长 R·H·希伦科特少将

空军部长助理科尼利厄斯·V·惠特尼

海军部的福里斯特·P·舍曼中将

空军部的劳里斯·诺斯塔德中将

陆军部的斯蒂芬·J·钱伯林少将

海军部的托马斯·B·英格利斯少将

国防部长特别助理约翰·H·奥利

代理国务卿特别助理 W·帕克·阿姆斯特朗

国防部长办公室的罗伯特·布卢姆

秘　书　处

执行秘书悉尼·W·索尔斯

执行秘书助理小詹姆斯·S·莱

会 议 过 程

1. 中央情报局的组织、活动和计划

希伦科特少将就中央情报局的组织、活动和计划问题作了口头报告。委员会的所有成员都针对这一问题进行了提问并提出建议。

具体地说,希伦科特少将声称,是由他负责协调各部门情报机构还是由各部门情报机构首脑组成的委员会领导中央情报局局长,各方对此意见不一。

国防部长福里斯特尔说,毫无疑问中央情报局局长拥有协调权,其他与会者表示同意。接着,福里斯特尔又说希伦科特少将告知各部门他需要对哪些情报进行整理和评估,各部门就要为此提供情报。

希伦科特少将对汉森·鲍德温在"武装部队"杂志上发表的文章中的各种指责进行了答辩。

国防部长福里斯特尔说,他对这样的批评并不怎么担心。在他看来,今后两年才是对中央情报局绩效的真正考验。

希伦科特少将称中央情报局中在级别上相当于军官的人员的年均工资为 4 000 美元。

国防部长福里斯特尔认为这样的平均待遇似乎低于正常标准,其他人表示同意。接着,他说他宁愿中央情报局中仅拥有几位精英,也不想让大量碌碌无为之辈充斥其中。

希伦科特少将汇报说,能力考查每年使中央情报局对百分之八的人员做出调整,而忠诚调查结果要求做出的相应的人员调整仅为百分之一。

国家安全委员会:

注意到了中央情报局局长关于中央情报局组织、活动和计划的口头报告并对其作出了评价。

2. 建议国家安全委员会对中央情报局发出的指令

(参考文件:国家安全委员会执行秘书致国家安全委员会的日期为 1947 年 12 月 10 日、主题为建议国家安全委员会对中央情报局发出的指令的备忘录)

委员会修改并通过了国家安全委员会第 1 号情报指令。

空军部长赛明顿认为国家安全委员会第 2 号和第 3 号情报指令要在满足各部门次要需求的同时避免重复。他说,如果委员会没有将有关空军情报的基本职责赋予空军部,那么这些文件就毫无意义了。

海军部长沙利文认为,这样分配职责将意味着海军不再拥有任何海上空军部队和情报。他说,空军关注的范围并没有囊括所有海上空军情报。

空军部长赛明顿说,事实并不一定如此,空军只在适当的方面利用海上空军部队。

国防部长福里斯特尔要求推迟发布国家安全委员会第 2 号和第 3 号情报指令,以便他可以调解海空军间的意见纠纷。

凯南催促切实通过国家安全委员会第 2 号情报指令分派海外任务，因为这将避免职能严重重叠和一盘散沙的现象。

随后，委员会修改并通过了国家安全委员会第 4 号和第 5 号情报指令，同时通过了国家安全委员会第 6 号情报指令。

国家安全委员会：

1. 批准了经如下修改后的国家安全委员会第 1 号情报指令：

（1）修改后的第 2 段为：

"2. 在 1947 年国家安全法第 102 条第(5)款授权的范围内，中央情报局局长或由他指定的代表将通过与有关部门和机构负责人达成的协议调研和检查他认为必要的、与他向国家安全委员会提供咨询和就协调情报活动一事提出建议的职责有关的涉及国家安全的各联邦部门机构的部门情报资料。"

（2）删去第 4 段第 2 行中的"与国家安全"这几个字。

（3）在第 6 段第 2 行"分发给"和"其他部门"之间加上"联邦调查局与"这几个字。

2. 在国家军事组织调解海军部长和空军部长意见纠纷期间暂不发布拟定中的国家安全委员会第 2 号和第 3 号情报指令。

3. 批准了在第 2 段第 3 行的"国家安全委员会"后面加上"工作人员"一字后的国家安全委员会第 4 号情报指令(委员会也注意到了执行秘书的主张，即为此国家安全委员会工作人员应由执行秘书及被委员会成员指定向执行秘书提出建议、协助执行秘书开展工作的各部门代表组成。该工作小组内部出现的任何分歧都将由国家安全委员会协调解决)。

4. 批准了经如下修改后的国家安全委员会第 5 号情报指令：

（1）删去了第 1 段的星号和脚注。

（2）修改后的第 2 段为：

"2. 在不影响陆、海、空军司令部或装置的反情报活动及各部门和机构出于自身安全考虑而一致同意采取的某些行动的前提下，中央情报局局长应全权负责在美国及其属地和占领区之外采取有组织的反间谍行动。"

5. 未经修改即批准了国家安全委员会第 6 号情报指令。

"The Central Intelligence Agency: Its Founding and the Dispute over Its Mission, 1945 - 1954," (vol. 23) in Dennis Merrill (ed.), *Documentary History of the Truman Presidency*, University Publications of America, 1998, Document 55, pp. 241 - 244

梁志译、校

15－63

康奈利关于建立中央情报局问题给莱斯特的信函

（1947 年 12 月 13 日）

未设密级

1947 年 12 月 13 日

亲爱的莱斯特夫人：

已收到了您 12 月 6 日为了威廉·J·多诺万先生的事致总统的信函。我想告诉您的是，根据 1947 年国家安全法的规定，中央情报局得以建立。总统已任命海军少将罗斯科·H·希伦科特担任中央情报局局长。

献上我非常真诚的祝福！

总统秘书　马修·J·康奈利

1947 年 12 月 6 日

亲爱的总统先生：

您为什么没有注意到威廉·J·多诺万关于建立一个由文官领导的独立情报机关的坚决请求（怀尔德法案）(Wild Bill)。我们在一次西餐晚宴上听保罗·西尔少校发表演说，他为我们描绘了战争期间由于陆军、海军和文职部门各自有自己的情报系统引起的混乱、浪费和职责不明。

请总统先生务必保证我们能够利用作为最重要的武器之一的情报来防止战争。美国人民希望您这样做，且认为您不会让他们失望。

M·M·莱斯特　敬上

"The Central Intelligence Agency: Its Founding and the Dispute over Its Mission, 1945－1954," (vol. 23) in Dennis Merrill (ed.), *Documentary History of the Truman Presidency*, University Publications of America, 1998, Document 56, pp. 245－246

张屹峰译，梁志校

15－64

莱关于美国公众舆论对情报体制看法的备忘录

(1947年12月19～29日)

未设密级

1947年12月19日

致中央情报局局长的备忘录：

此处所附的是玛格丽特·M·沃尔致总统的已由总统秘书威廉·D·哈西特先生送交国家安全委员会的日期为12月5日的主张战略情报局继续存在的信函。

要求中央情报局直接对所附信函做出答复。

执行秘书助理　小詹姆斯·S·莱

副本同时送交哈西特先生

1947年12月19日

致中央情报局局长的备忘录：

此处所附的C·H·奎因先生致总统的日期为12月4日的主张重组战略情报局的信函已由总统秘书马修·J·康奈利先生送交国家安全委员会了，供其审议并发出收件复函。

要求中央情报局直接对所附信函做出答复。

执行秘书助理　小詹姆斯·S·莱

副本同时送交康奈利先生

1947年12月22日

致中央情报局局长的备忘录：

此处所附的分别来自以下几个人的关于所需情报组织的信函已由总统秘书威廉·D·哈西特先生送交国家安全委员会了：

保罗·A·默克勒夫人，信函日期为1947年12月5日。

威廉·罗斯，信函日期为1947年12月7日。

罗伯特·E·杜尔，信函日期为1947年12月15日。

G·S·麦克莱斯(G. S. McCreless)，信函日期为1947年12月15日。

要求中央情报局以收件复函的形式对所附信函直接做出答复。

执行秘书助理　小詹姆斯·S·莱

1947年12月22日

致国家安全资源委员会主席的备忘录：

国家安全委员会已接到此处所附的来自迈克尔·A·拉斯金的日期为12月17日的信函。

但是，由国家安全资源委员会提供信函要求获得的信息似乎更合适。因此，宜将附件随同此信上呈，以供审议并发回收件复函。

执行秘书助理　小詹姆斯·S·莱

1947年12月23日

致中央情报局局长的备忘录：

所附的O·P·施纳贝尔的日期为1947年12月8日的主张建立独立情报机构的信函已由总统秘书马修·J·康奈利先生送交国家安全委员会了。

要求中央情报局以收件复函的形式对所附信件直接做出适当的答复。

执行秘书助理　小詹姆斯·S·莱

副本同时送交马修·J·康奈利先生

1947年12月26日

致中央情报局局长的备忘录：

所附的来自J·E·吕滕(J. E. Rytten)的收件人被错写成中央情报小组组长索尔斯先生的信函已被随信上呈中央情报局，望直接做出适当的答复。

执行秘书助理　小詹姆斯·S·莱

(内容为申请成为中央情报局侦查员)

1947年12月29日

致中央情报局局长的备忘录：

所附的斯坦利·克罗斯比夫妇的日期为1947年12月15日的主张建立一个独立情报机构的信函已由总统秘书威廉·D·哈西特先生送交国家安全委员会了。

要求中央情报局以收件复函的形式对所附信件直接做出适当的答复。

副本同时送交哈西特先生

执行秘书助理　小詹姆斯·S·莱

“The Central Intelligence Agency：Its Founding and the Dispute over Its Mission，1945－1954，”（vol. 23）in Dennis Merrill（ed.），*Documentary History of the Truman Presidency*，University Publications of America，1998，Document 59，pp. 265－271

梁志译、校

15－65

国家安全委员会关于利用国内情报信息来源的情报指令

（1948 年 2 月 12 日）

秘　密

副本

国家安全委员会第 7 号情报指令

（1948 年 2 月 12 日）

国家安全委员会第 7 号情报指令 国内情报信息来源的利用

根据 1947 年国家安全法第 102 条的规定，为了实现其中（4）和（5）两段确立的目标，国家安全委员会特此授权和指示：

1. 由中央情报局负责在严格筛选的基础上利用美国国内的商务机构、其他非政府组织和个人收集外部情报。

2. 为了执行这一任务，中央情报局应该：

（1）确定各非政府情报来源收集外部情报的潜力，以便在接到情报机构收集情报的要求后迅速准确地挑选出最佳合作对象。为此，中央情报局要保存一份美国国内非政府情报来源的总目录。

（2）针对这一领域的所有合作者确立统一的安全审查程序和标准并据此进行安全审查。

（3）确立保证签约组织和个人的利益不受损害的统一的程序。

（4）在美国国内建立地方办事处，通过这些办事处收集确保国家安全或个别情报机构所需要的外部情报信息。

（5）必要时抑或应需要获得技术或其他外部情报信息的成员机构的请求，安排情报机构代表与美国国内非政府情报提供者直接联系。

（6）在建立和保持与具有收集外部情报潜力的美国组织的联系之前，需征得这些组织决策官员的同意。

（7）当被选定的在收集外部情报方面具有很大潜力的美国公民可能离开或返回美国时，通知情报机构，以便这些机构能够为向以上公民发出指示或对他们进行讯问提供必要的条件或安排专家。

(8) 向适当的机构分发通过这一计划获得的所有外部情报信息。除非收集情报的机构有相反的规定,否则就由获得情报的机构撰写的报告本身而论是应该经过鉴定的。

3. 为了进一步促进这一任务的完成,情报机构应该:

(1) 可以将其在中央情报局地方办事处的职责落实到接受中央情报局管理人员领导的代表身上,前提是这些人确实愿意且有能力履行这份职责。成员机构可以按照自己的意愿在它们的地区办公室与中央情报局的地方办事处之间建立起有效的工作联系。

(2) 直接向中央情报局反映它们在由美国国内非政府机构和个人收集外部情报信息方面的所有要求。

(3) 借助中央情报局的密码数字识别非政府外部情报提供者,并将在经过批准的情况下通过机构代表和这些非政府外部情报提供者之间的直接联系获得的信息和报告完整地传送给中央情报局,以适当地进行分发。

(4) 尽一切可能地由它们所属的部门和机构那里获得后者在处理与美国国内商务机构和从事非情报活动的其他非政府组织和个人的正常关系时意外得到的外部情报信息,尽一切可能地向中央情报局传递信息,以供其编纂关于安全的情报来源的资料并适当地进行分发。

(5) 在现有的安全规定的范围内,尽一切可能地由它们所属的部门和机构那里获取后者目前拥有的或以后获得的有关具有收集外部情报潜力的商务机构以及其他非政府组织和个人的信息,并将这些信息提供给中央情报局。

(6) 指定出席由中央情报局人员任主席的、定期召开的委员会会议的代表,探讨各方共同关心的与这一计划有关的问题。

4. 为了促进这一任务的完成,国家安全资源委员会以及国家军事组织而非情报顾问委员会的组成机构应最大限度地直接向中央情报局提供在处理与美国国内商务机构和其他从事非情报活动的非政府组织和个人的正常关系时意外获得的所有外部情报信息。

5. 在这一计划中,不得为了获取外部情报信息以外的目的影响各部门和机构已经建立起来的与美国国内商务机构和其他非政府组织和个人的关系、各部门的图书馆与其他图书馆之间正常的文献交流以及与个人或非政府机构间科研项目的进展。

Michael Warner (ed.), *CIA Cold War Records: The CIA under Harry Truman*. Washington, D.C.: History Staff, Center for the Study of Intelligence, Central Intelligence Agency, 1994, Document 36, pp. 177 - 179

梁志译、校

15 - 66

希伦科特关于特别行动办公室追加职能问题的备忘录

（1948 年 3 月 22 日）

绝　密

1948 年 3 月 22 日

致特别行动办公室主任助理的备忘录：

主题：特别行动办公室的追加职能

参考文件：中央情报局局长的日期为 1946 年 10 月 25 日、主题为“特别行动办公室的职能”的备忘录。

1. 除了参考备忘录中所规定的职能以外，负责特别行动的主任助理还将在特别行动办公室内部建立一个负责在美国及其属地之外采取秘密心理行动的名为“特别程序组”(Special Procedures)的小组。

2. 秘密心理行动可能包括所有无形的情报和说服措施，而作为发起者的美国政府的作用却一直秘而不宣。

3. 秘密心理行动要按照中央情报局局长的指令以及特别行动办公室针对对外秘密活动确立的标准和要求进行。它完全不同于其他美国政府机构采取的公开的对外情报行动，美国公开承认自己是后一种行动的发起者。

4. 秘密心理行动的主要目标将是：(1) 逐渐削弱从事危害美国的活动的国外政府、组织或个人的力量；(2) 促使国外公众舆论朝着有利于实现美国目标的方向发展，从而支持美国的外交政策。

5. 除非秘密心理行动完全符合美国政府的对外政策和目标，否则将不采取此类行动。

6. 在根据上述内容确定特别程序组的职能时，特别行动办公室主任助理将：

(1) 在他认为必要的时候利用特别行动办公室的设施、渠道和资源。

(2) 与合适的政府机构或部门建立联系，以确保秘密心理行动符合美国的外交政策和目标。

(3) 采取适当的行动，以防止秘密心理行动与美国公开的情报活动冲突或重复。

(4) 依据政策，在确保安全的情况下，与中央情报局其他办公室以及在美国的国外政府和个人建立必要的联系，以获得采取海外秘密心理行动所需的信息、专家、技术建议或其他服务。

（5）保证外交领域的政策和计划协调一致。

美国海军少将、中央情报局局长　R·H·希伦科特

特别程序组组长

根据特别行动办公室主任助理的指令和政策，特别程序组组长应全权负责在美国及其属地之外采取秘密心理行动。在履行这一职责的过程中，他将：

（1）充当主任助理在秘密心理行动方面的顾问，并请求后者批准有关需要利用行动主任（Chief of Operations）所掌握的设施的秘密心理行动的特别指令。

（2）按照主任助理的指令，从拟采取的秘密心理行动与美国外交政策的一致性、与总体计划的内容和目标的相宜程度以及所需资金的角度，就最后批准这一行动的问题提出建议。

（3）直接控制和监督华盛顿特别程序办公室（Washington Office of Special Procedures）的所有人员并保证该办公室行使职能。

（4）与管理在当地执行秘密心理行动任务人员的行动主任密切协调，对这些人员进行全面的计划和技术指导。

（5）在涉及需要利用行动主任掌握的设施和资源的秘密心理行动的计划、指令和其他问题上，与行动主任保持规划和行动方面的密切联系。

（6）为制订和实施采取特别程序组行动的政策和指令的计划做好准备。

（7）为所有必要的行动做好准备，包括为完成已批准的由特别程序组执行的计划和项目起草详细的指令。

（8）确立一个全方位地控制秘密心理行动的项目。

（9）在主任助理的指导下，与国务院或其他负责外交政策制定的机构保持必要的联系，以获得与特别程序组行动有关的美国外交政策和目标方面的指导。

（10）经主任助理的批准，发布详细说明在采取秘密心理行动的过程中须遵循的编辑和政治方面的政策的指令。

（11）经主任助理批准，依据美国的外交政策和目标，确定秘密心理行动计划的基本目标。

（12）根据联系需要以及预算和联络管理程序，建立和控制经过授权的特别程序组与特别行动办公室其他组织、中央情报局各办公室以及其他和秘密行动有直接关系的美国部门机构的联系。

（13）在主任助理的指导下，建立并维持与美国国内个人、私人组织或机构的对在国外有效实施秘密心理行动来说必要的联系，并使预算和联络管理机构了解这种联系。

（14）保证特别程序组的行动不与国务院的公开对外情报活动发生冲突或重复，并为此在主任助理的指导下与国务院保持联系和协调。

（15）与行政局局长（Chief of Administrative Services）协调，以确保特别程序组的行动获得特别行动办公室行政和援助机构的全力支持。

(16) 保证所有从事秘密心理行动的人员都能够得到充分的训练,为此要利用特别行动办公室训练人员的设施,并在可行的范围内利用特别程序组有经验的人员在秘密心理行动中为受训者做示范和其他指导。

(17) 检查他的办公室在本地的活动,并在主任助理的指导下对影响他与行动主任之间必要配合的、涉及秘密心理行动的海外行动进行检查。

(18) 为了确保秘密心理行动领域中的政策和计划真正地协调一致,与行动主任配合,利用他掌握的用于秘密心理行动的设施,让美国在该地区的主要外交代表或占领区的主要司令官大体了解秘密心理行动。

除特别行动第 18 号指令以外,以下通知和指导原则也已发给相关各方:

第 6 条

授权

根据中央情报局局长致负责特别行动的主任助理的日期为①、主题为②的备忘录的授权,将由特别行动办公室行使采取被称为"特别程序"的秘密心理行动的职能,生效③。

职能

特别程序组的基本职能是在美国及其属地之外采取秘密心理行动,目的是(1) 逐渐削弱从事危害美国的活动的国外政府、组织或个人的力量;(2) 促使国外公众舆论朝着有利于实现美国目标的方向发展,从而支持美国的外交政策。

秘密心理行动定义

这里所使用的秘密心理行动一词以及由特别行动办公室采取的秘密心理行动具体指所有无形的情报和说服措施,而作为发起者的美国政府的作用却一直秘而不宣。

Michael Warner (ed.), *CIA Cold War Records: The CIA under Harry Truman*. Washington, D. C.: History Staff, Center for the Study of Intelligence, Central Intelligence Agency, 1994, Document 38, pp. 191 - 195

张屹峰译,梁志校

① 原文此处删去数个词。——译注
② 原文此处删去数个词。——译注
③ 原文此处删去数个词。——译注

15 - 67

斯蒂尔曼关于国会议员德维特演讲的备忘录

（1948 年 4 月 24 日）

未设密级

1948 年 4 月 24 日

致总统的备忘录：

4 月 21 日国会记录第 4836 至 4837 页记载了威斯康星州国会议员德维特的题为“我们必须建立一个联合情报委员会”的 30 分钟的演讲。

德维特先生尖锐地批评了中央情报局。他支持一致通过一项要求建立一个由 18 名成员组成的随时研究和评估政府各情报机构行动的委员会的决议案。

在演讲的最后，他声称：

“我已与中央情报局局长希伦科特少将就我要在今天提交这一决议案的想法进行了非正式的讨论，他对此举表示支持。希伦科特少将告诉我，虽然他认为将中央情报局建成一个独立的政府机构有诸多好处，但没有某个国会特别委员会向其提供秘密指导和建议或听取其需要调整有关中央情报局的立法措施的请求又使他多少有些不知所措。”

也许应该安排某人与希伦科特少将就此事进行讨论。

来自约翰·R·斯蒂尔曼

“The Central Intelligence Agency: Its Founding and the Dispute over Its Mission, 1945 - 1954,” (vol. 23) in Dennis Merrill (ed.), *Documentary History of the Truman Presidency*, University Publications of America, 1998, Document 67, p. 294

梁志译、校

15－68

希伦科特关于国家安全委员会建立特别计划办公室的指令草案给莱的信函

（1948 年 6 月 9 日）

绝　密

1948 年 6 月 9 日

亲爱的吉米①：

附件代表了我们对新草案的基本考虑。我建议，既然国务院显然不会同中央情报局一起以恰当的方式发起政治战，那么我们就回到国务院一开始建议的理念上来——由国务院负责政治战，我们坚决不再过问此事。在我看来，只有这样才能令国务院满意，否则就会出现丝毫不能施展手脚、整天为一些鸡毛蒜皮的小事争吵不休的无法确定主角的局面。我认为最好的办法或许是后退，让特别计划办公室专为国务院效力。

当然，寄给您的这封信我也寄给了索尔斯少将。我是分别寄出的，这样就无需附加我们对上一个草案的评价了。

献上真诚的祝福！

美国海军少将、中央情报局局长　R·H·希伦科特

1948 年 6 月 9 日

致国家安全委员会执行秘书助理詹姆斯·S·莱先生的备忘录：

主题：国家安全委员会指令建议

1. 大家认为 1948 年 6 月 8 日的指令草案比 6 月 4 日（上星期五）的指令草案更不充分、更不令人满意。而且，最新草案远比 6 月 4 日草案更加自相矛盾和条理不清。

2. 例如，6 月 8 日草案的第 2 段说明了为什么应该将新设立的办公室置于中央情报局之下的理由。随后，第 3 段第（5）分段又对能做什么和不能做什么进行了诸多的限制，这些限制导致了混乱和无序。假如中央情报局局长不在，那么特别计划办公室是停止工作，还是“自由活动”，抑或接受代理中央情报局局长的指导？由于存在“特别计划办公室主任应直接向中央情报局局长汇报”的说法，因此我们无法确定在以上情况下特别计划办公室该如何行

---

① 即小詹姆斯·S·莱。——译注

事。在中央情报局目前的机制中，所有分支机构的负责人任何时候都能见到中央情报局局长——中央情报局局长办公室的大门一直敞开着。这一点对新建的分支机构似乎同样适用。像针对新建的特别计划办公室一样，也需要对特别行动办公室采取一些安全或其他方面的特别措施。当前的机制看来没有对特别行动办公室形成制约，我不明白为什么同样的机制会限制特别计划办公室的行动。

3. 同样，“为了最大限度地保证效率，特别计划办公室将在中央情报局其他附属机构之外单独行动”是什么意思？是否意味着特别计划办公室将拥有自己的管理人员、预算人员、联系网和服务系统等等？而且，谁将决定怎样才算是“最大限度地保证效率”——是中央情报局局长，还是特别计划办公室主任，或者国家安全委员会，抑或是其他人？因此，这一段是让人无法接受的。我更喜欢6月4日草案相应的第3段第(2)分段的措辞。

4. 不知道国家安全委员会对中央情报局领导特别计划办公室是信任还是不信任。如果信任，中央情报局将受命依据国家安全委员会的基本政策处理新建办公室的问题。如果不信任，就不能再指望或命令中央情报局领导特别行动办公室了。

美国海军少将、中央情报局局长　R·H·希伦科特

“The Central Intelligence Agency: Its Founding and the Dispute over Its Mission, 1945 - 1954,” (vol. 23) in Dennis Merrill (ed.), *Documentary History of the Truman Presidency*, University Publications of America, 1998, Document 69, pp. 298 - 300

张屹峰译，梁志校

15－69

索尔斯关于特别计划办公室问题给国家安全委员会的报告

（1948 年 6 月 18 日）

绝 密

国家安全委员会第 10/2 号文件

（1948 年 6 月 18 日）

执行秘书致国家安全委员会的有关特别计划办公室的报告

参考文件：国家安全委员会第 10/1 号文件

第 13 次国家安全委员会会议在删除了国家安全委员会第 10/1 号文件中的第 3 段第(4)分段并修改了第 3 段第(1)、(5)分段以及第 4 段后批准了这一文件。

为了让委员会成员了解相应的情况并使中央情报局局长据此采取适当的行动，现将获得批准的经过修改的指令随同此报告一起传阅。

正在对这份报告采取特别安全防范措施，因此建议委员会各位成员归还副本，以供执行秘书办公室存档备查。

执行秘书　悉尼・W・索尔斯

分发给国务卿、国防部长、陆军部长、海军部长、空军部长和国家安全资源委员会主席。

国家安全委员会关于特别计划办公室的指令

1. 考虑到苏联及其卫星国和共产党集团意在使美国和其他西方大国的目标和活动臭名昭著、一败涂地的邪恶的秘密活动，国家安全委员会决定为了促进世界和平并维护美国的国家安全，美国政府在进行公开对外活动的同时必须辅之以秘密行动。

2. 国家安全委员会赋予中央情报局在国外组织间谍和反间谍行动的职责。因此，为了便于操作，不宜再建立一个负责秘密行动的新机构，而应在和平时期让中央情报局承担起这一职责，将其与由中央情报局局长全面负责的间谍和反间谍行动联系在一起。

3. 所以，依据1947年国家安全法第102条第4款第(5)分款的授权，国家安全委员会特此发出适用于和平时期的如下指示：

(1) 应该在中央情报局内部新建一个特别计划办公室，由其负责制订和执行秘密行动计划，并在与参谋长联席会议协调一致的情况下制订战时秘密行动计划且为这一计划的实施做好准备。

(2) 经中央情报局局长同意、国家安全委员会批准，由国务卿任命一位能力出众的人担任特别计划办公室主任。

(3) 特别计划办公室主任应直接向中央情报局局长汇报。为了确保行动的安全和灵活性并尽量提高效率，特别计划办公室应独立于中央情报局其他分支机构之外，单独采取行动。

(4) 中央情报局局长应该负责：

① 通过国务卿和国防部长的指定代表确保按照与美国外交和军事政策以及公开活动相一致的方式制订和执行秘密行动计划。当中央情报局局长与国务卿和国防部长的代表在秘密行动计划方面出现分歧时，应由国家安全委员会裁决。

② 同时，一定要在参谋长联席会议代表的协助下制订战时秘密行动计划，并确保他接受这些计划，将其作为与获准的战时军事计划相一致的补充计划。

③ 通过适当的渠道，将这些行动方案通知相关的美国国内外政府机构(后者包括驻各地区的外交和军事代表)。

(5) 与经济战有关的秘密行动将由特别计划办公室在负责制订经济战计划的部门机构的指导下执行。

(6) 应立即请求获得1949年财年拟采取的行动所需的追加资金。以后，此类资金应包括在中央情报局正常的预算请求中。

4. 战时或依据总统的指示，所有秘密行动计划均应与参谋长联席会议取得一致。在美军参与战斗的区域，秘密行动将在美军战区司令的直接指挥下进行。因此，除非总统另外有所指示，否则行动命令将通过参谋长联席会议发出。

5. 在本指令中，“秘密行动”是指美国政府采取或发起的反对敌国或外部敌对集团或者支持友好国家或外部友好集团的(此处注明的除外)所有的活动，但行动计划的制订和执行要使未经许可的人难以看出是美国所为，即便被人发现美国政府也能够言之有据地否认对此负有任何责任。具体地说，这些行动应包括与以下方面有关的所有秘密活动：宣传；经济战；包括破坏、反破坏、爆破以及撤离在内的直接的预防性行动；包括援助地下抵抗运动、游击队和流亡解放组织以及支持面临威胁的自由世界国家的当地反共力量在内的针对敌国的颠覆活动。以上行动并不包括公开军队间的武装冲突、间谍活动、反间谍活动以及掩护性和虚张声势的军事行动。

6. 本指令替代了国家安全委员会第 4 号文件的 A 部分(NSC4 - A)内容[①],后者就此作废。

"The Central Intelligence Agency: Its Founding and the Dispute over Its Mission, 1945 - 1954," (vol. 23) in Dennis Merrill (ed.), *Documentary History of the Truman Presidency*, University Publications of America, 1998, Document 70, pp. 301 - 304

梁志译、校

① 参见 U. S. Department of State, *Foreign Relations of the United States, 1945 - 1950, Emergence of the Intelligence Establishment*, 1996, pp. 643 - 645。——编注

15－70

休斯敦关于管理政策协调处的职责和权力的备忘录

（1948年10月19日）

绝　密

1948年10月19日

致中央情报局局长的备忘录：

主题：管理政策协调处的职责和权力

参考文件：(1) 国家安全委员会第10/2号文件。(2) 日期为1948年8月12日的谈话和谅解备忘录。(3) 国家安全委员会执行秘书致代理中央情报局局长的日期为1948年10月11日的备忘录。

（此处使用的“秘密行动”这一短语特指政策协调处的行动。）

一、分析国家安全委员会第10/2号文件

（一）第2段包含了国家安全委员会的如下基本决议：

“因此，出于工作考虑，似乎不宜新建一个负责秘密行动的机构，而应在和平时期将从事秘密行动的职责置于中央情报局的框架内，使其与中央情报局局长全面负责①的间谍与反间谍活动联系在一起。”

（二）在第3段，国家安全委员会指示在中央情报局内部组建“制订并执行”秘密行动计划的特别计划办公室。办公室主任的任命要由国务院提名并经国家安全委员会批准，但必须还要获得中央情报局局长认可。他要向中央情报局局长直接汇报。但政策协调处应在中央情报局其他下属机构之外单独行动。

（三）中央情报局局长专门负责通过国务卿和国防部长的代表确保在与美国外交和军事政策相一致的前提下“制订和执行”秘密行动计划。他还要负责确保与参谋长联席会议一起制订战时秘密行动计划。以上行动所需的资金来自于中央情报局资金中指定由政策协调处使用的款项。

（四）因此，正如国家安全委员会第10/2号文件所提出的那样，委员会意在指望中央情

① 原文“负责”(control)下面有划线，以示强调。——译注

报局局长正确地行使制订和执行秘密行动计划的职能。由他专门负责指导秘密行动,前提是虽然他有权提议制订和否决秘密行动计划,但一旦发生争论,只能服从国家安全委员会的裁定。当所需资金来自中央情报局资金时,依据法律未加证明的花费要由中央情报局局长本人负责。为此,他必须有权全面控制此类支出,并通过审计或其他方式确保资金花费符合他的规定。因此,看起来,除了在发生争论时国家安全委员会可能会行使相应的职权外,委员会再无意对中央情报局局长的管辖权予以任何限制了。但是,从政策角度看,对中央情报局局长的职权还是有所制约的,他必须满足国务院外交事务方面的以及参谋长联席会议军事计划方面的政策需求。不过,这并不是对中央情报局局长发出的硬性的命令。

二、对 1948 年 8 月 12 日关于执行国家安全委员会第 10/2 号文件规定的谈话和谅解备忘录的分析

(一) 在讨论国家安全委员会第 10/2 号文件时,国务院的凯南先生坚决支持如下原则:

必须让作为外交政策工具的秘密行动“最大限度地”直接为国务院和国家军事组织所用。他承认,因为政策协调处设置于中央情报局中,所以必须考虑“中央情报局的组织需要”。不过,在国务院看来,政策协调处“必须”听从国务院和国家军事组织的政策命令和指导,政策协调处处长一定要能够自主地与以上部门相应的代表进行全方位的接触。

(二) 索尔斯先生特别指出,国家安全委员会在第 10/2 号文件中有意承认国务院和国家军事组织负责“安排”政策协调处活动的原则。索尔斯先生的观点是文件体现了这一原则。以上第一部分所做的分析的结果与之正好相反——中央情报局局长专门负责“安排”政策协调处的活动。

(三) 中央情报局局长声称,应该也可以使政策协调处在中央情报局内部享有一切必要的自由和灵活性,且国务院有责任做出政治决策,可以就某一计划的政治方面做出决策。凯南先生也认为这一点是必要的。作为国务院的代表,他有责任做出这样的决定。这种与业务责任相分离的政治责任似乎与以上第一部分对国家安全委员会第 10/2 号文件的分析一致。

(四) 政策协调处处长声称,他应该不断地与没有详细研究中央情报局管理体系的适当的部门直接进行接触,但要让中央情报局局长了解所有重要的计划和决定。国家安全委员会第 10/2 号文件承认政策协调处与国务院和国家军事组织间的特殊关系。但由于政策协调处处长受命要向中央情报局局长直接汇报,且中央情报局局长要负责安排政策协调处的活动,因此国家安全委员会第 10/2 号文件显然是要让中央情报局局长实际控制除需要提交国家安全委员会裁定的有争议的问题以外的所有计划和决策权而非仅仅了解重要计划和决定。

(五) 在 10 月 11 日写给代理中央情报局局长的信中,索尔斯先生阐述了他对国家安全委员会在第 10/2 号文件中通过的决议的理解。他声称,与国家安全委员会是否应该告诉中

央情报局局长他的组织将如何运转的问题相联系，尽管中央情报局局长负责管理的中央情报局的情报组织是依法建立的，但由国家安全委员会组建的政策协调处并不是一个真正的情报机构，它要在最大限度地保证效率的前提下在中央情报局其他下属机构之外单独采取行动。国家安全委员会在建立政策协调处时援引了国家安全法第102条第4款第(5)分款关于国家安全委员会有权指示中央情报局履行与国家安全情报有关的职责。国家安全委员会第10/2号文件专门规定，新筹建的处级单位应设立于中央情报局之中。因此，根据对以上规定的正常解释，指导政策协调处的秘密行动应是中央情报局的职能，准确地说是中央情报局局长要依法履行的职责。而且，甚至国家安全委员会也无权建立全新的单独行动的实体。

三、对现状的分析

（一）中央情报局局长必须注意国家安全委员会第10/2号文件，从这项官方授权中弄清楚他的职责。正如以上第一部分阐明的那样，表面上这项授权将管理和业务方面的全部控制权和责任都赋予了中央情报局局长。正如目前的措辞所表明的那样，国家安全委员会就指望从中央情报局局长那里获知结果了。他仍然需要获得必要的政策指导，只是这样的指导要来自于他管理的范围之外。

（二）索尔斯先生声称，国家安全委员会意在让国务院和参谋长联席会议负责安排政策协调处的活动。国务院的代表和政策协调处处长并未断然宣称要由国务院和参谋长联席会议负责，而是通过推论转移关注点，以得出显见决定要由外部机构做出而只通知中央情报局局长结果的结论。这种基本职责和控制权的转移与中央情报局局长的法定职责和国家安全委员会第10/2号文件当前的措辞是矛盾的。他要证实中央情报局财政中不受他监管的部分的花费情况。虽然外部机构仅仅告知中央情报局局长他的职责是什么，但其仍要负责人事和采购。中央情报局局长本人将为未加证明的开支作证，(可)无权提前控制或批准此类开支，也无权实际肯定此类开支的正当性。

四、建　　议

（一）鉴于以上第三部分明显地反映出来的意见分歧，建议按以下方式采取措施最后澄清管理政策协调处秘密行动的职责和权力。

1. 如果国家安全委员会第10/2号文件当前的措辞表明了它的立场，那么应该具体详细地申明在履行经过授权的采取秘密行动并承担相应责任的职责时，中央情报局局长完全拥有对人员和供应品的管理控制权、对资金花费的最后批准权以及提议制订或否决计划的权力。当然，正如国家安全委员会第10/2号文件规定的那样，战时中央情报局局长要将控制权移交参谋长联席会议。

2. 正如索尔斯先生表明的那样,如果国家安全委员会意在让国务院和参谋长联席会议负责,那么应仔细修改国家安全委员会第10/2号文件,以明确各方的职责。考虑到管理体制发生改变的可能性或者说避免让新建的安全委员会不得不绝望地面对混乱局面的必要性,则更要如此。一旦控制权和职责不再属于中央情报局,建议明确地将中央情报局局长的责任限定于仅仅提供行政支持。国家安全委员会应清楚地表明中央情报局局长没有管理权,无权否决计划和控制未加证明的资金。做出这一决定就意味着大体上接受了至少以下两项基本原则:(1) 所有的秘密行动均应服从垂直协调和管理;(2) 中央情报局局长决不能不承担处理未加证明的开支问题的个人责任。尽管国家安全委员会第10/2号文件明确表示想要建立这一组织的想法似乎既切实可行又能保证高效地完成任务,但如此安排必然引起很多难以解决的问题。

劳伦斯·R·休斯敦

Michael Warner (ed.), *CIA Cold War Records: The CIA under Harry Truman*. Washington, D. C.: History Staff, Center for the Study of Intelligence, Central Intelligence Agency, 1994, Document 46, pp. 235-239

梁志译、校

15－71

威斯纳关于政策协调处的计划的备忘录

（1948 年 10 月 29 日）

绝　密

1948 年 10 月 29 日

致中央情报局局长的备忘录：

主题：政策协调处的计划

参考文件：(1) 国家安全委员会第 10/2 号文件。(2) 1948 年 10 月 25 日中央情报局局长致政策协调处处长助理（ADPC）的关于 1949 年财政年度预算的备忘录。

1. 您不在期间，政策协调处已举行了一系列由陆军、海军、空军、参谋长联席会议和国务院高级忠诚审查代表组成的顾问委员会会议。这些由各部部长指派的代表的任务是根据参考文件(1)的有关规定协助政策协调处制定和协调政策。尽管初步计划尚未完成，但以下列秘密活动为主要内容的总体计划已见雏形：

特别小组 1——心理战

计划(1)——出版界（期刊和非期刊）

计划(2)——广播

计划(3)——杂项（直接邮寄、匿名诽谤、谣言等）

特别小组 2——政治战

计划(1)——支持抵抗（地下）

计划(2)——支持流亡者（Displaced Persons）和难民

计划(3)——支持自由国家的反共产主义者

计划(4)——煽动叛变

特别小组 3——经济战

计划(1)——日用品行动（……①）

计划(2)——财政行动（……②）

特别小组 4——预防性直接行动（Preventive Direct Action）③

计划(1)——支持游击队

计划(2)——蓄意破坏、反蓄意破坏与拆除

---

① 原文此处约两行未解密。——译注

② 原文此处约一行未解密。——译注

③ 这里的“直接行动”是一个专有名词，特指利用讨论协商以外的手段达到目的。——编注

计划(3)——撤离

计划(4)——留守

特别小组5——杂项

计划(1)——前线组织工作

计划(2)——战争计划

计划(3)——管理

计划(4)——杂项

2. 显然,在全面计划和政策制定出来以前,是不可能提交一份参考文件(2)要求的准确或现实的预算分配纲要的。不过,政策协调处的高级官员们正在制订一个供您和我在最近进行审核的详细计划。

3. 同时,我们别无选择,只能接受简直是强加给我们的子项目,诸如从特别程序组、……[①]和捷克难民组(Czech Refugee Group)那里继承过来的原有的……[②]项目。您应该知道我们已经尽全力推掉这样的紧急任务了。在别无选择的情况下,我们只能限定我们的义务并设立专项资金以控制开支。

政策协调处处长助理　弗兰克・G・威斯纳

Michael Warner (ed.), *CIA Cold War Records: The CIA under Harry Truman*. Washington, D. C.: History Staff, Center for the Study of Intelligence, Central Intelligence Agency, 1994, Document 47, pp. 241 - 242

张屹峰译,梁志校

① 原文此处约两单词未解密。——译注

② 原文此处约一单词未解密。——译注

15－72

威斯纳关于杜勒斯-杰克逊-科雷亚报告的备忘录

（1949年2月14日）

机　密

1949年2月14日

致中央情报局局局长的备忘录：

主题：对杜勒斯-杰克逊-科雷亚提交国家安全委员会的报告①的意见

1. 我把杜勒斯-杰克逊-科雷亚委员会提交国家安全委员会的日期为1949年1月1日的报告的第17份副本还给您。根据您的要求，现在我就通过本备忘录向您提出我对这份报告中具体涉及政策协调处、政策协调处的活动以及政策协调处与中央情报局其他各处关系的内容的看法。我想您同样也已经征求中央情报局其他下属机构负责人对报告中涉及他们各自职责的部分的看法了，我相信我仅有的一点意见可能会对您全面考虑这一问题有所帮助。

2. 这份报告与政策协调处有直接关系的最重要特征是建议把政策协调处、特别行动办公室和行动办公室联络组（Contact Branch of the Office of Operations）合并成一个按统一指令行事的"行动司"（Operations Division）。我同意这个建议，并赞同提出这一建议的理由。此外，我还同意像这样在中央情报局内部新建的机构应是享有很大自主权的完全独立的实体。支持这一结论和建议的考虑集中出现在报告的第94、96、97、99、100和131～134页。最初，我就确信报告提到的三者之间在行动上一定要紧密配合。我认为，迄今为止我们的经验已经为这一基本假设提供了许多证据。

在这方面，报告本身承认在中央情报局内部建立政策协调处这一特殊机构所带来的技术性困难。无疑，作为这一建议实质的非常重要的政策调整将修订起初由国家安全委员会确定的以上安排。

3. 关于秘密行动应该有自己的行政支持体系的建议对政策协调处、特别行动办公室或

---

① 1948年1月13日，美国国家安全委员会第5次会议决定由不在政府机构工作的两个或三个人组成一个情报调研小组，负责全面客观地考察中央情报局的组织、活动和人员情况，并从中央情报局现有组织结构的完备程度和效能、中央情报局目前工作的价值和效率、中央情报局与其他部门机构的关系以及中央情报局人员的使用状况四个方面向国家安全委员会汇报并提出相应的建议。国家安全委员会提名的情报调研小组成员包括艾伦·杜勒斯、马赛厄斯·科雷亚和威廉·H·杰克逊，请求总统批准。2月13日，国家安全委员会执行秘书索尔斯授权三人组成情报调研小组。1949年1月1日，情报调研小组向国家安全委员会提交了名为"中央情报组织和国家情报组织"的最终报告。——编注

拟建的“行动司”工作的有效性和安全性特别重要。我认为,第 10、32、115 和 136 页提出的支持这一建议的论据是可信的。其主要内容如下:

由于自身的机密性及随之而来的安全需求,这些秘密行动机构在行政方面普遍存在的问题是独一无二的。它们与中央情报局其他有关行动协调和在某种程度上公开进行的研究分析工作有着重要的区别。当公开行动和秘密行动的管理机构被置于同一框架内时,秘密行动的安全性必将受到影响。同样重要的是,事实上秘密行动的独特性使大多数通常的行政条例无法适用。如果直接负责秘密行动的官员不再提供行政支持,结果之一将是行政考虑必定成为情报和行动政策的重要甚至是首要因素。从集中管理所带来的总体效率的提高与由此引起的行动效率和安全性的下降的对比来看,这样做是利远远大于弊的,不过后者也是不可忽视的。

4. 尽管显然第 37 页已经就忠诚审查延误导致的严重后果的问题做出了评论,但一定要在本备忘录中再次提及此事,这仍是相当重要的。在承认仔细和彻底地进行人员调查的重要性的同时,要想让这一机构履行它的职责,有必要在忠诚审查中保持一定的灵活性。在少数情况下,对那些长期担任公职并始终忠诚和恪尽职守的人员将有必要允许他免于接受调查。任何人都应该接受七项名声调查,但在上述情况下,应该允许这部分人先上任然后再对其进行全面调查。而且,必须兼顾保证绝对忠诚和对人才、想象力、首创精神和某些专业知识的需求。

5. 我想正式地提出一个算不上大但并非不重要的问题,即报告似乎表明,在鼓励苏联及其卫星国政府至关重要的岗位上的工作人员叛变方面,政策协调处的作用不及特别行动办公室。我们对国家安全委员会第 10/2 号文件的理解是,以上领域确实属于政策协调处的职责范围,但我们完全承认特别行动办公室和行动办公室联络组在这方面也有特殊利益。您会记起一份由政策协调处起草的、获得了其他两个部门同意的备忘录,它就如何在中央情报局内外协调这一日益变得重要的领域中的活动的问题提出了自己的建议。我希望您能重新考虑您在这一问题上的不同看法,以便使三个相关部门能够以协调有效的方式履行各自的职责。(参见第 129 页的第三项建议)

6. 我还想正式地评论委员会在第 123 页提出的有关特别行动办公室(和政策协调处)华盛顿总部目前布局的危险性的看法。我同意,把这些负责秘密行动的机构单独置于一幢显眼的大楼中对其工作人员和联络安全非常不利,而让它们隐蔽于一个没有以前战略情报局和中央情报局污迹的大楼中则是相当可取的,楼中大量的工作人员和来访者会使人们几乎无法辨认出这些从事秘密行动的工作人员和拜访他们的人。我已完全意识到由于政府在华盛顿办公用房非常短缺,以上看法是说起来容易做起来难,但我仍然认为有关各方应认真对待并继续考虑该问题。即使是在临时的 L 楼,后勤部门至今都无法为政策协调处的工作人员提供足够大的办公场所,因此,问题更加严重了。

7. 委员会在报告第 148～149 页提出的关于军人将情报工作作为自己的职业对其声誉的影响的观点与中央情报局和政策协调处的工作有关。由于中央情报局经常重用军队的情报人员且为了成为讲究效率和具有价值的机构中央情报局要经常与军队往来，因此采取措施降低军队情报人员的损失、改善军队情报人员的前景符合相关各方的利益。

8. 最后，我将就委员会提出的在国务院内部设立作为国务院和包括政策协调处在内的中央情报局之间主要联络人的所谓的"情报官"(Intelligence Officer)的建议作出评论。我对以上建议的看法主要取决于担任这一新职务的人的身份以及他在国务院中所处的级别。除非这位情报官在国务院内的级别相当高，否则结果将非常糟糕。在任何情况下，国务院和政策协调处之间的联络人都绝不能是国务院的研究和情报工作人员。

政策协调处处长助理　弗兰克·G·威斯纳

"The Central Intelligence Agency: Its Founding and the Dispute over Its Mission, 1945 - 1954," (vol. 23) in Dennis Merrill (ed.), *Documentary History of the Truman Presidency*, University Publications of America, 1998, Document 72, pp. 307 - 310

张屹峰译，梁志校

1949年中央情报局法

（1949年6月20日）

未设密级

1949年1月3日(星期一)在华盛顿市召开的
美利坚合众国第80届国会第1次会议

法　　案

旨在使对依据1947年国家安全法第102条建立的中央情报局的管理有法可依并兼及其他目标。

（一旦为美国国会参众两院所通过）

定　　义

第1条　用于本法时，

第(1)款　“机构”(Agency)指中央情报局；

第(2)款　“负责人”(Director)指中央情报局局长；

第(3)款　“政府机构”(Government agency)指行政部门、委员会、市政服务机构、独立机构、服务于美国政府完全或部分为美国所有的公司、董事会、局、科、处、办公室、官僚机构、当局、政府或政府行政部门中的其他机构。

第(4)款　“美国大陆”(Continental United States)指各州和哥伦比亚特区。

办 公 印 章

第2条　在总统批准的情况下，中央情报局局长应该拥有一枚中央情报局使用的办公印章，并就此事发布司法通告。

采 购 权

第3条第(1)款 在行使职能时，中央情报局有权依照1947年武装部队采购法(Armed Services Procurement Act of 1947)(第80届国会第2次会议，第413号公法)的第2条第(3)款的第①②③④⑤⑥⑩⑫⑮⑰分款以及第3、4、5、6、10条的内容行使职权。

第(2)款 在行使本条第(1)款赋予的职权时，“机构首脑”(Agency Head)一词指中央情报局局长、副局长或行政负责人。

第(3)款 中央情报局首脑在本条第(1)款规定的内容方面做出的采购决定可以是关于单件商品的，也可以是关于某一类商品的，且应具有决策的性质。除本条第(4)款的规定外，中央情报局首脑有权按照他本人的意愿和想法将本条赋予他的包括决策权在内的权力委托给局内的任何其他一位或一些官员代为行使。

第(4)款 1947年武装部队采购法第2条第(3)款的第⑫⑮分款和第5条第(1)款规定的中央情报局首脑的决策权不得由他人代为行使。1947年武装部队采购法第2条第(3)款的第⑫⑮分款以及第4条和第5条第(1)款要求做出的决策应基于决策官员的书面调查，这些书面调查应是最终文本并从决策之日算起至少六年里能够在局内查阅得到。

第4条第(1)款 可以指派局里的任何官员或雇员参加国内外公私机构的专业课程班、研究工作或培训和贸易、劳工、农业或科学协会以及国家军事部门的课程或培训计划抑或进入商务公司。

第(2)款 按照中央情报局局长的规定，中央情报局除了向选派的官员或雇员发放他们在做原来的工作时理应得到的工资和津贴外，还应根据本条第(1)款的规定，为他们支付学费及其他费用。

外出、津贴和相关开销

第5条第(1)款 按照中央情报局局长的规定，在有关被派至美国大陆、准州及其附属地之外的常设工作站任职的官员和雇员的问题上，中央情报局应该：

① 第1项 根据中央情报局局长依照关于出国经费的第5条第(1)款第③分款的规定发布的命令为局内官员或雇员支付包括出国期间的花费在内的外出开销；

第2项 为局内官员或雇员的家庭成员支付往返于美国与他们的工作地之间、陪伴他们因公出国或依据本法及任何其他法律的规定外出所需的开销；

第3项 为调任、停职以及退休的局内官员或雇员支付分别将他们的家具、家庭用品以及个人财物运送至下一个工作地点、当初接受任命时的居住地或不太远的地方以及今后的居住地所需的费用；

第 4 项　当官员或雇员因执行命令而不在正常的工作岗位或在被派至一个工作岗位时由于情况紧急而无法携带或在那里无法使用家具、家庭用品和个人财物时，为他们支付保存其家具、家庭用品和个人财物的开销；

第 5 项　为局内官员或雇员支付初到工作岗位三个月内或直到理应在更短的时间内建造完毕的住所建好之前存放家具、家庭用品和个人财物所需的费用；

第 6 项　在局内官员或雇员的驻地出现的严重干扰使他们的生命财产安全面临迫在眉睫的危险时，为这些人支付迁出家属以及搬出家具、家庭用品和包括汽车在内的个人财物以及当干扰消失时迁回家属和搬回以上物品或将上述人、财、物转移到这些官员或雇员的新工作地点所需的费用。

② 将因常驻工作站变换、依据已经签署的出行和迁移命令进行的本人和随同人员的出行以及家庭用品和个人财物的运送支出的费用划在开始出行或搬运时所处的财年的拨款上，虽然事实上这样的出行或搬运在那一个财年里可能并未完成，而出行和迁移命令也可能是在上一个财年签署的。

③ 第 1 项　依据有关返回美国或美国的准州和属地休假的美国法典第 5 编第 30、30a 和 30b 部分(5 U. S. C. 30，30a，30b)或此后对以上部分可能做出的修订，接受任命或雇用时为美国或美国的准州和属地公民的局内官员或雇员已经在海外连续工作两年后应立即或尽快回归美国或美国的准州和属地度假。假如接到休假命令时以上官员或雇员的工作受到了更多的嘉奖，那么在美国休假期间至少有 30 天是带薪休假。

第 2 项　在美国大陆休假期间，除非在局里以及接受培训或调换工作，否则不得让任何官员或雇员承担工作任务，且即使按照以上规定承担了工作任务，工作时间也不应算作假期。

第 3 项　在官员或雇员返回美国或美国的准州和属地休假时，法定休假时间不应包括离开或奔赴美国或美国的准州和属地实际和必须花费的时间，由于交通等待以上时间可能是必不可少的。

④ 虽然其他法律也有相关的规定，但在必要和应急的时候仍要为局里的官员或雇员从水上、铁路或空中部分或全程运送私家车并支付相关费用。

⑤ 第 1 项　万一局内官员或全职雇员在国外工作期间因伤病需要住院(由于恶习、酗酒或行为不端者除外)但当地又没有合适的医院或诊所，应以这些官员或全职雇员认为合适的方式为这些人支付就近外出治疗以及康复后重返工作岗位所需的交通费，而不必考虑政府出行标准法规(Standardized Government Travel Regulations)和 1933 年 3 月 3 日法案第 10 条(47 Stat. 1516； 5 U. S. C. 73b)的规定。如果官员或雇员因病情严重无法单独出行，中央情报局局长还应为随同人员支付出行所需的费用。

第 2 项　倘若中央情报局局长认为无法利用现有设施，那么就建立一个在他看来人手充足的提供护士服务的急救站。

第 3 项　万一局内官员或全职雇员在国外工作期间因伤病需要住院(由于恶习、酗酒或行为不端者除外)，为在合适的医院或诊所对这些人进行救治支付医疗费。

第4项　定期对局里的官员和雇员进行体检，并为他们打预防针或接种疫苗支付费用。

⑥ 为收拾在出行或居于国外期间去世的官员、雇员或他们的家属的遗物并将这些遗物运送到死者家中、官方工作站或中央情报局局长认为适于安葬的其他地点支付所需费用(中央情报局局长选择其他地点的前提是这样做所需的开销绝不超过目的地为死者家中或官方工作站需要的开支)。

⑦ 为新上任者及其随同人员由接受任命时在国外的实际居住地到新的工作地点以及接受任命时返回实际居住地或一个不太远的地方支付交通费和运输他们的家庭用品和个人财物所需的费用，前提是被任命者书面同意自接受任命时起至少为美国政府工作12个月。

假如被任命者出于个人便利的考虑或因为不在工作地点的玩忽职守而违反这一协议，则他不得享受上述返程待遇。为了最大限度地保护美国的利益，中央情报局局长或他指派的人可以决定将美国为以上出行和运输支付的所有费用视为违约个人欠美国的债务。

第(2)款　虽然修订法案第1765条(5 U.S.C.70)已经做了相应的规定，但根据总统可能制定的规章制度，中央情报局局长仍有权按照1946年海外服役法(Foreign Service Act of 1946)第901条第(1)款和第(2)款的规定为局内的任何官员或雇员发放津贴。

总 体 授 权

第6条　在行使职能的过程中，中央情报局有权：

第(1)款　按照预算局批准的数额向其他政府机构转移或由其他政府机构接收用于行使或从事1947年国家安全法(第80届国会，第253号公法)第102和303条规定的职能或活动的资金。同时，任何其他政府机构也有权向中央情报局转移或由中央情报局接收上述资金而无需考虑限制或禁止不同拨款间相互转移的法律规定。为了某些目的，依据本法的授权，可以根据本段规定增加向中央情报局转移的资金数额而不考虑关于转移拨款的限制。

第(2)款　在不考虑修订法案第3651条规定(31 U.S.C.543)的情况下进行资金汇兑；

第(3)款　向为中央情报局选派人员的其他政府机构做出经济补偿，以上其他政府机构也因此有权不顾有关法律相反的规定而选派为中央情报局工作的官员或雇员。

第(4)款　当运送涉及国家防务和安全的机密文件资料时，中央情报局局长指派的通讯员和卫兵有权携带枪支。

第(5)款　更换、装修、修缮中央情报局租用的房屋，并在不考虑经过修订的1932年6月30日法案关于开支的限制的情况下支付租金，前提是每次均需中央情报局局长证实不受以上限制对于中央情报局成功行使职能或保证活动安全是必要的。

第7条　在有利于保证美国对外情报活动安全的情况下，为了进一步落实1947年国家安全法(第80届国会第1次会议，第253号公法)第102条第4款第(3)分款的规定(具体内容为中央情报局局长有责任保守情报来源和途径的秘密),中央情报局应免受 1935 年 8 月 28 日法案(49 Stat. 956,957; 5 U. S. C. 654)第 795 章第 1 条和第 2 条以及任何其他法律中有关要求公布或透露中央情报局雇用人员的所属组织、职能、姓名、官衔、薪金或数量的规定的制约,前提是在进一步执行本条规定时,预算局局长不得按照经过修改的 1945 年 6 月 30 日法案的第 212 章第 6 部分的第 607 条(5 U. S. C. 947(b))的规定向国会汇报有关中央情报局的情况。

第 8 条　倘若中央情报局局长、司法部长和负责移民的官员认为赋予某一外籍公民在美国的永久居住权有利于国家安全或在促进国家情报工作方面具有极其重要的意义,即使根据移民法和其他法律法规他们无权居住美国或不符合关于移民的法律法规,仍要准许这样的外籍公民及其直系亲属永久居住美国。不过,在任何一个财年按照本条规定移居美国的移民及其直系亲属的人数都绝不得超过 100 人。

第 9 条　中央情报局局长有权为局里三个或三个以内有关专业科学领域的职位提供补偿金,在这一职位上的人均从事与国家安全有关的科学情报工作,都具有特殊科学或专业才能,前提是依据本条规定设立的补偿金的金额每年不应少于 1 万美元或高于 1.5 万美元且需获得公务员委员会的批准。

拨　　款

第 10 条第(1)款　虽然法律上存在其他规定,但为了行使职能中央情报局仍可以将通过拨款或其他方式获得的款项用于以下其他目的:

① 个人服务。包括不考虑受聘者类型限制的个人服务;在政府所在地以及其他地方的租用服务;根据美国法典第 5 编第 150 部分(5 U. S. C. 150)的规定享受的保健服务;租用新闻报道设备;购买或租用照相、录音、密码、复印和印刷设备以及包括电报机和电传打字设备在内的无线电接收和发射装置;购买、维护、使用、修理、租用各种客用摩托车、飞机和船只;根据中央情报局局长制定的政策,出于工作需要,以政府所有的机动车辆运载局内官员或雇员往返于住所与工作地点之间、运载在美国大陆之外的偏僻工作站有住房但当地的公私交通运输皆不便利的局里的工作人员的子女往返于学校之间;印刷与装订;购买、维护和擦拭枪支,购买、贮备并保存弹药;根据中央情报局局长制定的政策,支付参加有助于促进工作的专业、技术、科学及其他类似组织的会议所需的交通费和其他费用;需向图书馆和协会缴纳的费用;为官员或雇员支付保险金或保证金而无需考虑第 61 号法案第 646 条(61 stat. 646)和美国法典第 6 编①第 14 部分(6 U. S. C. 14)的规定;根据美国法典第 28 编(28 U. S. C.)②

① 内容为“国内安全”。——编注

② 内容为“司法制度和司法程序”。——编注

支付赔款；获得必要的土地并对这些土地进行清理；在不考虑第 36 号法案第 699 条（36 stat. 699）和美国法典第 40 编[①]第 259、267 部分（40 U. S. C. 259，267）的相关规定的情况下建造建筑物和场所；修理、租借、使用和维护建筑物、公用事业设施、场所和装置。

② 中央情报局局长批准的、法律法规授权享有的供应品、设备和个人以及合同服务。

第(2)款　扩大中央情报局可资利用的款项的适用范围时可以不考虑与政府资金花费相关法律法规的规定。由于具有机密性、特殊性和紧急性，以上花费仅需向中央情报局局长报账，这样的核实均可被视为开支数量凭据。

条款的单独有效性

第 11 条　即使本法的某一条款或某一条款在应用于某人或某种情况时被认为是无效的，本法其余条款的有效性或这些条款对于其他人员或情况的适用性不应因此受到影响。

简　　称

第 12 条　援引本法时可称之为"1949 年中央情报局法"。

本法于 1949 年 6 月 20 日获得批准。

……[②]

众议院发言人

萨姆·雷伯恩

参议院主席

批准

1949 年 6 月 20 日

哈里·杜鲁门

"The Central Intelligence Agency: Its Founding and the Dispute over Its Mission, 1945 - 1954," (vol. 23) in Dennis Merrill (ed.), *Documentary History of the Truman Presidency*, University Publications of America, 1998, Document 73, pp. 311 - 316

梁志译、校

---

① 内容为"公共建筑、财产和工程"。——编注

② 原文此处的人名无法辨识。——译注

15－74

国务卿和国防部长关于中情局和国家情报组织问题给国家安全委员会的报告

（1949年7月1日）

绝　密

国家安全委员会第50号文件

国务卿和国防部长关于中央情报局和国家情报组织问题

给国家安全委员会的报告

（1949年7月1日）

国家安全委员会执行秘书关于中央情报局和国家情报组织的报告

参考文件：(1) 国家安全委员会第202号行动。(2) 执行秘书致国家安全委员会的日期分别为1949年1月24日、3月2日、3月8日和4月4日的主题均为中央情报局和国家情报组织的四个备忘录。

国家安全委员会第37次会议审议了杜勒斯-杰克逊-科雷亚研究小组提交的关于以上主题的报告，做出了评价(参考文件2)并将相应的文件送交国务卿和国防部长，要求他们在根据委员会会议的讨论与财政部长和司法部长协商后提出详细的委员会行动建议。(参考文件1)

附录中由国务卿和国防部长根据国家安全委员会第202号行动与财政部长、司法部长协商后撰写的关于这一主题的报告已被提交给国家安全委员会，供下次国家安全委员会会议讨论。

司法部长将受邀参与委员会对该报告的讨论。

国防部长的观点是：一经批准，应立即将这些建议付诸实施，且此后委员会还要准备在适当的时间审查建议的实施情况。

要求在处理这份报告时采取特别安全防范措施。

执行秘书　悉尼·W·索尔斯

分发给总统、国务卿、财政部长、国防部长、司法部长、陆军部长、海军部长、空军部长和国家安全资源委员会主席

副本

1949年7月1日

国务卿和国防部长针对杜勒斯-杰克逊-科雷亚委员会报告向国家安全委员会提出的评论和建议

这份关于“中央情报局和国家情报组织”的报告包括57个结论和建议，我们对它们进行了重新编排，以便于委员会审议。尽管其中有一些结论不需要委员会考虑，但我们仍希望提请委员会注意这些结论及我们所作的评价。其他结论和建议要求委员会表明态度（同意或不同意）并制订适当的实施方案。

1. *涉及中央情报局及其在国家安全委员会地位的法律规定*

（1）报告总结

研究小组报告得出结论：

① 1947年国家安全法中关于建立中央情报局的第102条是合理的，此时不必作任何修订；

② 实际上，中央情报局被置于国家安全委员会之下，但中央情报局局长应该与该局主要依靠的委员会的两位成员国务卿和国防部长建立较为密切的联系。

（2）评论

我们对这些不需要委员会审议或授权的结论和建议表示赞同。不过，应该指出的是，国家军事组织和中央情报局目前正在研究中央情报局在战时的地位和职责，且随后可能会就这一问题提出建议。可以肯定的是，战时中央情报局的某些职责应由军方履行。

（3）建议采取的行动

国家安全委员会同意研究小组在这一问题上得出的结论，认为研究结果可能是战时中央情报局的某些职责应由军方履行。

2. *协调情报活动*

（1）报告总结

报告的结论是：

① 中央情报局并未完全履行协调情报活动的职责。

② 情报顾问委员会被恰当地定位为顾问机构，但在中央情报局局长的直接提议和领导下，该委员会应该更积极地参与协调情报活动以及讨论和批准情报评估的日常工作。

（2）评论

我们同意报告关于这一宏大主题的观点和结论。我们认为认可、奉行这些原则并根据报告其他地方的建议在组织和行动上加以改进即可实现所追求的目标。

根据这些原则，我们建议对国家安全委员会第1号情报指令作出附件1要求的某些修改，以便与部分上述原则相契合。这些修改包括：① 对中央情报局局长作为情报顾问委员会成员的地位作出明确规定；② 阐明在各方共同撰写的情报评估中囊括不同观点的程序。

(3) 建议采取的行动

国家安全委员会：① 同意以上2(1)部分所得出的结论和提出的建议并将其作为中央情报局局长和情报顾问委员会应该遵循的原则；② 赞同根据此处附件1的建议对国家安全委员会第1号情报指令做出修改。

3. 情报顾问委员会成员

(1) 报告总结

报告建议将联邦调查局增列为情报顾问委员会成员，同时取消参谋长联席会议和原子能委员会的情报顾问委员会成员的资格。

(2) 评论

我们同意将联邦调查局增列为情报顾问委员会成员的建议，但不同意取消参谋长联席会议和原子能委员会的情报顾问委员会成员的资格。许多同时涉及外部情报和国内安全情报的问题的出现说明为了保证国家利益应该使联邦调查局获得情报顾问委员会成员的资格，以实现必要的协调与合作。

我们还想指出的是，倘若以上2(3)部分建议采取的行动获得了批准，那么这些行动将对中央情报局局长作为情报顾问委员会成员的地位的明确规定产生影响。

(3) 建议采取的行动

国家安全委员会：① 请求司法部长赋予联邦调查局以情报顾问委员会成员的资格；② 如果该请求获得同意，则据此按照此处附件1的建议对国家安全委员会第1号指令做出修改。

4. 需要协调或注意的具体情报问题

(1) 报告总结

纵观研究小组报告的结论和建议，可以发现许多具体的情报问题需要特别注意或协调。这些问题包括：

① 科技情报。

② 与国家安全有关的国内情报和反情报活动。

③ 为在危机形势下立即撰写联合情报评估作准备。

④ 恰当地分派撰写政治总结的职责。

⑤ 利用在美国的外国团体和个人提供的情报。

⑥ 协调在占领区进行的秘密情报活动。

⑦ 统一对叛徒做出处理。

⑧ 提高对中央情报局在国外采取的反间谍活动的重视程度，加强与联邦调查局在反间谍行动方面的合作。

(2) 评论

我们同意上述结论和评价并指出近来在以上提及的某些领域中已取得进展。例如，通过建立科技情报科在科技情报方面取得了进展，就在危机形势下立即撰写联合国家情报评估的程序问题达成了协议，情报顾问委员会组成机构和联邦调查局正在考虑就利用叛徒和其他外国人的问题达成协议。

为了便于阐述和提供指导：

认为4(1)②部分涉及的是协调对外情报和对外反情报活动与国内情报和国内反情报活动以便对与国家安全有关的情报进行归类和评估的问题。

认为4(1)③部分涉及的是为在危机形势下立即撰写联合国家情报评估作准备的问题。

认为4(1)⑤部分涉及的是为了促进对外情报工作而利用在美国的外国团体和个人的问题。

我们预测，将联邦调查局增列为情报顾问委员会成员将非常有助于实现以上②、③、⑤和⑦部分提出的目标。对于第4(1)⑧部分，我们认为关键是要为此保持密切的联系。

(3) 建议采取的行动

国家安全委员会：

① 要求中央情报局局长和情报顾问委员会注意为了协调4(1)部分列举的研究小组报告中讨论过的领域中的活动而采取初步和后续行动的必要性。

② 要求中央情报局局长在六个月内向委员会提交一份有关这些问题的进展报告。

③ 请求司法部长赋予联邦调查局以情报顾问委员会成员的资格。

④ 如果该请求获得同意，则据此对国家安全委员会第1号指令作出此处附件1建议的修改。

⑤ 注意对国家安全委员会第1号指令所作的修改不会影响或改变总统在1949年3月23日批准的国家安全委员会第17/4号文件①，且为了依据1947年国家安全法第102条的规定协调国内情报及其相关活动与对外情报活动、联邦调查局局长与中央情报局的关系应将联邦调查局局长增列为情报顾问委员会成员。

5. 国家情报评估

(1) 报告总结

报告得出的结论是在中央情报局中撰写联合国家情报评估和从事其他各种研究与汇报工作的职责混杂不明。它还发现委员会关于这方面的情报指令的规定是合理的，但并没有得到有效实施。它建议，除了以下提及的机构变动外，中央情报局应利用和检视其他机构的专业情报，以便撰写联合国家情报评估，而后将这些评估报告送交实行成员联合负责制的情报顾问委员会讨论批准。这样的国家情报评估应被视为决策者可资利用的最具权威的情报报告。

(2) 评论

我们反对让中央情报局局长和情报顾问委员会受到集体负责理念的束缚，因为这样做会不可避免地给联合国家情报的代表性造成最致命的损害。为此，应该确立一项程序，规定

① 美国国家安全委员会第17/4号文件是“国内安全政策实施的进程报告”。——编注

即使在意见一致的情况下中央情报局局长和情报顾问委员会仍要分别向总统和国家安全委员会负责，并允许二者同时反映不同意见。不过，中央情报局应领会和遵循国家安全委员会情报指令，以便在撰写具有研究性质的情报评估报告的过程中尽可能地避免采取(与其他相关部门构成)竞争的情报行动。除此之外，我们同意以上其他结论。

(3) 建议采取的行动

国家安全委员会按照我们的理解同意以上结论和建议，并将其作为中央情报局局长和情报顾问委员会应该遵守的原则。

6. 中央情报局的组织机构

(1) 报告总结

为了实现报告中提出的目标，研究小组报告提议从诸多方面改组中央情报局的内部结构。具体如下：

① 应该把特别行动办公室、政策协调处和行动办公室联络组合并成中央情报局垂直管理下的、按统一指令行事的机构。

② 应该在现有的报告和评估办公室之外建立一个利用和检视撰写联合国家情报评估所需要的各部门机构专业情报的小型的评估科和一个集中研究、统一处理公认的各方共同关心领域中的情报的研究和报告科。

③ 应该将目前行动办公室中的国外文件组(Foreign Documents Branch)并入拟建的研究和报告科。

④ 应该将国外广播新闻组(Foreign Broadcast Information Branch)并入拟建的行动司。

⑤ 应该将部际协调和规划人员重组为一个只对中央情报局局长负责的工作组，其任务是制订协调情报活动的计划。此外，它还要履行目前收集和分发办公室有关协调情报收集需求和分发情报的职责。

(2) 评论

除了将国外广播新闻组并入拟建的行动司之外，我们同意其他所有的建议。事实上，行动司下辖机构应该是那些从事秘密或半秘密情报以及与此相关的活动的、彼此明显地相互依赖且面临着相似的管理和安全问题的组织(目前的特别行动办公室、政策协调处和行动办公室联络组)。

我们同意有关报告和评估办公室、部际协调和规划人员以及收集和分发办公室的建议及其基于的中央情报局的理念。然而，我们认为其他的组织方法或许也可以实现同样的目标。

(3) 建议采取的行动

国家安全委员会：

① 除了6(2)部分提及的例外者，依据该部分的评论，批准以上6(1)部分列举的研究小组报告提出的所有其他关于重组中央情报局的建议；② 指示中央情报局局长按委员会批准的这些建议行事，并在90天内就实施情况向委员会汇报。

7. 情报安全和避免泄密

(1) 报告总结

报告建议：① 当中央情报局局长处理公开秘密情报的申请而又自觉无所适从时，他应该将这一问题提交国家安全委员会；② 出于安全考虑，中央情报局应越来越强调其协调情报活动而非协调秘密情报活动的职责，以便扭转目前人们几乎仅仅将它视为一个秘密行动机构的不利趋势。

(2) 评论

我们同意这些建议，同时依旧坚持认为原则上除了一定要遵循7(1)②部分提出的程序以外不宜公布任何秘密情报。

(3) 建议采取的行动

国家安全委员会：

① 根据7(2)部分提出的保留意见，批准研究小组报告中有关情报安全和避免泄密的建议；② 指示中央情报局局长在30天内起草出涵盖这些要点的适当的国家安全委员会情报指令并提请批准。

8. 美国通信情报委员会主席

(1) 报告总结

报告建议中央情报局局长应该兼任美国通信情报委员会主席。

(2) 评论

我们不同意这一建议。美国通信情报委员会建立时已经考虑了该问题，并决定设立轮值主席。在这一安排下，美国通信情报委员会运行良好，因此似乎不宜另做打算。

(3) 建议采取的行动

国家安全委员会不同意报告的这一建议。

9. 有关秘密行动的操作问题

(1) 报告总结

报告提出了一些关于中央情报局秘密行动的个别操作问题的建议。根据报告，这些都是需要特别强调或过去忽视的问题。主要问题如下：

① ……①

② 应该通过军事组织和国务院向特别行动办公室适当的下属机构派驻代表的方式进一步加强与部门机构的关系以及情报使用者对特别行动办公室的指导。

③ 中央情报局局长应亲自确保政府在时事和战略情报以及政策需要方面向中央情报局执行机构提供充分的指导。

④ ……②

---

① 原文此处约四行未解密。——译注

② 原文此处约三行未解密。——译注

(2) 评论

我们同意针对需要特别和长期强调的与秘密行动有关的重要操作问题提出的这些建议。

(3) 建议采取的行动

国家安全委员会：

① 批准 9(1)部分列举的报告的建议；② 指示中央情报局局长在其他相关部门和机构的协助下按照这些建议行事，并向国家安全委员会汇报此间遇到的困难。

10. 平民或军人担任中央情报局重要职务的问题

(1) 报告总结

报告的结论：

① 在中央情报局的重要职位上，军人占据了很大比重，其中许多人的任期相对较短。这一切使优秀的平民难以在中央情报局中谋求到职位。

② 长期任职对中央情报局局长完成使命来说是至关重要的因素。确保长期任职和独立行动的最好办法是由平民来担任中央情报局局长。被任命担任这一职务的军人应退役。

(2) 评论

我们并不完全同意这些结论。我们认为不宜试图为担任中央情报局重要职务的平民和军人确定一个准确的比率，最重要的是平民和军人在中央情报局重要职位上都拥有自己的声音。这个问题应由中央情报局局长与国务卿和国防部长协商解决。

我们同意长期任职对中央情报局局长一职来说是至关重要的。应该在可选择的范围内任命最优秀的人担任这一职务。为确保长期任职和行动的独立性，他应该是平民；如果是军人或驻外军官，则应该是退休者或将局长作为他最后一次现役任职。

(3) 建议采取的行动

国家安全委员会：

① 同意以上评论代表了它在这一问题上的看法。

② 将其中有关中央情报局局长一职的观点告知总统。

③ 将其中有关中央情报局其他重要职务的人选问题的观点告知中央情报局局长。

11. 对中央情报局的领导和政策的总体评估

(1) 报告总结

报告的结论是：

① 中央情报局的领导层并未充分理解该组织的职权或有效行使这些职权的能力。

② 中央情报局的管理机构和政策时常阻碍中央情报局根据本法行使至关重要的情报职能。

(2) 评论

我们并不完全同意这些结论。我们承认中央情报局在组织和运作方面存在重要缺陷，但在我们看来这些结论过于笼统。没有充足的时间做好组织工作、对中央情报局和部门情报机构各自的使命缺乏统一的认识使评估中央情报局绩效一事变得复杂化。然而，正如报告所指出的那样，有必要立即从诸多方面采取有效的、重要的改良措施。我们也同意这一点。

(3) 建议采取的行动

国家安全委员会：

① 注意到报告在这方面的结论和建议。

② 同意以上评论。

12. 军队情报机构

(1) 评论

国家军事组织同意报告第11章的结论和建议，但不认为军队情报机构的工作人员应是那些以往主要从事情报工作的人。军事组织的政策是任命符合条件的人员担任情报职务，而不考虑以前他们是否从事过情报工作。不过，还是应该不断地努力吸引最高层次的人才担任情报职务。

(2) 建议采取的行动

国家安全委员会注意到了国家军事组织的以上评论。

13. 国务院

(1) 评论

国务院同意报告第12章的结论和建议，并正在将它们作为国务院重组总体计划的一部分付诸实施。

(2) 建议采取的行动

国家安全委员会注意到了国务院的以上评论。

附件一

1. 为了维持对协调中央情报局和各情报组织活动至关重要的关系，应该建立一个由中央情报局局长(担任主席)、联邦调查局局长和国务院、陆军部、海军部、空军部、参谋长联席会议和原子能委员会情报机构负责人或他们的代表组成的负责向中央情报局局长提出建议的情报顾问委员会。在即将讨论的问题属于其他具有国家安全职能的情报机构的管辖范围时，中央情报局局长将邀请这些机构的负责人或他们的代表出席情报顾问委员会会议。

2. 中央情报局局长将向总统、国家安全委员会成员、情报顾问委员会的各位情报负责人以及国家安全委员会随时可能指定的政府部门和机构分发国家情报。所分发的情报应该获得各情报机构的正式批准或在存在异议时附上一个反映明显不同意见的报告。

"The Central Intelligence Agency: Its Founding and the Dispute over Its Mission, 1945 - 1954," (vol. 23) in Dennis Merrill (ed.), *Documentary History of the Truman Presidency*, University Publications of America, 1998, Document 74, pp. 317 - 335

张屹峰译，梁志校

15 - 75

希伦科特关于国家安全委员会批准杜勒斯报告的备忘录

（1949 年 7 月 12 日）

绝　密

致下列官员的备忘录：收集和分发办公室主任助理(Assistant Director，OCD)
作战处处长助理(Assistant Director，OO)
研究和评估办公室主任助理(Assistant Director，ORE)
特别行动办公室主任助理(Assistant Director，OSO)
科技情报科科长助理(Assistant Director，OSI)
政策协调处处长助理(Assistant Director，OPC)
安检负责人(Chief，Inspection and Security)
法律总顾问(General Counsel)
顾问委员会主席(Chief，Advisory Council)
行政人员

主题：国家安全委员会批准了杜勒斯报告的很大一部分内容

在 7 月 7 日的会议上，国家安全委员会批准了国家安全委员会第 50 号文件(即国务院-国防部关于杜勒斯报告的联合报告)提出的建议。国家安全委员会第 50 号文件建议：

一、法 律 规 定

国家安全委员会同意杜勒斯研究小组得出的结论——1947 年国家安全法中关于建立中央情报局的第 102 条是合理的，此时无需修改；认为这项研究可以确定究竟哪些职责在战时应由军方履行。

二、协　　调

国家安全委员会同意这部分的结论和建议；中央情报局局长和情报顾问委员会应将这些结论和建议视为行动原则遵照执行：

(一) 中央情报局并未完全履行协调情报活动的职责；

(二) 情报顾问委员会被恰当地定位为顾问机构，但在中央情报局局长的直接提议和领导下，该委员会应该更积极地参与协调情报活动以及讨论和批准情报评估的日常工作。

三、情报顾问委员会成员

国家安全委员会请求司法部长赋予联邦调查局以情报顾问委员会成员资格并按本报告的建议签署修订后的国家安全委员会第1号情报指令(国家安全委员会执行秘书已采取了这两项措施)。联合情报小组(Joint Intelligence Group)和原子能委员会仍为情报顾问委员会成员，另外加上作为成员和主席的中央情报局局长以及联邦调查局。情报顾问委员会作为顾问机构的职能保持不变。

四、需要注意的具体问题

中央情报局局长和情报顾问委员会要特别关注为了协调杜勒斯报告中讨论的下列领域里的活动而采取初步和后续行动的必要性：

科技情报；

与国家安全有关的国内情报和反情报活动；

为危机情况下立即撰写联合情报评估做好准备；

恰当地分派撰写政治总结的职责；

利用在美国的外国团体和个人提供的情报；

协调在占领区进行的秘密情报活动；

……①

更加重视中央情报局在国外进行的反间谍活动，加强同联邦调查局在反间谍活动方面的合作。

中央情报局局长要在六个月内就以上事宜向国家安全委员会提交一份进程报告。

五、国家情报评估

中央情报局应领会和遵循作为中央情报局局长和情报顾问委员会需遵循的行动原则的国家安全委员会情报指令，以便在撰写具有研究性质的情报评估报告的过程中尽可能地避免采取(与其他相关部门构成)竞争的情报行动；中央情报局应利用和检视其他机构的专业情报，以便撰写联合国家情报评估；应该确立一项程序，规定即使在意见一致的情况下中央情报局局长和情报顾问委员会仍要分别向总统和国家安全委员会负责，并允许二者同时反映不同意见。

---

① 原文此处一行未解密。——译注

六、组　　织

(一) 国家安全委员会批准了杜勒斯报告中关于将特别行动办公室、政策协调处与行动办公室联络组合并的建议。

(二) 在确定和进一步讨论相比较而言的花费以后再深入考虑为上述新建的组织单独设立一个管理机构的问题。

(三) 虽然承认其他组织方法同样也能实现目标,但还是对杜勒斯报告中提出的以下组织理念表示认同:

1. 应该在现有的报告和评估办公室之外建立一个利用和检视撰写联合国家情报评估所需的各部门机构专业情报的小型的评估科和一个集中研究、统一处理公认的各方共同关心领域中的情报的研究和报告科(Research and Reports Division)。

2. 应该将目前行动办公室中的国外文件组并入拟建的研究和报告科。

3. 应该将部际协调和规划人员重组为一个只对中央情报局局长负责的工作组,其任务是制订协调情报活动的计划。此外,它还要履行目前收集和分发办公室有关协调情报收集需求和分发情报的职责。①

七、信息安全与避免泄密

不宜进行任何形式的公开,因此应签署一份 30 天内生效的国家安全委员会情报指令。(部际协调和规划人员正在根据 1947 年国家安全法的第 102 条第 4 款和最近为了只向需要了解而非想要了解的人分发情报而在中央情报局内部进行的关于保护情报来源安全的讨论起草这样一份关于信息安全和避免泄密的国家安全委员会情报指令的初稿。)

八、秘 密 活 动

中央情报局局长将在其他相关部门和机构的协助下就秘密活动的操作问题提出某些建议,并向国家安全委员会汇报遇到的一切困难。主要问题包括:

1. ……②

2. 加强与部门机构的关系。

3. 中央情报局局长应亲自确保政府在时事和战略情报以及政策需要方面向中央情报局执行机构提供充分的指导。

---

① 原注:中央情报局局长和行政人员正在研究以上建议,在“90 天内”向国家安全委员会汇报前他们还要与局长助理们进行讨论。

② 原文此处数行未解密。——译注

4. 中央情报局的执行机构应全面了解指导行动和更有效地进行反间谍活动所需的通信情报。

除获准的上述建议以外，国家安全委员会并未考虑进行与杜勒斯报告建议有关的其他变革。

美国海军少将、中央情报局局长　R·H·希伦科特

"The Central Intelligence Agency: Its Founding and the Dispute over Its Mission, 1945 - 1954," (vol. 23) in Dennis Merrill (ed.), *Documentary History of the Truman Presidency*, University Publications of America, 1998, Document 75, pp. 336 - 339

梁志译、校

15－76

财政科关于中情局与经济合作署经济关系的备忘录

（1949年10月17日）

绝　密

1949年10月17日

财政科(Finance Division)致政策协调处行政人员的备忘录：

主题：中央情报局对政策协调处花费经济合作署对等基金一事所负的责任

1. 背景

(1) 经济合作署和中央情报局达成的各种总体上的和具体的协议中规定，中央情报局可以使用经济合作署5%对等基金中的部分资金、通过……[①]打击马歇尔计划参与国中的共产党分子，进而促进该计划(顺利实施)。

(2) 在我们看来，首先，可以将赠与资金用于资助外国劳工或政治团体等特殊用途。而且，每次拟采取的行动都要获得经济合作署署长、有关的美国大使和中央情报局局长共同批准。最后，我们认为决定这些资金在业务方面支出的始终是政策协调处处长助理。

(3) 我们还认为，经济合作署并未在管理这些资金的支出方面制定具体的政策或规定，而仅要求中央情报局发回接收复函、获得资金支出的总结报告并回收用于指定用途的资金的未花费的余额。

(4) 我们最初认为，中央情报局只是代替经济合作署承担管理这些资金的职责，或者说仅是为经济合作署临时保管和输送这些资金的代理人。

(5) 因此，财政科保管着一套单独的依据中央情报局资金保管者的报告做出的有关这些资金的接收、支出和余额的财政记录。财政科也已通过检查受资助团体的责任人或发放资金的业务主管提供的收据对报告予以了核实。安全因素很可能决定着是否能够获得第一种类型的收据。不过，政策协调处的档案中想必有关于历次资助所花费的资金的用途、批准情况和数额的详细的业务报告和/或账目。

2. 形势

(1) 然而，最近的形势表明最初我们关于资金支出仅限于对特定外国劳工、宗教和政治团体的一次性补贴赠与的想法已不合理。

---

① 原文此处删去数个词。——译注

（2）有人建议我们，支出的资金已用于特定的目的，例如为一个劳工组织购买一份报纸、为一次和平会议承担费用、组织直接的宣传和其他各种活动。此外，还有人告诉我们，目前正打算将这些资金中的一小部分专门用于促进经济合作署和政策协调处共同从事的工作时的间接支出。起初，这些活动将包括在与国外政治和劳工组织负责人打交道时拉近关系和娱乐所需的费用。

（3）有人刚刚通知我们美国总审计局已批准中央情报局将经济合作署的这些资金用于实现已获准的经济合作署的目标，前提是假如中央情报局依据与使用自身资金相同的政策花费资金并详细说明资金使用情况。

（4）最后，预算官刚刚通知我们中央情报局局长希望每月向他全面地汇报一次资助金的使用情况。因为政策协调处所使用的大量的经济合作署资金本质上属于津贴，所以这些资金的使用情况应成为以上汇报的内容之一。

3. 建议

（1）考虑到以上情况，建议将中央情报局管理其秘密资金的通常的财政政策、做法和程序的适用范围扩大到以上经济合作署资金。

（2）至于说这些开支中被秘密资金法（Confidential Funds Regulations）界定为津贴的部分，建议将相关的子项目置于秘密协调委员会（Covert Coordinating Committee）的控制之下，由它进行全方位的财政管理和复查。

（3）如果您同意这些建议，那么请您向我们发出正式通知，以便政策协调处证实和联络官（OPC Certifying and Liaison Officer）与该处适当的负责执行的官员共同做出必要的安排。

……①

Michael Warner (ed.), *CIA Cold War Records: The CIA under Harry Truman*. Washington, D. C.: History Staff, Center for the Study of Intelligence, Central Intelligence Agency, 1994, Document 57, pp. 321 - 322

梁志译、校

① 原文署名处未解密。——译注

15－77

休斯敦关于当前中情局面临的基本问题的备忘录

（1950 年 8 月 29 日）

绝　密

1950 年 8 月 29 日

致 W·B·史密斯[①]中将的备忘录：

1. 根据我们 8 月 23 日的谈话，我向您提交一份概述当前中央情报局面临的基本问题的备忘录。

2. 为了简明扼要，仅大体说一下这些问题。因此，我在表格中附加了一些文件，用以详尽地说明细节。根据表 6 和 7 的密级这份备忘录被列为绝密文件，其余文件的密级要根据它们的内容来确定。

劳伦斯·R·休斯敦

机　密

1950 年 8 月 29 日

存档备忘录：

下列是对中央情报局目前面临的一些相对来说更为紧迫的问题的简要说明。这些是需要中央情报局深入研究的问题，详细阐述这些问题的文件存于中央情报局。

这里所附的文件非常清楚地说明了相关问题并相应地提出了作为解决以上问题基本步骤的措施。这些文件位于备忘录最后的列表中。

1. 协调工作

中央情报局在协调政府情报活动和行使其他职能的过程中遇到的困难是由强加给中央情报局一种情报顾问委员会理事会机制的现有国家安全委员会指令造成的：

(1) 这些指令要求中央情报局局长在向国家安全委员会提出建议和忠告时必须同时反映情报顾问委员会的态度（同意或不同意）；

(2) 这一规定使情报顾问委员会有理由声称，它不单单是中央情报局局长的顾问，而且

---

① 沃尔特·B·史密斯（1895～1961），1946～1949 年间任美国驻苏联大使，1950 年 10 月 7 日至 1953 年 2 月 26 日间任中央情报局局长。——编注

实际上还是一个理事会，而中央情报局局长仅是一个执行秘书，即委员会成员中的平等一员；

（3）在这种情况下，中央情报局向国家安全委员会提出的建议并非法律规定意义上的建议，而仅仅是意在弥补漏洞并努力确保情报顾问委员会全力支持的折中的看法而已。

2. 对撰写评估提供情报支持

情报顾问委员会成员机构拒绝向中央情报局提供必要的情报信息、部门情报或集体行动计划给中央情报局撰写合乎需要的情报评估的工作带来了困难：

（1）情报顾问委员会成员机构以是“执行信息”而非“情报信息”、属于“只许浏览”的情报、分发范围极小或绕过中央情报局的特别安全规定为由拒绝向中央情报局提供某些情报；

（2）中央情报局向情报顾问委员会成员机构提出的收集情报的要求不具有法律效力或优先权；

（3）并未主动向中央情报局分发某些材料；

（4）情报顾问委员会成员机构继续援引所谓的“第三方原则”（Third Agency Rule）拒绝向中央情报局提供情报。

3. 撰写和分发评估

无法获得充分的材料（如以上第 3 段所述）以及目前要求情报顾问委员会对每份评估表示同意或提出明显的反对意见却又不规定时间限制的程序使中央情报局难以向总统、国家安全委员会和其他拥有这一权利的使用者提供合乎需要的国家情报评估：

（1）作为情报顾问委员会成员的部门和机构反对与其实际执行的政策相左的情报评估，而且它们也无法摆脱部门偏见或抵制预算利益的诱惑；

（2）由于要达成妥协，协调各方对中央情报局评估的意见经常得花费数月的时间；

（3）各部门反对中央情报局评估的理由经常是站不住脚的、吹毛求疵的或从自身政策出发的。

4. 具体问题

（1）情报顾问委员会成员机构反对授予中央情报局发布对整个情报领域以及它们的活动或优先权产生影响的指令的权力，理由是这样做会破坏指挥层次的理念；

（2）必须重新界定和澄清中央情报局在同总统和国家安全委员会关系中的地位；

（3）必须改善和明确规定中央情报局与司法部尤其是联邦调查局的关系，在涉及叛徒问题时更应如此；

（4）必须消除国家安全委员会指令给非常规战争领域造成的困难，特别是对国务院和国防部控制中央情报局政策的授权。由中央情报局的两个办公室共同负责秘密行动引起了严重的效率、效力尤其是安全问题；

（5）部分地由于各部门之间的竞争，同时也是由于中央情报局没有积极地制订计划并采取行动，秘密收集情报的工作一盘散沙。这导致不必要的重复劳动和职能交叉以及对珍稀材料的扣而不发。中央情报局有必要在海外秘密收集情报方面采取强硬立场。

5. 原子能和其他方面的具体情报问题

均面临着自己的但又彼此关联的问题。

6. 参谋长联席会议与中央情报局在战时的关系

这是一个经过多次讨论但依旧悬而未决的问题,附表 6 和 7 涉及其中一个方面。毫无疑问,在任何时候这都是一个需要紧急考虑的问题。

7. 结论

以上问题的解决之道就在于授予中央情报局局长和中央情报局足够的权力,使其可以依据这一授权通过指令而非依靠团结协作的精神行使协调情报活动的职能。

表格索引

表 1 为中央情报局修改国家安全委员会第 1 号情报指令的建议。它认为该指令有必要授予中央情报局局长履行其职责所必需的权力。中央情报局已提请国务院讨论此事,但并未进一步采取其他行动。

表 2 为拟提交的阐述了以上备忘录中第 1～3 段内容的"致国家安全委员会的备忘录"。几个月前,这份备忘录就已经起草好了,它介绍了表 1 中的中央情报局修改国家安全委员会第 1 号情报指令的建议。

表 3 为中央情报局正遵照执行的国家安全委员会第 1 号情报指令。

表 4 为题为"中央情报局的法定职责"的备忘录,它特别强调了国会在国家情报任务方面的意图。

表 5 为当前国务院和国防部提出的关于重新组织中央情报局情报活动的建议。这份文件的折中修改版正在讨论之中。

表 5/1 为国务院和国防部正在通过马格鲁德将军敦促各方达成的妥协方案。

表 6 为关于中央情报局及其下辖战区机构的战时地位和职责的联合情报委员会报告(即 1950 年 7 月 12 日的联合情报委员会第 445/1 号文件),它表明了联合情报委员会意欲在战时让参谋长联席会议接管所有秘密行动的想法。

表 7 为致约翰·马格鲁德准将的日期为 1950 年 8 月 16 日的阐明了中央情报局对战时其与参谋长联席会议关系看法的备忘录。最初起草这份备忘录的时候是想把它作为急件发给国防部长,但实际上却发给了马格鲁德将军。

Michael Warner (ed.), *CIA Cold War Records: The CIA under Harry Truman*. Washington, D. C.: History Staff, Center for the Study of Intelligence, Central Intelligence Agency, 1994, Document 63, pp. 341 - 346

张屹峰译,梁志校

15 - 78

史密斯关于中情局每日摘要内容的备忘录

（1950 年 9 月 21 日）

机　密

1950 年 9 月 21 日

主题：中央情报局每日摘要的内容

参考文件：我致研究和评估办公室主任助理的日期为 1949 年 2 月 7 日、主题为"杜勒斯报告"的备忘录；我致研究和评估办公室主任助理的日期为 1950 年 4 月 5 日、主题为"中央情报局每日摘要的分发"的备忘录；我致研究和评估办公室主任助理的日期分别为 1950 年 4 月 20 日和 8 月 3 日、主题均为"中央情报局每日摘要的分发"的两份备忘录。

1. 中央情报局每日摘要是为了满足总统对每天最重要的电报的简短摘录的需求而确立的一种情报汇报形式。这一最初的需求一直是指导每日摘要撰写工作的核心理念，任何扩大摘要内容、可能使每日摘要变为每日评估而非对每天接到的电报的摘要的建议都是与总统的要求背道而驰的。这一理念决定了无论哪一天的每日摘要都只能包括当天（或前一天）电报的内容。断断续续的电报往来极有可能造成哪一次一两天内都没有关于高度敏感的局势的电报，因此期间的每日摘要便不再涉及这些局势。同时，很可能发生的另一种情况是有关这些局势的电报已发到华盛顿，但中央情报局不在接收者之列或即使中央情报局在分发范围之内但不准它公开使用这些材料。

2. 应总统的要求撰写中央情报局每日摘要的核心理念重视那些最值得总统关注的敏感电报。这些电报由最容易遭到嫉妒的几个部门保管着。这些部门允许中央情报局利用敏感电报的程度是大不相同的。军事机构一直严格区分执行资料和情报资料，只让中央情报局自由利用它们眼中的情报材料，拒绝向中央情报局提供其所说的执行资料。以此为借口，它们不让中央情报局利用像麦克阿瑟将军、克莱将军、斯特鲁布尔中将、巴杰中将和范弗利特将军分别从东京、柏林、第七舰队、青岛和雅典发来的报告等敏感资料。中央情报局也无法获得发给参谋长联席会议的报告。出于来源和主题的考虑，其中许多报告一定值得总统关注。另一方面，国务院一直在允许中央情报局利用敏感资料方面做得很好，这一事实在很大程度上解释了为什么国务院的资料在中央情报局每日摘要中占据主导地位的原因。然而，去年随着国务院和国防部关系的恶化以及国务院逐渐认识到国防部正通过中央情报局每日摘要毫无报偿地获得国务院的敏感资料，因此国务院越来越不愿意向中央情报局提供敏感电报。于是，在某些时候国务院还临时或无限期地扣留本应提供给中央情报局的个别电报。更多时候，国务院提供了这些电报，但命令中央情报局不要公开使用，无论从实践还是从道义考虑中央情报局都不得不照此行事。这样,为总统撰写每日摘要所能获得的材料就更少了。

3. 扭转中央情报局每日摘要材料短缺局面的几个办法是:

(1) 改变这一情报汇报形式的性质,尽量使中央情报局不必摘录可资利用的电报,使目前的每日摘要更具每日评估的性质。

(2) 正如我一再要求的那样,由高层紧急授予中央情报局利用国防部敏感电报的权力,这反过来会缓解国务院的担心。

4. 建议:在目前形势下,我建议采取后一种办法,敦促中央情报局局长提请比情报顾问委员会级别更高的机构解决此事。

R·J·史密斯

评论:

1. 3(1)和(2)提出的两个解决办法相互关联,但又属于两个不同的主题。采纳建议(2)将对整个情报工作产生影响。

2. 这份备忘录不仅包括中央情报局每日摘要的形式和内容,而且还包括每日摘要中目前存在的更为广泛得多的其他问题——它们将向何处去,它们的目标是什么?是否国家情报领域中根本就不需要每日简报?

"The Central Intelligence Agency: Its Founding and the Dispute over Its Mission, 1945 - 1954," (vol. 23) in Dennis Merrill (ed.), *Documentary History of the Truman Presidency*, University Publications of America, 1998, Document 76, pp. 340 - 342

张屹峰译,梁志校

15－79

杜鲁门关于希伦科特辞职一事给他的信函

（1950 年 10 月 10 日）

未设密级

1950 年 10 月 10 日

亲爱的希伦科特少将：

在没有准许您重返海军服役之前，我想先表达一下对您作为中央情报局局长在工作方面的出色表现的由衷的感激之情。

您在将中央情报局建成一个总统、国家安全委员会和其他与国家安全有关的行政部门和机构的有效的对外情报机构方面做了大量的工作，为此您应享有最高的赞誉。

您深谋远虑、坚忍不拔、小心谨慎地履行了多种职责，服务于整个国家而非某一特定群体的利益。因此，在您要重返海军服役之时我才说：干得好！

致以所有美好的祝愿和诚挚的敬意！

哈里·S·杜鲁门

1950 年 10 月 6 日

亲爱的总统先生：

谢谢您同意我重返海军服役的请求，同时敬告您明日（1950 年 10 月 7 日）我将与您指定的我的继任者 W·B·史密斯将军进行中央情报局局长一职的交接工作。

在我担任中央情报局局长期间，您一直慷慨热情地给予我理解、体谅和支持。借此机会，请允许我向您表达衷心的感激之情。

献上我个人最美好的祝福！

美国海军少将、中央情报局局长　R·H·希伦科特 敬上

如果恰当的话，可以将希伦科特的个人品质归纳如下：

1. 绝对不求闻达地献身于本职工作；

2. 在处理与同一团队中其他成员的关系时表现出友善之意；

3. 在面对执行协调国家情报工作的任务时遇到的困难和不可避免的问题时耐心而又自制。

"The Central Intelligence Agency: Its Founding and the Dispute over Its Mission, 1945 - 1954," (vol. 23) in Dennis Merrill (ed.), *Documentary History of the Truman Presidency*, University Publications of America, 1998, Document 77, pp. 343 - 345

梁志译、校

15－80

威斯纳关于国家安全委员会第10/2号文件及其相关问题的备忘录

（1950年10月12日）

机　密

1950年10月12日

致中央情报局局长的备忘录：

主题：对国家安全委员会第10/2号文件及其相关问题的解释

1. 根据您对我的口头指示，我已按时向国务院、国防部和参谋长联席会议的相应代表通报了您对国家安全委员会第10/2号文件的解释及您提出的鉴于形势的变化日期为1948年8月12日、标题为“国家安全委员会第10/2号文件的实施”的解释性备忘录不再适用或有效的观点。

2. 在1950年10月11日下午3点半在我的办公室举行的会议上，我向与会的国务院、国防部和参谋长联席会议的授权代表传达了以上通知和建议。我对这些人极为详细地解释了您的论证和结论：暂时没有必要为了将政策协调处彻底整合为完全服从您（中央情报局局长）的权威和命令的中央情报局下辖机构而修改国家安全委员会第10/2号文件。我进一步指出，虽然您承认政策协调处有必要继续接受国务院、国防部和参谋长联席会议的建议和政策指导，但这决不意味着国务院、国防部和参谋长联席会议有权指示或命令政策协调处。最后，我解释了您认为没有必要改变包括国务院、国防部和中央情报局的组织和个人的职能以及政策协调处接受政策指导的方式在内的现有的建议和指导模式。我说，无论从理论还是从事实上来看，政策指导都是针对整个中央情报局而非单单针对政策协调处，我的责任是保证您充分了解值得您关注的一切情况。

3. 国务院、国防部和参谋长联席会议的代表们似乎都已深刻领会了我的上述讲话，且以个人身份表示赞同您的观点。他们保证将这些内容转达给各自的上级领导，并在适当的时候把他们上级领导的反应和答复反馈给我们。

政策协调处处长助理　弗兰克·G·威斯纳

“The Central Intelligence Agency: Its Founding and the Dispute over Its Mission, 1945－1954,”（vol. 23）in Dennis Merrill（ed.），*Documentary History of the Truman Presidency*，University Publications of America，1998，Document 78，p. 346

张屹峰译，梁志校

15 - 81

柯克帕特里克关于特别行动办公室问题的备忘录

（1951 年 6 月 8 日）

机　密

致中央情报局副局长的备忘录：

主题：特别行动办公室的问题

1. 特别行动办公室在人事问题上受到的困扰比中央情报局其他下辖机构更大。我认为它的晋升政策可能早已过时了，即它们试图以过低的薪金雇用工作人员，而在提升优秀工作人员方面又非常慢。

2. 特别行动办公室对这一问题的恶化几乎视而不见。看起来，绝对有必要安排一个权威的研究小组集中精力研究这一问题。

3. 在外界看来，特别行动办公室似乎经常忘记支持官僚管理的使命。我注意到一个明显的趋势：特别行动办公室执行人员担心别人发现他们的情报来源，而几乎不考虑设法在世界范围内建立一个间谍网的问题。

4. 像任何其他执行机构一样，特别行动办公室的真正核心是执行科。不幸的是，目前的趋势是将执行科的地位降至与工作人员等同，而工作人员又变得尾大不掉。

5. 业务研究尤其是有关国际共产主义的业务研究方面存在的问题是严重的。您建议让负责计划的副主任领导下的业务研究人员与那些从事秘密行动的官员一道工作，这可能是问题的解决之道。

6. 此处所附的由克拉克撰写的备忘录最为恰当地概括了影响特别行动办公室和科技情报科之间关系的问题。

主任执行助理　莱曼·B·柯克帕特里克

Michael Warner (ed.), *CIA Cold War Records: The CIA under Harry Truman*. Washington, D.C.: History Staff, Center for the Study of Intelligence, Central Intelligence Agency, 1994, Document 68, p. 385

梁志译、校

15 - 82

杜勒斯、杰克逊和威斯纳的个人简介

（1951 年 8 月 23 日）

未设密级

艾伦·W·杜勒斯

第二次世界大战期间帮助协商解决在意大利的德国战俘问题的战略情报局驻瑞士代表团团长杜勒斯先生 1893 年出生于纽约沃特敦。他 1914 年毕业于普林斯顿大学，1916 年获文科硕士学位，1926 年在乔治·华盛顿大学获法学学位。

在印度的阿拉哈巴德教授了一年英语之后，1916 年杜勒斯先生进入外交部门工作。他先后在维也纳和伯尔尼工作，随后又被任命为一战后参与和平条约谈判的美国代表团成员。在柏林进行短暂的工作考察之后，杜勒斯先生被分派到位于华盛顿的国务院工作，1920 年成为驻君士坦丁堡美国代表团成员。1922 年返回美国后，他被任命为国务院近东事务科科长。1925 年，杜勒斯先生作为美国代表赴日内瓦参加国际军售会议（International Conference on Arms Traffic），1926 年又成为裁军预备委员会（Preparatory Disarmament Commission）美国代表团成员。

1926 年，杜勒斯先生辞去外交官职务，加盟纽约市的沙利文和克伦威尔法律事务所。此后，他曾担任 1927 年日内瓦三国海军会议（Three-Power Naval Conference）美国代表团以及 1932 年和 1933 年全面裁军大会美国代表团的法律顾问。

杜勒斯先生写过两本著作：一本是 1939 年与汉密尔顿·菲什·阿姆斯特朗共同撰写的《美国能保持中立吗?》；另一本是 1947 年独立撰写的《德国的地下组织》。1946 年，他当选对外关系委员会主席。

杜勒斯先生与克洛弗·托德结婚，在纽约市安家，共有三个子女，其中有一个儿子在海军陆战队服役。

他是作为对日媾和总统特别代表的约翰·福斯特·杜勒斯的哥哥。

威廉·哈丁·杰克逊

作为奥马尔·N·布拉德利战时副情报官的杰克逊先生 1901 年生于田纳西州的纳什维

尔。他1924年毕业于普林斯顿大学,1928年毕业于哈佛大学法学院。在纽约市的卡德瓦尔德、威克沙姆和塔夫脱法律事务所工作两年后,1930年杰克逊先生加入卡特、莱迪亚德和米尔本研究小组,1934年成为该公司的合作伙伴。1942年,他成为美国陆军空中部队上尉,1943年1月作为反潜艇情报助理空军武官赶赴伦敦。1943年8月成为雅各布·L·德弗斯将军的首席战略情报官。随着布拉德利将军的第12陆军军团的组建,杰克逊先生成为情报科副科长。1945年8月,他以上校军衔离开陆军。回到纽约后,杰克逊先生作为管理合作伙伴加入J·H·惠特尼和康帕尼投资公司。1948年,国家安全委员会指派他与艾伦·W·杜勒斯和马赛厄斯·F·科雷亚一起研究国家情报体制的问题。1950年10月1日,杰克逊先生被任命为中央情报局副局长。

弗兰克·G·威斯纳

战时情报和战略情报局官员威斯纳1909年出生于密西西比州的劳雷尔。他1931年毕业于弗吉尼亚大学,1934年毕业于该大学的法学院,同年加入而后成为纽约市卡特、莱迪亚德和米尔本法律事务所的合作伙伴。1941年威斯纳先生成为海军情报军官,从1943～1946年以中校军衔离职期间一直在战略情报局工作。期间,他曾在非洲、中东、巴尔干、法国和德国服役。1947年,威斯纳先生离开他的法律事务所,开始担任占领区副助理国务卿。1948年,他加入中央情报局。

他与玛丽·埃利斯·诺尔斯结婚,在华盛顿安家,共有四个子女。

目前,艾伦·W·杜勒斯已接替由于私事太多而辞职的新泽西州普林斯顿的威廉·H·杰克逊担任中央情报局副局长。杰克逊先生将以局长兼职特别助理的身份留任中央情报局。1950年10月至今,他一直担任中央情报局副局长。

杜勒斯和杰克逊同为1949年1月为国家安全委员会起草包括对中央情报局的评价在内的国家情报体制报告的三人委员会成员。

1950年11月,曾是职业外交官、纽约律师和战时战略情报局驻瑞士分管负责人的杜勒斯先生以负责计划的副局长的身份加入中央情报局。1948年以来作为战时海军情报官员和战略情报局官员的华盛顿的弗兰克·G·威斯纳后来接替了杜勒斯先生的职务。

“The Central Intelligence Agency: Its Founding and the Dispute over Its Mission, 1945 - 1954,” (vol. 23) in Dennis Merrill (ed.), *Documentary History of the Truman Presidency*, University Publications of America, 1998, Document 84, pp. 367 - 368

梁志译、校

15－83

中情局人员会议纪要

（1951 年 10 月 22 日）

机　密

1951 年 10 月 22 日

人 员 会 议

1951 年 10 月 22 日（星期一）上午 11 时

由史密斯将军主持的在行政大楼中央情报局局长会议室召开的会议纪要

出　席　者

副局长艾伦·W·杜勒斯

行政副局长（Deputy Director for Administration）沃尔特·R·沃尔夫

局长行政助理（Executive Assistant to the Director）小约瑟夫·拉罗克

局长助理（Assistant to the Director）切斯特·B·汉森上校

培训副主任（Deputy Director of Training）弗兰克·C·阿克上尉

管理顾问（Advisor for Management）詹姆斯·D·安德鲁斯

收集和分发办公室主任助理（Asst. Director for Collection and Dissemination）詹姆斯·M·安德鲁斯

行动司司长助理（Assistant Director for Operations）乔治·G·凯里

科技情报科科长助理（Asst. Director for Scientific Intelligence）H·马歇尔·查德韦尔

时事情报处处长助理（Asst. Director for Current Intelligence）金曼·道格拉斯

代理研究和报告科科长/研究和报告科科长助理（Acting D/Asst. Director for Research and Reports）L·S·希契科克

国家评估办公室主任助理（Asst. Director for National Estimates）威廉·L·兰格

代理政策协调处处长/政策协调处处长助理（Acting D/Asst. Dir. for Policy Coordination）富兰克林·L·林赛

通信办公室主任助理（Assistant Director for Communications）H·M·麦克莱兰

情报协调办公室主任助理（Asst. Director for Intelligence Coordination）詹姆斯·Q·雷伯

计划副局长办公室（Office of Deputy Director for Plans）的罗伯特·泰勒上校

特别行动办公室主任助理（Assistant Director for Special Operations）威拉德·怀曼少将

……①

局长声称，政策协调处行动的问题、准军事行动以及整个大形势可能已经对报告的形式产生了某种影响。他认为，相对情报职能而言，我们的行动规模非常大，以至几乎要重新考虑对中央情报局的定位了——是继续作为情报部门还是变成“冷战部”。在要求获得从事情报工作所需的资金时，我们从未与预算局产生纠纷，但1953年的预算额相当庞大，其中大部分资金用于情报行动，预算局或许会因此非常仔细地审查中央情报局的行动计划。

……②

Michael Warner (ed.), *CIA Cold War Records: The CIA under Harry Truman.* Washington, D. C.: History Staff, Center for the Study of Intelligence, Central Intelligence Agency, 1994, Document 72, pp. 435 - 436

张屹峰译，梁志校

① 原文此处数行未解密。——译注
② 原文此处数行未解密。——译注

15－84

莱关于秘密行动的范围和进度给国家安全委员会的报告

（1951 年 10 月 23 日）

绝　密

国家安全委员会第 10/5 号文件

（1951 年 10 月 23 日）

执行秘书致国家安全委员会的有关秘密行动的范围和进度的报告

参考文件：(1) 代理执行秘书致国家安全委员会的日期为 1951 年 6 月 27 日的同名备忘录。(2) 执行秘书致国家安全委员会的日期为 1951 年 8 月 22 日的同名备忘录。(3) 执行秘书致国家安全委员会的日期为 1951 年 10 月 9 日的同名备忘录。

1951 年 10 月 23 日，国家安全委员会的法定成员按照参考备忘录 3 建议的方案修改并批准了参考备忘录 1。中央情报局局长对此表示同意。

因此，这里附上了经过修改和批准的报告，以按照要求通知所有相关部门和机构严格执行。

要求在处理这份报告时采取特别安全防范措施，只有为履行法定职责必须获得该信息的人才能接触这份报告。

而且，接到这份报告后要将参考备忘录的所有副本返还给本办公室。

执行秘书　小詹姆斯·S·莱

国家安全委员会在秘密行动的范围和进度问题上的立场

1. 为了履行国家责任，国家安全委员会原则上同意立即扩大国家安全委员会第 10/2 号文件建立的秘密组织，并加强以下大体按照重要性降次排列的秘密行动：

(1) 最大限度地破坏包括苏联、苏联卫星国和共产党中国相互关系在内的苏联的权力体系；根据美苏实力对比和所冒战争风险的大小，在适当的时间和场合削弱苏联的实力和影响，使其不再对美国的安全构成威胁。

(2) 增强自由世界对美国国家和人民的好感及其抵抗苏联侵略的能力和意志。

(3) 以尽可能地与1(1)部分的规定保持一致为前提，在战略地区发展地下抵抗力量，为开展秘密行动和游击战创造条件，进而确保能够在战时依照国家安全委员会确立的原则利用这些力量，包括军方可以在条件允许的情况下以当地为根据地、以打赢战争为目的在战时扩充地下抵抗力量。

2. 国家安全委员会命令心理战略委员会一定要将旨在为实现以上第1段所述目标的秘密行动做好准备作为指导国家心理战计划制订工作的战略思想之一。

3. 根据国家安全委员会第10/2号文件、本文件提出的总体政策原则以及心理战略委员会的授权，国家安全委员会重新确认了中央情报局局长在从事秘密行动方面的责任和权力。其中，心理战略委员会有权：

(1) 判断中央情报局局长制订或建议执行的秘密行动计划或重大方案的可取程度和可行性。

(2) 确定秘密行动的范围、进度和时机以及它们彼此间相对来说的优先性。

(3) 协调国务院和国防部的行动，确保二者为中央情报局局长提供执行获准的秘密行动计划所需的充足的人员、资金、后勤供应及其他支持。

4. 国家安全委员会要求国防部长确保中央情报局局长能够在制订冷战期间准军事行动计划的过程中不断获得参谋长联席会议的建议与合作。

5. 由于必须赶在心理战略委员会运作以前马上作出决策，国家安全委员会按照附在1951年6月27日参考备忘录(参考备忘录1)后面的中央情报局局长提交的备忘录的概述和国家安全委员会第48/5号文件①的相关规定授权……②

"The Central Intelligence Agency: Its Founding and the Dispute over Its Mission, 1945 - 1954," (vol. 23) in Dennis Merrill (ed.), *Documentary History of the Truman Presidency*, University Publications of America, 1998, Document 85, pp. 369 - 371

张屹峰译，梁志校

---

① 1951年5月17日通过的美国国家安全委员会第48/5号文件题为"美国在亚洲的目标、政策和行动方针"。——编注

② 原文此处近一行未解密。——译注

15 - 85

福兹海默关于中情局拨款问题的备忘录

（1951 年 10 月 25 日）

秘　密

存档备忘录：

1951 年 10 月 25 日

主题：中央情报局拨款

1. 主要是由于中央情报局的预算金额已经达到了难以隐瞒的程度，因此众议院拨款委员会首席书记员乔治·哈维先生几次跟我提起如何继续满足这一预算要求的问题。应哈维先生的要求，经沃尔夫先生批准，今天桑德斯先生、休斯敦先生和我与哈维先生讨论了该问题。

2. 哈维先生首先指出，1946 年以来他是众议院拨款委员会及其工作人员中唯一知道中央情报局历年预算及其实际接收的拨款数额的人。由于有几年少数党成员根本就不知道此事，这让他和委员会主席承担了很大的责任。哈维先生接着说，如果我们继续这样做，早晚有一天其他成员会提出可能危及中央情报局预算安全的非常令人尴尬的问题。

3. 哈维先生指出，主要问题有两个：首先，如何处理目前正在制定中的 1953 年预算的问题；其次，最终怎样解决长期向中央情报局拨款的问题。他主要以 1952 年财政年度为例说明了中央情报局预算所带来的问题。（您应该能够记得，在 1952 年预算中，国务院在一个本已存在的为期几年的 1 000 万美元的众议院拨款委员会的拨款项目上又增加了 1 000 万美元。这一追加拨款的要求使包含中央情报局拨款的项目更加显眼，于是安全问题更加复杂化了。另外，将那些中央情报局的拨款项目隐藏在军方预算中的办法是篡改数字，这种做法根本逃不过负责研究该预算请求的委员会成员的眼睛，随之而来的令人尴尬的质询使许多委员会成员得知军方预算中包含中央情报局的拨款请求，这种情况本不该出现。）因此，哈维先生希望在下周末离开华盛顿之前同我们和预算局的肖布先生讨论此事。

4. 哈维先生认为，最好将中央情报局的全部拨款请求放在同一项预算中（无论是国务院还是国防部的预算均可），以便将了解中央情报局预算情况的委员会成员数量降至最低。（这与参议院拨款委员会的奥马霍尼参议员的建议相近，他非常希望我们能够撤回包含在国务院预算中的中央情报局小额拨款请求。）不过，我们一致认为立即撤回国务院向众议院拨款委员会提出的几百万美元的拨款请求会不必要地暴露中央情报局款项隐藏于其中的事实。因此，有人建议每年削减一两百万美元的拨款请求。预算局在致拨款委员会主席的信函中声称,出于安全考虑,每年仍要提出部分拨款请求,但预算局将扣留这部分资金,直至五年后可能完全撤回拨款要求为止。

5. 讨论的下一个问题是公开中央情报局的部分预算,余下的继续保密。大体看,至少就短期而言这样做是有益的。我向哈维先生指出,实际上中央情报局的财政支出主要用于在当前的紧急时期国家安全委员会命令我们进行的冷战活动,只有余下的相对较小的一部分才真正用于情报活动。因此,据估计最终——虽然可能不会是在可预见的将来——中央情报局的预算额会大大下降。然而,这对于解决眼前的问题并没有帮助。我们还一致认为,出于安全考虑,不能将当前的预算分为用于行使纯粹的情报职能和用于冷战活动两大部分。

6. 随后,我们还提到了是否能绕过正常的拨款程序直接从财政部获得资金的问题。哈维先生认为,解决我们面临的问题的最好方法或许是通过一项长期有效的立法,授权众议院和参议院拨款委员会或它们指定的分委会每年批准拨给中央情报局的款项出自财政部而非国会。实际上,这意味着我们每年都向拨款委员会或它们指定的分委会提出拨款请求,而后再由以上机构通知财政部向中央情报局拨款的数额。这样一来,就无需再在联邦预算中隐藏对我们的拨款了,议员们也就不用再为此争论了。通过这样的立法可能并不容易,不过据估计此事会提前获得众议院拨款委员会领导人的全力支持。然而,从参议院拨款委员会主席的个性来看,此时让他同意这件事是极为困难的。

7. 最后可以考虑的解决方案是通过公司赢利的形式获得私人资助。哈维先生认为,每年都应将借此获得的资金的数额上报拨款委员会,以便相应地削减年度财政拨款,而不能将这笔资金划在财政部混杂的账目上。

"The Central Intelligence Agency: Its Founding and the Dispute over Its Mission, 1945 - 1954," (vol. 23) in Dennis Merrill (ed.), *Documentary History of the Truman Presidency*, University Publications of America, 1998, Document 86, pp. 372 - 374

梁志译、校

15 - 86

史密斯关于中情局局长报告的备忘录

（1952 年 4 月 23 日）

绝　密

1952 年 4 月 23 日

致国家安全委员会的备忘录：

主题：中央情报局局长报告

1949 年 7 月，国家安全委员会指示应该对中央情报局的组织结构作出某些调整。国家安全委员会第 50 号文件的各项指令均已得到全面执行。

此处所附的表 1 是 1950 年 10 月和 1951 年 12 月 31 日中央情报局组织示意图。通过对二者的对比可以看出这次改组的大致情况。

具体说来，已经建立了一个国家评估办公室，负责起草有关紧急局势和长期形势的国家情报评估。此间，它要利用整个美国情报界的资源。国家安全委员会成员熟悉此类国家情报评估，但是，为了便于参考，此处所附的表 2 列出了 1951 年的国家情报评估目录。

为了向国家安全委员会和其他适当的政府机构提供全面的时事情报，1951 年还建立了一个时事情报处。国家安全委员会成员同样熟悉该办公室撰写的时事情报。

另外，还建立了一个研究报告署，负责撰写以经济事务为主要内容的联合情报，以服务于相关政府部门。尽管对敌人经济潜力的准确估计是评估其军事实力最重要的前提，但以往这一至关重要的任务却是由 24 个政府部门共同完成的。

此外，还建立了一个部际经济情报委员会（Interdepartmental Economic Intelligence Committee），由中央情报局研究报告署署长助理任委员会主席。他的办公室是研究和分析苏联势力范围内经济状况、发现和弥补以往处于一盘散沙状态的情报收集和评估系统中存在的漏洞的信息交流中心。

在与国防部合作的过程中，又建立了一个部际监视委员会（Interdepartmental Watch Committee），其职能是时常定期观察敌人可能采取行动的迹象。中央情报局也要 24 小时监视。

源源不断地接收受过特殊训练、经验丰富的优秀人员是中央情报局顺利开展工作的关键。因此，中央情报局已经开始制订一个就业服务计划，第一批有望成为一般官员者正在接受培训。

在招收并训练了足够的职业人员以后，最终可能还会从中为中央情报局选拔出一批高级官员。此事要花费一定的时间。同时,中央情报局依旧面临着难以获得足够的合格人员尤其是高级官员候选人的问题。

正在接受审查的已经获得国家安全委员会批准的四份文件需要中央情报局特别对待。

1. ……①

2. ……②

3. 第三份是国家安全委员会第66/1号文件③,它指示中央情报局在苏联干扰方面为美国之音提供情报支持。中央情报局正在做这项工作,但根据国家安全委员会第66/1号文件在苏联的干扰电台附近安装额外的监听设备,……④,一个是技术困难。国家安全委员会随后授权……⑤

4. 还有一份是国家安全委员会第10/5号文件。在通过授权建立中央情报局的1947年国家安全法时,美国可能没有想到要让中央情报局从事包括游击战在内的冷战秘密活动。本文件重新界定了中央情报局在这一领域中的职责。我们接受了作为与此相关的主要部门的代理人和执行心理战略委员会批准的方案的职责。国务院和国防部负责为中央情报局提供完成这些任务所必需的支持。目前计划要让中央情报局从事的活动在过去三年里已经使中央情报局在秘密行动方面的工作量增加了三倍,因此明年秘密行动方面的预算将是情报活动方面的预算的三倍。这些冷战项目是世界范围的(尤其在远东更要加强)。它们包括:心理战和准军事行动;战略物资限制计划;为了在发生战争时协助军方而在战略地区小规模地存储战略物资;组织并有计划地发展支持抵抗行动的破坏小组;组建逃亡避难机构,实施卧底计划,以备战时之需。

倘若能够获得必要的支持,中央情报局可能会满足以上要求。但这一切已经导致中央情报局的预算数额和人员规模急剧扩大,因此应该指出的是:

1. 对中央情报局履行情报职责来说,上述职能并不是至关重要的。

2. 由于当时政府的其他部门或机构都无力从事这些活动,因此才将它们归入中央情报局的职责范围。

3. 它们将不可避免地妨碍中央情报局履行基本的情报职能,并对中央情报局的安全构成长期的且不断增长的威胁。(从我个人的观点看)遗憾的是,出于合作与安全的考虑,似乎又不可能把它们与其他秘密行动分开。

仍有许多大大小小的问题尚未得到解决,以下事例便说明了这些问题的本质和范围。

1. 情报和行动计划的相互关系。情报官员——无论他是平民还是军人——没必要详细了解行动计划,但要想让他完成紧急任务,就必须事先让这位情报官员掌握充足的信息,至

① 原文此处约十行未解密。——译注
② 原文此处约二十行未解密。——译注
③ 1951年1月19日通过的美国国家安全委员会第66/1号文件题为“在苏联干扰方面为美国之音提供情报支持”。——编注
④ 原文此处约一行半未解密。——译注
⑤ 原文此处约四行半未解密。——译注

少是此前相关的国家或国际政策以及需要他提供情报的计划的大体性质和目标。尽管仍有改善的余地，但中央情报局和国务院在这些问题上的联络协定还是相当令人满意的。虽然与军方的联络协定已经有所改善，但仍不尽如人意。

2. 安全。已经尽最大努力确保中央情报局的安全了，现在我相信它至少与政府其他部门和机构一样安全。我在这方面的担心主要是因为中央情报局的办公地点分散在华盛顿地区的 28 幢大楼里。因此，要尽一切努力筹集资金建造一幢相对安全的大楼。

3. **图**。①

4. 科技情报。协调情报活动的工作在科技情报的某些领域取得的进展最小。一个跨机构的委员会正在研究这一问题，希望就改善这种状况所应采取的措施提出建议。

国家安全委员会大体了解中央情报局为获得原始情报而采取的秘密行动。尽管我们竭力挖掘最新的情报来源，但至今结果基本上是令人失望的。与其他情报行动相比，这类行动耗资较多，虽然由此也能够不断获得数量可观的有用信息，但它们在大多数情况下只是为我们提供了获得真正具有决定性意义的战略情报的结果未可知的机会。我们必须也应该尽最大努力改善这种状况，抓住一切时机进行渗透。极少的几次还真取得了堪称辉煌的成果。

总之，应该指出的是，考虑到苏联安全机构的效能，我们认为美国尚无法通过目前的情报系统或包括其他友好国家的情报资源在内的可资利用的手段获得国家安全委员会想得到的、我想提供的有关苏联的准确及时的战略情报。而且，尽管保持着最高警戒状态、可以利用监视委员会并建立了其他迅速评估和传递情报的机制，可一旦突然发生不宣而战的情况，美国仍无法确保预警系统能起到某种作用。

就我们的情报工作而言，中央情报局基本上是一个整合政府各合作机构所提供的信息的“装配厂”，其生产出来的成品必然依赖于这些合作机构所提供的信息的质量。

中央情报局局长　沃尔特·B·史密斯

图②

“The Central Intelligence Agency: Its Founding and the Dispute over Its Mission, 1945 - 1954,” (vol. 23) in Dennis Merrill (ed.), *Documentary History of the Truman Presidency*, University Publications of America, 1998, Document 87, pp. 375 - 382

张屹峰译，梁志校

① 原文此处约十二行未解密。——译注

② 此处为 1950 年 10 月 1 日和 1951 年 12 月 31 日中央情报局组织示意图，略去。——译注

15-87

史密斯关于中情局秘密活动处组织结构的备忘录

（1952年7月15日）

机　密

副本

1952年7月15日

致下列官员的备忘录：中央情报局副局长
计划副局长
行政副局长
情报副局长
培训主任(Director of Training)
通信办公室主任助理

主题：中央情报局秘密活动处(CIA Clandestine Services)的组织结构

1.（1）本文件描述了1952年8月1日开始运转的中央情报局秘密活动处的组织结构。

（2）它意在单独建立一个海外秘密活动处，同时避免将中央情报局局长期肩负的间谍和反间谍使命与依据冷战斗争形势的近期变化而进行的那些秘密活动混为一谈，确保前者不会因此受到损害。过去三年里的中央情报局、二战中的战略情报局和英国的经验证明了下面的结论：最好的组织安排是一个拥有单一指挥链条和一套单一管理程序的单独的地域组织，而非在世界范围内建立两个或三个各有自己的区域网络以及单独的政策和管理程序的各行其是的指挥部。没有理由认为建立单独的指挥链条和统一的管理程序就一定会对日渐被淹没的特别行动办公室或政策协调处特有的情报使命和技术产生影响。

2. 它意在通过以下手段建立一个从华盛顿总部到合并后的地域组织的首脑的指挥链条：

（1）委任一位负责中央情报局所有秘密活动的作为局长副手的计划副局长。在这一职责范围内，计划副局长向局长负责，具体负责规划、执行和检讨国家安全委员会第5号情报指令、国家安全委员会第10/2号文件和10/5号文件分配给局长的任务，并按照以上文件的规定行使自己的职能。

（2）为即将建立的计划副局长办公室任命一批专门负责制订、检讨和分析长期计划的参谋人员和一位行动主任。行动主任将履行参谋长和计划副局长副手的职责，负责指导行动，协调副局长领导下的参谋人员的工作，消除其中重复劳动的现象，确保立即有效地遵照赋予秘密行动以优先权等行动指令行事。

(3) 废除当前特别行动办公室主任助理和政策协调局处长助理的指挥体系，在计划副局长下面组织一批专门负责秘密情报和反间谍、政治和心理战、准军事行动、技术支持和管理工作的参谋人员。这些参谋人员的负责人相当于战区陆军组织中的参谋长助理，负责：

① 为依法执行各自职责范围内的任务和行动制订计划并监督计划的执行情况。

② 为与各自职责有关的专业官员团规划职业生涯。

③ 为履行各自职责制订人员招募、培训和考量专业业绩的标准。

④ 监督、指导和检查所有与各自职责有关的事务。

⑤ 在各自职责的范围内及时地提出恰如其分的建议并监督和督促参谋人员，以确保有效地执行决策机构下达的所有命令和指示。

⑥ 行使可能赋予他们的其他职能。

(4) 这些参谋人员负责人的正式职务和大体职能如下：

① 对外情报负责人(前特别行动办公室主任助理)是负责间谍和反间谍的高级官员。他代表局长同与间谍和反间谍任务有关的其他机构保持日常联络。即将建立的对外情报办公室将由从事间谍和反间谍及相关活动的专业人员组成。

② 政治和心理战负责人(前政策协调局处处长助理)是负责秘密心理和政治战、抵抗和经济战的高级官员，即将建立的政治和心理战办公室将由从事政治和心理战及其相关活动的专业人员组成。

③ 准军事行动负责人是负责包括制订战争计划和备战、破坏与反破坏、出逃和避难以及游击战在内的秘密准军事活动的高级官员，他将按照在战时能够与军事机构密切合作的要求组织活动。

④ 技术支持负责人负责领导支持秘密活动的技术服务办公室。

⑤ 行政负责人是一位为计划副局长的参谋人员服务的训练有素的行政官员。他向计划副局长负责，具体从事确保为所有的秘密活动提供足够的受训人员、设备、资金、运输、通讯、设施和服务的工作。

(5) 根据以上第 2 条第(1)和(2)段的规定，保留现有的各地区科及科长职务，并将其作为华盛顿总部与各负责一个地区的地方机构之间的沟通渠道。例如，由东欧科统一处理和发送与华盛顿总部办公室在[①]发起的活动以及中央情报局在那些地区开展的活动有关的通讯信息。事实上，各地区科科长将充任负责他们各自管辖的地理区域的局长执行官。

(6) 在中央情报局从事秘密活动的各个国家任命高级代表。这些高级代表将负责安排和监督中央情报局在其所在地区的一切活动，他们有权依据管理程序的规定处理日常管理事务。

3. 程序：新的组织机构只承认两个指挥层级：局长以及高级代表和通过地区科代替局

① 原文此处近一行未解密。——译注

长处理与秘密活动有关的事务的计划副局长。对高级代表们的命令要以局长的名义下达。鼓励地区科、华盛顿专业参谋人员以及与之职责相对应的地方人员之间在技术和专业问题上尽量保持非正式的通信联系。接发电报方面的程序与其他重要政府机构当前的做法大体相同。通信办公室主任助理要依据以上规定撰写一本供批准并立即分发的电报程序手册,同时在一位电报秘书的指导下,组建一个集中处理和分发通信信息并使之实现标准化的通信中心。在该中心开始运转之时,它将由局长行政助理负责管理。

4. 自 1952 年 8 月 1 日起,所有与本文件抵触的现存指令和规定均作废。

中央情报局局长　沃尔特·B·史密斯

图①

Michael Warner (ed.), *CIA Cold War Records: The CIA under Harry Truman*. Washington, D. C.: History Staff, Center for the Study of Intelligence, Central Intelligence Agency, 1994, Document 79, pp. 465 - 467

梁志译、校

① 此处为中央情报局秘密活动处的组织示意图,略去。——译注

15－88

杜鲁门关于史密斯离任给他的信函

（1953 年 1 月 16 日）

未设密级

1953 年 1 月 16 日

亲爱的比德尔[①]：

如您所知，我认为建立中央情报局是我作为总统为了确保国家安全而采取的最重要的措施之一。美国目前已经拥有了这样一个高效的情报部门，这是我们努力实现为多数人所向往的持久和平的重要步骤。

1950 年，您由驻苏联大使转任中央情报局局长。作为中央情报局局长，您光荣圆满地完成了使命，把中央情报局建设成为政府国家安全系统中一个高效的常设机构。在这个关键的时期，您改善和加强了情报工作，此举意义深远，对我和其他国家安全委员会成员摆脱目前面临的困境具有不可估量的价值。

我坚信，从来没有哪一位总统曾像我利用中央情报局这样通过有益的方式获得如此大量而又重要的情报。在此，我想向您表达的是我由衷感激且十分欣赏您在完成使命时所表现出来的一丝不苟和忠于职守。我同样相信，未来的总统将继续大大地受益于您对中央情报局的发展所作出的杰出贡献。

在我即将离任之际，我想向您这位真正的朋友、名副其实的爱国者和最出色的公共行政官员道谢。

献上我非常真诚的祝福！

哈里·S·杜鲁门

"The Central Intelligence Agency: Its Founding and the Dispute over Its Mission, 1945－1954," (vol. 23) in Dennis Merrill (ed.), *Documentary History of the Truman Presidency*, University Publications of America, 1998, Document 89, p. 385

张屹峰译，梁志校

---

① 即沃尔特·B·史密斯。——编注

15－89

索尔斯对中情局的由来及其个人经历的回忆

（1954年12月15日）

未设密级

1954年12月15日（星期三）

出席者：悉尼·W·索尔斯少将

威廉·希尔曼先生

戴维·M·诺伊斯先生

（您每天早晨都向总统汇报。您能按时间顺序向我们介绍一下这方面的情况吗……？）

索尔斯少将：第二次世界大战期间，我一直在海军情报部门工作并升至少将和海军情报事务第二负责人。大约从1944年10月至1946年1月底，我花了最后一年零一个季度的时间努力制订一份建立服务于对国家安全负主要责任的内阁成员和美国总统的中央情报机构的计划，目的是使所有人都获得同样的情报。这与当时广泛推行的体制不同：战略情报局只向总统提供一点点情报而不向在某些方面履行总统顾问职责的军事部门的各位部长们和国务卿提供任何情报。在1945年4月杜鲁门继任总统之前，这一工作并未取得进展。那时我只是在不经意间让杜鲁门先生了解了我的想法。但他指示国务卿贝尔纳斯先生制订出一份有关建立中央情报机构的计划。此前，参谋长联席会议的人员正在研究李海上将呈交上来的一份计划，同时多诺万将军将其上呈白宫。该计划建议将这一组织直接设立于总统之下，仅对总统负责。参谋长联席会议后来采纳的海军的计划主张让中央情报机构全面负责情报工作，但负责国家安全的各部门仍应与它休戚与共。这一中央情报机构是国家情报层面上的协调组织。各部门都需要情报，但要有一个中央情报组织收集整理一切与宏观国家政策有关的情报。各机构都将为中央情报组织提供情报。高层做出的评估将用于指导外交、政治和军事领域的高级决策者。国务卿贝尔纳斯的观点是该组织应只对国务卿负责。他正式告知总统，他认为所有情报都应由他来控制。我个人极力反对这一观点。在这一问题上，海军是支持我的。站在我们一边的还有陆军特别委员会的洛维特先生。我代表海军部长福里斯特尔。我们的立场是：应该将我们提出的建立一个通过由国务卿、陆军部长和海军部长组成的国家情报委员会直接向总统汇报的协调机构的计划呈交总统。贝尔纳斯已指定阿尔·麦科马克为国务院制订一份计划，后者坚决贯彻前者的思想。我记不清楚贝尔纳斯在其中的语言表述和推理论证了，但他的意思是这一机构应在他的管辖之下。同时，1946年1月，福里斯特尔部长和另一个人（我不能确定是陆军部长帕特森还是罗亚尔抑或是作为代理陆军部长或陆军部长的罗亚尔）在周日下午来到肖拉姆宾馆贝尔纳斯的房间，告诉后者他们准备带着一份二者共同签署的计划去见总统。那份计划与总统后来批准的计划大体相同。他们邀请国务卿贝尔纳斯一同前去。如果贝尔纳斯不愿意，那么他们可以分别带着各自的计划去见总统。不过，军方确信这份计划是最符合国家利益的。在词句方面进行了一两处无关紧要的修改后，贝尔纳斯在该计划上签了字。接着，周一这一计划被呈交给杜鲁门总统。随后，总统在他的办公室召开了由预算局局长哈罗德·史密斯、李海上将、罗森曼先生、我想还有J·K·瓦达曼以及我参加的会议。会上，杜鲁门开门见山地说，他认为国务卿贝尔纳斯、福里斯特尔和陆军部长呈交的计划太好了。哈罗德·史密斯认为并非如此，国务卿贝尔纳斯也反对这一计划。我记得我当时说，我难以相信国务卿会在一份他不认可的呈交总统的建议书上签字。因此，我认为总统必须接受他的书面辞呈，原因是他是一个不坚定的喜欢折中的人。随后，哈罗德·史密斯声称，他想让下属仔细研究该计划。罗森曼先生说："您的意思是想从预算的角度考虑这项计划吗?"哈罗德·史密斯说："不，是从情报方面。"因为预算局拥有专业情报人员，他想从情报的角度仔细研究以上计划。杜鲁门总统以其特有的方式明确地表达了自己的态度："我喜欢这个计划。如果他们想要把它修改得更好一点，没关系。但这是我长期以来一直想要做的。您派出预算局代表，由我指示李海、索尔斯和司法部的代表们在李海上将的办公室开会。"会上，我们了解了事实上是国务院计划的合作起草者的预算局人员的观点。我们告诉他们总统已经说他认可我们的计划了，如果他们要针对这一计划提出一些可行的改进建议，我们是乐于接受的。胡佛先生是司法部的代表，他提出了一些看法。胡佛先生想要在计划中插入一段话，表明联邦调查局全权负责在美国大陆以及夏威夷和波多黎各的调查工作。我主动建议，我们可以言简意赅地规定中央情报局没有责任保卫美国及其准州(？①)的内部安全。与会者都同意这一点。1946年1月20日左右，总统签署了行政命令。在国务院、陆军部和海军部人员的共同努力下，不久这一机构便开始运转了。

（它的名称是什么?）

索尔斯少将：国家情报委员会下属的中央情报小组。国家情报委员会由上面提及的三位部长、总统指定的代表(李海上将)以及没有表决权的效力于委员会的中央情报小组组长组成。我被任命为中央情报小组组长。

（您是第一任组长吗?）

索尔斯少将：当时的说法是，在三大部门和总统就正式人选达成一致意见以前由我担任这一职务。三大部门和总统为此争吵不休，他们找不到令各方都满意的人选。因此，在他们就正式人选问题达成一致之前，我一直担任这一职务。大约六个月后，在我的建议下，各方同意由当时供职于陆军情报科的霍伊特·范登堡将军担任中央情报小组组长。我提出这一建议的理由有两点：一是总统不想让政界人士担任这一

① 原文如此。——译注

职务，而范登堡似乎能够代表非政界人士。但他身为参议员的侄子[①]这一点却是优势，因为我们必须考虑最终将中央情报小组建成一个总统下属的独立机构需要面对的立法问题……。

(我们能回到事情的缘起上来吗？但这并不是太清楚。谁首先提出的这个主意并想得到白宫的认同？总统为何需要中央情报机构？)

索尔斯少将：存在两种观点。首先，我已说明了我支持这一想法的原因。我看到陆军、海军和国务院纯粹是在做重复劳动，设定的目标无一达到。后果之一便是珍珠港遭到偷袭。在政府中，情报随处可见，但没有人以适当的形式把它们送交高层决策者。如果是通信情报，或许还会有人秘密地告诉斯塔克上将或诺克斯部长。他们会说："嗯。"接着，便把它抛到脑后了。我认为应该对类似的信息予以评估并把它们送交所有相关者。倘若珍珠港事件前(我们)就能够获得这样的情报，或许可以避免那场已然发生了的灾难。从一开始，我便一直在宣传这种想法。(那时，)我在埃伯斯塔特委员会工作，负责撰写主张建立大体类似于最后成立的中央情报机构的报告的情报部分。但我不知道是谁促使总统做这件事的。也许是杰克·瓦达曼，他曾参与此事。我已同他交谈过了。他对战略情报局的情报处理工作表示不满，认为多诺万除了著书立说、发表演讲和宣传自己的伟大功绩之外，几乎无所作为。他决心要彻底改变这一状况，命令解散战略情报局。正如您所记得的，他确实这样做了。他命令将战略情报局的一部分并入国务院，一部分并入陆军部。在那时，我还未与杜鲁门总统有过联系。我们正试图抗命。我们知道这个命令即将下达。我们努力阻止他在我们确定除战略情报局外我们可能和不可能利用的手段之前发布那一命令。参谋长们请求总统不要采取这一行动，但此前一小时总统拿到了哈罗德·史密斯的指令。总统的意愿是毫无疑问的，但毕竟我们被挫败了，总统签署了那项指令。指令被分成我说的两部分后立即被公布。总统一定是早就想要组建一个中央情报小组了。他想知道他的部长们都在干什么，因为不久以后或此后不久中央情报局便建立了，我们大吵了一架。他想每天收到一份总结各部门发出的急件的摘要，无论是国务院发给大使们的还是海军部和陆军部发给其驻外军队的，只要可能对美国外交政策产生某种影响的信息都被囊括其中。例如，海军可能要向拉普拉塔河派一艘巡洋舰，以影响阿根廷的局势。总统认为他应该对此有所了解。他认为国务卿贝尔纳斯没有让他了解他应该知道的一切。我肯定贝尔纳斯确实这样做了。他想通过每日摘要充分准确地了解事态的发展。我们与贝尔纳斯进行了一场正面交锋。他坚决反对撰写每日摘要，理由是那不是严格意义上的情报。情报是准确评估外国状况的信息，具有可操作性。每日摘要则是关于美国内部发生的事情的报告。贝尔纳斯说，向总统汇报完全是他的职责。因此，他反对每日摘要这种形式。李海上将大声说："总统想要如此。"贝尔纳斯说："我请求在我见到总统之前不要采取行动。"他见到了总统，总统坚决认为应该按照自己设想的方式处理此事。不过，他的方式是每日摘要。他需要情报，以了解他的下属正在做的事情。在贝

① 他的叔父就是1947年担任美国参议院外交委员会主席的阿瑟·范登堡。——编注

尔纳斯莫斯科插曲①后不久的1946年1月20日(?),这种看法是对的。胡佛先生一直非常珍视自己的特权,不愿看到美国国内尤其是在安全领域出现具有调查职能的力量。顺便提一句,他反对组建中央情报局,因为他那时在南美洲(我觉得是欧洲某国的首都)。于是,他提出了强烈的反对意见。但当木已成舟之时,他承认了建立中央情报局的必要性,认为应该继续推进这一工作。他不想让美国国内发生冲突,又继续在南美逗留了一段时间。总统认为自己不该情绪低迷。拨款委员会将已获准用于此目的的拨款金额削减了两三百万美元。我的感觉是阻止他这样做是错误的,因为他已经在这样做了,我们不能奢望在这种情况下将其余的事情全部处理妥当。我们并不想堵住情报来源。我认为南美基本上是共产主义一类的问题,应交给他去处理,而我们则专心搞清楚俄国人在欧洲的动向。我知道完成这一任务将使我们捉襟见肘。总统对此表示同意,胡佛在此后一年内撤回了他的资金。他的预算资金又恢复到了原来的数目。但范登堡渴望建立一个庞大的机构,他有一次好机会迅速地实现这一愿望。上任一个月后,他取消了这一计划。胡佛把持着预算资金,而职责却转由范登堡履行。前者将精力用于解决南美问题,而不管世界的其他地方。胡佛?② 我与他相处得非常好……总统急于让一个小组全权负责处理美国全部的情报。他不想让一个人负责整个世界,也不想让一个人负责美国,而另一个人负责世界的其他地方。中央情报机构也是反情报机构,它一定要从事安全工作,必须保护自己人。它是一个处理预防性情报的联合组织,不应该对国内负有任何责任。如果中央情报局得知敌方特务想要投诚,它应该与国内情报和安全部门的人员配合,以便后者在国境沿岸接手这一工作。如果海军侦听到大意为敌人正在美国安插特务的消息,他要联系联邦调查局……胡佛从官方的角度通过司法部予以处理。他的举止一直礼貌得体。他让司法部了解他的想法,司法部则尽量按照他的想法行事。

(范登堡担任中央情报小组组长以后您又做什么了?)

索尔斯少将:我再次成为现役军人。海军部要求我去它那里做主任。这像是分派工作,我记得总统也对我予以了任命,后来我还是受命去为杜鲁门总统工作了。

(您被从海军借调出来……)

索尔斯少将:是的。离开海军后,我担任范登堡的顾问。除非遇到麻烦,否则他并不经常征求我的意见。1947年5月,我重返平民生活。原子能委员会的路易斯·斯特劳斯邀请我到墨西哥市。他问我是否愿意在原子能委员会内部建立情报和安全分支机构。他一直着迷于安全工作。我对他说,无论如何我不会承担任何工作,但三四周内我会回来的。反正他们就是想让我担任安全和情报主任,整个原子能委员会也是如此。我拒绝了,但我答应充当顾问。我按照他们的要求进行了调查研究并提出了建议。那项工作花了大概四个月,不,我记得大概是三个月。我完成了那项工作,他们同意与中央情报局一起将我的建议付诸实施

① 1945年12月16～26日,美英苏三国外长会议在莫斯科召开。会议上,美国国务卿贝尔纳斯对苏联做出了一些让步,杜鲁门对此十分不满。1946年1月5日,杜鲁门召见贝尔纳斯,当面宣读了当天他亲自写的长信,严厉斥责贝尔纳斯专擅和越权。——编注

② 原文如此。——译注

并让他们的主任参加中央情报局顾问委员会。我们选定了钦里奇(Cinrich)上将作为原子能委员会安全和情报主任。从那以后,我又逍遥自在了。1940 年以来,我一直都是现役军人,我感觉我有权利做自己的事情了。约一个月后,福里斯特尔部长将我召回,告诉我总统想让我担任国家安全委员会执行秘书。我对此表示抗议,坚决反对回去工作。但福里斯特尔声称这不是我回绝他的问题,总统正等着我呢。他说,车等着呢,我们要去见杜鲁门总统。那时大概是上午九点钟。我记得那是八月份左右,法案刚刚获得通过,九月份即将生效。它叫国家防务……不,不是这个名字。正是那部法律设立了国防部、中央情报局和国家安全委员会等一批①机构。国家安全委员会负责就所有与世界军事和政治形势有关的事务向总统提出建议……中央情报局被直接置于国家安全委员会之下。杜鲁门总统说,想让我担任国家安全委员会执行秘书是出于他个人的愿望,总统还表示任何时候只要我想离职,他都会准许,任何时候我都可以告诉他我已经建立起了一个运转良好的机构。1950 年 1 月以前,我一直担任执行秘书一职,随后杜鲁门总统任命了我竭力推荐的绅士或者说潜在的继承者詹姆斯·S·莱接替我的工作。我同意在以往一直工作的领域继续担任总统顾问。直至 1953 年 1 月,我大部分时间都在做这项工作。我们的目的是在国家安全委员会内部建立一个无论哪一任政府掌权都能充当研究机构的组织。选拔这一组织内的工作人员的依据是他们看待事物的客观性和政治联系不多。他们应远离政治,因为我们在研究 1908 年大英帝国建立的与此相对应的帝国防务委员会(Imperial Defense Council)时发现它很大的优势在于研究工作的连续性。杜鲁门总统一直决心使国家安全问题脱离政治。在我在上述领域为他工作期间,无论是在人员选拔还是在处理各种建议时,他从未对党派政治表现出任何兴趣。确实,对于一个被认为是党派人士的人来说,他是我在那个领域所见到的最不具党派人士特点的人。足够的证据表明我们的计划制订得很好,因此总统根据我的建议选拔出来的工作人员里有三个人在本届政府中再次被任命:执行秘书詹姆斯·S·莱、格利森(埃弗里特·格利森)先生和帕特里克·J·科因……

(您将 1908 年建立的帝国防务委员会作为原型了吗?)

索尔斯少将:是的。从建立时开始直至二战期间帝国防务委员会也有执行秘书。此人以上校或少校的军衔上任,以汉基勋爵的身份离职……不不。德国总参谋部完全是两码事。帝国防务委员会是由首相、外交部长和海陆空三军部长或他们需要召集的人,外加财政和资源、生产资料和国家岁入部门的相关人员,以便每次做出外交承诺之前均对其军事、政治和经济层面进行充分的评估。那也是国家安全委员会的目标。我们全面研究了他们的计划,考虑了他们遇到的所有困难以及战胜困难的方法。大约在 1952 年,汉基勋爵的继任者伊斯梅勋爵跟随丘吉尔与艾登来到了美国。但我说的 1952 年是指他与丘吉尔和艾登来这里拜访总统的时间。② 他与国家安全委员会的莱先生和我用了几个小时的时间研究美国国家安

① 原注:需核实“bunch”一词。
② 原注:此处需核实。

全委员会的创立、人员安排和运作方式，认为相对他们的帝国防务委员会来说，我们已经做出了某些改善。他要建议英国实行我们已经引入的一两种制度。因此，我认为我们在承认美英两国政府组织形式不同的基础上很好地完成了借鉴工作。我的意思是说，在美国仅由总统负责，在英国则由委员会负责。我想要说明的是，二战期间当莱还是参谋长联席会议下设的联合情报委员会秘书时我就认识他了。我对莱的印象非常深刻，在我们建立中央情报局时，我第一个聘请的就是他，随后在我创建国家安全委员会时又请他做我的助手……在我国的历史上，国务院一直负责执行外交政策。尽管国务院采取的行动很可能对我国的军事利益产生影响，但它并不向军方征求意见甚至在很多时候都不向军方通报情况。当国务院发觉它无法通过和平的手段达成政府希望实现的目标时，它就将问题移交军方，而后军方诉诸战争。军方的目标是以尽可能小的代价在尽可能短的时间内击败敌军。没有人考虑击败敌军后我们要做的事情。敌人战败后，军方转而请求国务院制订美国在和平期间的行动计划。对于研究这一问题的人来说，显而易见，在和平时期负责外交和政治的人员必须相互协商，总统一定要听取他们联合提出的建议。如果他们之间出现分歧，要由总统决定采纳哪一方的建议。但是至少总统应该了解从军事的角度看国务院建议实行的外交政策可能带来的影响。在我们的体制中，总统是唯一的外交决策者。这就是我们建立国家安全委员会的原因。内阁没有决策权，国家安全委员会也没有。国家安全委员会拥有对政府安全事务的知情权，总统将愿意与该委员会成员交谈并听取他们共同提出的一致意见，这一切必须通过正式的程序来完成。当总统下属部门的人员考虑某事时，且是同一件事情，研究人员将花费数日就此事进行争论，而您会认为他们完全取得了一致。但一旦研究人员就此整理出详细的报告，他们间的分歧便表现出来了，故此应依据正式的程序予以处理。我们并不认为应设立一个内阁秘书处，因为总统并不想让内阁变得过于一元化。他们是分部门的，农业部履行这项职责，内政部履行另外一项职责。除了在政治方面以外，内阁不是一个召开共同会议的地方。国家安全委员会是唯一一个在外交、军事和政治领域负有责任的机构。它已使您拥有了行使内阁秘书处职权的手段。在国家安全委员会档案中，我们将看到总统参考各位部长及他们所属部门在各个问题上的观点所制定的每一项政策背后的推理论证。艾森豪威尔总统上台时，他可以借此了解我们对各个国家的政策及相应的决策方式。当然，他并不一定要对以上政策表示赞同。艾森豪威尔政府可以改变这些政策，但他知道从哪里入手。杜鲁门总统上任时，他对我们的政策及决策依据一无所知——没有关于这方面的资料。只要国家安全委员会存在，就再也不会发生这样的情况了。每一次国家安全委员会会议都有准确的会议记录，随后这些会议记录被分发下去。争论就这样产生了；改变政策的建议随之出现；最后将政策建议提交总统审批。如果总统采纳了这些建议，委员会秘书会在建议报告上写道："总统已批准了国家安全委员会的某某建议。"接着，他指示各相关部门和机构执行以上文件的规定。那么您看，这是非常正规的。每次国家安全委员会会议都有一些固定的人参加。由于总统是唯一的外交决策者，因此这样做与原有的体制并不矛盾。即便总统作为主席出席会议，且他似乎也表示同意了，那也不是最后一步。次日，工作人员会将写有"委员会开会讨论了某某事情,总统对此予以批准”字样的文件呈交总统。而后总统在上面签字,因此真正的决策者一直是他本人。起初,我担心如果总统作为主席出席会议,他可能会过早地表明自己的观点,其他人则因此三缄其口,不提任何反对意见。总统应让与会者各抒己见,便于他在决策前充分了解各方面的情况。现政府的运作略有不同。艾克习惯于参谋的做法,倾向于认为如果他接受了委员会的决定,那意味着自己在逃避责任。委员会不应该做出决定,它仅是一个顾问机构。但即便如此,他能得到这样的建议无疑仍是幸运的,因为至少还有合适的人向他提出建议。总统因此可以确信向他提出建议的人并不是乱出主意。我认为杜鲁门总统没有利用这一点,因为对他来说国家安全委员会是一个“超级”情报机构,他与我谈话时将我当成了“盖世太保的头目”……他可以借助国家安全委员会了解各部门中愚蠢的家伙们的想法。因此,国家安全委员会对他来说仍是情报机构。您的书几乎没有提及国家安全委员会,而提到了中央情报局,但……

(由于成书仓促,《总统先生》一书中有很多遗漏)

索尔斯少将:但您的书反映了他的看法,因为我对此多有耳闻。李海上将和我是总统的“地区警察局长”。我们使他对下属的所思所为了如指掌。对我来说,最伟大的功绩之一是他创立了国家安全委员会及其对应或者说是附属机构——中央情报局。原因是:每次国家安全委员会会议都会仔细考虑某方面的政策(例如,在东南亚我们要做什么),并即刻要求中央情报局对美国执行某种政策所产生的影响问题进行评估。中央情报局局长列席国家安全委员会会议并提出建议。会后,他会起草出一份评估报告,它代表陆军情报科、空军情报科、海军情报局、国务院、联邦调查局以及原子能委员会代表(原子能委员会情报主任)等中央情报局各顾问委员会的看法。因此,当决策者们拿到这份评估报告时,他们可以将中央情报局和所有以上组织中的最优秀的情报工作人员所作出的一致的最佳判断与自己的判断综合到一起。1951 年,我们就是否再次保卫福摩萨的问题展开了长时间的争论。参谋长联席会议认为,二又三分之一个师是无法保卫福摩萨的。国务院的艾奇逊在一份致国家安全委员会秘书的备忘录中声称,在参谋长联席会议看来,我们应利用一切经济和政治手段阻止福摩萨落入共产党人之手。据估计,经济和政治手段并不足以保卫福摩萨。我们是否要用军事手段保卫福摩萨?抑或是说,它还具有这样的战略重要性吗?对了,艾奇逊有充足的时间促使参谋长联席会固执己见或敢于正视这一问题。最后参谋长联席会议说:“不,即使战争发生后我们必须夺取福摩萨,现在我们也不能这样做。”总统采纳了这一建议,使之成为政府的政策。后人总是指责艾奇逊抛弃了福摩萨,事实上放弃福摩萨的是参谋长联席会议。

(在派出第七舰队的问题上达成一致意见了吗?)

索尔斯少将:不,那是很久以前的事了。但人们指责艾奇逊抛弃了福摩萨。他们因此而攻击他。这种做法是我们 1948 年撤出驻朝美军政策的一部分。路易斯·约翰逊和国务院并不想那样做。但时为参谋长的艾森豪威尔总统催促要如此行事。1949 年 4 月上任的国防部长路易斯·约翰逊说:“如果那些军队在一个月内不撤出的话,国务院必须支付驻军所需的费用。”我们就处在这样一种情况下。艾奇逊宣布存在另一条不包括福摩萨和朝鲜的防线,但他只是在阐明由于军方强有力的敦促而通过的政策。或许军方本不应对此施加影响,但他们认为只有全国总动员才能守住福摩萨。就这些。那是在1948年,但当我们重返朝鲜时,总统借机将第七舰队部署在福摩萨和中国大陆之间……总统创立了国家安全委员会,我想它将与我们息息相关。福里斯特尔试图改变国家安全委员会的功能……这是错误的,但最终它所拥有的现在的功能是适合白宫的,这很好,哦不!是太好了!它成为一个顾问组织。我处于福里斯特尔、埃伯施塔特和约翰逊的压力下,他们说:"您是委员会主席。您应该主事。"我说:"我不是,否则法案会作出规定的。因为某种原因,我的身份已是执行秘书,且仅是研究人员的秘书而已。我不能、也不应该命令内阁成员。我只起到催化剂的作用,促使委员会成员和研究人员履行他们的职责,确保总统在每一个问题上均能获得一致的建议。"我的一贯立场是让总统了解各方观点,而不是企图向他兜售某一种观点。我觉得如果他有国务卿,为什么他还要有一位告诉他应该如何如何的执行秘书呢?这样有什么好处……我们在上午都讨论什么?上午的正式会议具有例会的性质,讨论总统必须认真思考的所有具体问题。在各部门批准研究文件之前很长时间我便将文件呈交总统。我有一批由各位内阁成员的副手组成的研究团队,他们被称为我的顾问——海军的舍曼中将、空军的诺斯塔德和陆军的(?)。他们互相迁就体谅。希腊问题便是一例:"我们是派出一个海军陆战营还是指望萨洛尼卡(Salonika)去砍断……脖子?"最后,通过研究讨论我们找到了令人满意的解决方案,我将文件副本送交国务卿和国防部长,告诉他们这是需要其斟酌考虑的文件,且将被列入议事日程。我带着文件去见杜鲁门总统,向他解释这些问题并阐述国务院、海军部、陆军部和空军部大概的看法。您将看到军方内部存在明显分歧。我们会提出并研究以上问题,我也会让总统了解进展情况。例如,这样做会阻止约翰逊跑到总统那里说"我们想要做某某事",约翰逊的话听起来可能是合理的,总统会表示同意并承诺依此行事,秘书将不会再提议在委员会上讨论这件事。因此,我随时让总统了解情况的用意正是为了避免发生这样的事。

(那么,您起草的文件反映出这一点了吗?)

索尔斯少将:不,这些文件交由各部部长了。它们是我呈交给内阁成员的由研究人员起草的文件。但我会就议题本身做出解释,以便总统了解背景并很好地听取汇报。时间是在每天上午的九点半。我们还会讨论新情报及其对已被美国采纳的政策的影响。每周我们都让中央情报局局长就世界局势当面向总统进行一次汇报。丹尼森上将代替李海处理往来的有关情报目标的时事急件,以便我专注于与决策有关的更具战略性的情报。我们经常碰头。丹尼森出席政策小组会议,但当我讨论安全领域的问题时,他也会参与进来。

(第一部分结束)

"The Central Intelligence Agency: Its Founding and the Dispute over Its Mission, 1945-1954," (vol. 23) in Dennis Merrill (ed.), *Documentary History of the Truman Presidency*, University Publications of America, 1998, Document 90, pp. 386-410

梁志译、校

15－90

杜鲁门关于管理中情局问题给莫尔斯的信函

（1963年2月22日）

未设密级

1963年2月22日

亲爱的韦恩：

我在报纸上偶然看到一篇文章，其中援引了您赞成把管理中央情报局的权力移交给国会的说法。

1945年4月12日，我发现总统所能利用的情报信息经常是不完整的，有时甚至是不可靠的。于是，我约见了艾伦·杜勒斯和其他一些熟悉情况的人员，建立了由各部那些熟知使命的代表组成的专门负责情报工作的总统情报局(Intelligence Agency for the President)。

最后，国会通过了一项法律，迫使我在这一机构中任用一些人，他们不熟悉业务却热衷于帮助那些反对我的做法、只顾制造麻烦的人。最终，他们得逞了。

艾伦·杜勒斯干得很好，但我通过国务院向伊朗政府和其他近东国家的政府派驻了代表，他们的职责并不是向我这位美国总统提供我所需要的情报。在中美洲、南美洲和其他几个地区也是如此。如您所知，总统必须掌握有关各国动向的情报。本来这应该是国务院做的事情，但在我接任总统时国务院的许多人都认定我不了解世界局势，想让我一直蒙在鼓里。

这就是建立中央情报局的原因，它是作为总统直属政府部门出现的。

当然，即便国会真的想要接管中央情报局并因此引起了轩然大波，只要它执意如此，它是可以这样做的。

我离任后，我的继任者并不重视中央情报局以及与美国政府的运作有关的其他事情。退休以后，他变成了一位伟大的政治家，对世界了解得一清二楚，即使他曾为国家的福祉和利益做出过某项决定，那也是偶尔为之而非出于本心。

我希望，在我康复的时候，您和我能坐下来讨论这一问题以及我们感兴趣的事情。我坦率地给您写信，这是两个男人之间的交流，但我是从1945～1953年在任总统的角度向您说明上述事实的。

献上我最真诚的祝福！

哈里·S·杜鲁门

"The Central Intelligence Agency: Its Founding and the Dispute over Its Mission, 1945 - 1954," (vol. 23) in Dennis Merrill (ed.), *Documentary History of the Truman Presidency*, University Publications of America, 1998, Document 91, pp. 411 - 412

张屹峰译，梁志校

15－91

杜鲁门关于建立中情局的原因给莫尔斯的信函

（1963 年 3 月 14 日）

未设密级

1963 年 3 月 14 日

亲爱的韦恩：

我再次就中央情报局的问题给您写信的原因是建立这一机构的初衷是统一处理来自驻外部门的所有情报。

当然，陆海空三军在世界上的几乎每一个国家均设立了情报机构。农业部、商务部和劳工部也有这样的组织。可总统却无法知道那些机构背着他所做的事情。

因此，我建立了中央情报局，统一协调其他部门各情报机构的活动。当然，正如您所知道的，在这样一个组织建立之时，人人都想分得一杯羹。最后，国会通过了一些有关这一问题的法案，改变了以上建立中央情报局的初衷。

总统必须掌握他所能获得的关于世界局势的一切信息。国务院和内阁其余各部中的那些文职机构有这样一种想法：总统在职"不过四年而已"，不必理会他。

我不了解现任总统的计划，但我要非常坦率地告诉您，如果他不能全面了解现状，那么他就无法推行一贯的外交政策。

献上我真诚的祝福！

哈里·S·杜鲁门

"The Central Intelligence Agency: Its Founding and the Dispute over Its Mission, 1945－1954,"（vol. 23）in Dennis Merrill（ed.），*Documentary History of the Truman Presidency*，University Publications of America，1998，Document 92，p. 413

梁志译、校

15－92

杜鲁门关于建立中情局的初衷给莫尔斯的信函

（1963 年 4 月 11 日）

未设密级

1963 年 4 月 11 日

亲爱的韦恩：

万分感谢您 4 月 4 日给我那封关于中央情报局的信件的回复！

您知道中央情报局是我一手建立的，目的就是要为总统提供决策所需的必要情报。中央情报局的唯一目标就是让总统了解有对外联系的美国政府各分支机构的所有情报活动。我认为，从国会通过有关这一问题的决议案那一刻开始，它就永久地丧失了对总统的价值。

当你我能够坐下来就这个问题进行讨论时，我想准确地告诉您中央情报局的目标及建立过程。在议员们干涉总统私人事务时，这个机构对于总统的意义就不存在了。

献上我真诚的祝福！

哈里·S·杜鲁门

"The Central Intelligence Agency: Its Founding and the Dispute over Its Mission, 1945－1954,"（vol. 23）in Dennis Merrill（ed.）, *Documentary History of the Truman Presidency*, University Publications of America, 1998, Document 93, p. 414

张屹峰译，梁志校

15 - 93

杜鲁门关于对中情局功能评价给诺伊斯的手写备忘录

（1963 年 12 月 1 日）

未设密级

来自哈里·S·杜鲁门办公室

1963 年 12 月 1 日

在我继任之时，总统无法统一处理来自世界各地以及美国、阿拉斯加、波多黎各、夏威夷和菲律宾的情报。国务院、国防部、司法部、商务部、农业部和内政部等所有部门均有海外联系。必须协调它们的活动，我决定让中央情报局负责此事。在我任职时，它运转良好。我并不想让中央情报局成为秘密组织，只想通过它让总统了解整个世界，特别是美国及其附属地的局势。它不应当变成一个发起政策倡议的机构或间谍组织。那不是组建中央情报局的意图。

就中央情报组织的问题打电话给在路易斯街的普通美国人寿保险公司的悉尼·索尔斯少将。

密苏里州路易斯街 3 号。

"The Central Intelligence Agency: Its Founding and the Dispute over Its Mission, 1945 - 1954," (vol. 23) in Dennis Merrill (ed.), *Documentary History of the Truman Presidency*, University Publications of America, 1998, Document 94, pp. 415 - 417

梁志译、校

15 - 94

杜鲁门关于恢复中情局原有功能的文章

（1965 年 12 月 11 日）

未设密级

1965 年 12 月 11 日

我认为有必要重新审视中央情报局的目标和行动。至少，我想在此申明执政期间我认为有必要组建中央情报局的最初考虑，我为它预设的职能，以及它作为总统直属机构的运作方式。

在我看来，总统的表现总的来说取决于他拥有的和得到的情报这一点几乎是众所周知的。也就是说，要想让总统本人了解我国的历史，熟知我们的制度，体察人民的需求和愿望，需要向他提供有关世界局势特别是东西方对抗中所有危险地带态势的最准确、最及时的情报。这是一项艰巨的任务，要由专门的情报机构完成。

当然，每位总统都可以利用由现存的许多情报机构收集的所有情报。国务院、国防部、商务部、内政部和其他部门一直从事着广泛收集情报的工作且成绩突出。但当它们将收集来的情报送交总统时，这些情报得出的结论总是彼此矛盾的。有时，情报报告会存在迎合特定部门既定立场的倾向。这让人觉得迷惑不解，更糟糕的是以上情报在帮助总统作出正确决策方面用处不大。

据我了解，在许多情况下，陆军、海军和国务院所提供的情报的覆盖面存在重合之处，这影响了结论的准确性。我一直认为珍珠港那场灾难部分地是由情报混乱导致的。在我看来，收集到的情报中许多没有被送交政府高层。即便被送到高层手中，形式也不恰当。在关键时期，虽然获得了某些重要情报，但为时已晚，因此美国无法采取必要的行动保卫自身安全。

在美国占据自由世界领导地位的新的世界形势下，错误的信息、未加以认真分析的情报、愚昧无知者撰写的情报报告或莫名其妙的结论对于我们的决策和由总统全权负责的对外关系的开展是相当有害的。

因此，我决定建立一个专门负责通过一切可资利用的渠道全面收集情报报告并将未经各部门“处理”或阐释过的情报报告直接送交总统的组织。我想要且需要“纯天然”的、尽可能全面的情报，以供我充分地加以利用。但是，此举中最重要的事情是防止有人利用情报影响或诱导总统作出不明智的决定。我认为总统有必要自己进行思考和评估，原因是他承担着决策的责任，必须防止任何部门或机构出于某种原因擅自决定对总统隐瞒信息或令人不悦的实情。总是有人不想让总统得知坏消息或错误判断，以免使其“不安”。

现在,这是最难以解决的问题。我所能想到的能够取得某种成效的唯一办法是为新建的总统直属情报机构任命一位极其诚实正直、有能力协助政府最高层展开工作且远离党派政治的负责人。

我认为,一定要防止中央情报局也变成一个职能重叠的机构。恰恰相反,建立这一组织的目的就是为了消除现存情报机构中职能重叠的现象。按我的设想,它要负责协调和促进情报传递工作,确保总统顺利地接到情报。该机构将直接接受总统的领导,且仅对总统负责。

在这方面,中央情报局的功能将是不断地为总统提供原始情报,使他能够摆脱通常的程序限制全方位地了解时事。

总统无权放弃管理政府行政部门的职责。他可以委派其他人从事某项工作,可一旦事情出错,总统无法逃避他个人的责任。如果说世界上有人要无休无止地从事繁重枯燥的家务劳动的话,那就是美国总统。

这不仅是世界上最孤独的工作,且需要不断地自我反省和深入思考。总统总是事务缠身。无论从哪个角度讲,他都是自由人民授权建立的工作最为繁重的办公室的主人。但尽管如此,这仍是一段无法言喻的奇妙经历。它既令人心生愤怒,又让人激动不已。此时,一个人可以全面地为人类谋福祉,使世界朝着更加欢乐祥和的方向发展,实现和平的夙愿。这在历史上还是第一次。

我因中央情报局偏离最初的目标而一度烦恼。它已经变成了政府中的一个执行有时甚至是决策机构。这带来了麻烦,使我们在几个处于危机中的地区面临更大的困难。

我在建立中央情报局时从来没有想过让它在和平时期从事秘密活动。我认为美国面对复杂尴尬局面的部分原因在于中央情报局这一本应保持克制的总统直属机构扮演的已经不再是原来我们设想的角色了,而变成了邪恶诡秘的对外阴谋的代名词和冷战敌人宣传的靶子。

共产党宣传抛出了“美帝国主义”、“掠夺成性的资本主义”、“战争贩子”以及“垄断者”等谬论,以此攻击西方,最不应该的是让他们利用中央情报局指责我们对他国采取颠覆行动。

我十分了解首位中央情报局临时局长索尔斯少将以及后来的正式局长霍伊特·范登堡将军和艾伦·杜勒斯。这些人都十分高尚,具有爱国主义精神,且诚实正直。我认为其余的继任者也是如此。

但是,目前有一些问题需要深挖细究。因此,我希望中央情报局能够再次成为总统直属情报机构,在其他具体的领域恰如其分地履行自己的职责,且不再行使具体操作的职能或仅在其他领域适当地行使这一职能。

我们已经建成了一个因拥有自由制度和自由开放的社会而受人尊敬的国家。中央情报局行使职能的方式给我们的历史地位蒙上了阴影,我认为有必要改变这一状况。

“The Central Intelligence Agency：Its Founding and the Dispute over Its Mission，1945 - 1954，”（vol. 23）in Dennis Merrill（ed.），*Documentary History of the Truman Presidency*，University Publications of America，1998，Document 96，pp. 422 - 426

张屹峰译，梁志校

15－95

克兰斯顿关于杜鲁门对中情局功能看法的国会记录

（1975年1月23日）

未设密级

哈里·杜鲁门关于中央情报局问题的警告①

克兰斯顿先生：总统先生，近年来民主党和共和党多次评价说“回过头来看，哈里·杜鲁门看起来似乎相当优秀”。确实，他可能是美国最伟大的总统之一。除了做出重大决策的能力外，杜鲁门总统还具有客观的判断力。他了解我国的历史，这方面的知识影响了他对我国未来发展方向的看法。而且，他使我们愈益了解总统的本质。

最近看了11年前杜鲁门撰写的关于中央情报局真正职能的专栏文章，这使我想起了他的以上优点和贡献。

作为总统，杜鲁门认为准确及时地掌握外部情报是十分重要的。他想得到不带有任何行政部门的偏见的“特殊类型的情报”。于是，他签署了建立中央情报局的国家安全法。

15年后，作为普通公民的杜鲁门对于他建立的作为“总统直属情报机构”的中央情报局并不满意。在呼吁中央情报局不再从事秘密活动时，杜鲁门先生令人信服地道出了今日促使我们着手组建调查美国政府情报机构的特别委员会的某些忧虑。他写道：

“我在建立中央情报局时从来没有想过让它在和平时期从事秘密活动。……美国面对复杂尴尬局面的部分原因在于中央情报局这一本应保持克制的总统直属机构扮演的已经不再是原来我们设想的角色了，而变成了邪恶诡秘的对外阴谋的代名词……”

像1月14日民主党会议上多数派领导人所做的那样，哈里·杜鲁门在文章的结尾提醒我们，美国人负有建立自由制度和开放的公平社会的历史使命。当我们着手处理对外事务时，我们的理想就成为我们国际声誉的至关重要的组成部分。我们不能置无视道德准则的代价于不顾。“现实政治”的实践者好像总是不理解这一点。

我请求大家一致同意将杜鲁门总统的言论载入《记录》中。

大家对此一致表示同意。以下这篇专栏文章被载入《记录》中：

---

① 本文为节选。——译注

哈里·杜鲁门写道：美国应要求中央情报局坚守情报工作的岗位(哈里·杜鲁门撰)

密苏里州独立城，12 月 11 日——我认为有必要重新审视中央情报局的目标和行动。至少，我想在此申明执政期间我认为有必要组建中央情报局的最初考虑，我为它预设的职能，以及它作为总统直属机构的运作方式。

在我看来，总统的表现总的来说取决于他拥有的和得到的情报这一点几乎是众所周知的。也就是说，要想让总统本人了解我国的历史，熟知我们的制度，体察人民的需求和愿望，需要向他提供有关世界局势特别是东西方对抗中所有危险地带态势的最准确、最及时的情报。这是一项艰巨的任务，要由专门的情报机构完成。

当然，每位总统都可以利用由现存的许多情报机构收集的所有情报。国务院、国防部、商务部、内政部和其他部门一直从事着广泛收集情报的工作且成绩突出。

但当它们将收集来的情报送交总统时，这些情报得出的结论总是彼此矛盾的。有时，情报报告会存在迎合特定部门既定立场的倾向。这让人觉得迷惑不解，更糟糕的是以上情报在帮助总统作出正确决策方面用处不大。

因此，我决定建立一个专门负责通过一切可资利用的渠道全面收集情报报告并将未经各部门"处理"或阐释过的情报报告直接送交总统的组织。

我想要且需要"纯天然"的、尽可能全面的情报，以供我充分地加以利用。但是，此举中最重要的事情是防止有人利用情报影响或诱导总统作出不明智的决定。我认为总统有必要自己进行思考和评估。

由于总统承担着决策的责任，因此他必须防止任何部门或机构出于某种原因擅自决定对总统隐瞒信息或令人不悦的实情。总是有人不想让总统得知坏消息或错误判断，以免使其"不安"。

我因中央情报局偏离最初的目标而一度烦恼。它已经变成了政府中的一个执行有时甚至是决策机构。这带来了麻烦，使我们在几个处于危机中的地区面临更大的困难。

我在建立中央情报局时从来没有想过让它在和平时期从事秘密活动。我认为美国面对复杂尴尬局面的部分原因在于中央情报局这一本应保持克制的总统直属机构扮演的已经不再是原来我们设想的角色了，而变成了邪恶诡秘的对外阴谋的代名词和冷战敌人宣传的靶子。

共产党宣传抛出了"美帝国主义"、"掠夺成性的资本主义"、"战争贩子"以及"垄断者"等谬论，以此攻击西方，最不应该的是让他们利用中央情报局指责我们对他国采取颠覆行动。

我十分了解首位中央情报局临时局长索尔斯少将以及后来的正式局长霍伊特·范登堡将军和艾伦·杜勒斯。这些人都十分高尚，具有爱国主义精神，且诚实正直。我认为其余的继任者也是如此。

但是，目前有一些问题需要深挖细究。因此，我希望中央情报局能够再次成为总统直属情报机构，在其他具体的领域恰如其分地履行自己的职责，且不再行使具体操作的职能或仅在其他领域适当地行使这一职能。

我们已经建成了一个因拥有自由制度和自由开放的社会而受人尊敬的国家。中央情报局行使职能的方式给我们的历史地位蒙上了阴影，我认为有必要改变这一状况。

"The Central Intelligence Agency: Its Founding and the Dispute over Its Mission, 1945 - 1954," (vol. 23) in Dennis Merrill (ed.), *Documentary History of the Truman Presidency*, University Publications of America, 1998, Document 97, pp. 427 - 428

梁志译、校

附录

一、外国人名译名对照表

A

Aantung，安东

Abasi，Abd-al-Kerim，阿巴索夫，阿不都克里木

Abboud，阿布德

Abdirascid，阿仆迪拉希德

Abdullah，Sheikh Mohammed，阿卜杜拉，谢赫·穆罕默德

Abella，Pedro，阿韦利亚

Adoula，Cyrille，阿杜拉，西里尔

Adzhubei，Alexei，阿朱别伊，阿列克谢

Ahamd，F. A.，艾哈迈德

Ahidjo，阿希乔

Ahmad，Tajuddin，艾哈迈德，塔杰丁

Ahmed，Khondkar Mushtaque，艾哈迈德，孔达卡尔

Ahmed，Muzaffar，艾哈迈德，穆扎法

Aidit，Dipa Nusantara，艾地，迪帕·努桑塔拉

Aktogay，阿克斗卡

Al-Bitar，Salah al-Din，阿尔比塔尔

Ali，Mohammad，阿里，穆罕默德

Al-Said，Nuri，赛义德

Alzatistas，阿尔扎季

Amand，Mulk Razd，阿曼德，穆尔克·拉思德

Amin，Hafizullah，阿明，哈菲佐拉

Andropov，Yuri，安德罗波夫，尤里

Antonio，Larrota，安东尼奥

Arboleda，Leon，阿沃莱达，莱昂

Arias，Caroles，阿里亚斯，卡罗斯

Arismendi，Eduardo，阿里斯门迪，爱德华多

Aristizabal，Eduardo，阿里斯蒂萨瓦尔，爱德华多

Arkhipov, Ivan, 阿尔希波夫，伊万
Artush, 阿图什
Ashida, Hitoshi, 芦田均
Asoka, 阿育王
Asraruddin, 阿斯拉鲁丁
Attlee, Clement, 艾德礼，克莱门特
Aukha, 奥科哈
Aung San, 昂山
Azisof, Seyfudin, 艾则孜，赛福鼎

B

Ba Swe, 巴瑞
Babu, Abdulrahman Mohamed, 巴布，阿卜杜勒拉赫曼·穆罕默德
Bajpai, Girja, 巴杰帕依，吉尔加
Bakdash, Khalid, 巴格达什，哈利德
Bakhty, 巴克图
Bandaranaike, 班达拉奈克
Bandaranaike, Sirimavo(Madame Bandaranaike), 班达拉奈克夫人
Bao Da, 保大(原名：Nguyen Vinh Thuy, 阮永瑞)
Barker, Walter E., 巴克，沃尔特
Barrero, Filiberto, 巴雷罗，菲利韦托
Basavapunniah, M., 巴萨瓦庞尼亚
Basu, Jyoti, 巴苏
Bator, Fetih, 巴托尔，费蒂赫
Bator, Osman, 巴托尔，乌斯满
Battle, Laurie C., 巴特尔
Batur, Gani, 巴托尔，加尼
Bebel, August, 倍倍尔，奥古斯特
Beg, Hakim, 贝格，哈基姆
Bella, Ahmed Ben, 贝拉，艾哈迈德·本
Belogorsk, 别洛戈尔斯克
Beria, Lavrenty Pavlovich, 贝利亚，拉夫连季·帕夫洛维奇
Bhabha, Homi Jehangir, 巴巴
Bhashani, Maulana Abdul Hamid, 巴沙尼，马乌拉纳
Bhutto, Zulfiqar Ali, 布托，佐勒菲卡尔·阿里

Bikin，比金
Bindi，Suretechi，宾迪
Birkdorff，伯克道夫
Birobidzhan，比罗比詹
Blake，布雷克
Bobler，博勒尔
Bolte，Charles，博尔特，查尔斯
Borda，Luis Villar，博尔达，路易斯·比利西尔
Borila，Petre，博里勒
Boro Tala，博尔塔拉
Borzya，波尔孜亚
Bose，Mrinal Kanti，鲍斯
Boumedienne，布迈丁
Bourguiba，布尔吉巴
Bradley，Omar，布雷德利，奥马尔
Brekhovskich，布列霍夫斯基奇
Brezhnev，Leonid Ilyich，勃列日涅夫，列昂纳德
Budzislawski，布茨斯莱斯基
Buford III，Sidney，布福德三世，西德尼
Buj，Alfonso Romero，布赫，阿方索·罗梅罗
Burhanudin Al-Helmy，布罕努丁
Butler，R. A. S.，巴特勒

C

Cabell，Charles P.，卡贝尔，查尔斯
Camargo，Alberto Lleras，卡马戈，阿尔韦托·耶拉斯
Cardenas，Razaro，卡德纳斯，拉扎罗
Castro，Fidel，卡斯特罗，菲德尔
Ceausescu，Nicolae，齐奥赛斯库，尼古拉
Chervenkov，Vulko，契尔文科夫，沃尔克
Chervonenko，Stepan，契尔沃年科，斯捷潘
Chifley，Joseph B.，奇夫利，约瑟夫
Chisinevschi，基希聂夫斯基
Chitpatima，San，集巴滴玛，桑
Chochay，Bernard，肖希，伯纳德

Chotinuchit，Nai Thep，触的努七，乃·彻
Cinrich，钦里奇
Cloma，Tomas，克洛玛，托马斯

D

Dalai Lama，达赖喇嘛
Dalilhan，达列尔汗
Dalton，Hugh，多尔顿，休
Damginzhab，D.，达木金扎布
Dandinkhuu，丹丁汗
Dange，S. A.，丹吉
Daoud，Mohammad，达乌德，穆罕默德
Davies，Ernest，戴维斯，厄内斯特
Dayal，Rajeshwar，达亚尔，拉杰什瓦尔
De Gaulle，Charles，戴高乐，夏尔
Dedijer，Vladimir，杰吉耶尔，弗拉吉米尔(亦译作：德迪耶尔，弗拉吉米尔)
Denisov，G. A.，杰尼索夫
Denissov，A. I.，杰尼索夫
Desai，Moraji，德赛
Dewson 杜森
Diefenbaker，迪芬贝克
Dobrynin，Anatoliy，多勃雷宁，阿纳托利
Dostgonoff，多斯塔格诺夫
Droppa，Gusztov，德罗帕，古斯托夫
Duran，Augusto，杜兰，奥古斯托
Dutt，达特

E

Eden，Anthony，艾登，安东尼
Eisaku Sato，佐藤荣作
El-Husseini，Haj Amin，侯赛尼，哈吉·阿明
Emel，阿尔曼
Encina，Dionisio，恩希纳，迪奥尼修
Engels，Friedrich，恩格斯，弗里德里希
Ennosuke Ichikawa，松尾国三

F

Fearey, Robert A.，费尔里，罗伯特
Firyubin, N. P.，费留宾
Fish, Robert W.，菲什，罗伯特
Flores, Rafael Echeverría，费雷尔，拉法埃
Ford, Hal，福特，哈尔
Fraleigh, A. S.，弗雷利
Franco，佛朗哥
Fringes, Bevanite，弗林格斯，贝万尼特
Furtseva，福尔采娃

G

Gaitan, Gloria，盖坦，格洛里亚
Gaitan, Jorge，盖坦，豪尔赫
Gaitskell, Hugh，盖茨克尔，休
Gandhi, Indira，甘地，英迪拉
Gandhi, Mohandas，甘地
Gatskevich, V. A.，加茨科菲奇
Gbenye, Christopher，本德，克里斯托弗
Gentner，金特纳
Georgy, Hojos，乔治，霍约斯
Gertrude，杰楚德
Gheorghiu-Dej, Gheorghe，乔治乌-德治，格奥尔基
Ghosh, Ajoy Kumar，高士，阿约艾·库马尔
Gizenga, Antoine，基赞加，安托万
Gomulka, Wladislaw，哥穆尔卡，瓦迪斯瓦夫
Goodpaster, Andrew Jackson，古德帕斯特，安德鲁
Gottwald, Klement，哥特瓦尔德，克莱门特
Gramham, Frank，格拉汉姆
Gray，格雷
Gribenkin, Giorgii Mikhailovich，格里本金，吉奥尔基·米哈伊洛维奇
Grippa, Jacques，格里巴，雅克
Gromyko, Andrei，葛罗米柯，安德烈
Grotewohl，格罗提渥

Groza，Petru，格罗查
Gurion，Ben，古里安，本
Gyalo Thondup，嘉乐顿珠

H

Halibek，哈利贝克
Harmmarskjold，Dag，哈马舍尔德
Han Su-yin，韩素音
Harbi，Mohammed，哈比，穆罕默德
Harriman，Averell，哈里曼，埃夫里尔
Haruji Tahara，田原治二
Harushi Mori，森治春志
Hassan，哈桑
Hatoyama，鸠山一郎
Hayato Ikeda，池田勇人
Hayter，海特尔
Helms，Richard M.，赫尔姆斯，理查德
Henderson，亨德森
Herter，赫脱
Hirachand，Lalechend，赫拉昌德，拉里臣得
Hiroshi Nita，仁田宏
Ho Chi Minh，胡志明
Hoang Van Hoan，黄文欢
Hokes，Josef，胡克斯，约瑟夫
Holland，霍兰
Holotov，霍洛德科夫
Hoxha，Enver，霍查，恩维尔
Hoyos，Jose Cardona，奥约斯，何塞・卡多纳
Hughes，Thomas，修斯，托马斯
Humphrey，汉佛莱
Hunter，Helen-Louise，亨特，海伦-路易丝
Hurray，Gilbert，赫里，吉尔伯特
Hussein，Abdul Razak bin Dato，侯赛因，阿卜杜勒・拉扎克・本・达托

I

Ibsen，Henrik 艾伯森，亨瑞克

Ikeda，池田
Inukai，犬养毅
Iselin，F.，艾斯林
Itagaki Taisuke，板垣退助
Iwa，伊瓦
Iwasaki，Shushi，岩崎秋声

J

Janimhan，贾尼木汗
Jessup，Philip，杰瑟普，菲利浦
Jha，C. S.，贾
Jimenez，Perez，希门尼斯，佩雷斯
Johnson，Lyndon B.，约翰逊，林登
Jones，Elwyn，霍内斯，埃尔温
Julien，Boukambou，布坎布，朱利安
Jumblatt，Kamal，琼卜拉特，卡迈勒
Junkichi Makahara，圆井松继

K

Kádár，János，卡达尔，亚诺什
Kaldor，Nicholas，考得，尼古拉斯
Kambona，Oscar 坎博纳，奥斯卡
Kao Liang，高亮
Karmal，Babrak，卡尔迈勒，巴布拉克
Karume，Abeid，卡鲁梅，阿贝德
Katay，Sasorith，卡泰
Katernikov，卡捷尼科夫
Kaul，Brij Mahon，考尔
Kaunda，Kenneth，卡翁达
Kavrigina，卡弗里基纳
Kawawa，Rashidi，卡瓦瓦，拉希迪
Kaya，卡亚
Kazakevicheva，卡扎科维奇
Kazakh，哈萨克
Kazuo Moriyasu，森保一夫

Keita，凯塔
Kenji Miyamoto，宫本显治
Kent，Sherman，肯特，谢尔曼
Kenyatta，Jomo，肯雅塔，乔莫
Ketlinskaya，Vera，科特林斯佳娃，维拉
Khan，Asghar，阿斯加尔·汗
Khan，Ayub，阿尤布·汗
Khan，Liaquat Ali，阿里汗
Khan，Yahya，叶海亚·汗
Khrushchev，Nikita S.，赫鲁晓夫，尼基塔·谢
Kilmartin，A. D.，基尔马丁
Kim Ⅱ Sung，金日成
Kim Mu Jong，金武亭
Kimura，木村四郎
King，John Kerry，金，约翰·克里
Kinosuke Yamasaki，山崎喜之助
Kirk，Alan，柯克
Kishi-kishi，岸信介
Kiwanuka，Joseph W.，基瓦努卡，约瑟夫
Kiyaki Kamiyama，神山
Kobuk，科伯克
Koirals，科伊拉斯
Kong Le，贡勒
Kosygin，Aleksei Nikolayevich，柯西金，阿列克谢伊·尼古拉耶维奇
Kotelawala，John，考特拉瓦拉，约翰
Kotelnikov，Anatolii Fyodorocich，克科捷利尼科夫，阿纳托里·费奥多罗维奇
Kozlov，F.，科兹洛夫，弗
Kozlov，Pyotr Vasilevich，科兹洛夫，彼得·瓦西列维奇
Krishnappa，M. V.，克里斯那帕
Kucha，库车
Kulinev，B. G.，库里尼夫
Kung Yuan，孔原
Kunges，孔吉斯
Kuusinen，库西宁
Kyaw Nyein，觉迎

L

Lalbhai，Kasturbai，拉尔拜，卡斯德拜

Langfang，Aleksei Ivanovich，朗方，阿列克谢·伊万诺维奇

Laniel，拉尼埃

Larson，Aksel，拉松，阿克塞尔

Laureanistas，劳雷亚尼

Layton，Edwin T.，莱顿，埃德温

Le Duan，黎笋

Le Duc Tho，黎德寿

Le Huu Tu，黎友秀

Leskin，列斯金

Leyvistas，莱维

Liao-Takasaki，高碕达之助

Liebknecht，Wilhelm，李卜克内西，威廉

Ligeti，Lajos，利格提，拉约什

Lim Yew Hock，林有福

Lissouba，Pascal，利苏巴，帕斯卡尔

Litvinov，李维诺夫

Lloyd，Selwyn，劳埃德，塞尔温

Lon Nol，朗诺

Lozano，洛扎诺

Lubsansambu，鲁布桑赛布

Lumumba，Patrice émery，卢蒙巴，帕特里斯

Lyssarides，里萨利迪斯

M

MacArthur，Douglas，麦克阿瑟

Magsaysay，Ramon，麦格赛赛，拉蒙

Mahendra，马亨德拉

Makarios，马卡里奥斯

Makhdum，Shikh Imin，马赫杜姆，希克·阿明

Malenkov，Georgi，马林科夫，格奥尔基

Malik，Adem，马立克，阿登

Malik，马立克

Malinovsky，马利诺夫斯基
Mallett，玛莱
Malley，Simon，麦利，西蒙
Manotas，Manue，马诺塔斯，曼努埃
Manuilisky，马努伊尔斯基
Marder，Murrey，马德尔，穆雷
Marshall，David，马歇尔，大卫
Marx，Karl，马克思，卡尔
Mashlai，马什莱
Massamba-Debat，马桑巴-代巴
Mateen，Abdul，马提恩，阿布杜拉
Matsik，Aime，马齐卡，艾梅
Maurice，莫里斯
Mayhew，Christopher，梅休，克里斯托弗
Mcconaughy，马康卫
McCreless，G. S.，麦克莱斯
McEwen，John，麦克尤恩，约翰
McGhee，George，麦吉，乔治
Mckillop，David H.，麦基洛普，大卫
Mehmet，Shehu，谢胡，穆哈穆德
Mehta，Asoka，梅赫塔
Melson，Charles，麦尔森，查尔斯
Menon，V. K. Krishna，梅农
Menzies，孟席斯
Michelsen，Alfonso Lopez，米切尔森，阿方索·洛佩斯
Miki，三木
Mikoyan，Anastas，米高扬，阿纳斯塔斯
Miltjanovic，Branko，米利坚诺维奇，布兰科
Mitra，Ramon，密特拉，雷蒙
Miyoshi Tsutsui，筒井三良
Mobutu，蒙博托
Moesgaard，Lizzie，默斯盖德，莉齐
Molotov，Vayacheslav M.，莫洛托夫，维亚切斯拉夫·米哈伊洛维奇
Moore，J. H.，穆尔
Morell，莫雷尔

Morrison, Herbert, 莫里森, 赫伯特

Mountbatten, Louis, 蒙巴顿, 路易斯

Muccio, John, 穆乔, 约翰

Muhyi-al-Din, Khalid, 穆赫伊丁, 哈利德

Mulamba, 穆兰巴

Mulele, Pierre, 穆勒勒, 皮埃尔

Murgab, 木尔加布

Murphy, Robert D., 墨菲, 罗伯特

Muz Art Dawan, 穆孜达坂

N

Nagy, Imre, 纳吉, 伊姆雷

Naibahe, 纳伊拜赫

Namboodiripad, Elamkulam Manakkal Sankaran, 南布迪里巴德

Nasriddinova, 纳斯里丁诺娃

Nasution, Mengatas, 纳苏蒂安, 门加特斯

Naw Seng, 诺盛

Ne Win, 奈温

Nehru, Pandit Jawaharlal, 尼赫鲁, 潘迪特·贾瓦哈拉尔

Nesser, 纳塞尔

Ngo Dinh Diem, 吴庭艳

Ngugen Khanh, 阮庆

Nguyen Cao Ky, 阮高其

Nguyen Gai Thi, 阮基石

Nguyen Thi Binh, 阮氏萍

Nguyen Tien, 阮进

Nguyen Van Thieu, 阮文绍

Nicosia, 尼克西亚

Nikolayeva, Tatyana, 尼古拉耶娃, 塔季扬娜

Ninogradov, 威诺格拉多夫

Njote, 约多

Nkrumah, Kwame, 恩克鲁玛, 夸梅(亦译作：恩克鲁玛, 克瓦米)

Noon, Malik Sir Feroz Khan, 努恩, 费鲁兹

Nutting, Anthony, 纳丁, 安东尼

Nyerere, Julius, 尼雷尔, 朱利叶斯

O

Obkhof，霍布科夫
Obote，奥博特
Odingay，Oginga，奥廷加，奥金加
Okiemba，奥金巴
Onn，Dato，奥恩，拿督
Ospinistas，奥斯皮尼
Ovsiakin，V. I. ，奥夫夏金

P

Pace，Frank，佩斯，弗兰克
Pacques，帕凯
Pahchen Lama，班禅喇嘛
Pak Chong-hui，朴正熙
Pak Hon-yong，朴宪永
Palinov，Ivan Giorgevich，帕里诺夫，伊凡·吉奥尔戈维奇
Panikkar，K. M. ，潘尼迦
Patolichev，帕托利切夫
Pauling，Linus，鲍林，莱纳斯
Pearson，Lester，皮尔逊，莱斯特
Perkins，珀金斯
Perrin，Francis，佩兰，弗兰西斯
Pham Van Dong，范文同
Phanomyong，Pridi，帕侬荣，比里
Philby，菲尔比
Phouma，Sovanna，富马，梭发那
Phoumi，Nosavan，富米
Pinilla，Gustavo Rojas，皮尼利亚，古斯塔沃·罗哈斯
Pitts，皮茨
Prasad，Rajendra，普拉沙德，拉金德拉

Q

Qasim，Abd al-Karim，卡赛姆，阿布德·阿勒-卡里姆
Qasimi，Ahmed-jan，哈斯木，阿合买提江

Quiroga-Galdo，German，克维罗加-加尔多，格玛恩

R

Radek，Karl，拉德克，卡尔

Radford，Arthur，雷德福德，阿瑟

Radhhakrishnan，拉迪克里斯南

Rahman Tengku Abdul，拉赫曼，东姑·阿卜杜勒

Rahman，Mujibur，拉合曼，穆吉布

Rajagopalachari，C. R.，拉贾格帕拉恰里

Ram，Jagjivan，拉姆

Rawalpindi，拉瓦尔品第

Reed，John，里德，约翰

Reitamjer，Josef，雷塔莫耶，约瑟夫

Rendon，Pedro Vasquez，伦东，佩德罗·巴斯克斯

Restrepo，Camilo Torres，雷斯特雷波，卡米洛·托雷斯

Restrepo，Carlos Lieras，雷斯特雷波，卡洛斯·耶拉斯

Rhee Syngman，李承晚

Rise，赖斯

Robers，Emrys，罗伯茨，埃姆里斯

Robertson，Walter F.，饶伯森，沃尔特

Romulo，罗慕洛

Rueda，Alvaro Uribe，鲁达，阿尔瓦罗·乌力贝

Rusk，Dean，腊斯克，迪安

Rytten，J. E.，吕滕

S

Sabir Haji，Rahim-jan，沙比尔阿吉，热合木江

Sabri，Ali，萨布里，阿里

Sabri，Mesud，萨布里，麦斯伍德

Sagatov，萨加托夫

Salazar，Valentine Campa，萨拉萨尔，巴伦提内·卡姆帕

Saleh，Chaerul，萨勒赫，查鲁

Salonika，萨洛尼卡

Sandjadirdja，M. Gogo Ratiudin，桑扎德亚，M·戈高·拉齐乌丁

Sandu，Constantin，桑杜，康斯坦丁

Sarikol，塞勒库勒
Sastroamidjojo，Ali，沙斯特罗阿米佐约，阿里
Saurrante，莎兰特
Schumacher，Kurt，舒曼海尔
Schvernik，施瓦尼科
Seenivasagam，D. R.，辛尼瓦萨加
Seldo Onishi，大西政道
Senanayake，Dudley，森纳那亚克，杜德利
Sharp，夏普
Shasatri，Lal Bahadur，夏斯特里
Shavoronkov，S. F.，沙沃伦科夫
Shelepin，Aleksandr，谢列平，亚历山大
Shi，Phoebe J. C.，希，菲比
Shibayev，Pyotr Andreyevich，希巴耶夫，彼得·安德烈耶维奇
Shigeaki Aizawa，相泽
Shoaib，沙阿比
Shushi Iwasaki，岩崎秋士
Sianiambu，Manzhavvn，夏加姆布，曼扎夫
Sihanouk，Norodom，西哈努克，诺罗敦
Singh，Swace，辛格
Sizui，E. Y.，西佐
Sjaminddin，Boktar，沙明丁，博克塔
Smith，Abbot，史密斯，阿伯特
Sneider，R. L.，斯内德
Snow，Edgar，斯诺，埃德加
Sobolev，Arkadii，索博列夫
Souphanouvong，苏发努冯
Souvanna Phouma，苏望那富马
Spaak，斯帕克
Sparkman，斯帕克曼
Stepanov，斯捷潘诺夫
Sternberg，Ungern，斯特恩贝格，温根
Strasser，Otto，施特拉塞尔，奥托
Subandrio，苏班德里奥
Suhrawardy，H. S.，苏拉瓦第

T

Tsend，Tamjidyn，曾德，塔姆吉登
Tshombe，冲伯
Turanteav，图兰塔夫
Ture，Abd-al Haljir，吐烈，阿不都哈利尔
Ture，Ali-khan，吐烈，艾力汗

U

U Kyin Maung Win，吴金芒温
U Nu，吴努
U Nyar Na，吴亚纳
Ulbrich，Walter，乌布利希，沃尔特

V

Valencia，Guillermo Leon，瓦伦西亚，吉列尔莫·莱昂
Valencia，Luis Emiro，瓦伦西亚，路易斯
Vang Pao，王宝
VanSlyck，范斯莱克
Vargas，Manual Cepeda，巴尔加斯，曼努埃尔·塞佩达
Vasilichi，Gheorghe，瓦西利基
Vasquez，Fabio，巴斯克斯，法维奥
Velayudhan，R. K.，韦拉尤丹
Veney，Stoyan，维内，斯托扬
Veysa，Gerhard，维萨，格哈德
Vinea，Emanuil，维内亚
Vira，Raghu，维拉，巴吉乌
Vo Nguyen Giap，武元甲
Voevoden，沃埃沃登
Volvokvich，沃尔沃科维奇
Voroshilov，K. E.，伏罗希洛夫
Vyshinsky，Andrei Yanuarjevich，维辛斯基，安得列·扬努阿勒耶维赤

W

Wan，万
Waterhouse，沃特豪斯
Wennerstrom，温奈斯特朗

White，Gilberto Vieira，怀特，希尔韦托・维埃拉
Wilkinson，威尔金森
Willoughby，Charles，威洛比，查尔斯
Wilson，Harold，威尔逊，哈罗德
Wu-erh-ho，乌尔和
Wyatt，Woodrow，怀亚特，伍德罗

X

Xuan Thuy，春水

Y

Yelchowski，Hilary，叶尔丘夫斯基，希拉里
Yoshida Shigeru，吉田茂
Yoshikito Kitashima，北岛义喜藤
Yoshio Domori，堂森义郎
Yoshiyuki Kitagawa，北川义之
Youlou，Fulbert，尤卢，菲尔巴(亦译：尤卢，菲勒贝尔)
Younger，Kenneth，杨格，肯尼斯
Yun Si Chel，尹氏济

Z

Zahir，Muhammad，查希尔，穆罕默德
Zhivkov，Todor，日夫科夫，托多尔
Zlatev，Cherkin Georgi，兹拉特夫，切尔金・格奥尔基

二、专有名词译名对照表

A-2，空军情报科

AAJA，Afro-Asian Journalists' Association，亚非新闻工作者协会

AAPSO，Afro-Asian People's Solidarity Organization，亚非人民团结组织

ACC Rumania，罗马尼亚盟国管制委员会

ACCTU，All-Union Central Congress of Trade Unions，全苏中央工会联合会

ACNSC，Anti-Communist National Salvation Corps，反共救国军

Acting D/Asst. Dir. for Policy Coordination，代理政策协调处处长/政策协调处处长助理（中央情报局）

Acting D/Asst. Director for Research and Reports，代理研究和报告科科长/研究和报告科科长助理（中央情报局）

Acting Deputy Asst. Director，代理副助理署长（中央情报小组研究和评估办公室）

ADIZ，Air Defense Identfication Zone，台湾防空识别区

Adm，Admiral，海军上将

Administrative Assistant to the President，总统行政助理

Administrative Division，行政科（中央情报小组）

ADPC，Assistant Director for Policy Coordination，政策协调处处长助理（中央情报局）

Advisor for Management，管理顾问（中央情报局）

Advisory Group on Intelligence，情报顾问小组

Advisory Group on Security，安全顾问小组

Advisory Groups，顾问组

AEC，Atomic Energy Commission，原子能委员会

Aeroflot，苏联民航

AF，Air Force，空军

AFFE，Air Force Far East，远东空军

AFL-CIO，American Federation of Labor and Congress of Industrial Organizations 美国劳工联盟和工业组织代表大会

AFOIN，U. S. Air Force Office of Intelligence，美国空军情报办公室

AFPFL，Anti-Fascist People's Freedom League，反法西斯人民自由联盟

African Independence Party，非洲独立党

Afro-Asian Organization for Economic Cooperation，亚非经济合作组织

Afro-Asian Solidarity Council，亚非团结理事会

Air Congo，刚果航空公司

AIRA，Air Force Attaché，空军武官

AITUC，All Indian Trade Union Congress，全印工会代表大会

Akahata，《赤旗报》

Al-Akhbar，《新闻》周刊

All-India Bank Employees' Association，全印银行雇员联合会

All-India Sugar Mill & Distillery Worker's Federation，全印制糖及酿造业工人联盟

All-India Trade Union Congress，全印工会大会

All-Union Central Council of Trade Unions of USSR，苏联全国工会中央联合委员会

Al-Nida，《呼声报》

ALUSNA，American Legation，U. S. Naval Attache，美国使馆海军武官

AMC，Air Material Command，空军材料指挥部

AMEMBASSY，American Embassy，美国大使馆

ANC，Congolese Army，刚果国家军队

ANC，South African National Congress，南非国民大会

Anglo-Malayan External Defense Mutual Assistance Agreement，《英国-马来亚对外防卫相互援助协议》

ANP，National Popular Alliance，全国群众联盟

APL，Albanian Party of Labour，阿尔巴尼亚劳动党

Arab Socialist Union of Sudan，苏丹阿拉伯社会主义联盟

ARCI，Aid Refugee Chinese Intellectuals，中国知识分子难民救援组织

ARMA，Army Attaché，陆军武官

Armed Services Procurement Act of 1947，《1947 年武装部队采购法》

ARPAC，US Army，Pacific，驻太平洋美国陆军

ASA，Army Security Agency，陆军安全局

Asian Socialist Conference，亚洲社会党会议

Asian Socialists，亚洲社会党组织

Asian Trade Union Conference，亚洲工会会议

Asian-Australasian Liaison Bureau，亚洲-澳大拉西亚联络处

Asian-Australasian Trade Union Conference，亚洲-澳大拉西亚工会会议

ASP，Afro-Shirazi Party，非洲-设拉子党

ASPAC，Asian and Pacific Council，亚洲和太平洋理事会

Assistant Chief of Air Staff，Intelligence，空军情报助理参谋长

Assistant Chief of Naval Operation(Intelligence)，Department of the Navy，海军部负责海军行动(情报)的助理参谋长

Assistant Chief of Staff for Intelligence, Department of the Army，陆军部负责情报的助理参谋长

Assistant Chief of Staff for Intelligence, Department of the Secretary of Defense，国防部负责情报的助理参谋长

Assistant Chief of Staff, Intelligence, USAF，美国空军部负责情报的助理参谋长

Assistant Director for Central Reference, CIA, for any other Department or Agency，中央情报局负责总务的助理局长

Assistant Director for Communications，通信办公室主任助理(中央情报局)

Assistant Director for Operations，行动司司长助理(中央情报局)

Assistant Director for Reports and Estimates，报告和评估办公室主任助理(中央情报小组)

Assistant Director for Research and Evaluation，研究和评估办公室主任助理(中央情报小组)

Assistant Director for Special Operations，特别行动办公室主任助理(中央情报局)

Assistant Director, Federal Bureau of Investigation，联邦调查局助理局长

Assistant Director, OCD，收集和分发办公室主任助理

Assistant Director, OO，作战处处长助理

Assistant Director, OPC，政策协调处处长助理

Assistant Director, ORE，研究和评估办公室主任助理

Assistant Director, OSI，科技情报科科长助理

Assistant Director, OSO，特别行动办公室主任助理

Assistant Naval Aide to President，总统副海军助理

Assistant to the Director，局长助理(中央情报局)

Assistant to the Secretary of Defense, Special Operations，特种作战部的助理国防部长

Assistant to the Special Counsel to the President，总统特别顾问助理

Association of Progressive Theatres，进步戏剧协会

Asst. Director for Collection and Dissemination，收集和分发办公室主任助理(中央情报局)

Asst. Director for Current Intelligence，时事情报处处长助理(中央情报局)

Asst. Director for Intelligence Coordination，情报协调办公室主任助理(中央情报局)

Asst. Director for National Estimates，国家评估办公室主任助理(中央情报局)

Asst. Director for Scientific Intelligence，科技情报科科长助理(中央情报局)

ASU, Arab Socialist Union，阿拉伯社会主义联盟

Aswan Dam，阿斯旺大坝

Atomic Energy Act of 1946，《1946 年原子能法》

Atomic Energy Commission Representatives to the USIB，美国情报局驻原子能委员会代表

Atomic Energy Intelligence，原子能情报

Awami League，人民党联盟
Awami Party，人民党
B. T. I.，印尼农民协会
Baathist，叙利亚社会党
Baltic Mercantile and Shipping Exchange，波罗的海商业和航运交易所
Bangla Desh Consultative Committee，孟加拉顾问委员会
BA'TH Party of Iraq，伊拉克社会复兴党
Battle Act，《巴特尔法》
BCP，Bulgarian Communist Party，保加利亚共产党
BEC27，MAAG Radio Station，军事援助顾问团广播电台
BES，Bureau of Engineering Service，工程服务局
Blanket Citizenship Law，《总揽性公民身份法》
Blitz，《闪电》周刊
Borba，《战斗报》
BOT，Bank of Taiwan，台湾银行
Broken-Cross Rates 不对称汇率
BSF，Border Security Force，边境安全部队
BSP，Burma Socialist Party，缅甸社会党
BTUC，British Trades Union Congress，英国工会大会
Bureau of Intelligence and Research，情报和研究署
Bureau of Mines，矿产局
Burma Trade Union Congress，缅甸工会大会
Burma Translation Society，缅甸翻译协会
BUSANDA，Bureau of Supplies and Accouts，补给和账目局
BWPP，Burma Workers and Peasants Party，缅甸工农党
CA，Chinese Army，中国陆军
CAF，Chinese Air Force(Republic of China)，中国空军(中华民国)
CANDU，Canada Deuterium Uranium，加拿大氘铀核反应堆
Capt，Captain，陆军上尉;海军上校
Caracas Resolution，《加拉加斯决议》
CAT，Civil Air Transport，民用空中运输
CC，Central Committee，中央委员会
CCF，Chinese Communist Forces，中共军队
CCP，Chinese Communist Party，中国共产党
CDR，Commander，指挥官;司令官

CEA，Counterpart Expenditure Authorization，对等基金开销局
CEMA(or COMECON)，Council for Mutual Economic Assistance，经济互助委员会
Central Council of Mongolian Trade Unions，蒙古工会中央委员会
Central Intelligence Group，中央情报小组
Central Intelligence Service，中央情报处
Central Planning Staff，中央计划办公室(中央情报小组)
Central Register of Intelligence Information，情报信息登录中心
Central Reports Staff，中央报告办公室(中央情报小组)
Ceylon Federation of Labour，锡兰劳工联盟
Ceylon Trade Union Federation，锡兰工会联合会
CGS，Collection Guidance Staff，收集指导参谋部
Chief Coordinator，Treasury Enforcement Agencies，财政执行署最高协调官
Chief Martial Law Administrator，军法管制首席执行官
Chief of Administration，行政负责人(中央情报局秘密活动处)
Chief of Administrative Services，行政局局长
Chief of Foreign Intelligence，对外情报负责人(中央情报局秘密活动处)
Chief of Operational Services，行动办公室主任(中央情报小组)
Chief of Operations，行动主任
Chief of Paramilitary Operations，准军事行动负责人(中央情报局秘密活动处)
Chief of Political and Psychological Warfare，政治和心理战负责人(中央情报局秘密活动处)
Chief of Special Procedures，特别程序组组长(中央情报局特别行动办公室)
Chief of Technical Support，技术支持负责人(中央情报局秘密活动处)
Chief or Deputy Chief of the Staff，办公厅主任(或副主任)
Chief，Advisory Council，顾问委员会主席
Chief，Inspection and Security，安检负责人
Chief，Intelligence Staff，情报研究小组组长(中央情报局研究和评估办公室)
Chief，Interdepartmental Coordinating and Planning Staff，部际协调和计划办公室主任(中央情报小组或中央情报局)
Chile's Popular Front，智利人民阵线
China and Asian Satellites Division，中国和亚洲卫星国组
Chinese Chambers of Commerce，华人商会
Chinese Committee for Afro-Asian Solidarity，亚非团结中国委员会
Chinese Federation of Guilds and Associations，华人同业公会联盟
ChiYu Bank，集友银行

CHOSA, Chief Oversea Supply Agency，最高海外供应局
CIA Clandestine Services，中央情报局秘密活动处
CIA/DIA Joint Analysis Group，中情局-国防情报局联合分析组
CINCFE, Commander in Chief, Far East，远东总司令
CINCPAC, Commander-in-Chief Pacific，太平洋总司令
CINCUNC, Commander in Chief, United Nations Command，联合国军总司令
Classification Act of 1923，《1923 年级别法》
CLO, Congress of Labor Organizations，劳工组织大会
CMC, Chinese Marine Corps，中国海军陆战队
CN, Chinese Navy，中国海军
CNI, Center for Naval Intelligence，海军情报中心
CNL, Committee of National Liberation，民族解放委员会
CNO, Chief of Naval Operations，海军参谋长
Coast and Geodetic Survey，海岸大地测量局
Coast Guard，海岸警卫队
Col, Colonel，陆军上校
Combined Travel Board，联合旅行管理委员会
Cominform, Information Bureau of the Communist and Workers' Parties，共产党和工人党情报局
COMINT, Communications Intelligence，通讯情报
Comintern, Communist International，共产国际(共产党第三国际)
Common Programme，《共同纲领》
Commonwealth Strategic Reserve，英联邦战略预备队
Communications Branch，通讯小分队(陆军部战略情报分队)
Communist Asia Youth Conference，共产党亚洲青年会议
Communist Burma Trade Union，共产主义缅甸工会
Communist Front Popular Party，共产主义阵线民众党
Communist World Peace Council，共产党世界和平委员会
CONEFO, Conference on New Emerging Forces，新兴力量会议
Conference of Oriental Women，东方妇女大会
Conference of Rulers，统治者会议
Confidential Funds Regulations，《秘密资金法》
Congress Party (Indian National Congress Party)，国大党(印度国民大会党)
Congressional Record，《国会记录》
Contact Branch of the Office of Operations，行动办公室联络组(中央情报局)

Council Muslim League，穆斯林联盟委员会
Council of Foreign Ministers，外长理事会
Council on National Defense，国防委员会
Covert Coordinating Committee，秘密协调委员会
CP，Communist Party，共产党
CPB，Communist Party of Burma，缅甸共产党
CPCz，Communist Party of Czechoslovakia，捷克斯洛伐克共产党
CPI，Communist Party of India，印度共产党
CPM，Communist Party of Malaya，马来亚共产党
CPN，Communist Party of Nepal，尼泊尔共产党
CPP，Convention's People's Party (Ghana)，(加纳) 人民党会议
CPSU，Communist Party of the Soviet Union，苏联共产党
CPT，Communist Party of Thailand，泰国共产党
CPVA，Chinese People's Volunteers Army，中国人民志愿军
CPY，Communisr Party of Yugoslavia，南斯拉夫共产党
CSF，Combined Service Forces，联合部队
Currency Board，货币委员会
CUSA，Council for United States Aid(Republic of China)，美国援助(中华民国)委员会
CUTCh，Central Union of Chilean Workers，智利工会中央委员会会议
Czech Refugee Group，捷克难民组
DA，Department of the Army，陆军部
Daily Summary，《每日摘要》
DCS，Domestic Contact Service，国内联络处
DD/I Research Staff，国防部情报研究参谋部
DD/I，Deputy Director for Intelligence，CIA，中情局负责情报的副局长
DDP，Deputy Director for Plans，CIA，中情局负责计划的副局长
DDRS，Declassified Documents Reference System，美国解密档案参考系统
Democratic Caucus，民主党会议
Department of State Appropriation Act，1947，《1947 年国务院拨款法》
DEPTAR，Department of Army，陆军部
Deputy Director for Administration，行政副局长(中央情报局)
Deputy Director for Intelligence，Office of Strategic Services，战略情报局负责情报的副局长
Deputy Director of Training，培训副主任(中央情报局)
De-Stalinization，去斯大林化运动

DFS，Direct Force Support，直接军队支持
Dipanda，《独立周刊》
Director for Intelligence，Joint Staff，联合参谋部情报局局长
Director of Intelligence，AEC，原子能委员会情报部部长
Director of Military Applications，军事应用办公室主任(原子能委员会)
Director of the National Security Agency，国家安全局局长
Director of Training，培训主任(中央情报局)
Director，Defense Intelligence Agency，for the Office of the Secretary of Defense，国防部长办公室国防情报局局长
Director，Defense Intelligence Agency，国防情报局局长
Director，Programs Division，计划科科长(原子能委员会)
Div，Division，师
DMZ，Demilitarized Zone，非军事区
DOD，Department of Defense，国防部
DP's，Displaced Persons，流亡者
DRV，Democratic Republic of Vietnam，越南民主共和国
DS，Defense Support，国防支持
DSSC，Defense Support Sub-Committee，国防支持分委会
Dubna Joint Institute for Nuclear Research，苏联杜布纳联合核研究所
EAC，East African Community，东非共同体
EAGSO，East African Common Service Organization，东非公共服务组织
Eberstadt's Committee，埃伯斯塔特委员会
ECA，Economic Cooperation Administration，美国经济合作署
ECAFE，Economic Commission for Asia and the Far East(of the United Nations)，(联合国)亚洲和远东经济委员会
EDA，Union of Democratic Left，左翼联合民主党
EDON，United Democratic Youth Organization，联合民主青年组织
EIC，Economic Intelligence Committee，经济情报委员会
El Tiempo，《时代报》
ELN，National Liberation Army，国民解放军
Emergency Powers Act，《紧急权力法》
ESB，Economic Stabilization Board，经济稳定委员会
Espionage Laws，《间谍法》
ETAC，Environmental Technical Application Center，美国空军的环境技术运用中心
EUSAK，Eighth United States Army in Korea，美国陆军驻朝鲜第八集团军

Executive Assistant to the Director，局长行政助理(中央情报局)
Executive Director of the Intelligence Division，情报科执行科长(陆军部参谋本部)
Executive Secretary，执行秘书
Executive to the Director of Central Intelligence，中央情报小组组长行政官
FAP，Facilities Assistance Program，设备援助计划
FARC，Colombian Revolutionary Armed Forces，哥伦比亚革命武装力量
FASD，Foreign Affairs Service Civision，外事服务科
FAST(P)，Familiarization and Short Team(Program)，见习和短期小组(项目)
FBIS，Foreign Broadcasting Information Service，国外广播新闻处
FCRA，Free China Relief Association，自由中国救济协会
FEAF，Far East Air Forces，远东空军
FEC，Far East Command，远东司令部
FECOM，Far East Command，远东司令部
FERP，Far East Refugee Program，远东难民计划
Finance Division，财政科
First War Powers Act，1941，《1941 年首次战争权力法》
FLN，National Liberation Front (Algeria)，民族解放阵线 (阿尔及利亚)
Foreign Broadcast Information Branch，国外广播新闻组(行动办公室)
Foreign Documents Branch，国外文件组(行动办公室)
Foreign Intelligence Branch，对外情报办公室(曼哈顿工程特区)
Foreign Intelligence Service，对外情报局
Foreign Service Act of 1946，《1946 年海外服役法》
FR，Firm Request，坚决要求
FRELIMO，Liberation Front of Mozambique，莫桑比克解放阵线
Friendship Committee，友好委员会
FUAR，United Front for Revolutionary Action，革命行动联合阵线
G-1，Personnel Section of Division or Higher Staff，师或更高级参谋部的人事处
G-2，DEPTAR，陆军部参谋本部军事情报部
G-2，Intelligence Section of Division or Higher Staff，师或更高级参谋部的情报处
G-2，U. S. Military/Ground Intelligence，美国陆军情报局二部
GCHQ，Government Communications Headquarters，国家通信总局
Gen，General，将军
General American Life Insurance Co.，普通美国人寿保险公司
General Counsel，法律总顾问
Gensuikyo，Japan Council against A & H Bombs，日本禁止原子弹氢弹协议会

GHQ，General Headquarters，总司令部
GI Incidents，“美国兵事件”
GOI，Government of India，印度政府
GOI，Government of Iran，伊朗政府
GOP，Government of Pakistan，巴基斯坦政府
Greek Communist Party，希腊共产党
GRU，Chief Intelligence Directorate，格鲁乌(苏军情报总部)
GSBI，Indonesian Federation of Trade Unions，印尼工会联盟
GUB，Government of the Union of Burma，缅甸政府
GVN，Government of(South)Vietnam 南越政府/越南共和国
Haravghi，《黎明报》
Heavy Electricals，Ltd.，重型电气有限公司
HED，Heavy Equipment Division，重型设备科
High Commissioner，高级专员
Hind Mazdoor Sabha，印度社会主义者工会
Hoc Tap，《学习》月刊(越南)
Home Gurard，地方自卫军
HQ，Headquarters，司令部
Hukbalahap，武装农民运动
Huks，Hukbalahap，虎克党(菲律宾共产党人民解放军)
HUMINT，Human Intelligence，人工情报
IAASC，Indonesian Committee for Afro-Asian Solidarity，亚非团结大会印尼委员会
IAD，Imagery Analysis Division，图像分析组
IAO，International Aid Office(Officer)，国际援助办公室(官员)
ICA，International Cooperation Administration，国际合作署
ICA/C 或 ICA/MSM/C，International Cooperation Administration，China，or International Cooperation Administration，Mutual Security Mission to China，驻华国际合作署或国际合作署驻华共同安全代表团
ICA/W，International Cooperation Administration，Washington，华盛顿国际合作署
ICFTU，International Confederation of Free Trade Union，国际自由劳工联盟
IDC，Industrial Development Commission，工业开发委员会
IEC，International Economic Conference，莫斯科国际经济会议
ILO，International Labour Organization，国际自由劳工联盟与国际劳工组织
Imperial Defense Council，帝国防务委员会(英国)
Indo-Soviet Journal，《印苏季刊》

Inf, Infantry, 步兵

Intelligence Agency for the President, 总统情报局

Intelligence Officer, 情报官(国务院)

Intelligence Section, 情报处

Inter-departmental Coordinating and Planning Staff, 部际协调和计划工作组(中央情报小组)

Interdepartmental Economic Intelligence Committee, 部际经济情报委员会

Interdepartmental Watch Committee, 部际监视委员会

Internal Security Council, 内部安全委员会

International Commission of Jurists, 国际法学家委员会

International Confederation of Free Trade Unions, 国际自由劳工联盟

International Conference on Arms Traffic, 国际军售会议

INTUC, Indian National Trade Union Congress, 印度全国工会大会

Investigation Department, 调查部

IR, Intelligence Report, 情报报告

IRC, International Red Cross, 国际红十字会

ISA, Bureau of International Security Affairs, Department of Defense, 国防部国际安全司

J-1, Joint Staff Personnel Section, 参谋长联席会议人事部

J-2, Joint Staff Intelligence Section, 参谋长联席会议情报部

Jan Sangh, 人民同盟

JANIS, Joint Army-Navy Intelligence Studies, 陆海军联合情报研究

JCP, Japanese Communist Party, 日本共产党

JCS, Joint Chiefs of Staff, 参谋长联席会议

JIG, Joint Intelligence Group, 联合情报小组

JMRL, Youth of the Liberal Revolutionary Movement, 青年自由革命运动

JSP, Japan Socialist Party, 日本社会党

Kem Amendment,《凯姆修正案》

KGB, Committee for State Security, 国家安全委员会(克格勃)

KMAG, Korean Military Advisory Group, United States, 美国驻朝鲜军事顾问团

KNDO, Karen National Defense Organization, 克伦民族抵抗组织

Labor Front, 劳工阵线

Labor Party of Malaya, 马来亚劳工党

League for German Revival, 复兴德国联盟

Legislative Assembly, 立法会议

Legislative Council, 立法委员会

Legislative Liaison Branch，立法联络处(中央情报小组)

Legislative Liaison Division，立法联络科(中央情报小组)

Liberal Democratic Party，自民党

Liberal Socialist，自由社会主义党

Liberty Ships，自由船

Link，《纽带》周刊

Lok Sabha，人民院

LT Gen，Lieutenant General，United States Army，美国陆军中将

Lt，Lieutenant，United States Army，美国陆军中尉

LT，Lieutenant，United States Navy，美国海军上尉

Lt. Col，Lieutenant Colonel，United States Army，美国陆军中校

MAAG，Military Assistance Advisory Group，军事援助顾问团

MAC，Military Affairs Committee，(中央)军事委员会

MAC，Military Armistice Commission，军事停战委员会

Maj Gen，Major general，少将

Maj，Major，少校

Malayan National Liberation Army，马来亚民族解放军

Malayan Races Liberation Army，马来亚民族解放军

Manhattan Engineer District，曼哈顿工程特区

Manila Pact，《马尼拉条约》

Martial Law Administrators，军法管制长官

MCC，Military Construction Commission，军事建设委员会

Mcmahon Line，麦克马洪线

MCP，Malayan Communist Party，马来亚共产党

MDAP，Mutual Defense Assistance Program，共同防御援助项目

MDP/HWP，Hungarian Workers' Party，匈牙利劳动人民党

Merger Bill，《合并法案》

Military Division，军事组

Military Intelligence Service，军事情报处

Min Yuen，People's Organization，民运组织

MIR，Movement of the Revolutionary Left，左翼革命运动

MLA，Martial Law Administration，军管法政府

MNLL，Malayan National Liberation League，马来亚民族解放联盟

MNR，National Movement for the Revolution，全国促进革命运动

MOEA，Minister of Economic Affairs，经济事务部长

MOEC, Peasant Student Workers Movement，工人学生农民运动
MOF, Minister of Finance，财政部长
MPABA, Malayan Peoples Anti-British Army，马来亚人民抗英军
MPLA, Popular Movement for Liberation of Angola，安哥拉人民解放运动
MRL, Liberal Revolutionary Movement，自由革命运动
MSA, Mutual Security Act，《共同安全法》
MSA, Mutual Security Assistance，共同安全援助
MSR, Military Supply Route，军事补给线
MSzMP/HSWP, Hungarian Socialist Workers Party，匈牙利社会主义工人党
Muslim League，穆斯林联盟
NANAP, Northern Air Material Area, Pacific，太平洋北方空军材料区
Nationa Civil Defense Corps，全国民防总队
National Awami Party，民族人民党
National Board of Estimates，国家评估委员会(中央情报局)
National Defense Act of 1947，《1947 年国防法》
National Democratic Front，全国民主阵线
National Federation of Indian Railwaymen，印度铁路工人全国联盟
National Front，国民阵线
National Intelligence Agents，国家情报特工
National Military Establishment，国家军事组织
National Peace Council，全国和平委员会
National Revolutionary Council，全国革命理事会
National Revolutionary Movement of Congo-Brazzaville，刚果(布)的民族革命运动
National Security Intelligence Board，国家安全情报委员会
National Socialist Front，全国社会主义阵线
National Union Military Police，国家联邦军警
National War College，国家战争学院
Naval Aide to the President，总统海军助理
NAVSECGRUDET, Naval Security Group Detachment，海军安全小组特遣小分队
NAVSECJOC, Naval Section, Joint Operations Center，海军处联合作战中心
NEFA, North East Frontier Agency，东北边境局
Nepali Congress，尼泊尔大会党
Nhan Dan，《人民报》(越共党报)
NIE, National Intelligence Estimate，国家情报评估
NIS, National Intelligence Survey，国家情报调查

NKPA，North Korea People's Army，北朝鲜人民军

NNSC，Neutral Nations Supervisory Committee，中立国监察委员会

North Regional Committee，北方地区委员会

NPIC，National Photographic Interpretation Center，国家照片分析中心

NSC，National Security Council，国家安全委员会

NSF，National Science Foundation，国家科学基金会

OASD，Office Assistant Secretary of Defense，国防部长办公室助理

OASD/ISA，Office of the Assistant Secretary of Defense for International Security Affairs，国际安全事务助理国防部长办公室

OAU，Organization of African Unity，非洲统一组织

OBI，Office of Basic Intelligence，基本情报办公室

OCI，Office of Current Intelligence，时事情报处(中央情报局)

Office of Central Reference，总务办公室(中央情报局)

Office of Collection and Dissemination，收集和分发办公室(中央情报小组)

Office of Control，Special Operations，特别行动管理办公室(中央情报小组)

Office of Deputy Director for Plans，计划副局长办公室(中央情报局)

Office of Intelligence Research，情报研究所(国务院)

OKED，Okinawa Engineer District，冲绳工程区

OMA，Office of Military Assistance，军事援助办公室

ONI，Office of Naval Intelligence，美国海军情报局

OPC Certifying and Liaison Officer，政策协调处证实和联络官

Operations Division，行动司(中央情报局)

ORE，Office of Reports and Estimates，情报报告和评估办公室

ORE，Office of Research and Evaluation，情报研究和评估办公室

ORR，Office of Research and Reports，研究和报告办公室

OSD，Office Secretary of Defense，国防部长办公室

OSI，Organization Office of Special Investigation，特别调查办公室

OSS，Office of Strategic Services，战略情报局

Overseas Chinese Banking Corporation，(新加坡)华侨银行

Overseas Chinese Investment Corporations，华侨投资公司

Overseas CPB，海外缅共

PA，Procurement Authorization，采购授权

PACAF，Pacific Air Force，太平洋空军

PACFLT，Pacific Fleet，太平洋舰队

PAIGC，African Party for Independence of Guinea and Cape Verde，几内亚和佛得角非洲

独立党
Pakistan Muslim League Conventionist，巴基斯坦穆斯林联盟大会
Pakistan Muslim League，巴基斯坦穆斯林联盟
Pan Africanist Congress，泛非国民大会
Panch Shila，“潘查希拉”(和平共处五项基本原则)
Pan-Malayan Islamic Association，泛马来亚伊斯兰联合会
PAVN，People's Army of Vietnam，(北)越南人民军
PBSC，Politburo Standing Committee，(中央)政治局常委会
PCA，Algerian Communist Party，阿尔及利亚共产党
PCC，Colombian Communist Party，哥伦比亚共产党
PCC-ML，PCC-Marxist-Leninist，哥伦比亚共产党
PCF，French Communist Party，法国共产党
PCI，Italian Communist Party，意大利共产党
PCM，Mexican Communist Party，墨西哥共产党
PCV，Communist Party of Venezuela，委内瑞拉共产党
PDP，People's Democratic Party，人民民主党
Peace Conference of Asia and the Pacific Asia，亚洲和太平洋地区和平会议
PEO，Pancyprian Federation of Labor，泛塞浦路斯劳工联合会
PEO，Project Engineer Office，项目工程办公室
People's Defense Force，人民国防军(坦桑尼亚)
People's Democratic Party of Afghanistan，阿富汗人民民主党
People's Political Council，人民政治委员会
People's Progressive Party，人民进步党
PERBEPSI，Union of Ex-Guerilla Fighters，老游击队员联合会
Permanent Committee to Aid Development of International Trade，国际贸易持久援助发展委员会
Personnel and Administrative Branch of the Executive Staff，行政人员人事管理处(中央情报小组)
PHOTINT，Photographic Intelligence，照片情报
PIA，Pakistan International Airlines，巴基斯坦国际航空公司
PIO，Project Implementation Order，项目实施命令
PIO/C，Project Implementation Order，Commodity，项目实施命令之商品部分
PIO/P，Project Implementation Order，Personnel，项目实施命令之人员部分
PIO/T，Project Implementation Order，Technician，项目实施命令之技师部分
PKI，Indonesian Communist Party，印度尼西亚共产党

PKP，Philippine Communist Party，菲律宾共产党

PKSh，Communist Party of Albania，阿尔巴尼亚共产党

PL，Pathet Lao (Communist Party in Laos)，巴特寮（老挝共产党）

PL480，《公法第 480 号》

PLA，People's Liberation Army，（中国）人民解放军

Planning Board，计划委员会

PLO，Palestine Liberation Organization，巴解组织

POCM，Peasant-Workers' Party，共产主义"工人农民"党

POL，Petroleum，Oils，and Lubes，石油、燃油和润滑油

Police Field Force，警察战斗部队

Population Bureau，人口局

Postmaster General，邮政部长

POW，Prisoner of War，战俘

PPA，Proposed Project Application，建议项目申请

PPP，Pakistan People's Party，巴基斯坦人民党

PPS，Policy Planning Staff，政策规划委员会

PPWP，Progressive Party of the Working People，劳动人民革新党

Praja Socialists，般若社会党人

Pravda，《真理报》

Preparatory Disarmament Commission，裁军预备委员会

Presentation Branch，论证处（战略情报局）

Preventive Direct Action，预防性直接行动

Programs Division，计划科（原子能委员会）

PSF，President's Secretary's Files，总统秘书文件

Public Health Service，公共卫生局

Publications Review Subcommittee，出版审查分委会（联合情报委员会）

PVO-Strany，Air Defense Branch of the Soviet Military，苏联防空部队

PZPR/ PUWP，Polish United Workers' Party，波兰统一工人党

R&E，Office of Reports and Estimates，情报报告和评估办公室

Ra'ayat，统一民主党

Radio Free Japan，自由日本电台

RCP，Romanian Communist Party，罗马尼亚共产党

RCT，Regimental Combat Team，团级战斗队

Recon，Reconnaissance，侦察

Red Crescent Society，红新月会

Research and Analysis Branch，研究和分析处(战略情报局)
Research and Reports Division，研究和报告科
Reserve Officers Association，预备役军官协会
RETSUR，Retired Servicemen's Program，退伍军人计划
Revised Statutes，《修订法案》
Revolutionary Council，革命委员会
Right of Asylum，庇护权利
RIS，Ragusa Intelligence & Security，苏联情报机构
Rolled Back Policy，(杜勒斯的)"推回政策"
ROV，Republic of Vietnam，越南共和国
RPD，Radio Propaganda Division，无线电宣传组
S. O. Directive No. 18，特别行动第 18 号指令
S. B. Kesehatan，Medical Workers' Trade Union，医药工人工会
S. B. Pegadaian，Pawnshop Workers' Trade Union，典当工人工会
SAMAP，Southern Air Material Area，Pacific，南太平洋空军材料区
SAPOT，Sub-Area Petroleum Office，Taiwan，台湾分区石油办公室
Saur Revolution，沙尔革命
SCAP，Supreme Commander for the Allied Powers，盟军最高司令
SCP，Sudanese Communist Party，苏丹共产党
SE，Special Estimate，特别情报评估
SEAC，Southeast Asia Command，东南亚指挥部
SEATO，Southeast Asia Treaty Organization，东南亚条约组织
Secretary of Government，国务秘书
Secretary of the Interior，内政部长
SED，Socialist Unity Party of Germany (German Democratic Republic)，德国社会主义联合党(民主德国)
SED/ GDR，Socialist Unity Party of Germany，德国统一社会党
Shiv Sena，湿婆军
SI Branch，Secret Intelligence Branch，秘密情报小分队(陆军部战略情报分队)
Simla Conference，西姆拉会议
Sino-African Friendship Association，中非联谊会
Sino-Soviet Friendship Association，中苏友好协会
SOBSI，All Indonesian Central Organization of Trade Unions，全印尼工会中央组织
Sociaist Revolutionary Party，社会革命党(黎巴嫩)
Socialist Union of Somalia，索马里社会主义联盟

SOHYO，Socialist Federation of Unions，日本社会主义工会联盟
Soluns，索伦族
Sovropetrol，苏罗石油公司
SPD，Social Democratic Party of Germany，德国社会民主党
Special Assistant to the Secretary of State for Intelligence and Research，国务卿情报研究特别助理
Special Constabulary，特别警察队
Special Counsel to the President，总统特别顾问
Special Counter-Intelligence Units，特别反情报小组
Special Procedures，特别程序组（中央情报局特别行动办公室）
Special Projects Division，特别计划科（中央情报小组行政人员人事管理处）
SSU，Strategic Services Unit，War Department，陆军部战略情报分队
Staff Secretary，白宫办公厅秘书
Standardized Government Travel Regulations，《政府出行标准法规》
Sudanese Union of Mali，马里的苏丹人联盟
Swadhinata，《自由》周刊
TANU，Tanganyika African National Union，坦葛尼喀非洲全国联合会党
Tariff and Maritime Commissions，关税和海运委员会
TASS，塔斯社
Tata Iron and Steel Corporation，塔塔钢铁公司
TBC，Taiwan Base Command，台湾基地指挥部
TDC，Taiwan Defense Command，台湾国防指挥部
TF，Task Force，特遣部队
The Hindustan Standard，《印度斯坦旗报》
The Nation，《民族》（仰光）
Three-Power Naval Conference，三国海军会议
Top Secret Control Officer，绝密情报控制员
Tri-Continent Congress，三大洲代表大会
Troy Ounce，金衡制盎司
Tudeh Party，人民党
U. S. N. R. ，United States Naval Reserve，美国海军预备役
UAE，The United Arab Emirates，阿拉伯联合酋长国
UAR，United Arab Republic，阿拉伯联合共和国
UCP，Union of Cameroon Peopes，喀麦隆人民联盟
UN High Commission on Refugees，联合国难民事务高级专员公署

UNC，United Nations Command，联合国军
Unification Bill，《合并法案》
Union of the Cameroun People，喀麦隆人民联盟
United Democratic Left，左翼联合民主党
United Progressive Bloc，联合进步集团
United States Civil Service Commission，美国公务员委员会
United Trade Union Congress，联合工会代表大会
United Trade Unions of Korea，朝鲜联合工会
USAF，United States Air Force，美国空军
USEP，United State Escapee Program，美国逃亡者计划
USFJ，United States Forces Japan，美国驻日本部队
USIS，United States Information Service(overseas branches of USIA)美国新闻处(美国新闻署的海外分支机构)
US-Japan Security Pact，《美日安保条约》
USN，United States Navy，美国海军
USSR Association for Friendship and Cultural Cooperation，苏联友好文化合作协会
USTDC，United States Taiwan Defense Command，美国驻台湾防御司令部
VACRS，Vocational Assistance Commission for Retired Servicemen，退伍军人求职协助委员会
Vargas Suicide Incident，瓦加斯总统自杀事件
Venezuelan Labor Confederation，委内瑞拉劳工联盟
Veterans' Administration，退伍军人管理局
Viet Nam General Confederation of Labour，越南劳工总会
VM，League for the Independence of Vietnam，越南独立同盟会(越盟)
Voz Proletaria，《无产者之声》
War Council，战争委员会
War Office，军事部(缅甸)
Washington Office of Special Procedures，华盛顿特别程序办公室
Weekly Summary，《每周摘要》
WFDY，World Federation of Democratic Youth，世界民主青年联盟
WFTU，Asian Bureau of Communist World Federation of Trade Unions，共产主义世界劳工组织亚洲分部
WFTU，World Federation of Trade Unions，世界工会联合会
WIDF，Women's International Democratic Federation，国际民主妇女联合会
Wild Bill，《怀尔德法案》

Worker's Party，工人党
World Buddhist Council，世界佛教徒理事会
World Federation of Trade Unions Conference，世界工联大会
World Marxist Review，《世界马克思主义评论》
WP，Warsaw Pact，《华沙条约》
WPC，World Peace Council，世界和平理事会
Yankee Imperialism，美国佬帝国主义
Yellow Hat，黄帽子
YUC(B)，W. Yugslvn Conf，工会代表大会(缅甸)
ZANU，Zimbabwe African National Union，津巴布韦非洲民族联盟
ZAPU，Zimbabwean African People's Union，津巴布韦非洲人民联盟
ZENRO，Japan Trade Union Congress，全国工会同盟(日本)

图书在版编目（CIP）数据

美国对华情报解密档案：1948~1976 / 沈志华，杨奎松主编. —上海：东方出版中心, 2009.4（2024.12 重印）
ISBN 978-7-80186-945-6

Ⅰ. 美… Ⅱ. ①沈… ②杨… Ⅲ. 美国对外政策：对华政策－情报资料－1948～1976 Ⅳ. D822.371.2

中国版本图书馆CIP数据核字（2009）第034867号

美国对华情报解密档案（1948～1976）

主　　编　沈志华　杨奎松
责任编辑　何小颜　张爱民
封面设计　一步设计

出版发行　东方出版中心
地　　址　上海市仙霞路345号
邮政编码　200336
电　　话　021- 62417400
印 刷 者　上海万卷印刷股份有限公司

开　　本　787mm×1092mm　1/16
印　　张　262.5
插　　页　32
字　　数　5700千字
版　　次　2009年4月第1版
印　　次　2024年12月第16次印刷
定　　价　1280.00元（共八卷）